COMPRA DE IMÓVEIS

O GEN | Grupo Editorial Nacional – maior plataforma editorial brasileira no segmento científico, técnico e profissional – publica conteúdos nas áreas de concursos, ciências jurídicas, humanas, exatas, da saúde e sociais aplicadas, além de prover serviços direcionados à educação continuada.

As editoras que integram o GEN, das mais respeitadas no mercado editorial, construíram catálogos inigualáveis, com obras decisivas para a formação acadêmica e o aperfeiçoamento de várias gerações de profissionais e estudantes, tendo se tornado sinônimo de qualidade e seriedade.

A missão do GEN e dos núcleos de conteúdo que o compõem é prover a melhor informação científica e distribuí-la de maneira flexível e conveniente, a preços justos, gerando benefícios e servindo a autores, docentes, livreiros, funcionários, colaboradores e acionistas.

Nosso comportamento ético incondicional e nossa responsabilidade social e ambiental são reforçados pela natureza educacional de nossa atividade e dão sustentabilidade ao crescimento contínuo e à rentabilidade do grupo.

BRUNO MATTOS E SILVA

COMPRA DE IMÓVEIS

Aspectos jurídicos, cautelas devidas e análise de riscos

16ª edição revista, atualizada e reformulada

gen | atlas

■ Fechamento desta edição: *16.09.2025*

■ **Atendimento ao cliente: (11) 5080-0751 | faleconosco@grupogen.com.br**

Uma editora integrante do GEN | Grupo Editorial Nacional
Travessa do Ouvidor, 11
Rio de Janeiro – RJ – 20040-040
www.grupogen.com.br

■ Capa: Joyce Matos

■ **CIP – BRASIL. CATALOGAÇÃO NA FONTE.**
SINDICATO NACIONAL DOS EDITORES DE LIVROS, RJ.

S578c
16. ed.

Silva, Bruno Mattos e
Compra de imóveis : aspectos jurídicos, cautelas devidas e análise de riscos / Bruno Mattos e Silva. - 16. ed. - Barueri [SP] : Atlas, 2026.

Inclui bibliografia
Glossário
ISBN 978-65-5977-758-7

1. Direito imobiliário - Brasil. I. Título.

25-98393.0 CDU: 347.23(81)

Carla Rosa Martins Gonçalves - Bibliotecária - CRB-7/4782

Este livro é dedicado a todas as pessoas
que lutam para adquirir a casa própria.

"Há um momento em que o advogado do cível deve olhar a verdade frente a frente, com o olhar desapaixonado do juiz: é aquele em que, solicitado pelo cliente para o aconselhar sobre a oportunidade de propor uma ação, tem o dever de examinar imparcialmente, tendo em conta as razões do eventual adversário, se pode fazer com que seja de justiça a obra de parcialidade que lhe é pedida. Desta forma, o advogado que trabalha no cível deve ser o juiz instrutor dos seus clientes e a sua utilidade social é tanto maior quanto maior for o número de sentenças de improcedência que pronunciar no seu gabinete."

(CALAMANDREI, Piero. *Eles, os juízes, vistos por nós, os advogados.* 6. ed. Lisboa: Livraria Clássica Editora, 1977. p. 121.)

SOBRE O AUTOR

Consultor legislativo do Senado Federal em Brasília (DF). Bacharel em Direito pela Universidade de São Paulo (USP). Mestre em Direito e Finanças pela Universidade de Frankfurt (Alemanha). Foi advogado de empresas em São Paulo (SP), Procurador-Chefe do INSS nos Tribunais Superiores, Procurador Federal da Comissão de Valores Mobiliários (CVM) e Assessor Especial do Ministro do Desenvolvimento Social em Brasília (DF). Autor dos livros *Execução fiscal* e *Direito de empresa: teoria da empresa e direito societário*, ambos publicados pela Editora Atlas.

E-mail para contato: brunosilva2008@hotmail.com.

APRESENTAÇÃO

Fiquei surpreso quando o jovem advogado e assessor jurídico Dr. Bruno Mattos e Silva pediu-me que fizesse a apresentação de seu livro *Compra de imóveis: aspectos jurídicos, cautelas devidas e análise de riscos*, pois não tivemos antes um convívio maior e apenas o conhecia por meio de seu sogro, que é amigo meu.

Embora surpreso, fiquei envaidecido e comecei a ler o trabalho que me apresentara o jovem autor. Senti, na escolha de meu nome, uma homenagem e um respeito por meus muitos anos dedicados ao Direito.

Ao iniciar a leitura, fui ficando encantado pelo trabalho de fôlego apresentado e cada vez mais preso à matéria do livro. O sumário apresentado já revelava a extensão do estudo, começando pelo exame do imóvel e de seu registro em cartório, dessa necessidade e vantagem, e quando se poderia dizer que o comprador é o proprietário daquele imóvel registrado. O autor estuda a hipótese de ser o imóvel objeto de desdobramento e quando se pode dizer que há a "dupla venda". E até mesmo o caso de vendedor mutuário do SFH e a possibilidade de assunção desse financiamento. No entanto, e se o imóvel estiver alienado fiduciariamente, como fazer?

O autor ensina a analisar a certidão do imóvel, onde poderá ser verificado se ele é ou não bem de família, se há hipoteca, se existe contrato de locação e quando deve o contrato ser respeitado. Passa pelo exame de eventuais penhoras, arrestos, sequestros, servidões e usufruto. Mostra a importância de estar o imóvel sujeito a formas restritas de usufruto, como o uso e a habitação. E se o imóvel a ser vendido estiver prometido à venda? Deve-se desistir do negócio?

Vai o autor, assim, examinar se há pendência judicial sobre o imóvel, inclusive se o vendedor foi citado para alguma ação. Depois, passa a mostrar que a aquisição pode ter ocorrido de várias formas, sob vários tipos, como herança, hasta pública, usucapião, compra, doação, permuta, dote e dação em pagamento. Mostra que se deve verificar se há, ou não, alguma desapropriação sobre o bem, ou transferência a outro título, como quando vai servir para integralização de cota social, ou ainda em razão de alienação fiduciária, se existe uma cláusula de inalienabilidade ou não, se edificações ali foram feitas e se há outras averbações.

Nesse ponto, já estava entusiasmado e não conseguia parar de ler todo o livro. Vi interessante estudo sobre o vendedor, se possuía ou não dívidas, se poderia haver fraude contra credores ou fraude à execução. Porém, quais são os direitos e deveres de um vendedor, que é comerciante, sócio, gerente ou administrador da empresa? Fica ele sujeito a algumas restrições para a venda?

É muita matéria, mas o estudo continua completo, chegando até mesmo a mostrar quando se deve perquirir se a venda foi feita com produto de crime ou se estaremos comprando de alguém que não pode vender livremente, como interditado. Lembra, ainda, que deve o comprador pedir e bem examinar as certidões pessoais do vendedor e conta que muitas vezes há processos que essas certidões pessoais poderão não mostrar, como acontecerá se um imóvel for adquirido por "A" no curso da união estável com "B", em que, provavelmente, constará, no registro imobiliário, como propriedade apenas de "A". No entanto, segundo a nova lei, "B" é também proprietário do imóvel, conforme previsão legal. E se este tiver contra si qualquer ação? Como chegar a esse também proprietário?

Nesse sentido, mostra no Capítulo 4 como é importante conhecer o estado civil do vendedor e como isso será possível. Lembra que pode não haver casamento e simples vida em comum do vendedor com alguém.

Fez o autor um capítulo inteiro, o 5º, para os casos em que a compra vai ser feita de uma pessoa jurídica, mostrando como se deverá proceder quando estiver o vendedor representado por alguém. Esclarece, então, de quem devemos pedir as certidões normalmente ali solicitadas (da empresa, dos sócios e da empresa). Isso porque, segundo o autor, "em algumas situações, o sócio, já insolvente, adquire bens em nome da empresa solvente, por ele gerida, resolvendo posteriormente aliená-los, em detrimento do direito de seus credores". Lembra que poderão, nesse caso, alguns credores impugnar a venda ou mesmo penhorar os bens vendidos pela empresa, por haver fraude contra credores; convém verificar, portanto, a situação financeira de seus sócios.

O livro, muito fundamentado e com ampla citação de jurisprudência em cada tópico, vai continuando no estudo da compra e venda de imóvel, passando pelo exame dos impostos devidos, de quem deverá pagá-los e em que momento deverá ser pago. Estuda para esses casos a incidência do ITBI, do IPTU, do ITR e de outras dívidas tributárias.

Há um capítulo todo para casos de compromisso de compra e venda, desde sua força, sua irretratabilidade, da necessidade do registro, quando cabe o pedido de adjudicação compulsória etc. Estuda, ainda, os casos em que o imóvel é comprado não pronto, mas ainda em regime de incorporação imobiliária, com as várias hipóteses de ser o pagamento pelo sistema de administração, a preço de custo, ou por empreitada. Analisa até mesmo a exigência de correção monetária, o que é muito importante em época de inflação.

Qual o direito sobre vagas em garagem? Devem elas ser objeto de uma só matrícula para a garagem como um todo ou pode existir uma matrícula para cada vaga na garagem? Há matrícula isolada para essas vagas?

Até mesmo para as compras de lotes, o livro pretende esclarecer todos os eventuais compradores, com estudo dos loteamentos, seu desmembramento em glebas ou em lotes urbanos, para encerrar com o estudo sobre o desmembramento de imóvel rural.

Além de mostrar como conhece profundamente o assunto, o autor sempre reforça sua posição, trazendo opiniões doutrinárias e com enorme citação de julgados em quase todos os pontos discutidos.

Este livro, sem dúvida nenhuma, é um trabalho brilhante, esclarecedor, completo e vai ser um sucesso para todos aqueles que trabalham com venda de imóveis, para os advogados, sempre consultados quando de compra de imóveis, e para todos nós, mortais, que buscamos adquirir nossa casa própria.

Não tenho a ventura de ser o escritor do livro, mas me orgulho dele e da honra que me foi concedida de ser o primeiro a aprender muito com as lições trazidas pelo brilhante e jovem autor.

Antonio Raphael Silva Salvador

Desembargador Coordenador de Cursos da Escola
Paulista da Magistratura e Professor de Processo Civil.

NOTA À 16ª EDIÇÃO

O leitor tem em mãos um livro jurídico, mas que foi escrito para ser compreendido também por pessoas de outras áreas. Quando a primeira edição foi publicada com apenas 189 páginas, no apagar das luzes do século XX, o objetivo era possibilitar que pessoas comuns entendessem os riscos da compra de um imóvel.

Fui atualizando e tratando de mais questões a cada edição. Até mesmo temas tormentosos, como aquisição de imóveis irregulares e direitos possessórios, são hoje tratados por esta obra.

Uma parte do público deste livro é composta por pessoas sem formação em Direito, mas que trabalham com imóveis (engenheiros, corretores, consultores, gestores imobiliários etc.). Outra parte é formada por estudantes de concursos, advogados, juízes e outros profissionais altamente especializados em direito imobiliário. Por ocasião de uma palestra que proferi em 2003 no Rio de Janeiro (RJ), por ocasião do advento do Código Civil de 2002, fiquei surpreso ao saber que até titulares de serventias notariais e de registro leem este livro.

Acredito que o caráter prático e didático seja a razão de um espectro tão extenso de leitores.

O objetivo é fazer com que o leitor conheça o tema *compra de imóveis*. Para tanto, é preciso descrever alguns aspectos cruciais, como registros imobiliários. Outras questões relevantes para certas operações imobiliárias também são desenvolvidas (ex.: loteamento, incorporação imobiliária, financiamento, aquisição de pessoa jurídica etc.). Contudo, este é um livro objetivo, que evita se aprofundar em discussões teóricas, limitando-se a descrever o que a lei diz e, especialmente, como ela é interpretada na prática.

Em algumas passagens, são abordadas questões econômicas, pois a operação imobiliária é uma atividade econômica. Isso é feito para que o leitor possa compreender o tema tratado: não é possível tratar de regulação ou normatização do que quer que seja sem conhecer o objeto que está sendo regulado ou normatizado.

Na prática, sabemos que normas hierarquicamente inferiores, como instruções normativas e provimentos, "podem" prevalecer sobre normas superiores. O leitor verá que nem sempre prevalece a lei ou a Constituição: muitas vezes, prevalecem normas infralegais, decisões judiciais contrárias às leis, atos casuísticos, regras costumeiras, situações de fato e um amplo espectro de situações ilegais, muitas das quais imprevisíveis e ilógicas. Descrevemos várias situações em que isso ocorre na prática.

Deve-se ter muito cuidado com normas infralegais: elas mudam com uma velocidade espantosa. Portanto, o leitor deve verificar se as normas infralegais mencionadas neste livro já não foram modificadas ou mesmo revogadas.

Sem ter a pretensão de criar "teses" ou "doutrinas", busca-se apenas descrever a realidade (fatos), tal como prevista em lei (direito positivo) e apreciada pelos tribunais (jurisprudência). É possível que, além da objetividade e da didática, o constante trabalho de atualização a cada nova edição seja a razão do sucesso desta obra.

Nesse contexto, são incluídas nesta edição menções a novos julgamentos importantes (a maior parte do STJ), que moldam a interpretação da legislação. Exemplo de decisão judicial importante foi o julgamento da Quarta Turma do STJ estabelecendo caso de inaplicabilidade analógica da Súmula nº 308 do STJ. Conhecer a jurisprudência é fundamental para que o leitor saiba o que prevalece na prática.

Em relação à edição anterior, que estava atualizada até janeiro de 2023, temos inúmeras modificações. Foram dois anos de intensa produção normativa (leis, provimentos do CNJ etc.), que tornou o trabalho de atualização muito pesado e demandou bastante tempo.

Destacamos as seguintes normas:

- Lei nº 14.595, de 5-6-2023;
- Lei nº 14.620, de 13-7-2023;
- Provimento CNJ nº 149, de 30-8-2023 – Código Nacional de Normas da Corregedoria Nacional de Justiça do Conselho Nacional de Justiça – Foro Extrajudicial (CNN/CN/CNJ-Extra);
- Lei nº 14.701, de 20-10-2023;
- Lei nº 14.711, de 30-10-2023 (Marco das Garantias);
- Lei nº 14.825, de 20-3-2024;
- Lei nº 14.932, de 23-7-2024;
- Lei nº 15.042, de 11-12-2024;
- Lei nº 15.081, de 30-12-2024;
- Resolução CCFGTS nº 1.116, de 15-4-2025, que criou o *Programa de Habitação Classe Média* ("Minha Casa, Minha Vida, Faixa 4");
- Medida Provisória nº 1.303, de 11-6-2025, que estabeleceu hipóteses de tributação, inclusive dos Certificados de Recebíveis Imobiliários e de outros instrumentos financeiros;
- Provimento CNJ nº 197, de 13-06-2025, que versa sobre a conta notarial (*escrow account*);

- Lei nº 15.190, de 8-8-2025 (Lei do Licenciamento Ambiental), respectiva Mensagem nº 1.097, de 8-8-2025, a respeito dos vetos ao projeto que deu origem a essa norma, bem como a Medida Provisória nº 1.308, de 8-8-2025, que versa sobre o licenciamento ambiental especial;
- Instrução Normativa RFB nº 2.275, de 15-8-2025 (Cadastro Imobiliário Brasileiro);
- Lei nº 15.206, de 12-9-2025.

Algumas questões surgidas necessitavam de explicação mais detalhada, o que atrasou o lançamento desta edição; era fundamental explicar, ainda que minimamente, as novidades mais importantes.

Nesta edição, incluímos uma seção dedicada apenas à Central Nacional de Indisponibilidade de Bens (CNIB), em razão das novidades trazidas pelo controvertido Provimento CNJ nº 188, de 4-12-2024, e pelo Provimento CNJ nº 190, de 25-4-2025.

Também acrescentamos uma seção para ratificação de outorgas de propriedade ou concessão de uso em imóveis situados na faixa de fronteira.

A maior parte dos temas abordados nesta obra não é tratada de forma excessivamente aprofundada. Isso só é feito quando absolutamente necessário.

Este livro é extremamente objetivo: fala, ao menos um pouco, de muita coisa. Assim, é indicado para quem deseja ter uma visão abrangente da aquisição de imóvel a título de compra. Para a maioria das situações, esta obra é mais do que suficiente. Para casos mais complexos, é um excelente ponto de partida para estudos mais aprofundados.

Por fim, agradeço aos professores, registradores e tabeliães que tanto me ajudaram nesta edição, em especial aos amigos João Paulo da Fonseca Machado (Professor do curso de Especialização em Direito Notarial e Registral da PUC-MG), Vander Zambeli Vale (Serviço Registral Imobiliário de Betim – MG) e Hércules Alexandre da Costa Benício (1º Ofício de Notas, Registro Civil e Protesto de Títulos do Núcleo Bandeirante – DF). Agradeço também aos colegas consultores do Senado, especialmente aos amigos Joaquim Maia Neto e Carlos Eduardo Elias de Oliveira, cuja colaboração foi mais do importante para a atualização deste livro.

Bruno Mattos e Silva
E-mail: brunosilva2008@hotmail.com
Facebook: @livrocompradeimoveis
Instagram: @silva.brunomattos

SUMÁRIO

1

O BEM IMÓVEL E SEUS REGISTROS

Todo bem imóvel deve ou deveria estar registrado em cartório. Atualmente, o registro é feito na *matrícula*. Alguns imóveis ainda não têm matrícula, mas têm registro em livro próprio, inclusive nos termos de leis já revogadas. Outros imóveis têm outros tipos de registros ou mesmo nenhum registro. Na linguagem popular, costuma-se dizer que imóveis regulares, com registro em cartório, são imóveis "escriturados". Veremos o que é escritura, o que é matrícula, bem como outros tipos de registros.

A Lei nº 6.015, de 31-12-73 (Lei de Registros Públicos – LRP), com as alterações efetuadas pela Lei nº 6.216, de 30-6-75, criou um sistema de registro de imóveis distinto do que havia até então, que era o das *inscrições* e *transcrições* em livros diferentes. A LRP veio sendo alterada ao longo do tempo, como veremos no decorrer deste livro.

A LRP determina, em seu art. 228 e nos termos dos arts. 176 e 176-A, a abertura de matrícula para todo imóvel que sofrer algum tipo de ato jurídico a ser registrado em cartório.[1] Assim, somente não tem matrícula hoje o imóvel regular que, desde o advento da Lei nº 6.015/73 (LRP), não sofreu nenhum registro de venda, de doação, de hipoteca, de penhora ou qualquer outro que a lei permite ou determina que seja registrado. Veremos neste livro também a questão dos imóveis irregulares.

Como a maior parte dos imóveis regulares ("escriturados") já sofreu ao menos um registro de qualquer desses atos, de 1º-1-76 (data em que a Lei nº 6.015/73 entrou em vigor, a teor do seu art. 298) até hoje, podemos concluir que a maioria dos imóveis

1 "Art. 228. A matrícula será efetuada por ocasião do primeiro registro a ser lançado na vigência desta lei, mediante os elementos constantes do título apresentado e do registro anterior nele mencionado". A Lei nº 14.382, de 27-6-2022, alterou o inciso I do § 1º e o § 14 do art. 176 da LRP para estabelecer que também, na hipótese de averbação, deverá ser aberta matrícula, bem como, facultativamente, nas hipóteses de conveniência do serviço e a pedido de interessado.

regulares já tem matrícula. Contudo, não serão raras as hipóteses em que serão encontrados imóveis cuja matrícula ainda não foi aberta.

Além dessas hipóteses, é até hoje possível encontrar imóveis muito antigos que não tenham nenhum tipo de registro, como veremos na seção 14.1. Também há imóveis em situação irregular que não têm registro adequado, como veremos na seção 11.6. Veremos outros tipos de registros, não efetuados em cartório imobiliário e que não se referem à propriedade do imóvel, mas sim a outros direitos.

1.1 A MATRÍCULA DO IMÓVEL

O registro imobiliário ainda existe na forma física (papel).[2] A matrícula é uma folha de papel, em um livro ou uma ficha,[3] que tem um número e só se refere a apenas um imóvel em particular. Na mesma medida, para cada imóvel há apenas uma matrícula (veremos uma exceção a isso na seção 2.14 deste livro). Por isso, a matrícula é o "assento de nascimento do imóvel" ou a "carteira de identidade do imóvel", uma vez que a matrícula identifica o imóvel. O que tem sido chamado de "CPF do imóvel" é o CIB – Cadastro Imobiliário Brasileiro, que está sendo implantado pela Receita Federal, nos termos da Instrução Normativa RFB nº 2.275, de 15-8-2025.

Nessa folha, estará contada toda a história do imóvel, através dos sucessivos registros e averbações. Assim, será possível saber quem foram os proprietários do imóvel, quantas vezes o imóvel foi hipotecado etc.

Essa é, sem dúvida alguma, a grande vantagem do sistema atual em relação ao sistema anterior ao da Lei nº 6.015/73: todos os registros relativos ao imóvel estão em um único documento, que é a folha de matrícula. A consulta é mais fácil e o registro é mais seguro.

Toda matrícula terá um número[4] e irá começar com uma descrição do imóvel. Exemplo:

---

2 O art. 11 da Lei nº 14.328, de 27-6-2022, alterou o art. 1º da Lei de Registros Públicos. Foi substituído o verbo *poderão* constante do § 3º pelo verbo *serão*:

"Art. 1º (...)

(...)

§ 3º Os registros serão escriturados, publicizados e conservados em meio eletrônico, nos termos estabelecidos pela Corregedoria Nacional de Justiça do Conselho Nacional de Justiça, em especial quanto aos:

I – padrões tecnológicos de escrituração, indexação, publicidade, segurança, redundância e conservação; e

II – prazos de implantação nos registros públicos de que trata este artigo.

§ 4º É vedado às serventias dos registros públicos recusar a recepção, a conservação ou o registro de documentos em forma eletrônica produzidos nos termos estabelecidos pela Corregedoria Nacional de Justiça do Conselho Nacional de Justiça."

3 O prazo para transposição de fichas para um sistema digitalizado foi prorrogado para 25-5-2026 por força do Provimento CNJ nº 198, de 16-6-2025.

4 Em razão da aplicação do art. 235-A da Lei de Registros Públicos, incluído pela Lei nº 13.465, de 11-7-2017, e do Provimento CNJ nº 89, de 18-12-2019, está sendo implantado o Código

> "UM TERRENO, sem benfeitorias, situado na Rua das Palmeiras nº 225, antigamente chamada de Rua do Cemitério, medindo 25 metros de frente. (...)".

Na matrícula, deverá constar o nome de quem era o proprietário, quando a matrícula foi aberta, além de diversos dados relevantes.

Se existir uma construção no terreno, poderá essa construção estar descrita no início da matrícula ou existir uma averbação dessa construção em algum registro posterior dessa mesma matrícula. Veremos a questão da averbação da construção no Capítulo 2, na seção 2.33.

O acesso às informações constantes da matrícula pode ser feito por meio da obtenção e leitura da certidão da situação jurídica do imóvel (conhecida como "certidão do imóvel", "certidão da matrícula", "certidão de ônus" ou "certidão vintenária"). Para tanto, basta efetuar o pedido da certidão no próprio cartório de registro de imóveis. Qualquer pessoa pode pedir certidão de qualquer imóvel.

O Provimento CNJ nº 89, de 18-12-2019,[5] regulamentou o Sistema de Registro Eletrônico de Imóveis (SREI),[6] objetivando disponibilizar o acesso a todas as matrículas de imóveis registradas nos diversos cartórios do Brasil por meio eletrônico. O sistema eletrônico de obtenção de certidões já está disponível para imóveis de vários Estados e o acesso é por meio do *site* https://www.registrodeimoveis.org.br. Vide Lei nº 14.382, de 27-6-2022, decorrente da Medida Provisória nº 1.085, de 27-12-2021.

Com a leitura dos registros, que se seguirão à descrição do imóvel, será possível saber se o proprietário, que consta da descrição ou do início da matrícula, continua figurando como proprietário do imóvel.

Caso tenha ocorrido uma venda e o comprador tenha registrado sua escritura no Cartório de Registro de Imóveis, deverá constar da matrícula, abaixo da descrição do imóvel, um registro dessa compra. Irão constar "R1", "R2", na sequência cronológica dos registros efetuados.

Partindo, porém, dessa premissa simples (venda de imóvel e registro da venda no Cartório), podem surgir diversos problemas, que são o tema deste livro.

Teoricamente, somente deve existir uma matrícula para cada imóvel.[7] Mas há casos específicos em que algo que as pessoas identificam como *um* imóvel, na verdade, sob o

---

Nacional de Matrículas (CNM). A numeração de cada matrícula será acrescida de números identificando o cartório de registro do imóvel. Cada matrícula terá um total de quinze dígitos. Além disso, por força do Decreto nº 11.208, de 26-9-2022, da Lei Complementar nº 214, de 16-1-2025, e da Instrução Normativa RFB nº 2.275, de 15-8-2025, está sendo implantado, no âmbito do Sistema Nacional de Gestão de Informações Territoriais (SINTER), o Cadastro Imobiliário Brasileiro (CIB).

5 Esse provimento sofreu alterações. Vide Provimento CNJ nº 143, de 25-4-2023.

6 Art. 76 da Lei nº 13.465/2017.

7 Veremos exceções a esse princípio em outras seções deste livro.

aspecto jurídico, são dois (ou mais) imóveis. Imagine-se, por exemplo, um sítio qualquer, devidamente murado ou com cercas delimitando toda sua extensão. É razoável pensar que para esse sítio há apenas uma matrícula. Mas pode existir mais de uma matrícula para esse sítio, abrangendo cada matrícula um pedaço do sítio. Embora isso seja invisível aos olhos das pessoas, a existência de uma matrícula para cada pedaço do sítio faz com que, juridicamente, exista mais de um imóvel. Voltaremos a essa questão na seção 1.13.

Em sentido oposto, pode existir, juridicamente, um imóvel, com uma única matrícula, mas que se encontra dividido ou parcelado entre várias pessoas. É o que veremos nas seções 1.10 e 11.6.

Além disso, podem existir erros de técnica registral cometidos pelo cartório imobiliário ou por outros profissionais envolvidos com os negócios imobiliários. Exemplos: matrícula aberta para parte ideal de imóvel, registros de imóveis com áreas sobrepostas, registro efetuado em matrícula que deveria ter sido encerrada em razão de unificação com outra matrícula, terreno da União registrado como propriedade particular etc.[8]

A matrícula é o cerne do registro imobiliário e, portanto, da propriedade imóvel e da sua segurança jurídica.

Embora a "espinha dorsal" do sistema de registros públicos brasileiros seja a Lei nº 6.015, de 31-12-1973 (Lei de Registros Públicos – LRP), há outra normal que, na prática, é tão ou talvez até mais importante: o Código Nacional de Normas da Corregedoria Nacional de Justiça do Conselho Nacional de Justiça – Foro Extrajudicial (CNN/CN/CNJ-Extra), instituído pelo Provimento CNJ nº 149, de 30-8-2023.

Essa norma deve sempre ser consultada, não só pelo caráter prático, mas sobretudo porque tem sido alterada por provimentos do CNJ de forma muito frequente.

Uma delas foi a alteração efetuada pelo Provimento CNJ nº 195, de 3-6-2025, estabelecendo que por ocasião do ato de abertura da matrícula do imóvel, além das informações obrigatórias constantes do art. 176, II, da Lei nº 6.015/73, a matrícula deverá conter os elementos estabelecidos no art. 440-AQ do referido CNN/CN/CNJ-Extra.[9]

---

[8] Vide art. 440-BB, incluído no Código Nacional de Normas da Corregedoria Nacional de Justiça do Conselho Nacional de Justiça pelo Provimento CNJ nº 195/2025.

[9] "Art. 440-AQ. Além das informações obrigatórias constantes do art. 176, II, da Lei n. 6.015/1973, por ocasião do ato de abertura, a matrícula deverá conter: I – o Código Nacional de Matrícula (CNM), na forma do art. 331 deste Código; II – a indicação da área do imóvel em metros quadrados (m^2) para imóveis urbanos e em hectares (ha) para imóveis rurais, respeitado o disposto no § 15, inciso III, do art. 176 da Lei Federal n. 6.015/1973; III – a descrição perimetral mediante georreferenciamento para: a) os imóveis rurais, com obrigatoriedade de prévia certificação da poligonal no INCRA, na forma dos § 3º a 5º do art. 176 da Lei n. 6.015/1973; b) os demais imóveis rurais, caso em que a certificação da poligonal no INCRA é facultativa, a critério do interessado; e c) os imóveis urbanos nas seguintes hipóteses: 1) requerimento do interessado; 2) regularização fundiária urbana (Reurb); IV – os códigos dos seguintes cadastros imobiliários obrigatórios que abranjam total ou parcialmente a área objeto da matrícula: a) no caso de imóveis urbanos: 1) o Cadastro Imobiliário Fiscal (CIF), ou qualquer outra denominação de cadastro ou inscrição imobiliária urbana, quando houver designação cadastral estabelecida pelo município; 2) o Ca-

1.2 O CARTÓRIO ONDE O IMÓVEL DEVE ESTAR REGISTRADO

O imóvel deverá estar registrado (seja com matrícula ou com transcrição) em determinado cartório imobiliário. Não devemos confundir o cartório imobiliário com outros tipos de cartório ou com outros locais em que pode existir algum outro registro de algum outro tipo de direito incidente sobre o imóvel.

O cartório imobiliário pode até não estar situado próximo do imóvel, mas deve, necessariamente, ser o único cartório imobiliário competente para o registro em determinada área (circunscrição).

Assim, o imóvel "A", situado na circunscrição "B", só poderá estar registrado no cartório imobiliário referente à circunscrição "B". Nesse Cartório, deverá constar a matrícula do imóvel no livro próprio (note-se que talvez o cartório não esteja na circunscrição "B", mas no centro da cidade, em outro bairro ou mesmo em uma cidade próxima).

Por meio da consulta à matrícula, qualquer pessoa poderá verificar a situação do imóvel, quem é seu proprietário, se está penhorado etc. Os registros imobiliários são públicos, o que significa que todos podem ter acesso a eles.[10]

---

dastro Imobiliário Brasileiro (CIB), quando efetivamente implantado, emitido pela Secretaria da Receita Federal do Brasil (RFB); b) no caso de imóveis rurais: 1) o Código do Imóvel Rural do Certificado de Cadastro de Imóvel Rural (CCIR), emitido pelo Incra; 2) o Número do Imóvel na Receita Federal (Nirf) ou do CIB, quando efetivamente implantado, emitidos pela Secretaria da Receita Federal do Brasil (RFB); e 3) o código de inscrição do Cadastro Ambiental Rural (CAR), emitido pelos órgãos ambientais competentes; 4) no caso de imóveis rurais adquiridos por pessoa jurídica, a informação da nacionalidade da pessoa que possui a maioria do capital social, nos termos da Lei n. 5.709/1971. § 1º No caso da identificação do imóvel urbano, sem prejuízo das informações obrigatórias no art. 176, II, '3', 'b', da Lei 6015/73, o oficial de registro de imóveis deverá consignar, em sendo possível e se for o caso, os seguintes dados: a) Código de Endereçamento Postal – CEP; b) logradouro completo, bairro ou setor, município e estado; c) número do lote, quadra e nome do loteamento, desmembramento ou condomínio de lotes, se houver, nos parcelamentos de solo urbano de que trata a Lei n. 6.766/1979; d) nome e/ou número do bloco e número da unidade autônoma, no caso de condomínio edilício; e) outros dados de localização que sejam úteis à descrição do imóvel conforme costumes locais, como pontos de referência notórios. § 2º No caso da identificação do imóvel rural, sem prejuízo das informações obrigatórias no art. 176, II, '3', 'a' da Lei n. 6.015/73, o oficial de registro deverá consignar, sendo possível e se for o caso, os seguintes dados: a) Código de Endereçamento Postal – CEP; b) vila, povoado, distrito ou outra nomenclatura do local de situação do imóvel, município e estado; c) outros dados de localização que sejam úteis à descrição do imóvel, conforme costumes locais. § 3º As informações relativas aos cadastros imobiliários obrigatórios serão averbadas nas matrículas existentes, quando da prática do primeiro ato de registro voluntário após a vigência do Provimento n. 195, de 3 de junho de 2025, e serão inseridas em campo próprio destinado a esses cadastros no caso de abertura de novas matrículas."

10 O art. 17 da Lei de Registros Públicos é expresso no sentido de que qualquer pessoa pode requerer certidão do registro sem informar o motivo da solicitação. Trata-se de positivação do princípio da publicidade, que é um princípio constitucional da Administração Pública. A

É fundamental que, na matrícula, as confrontações e características do imóvel estejam claramente descritas. Em geral, nas grandes cidades isso não constitui problema, estando o imóvel bem identificado na matrícula. Existem, porém, casos, principalmente na zona rural deste imenso Brasil e em transcrições antigas, em que são feitas referências a cercas, árvores, pequenos montes, construções e toda a sorte de coisas que podem ser mudadas de lugar, ou de referências a indicações vagas e imprecisas. Essas descrições não são boas, pois não demonstram de forma clara qual é o imóvel e quais são seus limites.

Conforme o caso, será possível corrigir isso mediante processo de retificação.[11] A esse respeito, veja na seção 1.3 o art. 440-AR do Código Nacional de Normas da Corregedoria Nacional de Justiça do Conselho Nacional de Justiça – Foro Extrajudicial (CNN/CN/CNJ-Extra), instituído pelo Provimento CNJ nº 149, de 30-8-2023, alterado pelo Provimento CNJ nº 195, de 3-6-2025, que mencionaremos a seguir.

Atualmente, há vários locais, oficiais ou não, disponíveis na internet em que o comprador poderá obter informações a respeito do imóvel de registros (vide seção 3.12). O site oficial é do Operador Nacional do Registro (ONR): ridigital.org.br. Embora seja uma pessoa jurídica de direito privado,[12] o ONR tem diversas competências atribuídas pela legislação, inclusive competências normativas (por mais estranho que isso possa parecer).[13]

Assim, o Sistema de Registro Eletrônico de Imóveis (SREI) é operado, em âmbito nacional, pelo mencionado Operador Nacional do Sistema de Registro Eletrônico de Imóveis (ONR).[14]

Veremos ao longo deste livro de várias questões, desafios e soluções que estão surgindo com velocidade espantosa ultimamente no âmbito de atos e registros eletrônicos.

Assim dispõe o Código Nacional de Normas da Corregedoria Nacional de Justiça do Conselho Nacional de Justiça – Foro Extrajudicial (CNN/CN/CNJ-Extra), instituído pelo Provimento CNJ nº 149, de 30-8-2023, com a alteração efetuada pelo Provimento CNJ nº 195, de 3-6-2025. Vejam que interessante:

> "Art. 320-O. São módulos operacionais do SREI, entre outros criados pelo ONR para a consecução de suas finalidades:

---

esse respeito, vide: SILVA, Bruno Mattos e. *Direito administrativo para concursos*. 2. ed. Belo Horizonte, 2008. p. 4-5.

11 *Processo de retificação* é o meio hábil de se alterar o registro de imóveis que não está de acordo com a realidade dos fatos. Assim, se o imóvel "B" se apresenta descrito como tendo 800 m2, mas na realidade abrange 850 m^2, cabe o Processo de Retificação (que será judicial ou administrativo, conforme o caso). Não caberá nunca o Processo de Retificação como forma de se acrescer a propriedade, pois nesse caso o meio hábil será a usucapião, a acessão etc. O Processo de Retificação, portanto, apenas visa adequar o registro aos fatos, não alterando o Direito. Vide art. 440-AS e arts. 440-AX a 440-BA, incluídos no CNN/CN/CNJ-Extra pelo Provimento CNJ nº 195, de 3-6-2025.

12 Dispõe o § 2º do art. 76 da Lei nº 13.465, de 11-7-2017: "§ 2º O ONR será organizado como pessoa jurídica de direito privado, sem fins lucrativos".

13 Vide o seguinte endereço: https://www.registrodeimoveis.org.br/onr.

14 Art. 76 da Lei nº 13.465, de 11-7-2017.

I – a Central Nacional de Indisponibilidade de Bens (CNIB);[15]

II – o Serviço de Atendimento Eletrônico Compartilhado (Saec);

III – o Inventário Estatístico Eletrônico do Registro de Imóveis (IERI-e); e

IV – o Sistema de Informações Geográficas do Registro de Imóveis (SIG-RI).

§ 1º O ONR editará manual técnico operacional e demais instruções técnicas de normalização necessárias para a regulamentação dos módulos de que trata este artigo, inclusive estabelecendo:[16]

I – os procedimentos operacionais padrões (POPs) referentes aos atos registrais, às notas devolutivas, aos elementos mínimos de especialidade e à formalização da matrícula eletrônica no registro de imóveis;

II – os padrões de configuração dos sistemas de automação das serventias de registro de imóveis para atendimento do SREI, IERI-e e para o encaminhamento eletrônico de dados ao SIG-RI;

III – a qualidade da infraestrutura e os padrões tecnológicos para consulta, recepção e resposta automatizada de dados estruturados, bem como o procedimento a ser realizado pelos oficiais de registro de imóveis para implantação e funcionamento de sistema nacional de gravames imobiliários.

IV – outros aspectos indicados neste Código que sejam pertinentes ao adequado funcionamento dos módulos operacionais.

§ 2º O ONR poderá celebrar convênios e acordos de cooperação técnica para a integração dos cadastros multifinalitários e dos registros públicos, mediante recebimento dos dados cadastrais, geoespaciais, fiscais e jurídicos relativos a bens imóveis (por natureza, por acessão ou por determinação legal), para o controle de disponibilidade e publicação de informações sobre terras públicas e privadas, bem assim para a concretização de quaisquer das finalidades deste Código.

(...)

Art. 343-D. O Sistema de Informações Geográficas do Registro de Imóveis (SIG-RI) destina-se a servir de base de dados geográficos relativos às informações imobiliárias mantidas pelos cartórios de registro de imóveis.

§ 1º A gestão e a manutenção do SIG-RI incumbem ao Operador Nacional do Sistema de Registro Eletrônico de Imóveis (ONR).

§ 2º O Mapa do Registro de Imóveis do Brasil (Mapa) é a ferramenta do SIG-RI destinada a servir como plataforma gráfica dos imóveis registrados nos cartórios de registro de imóveis, de modo a, entre outras finalidades:

I – viabilizar consultas públicas;

II – permitir a análise e gestão dos processos de georreferenciamento em relação aos imóveis registrados;

---

15 Vide Seção 3.16 deste livro.

16 Vide o seguinte endereço: https://mapa.onr.org.br/sigri/manual.

> III – permitir interações com outros bancos de dados que possuam coordenadas geodésicas;
>
> IV – permitir a identificação de eventual sobreposição, total ou parcial, de poligonais de matrículas, com acesso a, no mínimo, estas informações:
>
> a) área do imóvel objeto da matrícula;
>
> b) área do imóvel em sobreposição;
>
> c) área, perímetro e porcentagem da sobreposição existente;
>
> V – alertar automaticamente possíveis casos de sobreposição ou vácuo dominial entre imóveis que ultrapassem os limites das tolerâncias posicionais normatizadas, conforme manual técnico do ONR (art. 320-O, § 1º).
>
> § 3º O SIG-RI deverá manter interoperabilidade entre os registros de imóveis e os sistemas de governança fundiária, nos termos de manual técnico do ONR (art. 320-O, § 1º).
>
> § 4º Conforme regulamentado em manual técnico do ONR (art. 320-O, § 1º), os sistemas de automação dos registros de imóveis poderão integrar-se com o SIG-RI, por meio de *Application Programming Interface* – API, a fim de possibilitar o intercâmbio das informações geodésicas dos imóveis necessárias à alimentação, em tempo real, dos dados eletrônicos."

A consulta e utilização desses instrumentos é mais do que recomendável. O Sistema de Informações Geográficas do Registro de Imóveis do Brasil (SIG-RI), disponível no endereço https://mapa.onr.org.br/sigri/, que tem sido muito usado por engenheiros, objetiva o seguinte:

> "Para reunir informações sobre o território nacional, o ONR desenvolveu o Mapa do Registro de Imóveis do Brasil, que usa inteligência artificial para disponibilizar dados públicos sobre os diferentes tipos de ocupação legal do solo no país.
>
> Você pode contribuir para dar mais publicidade às informações que vêm sendo consultadas pelos diversos agentes de mercado. Ao realizar o envio dos polígonos para o Mapa, você colabora na tomada de decisões, na segurança das transações imobiliárias, aumentando ainda mais a liquidez do setor de Registro de Imóveis."

1.3 COMO E QUANDO O COMPRADOR PASSA A SER O DONO DO IMÓVEL

A forma de aquisição da propriedade, por meio de compra e venda, é feita pelo registro[17] do título de aquisição no cartório imobiliário. Portanto, não é proprietário o

---

[17] O art. 168 da Lei nº 6.015/73 (Lei de Registros Públicos) dispôs do seguinte modo: "Art. 168. Na designação genérica de registro, consideram-se englobadas a inscrição e a transcrição a que se referem as leis civis." O antigo Código Civil falava em transcrição.

A despeito de até hoje algumas pessoas ainda utilizarem o vocábulo *transcrição* em vez de *registro*, tendo em vista a lei atual que cuida da matéria, será o termo *registro* utilizado no curso

indivíduo que não efetuou o registro do título na matrícula do imóvel. O Código Civil, em seu art. 1.245, é claro a esse respeito:

> "Art. 1.245. Transfere-se entre vivos a propriedade mediante o registro do título translativo no Registro de Imóveis.
>
> § 1º Enquanto não se registrar o título translativo, o alienante continua a ser havido como dono do imóvel.
>
> § 2º Enquanto não se promover, por meio de ação própria, a decretação de invalidade do registro, e o respectivo cancelamento, o adquirente continua a ser havido como dono do imóvel."

Que "título" é esse? *Título* é o documento que a lei considera hábil para, ao ser registrado no cartório imobiliário, efetivar a transferência da propriedade do bem imóvel. No caso da compra e venda, como regra geral, será uma *escritura pública.*

Escritura pública é um documento que pode ser produzido em qualquer cartório de notas (tabelionato), por um agente público, que é a pessoa devidamente autorizada pelo Poder Público a exercer essa função, ou em um consulado brasileiro no exterior (art. 221, I, da Lei nº 6.015/73). Instrumento particular, ao contrário, é elaborado por qualquer pessoa que não tenha essa função pública.

Existem hipóteses que a legislação permite que ocorra a aquisição da propriedade do imóvel por meio do registro de um *instrumento particular.* Vejamos, rapidamente, algumas dessas hipóteses:

- compra de imóvel com valor igual ou inferior a 30 vezes o maior salário mínimo vigente no país, a teor do art. 108 do Código Civil;[18]

---

desta obra, exceção feita, evidentemente, às citações de autores, de leis e julgados que usaram *transcrição.*

[18] Embora o Enunciado nº 289, aprovado na IV Jornada de Direito Civil, realizada pelo Conselho da Justiça Federal nos dias 25 a 27-10-2006 (válido como doutrina), afirme que "O valor de 30 salários mínimos constante no art. 108 do Código Civil brasileiro, em referência à forma pública ou particular dos negócios jurídicos que envolvam bens imóveis, é o atribuído pelas partes contratantes, e não qualquer outro valor arbitrado pela Administração Pública com finalidade tributária", a jurisprudência tem orientação distinta:

"Recurso especial. Procedimento de dúvida suscitado pelo Oficial do Cartório de Registro de Imóveis. Discussão sobre a interpretação do art. 108 do CC. Procedência da dúvida nas instâncias ordinárias. Entendimento pela necessidade de escritura pública para registro de contrato de compra e venda de imóvel cujo valor da avaliação pelo Fisco foi superior a trinta salários mínimos, ainda que o valor do negócio declarado pelas partes tenha sido inferior. Insurgência da empresa requerente do registro. (...) O art. 108 do CC se refere ao valor do imóvel, e não ao preço do negócio. Assim, havendo disparidade entre ambos, é aquele que deve ser levado em conta para efeito de aplicação da ressalva prevista na parte final desse dispositivo legal. 3. A avaliação feita pela Fazenda Pública para atribuição do valor venal do imóvel é baseada em critérios objetivos previstos em lei, refletindo, de forma muito mais consentânea com a realidade

- contrato celebrado no âmbito do Sistema Financeiro de Habitação, a teor do art. 61, § 5º, da Lei nº 4.380, de 21-8-1964, incluído pela Lei nº 5.049, de 29-6-1966;
- contrato de alienação fiduciária, a teor do art. 38 da Lei nº 9.514, de 20-11-1997,[19] sendo que, no momento do fechamento desta 16ª edição, prevalece que também a compra e venda de imóveis entre pessoas comuns com alienação fiduciária pode ser feita por instrumento particular (embora isso pouco ocorra na prática, salvo venda por incorporadora);[20]
- contrato de alienação de imóveis funcionais da União situados no Distrito Federal, nos termos do art. 2º, V, da Lei nº 8.025, de 12-4-1990;
- contrato celebrado no âmbito de loteamentos populares,[21] previstos na Lei nº 9.785, de 29-1-1999;
- aquisição de imóvel por meio de consórcio regido pela Lei nº 11.795, de 8-10-2008 (art. 45, parágrafo único).[22] A Lei não diz, mas é razoável entender que essa possibilidade de utilização do instrumento particular somente se aplica na hipótese em que há aquisição de imóvel previamente especificado (art. 12)[23] feita pela administradora

---

do mercado imobiliário, o verdadeiro valor do imóvel objeto do negócio. 4. Recurso especial desprovido" (REsp nº 1.099.480/MG, Quarta Turma, Rel. Min. Marco Buzzi, j. em 2-12-2014).

19 "Art. 38. Os atos e contratos referidos nesta Lei ou resultantes da sua aplicação, mesmo aqueles que visem à constituição, transferência, modificação ou renúncia de direitos reais sobre imóveis, poderão ser celebrados por escritura pública ou por instrumento particular com efeitos de escritura pública." (Redação dada pela Lei nº 11.076, de 30-12-2004)

20 Pedido de Providências nº 0007122-54.2024.2.00.0000, movido pela União Federal perante a Corregedoria Nacional de Justiça, que suspendeu os efeitos do Provimento CNJ nº 172, de 5-6-2024. O Corregedor Nacional de Justiça poderia ter alterado a norma a que se refere referido Provimento (Código Nacional de Normas da Corregedoria Nacional de Justiça do Conselho Nacional de Justiça, criado pelo Provimento CNJ nº 149, de 30-8-2023), mas optou pela suspensão dos efeitos. No STF, no Mandado de Segurança nº 39.930, em 13-12-2024, o Ministro Gilmar Mendes decidiu pela "possibilidade de formalização, por instrumento particular com efeitos de escritura pública, de alienação fiduciária em garantia sobre bens imóveis e de atos conexos, em todas as suas operações".

21 "Registro de imóveis. Dúvida julgada procedente. Registro de compromisso de compra e venda. Interpretação restritiva do § 6º do artigo 26 da Lei nº 6.766/79. Dispensa de escritura pública que somente alcança loteamentos populares. Registro inviável. Recurso improvido" (CSM-SP, Apelação Cível nº 201-6/0, Rel. Des. José Mário Antonio Cardinale, j. em 8-6-2004, *DOE* de 13-10-2004).

22 "Art. 45. O registro e a averbação referentes à aquisição de imóvel por meio do Sistema de Consórcios serão considerados, para efeito de cálculo de taxas, emolumentos e custas, como um único ato. Parágrafo único. O contrato de compra e venda de imóvel por meio do Sistema de Consórcios poderá ser celebrado por instrumento particular."

23 "Art. 12. O contrato de participação em grupo de consórcio, por adesão, poderá ter como referência bem móvel, imóvel ou serviço de qualquer natureza. Parágrafo único. O contrato de grupo para a aquisição de bem imóvel poderá estabelecer a aquisição de imóvel em empreendimento imobiliário."

de consórcios (art. 5º), e não na hipótese em que o consorciado obtém uma carta de crédito e adquire imóvel de sua escolha (arts. 14, 22 e 24).[24]

Os populares compromissos ou promessas de compra e venda também podem ser celebrados por instrumento particular e, embora possam ser registrados (em certos casos) e confiram importantes direitos ao comprador, não transferem a propriedade do imóvel, como veremos no Capítulo 8. Também veremos no Capítulo 8 a questão dos chamados "contratos verbais" de aquisição de imóvel.

Outro possível registro é o da certidão expedida pela Junta Comercial quando ocorrer incorporação de imóvel para formação de capital social em sociedade empresária, de acordo com o art. 64 da Lei nº 8.934, de 18-11-1994. Na linguagem popular, é a hipótese em que a pessoa "entra com bens em uma empresa". Note-se que não é o contrato social ou mesmo um instrumento particular de transferência do imóvel que será registrado no cartório imobiliário: a Lei prevê que o contrato social ou sua alteração será registrado na Junta Comercial e, feito isso, a Junta Comercial expedirá uma certidão do registro do contrato social, que será registrada no cartório imobiliário para efetivar a transferência da propriedade do imóvel para a sociedade. Esse mecanismo tem sido utilizado para a criação das chamadas "*holdings* familiares". Vide Capítulo 7.

No título (seja ele qual for) deve constar a *causa* do negócio jurídico (se é uma compra e venda, uma doação, uma permuta etc.). Além disso, deve, por óbvio, bem descrever o imóvel, pois é com base nesse título que será feito o registro, razão pela qual ele deve ser perfeito, sob pena de o Oficial recusar o registro. Ocorre que para o título ser registrado, sua descrição deverá ser coincidente com a existente no registro de imóveis, a teor do art. 225 da Lei nº 6.015/73. Vide a Lei nº 14.328, de 27-6-2022, decorrente da Medida Provisória nº 1.085, de 27-12-2021.

No tocante a imóveis *urbanos*, a descrição e a caracterização do imóvel na escritura pública são dispensadas pelo art. 2º da Lei nº 7.433, de 18-12-85, desde que esses elementos já constem da situação jurídica do imóvel (popularmente conhecida como "certidão de ônus") que deve ser apresentada ao tabelião. Nessa hipótese, de acordo com o § 1º desse mesmo art. 2º, a escritura consignará exclusivamente o número do registro ou matrícula no Registro de Imóveis, sua completa localização, logradouro, número, bairro, cidade, Estado e a apresentação de alguns documentos. Quais são eles?

---

24 "Art. 14. No contrato de participação em grupo de consórcio, por adesão, devem estar previstas, de forma clara, as garantias que serão exigidas do consorciado para utilizar o crédito. (...)."

"Art. 22. A contemplação é a atribuição ao consorciado do crédito para a aquisição de bem ou serviço bem como para a restituição das parcelas pagas, no caso dos consorciados excluídos, nos termos do art. 30. (...) § 3º O contemplado poderá destinar o crédito para a quitação total de financiamento de sua titularidade, sujeita à prévia anuência da administradora e ao atendimento de condições estabelecidas no contrato de consórcio de participação em grupo."

"Art. 24. O crédito a que faz jus o consorciado contemplado será o valor equivalente ao do bem ou serviço indicado no contrato, vigente na data da assembleia geral ordinária de contemplação."

Para lavraturas de escrituras relativas a imóveis urbanos ou rurais, é necessária a apresentação do documento comprobatório do pagamento do Imposto de Transmissão *inter vivos* – *ITBI* (no passado conhecido como "Sisa"),[25] as certidões fiscais e a certidão de ônus reais.

Existe entendimento de que "As certidões fiscais a que alude o art. 1º, § 2º, da Lei nº 7.433/1985, que dispõe sobre os requisitos da escritura pública, referem-se exclusivamente aos tributos relativos ao imóvel (IPTU/ITR), conforme Decreto nº 93.240/1986, sendo indevida a exigência de certidões fiscais de outra natureza na qualificação registral".[26]

Seguir essa orientação é arriscado para o comprador, tal como veremos ao longo deste livro, em especial nas seções 3.3 e 5.3.

O risco realmente existe. Tanto é assim que há entendimento no sentido de que "Nas escrituras relativas a fatos, atos ou negócios relativos a imóveis, inclusive o inventário, separação, divórcio e dissolução de união estável, é cabível a menção à consulta feita ao sítio eletrônico da Receita Federal. A existência de débitos tributários será consignada na escritura, com a advertência das partes sobre os riscos relativos à realização do ato notarial".[27]

A obrigatoriedade da apresentação das certidões de feitos ajuizados (certidão do distribuidor) não mais consta do rol dos documentos exigíveis do art. 1º, § 2º, da Lei nº 7.433/85, em razão do advento da Lei nº 13.097, de 19-1-2015. Contudo, elas deverão ser obtidas, pelas razões que exporemos ao longo deste livro, especialmente na seção 2.36 e no Capítulo 3. É possível que o advento da Lei nº 14.382, de 27-6-2022, decorrente da Medida Provisória nº 1.085, de 27-12-2021, venha a possibilitar que essa cautela seja dispensada, mas ainda é cedo para que possamos concluir isso, tal como veremos na seção 3.4.

Mesmo antes do advento da Lei nº 13.097/2015 havia divergência quanto à existência de obrigação legal de obtenção e apresentação da certidão dos feitos ajuizados contra o vendedor (certidões dos distribuidores cível, federal e da Justiça do Trabalho). Contudo, muitos dos que sustentavam a inexistência da obrigação legal, entendiam que o mais adequado, por cautela, seria a obtenção das certidões e não faziam qualquer negócio jurídico sem elas. Além disso, quando não apresentadas, muitos tabeliões faziam constar da escritura que o comprador teria "dispensado" a apresentação das certidões, algo que não parecia correto: ou as certidões eram legalmente obrigatórias – e não

---

25 Significativa parte dos tabeliães já não mais exige a apresentação do comprovante de pagamento do ITBI por ocasião da lavratura da escritura pública de compra e venda, tal como veremos na seção 7.4 deste livro.

26 Enunciado nº 13 aprovado na 1ª Jornada de Direito Notarial e Registral, realizada pelo Conselho da Justiça Federal em 2022, válido como doutrina.

27 Enunciado nº 47 aprovado na 1ª Jornada de Direito Notarial e Registral, realizada pelo Conselho da Justiça Federal em 2022, válido como doutrina.

haveria possibilidade de "dispensa"; ou as certidões não eram obrigatórias - caso em que não haveria qualquer necessidade de "dispensa". Há normas estaduais já modificadas em virtude da alteração promovida pela Lei nº 13.097/2015.[28] Vamos aguardar como será a interpretação da Lei nº 14.328/2022 pelos tribunais, tal como vimos acima.

Se da escritura constar a existência de atos ou fatos que não estão registrados ou averbados na matrícula, possivelmente o cartório imobiliário irá recusar ou poderá recusar seu registro. Exemplo: se na escritura existe a compra e venda de uma casa, mas no cartório imobiliário só existe a matrícula do terreno, sem a averbação da construção da casa, o oficial do cartório imobiliário poderá (ou não) recusar o registro.

Caso um título (escritura pública ou não) seja apresentado no cartório imobiliário, e seu registro, negado, deve o apresentante do título (ex.: o comprador) cumprir as exigências feitas pelo cartório (o correto é o apresentante receber uma "nota de devolução") ou solicitar o procedimento previsto no art. 198 da LRP, com redação dada pela Lei nº 14.382, de 27-6-2022.

Um título somente pode ser registrado se o imóvel estiver matriculado ou registrado em nome do outorgante, a teor do que dispõe o art. 195 da Lei nº 6.015/73, que positiva o *princípio da continuidade* dos registros de imóveis. Assim, deverá o título de aquisição do vendedor estar devidamente registrado para que possa o comprador registrar o seu. O objetivo da adoção do *princípio da continuidade* é impedir que aquele que, perante o registro imobiliário, não é o proprietário, possa vender o imóvel. Há, porém, exceções ao *princípio da continuidade* (exemplo: usucapião).[29]

De qualquer modo, não é inédita a hipótese em que o cartório de registro de imóveis, por erro ou por alguma norma infralegal, registra um título sem observância do art. 195 da Lei nº 6.015/73... Esse registro, embora viole o art. 195, será plenamente eficaz em razão do disposto no art. 252 da Lei nº 6.015/73,[30] até que seja formalmente *cancelado* por meio de averbação (arts. 248, 249 e 250 da Lei nº 6.015/73). Esse cancelamento deverá ocorrer, por ofensa ao princípio da continuidade, por ato de ofício do Oficial imobiliário que constatar o erro ou a pedido da parte interessada.[31]

---

[28] Exemplo: São Paulo: "Processo nº 46/2015-E (...) determino que se expeça comunicado aos Tabeliães de Notas do Estado de São Paulo, a respeito da dispensa da exigência de apresentação de certidões dos distribuidores judiciais para a lavratura de escrituras relativas à alienação ou oneração de bens imóveis, à luz da nova redação do art. 1º, § 2º, da Lei nº 7.433/85. (...) São Paulo, 03/03/2015 Hamilton Elliot Akel Corregedor-Geral da Justiça".

[29] Vide Lei nº 14.382, de 27-6-2022, que flexibiliza algumas exigências e permite a apresentação de "extratos eletrônicos" de títulos para registro.

[30] Diz a Lei de Registros Públicos: "Art. 252. O registro, enquanto não cancelado, produz todos os seus efeitos legais ainda que, por outra maneira, se prove que o título está desfeito, anulado, extinto ou rescindido."

[31] "Registros públicos. Ação anulatória de registro imobiliário. Prescrição. 1. As nulidades de pleno direito invalidam o registro (Lei nº 6.015/73, art. 214). Princípio da continuidade. 2. Segundo boa parte da doutrina, a nulidade, além de insanável, é imprescritível. Conforme precedente

Para poder ser registrada, a escritura pública deverá conter, além do nome completo do comprador, do vendedor e dos respectivos cônjuges ou companheiros,[32] suas qualificações (endereço, nacionalidade, estado civil e regime de bens, profissão, número do registro geral da cédula de identidade, número de inscrição como contribuinte no Ministério da Fazenda e filiação).

Para lavrar a escritura pública, será necessário apresentar ao tabelião a cédula de identidade (RG) ou a carteira de motorista com foto – CNH (alguns tabeliões não aceitam carteira funcional ou outros documentos de identidade), do CPF (caso não conste do RG ou da CNH) e das certidões de casamento dos contraentes, além da certidão de propriedade do imóvel, expedida pelo Cartório competente, com menos de 30 (trinta) dias[33] entre o dia da expedição e o da lavratura. No caso de pessoa jurídica, serão exigidos também os documentos relativos aos poderes de representação (procurações e certidão dos estatutos ou contrato social da pessoa jurídica). Vide Lei nº 14.328, de 27-6-2022.

No caso de o vendedor ser divorciado, poderá ser exigida a certidão de casamento com o divórcio averbado, ainda que já conste na matrícula do imóvel que ele é divorciado. O correto seria a exigência da certidão de nascimento, mas o sistema de registro de casamentos e divórcio no assento de nascimento não funciona corretamente na prática. Trata-se de erro do nosso sistema jurídico, pois o vendedor divorciado pode ter se casado novamente. Pode-se tentar obter essas certidões no *site* registrocivil.org.br. Voltaremos ao assunto no Capítulo 4.

Dispõe o Código Nacional de Normas da Corregedoria Nacional de Justiça do Conselho Nacional de Justiça – Foro Extrajudicial (CNN/CN/CNJ-Extra), instituído pelo Provimento CNJ nº 149, de 30-8-2023, alterado pelo Provimento CNJ nº 195, de 3-6-2025:

---

da 3ª Turma do STJ, 'Resultando provado que a escritura de compra e venda foi forjada, o ato é tido como nulo e não convalesce pela prescrição' (REsp-12.511, *DJ* de 4-11-91)" (STJ, REsp nº 89.768/RS, Terceira Turma, Rel. Min. Nilson Naves, j. em 4-3-1999, *DJ* de 21-6-1999).

"1. Não é cabível o registro de citação em ação real ou pessoal reipersecutória quando os réus não são os titulares de domínio. Há infringência ao princípio de continuidade. 2. O registro deferido em infringência ao princípio de continuidade deve ser cancelado administrativamente" (Recurso CG nº 196/89, j. em 3-1-1990, Onei Raphael – Corregedor-Geral da Justiça/SP).

"Ao ser introduzido no nosso registro, o princípio da continuidade foi cercado de cuidados especiais, traduzidos tanto na obrigatoriedade da menção do título anterior nos títulos novos como na predisposição de atos judiciais para sua observância. (...) A par disso, o seu cumprimento foi prestigiado com toda força pelos tribunais, depois de vencidas as vacilações iniciais de alguns deles. O Supremo Tribunal Federal acabou também apoiando o princípio da continuidade com o máximo rigor, quando decidiu ser inválido o registro de uma carta de adjudicação sem o prévio registro do título anterior, aquele e este passados na vigência do Código Civil" (CARVALHO, Afrânio de. *Registro de imóveis*. 4. ed. Rio de Janeiro: Forense, 1997. p. 261).

32 Vide Capítulo 4.

33 Com relação ao momento da expedição da Certidão, ver a seção 1.7, *A hipótese na qual ocorre a "dupla venda"*.

"Art. 440-AR. Na qualificação registral dos títulos e documentos apresentados, o oficial de registro de imóveis deverá verificar se a matrícula é omissa em relação à caracterização do imóvel e/ou ao titular do domínio ou ao titular de outros direitos reais e pessoais ativos.

§ 1º Em caso de comprovado erro material na matrícula ou transcrição, será feita retificação de ofício sempre que houver informações no próprio acervo.

§ 2º Não sendo o caso de aplicação do § 1º deste artigo, quando do primeiro ato registral solicitado pelos interessados, o oficial de registro de imóveis deverá apresentar nota devolutiva fundamentada, em 10 (dez) dias, contado da data do protocolo, indicando as averbações de saneamento necessárias, bem como os emolumentos e os documentos cabíveis para regularização da matrícula, antes de proceder com o registro ou averbação solicitados pelo interessado.

§ 3º Os dados consignados em escritura pública, quando não for exigida outra formalidade legal, poderão ser utilizados para fins de realização das averbações de saneamento.

§ 4º Os elementos de especialidade objetiva ou subjetiva que não alterarem elementos essenciais do ato ou negócio jurídico praticado, quando não constantes do título ou do acervo registral, poderão ser complementados por outros documentos ou, quando se tratar de manifestação de vontade, por declarações dos proprietários ou dos interessados, sob sua responsabilidade.

§ 5º É possível o saneamento de título apresentado na serventia, desde que apresentada documentação comprobatória, de forma a suprir eventual omissão de informações obrigatórias, caso em que será desnecessária a lavratura de escritura de aditamento.

Art. 440-AS. Para a realização dos atos registrais de constituição, transferência, modificação ou renúncia de direitos reais, bem como de direitos pessoais com eficácia real; de parcelamento do solo ou de unificação ou fusão; ou de instituição de condomínio; referentes a imóveis urbanos e rurais, deverá o oficial de registro exigir previamente para o saneamento dos elementos de especialidade objetiva e subjetiva omissos, ainda não noticiados ou incorretos na matrícula, as seguintes averbações:

I – dos dados pessoais: quando faltar qualquer elemento de qualificação pessoal obrigatório do proprietário ou de titular de outro direito real ou pessoal ativo no registro imobiliário;

II – das alterações de estado ou personalidade civil: quando, em relação ao proprietário ou ao titular de outro direito real ou pessoal ativo no registro imobiliário, tiver ocorrido casamento, separação, restabelecimento da sociedade conjugal, divórcio, constituição de união estável, dissolução ou restabelecimento, óbito, emancipação, interdição ou alteração de nacionalidade;

III – da descrição do imóvel:

a) nos imóveis urbanos, nos termos do art. 176, II, '3', 'b', da Lei n. 6.015/1973 e art. 440-AQ, § 1º, deste Código;

b) nos imóveis rurais, nos termos do art. 176, II, '3', 'a', da Lei n. 6.015/1973 e art. 440-AQ, § 2º, deste Código;

> IV – dos cadastros imobiliários obrigatórios, nos termos do art. 440-AQ, inciso IV, deste Código; e
>
> V – de retificação de área: quando não houver elementos mínimos de segurança quanto à descrição da área, formato da poligonal e/ou limites e confrontações, observado o disposto nos arts. 212 e 213 da Lei n. 6.015/1973.
>
> Parágrafo único. Salvo quando estritamente necessárias para a realização do ato registral solicitado, as averbações de que trata este artigo não serão exigíveis em relação:
>
> I – a atos relativos a garantias reais ou pessoais com eficácia real ou a propriedade fiduciária; e
>
> II – a atos relativos a penhora, arresto, sequestro, indisponibilidade de bens, citação relativa a ações reais e pessoais reipersecutórias, averbação premonitória ou qualquer forma de publicidade de constrição ou restrição judicial ou administrativa."

Para o cálculo das taxas e emolumentos devidos ao tabelião como pagamento por suas atividades, será levado em conta o valor venal do imóvel. Assim, poderá ser necessário apresentar o documento enviado pela prefeitura referente ao IPTU ou ITR para efeito de apuração da base de cálculo desses tributos, a depender da legislação municipal (vide seção 7.2 *Quanto deverá ser pago a título de ITBI*).

Deverá constar da escritura pública o valor verdadeiro do negócio. Não deve o comprador (nem o vendedor) deixar-se seduzir pela ilícita possibilidade de fazer constar na escritura pública um preço inferior ao verdadeiro para fins de pagar menos ITBI (ver item 7.2) ou emolumentos, por várias razões, entre as quais destacamos: (1) constitui crime tipificado pelo art. 2º, I, da Lei nº 8.137/90; (2) um vendedor de má-fé poderá alegar que o negócio foi viciado por *lesão* e pedir sua anulação ou a "complementação" do preço que constou na escritura e o valor de mercado do imóvel, de acordo com o art. 157 do Código Civil;[34] (3) na hipótese de imóvel locado, preenchidos os requisitos do art. 33 da Lei nº 8.245/91, o locatário poderá tomar o imóvel para si, pagando menos do que ele realmente vale, ficando a aquisição por parte do comprador invalidada; (4) poderá ensejar pagamento de Imposto de Renda por ocasião da revenda do imóvel, incidente sobre a diferença entre o valor de compra e de revenda, conforme dispuser a legislação nesse momento, tal como veremos na seção 7.7; (5) poderá o baixo valor ser usado como elemento para demonstrar que houve conluio entre o vendedor e comprador nos casos de fraude contra credores e fraude à execução, conforme seções 3.3 e 3.4; e (6) no caso de o vendedor ser uma pessoa jurídica incorretamente representada, poderá o verdadeiro representante alegar que a venda não foi válida a teor do art. 47 do Código Civil e devolver apenas o valor constante da escritura.

---

[34] Enunciado nº 291, aprovado na IV Jornada de Direito Civil, realizada pelo Conselho da Justiça Federal nos dias 25 a 27-10-2006 (válido como doutrina): "Art. 157. Nas hipóteses de lesão previstas no art. 157 do Código Civil, pode o lesionado optar por não pleitear a anulação do negócio jurídico, deduzindo, desde logo, pretensão com vista à revisão judicial do negócio por meio da redução do proveito do lesionador ou do complemento do preço."

Caso não se tenha estabelecido entre as partes quem ficará responsável pelo pagamento das despesas da escritura, o art. 490 do Código Civil estabelece que elas ficarão a cargo do comprador. É o que acontece na esmagadora maioria dos casos.

Se o vendedor for uma empresa, por força do art. 47, I, da Lei nº 8.212/91,[35] deverá ser apresentada a CND (Certidão Negativa de Débito).[36] Se o vendedor for uma pessoa física que tenha empregados, também deverá ser apresentada a CND, nos termos do que dispõe o art. 15, parágrafo único, da Lei nº 8.212/91. No Capítulo 5, falaremos em detalhes dessas questões e dos casos em que alguns juízes e tribunais, violando a lei, dispensam a CND.

Deverão constar da escritura pública as assinaturas das partes, vale dizer, do(s) vendedor(es), comprador(es) e respectivos cônjuges, bem como do tabelião que a tiver lavrado.

Contudo, especialmente a partir do primeiro semestre de 2020, em razão da pandemia decorrente do novo coronavírus (Covid-19), as possibilidades de utilização de meios eletrônicos ou virtuais para atos notariais e registrais se intensificaram.[37]

Na verdade, a existência de registros imobiliários eletrônicos já estava prevista no art. 76 da Lei nº 13.465, de 11-7-2017 ("Art. 76. O Sistema de Registro Eletrônico de Imóveis (SREI) será implementado e operado, em âmbito nacional, pelo Operador Nacional do Sistema de Registro Eletrônico de Imóveis (ONR)").

Merece destaque a criação, pela Medida Provisória nº 1.085, de 27-12-2021, convertida Lei nº 14.328, de 27-6-2022, do Sistema Eletrônico dos Registros Públicos (SERP). Ele foi em larga medida inspirado no SREI. O objetivo do SERP é abranger não só os registros de imóveis, mas consistir em um sistema integrado, no qual os atos notariais ou de registro iriam participar ou como membros ou como usuários (incluindo instituições financeiras).

Inicialmente regulamentado pelo lacônico Provimento CNJ nº 139, de 1º-2-2023, o SERP foi posteriormente regulamentado pelo Provimento CNJ nº 149, de 30-8-2023, e por diversos provimentos do CNJ que o alteraram. Ele já pode ser utilizado, como veremos na seção 3.12.[38]

---

35 Ver seção 5.3.

36 Ver, no Capítulo 3, seção 3.12, como verificar a situação do vendedor: solicitar as certidões pessoais.

37 Mesmo antes da Covid-19, havia estudos, normas e implementação de mecanismos para a prática de atos registrais e notariais por meio eletrônico. O art. 76 da Lei nº 13.465, de 11-7-2017, que instituiu o Sistema de Registro Eletrônico de Imóveis, o Provimento CNJ nº 89, de 18-12-2019, por exemplo, são anteriores à pandemia de 2020.

38 De acordo com a Portaria CNJ nº 90, de 31-10-2022, o Grupo de Trabalho encarregado da elaboração de estudos e de propostas destinadas ao planejamento, à implantação e ao funcionamento do SERP encerraria suas atividades com a apresentação de relatório, até o dia 31-1-2023. A total regulamentação pelo Corregedor do CNJ ainda está em curso. Um início de regulamentação foi o Provimento CNJ nº 139, de 1º-2-2023. Muito já se avançou desde então. No momento de

Vamos fazer uma rápida digressão a respeito da lavratura de escritura sem as assinaturas e presenças físicas dos compradores e vendedores perante o tabelião. Vamos tratar de normas permanentes e de normas transitórias.

A lei pode estabelecer requisitos formais para que certos atos sejam válidos ou eficazes.[39] Vimos que o contrato de compra e venda de imóvel depende, em regra geral, de instrumento público (escritura pública). Vimos também exceções a essa regra geral, de modo que instrumentos particulares serão hábeis para formalizar a compra de venda de um imóvel. Nessas duas situações (escritura pública e instrumento particular), a forma verbal não é válida.

Se a lei não impuser determinada forma (ex.: contrato por escrito), a forma será livre. Assim, pode existir um contrato verbal (ex.: transporte urbano por meio de ônibus ou táxi). Isso não se confunde com a prova do contrato: por isso, muitas vezes, contratos que poderiam ser feitos verbalmente ("no fio do bigode") são efetuados por escrito. Os contratantes desejam ter uma prova da existência e das cláusulas do contrato, razão pela qual ele é feito por escrito.

Veremos ao longo deste livro alguns atos que precisam ser feitos por escritos para serem válidos ou eficazes.

A lei também pode exigir que o contrato seja feito por escrito e *assinado* pelos contratantes para ser válido ou eficaz. A despeito do art. 3º da Lei nº 13.726, de 8-10-2018,[40] o reconhecimento da assinatura pode ser legalmente exigível para a prática de determinados atos. Pode a lei exigir que o reconhecimento da firma (assinatura) seja feito por autenticidade e não apenas por semelhança.

O tabelião é dotado de fé pública.[41] Teoricamente, a assinatura (física) de uma pessoa em um instrumento por ele lavrado poderia ser até dispensada.

Ainda dentro da digressão a respeito dos atos notariais e de registro praticados sem a presença física do comprador e do vendedor no tabelionato de notas e no cartório do registro imobiliário: a questão de prática de atos notariais e de registro por

---

fechamento desta 16ª edição, o SERP já contava com várias funcionalidades, mas ainda teremos novidades no curto e médio prazo.

39 Diz o Código Civil: "Art. 104. A validade do negócio jurídico requer: (...) III – forma prescrita ou não defesa em lei."

"Art. 107. A validade da declaração de vontade não dependerá de forma especial, senão quando a lei expressamente a exigir."

"Art. 166. É nulo o negócio jurídico quando: (...) IV – não revestir a forma prescrita em lei; V – for preterida alguma solenidade que a lei considere essencial para a sua validade; (...)."

40 "Art. 3º Na relação dos órgãos e entidades dos Poderes da União, dos Estados, do Distrito Federal e dos Municípios com o cidadão, é dispensada a exigência de: I – reconhecimento de firma, devendo o agente administrativo, confrontando a assinatura com aquela constante do documento de identidade do signatário, ou estando este presente e assinando o documento diante do agente, lavrar sua autenticidade no próprio documento; (...)."

41 Art. 3º da Lei nº 8.935, de 18-11-94.

meio eletrônico passou a ser muito importante por ocasião da pandemia da Covid-19 em 2020, acelerando o processo de prática de atos notariais e de registro por meios digitais e eletrônicos.

Mesmo antes disso, o art. 10 da Medida Provisória nº 2.200-2, de 24-8-2001,[42] já havia estabelecido a validade das declarações constantes dos documentos em forma eletrônica produzidos na forma que especifica.

Com o advento do Provimento CNJ nº 95, de 1º-4-2020, foi permitido, inicialmente em caráter temporário,[43] a lavratura de escrituras públicas sem a presença física das partes perante o tabelião, de acordo com seu "prudente critério, e sob sua responsabilidade". Essa norma não afirmou explicitamente se seria possível a lavratura de escritura pública por videoconferência ou meio similar. Houve regulamentação da questão por algumas normas estaduais.

O Provimento CNJ nº 95/2020, depois de ser alterado por diversos provimentos, foi revogado (na verdade, foi substituído) pelo Provimento CNJ nº 149, de 30-8-2023 (Código Nacional de Normas da Corregedoria Nacional de Justiça do Conselho Nacional de Justiça – Foro Extrajudicial – CNN/CN/CNJ-Extra).

A possibilidade de videoconferência já havia sido estabelecida pelo Provimento CNJ nº 100, de 26-5-2020 (atualmente revogado), que permitiu e regulamentou como ela poderia ser utilizada. Vide Provimento CNJ nº 149, de 30-8-2023.

Um instrumento utilizado pelos tabeliães para atos notariais na forma eletrônica é o *e-notariado*, www.e-notariado.org.br. Houve regulamentação desse instrumento por normas estaduais, inclusive restringindo o direito de livre escolha do tabelião pelas partes previsto no art. 8º da Lei nº 8.935, de 18-11-1994. Em seguida, o Provimento CNJ nº 100/2020 (posteriormente substituído pelo Provimento CNJ nº 149, de 30-8-2023) tornou o uso do *e-notariado*, com as regras trazidas por esse provimento, obrigatório para a prática de atos sem presença física das partes perante o tabelião.

Além disso, deve ser observada a nova redação da LRP dada pela Lei nº 14.382, de 27-6-2022:

> "Art. 1º (...) § 4º É vedado às serventias dos registros públicos recusar a recepção, a conservação ou o registro de documentos em forma eletrônica produzidos nos termos estabelecidos pela Corregedoria Nacional de Justiça do Conselho Nacional de Justiça".[44]

---

42 A MP nº 2.200/2001 está em vigor com força de lei, sem necessidade de ser reeditada, por força do art. 2º da Emenda Constitucional nº 32, de 11-9-2001, que dispôs que "as medidas provisórias editadas em data anterior à da publicação desta emenda continuam em vigor até que medida provisória ulterior as revogue explicitamente ou até deliberação definitiva do Congresso Nacional".

43 Vide Provimento CNJ nº 138, de 16-12-2022.

44 Constou da Exposição de Motivos da MP nº 1.085/2021, que deu origem à Lei nº 14.382, de 27-6-2022: "Em complemento, a proposta aprimora a identificação das partes pelos serviços de registro, para prevenir a ocorrência de fraudes, melhorando o ambiente de negócios, e sis-

Há diferenças entre assinatura eletrônica e assinatura digital,[45] conceitos de *token*, geolocalização, senha etc. A Lei nº 14.063, 23-7-2020, define o que é assinatura eletrônica simples, assinatura eletrônica avançada e assinatura eletrônica qualificada (art. 4º). O art. 5º, § 2º, IV, trata de atos e registros de imóveis.[46] Vide art. 17 da Lei de Registros Públicos, alterada pela Lei nº 14.382, de 27-6-2022.

Além disso, a Lei nº 14.620, de 13-7-2023, incluiu o seguinte dispositivo na Lei nº 14.063, de 23-7-2020:

> "Art. 17-A. As instituições financeiras que atuem com crédito imobiliário autorizadas a celebrar instrumentos particulares com caráter de escritura pública e os partícipes dos contratos correspondentes poderão fazer uso das assinaturas eletrônicas nas modalidades avançada e qualificada de que trata esta Lei".

Voltemos, então, ao assunto desta seção: lavratura da escritura pública de compra e venda e seu devido registro no cartório de registro de imóveis.

Deve constar da escritura pública o meio pelo qual o preço do imóvel será pago. No Brasil, a regra geral é no sentido que não se admitir pagamento de bens e serviços fora do comércio internacional em moeda estrangeira. A moeda nacional tem *curso*

---

tematiza a legislação vigente sobre o uso da certificação digital e da assinatura eletrônica nos registros públicos, prevendo a utilização de assinatura avançada ou qualificada, de que trata o art. 4º da Lei nº 14.063, de 23 de setembro de 2020, nos termos estabelecidos pela Corregedoria do CNJ, e revogando as atuais disposições legais que dispõem sobre a matéria. Essas medidas contribuem para a desburocratização e popularização do registro eletrônico, na medida em que abrem caminho para o uso de outros tipos de assinatura eletrônica, tão seguras quanto e mais acessíveis que a atualmente usada, como é o caso do GOV.BR".

45 Essas expressões não são usadas pela MP nº 2.200/2001-2. As normas do Comitê Gestor da ICP-Brasil utilizam a expressão *assinatura digital*, mas ela é utilizada também fora do âmbito da ICP-Brasil com significados nem sempre precisos. No Brasil, assinatura eletrônica pode ser vista como gênero, da qual a assinatura digital é espécie. Assim, nem toda assinatura eletrônica é digital, mas toda assinatura digital é eletrônica. Para fins de direito processual, vide art. 1º, § 2º, III, da Lei nº 11.419, de 19-12-2006. O mais interessante juridicamente é distinguir *assinatura digital* no âmbito da ICP-Brasil (que são inclusive de diferentes tipos) de outras modalidades de *assinatura eletrônica* (ex.: assinatura digital no âmbito de *blockchain*), certificada ou não, em razão dos §§ 1º e 2º do art. 10 da MP nº 2.200/2001-2.

46 "Art. 5º No âmbito de suas competências, ato do titular do Poder ou do órgão constitucionalmente autônomo de cada ente federativo estabelecerá o nível mínimo exigido para a assinatura eletrônica em documentos e em interações com o ente público.

§ 1º O ato de que trata o *caput* deste artigo observará o seguinte: (...)

c) no registro de atos perante as juntas comerciais; (...)

§ 2º É obrigatório o uso de assinatura eletrônica qualificada: (...)

IV – nos atos de transferência e de registro de bens imóveis, ressalvado o disposto na alínea 'c' do inciso II do § 1º deste artigo; (...)."

forçado. Isso significa que ninguém pode deixar de aceitar a moeda nacional (atualmente, o Real)[47] para pagamento de dívidas.

A rigor, o que não pode ser recusado é o dinheiro na sua forma física (papel, *cash*). Durante a vigência da Medida Provisória nº 1.288, de 16-1-2025, a teor do seu art. 2º, § 4º, o popular PIX passou a ter curso forçado. Curiosamente, embora largamente aceito, o PIX não é pagamento, não tem curso forçado (a MP nº 1.288/2025 não foi convertida em lei). Inclusive é lícita a cobrança de valor adicional por uso de PIX, cheque, cartão de crédito ou de outros meios de pagamento, a teor do art. 1º da Lei nº 13.455, de 26-6-2017, por mais incrível que isso possa parecer.

Contudo, especialmente em virtude de prevenção de fraudes, lavagem de dinheiro e prevenção da prática de outros delitos, a legislação pode estabelecer certas restrições para a utilização de pagamento em espécie (*cash*), embora o que tenha curso legal (curso forçado) é o dinheiro vivo (*cash*) e nada mais.[48]

No nosso caso, há as seguintes regras no tocante ao pagamento do preço de imóvel, a teor do Código Nacional de Normas (Provimento CNJ nº 149), alterado pelo Provimento CNJ nº 161, de 11-3-2024:

> "Art. 165-A. Toda escritura pública de constituição, alienação ou oneração de direitos reais sobre imóveis deve indicar, de forma precisa, meios e formas de pagamento que tenham sido utilizados no contexto de sua realização, bem como a eventual condição de pessoa politicamente exposta de cliente ou usuário ou de outros envolvidos nesse mesmo contexto.
>
> § 1º Para efeito da indicação de meios e formas de pagamento de que trata o *caput*, deve-se, com base em fonte documental ou declaração das partes, observar o seguinte:
>
> I – o uso de recursos em espécie deve ser expressamente mencionado juntamente com local e data correspondentes;
>
> II – na menção a transferências bancárias, devem ser especificados dados bancários que permitam identificação inequívoca das contas envolvidas, tanto de origem quanto de destino dos recursos transferidos, bem como dos seus titulares e das datas e dos valores das transferências;

---

47 Lei nº 9.069, de 29-6-1995.

48 De acordo com o disposto no inciso VII do art. 140 do Código Nacional de Normas, com redação dada pelo Provimento CNJ nº 161, de 11-3-2024, considera-se que "em espécie" é o "meio de pagamento consistente em moeda manual, ou seja, em cédulas de papel-moeda ou moedas metálicas fracionárias, também designado por expressões como 'dinheiro vivo', numerário ou meio circulante, que não se confundem com expressões como 'moeda corrente' ou 'moeda de curso legal', referentes apenas à unidade do sistema monetário nacional, que é o Real, conforme art. 1º da Lei nº 9.069, de 29 de junho de 1995, ou à unidade do sistema monetário de outros países, independentemente do meio de pagamento pelo qual seja essa unidade veiculada (a exemplo de transferência bancária, transferência eletrônica entre contas de pagamento, PIX, cheque ou dinheiro em espécie)".

> III – na referência a cheques, devem ser especificados os seus elementos de identificação, as informações da conta bancária de origem e de eventual conta de destino dos recursos correspondentes e dos seus titulares, bem como a data e os valores envolvidos;
>
> IV – o emprego de outros meios de pagamento que não os indicados nos incisos I, II e III, tais como participações societárias na forma de cotas ou ações, cessões de direitos, títulos e valores mobiliários, ativos virtuais, dações em pagamento, permutas ou prestações de serviço, deve ser expressamente mencionado juntamente com local e data correspondentes e com a especificação de dados destinados a viabilizar a identificação da origem e do destino dos valores pagos; e
>
> V – em relação a pagamentos de forma parcelada, devem ser discriminados os meios de pagamento correspondentes a cada parcela, incluindo os dados apontados nos incisos I, II, III e IV, conforme o meio de pagamento de que se trate.
>
> § 2º No caso de pagamento que envolva contas ou recursos de terceiros, estes devem ser qualificados na escritura pública.
>
> § 3º A recusa de partes em fornecer informações para viabilizar as indicações de que trata este artigo deve ser mencionada na escritura, sem prejuízo do disposto no art. 155, VIII."

Com a edição do Provimento CNJ nº 197, de 13-6-2025, que regulamentou a *conta notarial* (*escrow account*), o comprador passou a ter um meio mais seguro de pagamento do imóvel.

Na prática, o comprador costuma efetuar o pagamento *antes* do recebimento da escritura. É muito comum que isso ocorra no próprio cartório de notas (tabelionato), mediante transferência de recursos *online*. O problema é o vendedor, após receber os recursos, não outorgar ou não conseguir outorgar a escritura pública ao comprador.

Com a *conta notarial*, a situação do comprador é muito melhor: os recursos pagos pela compra do imóvel não irão diretamente para o vendedor, mas sim para "conta vinculada em instituição financeira conveniada, com movimentação condicionada à verificação de fatos e circunstâncias previamente estabelecidas pelas partes", a teor do art. 1º do mencionado Provimento CNJ nº 197/2025.

Esse procedimento é largamente utilizado na Alemanha[49] e voltaremos a tratar dessa questão na seção 3.4 deste livro, pois há proteção adicional do comprador no tocante a venda de imóvel em fraude à execução, um dos pesadelos do direito brasileiro que talvez a partir de agora venha a ser solucionado.

O registro da escritura pública (ou do instrumento particular, nas hipóteses permitidas pela lei) deve ser feito no cartório imobiliário ao qual o imóvel está vinculado.

---

[49] O sucesso da *escrow account* tem ampliado cada vez mais seu uso cada vez de forma mais aprimorada: https://paytechlaw.com/en/escrow-accounts-are-becoming-segregated-accounts/. Acesso em: 22 jul. 2025.

Deverá, assim, ser levada a escritura pública original,[50] não servindo para registro fotocópia autenticada. O registro da escritura pode ser feito por meio eletrônico, conforme já descrito.

Por ocasião do registro dessa escritura no cartório imobiliário, novamente serão cobrados emolumentos e taxas com base no valor venal do imóvel, além do ITBI – Imposto de Transmissão de Bens Imóveis[51] (antigamente conhecido como "SISA"), caso ele não tenha sido pago por ocasião da lavratura da escritura.

Somente com o registro a propriedade do bem passa do vendedor para o comprador. A simples assinatura de um instrumento de contrato ou acordo verbal com o vendedor não é suficiente para que o comprador se torne proprietário, nos termos do art. 1.245 do Código Civil.

Assim, se o comprador não registra a escritura pública, exatamente pelo fato de o vendedor continuar a ser o proprietário, seus credores poderão pedir que seja o imóvel penhorado e leiloado para pagamento das dívidas. Além disso, poderá o vendedor, que é ainda o proprietário, vender novamente o bem para outra pessoa, outorgando a ela outra escritura de compra e venda.[52] Sem prejuízo dessas afirmações, vide seção 3.14, na qual são expostas possíveis defesas do comprador.

Se o imóvel for rural, deverá ser apresentada certidão negativa do ITR – Imposto Territorial Rural – dos últimos cinco anos (art. 21 da Lei nº 9.393/96), bem como do Certificado de Cadastro de Imóvel Rural (art. 22 da Lei nº 4.947/66), referente ao Cadastro de Imóveis Rurais (Lei nº 5.868/72), para que possa ser a escritura registrada.[53] Vide seções 1.12 e 7.6.

Como vimos, o registro do título no cartório imobiliário é ato, portanto, constitutivo[54] do direito de propriedade.

---

50 Nesse sentido: "As escrituras públicas, os escritos particulares autorizados por lei e os demais atos não podem ser apresentados por cópias reprográficas, ainda que autenticadas ou assinadas por Tabelião ou Oficial, de conformidade com o art. 221 da Lei de Registros Públicos" (TJSP, Conselho Superior da Magistratura, Apelação Cível 10.483-0/1, j. 10-10-89, *Revista de Direito Imobiliário*, nº 27, p. 144).

51 Ver o Capítulo 7, *Tributos a pagar*.

52 Essa hipótese é tratada neste Capítulo, na seção 1.7, *A hipótese na qual ocorre a "dupla venda"*.

53 Nesse sentido: "Registro de Imóveis – Dúvida – Necessidade de apresentação de certificado de cadastro de imóvel rural, dada esta natureza do bem – Qualificação negativa mantida. (...) O caso, pois, é negar-se provimento ao recurso, embora comprovado o pagamento do imposto territorial, mantendo-se a qualificação negativa feita pelo Oficial, dada a necessária apresentação do certificado de cadastro de imóvel rural. O registro é uno e a dúvida abrange mais de um fundamento. Ainda que comprove o apresentador do título estar satisfeita uma das exigências, remanesce a outra que impede seu registro" (CSMSP, Ap. Cível nº 24.587-0/3, Rel. Antônio Carlos Alves Braga, j. em 30-10-1995).

54 Constitutivos são os atos que modificam, criam ou extinguem direitos. No caso em tela, o direito de propriedade *constitui-se* com o próprio ato de registro do título no cartório imobiliá-

Mesmo nos casos de sucessão, usucapião, acessão, bem como desapropriação, em que a propriedade decorre de ato diverso do registro (sentença, óbito, posse prolongada), o registro é indispensável, porque ele representa a proteção contra atos de alienação, por terceiros de má-fé. Será sempre o registro que dará a segurança.

Bastante comum é a crença de pessoas que pensam ser "proprietárias" de um imóvel apenas porque pagaram ao proprietário determinada quantia e dele receberam algum tipo de recibo ou contrato. Na verdade, essas pessoas têm um direito (obrigacional) contra o proprietário, pois pagaram o preço, podem até ser possuidoras, mas não são proprietárias do imóvel.

Daí o famoso brocardo: *quem não registra não é dono.*

A propriedade é um direito absoluto, no sentido de que alguém "é" ou "não é" proprietário.[55] Isso não significa que não possa existir copropriedade[56] nem que o direito à propriedade seja ilimitado: ao revés, além da função social da propriedade (art. 5º, XXIII, da Constituição Federal), há uma série de restrições à utilização do imóvel (vide seção 11.7) e até mesmo quanto à não utilização.

Proprietário do imóvel é aquele que registra seu título.[57] Se o comprador pagar o preço, mas não registrar seu título, não será proprietário até que o faça.

Por essa razão, uma vez que o comprador esteja de posse de título apto a ser registrado, aconselha-se a fazê-lo imediatamente.

No que se refere ao registro de escrituras (ou instrumento particular equiparado) por meio eletrônico, vide o Provimento CNJ nº 149, de 30-8-2023. Houve centrais estaduais criadas por associações de registradores de Estados do Brasil, que prestavam serviços registrais e notariais.[58]

Contudo, o Provimento CNJ nº 180, de 16-8-2024, alterou o Provimento CNJ nº 149/2023, para assim dispor:

> "Art. 211 (...) § 2º É vedada a criação, a implantação e a manutenção de centrais de serviços eletrônicos de registros públicos compartilhados descentralizados (estaduais ou regionais). § 3º As únicas plataformas autorizadas a prestar serviços públicos de registro eletrônico no Brasil são as mantidas pelos operadores integrantes do Serp (ON-RCPN, ONR e ON-RTDPJ), como: I – o Serviço de Atendimento Eletrônico

---

rio, ou seja, o registro é o ato que produz a transferência da propriedade do vendedor para o comprador.

55 O mesmo não ocorre com a posse, como veremos na seção 1.14 deste livro.

56 Veremos ao longo deste livro, especialmente nas seções 1.10 e 2.14.

57 Isso não significa que outra pessoa não possa obter a propriedade por meio de ação reivindicatória (vide seção 3.1.) ou mesmo por usucapião, que pode até ser extrajudicial (vide seção 14.4).

58 O Provimento CNJ nº 180, de 16-8-2024, estabeleceu que: "Art. 2º As centrais de serviços eletrônicos compartilhados estaduais e/ou regionais ainda em funcionamento serão desativadas até o dia 30 de junho de 2025".

Compartilhado (SAEC), no caso de Registro de Imóveis (art. 321); II – a Central de Informações do Registro Civil das Pessoas Naturais (CRC), no caso de Registro Civil das Pessoas Naturais (art. 229); III – a Central RTDPJ Brasil, no caso de Registro de Títulos e Documentos e de Registro Civil das Pessoas Jurídicas (art. 246). § 4º É obrigatório a todas as unidades do serviço registral integrarem suas plataformas e sistemas internos à plataforma de serviços de sua especialidade no ambiente do Serp. § 5º Para possibilitar a recepção e envio de títulos e documentos bem como outras atividades destinadas a viabilizar a prestação do serviço eletrônico de registro público, os oficiais de registro público deverão atender aos padrões de segurança e integridade do Serp a serem definidos em Instruções Técnicas de Normalização (ITN) do ONSERP".

Como se vê, o SERP, instituído pela Medida Provisória nº 1.085/2021, convertida na Lei nº 14.382, de 27-6-2022, propõe-se a ser uma central que congregará as centrais nacionais das diversas especialidades (registradores de imóveis, registradores de pessoas naturais etc.). Um dos objetivos do SERP é possibilitar a obtenção de dados e certidões de todas as serventias registrais em um único ambiente. Contudo, o SERP não prevê que as certidões dos distribuidores de ações judiciais estarão contempladas, o que é uma falha muito ruim (vide especialmente as seções 3.3, 3.4, 3.12 e 3.13). Há possibilidade de essa falha ser corrigida por norma do CNJ.

Muitos tabeliães providenciam o registro do título para o comprador. Verifique se esse serviço é feito pelo cartório em que você lavrar a escritura. O usual, nesses casos, é que o tabelião encaminhe posteriormente ao comprador o título registrado, com uma certidão do imóvel com esse registro. Caso o comprador não receba a certidão, deve verificar se o registro ocorreu, sob pena de não adquirir a propriedade do imóvel.

Por fim, a compra de um bem imóvel pode ser *ad corpus* ou *ad mensuram*. No primeiro caso (*ad corpus*), o comprador terá direito de receber um imóvel determinado, com área (metragem) apenas enunciativa. No segundo caso (*ad mensuram*), o comprador também terá direito a um imóvel determinado, com a diferença que a área especificada é essencial ao negócio jurídico. Na prática, caso se verifique que o imóvel tem área inferior à mencionada no título, na aquisição *ad corpus* o comprador não terá direito à rescisão, complemento de área, abatimento do preço ou indenização, direitos que existirão nas aquisições *ad mensuram*. A questão está regida pelo art. 500 do Código Civil.[59]

---

[59] "Art. 500. Se, na venda de um imóvel, se estipular o preço por medida de extensão, ou se determinar a respectiva área, e esta não corresponder, em qualquer dos casos, às dimensões dadas, o comprador terá o direito de exigir o complemento da área, e, não sendo isso possível, o de reclamar a resolução do contrato ou abatimento proporcional ao preço. § 1º Presume-se que a referência às dimensões foi simplesmente enunciativa, quando a diferença encontrada não exceder de um vigésimo da área total enunciada, ressalvado ao comprador o direito de provar que, em tais circunstâncias, não teria realizado o negócio. § 2º Se em vez de falta houver excesso, e o vendedor provar que tinha motivos para ignorar a medida exata da área vendida, caberá ao

Por força do art. 501 do Código Civil, o prazo para propositura da ação de indenização ou rescisão do contrato em razão de imóvel com metragem inferior à prevista é de apenas um ano.[60] Essa hipótese não se confunde com os casos que veremos na seção 9.11, *Atraso, defeitos ou desconformidade do imóvel entregue ao comprador*, para a qual remetemos o leitor.

Nem sempre é óbvio identificar se a compra foi feita *ad corpus* ou *ad mensuram*. Pode-se partir da ideia que as aquisições são feitas *ad corpus*, salvo se existir menção contratual ou algum elemento a explicitar ou indicar o contrário (ex.: aquisição de *xis* hectares de terra a preço determinado, especialmente se decorrente de desmembramento),[61] não apenas em razão do § 3º do art. 500 do Código Civil e de nosso sistema contemplar a especificação de qualquer imóvel a ser adquirido (Lei nº 7.433/75), mas também porque se presume que o comprador verificou fisicamente o imóvel que comprou.[62] Além disso, o ônus da prova é de quem alega, no caso, o comprador que pleiteia algum dos direitos mencionados.[63] Mas também pode-se defender a tese oposta, inclusive com base em precedentes judiciais, que existem nos mais variados sentidos.[64] Na hipótese de aquisição de coisa futura (ex.: aquisição de imóvel na planta) é fácil sustentar que como a verificação física do imóvel é impossível, a sua área privativa, descrita no contrato ou no memorial de incorporação, é essencial ao negócio, razão pela qual somente pode ser *ad mensuram*.

---

comprador, à sua escolha, completar o valor correspondente ao preço ou devolver o excesso. § 3º Não haverá complemento de área, nem devolução de excesso, se o imóvel for vendido como coisa certa e discriminada, tendo sido apenas enunciativa a referência às suas dimensões, ainda que não conste, de modo expresso, ter sido a venda *ad corpus*."

60 "(...) 1. Ação de restituição de valor pago por área excedente, em virtude da entrega de imóvel em metragem menor do que a contratada. (...) É de 90 (noventa) dias o prazo para o consumidor reclamar por vícios aparentes ou de fácil constatação no imóvel por si adquirido, contado a partir da efetiva entrega do bem (art. 26, II e § 1º, do CDC). (...) Para as situações em que as dimensões do imóvel adquirido não correspondem às noticiadas pelo vendedor, cujo preço da venda foi estipulado por medida de extensão ou com determinação da respectiva área (venda *ad mensuram*), aplica-se o disposto no art. 501 do CC/02, que prevê o prazo decadencial de 1 (um) ano para a propositura das ações previstas no antecedente artigo (exigir o complemento da área, reclamar a resolução do contrato ou o abatimento proporcional do preço). (...)" (STJ, REsp nº 1.890.327/SP, Terceira Turma, Rel. Min. Nancy Andrighi, j. em 20-4-2021).

61 TJMG, Apelação Cível nº 503.654-0, Décima Sétima Câmara Cível, Rel. Des. Márcia de Paoli Balbino, j. em 19-5-2005, *DJ* de 9-6-2005.

62 TJRS, Apelação Cível nº 70017299603, Décima Sétima Câmara Cível, Rel. Des. Alzir Felippe Schmitz, j. em 23-8-2007, *DJ* 3-9-2007.

TJMG, Apelação Cível nº 1.0701.01.009912-8/001, 16ª Câmara Cível, Rel. Des. Otávio Portes, j. em 28-2-2007, *DJ* 30-3-2007.

TJDF, Apelação Cível nº 2002.01.1.106930-3, Terceira Turma Cível, Rel. Des. Lécio Resende, j. em 7-11-2005, *DJ* 2-3-2006.

63 TJMG, Apelação Cível nº 1.0261.05.032743-4/001, 16ª Câmara Cível, Rel. Des. José Amancio, j. em 22-8-2007, *DJ* 6-9-2007.

64 TJSC, Apelação Cível nº 88.090912-5, Primeira Câmara Civil, Rel. Des. Wilson Augusto do Nascimento, j. em 20-8-2002.

Vide, a esse respeito, as seções 9.4 e 9.11. Para evitar possíveis discussões, pode ser interessante que o comprador proceda à medição do imóvel a ser adquirido. De todo modo, é vantajoso para o comprador explicitar no título que o negócio é feito *ad mensuram.*

1.4 CONSTA O VENDEDOR NO REGISTRO COMO PROPRIETÁRIO?

Após esta breve introdução a respeito da propriedade do imóvel, vejamos quais os cuidados que devemos tomar, a fim de verificar se o vendedor é realmente o proprietário do imóvel, se existe alguma possibilidade de ele vir deixar de sê-lo e, em consequência, ser o negócio prejudicado.

Em primeiro lugar, é necessário dirigir-se ao cartório imobiliário e solicitar a certidão da situação jurídica do imóvel (mais conhecida como "certidão de ônus").[65] Pode-se também obter a certidão eletrônica por meio do *site* www.registrodeimoveis.org.br. Caso se obtenha a certidão eletrônica, é crucial verificar se nela consta toda a história do imóvel (inteiro teor da matrícula) ou apenas os dados referentes ao atual proprietário. É necessário conhecer toda a história do imóvel (vide seção 1.5). O § 11 incluído no art. 19[66] da Lei de Registros Públicos pela Lei nº 14.382, de 27-6-2022,[67] utiliza a expressão "certidão de inteiro teor da matrícula". Portanto, a norma prevê que será possível obter eletronicamente a certidão adequada.

No passado, o mais adequado era solicitar uma "certidão vintenária", que era a certidão da qual constavam registros, averbações e atos praticados antes da atual Lei de Registros Públicos ocorridos em ao menos 20 últimos anos, antigo prazo para usucapião extraordinário. Atualmente basta solicitar a certidão de ônus (a expressão "certidão vintenária" é ainda usada nos dias de hoje, mas nem sempre contempla 20 anos de registros, averbações, indicações etc.).

Na certidão constará o nome do proprietário[68] do imóvel. O nome poderá constar no mesmo espaço da descrição do imóvel ou em um registro subsequente ou anterior.

Assim, da certidão poderão constar os seguintes termos:

---

65 Essa Certidão poderá ser utilizada para o cartório lavrar a Escritura de compra e venda, referida na seção 1.3, *Como e quando o comprador passa a ser o dono do imóvel.*

66 "Art. 19 (...) § 11. No âmbito do registro de imóveis, a certidão de inteiro teor da matrícula conterá a reprodução de todo seu conteúdo e será suficiente para fins de comprovação de propriedade, direitos, ônus reais e restrições sobre o imóvel, independentemente de certificação específica pelo oficial."

67 O § 11 do art. 19 é de duvidosa constitucionalidade, pois estabelece que será uma pessoa jurídica quem emitirá a certidão "independentemente de certificação específica pelo oficial", o que parece conflitar com o art. 236 da Constituição Federal. Disponível em: https://cartorios.org/2020/10/01/para-registracao-um-fenomeno-da-modernidade-2/. Acesso em: 24 jan. 2022.

68 Na realidade, o que constará é o nome de quem se *presume* ser o proprietário do imóvel (arts. 1.245, § 2º, e 1.247 do Código Civil). Em nosso Direito, o proprietário do imóvel é o que consta como tal no registro de imóveis, mas se admite prova em contrário. Havendo essa prova, deve-se modificar o registro, para que se conste o nome daquele que conseguiu provar ser o verdadeiro proprietário.

> "Uma casa de propriedade do Sr. Fulano de Tal, casado com Fulana, situada na Rua das Margaridas (...).
>
> R1 – Sr. Beltrano adquire por meio de escritura pública lavrada no Cartório Tal a propriedade do imóvel (...).
>
> R2 – O Sr. Sicrano, casado com dona Sicrana, adquire por meio de escritura pública lavrada no Cartório Tal a propriedade do imóvel."

A leitura da certidão contará a história da propriedade do imóvel, demonstrando que o atual proprietário é o Sr. Sicrano.

Se a pessoa que se propõe vender o imóvel não constar como proprietária nessa certidão, significa que ela não é a proprietária do bem ou que ela ainda não regularizou sua propriedade. Nesse caso, não poderá outorgar ao comprador a escritura de compra e venda até que a propriedade esteja registrada em seu nome.

É possível, por exemplo, que ela tenha comprado o imóvel do proprietário que consta da certidão, mas não tenha efetuado o devido registro de sua compra no Cartório, o que consiste num problema adicional, uma vez que esse registro deve ser efetuado.

Ou, ainda, pode ser que a pessoa que está negociando a venda e compra como proprietária, apareça na certidão não como proprietária, mas apenas como alguém que tenha celebrado algum contrato de promessa de compra e venda com o proprietário. Nessa hipótese, exatamente por não ser o proprietário, o "vendedor" (pessoa que está negociando) não poderá outorgar escritura pública de compra e venda: ele somente poderá ceder seus direitos de compromissário comprador.[69] A escritura pública (definitiva) somente poderá ser passada pelo proprietário, com anuência desse compromissário comprador.

O vendedor pode ser alguém que recebeu o imóvel, ou parte dele, por herança, mas ainda não houve o registro do formal de partilha ou documento equivalente decorrente do inventário da pessoa falecida, que ainda consta como proprietária do imóvel.

Pode ser que o "vendedor" não apareça na certidão, mas tenha um contrato de promessa de compra e venda sem registro. Essa hipótese, infelizmente, é muito comum e está descrita não só no Capítulo 8, mas também na seção 12.3, porque era muito frequente nos negócios no âmbito do Sistema Financeiro da Habitação e ainda existe nos dias de hoje.

1.5 O VENDEDOR É O VERDADEIRO PROPRIETÁRIO? AS AQUISIÇÕES ANTERIORES FORAM EFICAZES?

Aspecto importantíssimo a respeito da propriedade do bem imóvel é o que se relaciona à certeza do direito de propriedade do vendedor, porque não basta constar

---

[69] Esse tema está exposto no Capítulo 8, ao qual remetemos o leitor.

seu nome na matrícula na condição de proprietário, para se ter certeza de que o negócio é seguro.

Na realidade, aquele que consta do registro de imóveis como proprietário do bem é considerado seu proprietário até que alguém prove o contrário. Assim, o registro institui uma *presunção* de propriedade. Essa presunção pode ser derrubada por prova em contrário.

Diz o Código Civil:

> "Art. 1.247. Se o teor do registro não exprimir a verdade, poderá o interessado reclamar que se retifique ou anule.
>
> Parágrafo único. Cancelado o registro, poderá o proprietário reivindicar o imóvel, independente da boa-fé ou do título do terceiro adquirente."

Imagine um terreno que foi registrado equivocadamente em nome de um particular, embora seja de propriedade da União. Ou mesmo que alguém falsificou uma procuração ou uma escritura ou obteve com documento falso uma escritura e a registrou.[70] Também podemos pensar na hipótese em que pessoa com demência senil ou por qualquer razão desprovida de plena capacidade para praticar atos outorgou a escritura para a pessoa que consta como atual proprietária do imóvel.[71] Pode ocorrer, assim, que alguém venha a provar que aquele que consta ou tenha constado do registro de imóveis como proprietário não era o verdadeiro proprietário.[72]

Isso poderá atingir todos os que tenham comprado o imóvel daquele que não era o proprietário. São as chamadas "alienações sucessivas" do imóvel, que "contaminam" as vendas, doações ou outros atos subsequentes.

---

70 "Ação anulatória. Procuração e substabelecimento. Instrumento público. Documentos de identificação falsos. Escritura de compra e venda. Registro. Nulidade. A procuração e o substabelecimento, por instrumento público, que nomeia e constitui procurador com poderes especiais para renúncia de direito de usufruto e para alienação de bem imóvel, lavrada a partir de documentos de identificação falsos do outorgante, é nula de pleno direito. Por conseguinte, as escrituras públicas de compra e venda e registros imobiliários vinculados à procuração e substabelecimentos nulos padecem do mesmo vício" (TJMG, Apelação Cível nº 1.0521.99.006924-2/001, 17ª Câmara Cível, Rel. Des. Lucas Pereira, Rel. p/ acórdão Des. Eduardo Mariné da Cunha, j. em 10-8-2006, *DJ* de 14-9-2006).

71 Diz o Código Civil:

"Art. 3º São absolutamente incapazes de exercer pessoalmente os atos da vida civil os menores de 16 (dezesseis) anos.

Art. 4º São incapazes, relativamente a certos atos ou à maneira de os exercer: I – os maiores de dezesseis e menores de dezoito anos; II – os ébrios habituais e os viciados em tóxico; III – aqueles que, por causa transitória ou permanente, não puderem exprimir sua vontade; IV – os pródigos. Parágrafo único. A capacidade dos indígenas será regulada por legislação especial."

72 Ver o Capítulo 3, especialmente a seção 3.1, *Alguém reivindica ser o proprietário do imóvel.*

Ninguém pode transferir mais direitos do que tem: o vendedor que não é o proprietário não pode transferir a propriedade do imóvel para o comprador.

Portanto, se alguém provar judicialmente que algum dos vendedores não era proprietário, mesmo que o comprador já tenha até registrado sua escritura pública de compra e venda e já esteja na posse do bem, esse comprador poderá perder o imóvel.[73]

Havia jurisprudência do STJ no sentido de que a invalidade ou a ineficácia de uma alienação contaminaria as alienações subsequentes.[74]

Essa orientação havia sido superada por decisões posteriores do próprio STJ, período no qual ficara mais protegido o direito à propriedade do terceiro comprador de boa-fé. Entendeu-se que a compra ocorrida em conformidade com o que constava do registro de imóveis deveria ser protegida. Assim, seria válida a aquisição desse terceiro de boa-fé, que confiou nos registros imobiliários, inclusive contra o verdadeiro proprietário, que teria direito às perdas e danos ou ao preço pago contra aquele que não era o proprietário.[75]

---

[73] "A venda de bem feita por procurador a quem não foram outorgados poderes para realizar o negócio apresenta vício insanável, não sendo possível prestigiar a boa-fé daquele que, em venda sucessiva, adquire o imóvel de pessoa em cujo nome o imóvel foi registrado" (STJ, REsp 62.308/SP, Terceira Turma, Rel. Min. Eduardo Ribeiro, j. em 8-6-1999, *DJ* de 27-9-1999).

[74] "Processo civil. Fraude de execução. Alienações sucessivas. Contaminação. Ineficaz, em relação ao credor, a alienação de bem, pendente lide que pode levar à insolvência do devedor, a fraude de execução contamina as posteriores alienações, independentemente de registro da penhora que sobre o mesmo bem foi efetivada, tanto mais quando, como no caso, já fora declarada pelo juiz da execução, nos próprios autos desta, a ineficácia daquela primeira alienação" (STJ, 3ª Turma, REsp 34.189/RS, Rel. Min. Dias Trindade, j. em 14-3-1994).

[75] Nesse sentido: "Embora a infidelidade da inscrição, isto é, a desconformidade entre a situação registral e a real, continue a facultar amplamente a ação de retificação do prejudicado, esta deixará de ser operante contra quem, na ignorância de ser a inscrição infiel, desembolsar seu dinheiro e adquirir o direito de quem figurar indevidamente no registro como dono do imóvel. Esse terceiro de boa-fé se achará a coberto da reivindicação do prejudicado, cujo direito se converterá no de obter indenização do indevido alienante. Tanto vale dizer que, não obstante tempestiva, a ação de retificação ficará trancada relativamente ao terceiro, pelo que, antes que este apareça, o prejudicado terá de apressar-se em usá-la, sob pena de perder a oportunidade.

Se bem que, em princípio, seja nula a transmissão de coisa alheia, existem no nosso direito exceções a essa regra, adiante referidas, em que a transmissão é reconhecida como válida em face do titular verdadeiro, sempre que haja boa-fé por parte do adquirente. Essas exceções, de que atrás se antecipou o exemplo da transmissão do herdeiro aparente a terceiro, passarão a ser acrescidas com o caso da transmissão efetuada pelo titular aparente do direito, aquele que tem o seu nome inscrito como tal no Registro de Imóveis, a terceiro de boa-fé e a título oneroso.

Discute-se sobre se, nesse caso, a aquisição do terceiro de boa-fé e a título oneroso é originária ou derivada, militando em favor da primeira alternativa a circunstância de que o alienante não é titular do direito nem tem a faculdade de dispor dele, de maneira que o adquirente recebe o direito de quem não era dono dele. Se a lei legitima essa aquisição, fá-lo no intuito de proteger a boa-fé do adquirente, a bem da circulação imobiliária, em cujo interesse não cogita de indagar se o imóvel pertencia efetivamente à parte contrária ou a terceiro. Como nota Von Thur, existe certa analogia entre a aquisição de boa-fé e o usucapião, que indubitavelmente é causa originária

Contudo, houve nova reviravolta na jurisprudência do STJ, deixando o comprador de boa-fé mais desprotegido, como veremos na seção 3.3.

Seja como for, o Código Civil atualmente em vigor dispõe no art. 1.247, parágrafo único, que, cancelado o registro, poderá o verdadeiro proprietário reivindicar o imóvel, independentemente da boa-fé ou do título do terceiro adquirente. Isso prejudica o comprador que apenas verificou a certidão do imóvel e a situação pessoal do vendedor, deixando de verificar as transferências de propriedade anteriores. O art. 1.247 não diz, mas há títulos que sanam a propriedade defeituosa (exemplo: usucapião, arts. 1.238 a 1.244).

Essa matéria, evidentemente, é controvertida. Por tal razão, exatamente por não saber o que poderá ocorrer no caso concreto, o comprador deverá estudar as aquisições anteriores.

Além disso, pode ocorrer que a aquisição do atual proprietário seja reputada ineficaz em face de um credor de proprietário anterior, vindo o imóvel a responder por suas dívidas. São as hipóteses de fraude contra credores, fraude fiscal e de fraude à execução. Mesmo com o advento da Lei nº 13.097, de 19-1-2015, do Código de Processo Civil (CPC) e da Lei nº 14.382, de 27-6-2022, que alteraram direta ou indiretamente as regras referentes à fraude à execução, a questão continua controvertida. Esses tópicos serão debatidos na seção 2.36 e no Capítulo 3, especialmente nas seções 3.3 e 3.4.

E tudo isso, frise-se, pode ocorrer ainda que todos os registros estejam formalmente perfeitos na matrícula do imóvel!

Como pode o comprador se precaver contra essas situações?

Conforme se explicitou, é necessário que se obtenha uma certidão para verificar se o vendedor consta como proprietário. Contudo, isso não é suficiente para se ter certeza de que os vendedores anteriores, que venderam o imóvel até chegar no atual, tinham condições jurídicas de vendê-lo de forma eficaz.

Assim, para aumentar o grau de segurança, a solução reside no estudo não só da aquisição do vendedor (atual proprietário), mas também das aquisições dos antigos proprietários. Esse estudo deve ser feito com auxílio de advogado especializado na matéria, de modo a verificar se essas aquisições foram juridicamente seguras. Para tanto, veremos quais são as certidões necessárias na seção 3.12 e, sem prejuízo de todo o exposto, veremos na seção 3.14 como o comprador poderá se defender na hipótese de sua aquisição vir a ser reputada inexistente, inválida, nula, anulável ou ineficaz.

Na hipótese de o imóvel ter sido de propriedade de pessoa jurídica, deverá o comprador verificar os aspectos específicos atinentes a essa aquisição, conforme exposto no Capítulo 5.

---

da propriedade" (CARVALHO, Afrânio de. *Registro de imóveis*. 4. ed. Rio de Janeiro: Forense, 1997. p. 177).

Quantas aquisições anteriores deve o comprador verificar se foram seguras? Qual o período necessário para que uma aquisição justa possa sanar os defeitos oriundos de aquisições anteriores?

O mais seguro é a verificação de todas as aquisições no prazo de, pelo menos, 15 anos (prazo para usucapião extraordinário), na forma descrita por este livro. Por tal motivo, a certidão da situação jurídica do imóvel (certidão de ônus) deverá mostrar a história do imóvel nos últimos 15 anos. Caso ela não mencione esse período, mas sim faça remissão a outra matrícula (exemplo: lote decorrente de fracionamento), pode ser interessante obter a certidão de ônus referente à matrícula mencionada, para que se possa saber mais sobre a história do imóvel.

Caso a matrícula do imóvel tenha sido aberta há mais de 15 anos, a *certidão de ônus* composta apenas da xerox autenticada da matrícula é suficiente. No passado, alguns cartórios, em vez de simplesmente fornecerem a xerox da matrícula, expediam uma certidão contendo um relato de todas as operações registradas em relação ao imóvel. Nos dias de hoje, isso raramente ocorre, sendo necessário em casos muito específicos (ex.: imóvel regular sem matrícula aberta).[76]

Com relação às certidões pessoais, devem abranger os proprietários e cônjuges também no período dos 15 anos anteriores ao negócio. Não é necessário que todas as certidões abranjam esse prazo, conforme descrito no Capítulo 3.

Ocorre que o adquirente poderá "somar" seu tempo de efetiva posse no imóvel ao do possuidor anterior e assim por diante. Isso significa que, na pior das hipóteses, se surgir alguém que alegue ser o proprietário do imóvel, o comprador poderá defender-se com a alegação de que, se o postulante tivesse tido algum direito sobre o imóvel, já o teria perdido, pois já teria passado o tempo necessário para a usucapião. Essa defesa não tem garantia de sucesso para todos os casos, mas ela é mais do que recomendável. Vide seção 3.14.

Com esse prazo, o comprador terá ainda a possibilidade de alegar, para defender seu direito, em sede de execução movida contra antigo proprietário, que atingiu o imóvel comprado, a existência de prescrição da execução. No passado, havia decisões que a reconheciam somente após 20 anos.[77] Mesmo para aquelas execuções que prescrevem em cinco, pode existir algum tipo de suspensão a prolongar esse período, razão pela qual o prazo mínimo de 15 anos afigura-se razoável.

Esse prazo mínimo de 15 anos é suficiente para todos os tipos de usucapião, até mesmo para a extraordinária prevista no art. 1.238 do Código Civil em vigor (a usucapião extraordinária do art. 550 do Código Civil revogado era de 20 anos). Os prazos para usucapião estão nos arts. 1.238 a 1.242 do Código Civil.

---

76 Ver a seção 1.1, *A matrícula do imóvel.*

77 Nesse sentido: "Execução hipotecária – Prescrição – Gravame acessório da obrigação principal, prescrevendo em 20 (vinte) anos – Inteligência dos arts. 177 e 849, VI do CC" (TARS, *RT* 730/347).

Assim, para a maioria das situações, o prazo de 15 anos será suficiente, mas é interessante um prazo maior (por isso falamos em "no mínimo 15 anos"), pois pode ter existido algum fato a suspender o prazo aquisitivo da usucapião (ex.: art. 10 da Lei nº 14.010, de 10-6-2020). Há diversas hipóteses em que períodos de tempo não serão contados para fins de saneamento da propriedade defeituosa, uma vez que os arts. 197 a 204 do Código Civil se aplicam para fins de usucapião, em razão do art. 1.244 do Código Civil.[78]

Há um interessantíssimo precedente do STJ que, embora se refira a bens móveis, trata de critérios para configuração de posse e contagem de tempo para usucapião em caso de crime ou detenção física de má-fé.[79]

Assim, a possibilidade da ocorrência de fato ou de direito com mais de 15 anos que venha a prejudicar o direito do atual proprietário do imóvel (o que é pouco comum, mas é teoricamente possível), poderá ser contraposta pela ocorrência de usucapião e de prescrição do direito do credor, conforme visto.

A possibilidade de alegação de usucapião como defesa restou ainda mais fortalecida com o advento da Lei nº 10.931, de 2-8-2004, que acrescentou o § 5º ao art. 214 da Lei nº 6.015/73, de seguinte teor:

> "Art. 214 (...) § 5º A nulidade não será decretada se atingir terceiro de boa-fé que já tiver preenchido as condições de usucapião do imóvel."

Por ocasião da VI Jornada de Direito Civil, realizada nos dias 11 e 12 de março de 2013 pelo Conselho da Justiça Federal, restou sumulado o seguinte entendimento (válido como doutrina):

> "ENUNCIADO 569 – No caso do art. 1.242, parágrafo único, a usucapião, como matéria de defesa, prescinde do ajuizamento da ação de usucapião, visto que, nessa hipótese, o usucapiente já é o titular do imóvel no registro."

Veremos na seção 3.14 algumas hipóteses em que o comprador poderá se valer da ação de usucapião e de outras medidas para obter ou para defender a propriedade do imóvel que adquiriu.

Há decisão do STJ no sentido que não é cabível usucapião de imóvel vinculado ao SFH (REsp 1.874.632, j. em 25-11-2021). É um tanto curioso que um bem imóvel privado não possa ser usucapido, mas há um gravame (ex.: hipoteca) que protege o crédito do Poder Público.

---

78 "Art. 1.244. Estende-se ao possuidor o disposto quanto ao devedor acerca das causas que obstam, suspendem ou interrompem a prescrição, as quais também se aplicam à usucapião."

79 STJ, Terceira Turma, REsp 1.637.370-RJ, Rel. Min. Marco Aurélio Bellizze, por maioria, j. em 10-9-2019.

Voltaremos a falar de usucapião na seção 2.21, bem como de usucapião em hipótese de ocupação ou condomínio irregular na seção 11.6. Quanto à chamada "usucapião familiar", vide Capítulo 4.

No que se refere à possibilidade de "usucapião extrajudicial", vide art. 216-A da Lei nº 6.015/73, introduzido pelo CPC em vigor, com as alterações conferidas pelo art. 7º da Lei nº 13.465/2017, tratado na seção 14.4.

Portanto, para que se tenha alto grau de segurança jurídica, deve o comprador verificar a história do imóvel e de seus proprietários, nos termos de tudo o que está descrito neste livro, em pelo menos nos últimos 15 anos. Além disso, essa análise terá o condão de propiciar ao comprador, na hipótese do surgimento de qualquer demanda contestando a validade de sua compra, a prova objetiva de que sua aquisição foi de boa-fé. Voltaremos a falar da prova objetiva da boa-fé na seção 3.13.

1.6 O IMÓVEL É ORIUNDO DE UM DESDOBRAMENTO

Caso o imóvel tenha sua origem em um desmembramento de imóvel anterior, deverá o comprador verificar sua situação antes do desmembramento. É que, na realidade, o imóvel produto do desmembramento era, no passado, parte do imóvel desmembrado. Assim, a história do imóvel atual, produto do desmembramento, compreende também a história do imóvel que foi desmembrado, quando ainda era um só.

Esse aspecto é relevante porque a Lei de Registros Públicos é clara ao afirmar que todos os ônus (quais sejam, penhora, hipoteca, arresto etc.), que gravam o imóvel que foi desdobrado, continuam gravando o imóvel oriundo do desdobramento:

> "Art. 235. Podem, ainda, ser unificados, com abertura de matrícula única: (...)
>
> § 1º Os imóveis de que trata este artigo, bem como os oriundos de desmembramentos, partilha e glebas destacadas de maior porção, serão desdobrados em novas matrículas, juntamente com os ônus que sobre eles existirem, sempre que ocorrer a transferência de 1 (uma) ou mais unidades, procedendo-se, em seguida, ao que estipula o inciso II do art. 233.
>
> § 2º A hipótese de que trata o inciso III somente poderá ser utilizada nos casos de imóveis inseridos em área urbana ou de expansão urbana e com a finalidade de implementar programas habitacionais ou de regularização fundiária, o que deverá ser informado no requerimento de unificação.
>
> § 3º Na hipótese de que trata o inciso III, a unificação das matrículas poderá abranger um ou mais imóveis de domínio público que sejam contíguos à área objeto da imissão provisória na posse."

Assim, um singelo desmembramento de imóvel não terá o condão de anular uma penhora ou qualquer outro gravame, mesmo que a matrícula do imóvel penhorado seja encerrada.[80]

Por todas essas razões, o comprador deverá estudar, nos termos do exposto neste livro, as aquisições ocorridas no imóvel que se pretende comprar, bem como as aquisições ocorridas antes do desmembramento.

1.7 "DUPLA VENDA", ONERAÇÃO POSTERIOR DO IMÓVEL PELO VENDEDOR E RISCOS SIMILARES

Após obter a escritura pública de compra e venda, o comprador deve registrá-la no cartório imobiliário ao qual o bem estiver vinculado. É possível, porém, que, antes de ele efetuar esse registro, o vendedor resolva vender o imóvel a outra pessoa, lavrando outra escritura. Ou mesmo que ele ofereça o imóvel em garantia de um financiamento (ex.: hipoteca). Também o imóvel pode vir a ser penhorado por dívidas do vendedor, mesmo fora das hipóteses de fraude tratadas nas seções 3.3 e 3.4, dentre outros riscos. Tudo isso é teoricamente possível, pois o vendedor ainda é o proprietário do bem imóvel!

Nessa situação, haveria duas pessoas (os dois compradores ou o comprador e o credor), cada uma com um título hábil a ser registrado.

Imaginemos, assim, que a primeira escritura tenha sido lavrada em 20-4-1995 e a segunda escritura em 20 de maio do mesmo ano. Isso, por si só, é suficiente para determinar que o comprador com a escritura lavrada em abril será o proprietário, uma vez que esta foi lavrada primeiro?

A resposta é não. Não importa quando foi lavrada a escritura. O que importa é a data de seu registro, aferindo-se isso pelo protocolo da prenotação no cartório imobiliário (arts. 182 e 186 da Lei nº 6.015/73 e art. 1.246 do Código Civil). A escritura que for primeiro registrada é que terá o condão de transferir a propriedade, impedindo o registro da outra.

A *prioridade* dá-se, portanto, no tempo: quem registrar primeiro obterá a propriedade do imóvel (ou os direitos de garantia ou oneração do imóvel). Para o preterido, resta a única alternativa de se pleitear a justa indenização contra o vendedor (perdas e danos).

Portanto, uma vez lavrada a escritura, devemos providenciar o quanto antes seu registro.

Uma vez protocolado o título no cartório imobiliário para ser registrado, deveríamos ter garantida a *prioridade* sobre eventual venda, efetuada pelo ainda proprietário

---

80 Ver o Capítulo 11, *Comprando um terreno urbano ou rural*. Ver, ainda, no Capítulo 2, a seção 2.4, *Penhora, arresto, sequestro*.

do imóvel (que é o vendedor, até que o título seja registrado).[81] Contudo, talvez ainda existam cartórios que somente efetuam a *prenotação* mediante requerimento escrito ou pedido verbal, não tendo a simples entrega do título o condão de assegurar a mencionada *prioridade*, que só é efetivada com a *prenotação*. A absurda situação de protocolo sem prenotação não era tão incomum no século passado.

A "dupla venda" é mais comum na hipótese de aquisição de posse, caso em que não existe discussão sobre prioridade registral, simplesmente porque não há registro em cartório imobiliário. Veremos o tema na seção 1.14. A "dupla venda" não é muito comum nas hipóteses de imóveis regulares (com matrícula no cartório imobiliário). A relevância da prioridade registral é mais frequente nas disputas entre um título de compra e venda e um título de oneração (ex.: hipoteca).

O mais conveniente é, após serem feitas todas as verificações descritas neste livro, retirar a certidão do imóvel no cartório imobiliário e, verificando que tudo está correto, ir até o tabelionato mais próximo, solicitar lavratura da escritura pública de compra e venda e registrá-la no registro de imóveis, tudo isso no menor espaço de tempo possível, para evitar surpresas desagradáveis.

Evidentemente, as verificações constantes de todos os Capítulos deste livro deverão ter sido feitas.

Ao retirar a certidão do imóvel, podemos tentar obter a informação da possível existência de algum título prestes a ser registrado na matrícula desse imóvel. Caso positivo, verificar no que ele consiste e se está prenotado. Em tese, a existência de título prenotado, mas não registrado, deve constar da certidão da situação jurídica do imóvel ("certidão de ônus"). Mas não há plena garantia de que isso terá ocorrido.

O registro da escritura pública de compra e venda pode ser obstado pela ausência do atendimento, por parte do comprador, de qualquer requisito necessário para tanto. Nessa hipótese, deve o comprador cumprir o requisito faltante o mais rápido possível, pois, a teor do art. 205 da Lei nº 6.015/73, a validade de sua *prenotação* era de 30 dias e com o advento da Lei nº 14.382, de 27-6-2022, passou a ser de apenas 20 dias, com uma exceção.[82] Passado esse prazo, perde o comprador o direito à *prioridade* que havia obtido, o que significa que, caso nesse período tenha ingressado outro título (exemplos: outra escritura de compra e venda, uma penhora, uma hipoteca), passível de ser registrado, a *prioridade* será conferida a esse segundo título.

Outro cuidado diz respeito à matrícula que foi bloqueada por qualquer razão, mas pode ser objeto de prenotação (§ 4º do art. 214 da LRP):

---

81 Uma pequena exceção ao *princípio da prioridade* será vista na seção 3.16 deste livro.

82 "Art. 205. Cessarão automaticamente os efeitos da prenotação se, decorridos vinte dias da data do seu lançamento no Protocolo, o título não tiver sido registrado por omissão do interessado em atender às exigências legais. Parágrafo único. Nos procedimentos de regularização fundiária de interesse social, os efeitos da prenotação cessarão decorridos quarenta dias de seu lançamento no protocolo." (Redação de acordo com a Lei nº 14.382, de 27-6-2022).

> "Art. 214. As nulidades de pleno direito do registro, uma vez provadas, invalidam-no, independentemente de ação direta.
>
> § 1º A nulidade será decretada depois de ouvidos os atingidos.
>
> § 2º Da decisão tomada no caso do § 1º caberá apelação ou agravo conforme o caso.
>
> § 3º Se o juiz entender que a superveniência de novos registros poderá causar danos de difícil reparação poderá determinar de ofício, a qualquer momento, ainda que sem oitiva das partes, o bloqueio da matrícula do imóvel.
>
> § 4º Bloqueada a matrícula, o oficial não poderá mais nela praticar qualquer ato, salvo com autorização judicial, permitindo-se, todavia, aos interessados a prenotação de seus títulos, que ficarão com o prazo prorrogado até a solução do bloqueio.
>
> § 5º A nulidade não será decretada se atingir terceiro de boa-fé que já tiver preenchido as condições de usucapião do imóvel".

A redação desse dispositivo é de 2004, época em que o processo de transferência de atribuições ou competência do Judiciário para registradores e notários estava apenas começando. Por isso o art. 214 se dirige predominante para o juiz. O interessante é a possibilidade explicitada (§ 5º) de o terceiro de boa-fé na posse do imóvel provar que o imóvel já pode ser objeto de usucapião, caso em que a eventual nulidade da sua aquisição (ou de aquisição anterior) será ignorada. Na verdade, o § 5º nem precisava existir, mas é bom que exista: é sempre cabível alegação de usucapião em defesa – o que não se sabe é se essa alegação será aceita pelo juiz ou não.

1.8 O IMÓVEL É OU FOI OBJETO DE FINANCIAMENTO POR PROGRAMA DE HABITAÇÃO POPULAR COM RESTRIÇÃO PARA A VENDA

Pode ser que o imóvel a ser vendido esteja hipotecado ou alienado fiduciariamente em favor de uma instituição financeira (ex.: um banco), como garantia de seu financiamento. Além disso, é possível a existência de algum tipo de restrição legal ou contratual para a venda por parte de pessoa beneficiada pelo programa.

Se o comprador for pagar à vista o preço do imóvel, nas hipóteses em que a venda não é vedada, a solução poderá ser simples: bastará quitar o financiamento (incluindo as demais despesas) do vendedor e descontar do preço.

Evidentemente, deverá constar do contrato com o vendedor que parte do preço do imóvel deverá ser paga diretamente para o banco, na forma da quitação do financiamento.

A solução não será tão simples, se o comprador pretender assumir o financiamento do vendedor. Remetemos o leitor para a seção 12.3, *O registro em cartório da compra de imóvel, cujo vendedor é mutuário do SFH, e a assunção desse financiamento: a questão do "contrato de gaveta"*, na qual essa questão é tratada.

O Sistema Financeiro da Habitação (SFH) havia substituído o antigo Banco Nacional da Habitação (BNH) como o sistema de financiamento imobiliário com juros inferiores aos de mercado. Contudo, nos últimos anos ou décadas, o SFH passou a atender setores da classe média e da classe média alta. Voltaremos ao tema no Capítulo 12, especialmente nas seções 12.3 e 12.5.

Enfim, em decorrência da ausência de um programa atendesse a população mais carente, com os necessários subsídios de magnitude expressiva (leia-se: para aqueles com menor poder aquisitivo, a maior parte do valor do imóvel deve ser paga pelo governo), foi criado o Programa Minha Casa Minha Vida (MCMV), regido pela Lei nº 11.977, de 7-7-2009, alterada pela Lei nº 14.620, de 13-7-2023, e pela Lei nº 15.081, de 30-12-2024.

Durante o Governo Bolsonaro (2019-2022), existiu um programa de financiamento habitacional incentivado denominado "Casa Verde e Amarela". Ele foi criado pela Medida Provisória nº 996, de 25-8-2020, convertida na Lei nº 14.118, de 12-1-2021, atualmente revogada.[83] Ao contrário do MCMV em sua versão original, o "Casa Verde e Amarela" era apenas um programa com taxas de juros inferiores às do mercado. Infelizmente, esse programa recebeu poucos recursos.

Em tese, o "Casa Verde e Amarela" poderia continuar existindo, de modo a contemplar um setor da população que não se enquadra no MCMV e não consegue pagar as taxas de juros do SFH que, embora inferiores às do mercado, ainda são altas. Como isso não ocorreu, o MCMV passou a contemplar financiamento com juros mais baixos também para pessoas com recursos um pouco mais elevados (classe média) do que as pessoas da versão original, que eram os mais pobres, como veremos adiante.

Há várias modalidades do MCMV com diversas normas infralegais disciplinando várias questões referentes às pessoas que podem ser beneficiárias, cadastramento, faixas do programa, credenciamento e remuneração das incorporadoras, valores, requisitos para as construções, enquadramento da localidade etc. Imóveis construídos pelo MCMV podem até mesmo ser adquiridos sem subsídios por pessoas que não se enquadram nas regras do Programa.

Embora o art. 5º da Lei nº 14.620, de 13-7-2023, só contemple três faixas para a modalidade urbana (inciso I) e três faixas para a modalidade rural (inciso II) do Programa MCMV, no primeiro semestre de 2025 foi anunciada a criação da "Faixa 4".

Em tese, somente por meio de lei (ou de medida provisória) seria possível na época criar uma nova faixa para o Programa MCMV, pois o § 2º do referido art. 5º somente previa que o Ministro das Cidades atualizasse os valores máximos da renda

---

83 Exceção feita às alterações da Lei nº 14.118, de 12-1-2021, a outras normas: no Brasil, uma lei revogada não faz vigorar leis por ela revogadas ou "desfaz" alterações por ela feita a outras normas. Esse fenômeno, chamado de *repristinação*, não ocorre de forma automática direito brasileiro, sendo necessário que a nova lei restaure expressamente a legislação anterior (algo muito raro na prática). Assim, as alterações feitas pela Lei nº 14.118/2021 só podem ser "desfeitas" por outras leis.

familiar dos possíveis beneficiários do PMCMV, e não que criasse outras faixas para o Programa.[84]

Assim, o art. 1º da Portaria MCID nº 399, de 22-4-2025, previu no *caput* como renda mensal máxima o valor de R$ 12.000,00 mensais (urbano) e R$ 150.000,00 anuais (rural), o que causou estranheza, porque os valores máximos previstos nos incisos para a Faixa 3 urbana (inciso I) e Faixa 3 rural (inciso II) são inferiores. Haveria erro material? Não. Simplesmente a Portaria MCID não poderia criar nova faixa, sob pena de ilegalidade.

A solução já estava na Resolução do Conselho Curador do FGTS nº 1.116, de 15-4-2025, que criou o *Programa de Habitação Classe Média*. Vide seção 12.6.

A despeito das críticas e dos problemas enfrentados, o MCMV já construiu e entregou a beneficiários mais de 5,5 milhões de imóveis no Brasil. Outros milhões de imóveis estão sendo ou serão construídos no âmbito do Programa.

Os imóveis construídos pelo MCMV podem ser vendidos pelos beneficiários do programa a outras pessoas?

Para cada situação há regras distintas para a venda do imóvel por parte da pessoa beneficiada pelo programa a terceira pessoa (novo comprador) com consequências distintas (ex.: perda do subsídio).

É preciso verificar quem é o proprietário do imóvel. O registro imobiliário (vide seções 1.1 a 1.4) informará se o imóvel é de propriedade do Fundo de Arrendamento Residencial (FAR),[85] do beneficiário do programa, da incorporadora ou de outra pessoa. É preciso verificar qual foi a modalidade do programa utilizada, quais valores já foram pagos (inclusive tributos, taxas de condomínio etc.) e qual a situação de fato. É muito comum que o imóvel se encontre em regime de propriedade fiduciária em garantia para a Caixa Econômica Federal (vide seções 1.8, 1.9 e 2.25).

Ocorreram ou ocorrem invasões (as vezes por parte de milícias) de imóveis construídos no âmbito do MCMV por pessoas que não eram beneficiárias do programa, ou mesmo por pessoas que, embora beneficiárias, ainda estavam "na fila" para recebimento das unidades. Por essa razão, a Lei nº 14.118/2021 incluiu o art. 7º-D à Lei nº 11.977/2009, para prever a possibilidade de que possa a invasão ser repelida sem necessidade de se recorrer ao Judiciário. Trata-se de regra semelhante à disposta no art. 1.210, § 1º, do Código Civil.

Vendas, promessas de vendas e locações ilegais de imóveis são comuns no Brasil e tratamos dessas questões neste livro. Vide, especialmente, as seções 1.14, 11.6 e 12.3.

---

84 A possibilidade de criação de novas faixas para o PMCMV por ato do Ministro das Cidades só passou a ser possível com a edição da Medida Provisória nº 1.291, de 6-3-2025, convertida na Lei nº 15.164, de 14-7-2025.

85 Vide Lei nº 10.188, de 12-2-2001.

Há hipóteses de programas de habitação popular criados por Estados, Distrito Federal e Municípios nos quais há restrição para a venda, por parte do beneficiário do programa, para outras pessoas.

Caso exista averbação de inalienabilidade (vide seção 2.32) ou indisponibilidade (vide seção 2.34) na matrícula do imóvel, o comprador somente conseguirá adquirir a propriedade do imóvel caso consiga obter o cancelamento dessa averbação mediante os procedimentos previstos na norma que gerou essa averbação. Caso isso não seja possível, a questão será similar à tratada na seção 12.3 ("contrato de gaveta").

O imóvel poderá já estar registrado em nome do beneficiário do programa, em nome de alguma pessoa jurídica (ex.: empresa pública responsável pelo programa de habitação), ou mesmo ainda em nome do proprietário do terreno.

Em uma ação de adjudicação compulsória (vide seção 8.2), há um interessante precedente que determinou à empresa pública a transferência da propriedade do imóvel ao cessionário (terceira pessoa) dos direitos de beneficiário de um programa de habitação popular.[86]

Em outro precedente, em sede de dúvida registral, o juiz determinou que, na ausência de averbação de inalienabilidade, o cartório imobiliário deveria proceder ao registro da escritura de compra e venda de imóvel que fora objeto de programa de habitação popular, não sendo oponível ao comprador (terceira pessoa) cláusula de contrato celebrado entre a empresa pública e o beneficiário do programa (proprietário do imóvel).[87]

---

86 "Apelação cível. Adjudicação compulsória. Programa habitacional. Cessão de direitos regular. Imóvel integralmente quitado. Outorga da escritura definitiva em nome dos cessionários. Recusa da CODHAB. Indevida. Sentença reformada" (TJDF, 2ª Turma Cível, Apelação Cível nº 20140110646197, Rel. Gislene Pinheiro, j. em 11-11-2015).

87 O imóvel já era de propriedade e estava registrado, livre e desembaraçado, em nome do beneficiário do programa, de modo que cláusula contratual (direito pessoal) proibindo a venda não poderia ser oponível à pessoa que não havia sido parte no contrato com a empresa pública. Afirmou a decisão:

"O aludido programa tem como fundamento a Lei Distrital nº 3.877/2006, que dispõe sobre a política habitacional do DF. (...) Entre os mecanismos utilizados para o cumprimento dessa finalidade, está o da impossibilidade de transferência sem anuência do Poder Executivo, estampado no art. 10 do mesmo diploma, que assim dispõe: 'Art. 10. Enquanto não houver a transferência de domínio do Poder Público para o beneficiário, é vedado a este transferir a terceiros a posse de bem imóvel recebido no âmbito de programa habitacional do Distrito Federal, salvo se autorizado pelo Poder Executivo.' Como bem se observa, a concordância do Poder Público incide apenas nos casos em que não houver, ainda, a transferência do domínio. Pela leitura da matrícula do imóvel em análise, observa-se que já ocorreu a quitação e, com isso, a transferência da propriedade para a adquirente inicial (...) Há que se observar, por outro lado, a força cogente da referida cláusula de inalienabilidade, tendo em vista que ela não se encontra averbada na matrícula do imóvel. (...) Portanto, A (...) é a justa proprietária do imóvel objeto da matrícula (...), e, com isso, pode dele livremente dispor. (...)" (Vara de Registros Públicos do DF, Dúvida Registral nº 0721714-31.2018.8.07.0015, Juiz Ricardo Norio Daitoku, j. em 13-6-2019).

Essa orientação, que beneficia o comprador, está muito fortalecida em razão do art. 54, III e § 1º, da Lei nº 13.097/2015, alterado pelo art. 16 da Lei nº 14.382/2022.

Voltaremos a falar de sistemas de financiamento imobiliário, sob perspectiva abrangente, no Capítulo 12, especialmente na seção 12.5.

1.9 O IMÓVEL ESTÁ ALIENADO FIDUCIARIAMENTE

Pode ser que o imóvel que se pretende comprar esteja *alienado fiduciariamente.*

A *alienação fiduciária* de imóveis, bem como seu registro, foram introduzidos no direito brasileiro por meio da Lei nº 9.514, de 20-11-1997.

O devedor do financiamento ("mutuário" ou, no dizer da Lei, "fiduciante"), não é proprietário, mas sim possuidor direto do imóvel (art. 23, parágrafo único, da Lei nº 9.514/97).

Com o advento da Lei nº 13.043, de 13-11-2014, que alterou o Código Civil, passou o devedor fiduciante de simples possuidor para devedor com direito real de aquisição do imóvel. Isso deve assegurar que o imóvel objeto da alienação fiduciária não poderá ser objeto de penhora ou qualquer medida constritiva em prejuízo do comprador (devedor fiduciante) em ação movida contra o credor fiduciário:

> "Art. 1.368-B. A alienação fiduciária em garantia de bem móvel ou imóvel confere direito real de aquisição ao fiduciante, seu cessionário ou sucessor."

Por "alienação fiduciária" a teor desse dispositivo entenda-se o contrato de alienação fiduciária devidamente registrado. No nosso caso, o registro é na matrícula do imóvel.

A *propriedade fiduciária* é resultado do registro do *negócio fiduciário*. Atualmente, a propriedade fiduciária só existe para fins de garantia.[88] O *contrato de alienação fiduciária* cria obrigações (direitos pessoais) entre as partes contratantes. Com o registro desse contrato na matrícula do imóvel, haverá o nascimento de um direito real, no caso, a propriedade fiduciária do credor imobiliário. Essa propriedade (fiduciária) é criada para garantia do financiamento imobiliário. Na seção 2.25 veremos que outra modalidade de *negócio fiduciário* é a *cessão fiduciária de crédito*.

O devedor não pode vender o imóvel, mas pode transferir seus direitos em face de seu credor ("fiduciário"), quais sejam, os de obter a propriedade do imóvel quando pagar o financiamento.

---

[88] O Projeto de Reforma do Código Civil (Projeto de Lei nº 4, de 2025), em tramitação no Senado Federal, propõe que a propriedade fiduciária possa ser ter finalidade outra, semelhante ao *trust* do direito dos países de língua inglesa (*common law*).

A transferência desses direitos opera-se nos termos do art. 29 da Lei nº 9.514/97, que exige a anuência do credor. Aquele que adquirir os direitos do devedor também assumirá suas obrigações em face do credor.

Em tese, apenas deve ser pago ITBI[89] caso o imóvel seja vendido a outra pessoa ou por ocasião da consolidação da propriedade plena por parte do credor fiduciário na hipótese de inadimplemento, mas não por ocasião da constituição da garantia (alienação fiduciária).[90] A constituição de uma garantia real não é fato gerador de ITBI,

---

[89] Veremos a questão do ITBI no Capítulo 7 deste livro.

[90] "Recurso especial. Tributário. Contrato de compra e venda com alienação fiduciária. Inadimplemento do devedor fiduciante. Posse plena do credor fiduciário. Incidência de ITBI. Objeto da demanda. 1. Questiona-se a exigência de imposto sobre transmissão *inter vivos* – ITBI na venda de imóvel com alienação fiduciária quando há consolidação da propriedade em nome do credor fiduciário ante o inadimplemento do devedor fiduciante. O fato gerador do ITBI. 2. A Constituição Federal e o Código Tributário Nacional, respectivamente, nos arts. 156 e 35, estabelecem que o fato gerador do ITBI é a transmissão, a qualquer título, da propriedade ou do domínio útil de bens imóveis por natureza ou por acessão física, como definidos na lei civil, bem como a transmissão, a qualquer título, de direitos reais sobre imóveis, exceto os direitos reais de garantia e as respectivas cessões de direitos. Alienação fiduciária – Natureza jurídica e funcionamento. 3. Nos casos de compra e venda de bem imóvel com pacto de alienação fiduciária, a compra e venda é o negócio jurídico principal e a alienação fiduciária, o pacto acessório voltado à garantia de pagamento do crédito fornecido ao devedor para viabilizar a alienação. 4. Na transferência de imóvel pela compra e pela venda feitas com alienação fiduciária, há incidência do ITBI em razão da compra e venda, mas não há incidência do ITBI sobre o direito real de garantia oriundo do pacto acessório de alienação fiduciária, porquanto legalmente excetuado como hipótese de incidência (art. 156, II, CF; art. 35, II, CTN). Em outras palavras, em operações triangulares, em que existe uma instituição financeira, o vendedor transfere ao comprador a propriedade plena (com incidência do ITBI), e então o comprador, agora devedor fiduciante, entrega ao banco, credor fiduciário, a propriedade fiduciária (nessa operação não há o pagamento do citado tributo, pois se trata de transmissão do direito real de garantia, que é hipótese de exclusão tributária). Em operações diretas, sem intermediação de instituição financeira, o ITBI incide sobre a compra e a venda feitas entre vendedor e comprador e não sobre a constituição da garantia. Consolidação da propriedade pelo inadimplemento do devedor fiduciante – Caracterização do fato gerador do ITBI nos termos do art. 156 da CF E 35 do CTN 5. Hipótese distinta se dá quando a propriedade se consolida em nome do credor fiduciário ante o inadimplemento do devedor fiduciante. Nesse caso ocorre novo fato gerador, nos termos definidos pela CF e pelo CTN, consubstanciado na efetiva transferência do direito real de propriedade, em sua plenitude, em favor do credor. 6. O fato de o credor fiduciário ter a propriedade resolúvel não significa dizer que não há transmissão de propriedade, nem que não ocorre o fato gerador do ITBI. Isso porque a propriedade fiduciária é qualificada como direito real de garantia (art. 1.367 do CC/2002), com regime jurídico correspondente, razão pela qual não há incidência do ITBI na constituição da aludida garantia. A propósito, elucidativo o teor do citado dispositivo: 'Art. 1.367. A propriedade fiduciária em garantia de bens móveis ou imóveis sujeita-se às disposições do Capítulo I do Título X do Livro III da Parte Especial deste Código e, no que for específico, à legislação especial pertinente, não se equiparando, para quaisquer efeitos, à propriedade plena de que trata o art. 1.231.' 7. O credor fiduciário, portanto, é mero detentor do citado direito de garantia, e não pleno proprietário, o que somente ocorre com a consolidação pelo inadimplemento da dívida pelo devedor, nos

ainda que essa garantia seja a própria propriedade do imóvel, uma vez que se trata de propriedade fiduciária e não de propriedade plena.

Uma vez pago todo o financiamento, deverá o agente financeiro fornecer *termo de quitação* ao devedor, que o levará ao cartório imobiliário para que seja averbado o *cancelamento* da *alienação fiduciária* (art. 25, § 2º). Com esse procedimento, o tomador do financiamento já pago se torna proprietário do imóvel.

Juridicamente, ainda que pago o financiamento, não será o devedor (mutuário) proprietário do imóvel, até que seja realizado o cancelamento da alienação fiduciária.

Na hipótese de o devedor deixar de pagar a prestação do financiamento, poderá seu credor, que é o proprietário fiduciário, vender o imóvel em leilão extrajudicial nos termos da Lei nº 9.514/97, após intimar o devedor a purgar a mora em 15 dias, conforme exposto no art. 26, § 1º e seguintes, da Lei nº 9.514/97, com as alterações da Lei

---

termos do parágrafo único do art. 1.368-B da mesma codificação: 'Art.1.368-B. A alienação fiduciária em garantia de bem móvel ou imóvel confere direito real de aquisição ao fiduciante, seu cessionário ou sucessor. Parágrafo único. O credor fiduciário que se tornar proprietário pleno do bem, por efeito de realização da garantia, mediante consolidação da propriedade, adjudicação, dação ou outra forma pela qual lhe tenha sido transmitida a propriedade plena, passa a responder pelo pagamento dos tributos sobre a propriedade e a posse, taxas, despesas condominiais e quaisquer outros encargos, tributários ou não, incidentes sobre o bem objeto da garantia, a partir da data em que vier a ser imitido na posse direta do bem.' 8. Por isso é que incide o tributo em tal momento, pois há transmissão da propriedade plena do bem, que é exatamente o fato gerador do ITBI descrito como 'transmissão a qualquer título da propriedade'. Tanto é assim que o art. 26, § 7º, da Lei 9.514/1997 regula o procedimento registral ressaltando, inclusive de recolhimento do ITBI. 9. Cabe destacar, nesse ponto, que a Lei 9.514/1997, ordinária, não criou fato gerador, nem definiu o contribuinte do ITBI, matérias reservadas à lei complementar. Ela apenas regulamentou o procedimento a ser adotado pelo registrador, exigindo a prova do pagamento do tributo para a averbação na matrícula do imóvel da consolidação da propriedade em nome do fiduciário. O fato gerador e o contribuinte do ITBI estão devidamente definidos no CTN e na CF, os quais, frise-se, tributam a transmissão onerosa de bem imóvel 'a qualquer título', salvo as exceções ali definidas, como acima demonstrado. 10. Tanto existe transmissão da propriedade e ocorre o fato gerador do tributo, que a lei permite que, antes da averbação da consolidação, o devedor purgue a mora, contudo, após a citada averbação, o devedor somente poderá recuperar o imóvel, até a data da realização do segundo leilão, desde que o recompre, mediante o pagamento do valor estipulado no art. 27, § 2º-B, da Lei. Inexistência de bitributação. 11. Admitir a não incidência do ITBI na consolidação da propriedade permite que a transmissão da plena propriedade do devedor fiduciante para o credor fiduciário se dê sem qualquer pagamento de imposto, pois anteriormente o ITBI fora pago pelo devedor fiduciante. 12. Não há bitributação. Há dois fatos geradores distintos: o primeiro é a transferência de imóvel pela compra e venda feita entre o devedor fiduciante e o credor fiduciário, sendo o imposto pago pelo referido devedor; o segundo, é a transmissão e consolidação da propriedade plena ao credor fiduciário, quando há o inadimplemento do devedor, devendo o tributo ser recolhido pelo credor fiduciário. CONCLUSÃO. 13. Recurso Especial não provido" (STJ, REsp nº 1.837.704/DF, Segunda Turma, Rel. Min. Herman Benjamin, j. em 05-12-2019).

nº 14.711, de 30-10-2023. Obviamente, deverá existir o registro da alienação fiduciária na matrícula do imóvel para que possa o credor realizar o leilão.[91]

Sem registro, não há alienação fiduciária: no Brasil, o contrato de compra e venda não transmite a propriedade. Isso só ocorre com o registro do título. Dentro dessa mesma lógica, embora o contrato de transmissão da propriedade fiduciária seja válido com contrato consensual, ele precisa ser registrado não só para ser válido contra terceiros, mas também para o credor executar a garantia.[92] Portanto, "Embora a ausência do registro não prejudique a validade e a eficácia do negócio jurídico, trata-se de requisito para a utilização do procedimento de execução extrajudicial previsto na Lei nº 9.514/97".[93] A despeito de tudo isso, há um interessante precedente do STJ no sentido de que o credor deve registrar desde logo o contrato, não podendo ficar inerte, muito menos registrar o contrato após a execução.[94]

---

[91] "(...) 5. Na ausência de registro do contrato que serve de título à propriedade fiduciária no competente Registro de Imóveis, como determina o art. 23 da Lei 9.514/97, não é exigível do adquirente que se submeta ao procedimento de venda extrajudicial do bem para só então receber eventuais diferenças do vendedor. (...)" (STJ, REsp nº 1.835.598/SP, Terceira Turma, Rel. Min. Nancy Andrighi, j. em 9-2-2021).

[92] Toda essa questão foi objeto de divergência no âmbito das duas turmas de direito privado do STJ, tento sido decidido o seguinte pela Segunda Seção:

"(...) 1. A ausência do registro do contrato de alienação fiduciária no competente Registro de Imóveis não lhe retira a eficácia, ao menos entre os contratantes, servindo tal providência apenas para que a avença produza efeitos perante terceiros. 2. Ainda que o registro do contrato no competente Registro de Imóveis seja imprescindível à constituição da propriedade fiduciária de coisa imóvel, nos termos do art. 23 da Lei nº 9.514/1997, sua ausência não retira a validade e a eficácia dos termos livre e previamente ajustados entre os contratantes, inclusive da cláusula que autoriza a alienação extrajudicial do imóvel em caso de inadimplência. 3. O registro, conquanto despiciendo para conferir eficácia ao contrato de alienação fiduciária entre devedor fiduciante e credor fiduciário, é, sim, imprescindível para dar início à alienação extrajudicial do imóvel, tendo em vista que a constituição do devedor em mora e a eventual purgação desta se processa perante o Oficial de Registro de Imóveis, nos moldes do art. 26 da Lei nº 9.514/1997. 4. A ausência de registro do contrato que serve de título à propriedade fiduciária no competente Registro de Imóveis não confere ao devedor fiduciante o direito de promover a rescisão da avença por meio diverso daquele contratualmente previsto, tampouco impede o credor fiduciário de, após a efetivação do registro, promover a alienação do bem em leilão para só então entregar eventual saldo remanescente ao adquirente do imóvel, descontados os valores da dívida e das demais despesas efetivamente comprovadas.(...) (STJ, EREsp nº 1.866.844/SP, Segunda Seção, Rel. Min. Nancy Andrighi, rel. p/ acórdão Min. Ricardo Villas Bôas Cueva, j. em 27-9-2023).

[93] STJ, REsp nº 2.135.500/GO, Terceira Turma, Rel. Min. Nancy Andrighi, j. em 5-11-2024.

[94] "(...) 7. Segundo a boa-fé objetiva (art. 422 do CC), as partes devem se comportar de acordo com um padrão ético de confiança e de lealdade, afastando-se a formação de relações desequilibradas ao longo da execução contratual. Esse princípio exerce três funções principais: (I) instrumento hermenêutico; (II) fonte de direitos e deveres jurídicos; e (III) limite ao exercício de direitos subjetivos. 8. Como corolário da boa-fé, tem-se o instituto da *supressio*, que inibe a invocação de um direito pelo seu não exercício durante decurso de prazo extenso. Configurada a *supressio*, haverá redução do conteúdo obrigacional pela inércia qualificada de uma das partes, ao longo da execução do contrato, em exercer direito ou faculdade, criando para a outra a legítima expectativa de ter

Decorrido o prazo de 15 dias sem a purgação da mora, o oficial do cartório imobiliário, certificando esse fato, promoverá a averbação, na matrícula do imóvel, da consolidação da propriedade em nome do credor fiduciário. Como decorrência da comprovação da consolidação da propriedade, na forma de averbação na matrícula do imóvel, o credor fiduciário terá direito à reintegração liminar na posse do imóvel.[95] Porém, a Lei nº 9.514/97 determina que o fiduciário, no prazo de trinta dias, promoverá leilão público para a alienação do imóvel: embora teoricamente proprietário "pleno", a Lei estabelece essa obrigação.

A Lei nº 14.711, de 30-10-2023 (Marco das Garantias) alterou profundamente toda essa matéria. Vide especialmente os arts. 26 a 30 da Lei nº 9.514/97 com as alterações da Lei nº 14.711/2023. Veremos algumas dessas questões na seção 2.25 deste livro.

Em 2023, a constitucionalidade da possibilidade execução extrajudicial prevista na Lei nº 9.514/97 foi reconhecida pelo STF em sede de julgamento com repercussão geral.[96] Isso não significa, obviamente, que o mutuário não possa arguir algum vício no procedimento da consolidação da propriedade em nome do fiduciante e da própria execução extrajudicial.

Ao contrário do que ocorre em outros regimes de financiamento imobiliário (vide seção 12.12), poderá haver responsabilidade do mutuário pelo saldo remanescente, na

---

havido renúncia àquela prerrogativa. Doutrina. Precedentes. 9. Tais premissas repercutem sobre os contratos de alienação fiduciária de bem imóvel que não foram registrados, durante longo período, por inércia deliberada do alienante. 10. Diante do princípio da boa-fé objetiva e do instituto da *supressio*, não se pode admitir que tais contratos sejam submetidos ao absoluto e ilimitado critério do alienante quanto ao momento do registro para atrair a incidência da execução extrajudicial prevista na Lei nº 9.514/97. 11. Neste julgamento, o Tribunal de origem fixou a premissa fático-probatória de que a alienante, depois de deliberadamente permanecer inerte por dois anos de execução contratual, optou por realizar o registro com o nítido propósito de obstar a aplicação do CC, do CDC e da Súmula 543 do STJ, em virtude de ajuizamento de ação de rescisão contratual pelo adquirente. Verificada pelo acórdão recorrido a violação à boa-fé objetiva, diante da omissão intencional por longo período da alienante em realizar o registro, identifica-se que, em virtude da *supressio*, resta inibida a invocação do direito à execução extrajudicial da Lei nº 9.514/97 (...)." (STJ, REsp nº 2.135.500/GO, Terceira Turma, Rel. Min. Nancy Andrighi, j. em 5-11-2024).

95 "Agravo de instrumento. Ação de reintegração de posse. Contrato de compra e venda de imóvel adjecto a contrato de alienação fiduciária em garantia. Constituição do devedor em mora. Transferência do bem à propriedade do credor fiduciário. Observância do rito da Lei 9.514/97. Requisitos preenchidos. Deferimento. Para o deferimento da medida liminar de reintegração de posse com fulcro na Lei 9.514/97, que trata da alienação fiduciária de imóvel, exige-se apenas a prova da consolidação da propriedade do bem nas mãos do credor fiduciário, através dos atos previstos na apontada lei. Constituído em mora o devedor, o credor pagará o imposto para a transferência do bem à sua propriedade e, logo em seguida, promoverá leilão, e não havendo licitante haverá a quitação da dívida com direito do credor fiduciário a reintegrar-se na posse do bem (inteligência dos arts. 2º e 30 da Lei 9.514/97)" (TJMG, Agravo 1.0024.06.057111-4/001, 9ª Câmara Cível, Rel. Des. Antônio de Pádua, j. em 29-8-2006, *DJ* de 30-9-2006).

96 RE nº 860.631. Tema 982: discussão relativa à constitucionalidade do procedimento de execução extrajudicial nos contratos de mútuo com alienação fiduciária de imóvel, pelo Sistema Financeiro Imobiliário – SFI, conforme previsto na Lei nº 9.514/97.

hipótese em que o valor obtido pela venda do imóvel no leilão não for suficiente para o pagamento da dívida, a teor do seguinte dispositivo da Lei nº 9.514, de 20-11-1997:

> "Art. 27 (...) § 5º-A. Se o produto do leilão não for suficiente para o pagamento integral do montante da dívida, das despesas e dos encargos de que trata o § 3º deste artigo, o devedor continuará obrigado pelo pagamento do saldo remanescente, que poderá ser cobrado por meio de ação de execução e, se for o caso, excussão das demais garantias da dívida, ressalvada a hipótese de extinção do saldo devedor remanescente prevista no § 4º do art. 26-A desta Lei."

A respeito da possibilidade de aplicação do Código de Defesa do Consumidor na hipótese de rescisão ("resolução") de contrato de compra e venda de imóvel com cláusula de alienação fiduciária em garantia, vide seções 9.10, 12.10 e 12.12.

O imóvel alienado fiduciariamente, por óbvio, não pode ser penhorado por dívidas do fiduciante (mutuário), mas os direitos do fiduciante relativos ao contrato,[97] bem como os direitos do fiduciário (no caso, a propriedade fiduciária) podem ser penhorados pelas respectivas dívidas.

Voltaremos ao tema na seção 2.25, na qual trataremos da cessão de crédito imobiliário, da cessão fiduciária de crédito e de securitização de créditos imobiliários.

1.10 O IMÓVEL ENCONTRA-SE DIVIDIDO EM PARTES IDEAIS

Na hipótese de aquisição de imóvel com vários proprietários em condomínio (partes ideais), deverá o comprador tomar todas as cautelas descritas no Capítulo 3 em face de todos eles, bem como dos respectivos cônjuges, posto que são vendedores do imóvel e deverão assinar a escritura de compra e venda nessa condição. Na falta de algum, não estará o comprador adquirindo a totalidade do imóvel, por óbvio.

É possível, outrossim, a aquisição de apenas uma *parte ideal* de um imóvel. A toda evidência, em certos casos, sua efetiva utilização somente será possível mediante a sua divisão, amigável ou judicial (vide arts. 569 a 573 e 588 a 598, todos do Código de Processo Civil - CPC/2015).

O cuidado específico referente à aquisição de uma parte ideal de um imóvel consiste na necessidade de obter a anuência dos demais condôminos do imóvel, que deverão assinar a escritura pública de compra e venda na qualidade de intervenientes, abrindo mão expressamente do direito de preferência.

O art. 504 do Código Civil é claro ao tratar dessa questão:

---

97 O Superior Tribunal de Justiça firmou o entendimento de que "o bem alienado fiduciariamente, por não integrar o patrimônio do devedor, não pode ser objeto de penhora. Nada impede, contudo, que os direitos do devedor fiduciante oriundos do contrato sejam constritos" (AgInt no AREsp 1.370.727/SP, Rel. Min. Marco Aurélio Bellizze, Terceira Turma, j. em 25-3-2019, *DJe* de 28-3-2019)" (STJ, Quarta Turma, AgInt no REsp 1819186/SP, Rel. Min. Raul Araújo, j. em 4-2-2020).

> "Art. 504. Não pode um condômino em coisa indivisível vender a sua parte a estranhos, se outro consorte a quiser, tanto por tanto. O condômino, a quem não se der conhecimento da venda, poderá, depositando o preço, haver para si a parte vendida a estranhos, se o requerer no prazo de cento e oitenta dias, sob pena de decadência.
>
> Parágrafo único. Sendo muitos os condôminos, preferirá o que tiver benfeitorias de maior valor e, na falta de benfeitorias, o de quinhão maior. Se as partes forem iguais, haverão a parte vendida os comproprietários, que a quiserem, depositando previamente o preço."

É possível sustentar que a aquisição de imóvel que pode ser física e juridicamente *parcelado* não estaria sujeita a esse dispositivo, que se refere apenas às coisas *indivisíveis*. É recomendável, porém, em qualquer hipótese, que seja obtida a anuência dos demais condôminos, por cautela.

1.11 INSCRIÇÃO DE OCUPAÇÃO EM IMÓVEIS DA UNIÃO

A "inscrição de ocupação" ou "ocupação precária" é uma modalidade de ocupação, em caráter precário, em imóvel da União por particulares.

Não se deve confundir a inscrição de ocupação na Secretaria de Patrimônio da União (SPU) com o *aforamento*, que veremos na seção 2.10. A inscrição de ocupação não se confunde com o procedimento de demarcação e regularização fundiária para famílias de baixa renda, que mencionaremos na seção 14.3, embora ambos previstos na Lei nº 11.481/2007. Também não se confunde com o instituto da *legitimação de posse*, que veremos na seção 2.30, nem com a *concessão de uso especial para fins de moradia*, que veremos na seção 2.28, nem com a *concessão de direito real de uso*, prevista no art. 7º do Decreto-lei nº 271, de 28-2-1967, nem com a *legitimação fundiária*, que veremos na seção 2.31, nem com a *autorização de uso sustentável*, prevista no art. 10-A da Lei nº 9.636, de 15-5-1998, acrescentado pela Lei nº 13.465, de 11-7-2017, nem com outras modalidades de *posse ou detenção* que veremos nas seções 1.14, 2.36 e 11.6.

A origem da inscrição de ocupação está nos arts. 127 e 128 do Decreto-lei nº 9.760, de 5-9-46, que determinaram que a ausência de título (exs.: aforamento, concessão de direito real de uso etc.) não eximia os ocupantes de terrenos da União do pagamento anual da taxa de ocupação, assim como deveria a Secretaria de Patrimônio da União (SPU) proceder à inscrição em seus cadastros (não confundir com o registro no cartório imobiliário!) desses ocupantes. Ou seja, implicitamente, a União reconheceu naquela época a existência de uma situação de fato (ocupação de imóvel da União), atribuindo a essa situação fática duas consequências jurídicas: inscrição dos ocupantes e pagamento de taxa. Exceção quanto à obrigação de pagamento: hipótese do art. 1º do Decreto-lei nº 1.876, de 15-7-1981, em redação dada pela Lei nº 11.481, de 31-5-2007, para pessoas que comprovarem ser de baixa renda.

Posteriormente, o art. 7º da Lei nº 9.636, de 15-5-98, determinou o recadastramento das pessoas que já estavam inscritas na SPU e o art. 8º implicitamente determinou o cadastramento das pessoas que ocupavam imóveis da União até 15-2-1997. Fora das hipóteses permitidas na Lei nº 9.636/98, deveria a União imitir-se sumariamente na posse do imóvel (art. 10).

Tudo isso significou que a União reconhecia e tolerava a ocupação, ainda que originariamente essa ocupação não tenha sido decorrente de qualquer ato do Poder Público (aforamento, concessão de direito real de uso etc.). A aplicação do disposto na lei criara mais outro título de ocupação, que passou a ser chamada de "inscrição de ocupação" ou de "ocupação precária", que decorria da mencionada inscrição na SPU. Dado o caráter precário dessa ocupação, podia a União (como ainda pode) notificar e determinar sumariamente que os ocupantes deixem o imóvel. Na prática, embora existam, são relativamente pouco comuns os casos em que isso ocorre.

Posteriormente, a Lei nº 11.481, de 31-5-2007, alterou a Lei nº 9.636/98, cujo *caput* do art. 7º passou a ter a seguinte redação:

> "Art. 7º A inscrição de ocupação, a cargo da Secretaria do Patrimônio da União, é ato administrativo precário, resolúvel a qualquer tempo, que pressupõe o efetivo aproveitamento do terreno pelo ocupante, nos termos do regulamento, outorgada pela administração depois de analisada a conveniência e oportunidade, e gera obrigação de pagamento anual da taxa de ocupação."

Desse modo, passou a *inscrição de ocupação* a ser tratada formalmente como mais um instituto jurídico de outorga de uso privativo de bens públicos a particulares (exemplos de outros institutos: concessão de direito real de uso, prevista no art. 7º do Decreto-lei nº 271, de 28-2-67, e concessão de uso especial para fins de moradia, que veremos nas seções 2.28 e 2.29), no caso, incidente sobre determinados bens da União.

A referida Lei nº 11.481/2007 alterou o art. 9º da Lei nº 9.636/98, para vedar inscrição de ocupações que ocorreram após 27 de abril de 2006 e em certos casos específicos (áreas de segurança nacional, de preservação ambiental, de remanescentes de quilombos etc.). Posteriormente, a Lei nº 13.139, de 26-6-2015, prorrogou esse prazo para 10 de junho de 2014.

A *inscrição da ocupação* pode ser cancelada por falta de pagamento da taxa de ocupação, mencionada no art. 7º supratranscrito, hipótese em que há previsão para que a União ingresse na posse do imóvel.

A alíquota da taxa de ocupação anualmente devida é de 2% (art. 1º do Decreto-lei nº 2.398, de 21-12-1987, e art. 24 da Instrução Normativa SPU nº 4, de 14-8-2018). Antes da Lei nº 13.240, de 30-12-2015, a alíquota da taxa de ocupação para imóveis com inscrições de ocupação efetuadas a partir de 1988 era de 5%. Essa distinção não mais existe e a alíquota para taxa de ocupação é de 2%. Não confundir com a taxa decorrente de aforamento, cuja alíquota é de 0,6% (foro anual), que veremos na seção 2.10.

A taxa de ocupação anual não se confunde com o laudêmio, que é devido na hipótese de cessão do direito de ocupação, que veremos adiante. A alíquota é de 5%.

Com o advento da Medida Provisória nº 915, de 27-12-2019, convertida na Lei nº 14.011, de 10-6-2020, foi alterado o art. 11-B da Lei nº 9.636/98, passando a base de cálculo da taxa de ocupação ser calculada "com base na planta de valores da Secretaria de Coordenação e Governança do Patrimônio da União". Anteriormente, a base de cálculo era o valor venal estabelecido pelos municípios.[98] Atualmente, o valor venal estabelecido pelos municípios deve ser utilizado apenas para subsidiar a atualização da base de dados da SPU (§ 4º do art. 11-B).[99] Vide, outrossim, o art. 8º da Lei nº 9.636/98, alterado pela Lei nº 14.011, de 10-6-2020.

A Lei nº 11.481/07, que incluiu o § 7º ao art. 7º da Lei nº 9.636/98, procurou regularizar as transferências efetuadas anteriormente na posse do imóvel. Com o advento da Lei nº 13.813, de 9-4-2019, esse dispositivo passou a ser do seguinte teor:

> "§ 7º Para fins de regularização nos registros cadastrais da Secretaria do Patrimônio da União do Ministério do Planejamento, Desenvolvimento e Gestão das ocupações ocorridas até 10 de junho de 2014, as transferências de posse na cadeia sucessória do imóvel serão anotadas no cadastro dos bens dominiais da União para o fim de cobrança de receitas patrimoniais dos responsáveis, independentemente do prévio recolhimento do laudêmio."

No que se refere à transferência (cessão) de ocupação inscrita de um particular para outro, o *caput* do art. 3º do Decreto-lei nº 2.398, de 21-12-1987, em redação dada pela Lei nº 13.465/2017, dispõe o seguinte:

> "Art. 3º A transferência onerosa, entre vivos, do domínio útil e da inscrição de ocupação de terreno da União ou de cessão de direito a eles relativos dependerá do prévio recolhimento do laudêmio pelo vendedor, em quantia correspondente a 5% (cinco por cento) do valor atualizado do domínio pleno do terreno, excluídas as benfeitorias."

Ainda quanto aos procedimentos necessários à transferência de utilização dos imóveis dominiais da União e ao lançamento das receitas decorrentes da transferência, devem ser observados os procedimentos e normas da SPU, inclusive para se verificar quais os demais requisitos para que se possa adquirir de um particular a ocupação inscrita.

---

98 O Decreto-lei nº 2.398, de 21-12-1987, já havia sido alterado pela Lei nº 13.240/2015, mas a redação do art. 11-B da Lei nº 9.636/98, de acordo com a Lei nº 13.465/2017, ainda previa que a base de cálculo era o valor atribuído pelos municípios.

99 Tecnicamente, ao contrário do que dispõe o § 4º do art. 11-B, os municípios não teriam a obrigação de enviar os dados para a SPU, pois a lei federal não pode ordenar aos munícipios que façam ou deixem de fazer algo, em razão do princípio federativo da Constituição Federal (não confundir com leis de caráter nacional, o que não é o caso). É absurda a incidência de qualquer penalidade ao Município que descumprir ordem inconstitucional. Contudo, como a boa técnica jurídica nem sempre prevalece, recomenda-se aos gestores e servidores municipais que cumpra o disposto no referido § 4º do art. 11-B.

A inscrição da ocupação na SPU não dá acesso à matrícula do imóvel, razão pela qual a certidão obtida no cartório imobiliário não deverá mencionar a existência da ocupação. Aliás, não é nem mesmo original a hipótese em que o imóvel da União não esteja registrado no cartório imobiliário. Contudo, a Lei nº 14.011, de 10-6-2020, efetuou nova alteração à Lei nº 9.636/98 e previu a possibilidade de um determinado registro na matrícula do imóvel. Veremos essa questão e algumas questões correlatas nas seções 2.31 e 2.36 deste livro.

É possível verificar a situação de ocupação do imóvel perante a SPU por meio da internet. Obviamente, a certidão eletrônica obtida não se confunde com a certidão do cartório imobiliário, refletindo apenas a situação do ocupante e do imóvel ocupado em face do Poder Público, no caso, de acordo com os registros da SPU.

O art. 4º da Lei nº 13.240, de 30-12-2015 (conversão em lei da Medida Provisória nº 691, de 31-8-2015), permitiu a venda, por parte da União, dos imóveis com inscrição de ocupação. A Lei nº 13.465/2017 alterou a redação desse dispositivo, que está atualmente com o seguinte teor:

> "Art. 4º Os imóveis inscritos em ocupação poderão ser alienados pelo valor de mercado do imóvel, segundo os critérios de avaliação previstos no art. 11-C da Lei nº 9.636, de 15 de maio de 1998, excluídas as benfeitorias realizadas pelo ocupante."

De acordo com o § 2º do art. 4º, acrescentado pela Lei nº 13.465/2017, as demais condições para a alienação dos imóveis inscritos em ocupação a que se refere este artigo serão estabelecidas em ato da Secretaria do Patrimônio da União (SPU). Deverá ser feita análise da regularidade cadastral do imóvel (art. 6º), sendo que o interessado deverá formalizar sua proposta perante a SPU (art. 8º-A).

O art. 8º da Lei nº 13.240/2015, em redação dada pela Lei nº 13.465/2017, determina que o Ministro de Estado do Planejamento, Desenvolvimento e Gestão editará portaria com a lista de áreas ou imóveis sujeitos à alienação.

Caso a aquisição não ocorra, o ocupante continuará sujeito ao regramento da inscrição de ocupação existente nos termos do art. 5º da Lei nº 13.240/2015.

Vide Lei nº 14.011, de 10-6-2020, e seções 1.14, 1.15, 2.10, 2.28, 2.30, 2.31, 2.36 e 14.1 para mais informações referentes à posse e ocupação de imóveis públicos.

Como vimos nesta seção, a regulamentação por parte da Administração Pública a respeito do tema é volátil. Deve-se consultar a SPU para saber o que está em vigor e, ainda assim, tentar verificar se as informações prestadas pelos servidores ou funcionários estão corretas. A orientação de advogado especializado na matéria é ainda mais importante nessa caótica situação.

Aqui fazemos necessária ressalva: a culpa por essa babélica situação não é dos servidores ou funcionários da SPU. É notório o "sucateamento" do Estado brasileiro efetuado por vários governantes. Alguns afirmam, aparentando até orgulho, que reduziram o número de servidores públicos,[100] como se corte linear e sem critérios objetivos fosse algo positivo. Deixar de repor servidores públicos em áreas essenciais do Estado contribui para a "insegurança jurídica", o que provoca dano astronômico para a economia.

1.12 IDENTIFICAÇÃO, GEORREFERENCIAMENTO, CERTIFICAÇÃO E CADASTRO DO IMÓVEL RURAL

Os imóveis rurais têm, além do registro no cartório imobiliário, um cadastro próprio, que atualmente é mantido pelo Incra. Contudo, a transferência da propriedade de imóveis rurais ocorre da mesma forma que a dos imóveis urbanos: registro do título no cartório imobiliário. Em outras palavras, não se confunde o *cadastro* dos imóveis rurais com o registro imobiliário.

Também não se confunde o *Cadastro de Imóveis Rurais*, mantido pelo Incra, com o *Cadastro Ambiental Rural*, mantido pelo Ministério do Meio Ambiente, que trataremos na seção 1.13.

O Cadastro de *Imóveis Rurais* faz parte do Sistema Nacional de Cadastro Rural (SNCR)[101] mantido pelo Incra. Esse cadastro é alimentado a partir de informações prestadas eletronicamente, via internet. Não apenas o proprietário de imóvel rural deve se cadastrar, mas também "o possuidor a qualquer título", tal como expressamente dispõe a Instrução Normativa INCRA nº 82, de 27-2-2015, que define o que seja imóvel rural:

> "Art. 6º Imóvel rural é a extensão contínua de terras com destinação (efetiva ou potencial) agrícola, pecuária, extrativa vegetal, florestal ou agroindustrial, localizada em zona rural ou em perímetro urbano.
>
> (...)".

Nos termos do art. 22 da Lei nº 4.947, de 6-4-1966, em redação dada pela Lei nº 10.267, de 28-8-2001, é exigida a regularidade cadastral e fiscal para que o imóvel rural possa ser vendido. Essa regularidade é aferida por meio de apresentação do Certificado de Cadastro de Imóvel Rural (CCIR), documento emitido pelo Incra, acompanhada da prova de quitação do Imposto sobre a Propriedade Territorial Rural (ITR), correspondente aos últimos cinco exercícios (vide seção 7.6). Isso significa que esses requisitos deverão ser preenchidos para lavratura da escritura de compra e venda e registro no cartório de registro de imóveis, atos necessários para que o comprador possa adquirir

---

100 "(...) preocupação com as contas públicas nos levou a reduzir a proporção dos gastos com o funcionalismo em relação à receita corrente líquida de 56,2% em 1995 para 32,1% em 2002. Em média, não houve arrocho algum, já que o contingente de servidores federais em atividade também diminuiu – 17% entre 1995 e 2002 (seu número absoluto decresceu de cerca de 952 mil para 781 mil funcionários)" (CARDOSO, Fernando Henrique. *A arte da política*: a história que vivi. Rio de Janeiro: Civilização Brasileira, 2006, p. 563).

101 Lei nº 5.868, de 12-12-1972.

a propriedade do imóvel (vide seção 1.3). Para emissão do CCIR, é cobrada a taxa de serviços cadastrais, a teor do art. 23 da Lei nº 8.847, de 28-1-1994.[102]

A Lei nº 10.267/2001 prevê a implantação gradativa de um novo cadastro para todos os imóveis rurais existentes no Brasil, a ser gerenciado pelo Incra e pela SRF[103] (atualmente, Secretaria da Receita Federal do Brasil - RFB) para tentar aprimorar o modelo atual.

O sistema atual de registro dos imóveis rurais, nos cartórios imobiliários, é meramente descritivo e o cadastro que existe hoje é baseado nas informações prestadas pelos proprietários rurais. Ocorre que as descrições dos imóveis são feitas isoladamente, sem encaixamento da medição na geometria das propriedades vizinhas, o que gera inconsistência nas definições dos limites entre duas propriedades.[104] Como somatório desses fatos, não há garantia contra a existência de registros com áreas superpostas.

Esse aspecto deverá ser evitado no sistema novo, pois a alimentação do novo cadastro será feita mediante dados obtidos de levantamentos elaborados com as coordenadas dos vértices definidores dos limites dos imóveis georreferenciados ao Sistema Geodésico Brasileiro, ou seja, o imóvel será medido e descrito por meio de coordenadas do sistema de referência do mapeamento oficial.[105] Com base na nova lei – e esta é a diferença fundamental –, a descrição gráfica do imóvel deverá conter os pontos limites obrigatoriamente ligados ao Sistema Geodésico Brasileiro.[106]

Esses levantamentos não serão feitos pelo Incra, mas por profissionais habilitados, nos termos do art. 176, §§ 3º e 4º, da Lei de Registros Públicos, com a redação dada pela Lei nº 10.267/2001. Os proprietários com áreas inferiores a quatro módulos fiscais terão direito à isenção de custos cobrados pelo Incra para a certificação dos trabalhos técnicos (mas não os referentes à medição da propriedade, de acordo com as normas aplicáveis), nos termos do art. 8º do Decreto nº 4.449, de 30-10-2002, alterado pelo Decreto nº 9.311, de 15-3-2018.

---

102 "Art. 23. É transferida para o Instituto Nacional de Colonização e Reforma Agrária (Incra) a administração e cobrança da Taxa de Serviços Cadastrais, de que trata o art. 5º do Decreto-lei nº 57, de 18 de novembro de 1966, com as alterações do art. 2º da Lei nº 6.746, de 10 de dezembro de 1979, e do Decreto-lei nº 1.989, de 28 de dezembro de 1982. Parágrafo único. Compete ao Incra a apuração, inscrição e cobrança da Dívida Ativa, relativamente à Taxa de Serviços Cadastrais."

103 Decreto nº 4.449/02: "Art. 7º Os critérios técnicos para implementação, gerenciamento e alimentação do Cadastro Nacional de Imóveis Rurais - CNIR serão fixados em ato normativo conjunto do Incra e da Secretaria da Receita Federal."

104 PHILIPS, Jürgen. Perspectivas para a correta aplicação da Lei Federal nº 10.267/2001. *Boletim do IRIB*, nº 297, fev. 2002. São Paulo: Instituto de Registro Imobiliário do Brasil, p. 7.

105 CARNEIRO, Andrea Flávia Tenório. Retrospectiva histórica da Lei Federal nº 10.267/2001. *Registro de imóveis* – Estudos de direito registral imobiliário. XXVIII Encontro de Oficiais de Registro de Imóveis do Brasil Foz do Iguaçu/2001. Porto Alegre: Sergio Antonio Fabris, 2003. p. 422.

106 PHILIPS, Jürgen. Perspectivas para a correta aplicação da Lei Federal nº 10.267/2001. *Boletim do IRIB*, São Paulo: Instituto de Registro Imobiliário do Brasil, nº 297, p. 11, fev. 2002.

A implantação completa do novo cadastro deverá levar vários anos. Evidentemente, o novo cadastro dos imóveis rurais continuará coexistindo com o sistema de registro em cartório imobiliário, pois seu objetivo é o de aumentar a segurança do registro imobiliário atual, evitando as superposições de áreas nos registros dos vários imóveis e reduzindo a possibilidade de fraudes em relação ao cálculo da área do imóvel.

Por ora, para a transferência da propriedade do imóvel rural, pode já ser exigível a identificação prevista pelo sistema da Lei nº 10.267/01, que deve ser feita mediante *memorial* descritivo mencionado.

Com efeito, assim dispõe o art. 176, §§ 3º e 4º, da Lei de Registros Públicos, alterada pela Lei nº 10.267/2001:

> "Art. 176. (...)
>
> (...)
>
> § 3º Nos casos de desmembramento, parcelamento ou remembramento de imóveis rurais, a identificação prevista na alínea *a* do item 3 do inciso II do § 1º será obtida a partir de memorial descritivo, assinado por profissional habilitado e com a devida Anotação de Responsabilidade Técnica – ART, contendo as coordenadas dos vértices definidores dos limites dos imóveis rurais, georreferenciadas ao Sistema Geodésico Brasileiro e com precisão posicional a ser fixada pelo INCRA, garantida a isenção de custos financeiros aos proprietários de imóveis rurais cuja somatória da área não exceda a quatro módulos fiscais.
>
> § 4º A identificação de que trata o § 3º tornar-se-á obrigatória para efetivação de registro, em qualquer situação de transferência de imóvel rural, nos prazos fixados por ato do Poder Executivo."

Regulamentando esse dispositivo, assim dispõe o Decreto nº 4.449, de 30-10-2002, com a redação dada pelo Decreto nº 5.570, de 31-10-2005, pelo Decreto nº 7.620, de 21-11-2011, e pelo Decreto nº 9.311, de 15-3-2018:

> "Art. 10. A identificação da área do imóvel rural, prevista nos §§ 3º e 4º do art. 176 da Lei nº 6.015, de 1973, será exigida nos casos de desmembramento, parcelamento, remembramento e em qualquer situação de transferência de imóvel rural, na forma do art. 9º, somente após transcorridos os seguintes prazos:
>
> I – noventa dias, para os imóveis com área de cinco mil hectares, ou superior;
>
> II – um ano, para os imóveis com área de mil a menos de cinco mil hectares;
>
> III – cinco anos, para os imóveis com área de quinhentos a menos de mil hectares;
>
> IV – dez anos, para os imóveis com área de duzentos e cinquenta a menos de quinhentos hectares;
>
> V – quinze anos, para os imóveis com área de cem a menos de duzentos e cinquenta hectares;
>
> VI – vinte anos, para os imóveis com área de vinte e cinco a menos de cem hectares; e
>
> VII – vinte e dois anos, para os imóveis com área inferior a vinte e cinco hectares.

> § 1º Quando se tratar da primeira apresentação do memorial descritivo, para adequação da descrição do imóvel rural às exigências dos §§ 3º e 4º do art. 176 e do § 3º do art. 225 da Lei nº 6.015, de 1973, aplicar-se-ão as disposições contidas no § 4º do art. 9º deste Decreto.
>
> § 2º Após os prazos assinalados nos incisos I a IV do *caput*, fica defeso ao oficial do registro de imóveis a prática dos seguintes atos registrais envolvendo as áreas rurais de que tratam aqueles incisos, até que seja feita a identificação do imóvel na forma prevista neste Decreto:
>
> I – desmembramento, parcelamento ou remembramento;
>
> II – transferência de área total;
>
> III – criação ou alteração da descrição do imóvel, resultante de qualquer procedimento judicial ou administrativo.
>
> § 3º Ter-se-á por início de contagem dos prazos fixados nos incisos do *caput* deste artigo a data de 20 de novembro de 2003.
>
> § 4º Em projetos de assentamento da reforma agrária, a identificação exigida neste artigo considerará a área da parcela a ser desmembrada."

Como se pode notar, após o curso dos prazos assinalados nos incisos do art. 10 supratranscrito, o comando do § 2º desse dispositivo, regulamentando o disposto no atual § 4º do art. 176 da Lei de Registros Públicos, é claro ao proibir o registro de escritura de compra e venda de imóvel rural (ou de qualquer outro título) sem que seja efetuada a mencionada identificação do imóvel rural.

Essa identificação será feita mediante *georreferenciamento*, que é um sistema de identificação de imóveis rurais por meio de coordenadas obtidas pelo Sistema de Navegação Global por Satélite (GNSS). O georreferenciamento substitui o sistema de "descrição" de limites de lotes ou glebas de terras, que apresentavam (e ainda apresentam) inúmeros problemas, especialmente de superposição. Vide seção 11.7.

Como se vê, no momento do fechamento da 16ª edição deste livro, apenas imóveis com menos de 25 hectares ainda poderiam não estar georreferenciados, cujo prazo para a adequação seria 20 de novembro de 2025. Vide Seção 1.16.

Há (ou havia) proposições legislativas para estender prazos de georreferenciamento obrigatório. Uma delas é o Projeto de Lei nº 4.497, de 2024, já aprovado pela Câmara e tramitando no Senado.

Portanto, caso enquadrado nas hipóteses previstas no art. 10, o comprador deverá contratar um profissional habilitado para elaborar o mencionado memorial e, após, providenciar o registro da escritura. Será necessário consultar as normas do Incra, para que o memorial seja elaborado de acordo com os devidos critérios de precisão posicional.

O georreferenciamento deve ser, em fase seguinte, objeto de certificação no Sistema de Gestão Fundiária (SIGEF) do INCRA.[107] Vide art. 22 da Lei nº 4.947, de 6-4-1966, especialmente as alterações efetuadas pela Lei nº 10.267, de 28-8-2001, entre as quais destacamos o acréscimo dos §§ 5º, 6º, 7º e 8º ao art. 22 da Lei nº 4.947, de 6-4-1966:

> "§ 5º Nos casos de usucapião, o juiz intimará o INCRA do teor da sentença, para fins de cadastramento do imóvel rural.
>
> § 6º Além dos requisitos previstos no art. 134 do Código Civil e na Lei nº 7.433, de 18 de dezembro de 1985, os serviços notariais são obrigados a mencionar nas escrituras os seguintes dados do CCIR:
>
> I – código do imóvel;
>
> II – nome do detentor;
>
> III – nacionalidade do detentor;
>
> IV – denominação do imóvel;
>
> V – localização do imóvel.
>
> § 7º Os serviços de registro de imóveis ficam obrigados a encaminhar ao INCRA, mensalmente, as modificações ocorridas nas matrículas imobiliárias decorrentes de mudanças de titularidade, parcelamento, desmembramento, loteamento, remembramento, retificação de área, reserva legal e particular do patrimônio natural e outras limitações e restrições de caráter ambiental, envolvendo os imóveis rurais, inclusive os destacados do patrimônio público.
>
> § 8º O INCRA encaminhará, mensalmente, aos serviços de registro de imóveis, os códigos dos imóveis rurais de que trata o § 7º, para serem averbados de ofício, nas respectivas matrículas."

Além disso, a Lei nº 11.952/2009, a Lei nº 12.424/2011, a Lei nº 13.465/2017, a Lei nº 13.838/2019 e a Lei nº 14.382/2022 acrescentaram outros dispositivos ao art. 176 da Lei de Registros Públicos. Percebe-se a importância desse artigo, para o qual se recomenda a leitura atenta.

Por fim, nos termos do Decreto nº 11.208, de 26-9-2022, da Lei Complementar nº 214, de 16-1-2025, e da Instrução Normativa RFB nº 2.275, de 15-8-2025, está sendo implantado, no âmbito do Sistema Nacional de Gestão de Informações Territoriais (SINTER), o Cadastro Imobiliário Brasileiro (CIB). Esse cadastro abrangerá imóveis urbanos e rurais. No CIB, cada imóvel terá um "valor de referência". Ainda não sabemos se ele será vinculante para todo cálculo de tributos referente ao imóvel e às operações imobiliárias. Por ora, sabemos apenas que será mais fácil o cruzamento de informações por parte da Receita Federal.

---

107 No momento de fechamento desta 16ª edição estava em vigor o Manual para Gestão da Certificação – 2ª edição, aprovado pela Portaria nº 3, de 23-8-2023, da Diretoria de Governança Fundiária do INCRA. Disponível em: https://sigef.incra.gov.br/static/documentos/manual_gestao_certif_v2.pdf.

Uma nova ferramenta, denominada "Meu Imóvel Rural", pode ser bastante útil para obter informações e documentos referentes a propriedades e posses no Brasil. O endereço na Internet é: https://www.gov.br/gestao/pt-br/assuntos/meu-imovel-rural.

1.13 O CADASTRO AMBIENTAL RURAL

O Cadastro Ambiental Rural (CAR) foi criado pela Lei nº 12.651, de 25-5-2012 (conhecida como "Código Florestal") e implementado pelo Decreto nº 7.830, de 17-10-2012, Decreto nº 8.235, de 5-5-2014; e Instrução Normativa MMA nº 2, de 5-5-2014 (*DOU* de 6-5-2014, Seção I, p. 59).

Trata-se de um cadastro eletrônico nacional, do qual os Estados podem participar, para efeito de registro de reserva legal (área com cobertura de vegetação nativa que não pode ser suprimida) e de outras restrições ambientais. Esse cadastro ambiental irá coexistir com o Cadastro de Imóveis Rurais que vimos na seção 1.12 e com os registros de propriedade mantidos pelos cartórios imobiliários.

O registro no CAR deverá ser providenciado pelo proprietário ou possuidor do imóvel rural, nos termos do art. 29 do Código Florestal. Há consequências no caso de ausência do registro, como a do art. 59, § 2º (requisitos para adesão ao Programa de Regularização Ambiental – PRA).[108]

Esse registro é feito por meio do órgão ambiental estadual ou municipal, que disponibilizará na Internet o programa destinado à inscrição no CAR. Para imóveis situados em Estados que não tenham implantado sistemas eletrônicos, deve ser utilizado o Módulo de Cadastro do próprio Ministério do Meio Ambiente, que está disponível na Internet, no endereço http:www.car.gov.br.[109]

De acordo com o art. 29, § 3º, do Código Florestal, a inscrição no CAR é obrigatória para todas as propriedades e posses rurais, e, de acordo com a redação original, deveria ser requerida no prazo de 1 (um) ano contado da sua implantação, prorrogável, uma única vez, por igual período por ato do Chefe do Poder Executivo. Esse prazo começou a contar a partir de 6 de maio de 2014, data em que foi publicada a Instrução Normativa MMA nº 2/2014. A Portaria MMA nº 100, de 4-5-2015, prorrogou o prazo por mais um ano.

Posteriormente, a Lei nº 13.295, de 14-6-2016, alterou o referido art. 29, § 3º, estabelecendo que o prazo para inscrição no CAR é até o dia 31-12-2017, podendo ser

---

108 Atualmente, o § 2º do art. 59 é do seguinte teor: "Art. 59 (...) § 2º A inscrição do imóvel rural no CAR é condição obrigatória para a adesão ao PRA, que será requerida pelo proprietário ou possuidor do imóvel rural no prazo de 1 (um) ano, contado da notificação pelo órgão competente, que realizará previamente a validação do cadastro e a identificação de passivos ambientais, observado o disposto no § 4º do art. 29 desta Lei".

109 Registradores de imóveis em São Paulo, nos termos dos itens 12.5.1, 12.6.4, 125.1.1 e 125.1.2, do Capítulo XX das Normas de Serviço da Corregedoria-Geral da Justiça, dispõem do Sistema Paulista de Cadastro Ambiental Rural (SiCAR-SP), podendo ser acessado por meio do site www.ambiente.sp.gov.br/sicar. Acesso em: 14 jun. 2020.

prorrogado por mais um ano por decreto do Presidente da República. Com o advento do Decreto nº 9.395, de 30-5-2018, o prazo foi prorrogado para 31 de dezembro de 2018. Posteriormente, a Lei nº 13.887, de 17-10-2019, que alterou novamente o Código Florestal, a possibilidade de inscrição no CAR foi prorrogada por prazo indeterminado.

Paralelamente, há benefícios para o proprietário ou possuidor que efetuar o registro no CAR, como certas isenções tributárias e suspensão de sanções decorrente de certas infrações à legislação ambiental cometidas até 22-7-2008. Inicialmente, de acordo com o § 4º do art. 29 incluído pela Lei nº 13.887/2019 ao Código Florestal, os proprietários e possuidores dos imóveis rurais que os inscreverem no CAR até o dia 31 de dezembro de 2020 terão direito à adesão ao Programa de Regularização Ambiental (PRA), de que trata o art. 59 da Lei nº 12.651/2012 (Código Florestal).

Posteriormente, a Lei nº 14.595, de 5 -6-2023, alterou novamente o § 4º do art. 29 estabelecendo que: "Terão direito à adesão ao PRA, de que trata o art. 59 desta Lei, os proprietários e possuidores dos imóveis rurais com área acima de 4 (quatro) módulos fiscais que os inscreverem no CAR até o dia 31 de dezembro de 2023, bem como os proprietários e possuidores dos imóveis rurais com área de até 4 (quatro) módulos fiscais ou que atendam ao disposto no art. 3º da Lei nº 11.326, de 24 de julho de 2006, que os inscreverem no CAR até o dia 31 de dezembro de 2025".

O Código Florestal estabeleceu percentuais mínimos de reserva legal em relação à área do imóvel. Esses percentuais, previstos no art. 12, dependem da região em que o imóvel está situado. Vide seção 11.7 para mais informações a respeito.

Além disso, a permissão para a continuidade de utilização de áreas consideradas como Áreas de Preservação Permanente (APP) depende do tamanho total da gleba, de acordo com o art. 61-A do Código Florestal. Assim, quanto maior o imóvel, maior a APP que deverá ser reconstituída; quanto menor o imóvel, maior a APP que poderá continuar a ser utilizada.

O art. 61-A suscitou uma dúvida: a gleba rural contínua, com mais de uma matrícula, deve ser considerada como um único imóvel rural ou como vários imóveis rurais para efeito de aplicação das metragens previstas no dispositivo? Pela letra fria da norma (vide seção 1.1), há vários imóveis, exatamente porque a cada matrícula corresponde um imóvel. Porém, no mundo real, o que existe é apenas um imóvel, embora com várias matrículas. A essa interessante questão foi dada a seguinte solução pela Instrução Normativa MMA nº 2/2014, que regulamentou o CAR:

> "Art. 32. Os proprietários ou possuidores de imóveis rurais, que dispõem de mais de uma propriedade ou posse em área contínua, deverão efetuar uma única inscrição para esses imóveis.
>
> Parágrafo único. Para o cumprimento dos percentuais da Reserva Legal, bem como para a definição da faixa de recomposição de Áreas de Preservação Permanente, previstos nos arts. 12 e 61-A da Lei nº 12.651, de 2012, o proprietário ou possuidor deverá inscrever a totalidade das áreas."

Obviamente, essa solução, que é mais gravosa para o proprietário rural, poderá vir a ser contestada judicialmente. Para o comprador, porém, é mais seguro que as obrigações ambientais tenham sido cumpridas e registradas de acordo com o disposto na Instrução Normativa MMA nº 2/2014.

Em tese, a simples existência de declaração de posse efetuada no CAR não poderia ser válida como prova de posse na área cadastrada (art. 29, § 2º, do Código Florestal). Vide Capítulo 14 e seção 1.14.

1.14 POSSE, AQUISIÇÃO DE DIREITOS POSSESSÓRIOS E "REGISTROS" DE TRANSFERÊNCIAS DE POSSE POR ESCRITURA PÚBLICA

"Posse" e "propriedade" são conceitos distintos. Vimos como se adquire a propriedade de um imóvel nas seções anteriores. Na seção 1.11, vimos hipóteses em que alguém é ocupante de imóvel da União sem registro na matrícula do imóvel. Nesta seção, vamos tratar de uma hipótese muito comum na prática: alguém está na posse de um imóvel e alguém deseja adquirir esse imóvel. Além do que vimos na seção 1.11 e das hipóteses de algum tipo de posse registrada que veremos no capítulo 2, voltaremos ao tema nas seções 2.36, 8.2, 8.3, 8.4, 11.4, 11.5, 11.6, 12.3 e no capítulo 14, pois são várias as hipóteses de posse com e sem registro.

Posse, aquisição de posse e transferência de posse são temas controvertidos desde os tempos dos romanos. Como este é um livro prático, que evita discutir "teses" ou "doutrinas", vamos tratar do tema à luz do que ocorre na prática.

Na teoria jurídica, há discussões se posse é apenas um "fato", ainda que protegido juridicamente em certos casos, ou se seria um direito, real ou pessoal, *erga omnes*, oponível em face de terceiros etc. Controvérsias e discussões teóricas aprofundadas são muito interessantes para estudantes, professores, doutrinadores e operadores do Direito, mas escapam do propósito deste livro.

Vejamos exemplos de situações que configuram (ou não) posse e algumas consequências:

- *detenção física*: o "caseiro" que mora no imóvel e recebe uma remuneração mensal de outra pessoa para cuidar do imóvel. A simples detenção física não configura (juridicamente) posse, não podendo ser contada para usucapião. Também configura simples detenção física a ocupação de imóvel do Poder Público, com as ressalvas que faremos na seção 2.36. Caso o detentor passe a utilizar o imóvel como se possuidor fosse, teremos o caso de *posse precária*,[110] que também não é passível de usucapião (salvo caso venha a se tornar posse mansa e pacífica);
- *posse violenta*: situação em que há ocupação de imóvel com oposição do antigo possuidor, do proprietário ou de pessoa que alegue ter algum direito sobre o imóvel. Na linguagem popular, a posse violenta é chamada de "invasão" e o possuidor, nesse caso, é chamado de "invasor" (termos também utilizados juridicamente);

[110] De acordo com Clóvis Beviláqua, "Posse precária é a que se origina do abuso de confiança, por parte daquele que recebera a coisa para restituir e se recusa a fazê-lo" (BEVILÁQUA, Clóvis. *Direito das Coisas*. 5. ed. Rio de Janeiro: Forense, 1941. v. 1, p. 46).

- *posse disputada*: situação em que pessoas disputam a posse. Se a disputa ocorre em um processo judicial, a posse é litigiosa (veremos a seguir);
- *posse direta*: o locatário de um imóvel, exatamente por ter um contrato com um possuidor ou proprietário do imóvel, é considerado possuidor direto do imóvel. Na mesma situação está o compromissário comprador e o cessionário (veremos no Capítulo 8), caso esteja ocupando o imóvel (na linguagem jurídica: "imitido na posse" do imóvel). Essas pessoas têm proteção possessória (ex.: podem ajuizar reintegração de posse contra um invasor), mas essa posse não será contada para fins de usucapião;
- *posse indireta*: o locador do imóvel, exatamente porque entregou o imóvel a outra pessoa, perdeu a posse direta, mas mantém a posse indireta;
- *posse litigiosa*: hipótese em que há processo judicial discutindo o direito possessório (ex.: reintegração de posse) ou o direito à propriedade (ex.: ação reivindicatória), estará caracterizada a existência de litígio[111] sobre o imóvel;
- *posse clandestina*: é a posse de pessoa que simplesmente ocupou um imóvel, sem contrato com um possuidor anterior ou com o proprietário. É o caso do proprietário ou antigo possuidor que não sabe da nova ocupação (posse) do imóvel. Essa posse poderá vir a ser considerada *posse mansa e pacífica*, tal como veremos em seguida;
- *posse justa*: é a posse que não for violenta, clandestina ou precária.[112]
- *posse sem justo título*: é o caso de pessoa que simplesmente ocupou o imóvel, sem contrato com qualquer pessoa (posse clandestina). A diferença entre a posse clandestina e a posse sem justo título é sutil e dependerá do reconhecimento de uma legitimidade da ocupação do imóvel, que vai sendo adquirida ao longo do tempo, caso a posse sem justo título venha a ser considerada posse mansa e pacífica (veremos abaixo). Essa posse poderá, em certos casos, ser protegida juridicamente;
- *posse com justo título*: pessoa que ocupa o imóvel em razão de contrato que configura transferência de posse com o proprietário ou com um antigo possuidor. Na linguagem leiga, possuidores com e sem justo título são chamados de "posseiros". A posse com justo título é normalmente protegida juridicamente e pode, em certas situações, servir para contagem de tempo para usucapião. Um elenco interessante de documentos que podem servir com justo título está no § 1º do art. 410 do Provimento CNJ nº 149, de 30-8-2023 (CNN/CN/CNJ-Extra). Mas isso não impede que outros documentos possam provar justo título, nem que a existência de um deles constitua justo título: a análise será feita em cada caso concreto;

---

111 Se há propriedade ou posse imóvel com disputa judicial, diz-se que o imóvel é *litigioso*. Na teoria do direito processual, *lide* é a ação judicial em si, ou a controvérsia que existe a respeito de algum direito material. A lide é também chamada de *questão* (palavra também usada com o significado de *ponto controvertido*, que diz respeito ao direito material ou ao direito processual). Sem *lide*, não pode logicamente existir processo, por isso, a teoria geral do processo trata de pressupostos processuais e de condições da ação (judicial). Assim, *coisa litigiosa* é aquilo sobre o qual existe uma ação judicial em curso. No processo, é discutido e debatido o direito, devendo ser decida a lide ou mesmo a inexistência de *lide*.

112 BEVILÁQUA, Clóvis. *Direito das Coisas*. 5. ed. Rio de Janeiro: Forense, 1941. v. 1, p. 45.

- *posse mansa e pacífica*: é a posse de pessoa que ocupa um imóvel sem que o proprietário ou antigo possuidor pratiquem qualquer ato para retomar a posse. A posse mansa e pacífica pode decorrer (ou não) de contrato com antigo possuidor ou proprietário. A posse mansa e pacífica é protegida juridicamente e, salvo nas hipóteses que configuram apenas posse direta ou quando incidente sobre imóvel público, poderá contar para usucapião. A posse mansa e pacífica poderá ser convertida em propriedade, mediante os tortuosos procedimentos de regularização fundiária que veremos no Capítulo 14.

Embora posse seja um dos temas mais controvertidos no direito, as situações descritas são aceitas pelos juristas sem maiores discussões. As divergências surgem em processos judiciais, no qual se deve alegar e provar qual tipo de posse está configurado no caso concreto.

A doutrina clássica já explicava que a posse é protegida juridicamente, pois "a posse é uma relação de fato em face da propriedade, embora contendo efeitos jurídicos".[113] Há diversas ações que podem o possuidor utilizar em defesa da posse. E é assim porque "a tutela jurídica possessória assenta em que nada se mude, sem ser dentro da paz, ou por decisão da justiça".[114] Disso decorre que, por força de decisão judicial, a posse pode ou não ser mantida. Contudo, há casos de autotutela, por meio da qual, a depender do caso concreto, é possível o desapossamento do invasor sem necessidade de ação judicial.

É preciso que exista boa-fé para usucapião? O art. 1.238 do Código Civil em vigor aponta uma possibilidade de usucapião sem boa-fé. Isso está de acordo com a doutrina clássica: "Para que haja usucapião é preciso que tenha havido posse própria, posse como de dono (...) É inconfundível com a boa-fé o fato de ser própria a posse (...) o ladrão tem posse própria."[115]

Voltaremos a tratar da usucapião, que já vimos na seção 1.5, em outras partes deste livro, em especial nas seções 3.14, 11.6 e 14.4.

Salvo hipóteses muito específicas,[116] a posse *em si* não é registrável na matrícula do imóvel. A transferência da posse pode ocorrer por meio de "algo" passível de registro, mas não no cartório imobiliário.

Uma grande parte dos imóveis no Brasil não estão registrados no cartório imobiliário ou o registro, quando existente, não menciona o nome do possuidor e, às

---

113 SERPA LOPES, Miguel Maria de. *Tratado de registros público*. 5. ed. Rio de Janeiro: Freitas Bastos, 1962. v. IV, p. 10.

114 PONTES DE MIRANDA, Francisco Cavalcanti. *Tratado de direito privado*. 2. ed. Rio de Janeiro: Borsoi. p. 285. t. X.

115 PONTES DE MIRANDA, Francisco Cavalcanti. *Tratado de direito privado*. 2. ed. Rio de Janeiro: Borsoi, p. 119. t. XI.

116 Exemplos: registro de posse efetuado por ordem judicial (mesmo se ilegal); registro de locação de imóvel, do qual decorre *posse direta* (nesse caso não é registrável a posse em si mesma).

vezes, sequer do verdadeiro proprietário. As razões variam caso a caso e são relevantes para quem deseja adquirir a posse ou, quando possível, vir a adquirir a propriedade do imóvel. Voltaremos à questão da ausência de registro na seção 2.36.

Frisemos: a posse ou direitos de posse são reconhecidos e podem receber proteção jurídica. Exemplos: o possuidor, ainda que não seja proprietário, pode pleitear reintegração de posse contra um invasor, pode locar o imóvel,[117] pode obter certos financiamentos etc.

A posse pode decorrer ou não da propriedade. A proteção da posse por meio das ações possessórias não decorre da propriedade, mas sim da posse. A posse pode ser ou não ser do proprietário, assim como a propriedade pode ser ou não ser do possuidor. Não se deve confundir, portanto, as ações possessórias com a ação reivindicatória ou, para usar a terminologia pelo Código de Processo Civil em vigor, ação que leve à *imissão na posse*.[118] Voltaremos a esse tema na seção 3.1.

A transferência do direito de posse pode ser feita por meio de escritura pública. Isso não significa que em qualquer hipótese pode alguém adquirir a posse de um imóvel por meio de escritura pública, nem que a escritura pública é o meio necessário para aquisição de posse. A escritura pública de transferência de posse permanecerá, após a lavratura, no acervo do tabelião e poderá ser obtida certidão dessa lavratura. O pedido de certidão dessa escritura pode ser feito no próprio tabelionato ou por meio do site (buscacep.com.br), nos termos do Provimento CNJ nº 194, de 26-5-2025.

Isso não significa que o imóvel estará "registrado em cartório", mas apenas que há um "registro", no cartório do tabelião de notas, da existência de uma escritura de transferência de direitos de posse. O tabelião não pode sequer decidir a respeito da natureza do direito possessório alegado pelas pessoas que compareceram à sua presença e solicitaram a lavratura da escritura.

Um tabelião de notas pode lavrar escrituras públicas, até mesmo de contratos que não exijam, por lei, a forma de escritura pública e que seriam válidos por instrumento particular. O tabelião também pode lavrar *atas notariais*, documentando declarações e documentos a ele apresentado por pessoas comuns. Uma interessante maneira de criar prova material da existência de ocupação física de um imóvel é por meio de *ata*

---

[117] A Lei nº 8.245, de 18-10-1991 (Lei de Locações), restringe alguns direitos aos proprietários e a possuidores com registro de algum direito na matrícula do imóvel. É um bom exemplo de como o direito estabelece "classes", "tipos" ou "hierarquia" de posses: no caso, diferencia possuidores com algum registro (ex.: compromissário comprador, que veremos no Capítulo 8, a teor do art. 8º, § 1º, da Lei nº 8.245/91) de possuidores sem registro na matrícula do imóvel.

[118] O Código de Processo Civil em vigor não utiliza a consagrada expressão "ação reivindicatória". Ele trata de *imissão na posse*, que nada mais é do que o ato que entrega a posse a alguém. Por exemplo, um proprietário ou possuidor que se utiliza de alguma ação para obter a posse é *imitido na posse*. O mesmo ocorre na ação reivindicatória: se o autor provar ser o verdadeiro proprietário, além da carga declaratória dessa decisão (reconhecimento da propriedade), ele será imitido na posse.

notarial: o tabelião comparece ao local, verifica a situação fática e lavra a *ata notarial* descrevendo o que viu.

O contrato de transferência de posse (ou de cessão de direitos de posse, como se queira chamar) não dependente de forma específica e, salvo existência de norma vedando a lavratura (ex.: provimento da corregedoria), ele poderá ser feito por meio de escritura pública.

Também a título de exemplo, no Distrito Federal, onde existe um número grande de "condomínios irregulares" (vide seção 11.6), havia um entendimento de que lavratura de escritura pública de cessão de posse não seria possível, em razão de interpretação do art. 225 da Lei de Registros Públicos (Lei nº 6.015, de 31-12-1973). Isso era contornado pelos interessados mediante lavratura de escritura em outros Estados (ex.: Goiás). Com o advento da Instrução Normativa da Secretaria de Fazenda do Distrito Federal nº 4, de 26-4-2017, os tabeliães do Distrito Federal entenderam que "lavratura de escritura pública de cessão de direito de posse" era possível, uma vez que expressamente prevista no art. 1º, II, "a" da referida norma, que trata, inclusive, de imóveis sem registro em cartório imobiliário.

Na ausência de norma proibitiva, a lavratura de escritura de posse é legal. Não vamos discutir aqui se uma norma proibitiva de órgão do Judiciário estadual seria constitucional em face de expressa disposição do art. 22, XXV, da Constituição Federal (CF).[119] Dificilmente algum tabelião irá ousar desobedecer a uma norma criada pelo órgão responsável pela correição de suas atividades. Provimentos e normas da corregedoria dos serviços extrajudiciais são verdadeiras normas de registros públicos, prevalecendo na prática, trataremos disso ao final desta seção.

Aqui, um parêntese: para fins de concurso público, não se deve afirmar que órgãos do Judiciário estadual legislam sobre registros públicos: isso seria considerado *errado* em vista do art. 22, XXV, da CF. Também para fins de concurso público, não é interessante afirmar que o Conselho Nacional de Justiça (CNJ) legisla a respeito de registros públicos: melhor dizer que ele exerce a competência de expedir atos normativos destinados ao aperfeiçoamento das atividades serviços notariais e de registro,[120] em razão do disposto nos arts. 103-B, § 4º, I, e 236, § 1º, da CF.[121] Neste livro prático, porém, tratamos as normas do CNJ e das corregedorias estaduais como verdadeiras

---

119 "Art. 22. Compete privativamente à União legislar sobre: (...) XXV – registros públicos; (...)."

120 Dispõe o Regimento Interno do Conselho Nacional de Justiça:

"Art. 8º Compete ao Corregedor Nacional de Justiça (...) X – expedir Recomendações, Provimentos, Instruções, Orientações e outros atos normativos destinados ao aperfeiçoamento das atividades dos órgãos do Poder Judiciário e de seus serviços auxiliares e dos serviços notariais e de registro, bem como dos demais órgãos correicionais, sobre matéria relacionada com a competência da Corregedoria Nacional de Justiça; (...)."

121 "Art. 103-B (...) § 4º Compete ao Conselho (...): I – zelar pela autonomia do Poder Judiciário (...) podendo expedir atos regulamentares, no âmbito de sua competência, ou recomendar providências; (...)."

leis (em sentido material) a respeito de registros públicos, simplesmente porque, na prática, elas valem[122] tanto ou mais que leis formais.

Já se defendeu a criação de lei para regulamentar a transferência de posse por meio de escritura pública (não confundir com registro dessa escritura na matrícula!). Sem entrar no mérito da necessidade ou conveniência dessa hipotética lei, a posse já pode – em certos casos – ser juridicamente transferida por meio de escritura pública, por meio de instrumento particular ou mesmo sem qualquer contrato escrito. Na verdade, isso já acontece na prática.

Se não há previsão legal (ou ordem judicial específica), nenhum título pode ser registrado ou averbado na matrícula do imóvel.[123] Veremos, no Capítulo 2, o que pode ser registrado na matrícula do imóvel.

É recomendável, porém, o registro do instrumento de transmissão da posse em Cartório de Títulos e Documentos do local do imóvel e do domicílio das partes envolvidas na cessão de posse, para que se possa sustentar com maior força a validade desse negócio perante terceiros.

Qualquer negócio, desde que não seja ilícito, pode ser feito por escritura pública. No caso de transmissão de posse, o mais importante para o adquirente é ter documentos que demonstrem a cadeia de transmissões de posse do imóvel, devendo esses documentos serem contemporâneos aos períodos dos fatos. Portanto, se uma transmissão de posse ocorreu, por exemplo, em 1995, deve o adquirente ter documentos desse período (ex.: um contrato de cessão de direitos com firma reconhecida em 1995, conta de luz de 1995 etc.). Vide seção 12.3: a lógica é a mesma.

Aquisição de posse (por escritura pública ou não, tanto faz) é, em si, um negócio arriscado.

O valor (jurídico) de uma posse é, por assim dizer, menor que o valor de uma propriedade, embora ambas tenham (juridicamente) algum tipo de proteção. O valor (econômico) de uma posse é normalmente mais baixo que de uma propriedade, exatamente porque o grau de segurança da posse é menor que o da propriedade.

"Art. 236. Os serviços notariais e de registro são exercidos em caráter privado, por delegação do Poder Público. § 1º Lei regulará as atividades, disciplinará a responsabilidade civil e criminal dos notários, dos oficiais de registro e de seus prepostos, e definirá a fiscalização de seus atos pelo Poder Judiciário. (...)."

122 A respeito de leis que deixam de ser válidas, "Uma norma jurídica é considerada objetivamente válida apenas quando a conduta humana que ela regula lhe corresponde efetivamente (...) Uma norma que nunca e em parte alguma é aplicada e respeitada (...) não será considerada norma válida (vigente). Um mínimo de eficácia (como normalmente se diz) é a condição da sua vigência" (KELSEN, Hans. *Teoria pura do direito*. São Paulo: Martins Fontes, 1987. p. 11-12).

123 "Registro de imóveis – Escritura pública de cessão e transferência de direitos sobre a posse de imóvel urbano – Acesso a registro negado – Dúvida procedente – Inviabilidade de ingresso de direitos possessórios no fólio real – Recurso não provido" (CSM-SP, Apelação Cível nº 185-6/5, Rel. José Mário Antonio Cardinale, Corregedor-Geral da Justiça e Relator, j. em 16-9-2004).

Caso se deseje obter, por cessão, direitos de posse (na linguagem popular: *adquirir uma posse*), há que se tomar alguns cuidados adicionais, sem prejuízo das cautelas expostas ao longo deste livro no tocante à aquisição de propriedade.

A hipótese menos arriscada é a aquisição de posse de alguém que é proprietário, está na posse (física) do imóvel, inexiste restrição legal (ex.: legislação ambiental) à ocupação propriedade do imóvel, nem qualquer outro problema que também atingiria a transmissão da propriedade. Como exemplo dessa hipótese – mais comum do que se imagina – é o caso em que a pessoa que consta como proprietário no registro de imóveis faleceu e os herdeiros (vide seção 2.19), que juridicamente já são proprietários, ainda não adotaram ou finalizaram os procedimentos (ex.: inventário) para mudança da titularidade do bem no cartório imobiliário. Mesmo nessa hipótese há riscos: ainda que todos os herdeiros e credores conhecidos assinem e concordem com a cessão de direitos ou transferência da posse (qualquer que seja o modelo adotado para o negócio), nada garante a obtenção dos direitos. Por exemplo, um credor do falecido ou um herdeiro até então desconhecido pode surgir e pretender invalidar o negócio. Posse é algo controverso.

Há hipóteses em que o grau de risco é astronômico e o negócio se parece mais com uma aposta ou estelionato que com um contrato. Imagine-se a aquisição de supostos direitos de posse incidentes sobre um imóvel, mas a pessoa que oferece a venda não mora no imóvel, não tem a detenção física desse imóvel, não tem contas de luz, água, IPTU etc. em seu nome, há registro da propriedade desse imóvel (que pode estar incluído em área maior ou não) em nome de outra pessoa (que pode ser desconhecida ou não), ou se trata de área pública, terra indígena (veremos adiante) ou com restrição decorrente de legislação administrativa ou ambiental, bem como há outra pessoa na posse desse imóvel ou ela expulsou do imóvel recentemente um antigo possuidor, posseiro, ocupante ou detentor, ou estando o imóvel em área controlada pelo crime organizado.

Entre a hipótese menos arriscada e a mais arriscada de todas, há uma infinidade de situações que tornam o negócio, sob o aspecto jurídico, pior ou "menos pior". Evito aqui, propositalmente, o uso da palavra "melhor", porque poderia dar a entender que, juridicamente, aquisição de posse pode ser algo "bom". É verdade que há posses "melhores" que outras – e a doutrina jurídica e a jurisprudência tratam desse tema, inclusive utilizando a expressão "melhor posse".[124]

O tema é repleto de situações com características específicas, sendo difícil avaliar, de forma abstrata, o risco de aquisição de posse e as possibilidades de obtenção da

---

[124] Há uma fartura de acórdãos a respeito de qual seria a "melhor posse" a ser protegida judicialmente. A título de exemplo: "O Tribunal de origem, mediante o exame dos elementos informativos da demanda, entendeu que os direitos de usufruto do imóvel caberiam à parte agravada, que comprovou que empreendeu produtividade à época que habitou o imóvel e demonstrou a melhor posse. (...)" (STJ, AgInt no AREsp 1.172.652/DF, Quarta Turma, Rel. Min. Convocado Lázaro Guimarães, j. em 22-5-2018).

propriedade posteriormente. Há precedente no sentido de que não é cabível ação de usucapião na hipótese em que "a posse não é originária", mas sim "oriunda de aquisição derivada da propriedade".[125] O caso típico é o da pessoa que adquire a posse via compromisso de compra e venda, mas por qualquer razão não consegue obter a escritura ou o registro. Há inúmeras situações em que isso ocorre. Voltaremos a isso questão ao longo desse livro, especialmente nas seções 2.21 e 14.4.

Na prática, transferências sucessivas de "posses" sempre ocorreram nas mais variadas formas (só verbalmente, com documentos contemporâneos, por meio de cessão de direitos hereditários, por compromissos de compra e venda por instrumento particular etc.). Veremos no Capítulo 8 a existência de cadeia de cessões de "contratos de gaveta", que são transferências de direitos à aquisição da propriedade imobiliária. Tem sido comum, mais recentemente, a lavratura de escritura pública na qual toda a "cadeia" possessória é descrita.

O procedimento de aquisição de posse por meio de escritura pública com toda a "cadeia" possessória narrada nessa escritura pública, embora careça de lei formal, é muito interessante. Alguns cuidados devem ser tomados para que esse procedimento seja útil e proteja o adquirente. Devem existir documentos contemporâneos a cada uma das posses (ex.: conta de luz em nome e da época de possuidor anterior), bem como registro em cartório de notas ou de títulos e documentos da posse mencionada. Isso não se confunde com a simples menção de posse e de transferências anteriores de posses na escritura atual. A descrição, na escritura, da "cadeia" possessória é interessante, mas ela tem mais força caso exista prova de posse de cada elo cadeia. A isso só socorre a fé pública do tabelião caso exista uma escritura pública (na forma de ata notarial ou não) relativa e contemporânea a cada posse. Como qualquer pessoa pode declarar qualquer coisa perante o tabelião e a fé pública do tabelião pode dizer respeito apenas ao fato de ter existido uma declaração de alguém (e não ao fato de existir posse), deve-se observar de forma cuidadosa qual o conteúdo de cada declaração de cada escritura (ou ata notarial) mencionada na escritura atual. Uma medida adicional é checar se as menções às escrituras públicas (ou atas notariais) citadas como parte da "cadeia" realmente correspondem a escrituras ou atas existentes e estão registradas nos tabelionatos (cartório de notas) respectivos.

Vimos na seção 1.3 que a propriedade é um direito absoluto, no sentido de que não há uma "melhor propriedade" ou uma "pior propriedade": a pessoa *é* ou *não é* proprietária. O mesmo não ocorre com a posse: uma posse pode ser considerada "melhor" que outra,[126]

---

[125] TJSC, Sétima Câmara de Direito Civil, Apelação 5005466-15.2023.8.24.0041, Rel. Álvaro Luiz Pereira de Andrade, j. em 7-8-2025.

[126] O sistema brasileiro segue o direito romano, existindo clara distinção entre *posse* e *propriedade*. O mesmo não ocorre no âmbito dos países da *common law*, nos quais a questão é mais complexa, nem ocorria no âmbito do antigo direito grego (BUCKLAND, W. W. *Roman Law and Common Law:* a comparison in outline. 2. ed. Cambridge: University Press, 1965, p. 67).

questão decisiva em conflitos possessórios. Assim, deve-se analisar qual a natureza ou tipo de posse existente em cada um dos períodos ("elos") da "cadeia" possessória.

Além disso, no caso de "cadeia" de posses "melhores", com ou sem registros de transferências em cartório de notas ou em cartórios de títulos e documentos (não confundir com registro em cartório de imóveis), com documentos contemporâneos a cada elo da cadeia, terá o adquirente boas chances de obter a propriedade por usucapião (veremos o tema em várias seções deste livro) ou em procedimento de regularização fundiária que veremos no Capítulo 14.

Portanto, aquisição de posse de terrenos sem construção é pior do que aquisição de imóveis com construção, por meio ou não de escritura pública. A existência de pessoas habitando o local, com contas de água, luz etc. é sempre algo interessante para a prova da posse.

Outro problema – muito comum – em aquisição de posse de terrenos sem construção é o de áreas superpostas. É difícil provar quem é o possuidor nesses casos. A hipótese da "dupla venda", que vimos na seção 1.7, é muito mais comum nas hipóteses de aquisição de posse do que de propriedade registrada.

Dentro desse panorama não se conclua – vamos insistir – que, juridicamente, aquisição de posse seja algo seguro. Não é. Voltaremos ao tema na Seção 2.36.

A aquisição de posse, como negócio, poderá ser até "vantajosa" sob o aspecto econômico. Tudo dependerá da análise e gerenciamento de riscos (econômicos), ponderando-se custo, benefício, estimativa da possibilidade de lucro/prejuízo, dano potencial e outros elementos que levem à conclusão de que a operação é (economicamente) vantajosa. Juridicamente, porém, aquisição de posse não é algo seguro, pois o risco inerente é de difícil mensuração, dadas as particularidades de cada caso e as inúmeras variáveis. Vide, especialmente, as seções 2.36, 11.6 e 12.3 e os Capítulos 8 e 14.

A disputa possessória entre dois ou mais particulares pode ficar mais complexa caso o Poder Público decida intervir, inclusive para alegar ser o verdadeiro proprietário. Essa possibilidade está consagrada em enunciado da jurisprudência do STJ, editado pela Corte Especial do STJ em 6-11-2019:

> "Súmula nº 637 do STJ. O ente público detém legitimidade e interesse para intervir, incidentalmente, na ação possessória entre particulares, podendo deduzir qualquer matéria defensiva, inclusive, se for o caso, o domínio."

A despeito da generalizada opinião de que não existe posse incidente sobre bem público, mas apenas a simples *detenção física* que vimos acima, há precedentes no sentido do cabimento de ação possessória entre particulares envolvendo bem público.[127]

---

[127] STJ, Quarta Turma, REsp 1296964, Rel. Luis Felipe Salomão, j. em 18-10-2016; STJ, Quarta Turma, AgInt no REsp 1324548, Rel. Min. Raul Araújo, j. em 8-8-2017.

Voltaremos à questão da posse ou detenção de imóvel de propriedade do Poder Público na seção 2.36.

Em vista de tudo isso, não é recomendável aquisição de posse.

Por fim, algumas palavras a respeito de terra disputada com comunidade indígena[128]. O tema data dos períodos coloniais, mas continua atual.

Há um conflito a respeito da interpretação da Constituição Federal no tocante ao que seriam as terras indígenas: o art. 20, XI, da CF estabelece que são bens da União "as terras tradicionalmente ocupadas pelos índios", mas o art. 231 afirma que são indígenas as "terras que tradicionalmente ocupam". Esta é a questão do "marco temporal": seriam indígenas apenas as terras que estivessem ocupadas por povos originários em 5 de outubro de 1988?

Em 2012 (Governo Dilma), foi editada a Portaria AGU nº 303, de 16-7-2012, causando protesto de indígenas e de defensores dos direitos indígenas. Os efeitos dessa Portaria foram suspensos. Durante o Governo Temer, foi editado o Parecer AGU nº 01/2017,[129] com base nos critérios da referida Portaria. Assim, foi estabelecido como "marco temporal" a data de 5-10-1988, como veremos adiante, a respeito do qual o STF foi chamado a se manifestar.

O tema prometia ferver a partir de 2019, quando Jair Bolsonaro assumiu a Presidência da República, uma vez que não demarcar terras indígenas era uma promessa de campanha.[130] Isso realmente ocorreu.

Mais ainda: foi editada a Instrução Normativa FUNAI nº 9, de 16-4-2020, estabelecendo a "Declaração de Reconhecimento de Limites". Assim, passou a ser possível obter uma declaração da FUNAI a "proprietários ou possuidores privados" no sentido de que "os limites do seu imóvel respeitam os limites das terras indígenas homologadas, reservas indígenas e terras dominiais indígenas plenamente regularizadas". Isso significa, na prática, a possibilidade de obtenção de documento reconhecendo posse em terra disputada.

---

[128] A expressão "terra indígena" (substantivo) e o vocábulo "indígena" (como adjetivo, embora possa ser substantivo) são usados pela Constituição Federal. Apenas por isso os usamos neste livro, que é um livro jurídico. O correto, porém, seria a utilização da expressão "povos originários". A palavra "indígena" passou a ser usada com o significado de "nativo", o que obviamente era verdade nos tempos em que a Coroa Portuguesa começou a usurpar as "terras dos gentios", época em que, em outra parte da América, Colombo pensou que havia chegado à Índia...

[129] Esse parecer foi aprovado pelo Presidente da República Michel Temer em 17-7-2017 e publicado no *DOU* – Seção 1, de 20-7-2017, p. 7. Disponível em: https://www.conjur.com.br/dl/parecer-agu-raposa-serra-sol.pdf. Acesso em: 14 jun. 2020.

[130] Disponível em: https://www.youtube.com/watch?v=zSTdTjsio5g. Acesso em: 14 jun. 2020.

Em 2020, portanto, havia duas normas com validade sendo questionada: o Parecer AGU nº 01/2017 (chamado por seus opositores de "Parecer Antidemarcação") e a Instrução Normativa FUNAI nº 9/2020.[131]

A questão do "marco temporal" foi objeto do Recurso Extraordinário nº 1.017.365. Em decisões monocráticas do Ministro Edson Fachin, foi determinada a suspensão dos efeitos do Parecer AGU nº 01/2017 até o julgamento do mérito pelo Plenário do STF. Ao final, prevaleceu a tese de que "As terras de ocupação tradicional indígena foram objeto de tutela legal desde a colônia e pelas Constituições desde a Lei Magna de 1934, razão pela qual não se justifica normativamente que a Constituição de 1988 constitua termo para verificação dos direitos originários dos índios, pois ausente fratura protetiva em relação à tutela de seus direitos territoriais, a autorizar a apropriação particular dessas áreas" (julgamento em 27-9-2023).

A despeito dessa decisão, foi editada a Lei nº 14.701, de 20-10-2023. Houve vetos ao Projeto aprovado. Em 27-12-2023, o Congresso Nacional derrubou vetos. O mais importante foi a alteração da redação do inciso IX do art. 2º da Lei nº 6.001, de 19-12-1973 (Estatuto do Índio) justamente para estabelecer o "Marco Temporal": a expressão "terras tradicionalmente ocupadas em 5 de outubro de 1988" foi incluída ao referido dispositivo.[132] A questão continua controversa: o "Marco Temporal", rejeitado pelo STF ao interpretar a Constituição, foi incluído em dispositivo de lei. Pela lógica, essa alteração é inconstitucional, mas o STF pode mudar de orientação. Atualmente, vislumbramos ser improvável o STF passar a ser contra os povos indígenas. No futuro, podemos imaginar de outra forma.

No dia 23-6-2025, foi realizada pelo STF uma reunião no âmbito de um curiosa "Comissão Especial de Autocomposição", instituída nos processos ADC nº 87, ADI nº 7.582, ADI nº 7583, ADI nº 7.586 e ADO nº 86, que contou com a participação de diversas pessoas e entidades interessadas no tema, que ainda está longe de ser solucionado.

Uma questão controversa, que será objeto de decisão por parte do Legislativo, é a seguinte proposta, criada na mencionada reunião do dia 23-6-2025:

> "Art. 26. É facultado o exercício de atividades econômicas em terras indígenas, desde que pela própria comunidade indígena, admitidas a cooperação e a contratação de terceiros não indígenas. § 1º As terras indígenas não poderão ser objeto de arren-

---

131 Por razões processuais, a Arguição de Descumprimento de Direito Fundamental (ADPF) nº 679, que alegava a inconstitucionalidade da Instrução Normativa FUNAI nº 9/2020, não foi admitida pelo Ministro do STF Luiz Fux.

132 "Art. 32. O inciso IX do *caput* do art. 2º de Lei nº 6.001, de 19 de dezembro de 1973, passa a vigorar com a seguinte redação: 'Art. 2º (...) IX – garantir aos índios e comunidades indígenas, nos termos da Constituição Federal, a posse permanente das terras tradicionalmente ocupadas em 5 de outubro de 1988, reconhecendo-lhes o direito ao usufruto exclusivo das riquezas naturais e de todas as utilidades naquelas terras existentes;' (...)."

damento ou de qualquer ato ou negócio jurídico que restrinja a posse direta pela comunidade indígena. (...)."

O tema tem um viés mais do que meramente "sociológico". As terras indígenas são de propriedade da União com determinadas finalidades. Uma delas é a proteção do modo de vida dos povos originários do Brasil (povos indígenas, no dizer da Constituição). Em vista disso, seria constitucional eventual lei que permita atos jurídicos (ex.: arrendamento de terras) que possam violar finalidade estabelecida constitucionalmente?

Enfim, não se recomenda aquisição de posse em terra disputada com comunidade indígena, mesmo que ela não tenha sido ainda demarcada, a despeito da existência de precedente concedendo proteção possessória contra a comunidade indígena.[133] Vide seções 1.16 e 2.36.

Os atos de registro relativos a terras indígenas estão tratados nos arts. 424 a 432 do Provimento CNJ nº 149, de 30-8-2023 (CNN/CN/CNJ-Extra).

Voltaremos a tratar de posse em outras partes deste livro, em especial nas seções 2.36, 11.6 e 12.3 e nos Capítulos 8 e 14.

1.15 IMÓVEL PERTO DA PRAIA E TERRENOS DE MARINHA NÃO DEMARCADOS

Há particularidades importantes no tocante a imóveis próximos ao litoral. Veremos adiante o que são *terrenos de marinha*. Inicialmente, vamos analisar o tema de forma mais ampla. Juridicamente, quanto a imóveis perto da praia, há as seguintes situações:

- imóveis construídos em terrenos de marinha já demarcados (seção 2.10);
- imóveis construídos em áreas com inscrição de ocupação (seção 1.11);
- imóveis com registro em cartório em nome de particular (seção 1.1);
- imóveis objeto de posse, sem qualquer registro (seções 1.14 e 2.36).

Sob o aspecto econômico, a melhor situação é a de imóvel que seja *realmente* de propriedade privada, pois não há necessidade de pagamento de foro anual e de laudêmio (seções 1.11 e 2.10).

Contudo, por mais incrível que possa parecer, a situação jurídica mais segura é a de terrenos de marinha já demarcados. A aquisição de imóvel aparentemente de propriedade privada pode vir a ser considerada terrenos de marinha, ensejar o pagamento de encargos, bem como perder valor de mercado. Veremos esse tema nesta seção, inclusive quanto a eventual transferência da propriedade de terreno de marinha demarcado para particular.

A exata identificação do que é terreno de marinha não é apenas jurídica e exige outros conhecimentos técnicos. Juridicamente, a definição do que seja terreno de marinha está no art. 2º do Decreto-lei nº 9.760, de 5-9-1946:

---

133 STJ, REsp 1650730/MS, Segunda Turma, Rel. Min. Mauro Campbell Marques, j. 20-8-2019.

> "Art. 2º São terrenos de marinha, em uma profundidade de 33 (trinta e três) metros, horizontalmente, para a parte da terra, da posição da linha do preamar-médio de 1831:
>
> a) os situados no continente, na costa marítima e nas margens dos rios e lagoas, até onde se faça sentir a influência das marés;
>
> b) os que contornam as ilhas situadas em zona onde se faça sentir a influência das marés.
>
> Parágrafo único. Para os efeitos deste artigo a influência das marés é caracterizada pela oscilação periódica de 5 (cinco) centímetros pelo menos, do nível das águas, que ocorra qualquer época do ano."

Além disso, existe a definição do que sejam os terrenos de marinha acrescidos e o que são terrenos marginais, também no Decreto-lei nº 9.760/46:

> "Art. 3º São terrenos acrescidos de marinha os que se tiverem formado natural ou artificialmente, para o lado do mar ou dos rios e lagoas, em seguimento aos terrenos de marinha.
>
> Art. 4º São terrenos marginais os que banhados pelas correntes navegáveis, fora do alcance das marés, vão até a distância de 15 (quinze) metros, medidos horizontalmente para a parte da terra, contados desde a linha média das enchentes ordinárias."

Terrenos de marinha e seus acrescidos são bens da União. É o que dispõe a Constituição Federal, que elenca também outros imóveis que são de propriedade da União:

> "Art. 20. São bens da União:
>
> (...)
>
> II – as terras devolutas indispensáveis à defesa das fronteiras, das fortificações e construções militares, das vias federais de comunicação e à preservação ambiental, definidas em lei;
>
> (...)
>
> IV – as ilhas fluviais e lacustres nas zonas limítrofes com outros países; as praias marítimas; as ilhas oceânicas e as costeiras, excluídas, destas, as que contenham a sede de Municípios, exceto aquelas áreas afetadas ao serviço público e a unidade ambiental federal, e as referidas no art. 26, II;
>
> (...)
>
> VII – os terrenos de marinha e seus acrescidos;
>
> (...)."

Está claro, portanto, que os terrenos de marinha e seus acrescidos são bens da União.

A partir das singelas definições acima, há dois problemas essenciais: o primeiro problema é a necessidade de identificar, em cada imóvel, qual é a "profundidade de 33 (trinta e três) metros, horizontalmente, para a parte da terra, da posição da linha do preamar-médio de 1831" (art. 2º do Decreto-lei nº 9.760/46).

O segundo problema, diretamente relacionado com o primeiro, consiste na realização de um procedimento administrativo para efetuar a identificação mencionada, de modo a demarcar a área que é terreno de marinha e seus acrescidos, bem como efetuar o devido registro no cartório imobiliário. O tema é objeto de uma série de controvérsias jurídicas.

O que é *preamar-médio*? As definições de *preamar-médio*, no campo da geodésica,[134] não são singelas e delas não trataremos neste livro jurídico. Não se confunde o conceito de preamar-médio com o de preamar, seja em termos geodésicos, seja em termos jurídicos (art. 2º, XII, do Decreto nº 5.300, de 7-12-2004). Para fins de argumentação, em procedimento administrativo ou em processo judicial, pode-se tentar alguma definição do que seja preamar-médio no campo da geodésica ou das ciências naturais para beneficiar o particular contra a União. É possível que, em alguns casos concretos, partes de áreas situadas nos trinta e três metros da posição da linha do preamar-médio de 1831 (ou mesmo a totalidade dessas áreas) já estejam dentro do mar. Outro problema são as áreas consideradas terrenos de marinha acrescidos (ex.: aterramentos).

Para deixar a questão mais complicada, houve (ou há) um número muito grande de normas que se sucederam ao longo da história (a mais antiga é o Alvará de 10 de maio de 1672) que definiram o que é terreno de marinha e, o que pode ser relevante, como identificá-los. Uma norma interessante é o Ofício do Ministério da Fazenda nº 155, de 14 de setembro de 1903, que definiu o entendimento do que seria, para a União, a definição da linha do preamar-médio de 1831, bem como critérios para avaliação dessa medida. Houve casos de transferência da propriedade plena da União para particulares com base nessas diversas normas. Contudo, a Constituição Federal de 1988 não fez qualquer ressalva para excepcionar a regra de que terrenos de marinha são bens da União. Não há direito adquirido contra a Constituição, o que se concluiria que os terrenos de marinha transferidos a particulares com base em leis anteriores a 5 de outubro de 1988 passaram a ser bens da União.

Um argumento contra isso seria o disposto no art. 49, § 3º, do Ato das Disposições Constitucionais Transitórias (ADCT), no sentido de que apenas os terrenos de marinha situados na faixa de segurança[135] teriam passado a constituir propriedade da União.

É possível, também, tentar sustentar no campo da política a tese de que a usurpação de terras de propriedade privada pela Constituição de 1988 não seria "justa", não podendo ser feita nem mesmo pela Constituição (embora o processo de apropriação de terras no Brasil por meio de usurpação ocorra desde 1500).

Controvérsias políticas à parte, diz o Decreto-lei nº 9.760/46, atualmente em vigor:

> "Art. 9º É da competência do Serviço do Patrimônio da União (S.P.U.) a determinação da posição das linhas do preamar-médio do ano de 1831 e da média das enchentes ordinárias.

---

134 Vide: LIMA, Obedé Pereira. *Localização geodésica da linha da preamar média de 1831 – LPM/1831, com vistas à demarcação dos terrenos de marinha e seus acrescidos*. Tese de doutorado. Florianópolis: UFSC, 2002. Disponível em: https://repositorio.ufsc.br/bitstream/handle/123456789/83028/184921.pdf?sequence. Acesso em: 22 ago. 2021.

135 Vide: art. 1º, § 2º, II, da Lei nº 13.240, de 30-12-2015; art. 100, § 7º, do Decreto-lei nº 9.760/46, em redação dada pela Lei nº 13.240/2015.

> Parágrafo único. A partir da linha demarcatória posicionada na forma do *caput* deste artigo, o procedimento de demarcação física de limites entre os terrenos de domínio da União e os imóveis de terceiros poderá ser realizado pela União, por outros entes públicos ou por particulares, nos termos definidos em ato do Secretário de Coordenação e Governança do Patrimônio da União, observados os procedimentos licitatórios quando for o caso.
>
> Art. 10. A determinação será feita à vista de documentos e plantas de autenticidade irrecusável, relativos àquele ano, ou, quando não obtidos, a época que do mesmo se aproxime."

O art. 9º não significa, teoricamente, que a Secretaria do Patrimônio da União (SPU) possa de forma arbitrária definir qual é o "preamar-médio do ano de 1831", exatamente em razão do disposto no art. 10.

Medida interessante é tentar descobrir se há ação judicial contra algum ato do procedimento de demarcação em andamento ou mesmo a respeito da demarcação efetuada.

Demarcados ou não, os terrenos de marinha e seus acrescidos são bens da União. A Constituição Federal é clara a respeito, não exigindo nem a demarcação muito menos o registro em cartório.

Desse modo, ainda que não exista registro em cartório ou mesmo que exista registro em nome de particular, terrenos de marinha e acrescidos não são de propriedade particular (exceção: existência de transferência da propriedade da União para pessoa física ou jurídica, devidamente registrada na matrícula do imóvel). Há Súmula do STJ a respeito do tema:

> "**Súmula nº 496**. Os registros de propriedade particular de imóveis situados em terrenos de marinha não são oponíveis à União."

Diante dessa súmula, o leitor pode começar a entender a razão pela qual afirmamos acima que terrenos de marinha já demarcados é a situação mais segura sob o aspecto jurídico: ao se adquirir um imóvel próximo à praia sem estar demarcado como terreno de marinha, o comprador não saberá se o imóvel é terreno de marinha ou não, ainda registrado como de propriedade privada. A exceção, insista-se, é a existência de registro no cartório imobiliário de transferência da propriedade de terreno de marinha já demarcado a particular (preferencialmente após 5 de outubro de 1988). Nessa hipótese, o particular adquiriu a propriedade plena da União e efetuou os devidos registros.

Nosso sistema registral adota o princípio da concentração.[136] Isso significa que todos os registros que digam respeito ao imóvel devem estar em um mesmo local. Contudo, a presunção de propriedade de imóvel decorrente de registro é relativa, admitindo que a pessoa que conste como proprietária do imóvel pode não ser, juridicamente, a verdadeira proprietária. Isso explica a Súmula acima transcrita.

---

[136] De acordo com o princípio da concentração, a matrícula do imóvel deveria *espelhar* toda a situação jurídica do imóvel no que se refere a direitos sobre ele incidentes. Assim, a *realidade jurídica* constaria totalmente na matrícula do imóvel. Isso não ocorre na prática, infelizmente, tal como veremos na seção 2.36.

Portanto, "o registro imobiliário não é oponível contra a União para afastar o regime dos terrenos de marinha, servindo, apenas, como presunção relativa de propriedade particular que atrai o dever de notificar pessoalmente aqueles que constam no título como proprietários para fins de participação do procedimento de demarcação da linha do preamar médio e a declaração do domínio público da União sobre a área, pois a Constituição Federal de 1988, em seu artigo 20, inciso VII, atribuiu a este ente da Federação a propriedade dos referidos bens".[137]

A rigor, deve existir um procedimento de demarcação dos terrenos de marinha. Critérios para esta demarcação estão na Lei nº 11.481/2007 e na decisão proferida pela ADIn nº 4.264 por parte do STF.

Embora a demarcação não seja requisito para que o imóvel seja terreno de marinha, há um interessantíssimo precedente do TRF-2ª Região, referente a imóveis em Niterói (RJ). De acordo com esse precedente, as "taxas de ocupação"[138] (leia-se: foro e laudêmio) só são devidas caso o procedimento de demarcação tenha sido devidamente efetuado.[139] Essa decisão foi mantida pelo STJ.[140]

---

[137] STJ, REsp nº 1.393.722/SC, Primeira Turma, Rel. Min. Benedito Gonçalves, j. em 25-5-2021.

[138] Houve um pequeno equívoco técnico na decisão judicial: taxas de ocupação são devidas na hipótese de ocupação precária (vide seção 1.11); na hipótese de terrenos de marinha são devidos foro e laudêmio (vide seção 2.10). A expressão "taxas de ocupação" foi utilizada com significado genérico, o que não prejudica a compreensão e o mérito da decisão judicial.

[139] "(...) O ponto crucial ora em debate diz respeito à regularidade do procedimento administrativo nº 10768-007612/97-20, (tendo ele observado, ou não, o Contraditório e a Ampla Defesa) realizado pela União na demarcação da Linha Preamar Média 1831, a fim de autorizar a inscrição do imóvel como terreno de marinha/acrescido, bem como proceder à cobrança da taxa de ocupação. Conforme se manifestou o Douto Desembargador Federal Reis Friede, no julgamento da APELREEX 201150010134924, em 07/03/13, 'não é lícito à União Federal simplesmente se diga proprietária da área e inicie a cobrança das taxas respectivas. Indispensável se faz, à toda evidência, a existência de um procedimento demarcatório para que o ente público Réu proceda às cobranças ora questionadas' (...). Portanto, correta a sentença ao invalidar o procedimento administrativo (...) bem como as averbações de domínio da União e, consequentemente, as cobranças delas decorrentes. (...) Cumpre consignar que, uma vez regularizado o procedimento demarcatório, com a devida notificação pessoal dos interessados certos, observado os Princípios do Contraditório e da Ampla Defesa, nada impede que a União venha a realizar nova averbação de domínio e constituição dos terrenos em questão como de marinha ou acrescido, bem como a efetuar cobranças delas decorrentes." (TRF-2ª Região, Apelação/Reexame Necessário nº 518253 2008.51.02.001657-5, nº CNJ: 0001657-24.2008.4.02.5102, Quinta Turma Especializada, Rel. Des. Fed. Guilherme Diefenthaeler, j. em 27-5-2014).

[140] "O Superior Tribunal de Justiça entende que, no período compreendido entre a edição da Lei nº 11.481/07 e a publicação da decisão exarada pelo STF nos autos da ADI 4.264/PE, consideram-se válidas as intimações feitas por edital dos possíveis interessados para participação no procedimento demarcatório de terreno de marinha. Logo, como o processo ocorreu antes da edição da Lei 11.481/2007, não há falar em validade da intimação promovida por edital" (STJ, decisão monocrática do Min. Herman Benjamin nos EDcl no REsp nº 1.666.532, j. em 16-6-2020).

O caso foi amplamente noticiado em 2021, em razão do trânsito em julgado da decisão do STJ, mas houve um equívoco na interpretação: os tribunais não afirmaram que foro e laudêmio não seriam devidos. As decisões apenas afirmaram que foram indevidas as cobranças em razão de falha no processo de demarcação. O que se pode discutir é se, após a demarcação correta, poderão ser cobrados foro e laudêmio de forma retroativa. É possível que, em razão de prescrição ou de algum fundamento jurídico, não possa essa cobrança ser efetuada. Seja como for, deve o comprador estar ciente de que pode vir a ter de pagar os encargos à União que não foram pagos pelo vendedor ou por antigos proprietários.

Quanto a essa questão, a Lei nº 13.240/2015 incluiu o seguinte dispositivo ao Decreto-lei nº 2.398/87:

> "Art. 6º-A. São dispensados de lançamento e cobrança as taxas de ocupação, os foros e os laudêmios referentes aos terrenos de marinha e seus acrescidos inscritos em regime de ocupação, quando localizados em ilhas oceânicas ou costeiras que contenham sede de Município, desde a data da publicação da Emenda Constitucional nº 46, de 5 de maio de 2005, até a conclusão do processo de demarcação, sem cobrança retroativa por ocasião da conclusão dos procedimentos de demarcação."

Voltaremos ao tema no Capítulo 2, especialmente nas seções 2.10, 2.31 e 2.36.

1.16 IMÓVEL RURAL EM FAIXA DE FRONTEIRA

De acordo com a Constituição Federal de 1988 (CF), as *terras devolutas* que não sejam de propriedade da União pertencem aos Estados (art. 26, IV, da CF).

As terras devolutas indispensáveis à defesa das fronteiras são bens da União (art. 20, II, da CF). De acordo com o § 2º do art. 20 da CF, é definida como *faixa de fronteira* a "faixa de até cento e cinquenta quilômetros de largura, ao longo das fronteiras terrestres", que é considerada fundamental para defesa do território nacional. A ocupação e utilização devem ser reguladas pela lei.

Antes mesmo do advento da CF, houve diversos programas de concessão, titulação, regularização, doação de posse e propriedades imobiliárias. Regularização fundiária é problema antigo, que veremos no Capítulo 14, quando mencionaremos até mesmo a Lei de Terras de 1850, norma emblemática de questão ainda longe de ser solucionada.

A Lei nº 13.178, de 22-10-2015, objetivou solucionar o problema de *títulos de alienação ou de concessão de terras devolutas expedidos pelos Estados em faixa de fronteira.*

O objetivo foi ratificar ou determinar que fossem ratificados esses títulos outorgados pelo Estado a particulares em terras da União (no caso, terras devolutas em faixa de fronteira).[141]

[141] Dispõe o art. 3º da Lei nº 13.178, de 22-10-2015: "Art. 3º A ratificação prevista nos arts. 1º e 2º alcançará os registros imobiliários oriundos de alienações e concessões de terras devolutas: I – federais, efetuadas pelos Estados: *a*) na faixa de até sessenta e seis quilômetros de largura, a partir da linha de fronteira, no período compreendido entre o início da vigência da Constituição

Pela leitura do art. 1º da Lei nº 13.178/2015, a conclusão deveria ser no sentido de que houve uma "ratificação automática", que não dependia de qualquer ato na seguinte situação: imóveis registrados com tamanho não superior a quinze módulos fiscais, cuja propriedade ("domínio") não estivesse sendo objeto de litígio judicial ou administrativo por parte do Poder Público (art. 1º da Lei nº 13.178/2015).

Na prática, porém, o entendimento de que não seria necessário qualquer ato, pois a ratificação teria ocorrido por força da própria Lei, não prevaleceu.

Assim, a existência de "averbação" da ratificação – que sequer estava ou está prevista no rol do inciso II do art. 167 da Lei de Registros Públicos – é necessária, especialmente para deixar claro que os requisitos do art. 1º Lei nº 13.178/2015 foram cumpridos.

Na prática, a situação é similar à dos imóveis de tamanho registrado superior a quinze módulos fiscais, para os quais o art. 2º da Lei nº 13.178/2015 determinou a realização de determinados procedimentos para a ratificação do "registro imobiliário". Na verdade, trata-se de ratificação do direito que está registrado na matrícula do imóvel: concessão de uso, propriedade etc.

Isso pode parecer estranho: se o direito já está registrado na matrícula, por que há necessidade de prática de determinados atos?

Como está sendo visto ao longo deste livro, o registro imobiliário, mesmo perfeito, demonstra uma *presunção* de propriedade. No caso em que ora tratamos, por determinação constitucional, terras devolutas em faixa de fronteira são de propriedade da União. É semelhante à situação dos terrenos de marinha não demarcados, que vimos na seção 1.15: pode existir uma aparente propriedade registrada em nome de determinada pessoa, mas talvez o imóvel pertença à União.

A razão de ser da Lei nº 13.178/2015 não é necessariamente adequar o registro imobiliário ao direito, mas pode ser até mesmo o oposto: adequar o direito ao registro. No caso, trata-se de ratificar a outorga de propriedade ou concessão de uso por parte do Estado a particular de terras que, na verdade, são de propriedade da União. Em grande parte dos casos, não haverá direito registrado algum, mas apenas algum título

---

da República dos Estados Unidos do Brasil, de 24 de fevereiro de 1891, até o início da vigência da Lei nº 4.947, de 6 de abril de 1966 ; e *b*) na faixa de sessenta e seis a cento e cinquenta quilômetros de largura, a partir da linha de fronteira, no período compreendido entre o início da vigência da Lei nº 2.597, de 5 de julho de 1955, até o início da vigência da Lei nº 4.947, de 6 de abril de 1966; II – estaduais, efetuadas pelos Estados sem prévio assentimento do Conselho de Segurança Nacional: *a*) na faixa de sessenta e seis a cem quilômetros de largura, a partir da linha de fronteira, no período entre o início da vigência da Constituição da República dos Estados Unidos do Brasil, de 16 de julho de 1934, até o início da vigência da Lei nº 2.597, de 5 de julho de 1955; e *b*) na faixa de cem a cento e cinquenta quilômetros de largura, a partir da linha de fronteira, no período entre o início da vigência da Constituição dos Estados Unidos do Brasil, de 10 de novembro de 1937, até o início da vigência da Lei nº 2.597, de 5 de julho de 1955".

outorgado pelo Estado e uma "cadeia" de transferência de direitos variados (inclusive meramente possessórios).

O art. 2º da Lei nº 13.178/2015 estabelece nos incisos I e II que o interessado deverá obter no órgão responsável:

- a certificação do georreferenciamento do imóvel, nos termos dos §§ 3º e 5º do art. 176 da Lei nº 6.015, de 31-12-1973; e
- a atualização da inscrição do imóvel no Sistema Nacional de Cadastro Rural, instituído pela Lei nº 5.868, de 12-12-1972.

Vimos a necessidade desses procedimentos para todos os imóveis rurais na seção 1.12 deste livro.

Além desses documentos, o cartório imobiliário provavelmente fará outras exigências, a depender das normas estaduais editadas pelo órgão do Tribunal de Justiça.[142]

O tema é repleto de casuísmos: existe até mesmo uma norma do INCRA estabelecendo regras para determinadas áreas do Estado do Paraná: Instrução Normativa nº 113, de 22-12-2021, alterada pela Instrução Normativa nº 120, de 10-6-2022.

A sanção do descumprimento da Lei nº 13.178/2015 é grave: perda do direito de propriedade ou de concessão de uso do imóvel. O prazo para a obtenção da ratificação, previsto no § 2º do próprio art. 2º, foi prorrogado para quinze anos (Lei nº 15.206, de 12-9-2025) a contar da data de publicação da Lei nº 13.178/2015. No caso, o prazo expirará em 23 de outubro de 2030.[143] Dispõe o § 5º do referido art. 2º:

> "Art. 2º (...) § 5º Decorrido o prazo constante do § 2º sem que o interessado tenha requerido as providências dispostas nos incisos I e II do *caput*, ou na hipótese de a ratificação não ser possível, o órgão federal responsável deverá requerer o registro do imóvel em nome da União ao Cartório de Registro de Imóveis."

Depois desse prazo, poderá ser tentada a regularização do imóvel perante o INCRA (salvo se alguma norma for editada para beneficiar o possuidor do imóvel a ser regularizado).

Para imóveis com área superior a dois mil e quinhentos hectares, a ratificação dependerá também de aprovação de lei, a teor do § 6º do art. 2º da Lei nº 13.178/2015.

---

[142] Exemplos:
Mato Grosso: arts. 1.362 a 1.365-B do Código de Normas Gerais da Corregedoria-Geral da Justiça do Foro Extrajudicial – CNGCE, aprovado pelo Provimento TJMT/CGJ nº 42, de 29-12-2020, com as alterações do Provimento TJMT/CGJ nº 12, de 27-6-2024.
Paraná: arts. 656-BU a 656-CD do Código de Normas da Corregedoria-Geral da Justiça – Foro Extrajudicial, com as alterações do Provimento TJPR/CGJ nº 318, 8-3-2023.

[143] A Lei nº 13.178, de 22-10-2015, foi publicada no dia 23-10-2015.

Para deixar a questão ainda mais complicada, por ocasião do julgamento da Ação Direta de Inconstitucionalidade nº 5.623, em 26-6-2020, o STF decidiu, além dos requisitos formais estabelecidos pela Lei nº 13.178/2015,

> "que os respectivos imóveis rurais se submetam à política agrícola e ao plano nacional de reforma agrária previstos no art. 188 da Constituição da República e dos demais dispositivos constitucionais que protegem os bens imóveis que atendam a sua função social (inc. XXIII do art. 5º, *caput* e inc. III do art. 170, art. 186 da Constituição do Brasil)."

Essa decisão, porém, não abrange todos os imóveis. No dia 12-6-2023, afirmou o STF em julgamento de embargos de declaração que estão excluídos dessas exigências

> "(...) os pequenos e médios imóveis rurais cujos títulos tinham sido devidamente ratificados pelos cartórios de imóveis na data da publicação da ata de julgamento desta ação direta (1º.12.2022)."

Enfim, caso o comprador deseje adquirir imóvel rural situado em faixa de fronteira, deve observar se os procedimentos de ratificação da propriedade ou da concessão de direito de uso foram corretamente efetuados no prazo previsto, bem como se a utilização do imóvel está de acordo com os princípios estabelecidos constitucionalmente, tal como acima descrito.

Pode ser necessário fazer todos os registros da cadeia dominial do imóvel, muitas vezes com compromissos de compra e venda não registrados, cessões de posse, desmembramentos de áreas etc.

Assim, deve existir uma "averbação" na matrícula do imóvel demonstrando que foi efetuada a ratificação da outorga feita pelo Estado de direitos de imóvel da União.

Contudo, a existência dessa averbação de ratificação não prevalece em caso de terra indígena (mesmo que ainda não demarcada):

> "Seja realçado que a ratificação de registro imobiliário de terras prevista na Lei nº 13.178/2015 não se sobrepõe aos direitos originários dos índios sobre as terras que tradicionalmente ocupam. São nulos todos os atos jurídicos de disposição de imóveis que tenham por objeto o domínio e a posse de suas terras nos termos do art. 231 da Constituição da República."[144]

Trata-se de mais uma hipótese a demonstrar que o *princípio da concentração* do registro imobiliário não é absoluto: pode existir fato juridicamente válido (terra indígena) que prevalece em face do que está na matrícula do imóvel (ratificação de direito outorgado), tal como vemos ao longo deste livro e especialmente na seção 2.36.

---

[144] STF, ADIn nº 5.623, Extrato do voto condutor da Rel. Min. Cármen Lúcia, j. em 26-6-2020.

2

O QUE A CERTIDÃO DO IMÓVEL PODE MOSTRAR

O primeiro passo do estudo de uma operação imobiliária consiste na obtenção e leitura da certidão do imóvel, analisando-se cada um dos registros e cada uma das averbações, de modo a se conhecer a história do imóvel, assim como sua situação atual.

Em certos casos, problemas oriundos de aquisições de proprietários anteriores poderão somente surgir após esses proprietários terem vendido o imóvel, razão pela qual registros de antigos proprietários também devem ser estudados.[1] Com efeito, a aquisição atual depende da validade de aquisições anteriores (embora existam exceções, como veremos ao longo deste livro).

Alguns dos registros que veremos a seguir não indicam possíveis problemas, mas trazem informações relevantes para o adquirente, razão pela qual também devem ser estudados.

Em tese, somente o que está taxativamente previsto em lei pode ser registrado ou averbado na matrícula do imóvel. O art. 167 da Lei nº 6.015, de 31-12-1973 (Lei de Registros Públicos – LRP), estabelece o rol do que pode ser *registrado* (inciso I) e o que pode ser *averbado* (inciso II). Não vem ao caso discutir o que deveria ser objeto de "registro" e o que deveria ser objeto de "averbação":[2] na prática, estarão na matrícula do imóvel tanto "registros" como "averbações".

Algumas leis especiais, usando técnica tradicional, acrescentaram itens a esses dispositivos, de modo a deixar no art. 167 da LRP uma lista exaustiva do que pode constar da matrícula do imóvel. Outras leis, porém, simplesmente estabeleceram a possibilidade de *registro*, de *averbação* ou mesmo de *indicação* (ex.: Lei nº 13.777, de

---

1 Ver, no Capítulo 1, seção 1.5, *O vendedor é o verdadeiro proprietário? As aquisições anteriores foram eficazes?*

2 Existe um debate teórico até interessante a respeito, mas com diminuta importância prática.

20-12-2018, que veremos na seção 2.14) de atos ou fatos jurídicos na matrícula, sem modificar expressamente o rol do art. 167.

Neste Capítulo, vamos tratar de todos os registros possíveis (previstos ou não no art. 167, I, da LRP), bem como de algumas das possíveis averbações (art. 167, II, da LRP) e indicações (art. 176 da LRP). Por fim, trataremos de atos e fatos que não constarão ou poderão não constar do registro do imóvel, embora a ele digam respeito diretamente (falhas do nosso sistema jurídico).

2.1 O IMÓVEL É UM BEM DE FAMÍLIA

Hipótese rara na atualidade, o *bem de família* aqui tratado é o *voluntário*, definido nos arts. 1.711 a 1.722 do Código Civil, sendo instituído por meio de escritura pública.

Não se trata aqui do bem de família *legal*, instituído pela Lei nº 8.009/90 (popularmente conhecida como "Lei do Sarney"), atributo que não constará do registro imobiliário e não depende da vontade do proprietário. Voltaremos à questão do bem de família legal, nas seções 2.20 e 3.14.

O bem de família *voluntário*, portanto, depende de iniciativa do casal para sua instituição. Sua principal consequência é a inalienabilidade. Isso significa, portanto, que ele somente poderá ser vendido mediante autorização do juiz, ouvido o Ministério Público, caso comprovada impossibilidade de manutenção da inalienabilidade, que deve decorrer de algum motivo relevante.

Assim, caso se verifique na certidão do imóvel que este é um bem de família, somente após a eliminação dessa cláusula, por meio de ordem judicial, será possível efetuar a venda.

A extinção da família faz cessar a situação de bem de família do imóvel, podendo ser requerido o cancelamento do registro. A extinção da família ocorre quando morrem ambos os cônjuges e todos os filhos atingem a maioridade (enquanto viver um dos cônjuges ou existir um filho incapaz, persiste o bem de família). Note-se que a dissolução da sociedade conjugal não extingue o bem de família, mas dissolvida a sociedade conjugal pela morte de um dos cônjuges, o sobrevivente poderá pedir ao juiz a extinção do bem de família, se ele for o único bem do casal.

A extinção do bem de família voluntário deve ser averbada na matrícula do imóvel para que possa ocorrer a venda.

2.2 HIPOTECA

A *hipoteca* consiste em destinar um bem imóvel para a garantia de uma dívida. A eficácia da hipoteca surge com seu registro[3] no cartório imobiliário, ficando, assim,

---

[3] De acordo com a regra geral do art. 1.227 do Código Civil, os direitos reais sobre imóveis (exemplo: hipoteca) só se adquirem com o registro no cartório imobiliário.

vinculado o bem à dívida. A modalidade mais comum de hipoteca é a que decorre da vontade comum de credor e devedor (exemplo: contrato de financiamento com garantia hipotecária). Trataremos neste tópico da hipoteca voluntária, decorrente de um contrato.

Havendo a hipoteca, caso a dívida não seja paga pelo devedor, o credor poderá cobrá-la pelas vias judiciais e o bem hipotecado poderá vir a responder pela dívida, ainda que já tenha sido vendido a terceiro de boa-fé que desconhecia a existência da hipoteca registrada.

A hipoteca não impede a venda do imóvel.[4] Contudo, o pagamento da dívida ou obrigação que ela garante terá *prioridade* sobre a compra eventualmente efetuada, caso a hipoteca tenha sido registrada antes da escritura de compra e venda. Ou seja, caso o vendedor venha a não cumprir a obrigação ou a dívida que o imóvel hipotecado garante, corre-se o risco de ver o imóvel ir à praça ("leilão"), em execução. A venda é válida, mas ineficaz perante o credor hipotecário, até que seja paga a dívida ou cumprida a obrigação. Obviamente, caso o imóvel hipotecado seja arrematado e adjudicado no "leilão", a propriedade passará para o arrematante e a pessoa que havia anteriormente comprado o imóvel hipotecado perderá a propriedade.

Na hipótese, portanto, da existência de hipoteca sobre o imóvel, o credor do vendedor (chamado "credor hipotecário") poderá anuir ao negócio, comparecendo e assinando a escritura de compra e venda juntamente com o vendedor, e deverá constar expressamente que o credor hipotecário está liberando o bem imóvel da hipoteca.

Ver, no Capítulo 9, nas seções 9.3 e 9.4, informações adicionais a respeito de hipoteca em sede de incorporação imobiliária, à luz da jurisprudência do STJ.

2.3 EXISTE UM CONTRATO DE LOCAÇÃO DO IMÓVEL

Pode ser que o bem imóvel, ainda que vazio de pessoas e coisas, esteja locado a terceiro.

O contrato de locação poderá estar registrado ou averbado na matrícula do imóvel.

Ocorre que a Lei nº 8.245, de 18-10-1991, que regula a locação de imóveis urbanos, instituiu alguns benefícios para o locatário (e para o sublocatário).[5]

Tem o locatário, assim, o chamado "direito de preferência". Por meio dele, o locatário poderá adquirir o imóvel locado, caso se disponha a efetuar a compra nas

---

4 Ver a seção 2.12, *Cédula de crédito rural, penhor rural e cédula de crédito industrial*, que descreve hipótese em que a hipoteca impede a venda sem anuência do credor.

5 Diz a lei: "Art. 30. Estando o imóvel sublocado em sua totalidade, caberá preferência ao sublocatário e, em seguida, ao locatário. Se forem vários os sublocatários, a preferência caberá a todos, em comum, ou a qualquer deles, se um só for o interessado.
Parágrafo único. Havendo pluralidade de pretendentes, caberá a preferência ao locatário mais antigo, e, se da mesma data, ao mais idoso."

mesmas condições em que o eventual interessado esteja negociando. Vale dizer, mesmo preço e condições de pagamento. Dispõe a Lei nº 8.245/91:

> "Art. 27. No caso de venda, promessa de venda, cessão ou promessa de cessão de direitos ou dação em pagamento, o locatário tem preferência para adquirir o imóvel locado, em igualdade de condições com terceiros, devendo o locador dar-lhe conhecimento do negócio mediante notificação judicial, extrajudicial ou outro meio de ciência inequívoca.
>
> Parágrafo único. A comunicação deverá conter todas as condições do negócio e, em especial, o preço, a forma de pagamento, a existência de ônus reais, bem como o local e horário em que pode ser examinada a documentação existente."

Para tanto, o locatário deverá ser notificado pelo locador da existência da proposta de venda do imóvel locado, para que, a seu critério, exerça ou não seu direito de preferência. Essa obrigação do locador decorre da lei, não dependendo de estar o contrato de locação averbado[6] no cartório imobiliário.[7]

Caso o locador venda o imóvel desrespeitando o direito de preferência do locatário,[8] o locatário terá direito a uma indenização frente a seu locador,[9] caso prove que sofreu prejuízos em decorrência da violação de seu direito. Para tanto, não é necessária a averbação do contrato.

Contudo, nos termos do art. 33 da Lei nº 8.245/91, caso o contrato de locação tenha sido averbado há pelo menos 30 dias antes da alienação do imóvel, terá o locatário

---

6 Art. 167, II, 16, da Lei nº 6.015/73.

7 Ap. c/ Rev. nº 433.768-0/9-São Paulo, 2º TACIVIL – 12ª Câm., Rel. Juiz Luís de Carvalho; j. 26-10-1995; maioria de votos. Bol. da AASP, 1955/186-j. de 12-6-1996.

8 "Desrespeita-se o direito de preferência do locatário (arts. 27 e 28), nos seguintes casos: a) se o locador fizer um dos contratos mencionados no art. 27, alienando o imóvel alugado, sem dar previamente ciência ao locatário, a fim de exercer no prazo de trinta dias, sob pena de caducidade, a preferência legal; b) se o locador, apesar de ter feito a notificação, não atendeu à preferência manifestada no prazo; c) se não se observou a ordem de preferência estabelecida no art. 30 e respectivo parágrafo único. Em qualquer dos casos, o locatário poderá reclamar perdas e danos, se houver. Trata-se de ação ordinária, no Juízo competente, para obter sentença condenatória, após ampla prova do efetivo prejuízo" (PACHECO, José da Silva. *Comentários à nova lei sobre as locações de imóveis urbanos e seus procedimentos*. 2. ed. São Paulo: Revista dos Tribunais, 1993. p. 115).

9 "O sujeito passivo dessa ação é, apenas, o alienante (...) Na prática, o que se vê, é, muita vez, o inquilino acionar o comprador do imóvel, ficando claro que este é parte ilegítima para figurar como réu nessa demanda. Outras vezes, o processo é movido contra ambos, vendedor e comprador, mas, ainda assim, esse último, não tendo legitimidade, acaba excluído do feito, respondendo o autor (inquilino) pelos honorários de advogado do adquirente, contra quem é carecedor da ação (Código de Processo Civil, art. 267, VI). De tal modo, é preciso mover a ação contra quem pode ser parte, que, no caso, como afirmado, é apenas o alienante ou o vendedor" (SANTOS, Gildo dos. *Locação e despejo*: comentários à Lei 8.245/91. São Paulo: Revista dos Tribunais, 1992. p. 76-77).

o direito de, no prazo de seis meses, requerer o imóvel para si[10] depositando em juízo a mesma quantia paga pelo comprador, que não se limita ao preço de venda do imóvel (ou seja, aquele que consta da escritura),[11] mas também incluindo os tributos, emolumentos e demais despesas do ato de transferência, tudo isso corrigido monetariamente. O comprador, assim, perderá o imóvel. A hipótese de averbação de contrato de locação é incomum em locações residenciais, mas não em locações de imóveis de maior porte, como galpões e grandes armazéns.

A Lei nº 14.382, de 27-6-2022, incluiu o seguinte dispositivo ao art. 167 da Lei de Registros Públicos: "Parágrafo único. O registro previsto no item 3 do inciso I do *caput* e a averbação prevista no item 16 do inciso II do *caput* deste artigo serão efetuados no registro de imóveis da circunscrição onde o imóvel estiver matriculado, mediante apresentação de uma via do contrato assinado pelas partes, admitida a forma eletrônica e bastando a coincidência entre o nome de um dos proprietários e o do locador".

Para os imóveis rurais, o Estatuto da Terra (Lei nº 4.504/64) tem disposições semelhantes, no art. 92, §§ 3º e 4º. Ao contrário, porém, do que ocorre com os imóveis urbanos, o Estatuto da Terra não exigiu expressamente a averbação do contrato de arrendamento para que o arrendante tenha direito de requerer o imóvel para si, pagando o preço pago pelo comprador.

Em tese, a correta interpretação da Lei nº 4.504/64 deve ser de apenas conceder ao locatário preterido o direito de tomar para si o imóvel pagando o preço na hipótese de existência de averbação. E o mais adequado tecnicamente é que assim seja decidido caso essa questão seja levada ao Judiciário, fundamentando-a com base no art. 169 da Lei de Registros Públicos e analogicamente com base na Lei nº 8.245/91.

---

10 "Outra ação a que tem direito o inquilino preterido é a de adjudicação do bem locado, mediante depósito, já com a petição inicial, do valor pelo qual foi vendido ao terceiro, mais as despesas realizadas por este com escritura, registro e pagamento do imposto de transmissão da propriedade imobiliária (sisa). Para o exercício dessa pretensão, porém, é necessário que o contrato de locação, por qualquer de suas vias, tenha sido averbado à margem da matrícula do prédio no respectivo cartório de registro de imóveis até 30 dias antes da alienação. Considera-se esta com a publicidade que lhe confere o registro do título (escritura) de transferência naquele cartório (Cód. Civil, art. 530, I). Essa ação de adjudicação tem o prazo decadencial de seis meses para ser proposta a contar desse mesmo registro da venda do imóvel feita a terceiro. Importante observar que essa demanda há de ser ajuizada contra o vendedor e contra o alienante" (SANTOS, Gildo dos. *Locação e despejo*: comentários à Lei nº 8.245/91. São Paulo: Revista dos Tribunais, 1992. p. 77).

11 Como se pode observar, a prática de fazer constar na escritura preço inferior ao verdadeiro preço da compra e venda com objetivo de pagar menos ITBI e emolumentos cartorários, além de constituir em crime tipificado pelo art. 2º, inciso I da Lei nº 8.137/90, pode vir a levar o locatário a tomar o imóvel para si, pagando menos do que ele realmente vale, por meio da utilização dessa prerrogativa que a lei lhe confere, ficando a aquisição por parte do terceiro comprador invalidada.

Ressalte-se, ainda, que ao tentar provar que pagou mais do que fizeram constar na escritura, para receber de volta tudo que realmente pagou, o comprador correrá o risco de demonstrar que cometeu crime fiscal.

De qualquer modo e imprescindivelmente, caso exista a mencionada averbação, o comprador deverá certificar-se da existência do atendimento, por parte do vendedor, da obrigação que o art. 27 da Lei nº 8.245/91 (ou art. 92, § 3º, da Lei nº 4.504/64, para os imóveis rurais) impõe ao locador, bem assim de não ter o locatário, no prazo de 30 dias, se manifestado no sentido de querer comprar o imóvel, exercitando seu direito de preferência. Diz a Lei nº 8.245/91:

> "Art. 28. O direito de preferência do locatário caducará se não manifestada, de maneira inequívoca, sua aceitação integral à proposta, no prazo de trinta dias."

Como poderá o comprador ter absoluta certeza de que o locatário não manifestou aceitação à proposta? Uma possível solução consiste em solicitar a ele uma declaração, datada, assinada e com firma reconhecida, na qual ele declare que recebeu a notificação, há mais de 30 dias, e não se interessou em exercer seu direito de preferência. Evidentemente, o locatário não está obrigado a isso, pois a lei não lhe impõe esse dever.

Outra solução consiste em, passados os 30 dias, visitar o locatário, com duas testemunhas que não sejam parentes daquele que está interessado na compra do imóvel, e indagar ao locatário se ele aceitou ou não a proposta de compra do imóvel locado. Melhor ainda é o comprador fazer essa visita acompanhado por um tabelião, que poderá lavrar uma ata notarial a respeito desses fatos.

Outro direito que a lei confere ao locatário consiste na possibilidade de ele continuar locando o imóvel, ainda que vendido ou prometido à venda a outra pessoa, caso o contrato de locação preencha os seguintes requisitos (art. 8º da Lei nº 8.245/91):

1. seja por prazo determinado, estando ainda dentro desse prazo contratualmente previsto;
2. tenha previsão expressa de vigência na hipótese de alienação;
3. tenha sido registrado[12] no cartório imobiliário antes do registro da venda (ou da promessa de venda ou da cessão de direitos decorrentes da promessa de venda).

Assim, na hipótese cumulativa de os três requisitos mencionados estarem presentes, o comprador estará obrigado a respeitar o contrato existente, assumindo a condição de locador, caso adquira o imóvel.

Observemos, desde logo, que a lei não estabeleceu nenhum prazo para que o locatário registre seu contrato de locação. Assim, o locatário poderá registrar seu contrato a qualquer tempo.

Contudo, é razoável admitir que ele se sujeita aos riscos de não ter feito o registro logo, ou seja: se a antecedência do registro leva alguém a adquirir o imóvel, esse comprador, de boa-fé, terá seus direitos reconhecidos contra o inquilino imprudente. Assim, a locação não será mantida.

---

[12] Art. 167, I, 3, da Lei nº 6.015/73.

Na hipótese de faltar algum dos requisitos mencionados, a locação também será mantida se o novo proprietário não denunciar o contrato dentro de 90 dias, a contar da data do registro de sua aquisição ou direito (art. 8º, § 2º, da Lei nº 8.245/91).

Assim, não se interessando em manter o contrato de locação com o locatário, deverá o comprador efetuar essa denúncia, dando o prazo de 90 dias para desocupação, conforme o *caput* desse mesmo art. 8º. Como a lei não estabeleceu como se daria essa denúncia, podemos concluir que ela pode ser feita por qualquer meio, inclusive por carta com aviso de recebimento, assinado pelo locatário.

Caso o aviso de recebimento não seja assinado pelo locatário, ou caso o comprador não queira correr nenhum risco, o melhor mesmo é efetuar notificação extrajudicial via cartório de notas, da qual deverá constar que ele terá o prazo de 90 dias para a desocupação. Caso não ocorra a desocupação nesse prazo, deverá o comprador, nos termos do art. 5º da Lei nº 8.245/91, ajuizar contra ele a ação de despejo.

2.4 PENHORA, ARRESTO, SEQUESTRO

Hipótese relativamente comum é a de existir uma *penhora* sobre o imóvel. A penhora é um ato judicial que inicia um procedimento que objetiva a satisfação de um débito.

A penhora tem como efeito a vinculação do bem, sobre o qual ela incide, ao pagamento de uma determinada dívida. Assim, o bem penhorado poderá ser leiloado por ordem judicial para pagamento ao credor.

A incidência de penhora sobre o imóvel não impede (juridicamente) sua venda, nem o registro da escritura de compra e venda. Contudo, a penhora terá prioridade sobre a venda, o que significa que o imóvel poderá ser alienado por meio de leilão ("hasta pública") para garantir a obrigação do vendedor, mesmo que o comprador já tenha registrado a escritura definitiva (e tenha, portanto, se tornado proprietário). É que com a penhora "o bem não se torna inalienável ou fora do comércio; simplesmente a sua eventual alienação é ineficaz ou irrelevante para a execução",[13] o que significa que "juridicamente, portanto, nada impede que o executado venda, doe, permute, onere seu direito sobre o bem penhorado".[14]

Evidentemente, o risco na compra de um bem penhorado é astronômico: muito provavelmente ele irá responder pela dívida do vendedor.

Frisemos que, se existe registro (ou "averbação", na linguagem do Código de Processo Civil) de penhora na matrícula do imóvel, não poderá o comprador alegar que desconhecia sua existência ou que estava de boa-fé, nos termos do art. 240 da Lei nº 6.015/73.

---

13 GRECO FILHO, Vicente. *Direito processual civil brasileiro.* 7. ed. São Paulo: Saraiva, 1993. v. 3, p. 75.

14 THEODORO JÚNIOR, Humberto. *Curso de direito processual civil.* 19. ed. Rio de Janeiro: Forense, 1997. v. 2, p. 188.

A situação deixa de ser tão clara para as hipóteses em que foi lavrado um auto ou termo de penhora, mas não houve o registro desse ato no cartório imobiliário.

É que até o advento da Lei nº 10.444, de 7-5-2002, existiam várias divergências a respeito da validade e da eficácia contra terceiros de uma lavratura de termo ou auto de penhora que não tivesse sido registrado no cartório imobiliário.

Antes da Lei nº 8.953/94, predominava a orientação de que a penhora era válida e eficaz contra terceiros, mesmo sem nenhum registro na matrícula do imóvel,[15] salvo se o terceiro já tivesse anteriormente algum tipo de contrato de aquisição do imóvel com o devedor e já estivesse na *posse* do bem *antes da ocorrência da execução* contra o vendedor.[16]

Com o advento da Lei nº 8.953/94, que incluiu o § 4º ao art. 659 do CPC/73, surgiram outras orientações. Uma de que a penhora só se constituía com o registro, ou seja, sem registro não haveria penhora, pois o registro seria requisito para sua própria existência. A outra orientação afirmava que a penhora existia e seria válida contra o executado mesmo sem registro, que só seria necessário para a validade contra terceiros.[17] Tanto em uma como em outra posição, a conclusão era de o comprador não ser atingido pelo ato processual de lavratura de auto de penhora realizado sob vigência da Lei nº 8.953/94 sem registro no cartório imobiliário, desde que não tivesse havido má-fé.

Com o advento da Lei nº 10.444/02, que modificou a redação do art. 659, § 4º, do CPC/73, restou claro que o registro não é elemento constitutivo do ato de penhora,

---

15 Nesse sentido: "Em nosso direito processual, todavia, a mecânica da execução por quantia certa, conquanto vigorou a sistemática originária do CPC de 1973, considerava completa a penhora apenas com a apreensão e depósito do bem, ainda quando se trate de imóvel. Lavrado, portanto, o auto de penhora e depósito (art. 664), perfeita se achava a penhora para todos os fins da execução. Se, portanto, já havia penhora, mesmo sem inscrição no Registro Público, não tinha sentido, em nosso direito, cogitar-se da inscrição ou averbação no Registro de Imóveis para alcançar-se sua eficácia perante terceiros; isto porque não se pode cogitar de penhora que só tenha efeito perante o devedor e que não seja indiferente para o terceiro, por falta de publicidade" (THEODORO JÚNIOR, Humberto. *Curso de direito processual civil.* 19. ed. Rio de Janeiro: Forense, 1997. v. 2, p. 192).

"Execução – Fraude à execução – Venda de imóvel penhorado configura fraude à execução, sendo ineficaz perante o exequente, não precisando estar inscrita a penhora. Declaração incidental no processo de execução. Recurso provido, para determinar o registro da carta de adjudicação" (Ag. nº 495.162-0-SP, 1º TACIVIL – 8ª Câm., Rel. Juiz Raphael Salvador, j. 19-2-1992, v.u., *DOE*, Poder Judic., Caderno 1, 8-2-1993, p. 52, ementa. In: Bol. AASP, 1.788/138 de 31-3-1993).

16 As decisões judiciais que entendiam, antes da Lei nº 8.953/94, que seria necessário o registro para que a penhora valesse contra terceiros estavam vinculadas ao requisito do terceiro já estar na posse do bem no momento da lavratura do auto de penhora. Foi essa orientação que gerou a Súmula nº 84 do STJ. Ver, nas notas de rodapé do item 12.3, vários julgados nesse sentido.

17 Nesse sentido: Enunciado nº 40 do Centro de Estudos e Debates do Segundo Tribunal de Alçada Civil de São Paulo: "O registro de que trata o art. 659, § 4º, do CPC, não constitui requisito de validade, mas de eficácia de ato para oponibilidade contra terceiros de boa-fé."

mas apenas de eficácia perante terceiros.[18] A Lei nº 11.382, de 6-12-2006, ao alterar novamente o art. 659, § 4º, do CPC/73, embora com o erro técnico de falar em "averbação" em vez de "registro", não modificou o sentido exposto.

Por sua vez, modificando novamente a questão, o CPC (embora cometendo o erro técnico de usar o vocábulo "averbação" em vez de "registro") estabeleceu que a consequência do registro da penhora é criar a presunção absoluta do conhecimento de terceiros:

> "Art. 844. Para presunção absoluta de conhecimento por terceiros, cabe ao exequente providenciar a averbação do arresto ou da penhora no registro competente, mediante apresentação de cópia do auto ou do termo, independentemente de mandado judicial."

De forma coerente com o art. 844, o art. 838 do CPC ("A penhora será realizada mediante auto ou termo, que conterá:") não menciona o registro ("averbação") da penhora na matrícula do imóvel como um elemento constitutivo da existência do ato. Portanto, a penhora realizada, mas não registrada, pode existir e ser válida. Mas para ser eficaz contra terceiros, cabe ao credor o ônus da prova de que o comprador sabia da existência da penhora por meio da "averbação". Trata-se de um retrocesso em relação ao sistema anterior, no qual o registro era requisito de eficácia e não de presunção absoluta!

Voltaremos a essa questão nas seções 3.4 e 3.12.

O *arresto* tem efeitos semelhantes aos da penhora, pois também visa à satisfação do credor. A diferença consiste em ser o arresto uma medida provisória (cautelar, conforme art. 301 do CPC), mas antecedente ao ato de penhora. A diferença entre o ato de *arresto* e o ato de *penhora* consiste, portanto, em ser o primeiro um ato de *garantia* e o segundo, de *execução*. Assim, o arresto incidente sobre o imóvel poderá converter-se em penhora (art. 830, § 3º, do CPC).

Já o *sequestro* não é ato de garantia de dívida, mas sim de proteção de um bem específico, já litigioso. O CPC, embora tratando da questão de forma lacônica, parece não ter alterado o instituto tal como existente anteriormente. Diz o art. 301 do CPC:

> "Art. 301. A tutela de urgência de natureza cautelar pode ser efetivada mediante arresto, sequestro, arrolamento de bens, registro de protesto contra alienação de bem e qualquer outra medida idônea para asseguração do direito."

Também se chama de *sequestro* a hipótese prevista no art. 125 do Código de Processo Penal, matéria tratada no tópico *Imóvel adquirido com o produto de crime*, no Capítulo 3.

Existindo o registro de penhora, arresto ou sequestro, na matrícula do imóvel, não será possível ao comprador a alegação de boa-fé, em razão da publicidade do

---

18 DINAMARCO, Cândido Rangel. *A reforma da reforma*. 2. ed. São Paulo: Malheiros, 2002. p. 270.

registro imobiliário. A *noção de boa-fé* poderá ser aferida de forma *objetiva*: o que está na matrícula é de conhecimento do comprador.

Portanto, ao se constatar na certidão imobiliária, a existência desses registros, a aquisição somente deverá ser feita se constatado que as razões que deram causa às referidas medidas não mais existem. Além disso, por meio de averbação, o cancelamento desses registros deverá ser providenciado,[19] ainda que existente registro posterior que, por si só, importe em superação do registro anterior.[20]

Caso o comprador deseje adquirir um bem que esteja penhorado, arrestado etc., poderá fazê-lo mediante entendimento com o vendedor e com o credor ao qual a medida constritiva beneficie, pagando ou assumindo o comprador a dívida do vendedor, com desconto desse valor no preço do imóvel, fazendo constar da escritura pública, com expressa autorização e assinatura do credor, que a dívida foi paga ou assumida e por tal razão fica autorizado o levantamento da constrição, esteja ela registrada ou não, devendo a escritura especificar, de forma detalhada, qual é ou quais são as constrições cujo levantamento esteja sendo autorizado.

Importante observar que, na hipótese de existência de ação judicial, a dívida do vendedor, que deverá ser paga para levantamento da penhora ou de outra medida constritiva, compreende também as custas judiciais, honorários advocatícios e demais despesas pertinentes. Assim, nessa hipótese, somente com a extinção do processo de execução, nos termos do art. 924 do CPC/2015 (art. 794 do CPC/73), é que o juiz determinará o levantamento da medida constritiva incidente sobre o bem.

2.5 SERVIDÃO

É possível que a certidão do imóvel revele a existência de uma *servidão* sobre ele.

A *servidão* consiste em um direito que o proprietário de um imóvel tem em face de outro imóvel.

Para a existência de uma *servidão* é preciso que existam dois bens imóveis, com donos diferentes. Assim, existe o imóvel *dominante* e o imóvel *serviente*.

Ao proprietário do imóvel *dominante* é concedido o direito de *servidão* sobre o imóvel *serviente*. Isso significa que o proprietário do imóvel *serviente* terá algum tipo de restrição na utilização de seu imóvel, em favor do proprietário do imóvel *dominante*.

---

19 Diz a Lei de Registros Públicos: "Art. 252. O registro, enquanto não cancelado, produz todos os seus efeitos legais ainda que, por outra maneira, se prove que o título está desfeito, anulado, extinto ou rescindido."

20 Em sentido contrário: "Registro de imóveis – Inscrição e averbação – Cancelamento – Desnecessidade – Atos juridicamente superados com a superveniência da arrematação do imóvel em hasta pública e com o registro do título – Recurso não provido. Os atos anteriores de inscrição e averbação, constitutivos de direitos sobre o imóvel, porque insuscetíveis de gerar a transferência da propriedade, ficaram superados ante a superveniência da arrematação" (TJSP, 6ª Câmara Civil, j. 3-8-89, *RJTJESP* nº 123, p. 301-302).

Ou, no caso da *servidão administrativa* ou *pública*, a restrição do uso do proprietário do imóvel não se dá em face do proprietário de um imóvel, mas sim em face de toda uma coletividade.[21]

Existem várias modalidades de servidão. Podemos destacar as seguintes:

Servidão de passagem. Ocorre quando o acesso ao imóvel dominante se dá por meio de passagem pelo imóvel serviente. Assim, o proprietário do imóvel dominante poderá passar pelo imóvel serviente sem que o proprietário deste possa licitamente impedi-lo. Não se confunde a *servidão de passagem* (arts. 1.378 e 1.379 do Código Civil) com a *passagem forçada* (art. 1.285 do Código Civil).

Servidão de aqueduto. Ocorre na hipótese em que o abastecimento de água para um imóvel se dá através da passagem de tubulação ou de corrente fluvial por outro. Assim, o proprietário do imóvel serviente não poderá construir sobre a passagem das águas ou praticar qualquer ato que prejudique o fornecimento ao imóvel dominante.

Como exemplo de servidão administrativa, também chamada de servidão pública, podemos destacar a hipótese em que fios de energia elétrica passem sobre o imóvel.

A servidão não impede a compra, mas o adquirente estará obrigado a observá-la.

2.6 A EXISTÊNCIA DE UM USUFRUTUÁRIO

É relativamente comum a hipótese em que uma pessoa é proprietária de um imóvel e outra é a *usufrutuária* desse mesmo imóvel.

A hipótese mais comum de usufruto é aquela em que os pais doam aos filhos a propriedade de um imóvel, mas se reserva o usufruto. Porém, nada impede a constituição do usufruto por outras formas.

De qualquer modo, dizemos que aquele que é o proprietário, mas não tem o usufruto, é o *nu-proprietário*, pois, exatamente porque lhe falta o usufruto, ele não tem o direito de usar o imóvel nem de colher seus eventuais rendimentos. Assim, quem poderá morar no imóvel é o usufrutuário e não o nu-proprietário; se o imóvel estiver locado, o dinheiro do aluguel irá para o usufrutuário etc.

Assim, constando na certidão do imóvel a existência de um *usufrutuário*, ainda que o comprador possa, legalmente, adquirir a propriedade do nu-proprietário, apenas por ocasião da morte do usufrutuário é que o comprador poderá usufruir do imóvel adquirido.

É que nessa hipótese o comprador não adquire a propriedade plena, uma vez que o vendedor não a tinha e ninguém pode transferir mais direitos do que tem.

Não é possível, por vedação legal, a aquisição do usufruto do usufrutuário. O Código Civil revogado previa possibilidade de alienação do usufruto apenas ao

---

[21] A respeito de servidão administrativa, vide: SILVA, Bruno Mattos e. *Direito administrativo para concursos*. 2. ed. Belo Horizonte: Del Rey, 2008. p. 264-265.

nu-proprietário (art. 717); o Código Civil em vigor silencia quanto a essa possibilidade, mantendo a vedação genérica de alienação do usufruto (art. 1.393),[22] mas estabelecendo que a renúncia é causa extintiva do usufruto (art. 1.410, I). Ou seja, aquele que adquirir a nua-propriedade deverá obter do usufrutuário a renúncia do direito ao usufruto, sob pena de não obter a propriedade plena.

Deve-se, portanto, na hipótese de existir um usufruto, ponderar sobre a viabilidade prática do negócio, sem o que se terá um imóvel, mas sem dele poder usufruir por tempo incerto.

2.7 FORMAS RESTRITAS DE USUFRUTO: O USO E A HABITAÇÃO

É improvável que surja na Certidão a existência de um direito de *uso* ou um direito de *habitação* incidindo sobre o imóvel. De qualquer modo, vejamos o que cada um significa.

Ambos são semelhantes ao usufruto; por isso se diz que o uso é "uma espécie de usufruto de abrangência mais restrita"[23] e o direito de habitação é ainda mais restrito que o de uso.

Nos termos da lei, o *usuário* poderá fruir a coisa dada em uso enquanto durar as necessidades de sua família; já no caso da *habitação*, trata-se do direito de residir gratuitamente em casa alheia.

Como bem lembra o Prof. Nilton Rodrigues da Paixão Júnior, no *uso*

> "não pode haver finalidade lucrativa, óbice que não existe no caso de usufruto (...). Não pode ser instituído em favor de pessoa jurídica. Somente pode ser instituído em favor de família constituída pelo casamento, união estável ou monoparental".[24]

A respeito do direito de *habitação*, arremata o referido professor:

> "É incessível e não admite lucro. Também não comporta comodato a terceiros por parte do beneficiário do direito real. Somente recai sobre imóvel residencial, enquanto o usufruto e o uso podem incidir em imóveis e móveis."[25]

No mais, aplica-se ao *uso* e à *habitação* o que já foi dito quanto ao *usufruto*.

É razoavelmente comum a existência de direito real de habitação decorrente do direito de família. Como nesse caso não há registro, remetemos o leitor ao item 2.36.

---

22 "Art. 1.393. Não se pode transferir o usufruto por alienação; mas seu exercício pode ceder-se por título gratuito ou oneroso."

23 RODRIGUES, Sílvio. *Curso de direito civil*: direito das coisas. 19. ed. São Paulo: Saraiva, 1991. v. 5, p. 301-302.

24 PAIXÃO JÚNIOR, Nilton Rodrigues da. *Direito civil*: direito das coisas. Brasília: Fortium, 2005. p. 150.

25 PAIXÃO JÚNIOR, Nilton Rodrigues da. *Direito civil*: direito das coisas. Brasília: Fortium, 2005. p. 151.

2.8 A CONSTITUIÇÃO DE RENDA SOBRE O IMÓVEL

Outra hipótese ainda mais rara na prática é a constituição da obrigação do proprietário de um imóvel pagar a alguém determinada renda.

Caso exista, essa obrigação constará da certidão, e o adquirente do imóvel ficará a ela vinculado, podendo até mesmo ser cobrado pelas rendas vencidas que não tiverem sido pagas pelo antigo proprietário.

2.9 O IMÓVEL SE ENCONTRA PROMETIDO À VENDA

Alguém pode ser proprietário de um imóvel e ter prometido vendê-lo a terceiro.

Esse terceiro poderá registrar, no cartório imobiliário, essa promessa de compra e venda ou compromisso de compra e venda. Além disso, ele terá direito a exigir do vendedor a escritura pública de compra e venda (popularmente chamada de "escritura definitiva"), desde que pague o preço.

Assim, ainda que outro comprador, posteriormente, queira registrar uma escritura pública de compra e venda, outorgada pelo vendedor, não conseguirá obter o registro e, assim, não adquirirá a propriedade do imóvel, uma vez que a *prioridade*[26] é dada àquele que primeiro efetuou o registro.

Portanto, caso se constate, na certidão imobiliária, que o imóvel se encontra prometido à venda, será necessário proceder ao cancelamento do registro da promessa ou do compromisso, o que, evidentemente, só poderá ser feito com a concordância do promitente comprador ou por meio de ação judicial, se ele se recusar sem justa razão.

É muito comum, ainda, a hipótese em que alguém, desejando vender o imóvel, não seja realmente o proprietário, mas sim um simples compromissário. Nesse caso, o comprador não adquirirá dele a "propriedade", mas apenas seus direitos de promitente comprador.[27] A escritura pública de compra e venda somente será passada por quem tiver o registro imobiliário (ou seja, pelo proprietário).

Para maiores informações sobre o tema, remetemos o leitor ao Capítulo 8, que tem por objeto a questão dos compromissos de compra e venda.

2.10 ENFITEUSE, AFORAMENTO E "TERRENOS DE MARINHA"

A *enfiteuse* (aforamento) tem sido definida, popularmente, como uma "locação perpétua". Tecnicamente, a enfiteuse não é uma locação, mas um direito real sobre coisa alheia, pois na enfiteuse o proprietário do imóvel, chamado de *senhorio,* não tem direito de utilizar ou fruir do imóvel, direitos que pertencem ao *enfiteuta (foreiro).*

---

26 Sobre a questão da *prioridade*, remetemos o leitor à seção 1.7, *A hipótese na qual ocorre a "dupla venda"*.

27 Ver, no Capítulo 8, a seção 8.4, *As cessões de direitos oriundos de compromissos de compra e venda.*

Assim, na hipótese de um imóvel ser objeto de enfiteuse, o proprietário (senhorio) tem direito apenas de receber, anualmente, determinada quantia em dinheiro. Essa quantia anual é chamada de *foro*.

Na realidade, os direitos do enfiteuta são bem maiores que os de um simples locatário; aliás, maiores até que os do usufrutuário, uma vez que a enfiteuse transmite-se com a herança, ao passo que o usufruto extingue-se com a morte do usufrutuário.

Com efeito, o enfiteuta pode transferir seus direitos a quem quer que seja, bastando comunicar ao senhorio sua intenção, para que ele possa exercitar seu direito de preferência, nos termos do art. 683 do Código Civil revogado,[28] que ainda está eficaz por força do art. 2.038 do atual Código Civil.

O Código Civil de 2002, em seu art. 2.038, proibiu a constituição de enfiteuse, mas subordinou as já existentes às disposições do Código Civil revogado ou, no caso de terrenos de marinha e acrescidos, às disposições da lei especial, que é o Decreto-lei nº 9.760/46 (vide seção 1.15). Trata-se da aplicação do princípio constitucional que impede a lei posterior (no caso, o atual Código Civil) de alterar o ato jurídico perfeito (no caso, a enfiteuse constituída). De acordo com o art. 20, VII, da Constituição Federal, os terrenos de marinha e acrescidos são bens da União. Porém, eles podem ser objeto de enfiteuse (aforamento). O processo de concessão de aforamento em terreno de marinha costuma ser demorado (não confundir com a transferência de um aforamento já constituído), especialmente em razão do disposto no art. 100 do Decreto-lei nº 9.760/46.

Assim, o Código Civil de 2002 não provocou a extinção das enfiteuses existentes, mas apenas proibiu a constituição de novas enfiteuses, exceto no tocante aos terrenos de marinha, cuja constituição continua permitida, nos termos do mencionado Decreto-lei nº 9.760/46.

O ato de concessão ou de transferência de aforamento em imóveis da União é praticado na GRPU – Gerência Regional do Patrimônio da União, que são os departamentos regionais da Secretaria de Patrimônio da União – SPU, tal como visto na seção 1.11.

Sem prejuízo da necessária verificação da situação jurídica do imóvel mediante obtenção da certidão do cartório imobiliário, no caso de imóvel da União é interessante verificar, mediante consulta via Internet, qual sua situação jurídica perante a SPU.[29]

Caso na certidão obtida no cartório imobiliário conste que o imóvel é objeto de enfiteuse, é preciso verificar de quem é esse direito.

---

28 "Art. 683. O enfiteuta, ou foreiro, não pode vender ou dar em pagamento o domínio útil, sem prévio aviso ao senhorio direto, para que este exerça o direito de opção; e o senhorio tem 30 (trinta) dias para declarar, por escrito, datado e assinado, que quer a preferência na alienação, pelo mesmo preço e nas mesmas condições. Se, dentro do prazo indicado, não responder ou não oferecer o preço da alienação, poderá o foreiro efetuá-la com quem entender."

29 Vide seção 1.11.

Se é o senhorio quem oferece o imóvel a venda, não é preciso muito raciocínio para se concluir que, provavelmente, o negócio não será de grande valia para o adquirente. Os direitos do senhorio limitam-se ao recebimento do *laudêmio*[30] (decorrente do não exercício do direito de preferência na aquisição dos direitos do enfiteuta) e, quando cabível, do foro anual.

A hipótese mais comum é o oferecimento do "bem imóvel" por parte do enfiteuta, que o deseja "vender". A venda dos direitos de enfiteuta não constitui uma "nova" enfiteuse, razão pela qual continua permitida para quaisquer imóveis.[31]

Ainda existe a obrigação de pagamento do *laudêmio* por parte do adquirente do imóvel, que deverá ser pago ao senhorio, quando vier a vender o imóvel ao novo adquirente. O laudêmio não incide sobre construções ou plantações, sendo calculado com base no valor do terreno, nos termos do que dispõe o art. 2.038, § 1º, I, do Código Civil de 2002.[32] É o que ocorre até hoje, por exemplo, em determinados imóveis da cidade de Petrópolis (RJ), onde é conhecida como "Taxa do Príncipe".[33] Também existe em algumas cidades do interior do Brasil, onde é conhecida como "Foro da Igreja".[34]

Há regras distintas na hipótese de enfiteuse incidente sobre terrenos de marinha e acrescidos,[35] a teor do disposto no art. 2.038, § 2º, do Código Civil de 2002, que determina a aplicação de lei especial, na qual também está previsto o pagamento de

---

30 Laudêmio é a quantia em dinheiro que o enfiteuta deverá pagar ao senhorio na hipótese de transferir seus direitos a terceiros (salvo se a transferência for por meio de doação). Estava definida no art. 686 do Código Civil de 1916: "Art. 686. Sempre que se realizar a transferência do domínio útil, por venda ou dação em pagamento, o senhorio direto, que não usar da opção, terá direito de receber do alienante o laudêmio, que será de 2,5% (dois e meio por cento) sobre o preço da alienação, se outro não se tiver fixado no título de aforamento."

31 Nesse sentido: "A transmissão do domínio útil não se confunde com subenfiteuse e não é proibida pelo Código Civil. Aliás, é expressamente prevista no art. 2.038, § 1º, I" (ORLANDI NETO, Narciso. Enfiteuse, escritura pública e particular. In: RODRIGO, Fátima; JACOMINO, Sérgio (Ed.). *Boletim Eletrônico IRIB/ANOREG-SP*, São Paulo, ano 4, nº 1.346, 11 out. 2004).

32 "Art. 2.038. Fica proibida a constituição de enfiteuses e subenfiteuses, subordinando-se as existentes, até sua extinção, às disposições do Código Civil anterior, Lei nº 3.071, de 1º de janeiro de 1916, e leis posteriores. § 1º Nos aforamentos a que se refere este artigo é defeso: I – cobrar laudêmio ou prestação análoga nas transmissões de bem aforado, sobre o valor das construções ou plantações; (...)"

33 Não se trata de "taxa", que é regida pelo direito tributário, mas sim de um pagamento regido pelo direito civil.

34 A despeito do fim do Império em 1889, da separação entre a Igreja e o Estado e das sucessivas constituições republicanas, essas relíquias jurídicas se mantiveram. Eram institutos de direito público, mas hoje estão no âmbito do direito privado. Já a enfiteuse (aforamento) incidente sobre os terrenos de marinha continua regida pelo direito administrativo.

35 "Registro de imóveis – Aforamento de imóvel da União – Instrumento particular de compromisso de venda e compra – Acesso negado – Imprescindibilidade de apresentação de certidão da Secretaria do Patrimônio da União (SPU) e de comprovante de recolhimento do laudêmio – Dúvida procedente – Inteligência do artigo 3º, § 2º, do Dec.-lei nº 2.398/87, com a redação dada pelo artigo 33 da Lei nº 9.636/98 – Recurso não provido" (CSM-SP, Apelação

foro anual em certos casos,[36] mas não em outros.[37] O valor do foro anual é de 0,6% do valor do terreno (art. 101 do Decreto-lei nº 9.760/46).

Prevalece o entendimento de que a Emenda Constitucional nº 46/2005 "não interferiu na propriedade da União, nos moldes do art. 20, VII, da Constituição da República, sobre os terrenos de marinha e seus acrescidos situados em ilhas costeiras sede de Municípios".[38]

Não se deve confundir a situação jurídica de pessoa que detém a ocupação do imóvel a título de enfiteuse com a situação daquele que detém apenas um direito baseado em "inscrição precária" ou apenas ocupa sem qualquer título um imóvel da União, questões tratadas nas seções 1.11, 2.28, 2.36 e 14.2.

É possível usucapião nessas situações? Na hipótese de enfiteuse, há precedente no sentido de que "É possível reconhecer a usucapião do domínio útil de bem público sobre o qual tinha sido, anteriormente, instituída enfiteuse, pois, nesta circunstância, existe apenas a substituição do enfiteuta pelo usucapiente". Nesse caso, trata-se de usucapião dos direitos de enfiteuta, permanecendo o direito à nua propriedade com a União.[39]

Já na hipótese de simples ocupação, que não a título de enfiteuse, há precedente no sentido de que o direito à ocupação (vide seção 1.11) não pode ser objeto de usucapião, exatamente porque não há propriamente um direito, mas apenas uma situação jurídica reconhecida.[40] Esse entendimento é um tanto curioso, pois uma situação jurídica reconhecida não deixa de ser, em si, um direito, ainda que em caráter precário.

Cível nº 191-6/2-Guarujá, Rel. Des. José Mário Antonio Cardinale, j. em 16-9-2004, *DOE* de 13-10-2004).

36 Vide os seguintes diplomas legais: Decreto-lei nº 2.398, de 21-12-1987, e Lei nº 9.636, de 15-5-1998.

37 A Lei nº 13.240/2015 incluiu o seguinte dispositivo ao Decreto-lei nº 2.398/87: "Art. 6º-A. São dispensados de lançamento e cobrança as taxas de ocupação, os foros e os laudêmios referentes aos terrenos de marinha e seus acrescidos inscritos em regime de ocupação, quando localizados em ilhas oceânicas ou costeiras que contenham sede de Município, desde a data da publicação da Emenda Constitucional nº 46, de 5 de maio de 2005, até a conclusão do processo de demarcação, sem cobrança retroativa por ocasião da conclusão dos procedimentos de demarcação."

38 STF, Recurso Extraordinário nº 636199 – Repercussão Geral, Rel. Min. Rosa Weber, j. em 27-4-2017. Tema de Repercussão Geral nº 676: "Situação dos terrenos de marinha localizados em ilhas costeiras com sede de município, após o advento da Emenda Constitucional 46/2005".

39 STJ, AgInt no REsp nº 1.642.495/RO, Quarta Turma, Rel. Min. Marco Buzzi, j. em 23-5-2017.

40 "(...) O imóvel usucapiendo em questão está regularizado sob o regime de ocupação, segundo consta a fls. 65 dos autos. E na ocupação, não existem vínculos jurídicos definitivos entre o ocupante e o bem ocupado, estando ela caracterizada pela precariedade, enquanto na enfiteuse o vínculo é seguro, constituindo um direito real imobiliário. Assim sendo, considerando que o imóvel objeto da usucapião é comprovadamente terreno acrescido de marinha e se encontra submetido a regime de ocupação, não pode ser objeto de usucapião (...)" (TRF-3ª Região, Ape-

Verificando que realmente existe uma enfiteuse (aforamento) registrada na matrícula do imóvel, deverá ser verificada a situação pessoal do enfiteuta que oferece seus direitos à venda, assim como a validade da enfiteuse, vale dizer, se todas as transferências dos direitos de enfiteuse foram eficazes, conforme disposto no Capítulo 3.

É comum a existência de aforamentos concedidos por municípios em terrenos de marinha, inclusive com cadeia de aquisições formadas por registros de escrituras públicas registradas na matrícula do imóvel. Há precedente no sentido de que isso, juridicamente, não teria valor.[41] Na prática, observamos que são raras as vezes em que a União pretende retomar o imóvel, embora isso possa ocorrer, tal como mencionado na seção 1.12. Além disso, vide seção 3.14 a respeito da possível defesa do comprador nessa hipótese.

Caso o enfiteuta não tenha pagado o foro por três anos consecutivos, ser-lhe-á aplicada a pena de *comisso*, que consiste na perda de seus direitos de enfiteuta, voltando o senhorio a ser proprietário de forma plena do imóvel. Portanto, é preciso verificar se o foro vem sendo pago regularmente, pois, caso o vendedor tenha perdido sua qualidade de enfiteuta, não poderá validamente transferir seus direitos, ou seja, não poderá celebrar ato sustentável perante o senhorio.[42]

Há precedente do STJ no sentido de que "a alienação do domínio útil de imóveis da União submetido ao regime enfitêutico somente ocorre após verificado que o transmitente está em dia com as obrigações no patrimônio da União e depois de pago o laudêmio", estabelecendo disposições quanto a multas e prescrição, bem como que "a transferência de aforamento somente ocorre após a averbação, no órgão local do Secretaria de Patrimônio da União – SPU, do título de aquisição já registrado no Registro de Imóveis".[43]

---

lação Cível nº 0012749-36.2009.4.03.6104/SP, Quinta Turma, Rel. Des. Federal Mauricio Kato, j. em 5-3-2018).

41 STJ, REsp 624.746/RS, Segunda Turma, Rel. Min. Eliana Calmon, j. em 15-9-2005, *DJ* de 3-10-2005.

42 Segundo orientação jurisprudencial existente, a pena de comisso deve ser aplicada por meio de sentença judicial. Vale dizer, assim, que seria necessário um processo para a extinção da enfiteuse, conforme dispõe a Súmula 169 do STF: "Depende de sentença a aplicação da pena de comisso."

Em sentido semelhante, acrescenta a Súmula 122 do STF que, antes da aplicação da pena de comisso por sentença judicial, tem o enfiteuta o direito de efetuar os pagamentos em atraso, dispondo nos seguintes termos: "O enfiteuta pode purgar a mora enquanto não decretado o comisso por sentença."

Contudo, essas súmulas não são aplicáveis a aforamentos de bens da união, conforme afirma Theotônio Negrão em seu *Código civil e legislação civil em vigor* (12. ed. São Paulo: Malheiros, p. 139), apontando o julgado transcrito na *RSTJ* 19/112 como exemplo da não aplicabilidade.

Portanto, tendo em vista que o julgado apontado é mais recente que as súmulas, é de todo conveniente a verificação, em qualquer hipótese, da regularidade do pagamento dos foros.

43 STJ, REsp nº 1.765.707/RJ, Segunda Turma, Rel. Min. Herman Benjamin, j. em 15-8-2019.

A Lei nº 13.240, de 30-12-2015, a Lei nº 13.465, de 11-7-2017, e a Lei nº 14.011, de 10-6-2020, estabelecem as regras, no caso de imóveis da União, da possibilidade de consolidação da propriedade ao foreiro.

Caso a aquisição da propriedade plena não ocorra, o foreiro continuará sujeito ao regramento da enfiteuse existente (art. 5º da Lei nº 13.240/2015, em redação dada pela Lei nº 13.465/2017: "O ocupante que não optar pela aquisição dos imóveis a que se refere o art. 4º continuará submetido ao regime de ocupação, na forma da legislação vigente").

Ainda no que se refere à transferência dos direitos do enfiteuta (domínio útil) incidentes sobre imóveis da União, dispõe o art. 3º do Decreto-lei nº 2.398, de 21-12-1987, em redação dada pela Lei nº 13.465, de 11-7-2017:

> "Art. 3º A transferência onerosa, entre vivos, do domínio útil e da inscrição de ocupação de terreno da União ou de cessão de direito a eles relativos dependerá do prévio recolhimento do laudêmio pelo vendedor, em quantia correspondente a 5% (cinco por cento) do valor atualizado do domínio pleno do terreno, excluídas as benfeitorias.
>
> § 1º As transferências parciais de aforamento ficarão sujeitas a novo foro para a parte desmembrada.
>
> § 2º Os Cartórios de Notas e Registro de Imóveis, sob pena de responsabilidade dos seus respectivos titulares, não lavrarão nem registrarão escrituras relativas a bens imóveis de propriedade da União, ou que contenham, ainda que parcialmente, área de seu domínio:
>
> I – sem certidão da Secretaria do Patrimônio da União – SPU que declare:
>
> a) ter o interessado recolhido o laudêmio devido, nas transferências onerosas entre vivos;
>
> b) estar o transmitente em dia, perante o Patrimônio da União, com as obrigações relativas ao imóvel objeto da transferência; e
>
> c) estar autorizada a transferência do imóvel, em virtude de não se encontrar em área de interesse do serviço público;
>
> II – sem a observância das normas estabelecidas em regulamento.
>
> § 3º A SPU procederá ao cálculo do valor do laudêmio, mediante solicitação do interessado.
>
> § 4º Concluída a transmissão, onerosa ou não, o adquirente deverá requerer ao órgão local da Secretaria de Coordenação e Governança do Patrimônio da União, no prazo máximo de 60 (sessenta) dias, que providencie a transferência dos registros cadastrais para o seu nome, observado, no caso de imóvel aforado, o disposto no art. 116 do Decreto-Lei nº 9.760, de 5 de setembro de 1946.
>
> § 5º A não observância do prazo estipulado no § 4º deste artigo sujeitará o adquirente à multa de 0,50% (cinquenta centésimos por cento), por mês ou fração, sobre o valor do terreno, excluídas as benfeitorias.
>
> § 6º É vedado o loteamento ou o desmembramento de áreas objeto de ocupação sem preferência ao aforamento, nos termos dos arts. 105 e 215 do Decreto-lei nº 9.760, de 1946, exceto quando:

a) realizado pela própria União, em razão do interesse público;

b) solicitado pelo próprio ocupante, comprovada a existência de benfeitoria suficiente para caracterizar, nos termos da legislação vigente, o aproveitamento efetivo e independente da parcela a ser desmembrada.

§ 7º Para fatos geradores anteriores a 22 de dezembro de 2016, a cobrança da multa de que trata o § 5º deste artigo será efetuada de forma proporcional, regulamentada em ato específico da Secretaria do Patrimônio da União (SPU)."

A Lei nº 14.011, de 10-6-2020, contempla a possibilidade de aquisição da propriedade plena de terrenos de marinha, descrevendo procedimentos para tanto. Vide seções 2.31 e 1.15.

2.11 ANTICRESE

É improvável que o imóvel a ser adquirido esteja sendo objeto de *anticrese*, uma vez que esse instituto não tem sido muito usado nos dias de hoje. De qualquer modo, existe a possibilidade, embora mínima, de surgir na certidão o registro de um contrato de anticrese.

A *anticrese* consiste na entrega de um bem, por parte de seu proprietário, a seu credor, a fim de que este se pague pelas rendas provenientes desse bem ou por sua utilização direta.

Como um bem objeto de anticrese ficará nas mãos do credor durante determinado prazo, por estar vinculado ao pagamento de uma dívida, dificilmente será interessante a alguém a compra de imóvel nessas condições.

Portanto, caso o comprador deseje adquirir um imóvel que esteja vinculado a uma dívida por meio de anticrese, o melhor é proceder ao pagamento da dívida do vendedor, abatendo-se do preço do imóvel o valor dessa dívida. Será necessário, ainda, exigir a participação do credor do vendedor, que deverá autorizar o cancelamento do registro da anticrese, em razão de a dívida estar saldada.

2.12 PATRIMÔNIO DE AFETAÇÃO EM IMÓVEL RURAL, CÉDULA DE CRÉDITO INDUSTRIAL, CÉDULA DE CRÉDITO IMOBILIÁRIO E CÉDULA DE PRODUTO RURAL

A Lei nº 13.986, de 7-4-2020, e alterada pela Lei nº 14.421, de 20-7-2022, modificou a disciplina de registro e a garantia de diversos títulos de crédito ("cédulas").

Além disso, ela criou a possibilidade de segregação de parte do patrimônio imobiliário rural ("patrimônio de afetação")[44] por vontade do proprietário, criou a Cédula Imobiliária Rural (CIR) e alterou o regime jurídico de alguns títulos do agronegócio, alguns dos quais com garantia incidente sobre o imóvel.

---

[44] Vide seção 2.34.

Em tese, deve existir registro na matrícula do imóvel de qualquer ônus (hipoteca, alienação fiduciária etc.) que eventualmente vincule o imóvel ao pagamento de uma dívida representada ou materializada em um título. Desse modo, terceiros interessados (ex.: um possível comprador) saberão que o imóvel está onerado (ex.: hipotecado) em garantia de uma dívida (ex.: financiamento rural) em razão da qual foi emitido um título.

Não vamos discutir definições doutrinárias a respeito de títulos de crédito, instrumentos financeiros, ativos financeiros, valores mobiliários,[45] títulos do agronegócio[46] etc.

Tratamos nesta seção de determinados títulos ("cédulas") que podem contar com garantia imobiliária. Na seção seguinte, trataremos de debêntures, que também podem ter garantia imobiliária. O que interessa, nesta seção, são imóveis que estejam onerados (hipotecados, por exemplo) em decorrência de determinadas dívidas materializadas ou decorrentes da emissão de determinados títulos. Não tratamos aqui de títulos que não contam com garantia imobiliária[47] nem de garantias outras que não as incidentes sobre imóveis.

Vejamos quais são os títulos que podem contar com garantia imobiliária. Interessa-nos como o potencial comprador de um imóvel pode vir a ser afetado pela garantia que o vendedor ou antigo proprietário concedeu ao credor do título em decorrência da emissão desse título.

Os títulos são os seguintes:

- Cédula Imobiliária Rural (CIR);[48]
- Cédula de Produto Rural (CPR);[49]
- Cédula de Crédito Imobiliário;[50]
- Cédula de Crédito Rural (CCR), em suas quatro modalidades;[51]
- Cédula de Crédito Industrial.[52]

Não vamos confundir o registro do título com o registro das garantias desses títulos.

---

45 Art. 2º da Lei nº 6.385, de 7-12-76.

46 Lei nº 11.076, de 30-12-2004.

47 Em tese, o Certificado de Depósito Agropecuário (CDA), o Warrant Agropecuário (WA) e demais títulos da Lei nº 11.076/2004 não contam garantia imobiliária.

48 Lei nº 13.986, de 7-4-2020.

49 Lei nº 8.929, de 22-8-1994, alterada pela Lei nº 13.986, de 7-4-2020, e pela Lei nº 14.421, de 20-7-2022.

50 Lei nº 10.931, de 2-8-2004, alterada pela Lei nº 13.986, de 7-4-2020.

51 O art. 9º do Decreto-lei nº 167/67 estabelece que sob a denominação genérica Cédula de Crédito Rural há quatro modalidades: Cédula Rural Pignoratícia, Cédula Rural Hipotecária, Cédula Rural Pignoratícia e Hipotecária e Nota de Crédito Rural. O Decreto-Lei nº 167/67 foi alterado pela Lei nº 13.986, de 7-4-2020. Vide Lei nº 14.421, de 20-7-2022.

52 Decreto-Lei nº 413, de 9-1-1969.

Esses títulos poderão estar registrados[53] em um livro do próprio cartório de imóveis[54] ou em uma entidade autorizada pelo Banco Central para atividade de escrituração eletrônica ou de registro de títulos.[55] Os títulos poderão também, conforme o caso, estar em um depósito centralizado.[56]

O relevante, contudo, não é o local onde esses títulos estão registrados ou depositados, mas sim o conteúdo desses títulos e eventual *garantia* incidente sobre o imóvel.

Essa garantia, em tese, deve estar devidamente registrada (ou "averbada") na matrícula do imóvel para ser válida, eficaz ou oponível contra o comprador desse imóvel.

No caso da CIR, a garantia é a propriedade de parte ou da totalidade do "patrimônio de afetação", nos termos do art. 18 da Lei nº 13.986, de 7-4-2020, que inclusive impede a venda do imóvel (art. 10, § 2º, da Lei nº 13.986/2020).

O "patrimônio de afetação" criado pela Lei nº 13.986/2020, alterada pela Lei nº 14.421, de 20-7-2022, para a CIR, não é o "patrimônio de afetação" em incorporação imobiliária (vide seção 9.5) nem é o relativo à Letra Imobiliária Garantida (LIG), prevista nos arts. 63 a 94 da Lei nº 13.097, de 19-1-2015. Embora a segregação patrimonial exista em todos esses casos, cada situação é distinta, regulada por normas distintas, pois o que se protege são créditos distintos.

Para os outros títulos, a garantia registrada poderá ser hipoteca (seção 2.2), alienação fiduciária (seções 1.9 e 2.25) ou existir algum tipo de gravame. Vide seção 2.36.

O imóvel onerado em garantia de financiamento ficará sujeito ao pagamento da dívida, ainda que vendido nas hipóteses em que a venda é possível.

Assim, caso conste da certidão do imóvel a existência de garantia decorrente de alguma das cédulas mencionadas acima, o comprador deverá cuidar para que a dívida seja saldada, providenciando o cancelamento do registro da oneração (hipoteca ou alienação fiduciária).

Além disso, o art. 59 do Decreto-lei nº 167/67 exige anuência do credor para a venda dos bens hipotecados por meio de cédula de crédito rural. Assim, sem sua concordância não pode existir sequer venda válida.[57]

---

53 A Lei nº 13.986/2020 revogou o item 13 do inciso I do art. 167 da LRP, que continha previsão de registro das cédulas de crédito rural no registro imobiliário (não confundir com o registro de eventual garantia do título). O registro da cédula não é mais feito no cartório imobiliário (nem no Livro nº 3, muito menos na matrícula do imóvel). Curiosamente, a Lei nº 13.986/2020 não revogou o item 14, de estranha redação ("das cédulas de crédito, industrial"), que prevê o registro de outras cédulas no cartório imobiliário. Esse item continua constante do inciso I do art. 167 da LRP, a despeito de toda a normatização da Lei nº 13.986/2020.

54 Títulos registrados nos termos dos arts. 30 a 40 do Decreto-Lei nº 167/67, art. 12 da Lei nº 8.929/94, revogados ou alterados pela Lei nº 13.986, de 7-4-2020, e art. 30 do Decreto-Lei nº 413, de 9-1-1969. Vide Lei nº 14.421, de 20-7-2022.

55 Trata-se do sistema introduzido pela Lei nº 13.986, de 7-4-2020.

56 Art. 22 da Lei nº 12.810, de 15-5-2013.

57 Nesse sentido: "Ao contrário do que acontece na hipoteca comum, que não impede a transmissão do imóvel gravado, na hipoteca cedular essa transmissão é vedada *sem a anuência*

Como possível sugestão, tal como descrito na seção anterior, pode-se buscar a participação do credor no negócio, mediante pagamento pelo comprador da dívida do vendedor e desconto desse valor no preço do imóvel. No instrumento (escritura pública de compra e venda), deverá constar o pagamento e a quitação da dívida, representada pela cédula, bem como a consequente extinção da garantia, com expressa autorização para a averbação do cancelamento do registro dessa garantia constante da matrícula do imóvel, para que ele fique livre e desembaraçado de qualquer ônus.

2.13 DEBÊNTURES

Debêntures são títulos que "conferem, aos seus titulares, um direito de crédito contra a sociedade".[58] A *debênture* poderá ter *garantia real*, vale dizer, que "Em tal caso serão especificados os bens garantidores do empréstimo, ficando esses bens ligados ao cumprimento do contrato, do qual só se libertarão quando a dívida for paga"[59] ou até que a garantia seja cancelada.

Para o comprador, é crucial o cancelamento, por meio de averbação, do registro de garantia na matrícula do imóvel. Sem esse cancelamento, não deve o imóvel ser adquirido, em razão do alto risco existente.

Embora o registro de *debêntures* conste do rol de atos registráveis (item 16 do inciso I do art. 167 da Lei nº 6.015/73), esse registro não deve ser feito na matrícula do imóvel.

O que deve ser feito na matrícula do imóvel, tal como vimos com relação aos títulos da seção 2.12, é o registro da *garantia* (ex.: hipoteca) da dívida representada ou corporificada pelas debêntures.

Portanto, pode existir na matrícula do imóvel o registro de garantia referente a debêntures emitidas, nas hipóteses em que o proprietário do imóvel é uma empresa constituída na forma de uma sociedade por ações[60] e o imóvel em questão garante a dívida representada pelas debêntures.

Além disso, podem as *debêntures* ter apenas *garantia flutuante*, na qual todo o patrimônio da empresa responde pela dívida por elas representadas em caráter privilegiado. Evidentemente, conforme veremos no Capítulo 5, a má saúde financeira da empresa pode inviabilizar juridicamente a aquisição do imóvel por parte do comprador (ver Capítulo 3, especialmente as seções 3.3 e 3.4). Assim, no caso de aquisição de imóvel de sociedade anônima, é preciso verificar se existem *debêntures* ou outros títulos de dívidas emitidos.

---

do credor hipotecário" (CARVALHO, Afrânio de. *Registro de imóveis*. 4. ed. Rio de Janeiro: Forense, 1997. p. 95).

58 MARTINS, Fran. *Contratos e obrigações comerciais*. 2. ed. Rio de Janeiro: Forense. p. 374.

59 MARTINS, Fran. *Contratos e obrigações comerciais*. 2. ed. Rio de Janeiro: Forense. p. 378.

60 A respeito de sociedade por ações e debêntures, vide: SILVA, Bruno Mattos e. *Direito de empresa*: teoria da empresa e direito societário. São Paulo: Atlas, 2007. p. 412-418.

Existindo notícia de debêntures emitidas, é fundamental verificar na Junta Comercial ou, para debêntures emitidas antes da vigência da Lei nº 10.303, de 31-10-2001, no Livro nº 3 do cartório imobiliário[61] da sede da empresa (que não será, necessariamente, o mesmo cartório do imóvel) quais são os termos da escritura de emissão das debêntures.

Antes do advento da Lei nº 10.303/2001, a teor do que dispunha o art. 62, inciso II e § 4º, da Lei nº 6.404/76, a *escritura de emissão* das *debêntures* deveria ser "inscrita" (registrada) no cartório de registro de imóveis, *do local da sede da companhia*. Esse registro era feito em livro especial, que é o Livro nº 3, Registro Auxiliar, conforme prescreve o art. 178, I, da Lei nº 6.015, de 31-12-1973 (Lei de Registros Públicos). Esse registro não se confundia, como não se confunde, com o registro da hipoteca que deve estar na matrícula do imóvel (Livro nº 2, Registro Geral), na hipótese de a debênture ter garantia real incidente sobre imóvel, como deflui da leitura do próprio art. 178, I, da Lei de Registros Públicos.[62]

Em razão da redação dada pela Lei nº 10.303/2001 ao art. 62, II e § 4º, da Lei nº 6.404/76, a escritura de emissão das debêntures é registrada ("inscrita", de acordo com o vocábulo da Lei) na Junta Comercial, em livro especial para esse fim, sem prejuízo da necessidade de arquivamento, na Junta Comercial, do ato de deliberação da emissão, que já existia na anterior redação do inciso I do art. 62 e se mantém na atual.

Em tese, é necessário o registro na matrícula para a validade da garantia (hipoteca) em face de terceiros que vierem a adquirir o imóvel que garantiria a dívida, tanto no regime anterior como após o advento da Lei nº 10.303/2001, que em nada alterou o sistema de registro de hipoteca. Conclusão em sentido contrário nos levaria à absurda hipótese em que imóvel específico estaria garantindo uma dívida sem que absolutamente nada constasse em sua matrícula!

Contudo, não é possível ter certeza de que, na prática, a previsão de garantia incidente sobre o imóvel estará devidamente registrada na matrícula em questão. Por essa razão, é conveniente verificar, no Livro nº 3, registro auxiliar do cartório imobiliário do local da sede da empresa, bem como na Junta Comercial, para saber se o imóvel que se pretende adquirir está garantindo alguma dívida representada por debênture, por mais absurda que possa parecer a hipótese de um adquirente vir a ser prejudicado por uma garantia de uma dívida que não esteja constando na folha de matrícula do imóvel!

Na prática, não é possível ter certeza de que uma eventual ação judicial movida pelos debenturistas não será julgada por um juiz sobrecarregado de trabalho

---

61 O registro do instrumento de emissão de debêntures era feito no Livro nº 3 do cartório de registro de imóveis (art. 178, I, da LRP).

62 "Art. 178. Registrar-se-ão no Livro nº 3 – Registro Auxiliar: I – a emissão de debêntures, sem prejuízo do registro eventual e definitivo, na matrícula do imóvel, da hipoteca, anticrese ou penhor que abonarem especialmente tais emissões, firmando-se pela ordem do registro a prioridade entre a séries de obrigações emitidas pela sociedade."

que desconheça essa matéria e "confunda" registro da escritura de debênture com o registro da hipoteca (por mais absurda que seja a ideia de uma hipoteca sem registro ser considerada válida).

Veremos, no Capítulo 5, as particularidades da aquisição de imóvel de pessoa jurídica.

2.14 INCORPORAÇÕES, INSTITUIÇÕES DE CONDOMÍNIO E MULTIPROPRIEDADE

O terreno em questão pode ser objeto de uma incorporação imobiliária.

Segundo o que prescreve a lei, a incorporação deve ser registrada no cartório imobiliário.

Assim, caso conste na certidão imobiliária que o terreno em questão é objeto de uma incorporação imobiliária, é preciso verificar se quem oferece o imóvel à venda é o incorporador ou se é o proprietário do terreno. Se for uma unidade autônoma (apartamento, escritório etc.) que estiver à venda, é preciso verificar se quem está vendendo é a pessoa certa a fazê-lo.

Há de se verificar os termos do registro, de modo a saber se o proprietário do imóvel celebrou um compromisso, promessa de venda, de permuta, com o incorporador ou com terceiro.

Já que a incorporação e o compromisso de compra e venda são tratados neste livro em capítulos próprios, para evitar repetições desnecessárias, remetemos o leitor aos respectivos capítulos.

Vamos agora falar um pouco da Lei nº 13.777, de 20-12-2018, que criou a *multipropriedade*. Já existia a possibilidade de um imóvel ser propriedade de várias pessoas, com percentuais da propriedade ("partes ideais"), seja por vontade própria (ex.: duas pessoas compram um imóvel), seja por fato jurídico alheio à vontade das pessoas (ex.: duas pessoas herdam um imóvel do falecido pai).

Com a Lei nº 13.777/2018, a existência de imóveis de propriedade de duas ou mais pessoas em regime de parte ideais continua da mesma forma que vimos na seção 1.10.

O que mudou é a possibilidade de instituição, por vontade de alguém, do regime de *multipropriedade*, com regramento próprio: além da parte ideal (percentual) da propriedade do imóvel, o proprietário de parte ideal de imóvel objeto de multipropriedade constituída (chamado de "multiproprietário" pela Lei) está sujeito a uma série de regras que diferenciam a propriedade em condomínio simples (vide seções 1.10, 11.5 e 11.6), em condomínios especiais (seções 9.8, 11.5 e 11.6) e em multipropriedade (Lei nº 13.777/2018).

A Lei nº 13.777/2018 (Lei da Multipropriedade) incluiu os arts. 1.358-B a 1.358-U ao Código Civil. A despeito de não ter incluído item ao art. 167, I, da Lei de Registros Públicos (LRP), a existência da multipropriedade constará da matrícula do imóvel (Livro nº 2 do Cartório de Registro de Imóveis). A técnica adotada pela nova Lei, ao não prever expressamente o registro da *instituição* da multipropriedade na matrícula do imóvel (tal como ocorre com loteamentos e incorporações imobiliárias), é um pouco estranha, mas é compreensível. Vamos explicar:

Foi incluído o item 6 ao inciso II do § 1º do 176 da LRP para prever a existência de *indicação* (semelhante a um *registro* ou a uma *averbação*) da existência matrículas abertas para frações do imóvel objeto de multipropriedade. Vamos chamar a matrícula original desse imóvel de "matrícula-mãe", tal como fazemos para imóveis objeto de loteamento (item 19 do inciso I do art. 167 da LRP, que veremos no Capítulo 11) ou de incorporação imobiliária (item 17 do inciso I do art. 167 da LRP, que veremos na seção 9.8).

Serão abertas distintas matrículas para cada fração de multipropriedade. Isso cria uma estridente exceção para o princípio de que há uma (e apenas uma) matrícula para cada imóvel, que vimos na seção 1.1 deste livro. Essa exceção é constitucional e está devidamente prevista em lei.

Assim, para o imóvel objeto de multipropriedade, além da "matrícula-mãe" (matrícula original do imóvel objeto da multipropriedade), "haverá uma matrícula para cada fração de tempo, na qual se registrarão e averbarão os atos referentes à respectiva fração de tempo" (§ 10 do art. 176 da LRP).

Além disso, foi feita alteração ao art. 178 da Lei de Registros Públicos para prever o registro da *convenção de multipropriedade* no Registro Auxiliar (Livro nº 3 do Cartório de Registro de Imóveis), tal como são feitos os registros das convenções de condomínio especial (condomínio edilício, que veremos na seção 9.8).

Esse é o sistema registral da Multipropriedade, que é um "condomínio em que cada um dos proprietários de um mesmo imóvel é titular de uma fração de tempo, à qual corresponde a faculdade de uso e gozo, com exclusividade, da totalidade do imóvel, a ser exercida pelos proprietários de forma alternada" (art. 1.358-C do Código Civil, incluído pela Lei da Multipropriedade).

Esse regime é criado "por ato entre vivos ou testamento, registrado no competente cartório de registro de imóveis, devendo constar daquele ato a duração dos períodos correspondentes a cada fração de tempo" (art. 1.358-F do Código Civil, incluído pela Lei da Multipropriedade).

Nesse regime jurídico, há várias exceções às regras que disciplinam o condomínio simples que vimos na seção 1.10. Não há, por exemplo, direito de preferência de condômino à aquisição da fração do condômino que a deseja vender, semelhante ao que ocorre no condomínio especial que veremos no Capítulo 9.

As regras da multipropriedade estão nos referidos arts. 1.358-B a 1.358-U do Código Civil, incluídos pela Lei nº 13.777/2018.

Portanto, caso exista na matrícula do imóvel a *indicação* de que o imóvel é objeto, total ou parcialmente, do regime de multipropriedade, deve-se verificar o que exatamente está sendo oferecido à venda.

Deve-se, ademais dos dispositivos de lei mencionados, verificar "Além das cláusulas que os multiproprietários decidirem estipular", a "convenção de condomínio" (art. 1.358-G), o "instrumento de instituição da multipropriedade" (art. 1.358-H).

Para complicar, os arts. 1.358-O e 1.358-P preveem a possibilidade de "empreendimentos mistos", nos quais parte das unidades imobiliárias estão sujeitas ao regime de multipropriedade e parte não.

Deve-se observar o que diz o "regimento interno do condomínio edilício" (art. 1.358-Q).

Deverão estar registradas no Cartório de Registro de Imóveis, no Livro nº 3, "as convenções de condomínio edilício, condomínio geral voluntário e condomínio em multipropriedade" (art. 178, III, da LRP). Não há previsão para registro do regimento interno, porém. Veremos nas seções 9.8 e 11.5 que há controvérsia a respeito da eficácia de convenções e instrumentos não registrados em relação a pessoas que não participaram (chamados de "terceiros") da elaboração desses acordos.

2.15 LOTEAMENTO

Um terreno pode ser loteado ou ser produto de um loteamento. De qualquer modo, a validade do loteamento e da venda dos lotes está adstrita ao preenchimento dos requisitos estabelecidos pelas normas que regem a matéria, em especial o Decreto-lei nº 58/37 e a Lei nº 6.766/79.

Remetemos o leitor ao Capítulo 11, em que a questão do parcelamento urbano ou rural é tratada.

2.16 CITAÇÕES EM AÇÕES JUDICIAIS

Na hipótese de existir registro de citação,[63] seja do atual ou de antigo proprietário, é preciso consultar no fórum[64] os autos do processo em que ocorreu a citação, verificando do que o processo trata, para que se possa avaliar o risco da aquisição. Nos dias de hoje, talvez na maior parte dos casos, será possível consultar o inteiro teor do processo pela internet.

Esse cuidado é imprescindível e, dada sua relevância, deve ser feito com a máxima cautela!

---

63 Citação é o ato pelo qual se chama a juízo o réu ou o interessado a fim de se defender (art. 238 do Código de Processo Civil). O registro de uma citação na folha de matrícula significa que o antigo ou atual proprietário do imóvel está ou esteve sendo acionado em um processo que, sob algum aspecto, diz ou poderia vir a dizer respeito ao imóvel (cf. art. 167, inciso I, alínea 21, da Lei nº 6.015/73).

64 É possível o simples pedido, no próprio cartório onde o processo está em curso, de uma *certidão de objeto e pé*, na qual, se devidamente elaborada, constará um resumo do processo. Contudo, o ideal mesmo é a verificação dos autos do processo por um advogado especialista na matéria.

A título de maiores informações, remetemos o leitor para os tópicos *Alguém reivindica ser o proprietário do imóvel* e *Fraude à execução*, constantes do Capítulo 3.

2.17 DEMARCAÇÕES E DIVISÕES

É possível que exista, na certidão, um registro de *demarcação* entre dois imóveis vizinhos.

Essa demarcação registrada tanto pode existir em decorrência de uma sentença judicial (art. 569, I, do CPC), o que significa que houve algum litígio no tocante aos limites entre os imóveis confrontantes, como pode existir em decorrência de algum tipo de acordo entre os proprietários vizinhos.

Na mesma medida, um único imóvel pode ser "*dividido*" em *partes ideais* entre vários proprietários, tal como ocorre na hipótese da existência de herdeiros do falecido proprietário. Nesse caso, por óbvio, a aquisição da propriedade do imóvel somente ocorrerá com a outorga de escritura de todos eles (e de seus respectivos cônjuges) e seu consequente registro.

Pode o imóvel ter sido judicialmente dividido, por força da ação prevista no art. 569, II, do CPC. Deverá a sentença ser registrada na matrícula do imóvel a ser dividido, encerrando-a e abrindo-se novas matrículas para os imóveis resultantes da divisão. A matrícula do imóvel dividido, exatamente por estar encerrada, corresponde a imóvel juridicamente inexistente, pois toda sua área pertence a outros imóveis, que passaram a existir com a abertura das novas matrículas.

Além disso, pode o imóvel ser *dividido* não em partes ideais, mas fisicamente dividido (parcelado) e juridicamente dividido com a abertura de nova(s) matrícula(s). Remetemos o leitor, assim, ao Capítulo 11, em que a questão do parcelamento é tratada.

2.18 O IMÓVEL FOI DADO COMO PAGAMENTO DE DÍVIDAS DE UM FALECIDO PROPRIETÁRIO ANTERIOR

Hipótese possível é a de alguém que, ao morrer, tinha credores.

Evidentemente, a morte do devedor não extingue a dívida, sendo que os bens do falecido responderão por ela. Assim, a teor do art. 642 do CPC, alguns dos bens (ou todos) do falecido serão destacados da herança para que os credores sejam pagos.

Esses bens poderão ser vendidos por meio de leilão ou simplesmente adjudicados[65] ao credor, a teor do que faculta o art. 642, § 4º, do CPC. De qualquer modo, deverá existir registro do acontecimento.

O problema surge, no caso de adjudicação, de existirem credores que, em igualdade de situações, tenham ficado sem ter seu crédito satisfeito em detrimento daquele ao

---

[65] Adjudicar, no caso concreto, significa a aquisição do imóvel, por parte do credor, para extinção da dívida.

qual o imóvel foi adjudicado, uma vez que tais credores poderão tentar reverter o bem adjudicado ao espólio, para que o imóvel seja vendido por meio de leilão e o produto dessa venda seja rateado entre todos os credores.

Evidentemente, se o crédito do adjudicante for privilegiado[66] frente aos demais, não haverá esse problema.

Portanto, é necessário verificar como se deu o inventário do falecido, sua situação financeira (isto é, se tinha mais dívidas do que bens) e qual foi o credor que adquiriu o bem por adjudicação. Vide Resolução CNJ nº 35 de 24-4-2007 e alterações posteriores.

2.19 O IMÓVEL FOI ADQUIRIDO A TÍTULO DE HERANÇA

Caso a aquisição do vendedor tenha ocorrido em razão de uma herança, é preciso verificar se o falecido tinha credores e se eles foram devidamente pagos por ocasião do inventário, conforme exposto no tópico anterior.

Essa verificação será feita nos termos descritos no Capítulo 3.

Deve-se observar se a pessoa que oferece o imóvel à venda é realmente o proprietário ou se tem apenas uma cessão de direitos hereditários, que veremos abaixo, que talvez ainda não esteja convertida em propriedade.

Além disso, é preciso verificar a regularidade do processo de inventário ou arrolamento, que concedeu a propriedade do imóvel ao vendedor, sob pena de algum outro herdeiro conseguir anular a aquisição do vendedor e, por via de consequência, também a aquisição do comprador.

No caso de inventário extrajudicial, deve-se observar se os atos e procedimentos da Resolução CNJ nº 35, de 24-4-2007 (e alterações posteriores) foram obedecidos.

É bastante comum a hipótese em que vários herdeiros passam a ser proprietários de partes ideais do imóvel em razão da herança. Nesse caso, todos eles estarão com registro na matrícula do imóvel como proprietário e, evidentemente, todos deverão figurar na escritura pública de compra e venda do imóvel na qualidade de vendedores. Portanto, todas as cautelas relacionadas ao vendedor, conforme disposto no Capítulo 3, deverão ser tomadas em face de cada um deles.

Deve-se observar se o registro que consta na matrícula do imóvel configura a propriedade do herdeiro. Não é possível venda do imóvel, por parte dos herdeiros, antes do registro do formal de partilha na matrícula do imóvel, salvo por autorização judicial. É comum herdeiros, antes do registro, fazerem cessões de parte da herança. O problema surge quando se pretende fazer a cessão de um bem específico (ex.: uma casa), o que é vedado. O que existe é a possibilidade de cessão dos direitos sucessórios, de cada herdeiro, à herança como um todo. Diz o Código Civil:

---

66 Alguns créditos são, pela lei, integralmente satisfeitos antes e até em detrimento de outros. Assim, existem "classes" de créditos. Satisfeitos os créditos de uma "classe", passa-se à classe seguinte. Portanto, é relevante saber a que classe pertenceu o crédito daquele que adjudicou o imóvel.

> "Art. 1.793. O direito à sucessão aberta, bem como o quinhão de que disponha o coerdeiro, pode ser objeto de cessão por escritura pública.
>
> § 1º Os direitos, conferidos ao herdeiro em consequência de substituição ou de direito de acrescer, presumem-se não abrangidos pela cessão feita anteriormente.
>
> § 2º É ineficaz a cessão, pelo coerdeiro, de seu direito hereditário sobre qualquer bem da herança considerado singularmente.
>
> § 3º Ineficaz é a disposição, sem prévia autorização do juiz da sucessão, por qualquer herdeiro, de bem componente do acervo hereditário, pendente a indivisibilidade."

Contudo, se a herança consistir em apenas um único imóvel, a cessão dos direitos hereditários versará, obviamente, apenas sobre esse imóvel específico. Nesse caso, obedecida a legislação, a cessão dos direitos "sobre o imóvel" (que é a totalidade da herança) será válida, mas eventuais credores - que poderão ser já conhecidos ou não - deverão ser pagos com os bens da herança, cedida ou não.

É de todo recomendável fazer o registro da escritura de cessão dos direitos hereditários nos cartórios de registro de títulos e documentos do local do imóvel, de residência das partes e do processo de inventário.[67] Isso não irá, obviamente, configurar aquisição da propriedade, e talvez nem proteja a cessão do direito contra terceiros supervenientes que deveriam ter sido citados no processo de inventário.[68]

Às vezes são feitas sucessivas cessões de direitos hereditários no processo de inventário e a sentença concede determinado imóvel para o último cessionário, que registrará o formal de partilha no cartório imobiliário, obtendo assim a propriedade do imóvel. Deve-se verificar a situação pessoal de cada componente da cadeia de cessões - que provavelmente não estará na matrícula do imóvel e constará apenas no processo de inventário -, observando todas as cautelas descritas neste livro.

Alguns Estados, no Código de Normas da Corregedoria do Tribunal de Justiça, autorizam a lavratura de escritura pública ou até registro de cessão de direitos hereditários de imóvel específico. Esse registro não significa que o cessionário é proprietário do imóvel: o juiz poderá conceder a totalidade ou parte do imóvel para outro herdeiro ou para um credor.

---

67 "Processo civil. Penhora no rosto dos autos. Inventário. Embargos de terceiro. Herdeiro. Cessão de direitos hereditários. Ausência de registro. Inoponibilidade a terceiros. 1. Os arts. 129, nº 9, e 130 da Lei de Registros Públicos exige o registro de qualquer ato de cessão de direitos em Cartório de Títulos e Documentos da residência de todas as partes envolvidas no negócio jurídico, para sua validade perante terceiros. 2. A mera lavratura de escritura de cessão de direitos hereditários, em comarca diversa da do domicílio das partes ou do processamento do inventário, não supre o requisito de publicidade do ato. 3. Recurso especial improvido" (REsp 1.102.437/MS, Terceira Turma, Rel. Min. Nancy Andrighi, j. em 7-10-2010).

68 "(...) 6 – Em virtude dos limites subjetivos da coisa julgada, o formal de partilha será título executivo judicial apenas em relação ao inventariante, aos herdeiros e aos sucessores a título singular ou universal, não alcançando, contudo, terceiros, como o litisconsorte necessário não citado para o inventário." (STJ, REsp nº 1.857.852/SP, Rel. Min. Nancy Andrighi, j. em 16-3-2021).

Embora tentadora, não se recomenda a utilização da aquisição de imóvel por meio de cessão de direitos hereditários como meio de fraudar credores do herdeiro. Veremos esse diabólico tema nas seções 3.3 e 3.4.

O procedimento de cessão de direitos hereditários pode ser relativamente simples na hipótese de um único imóvel e um único herdeiro. Nas hipóteses em que há mais de um herdeiro e mais de um imóvel no processo de inventário, ou, pior, imóvel a ser dividido (ex.: uma fazenda), a cessão de direitos hereditários poderá atrapalhar o curso do inventário. Além disso, há risco adicional para o comprador: não é possível ter certeza que, ao final do processo, será concedida a propriedade do imóvel ao adquirente dos direitos hereditários. No Brasil, em processo judicial, tudo pode acontecer.

Portanto, o mais adequado é adquirir o imóvel depois de registrado o formal de partilha, com as cautelas descritas neste livro.

Voltaremos ao tema na seção 3.8.

2.20 AQUISIÇÃO DO IMÓVEL EM LEILÃO

Situação diversa das anteriores é aquela em que a aquisição se dá por meio de leilão (o art. 167, I, item 26, da LRP utiliza a nomenclatura "hasta pública", que é anterior ao CPC/2015).

Nesta seção trataremos das regras gerais. Há regras específicas no que se refere a leilão no âmbito de imóvel objeto de alienação fiduciária, que vimos na seção 1.9.

O registro, na matrícula do imóvel, de uma *carta ou de um auto de arrematação* (art. 703 do CPC/73 e art. 901 do CPC/2015), que é o documento expedido pelo juiz que materializa a ocorrência de venda judicial do bem penhorado, indica que o imóvel foi adquirido por meio de leilão ou hasta pública. Note-se que a aquisição da propriedade, mesmo nessa hipótese, ocorrerá com o registro da carta de arrematação e não com sua simples expedição.

Caso se deseje comprar um imóvel que foi arrematado, por meio de leilão (hasta pública), pelo atual ou antigo proprietário, o primeiro cuidado é verificar se existe contra aquele que adquiriu o imóvel alguma ação visando anular a arrematação. É imprescindível, inicialmente, verificar a certidão pessoal daquele que arrematou o imóvel, nos termos descritos no Capítulo 3.

O CPC de 2015 aboliu a possibilidade de proposição dos embargos à arrematação (art. 746 do CPC/73), mas manteve, no art. 903, § 4º, a possibilidade de proposição de ação própria para anular a arrematação (anteriormente prevista no art. 486 do CPC/73). Essa eventual ação deve ser estudada de forma detalhada, de modo a se verificar se os argumentos do autor têm fundamento, para saber se existe possibilidade de a arrematação ser anulada. Afinal de contas, na hipótese de isso ocorrer, todas as vendas posteriores a ela poderão ser consideradas inválidas, a teor das hipóteses do art. 903, § 1º, do CPC/2015, ou de algum outro entendimento do juiz que julgar eventual litígio.

Contudo, ainda que não se constate a inexistência de ação visando anular a arrematação, é conveniente verificar os autos do processo em que a arrematação ocorreu, de modo a se verificar sua regularidade. Afinal de contas, nada garante que a ação para anular uma arrematação irregular, embora ainda não tenha sido proposta, não será ajuizada no futuro.

Dirimindo questão controversa na vigência do CPC/73, o CPC/2015 estabeleceu de forma expressa no art. 891 que não se admite lance que ofereça preço vil, bem como definiu o que é preço vil:

> "Art. 891. (...) Parágrafo único. Considera-se vil o preço inferior ao mínimo estipulado pelo juiz e constante do edital, e, não tendo sido fixado preço mínimo, considera-se vil o preço inferior a cinquenta por cento do valor da avaliação."

Vejamos, agora, sem ter a pretensão de esgotar o assunto, a questão da aquisição de imóvel que está sendo vendido por meio de leilão.

Inicialmente, é necessário verificar a regularidade do processo em que ela vai ocorrer.

Como ocorre em qualquer negócio jurídico, existe a possibilidade de surgirem problemas quanto à aquisição de imóvel em leilão. Assim, é conveniente a verificação da regularidade de todo o processo judicial, particularmente no tocante ao procedimento de praceamento (leilão), vale dizer, se foram atendidos os requisitos legais que estão disciplinados no CPC/2015, especialmente nos arts. 870 a 903.

É necessário verificar se o bem encontra-se registrado, no cartório de registro de imóveis, em nome da pessoa que está sendo executada, caso contrário não poderá ser efetuado o registro da carta de arrematação.[69]

Deve-se verificar se a execução, na qual ocorrerá a venda judicial, é *provisória* ou *definitiva*. *Provisória* é a execução que pode ser prejudicada caso algum recurso do executado seja provido (art. 475-O do CPC/73 e art. 520 do CPC/2015).

Antes do advento da Lei nº 11.232, de 22-12-2005, que alterara o CPC/73, a aquisição de um imóvel em sede de execução provisória era ruim e arriscada, pois o arrematante só recebia a carta de arrematação quando (e se) o recurso do réu fosse julgado improcedente.[70]

---

69 "Registro de imóveis – Dúvida inversa – Registro de carta de arrematação – Imóvel atualmente registrado como de propriedade de pessoa que o arrematou em outra ação de execução – Princípio da continuidade – Registro Inviável – Apelação a que se nega provimento" (CSM-SP, Apelação Cível nº 192-6/7 – Mirassol, Rel. Des. José Mário Antonio Cardinale, j. em 8-7-2004, *DJ* de 13-10-2004).

70 Como não recebia a carta, não poderia o arrematante registrá-la; não registrando, não se torna dono. Nesse ínterim, poderia até o bem ser penhorado e arrematado em outro processo (que poderia ensejar execução definitiva, caso não pendesse recurso) por outra pessoa que, mediante recebimento de *carta de arrematação*, poderia registrá-la e tornar-se proprietário do imóvel.

A regra do inciso III do art. 475-O do CPC/73, em redação dada pela mencionada Lei nº 11.232/2005, estabelecera que a execução provisória da sentença far-se-ia, no que coubesse, do mesmo modo que a definitiva, bem como o levantamento de depósito em dinheiro e a prática de atos que importem alienação de propriedade ou dos quais possa resultar grave dano ao executado dependeriam de caução suficiente e idônea, arbitrada de plano pelo juiz e prestada nos próprios autos.

Como se vê, desde o advento da Lei nº 11.232/2005, é possível uma execução provisória ensejar a expedição de carta de arrematação, de modo a possibilitar o registro no cartório imobiliário com a aquisição da propriedade por parte do arrematante, caso exista no processo a decisão do juiz que arbitrou a caução e o autor realmente a prestou. O objetivo era que, preenchidos os requisitos mencionados, todo e qualquer problema decorrente do provimento de um recurso do réu seria resolvido entre autor e réu, sem prejuízo para o arrematante, que já teria obtido a propriedade do imóvel com o registro da carta.

Essa orientação foi mantida no CPC de 2015, que a deixou ainda mais expressa, a teor do § 4º do art. 520:

> "Art. 520. O cumprimento provisório da sentença impugnada por recurso desprovido de efeito suspensivo será realizado da mesma forma que o cumprimento definitivo, sujeitando-se ao seguinte regime:
>
> I – corre por iniciativa e responsabilidade do exequente, que se obriga, se a sentença for reformada, a reparar os danos que o executado haja sofrido;
>
> II – fica sem efeito, sobrevindo decisão que modifique ou anule a sentença objeto da execução, restituindo-se as partes ao estado anterior e liquidando-se eventuais prejuízos nos mesmos autos;
>
> (...)
>
> § 4º A restituição ao estado anterior a que se refere o inciso II não implica o desfazimento da transferência de posse ou da alienação de propriedade ou de outro direito real eventualmente já realizada, ressalvado, sempre, o direito à reparação dos prejuízos causados ao executado.
>
> (...)."

A despeito do § 4º do art. 520 do CPC, é preciso verificar cuidadosamente todos os detalhes do caso concreto, pois pode existir algum fato modificativo do direito do arrematante ou mesmo possibilidade de o Judiciário interpretar a questão de forma diferente.

O primeiro arrematante, assim, ficaria sem o imóvel e, se não fosse rápido, poderia ficar sem o dinheiro que pagou. Em tese, se nenhum juiz desavisado tivesse liberado o dinheiro para o credor da execução *provisória*, deveria ele estar depositado, aguardando o julgamento do recurso. Ou seja, havia até o risco de um adquirente em execução provisória ficar sem o imóvel e sem o dinheiro que pagou!

É cautela indispensável verificar se o imóvel penhorado não é um "bem de família" (isso não constará do registro do imóvel!), que, nos termos da Lei nº 8.009/90,[71] não poderia ser penhorado.[72]

Os tribunais têm prestigiado essa norma, afirmando que mesmo o único imóvel de devedor que vive sozinho[73] é bem de família, que o único imóvel de devedor em que reside suas irmãs[74] é bem de família, que, caso seja o único de propriedade do devedor, imóvel luxuoso[75] pode ser bem de família etc. Voltaremos ao tema na seção 3.14.

É necessário verificar, também, em razão da existência da Súmula 84 do STJ,[76] se o imóvel, ainda que com penhora registrada em cartório, não foi vendido ou prometido à venda para a terceira pessoa, que não registrou seu título, mas tem a posse do imóvel. O auto de penhora do oficial de justiça poderá (ou não) mencionar quem está no imóvel, em razão da nomeação dessa pessoa como depositário, mas deve-se visitar o imóvel para verificar se ele não está na posse de terceiro. O motivo é o seguinte: pode o possuidor, até a emissão da *carta de arrematação*, opor *embargos de terceiros*, para tentar desconstituir a penhora e a arrematação do bem, nos termos dos arts. 674 a 681 do CPC. Desse modo, poderá o arrematante ficar sem o imóvel. E é inevitável imaginar que talvez o juiz defira ao credor o levantamento do dinheiro, na pendência dos embargos de terceiro, que venham ao final ser julgados procedentes: o arrematante ficaria sem o imóvel, sem o dinheiro e apenas com o direito de cobrar do exequente o prejuízo que teve. Essa hipótese seria remota, pois em regra os juízes são dedicados e cuidadosos. Porém, na maior parte das comarcas do Brasil, os juízes encontram-se com um volume de serviço inacreditável, o que compromete seriamente a qualidade da prestação jurisdicional.

---

71 "Art. 1º O imóvel residencial próprio do casal, ou da entidade familiar, é impenhorável e não responderá por qualquer tipo de dívida civil, comercial, fiscal, previdenciária ou de outra natureza, contraída pelos cônjuges ou pelos pais ou filhos que sejam seus proprietários e nele residam, salvo nas hipóteses previstas nesta lei."

72 "Bem impenhorável. Embargos à arrematação. Mesmo que não tenha sido suscitada antes, o executado poderá alegar a impenhorabilidade do bem constrito em embargos à arrematação. Embora essa possibilidade seja uma ampliação do art. 746 do CPC, o embargante responderá por todas as despesas e custas, editais e comissão do leiloeiro, inclusive as despendidas naquela fase processual, pois deixou de suscitar a impenhorabilidade antes. Precedente citado: Resp 262.654-RS, *DJ*, 20-11-2000" (REsp 467.246-RS, Rel. Min. Aldir Passarinho Junior, julgado em 8-4-2003. Informativo *STJ* nº 169. Período: 7 a 11 de abril de 2003).

Não localizamos nenhum precedente jurisprudencial no sentido de anular, mediante ação própria, uma arrematação de bem de família com carta já registrada, mas acreditamos que isso possa ser sustentável. É uma possibilidade que não pode ser desprezada, uma vez que é possível sustentar que a penhora incidente sobre um bem de família ocorreu contra a lei, sendo por isso inválida, razão pela qual os atos subsequentes são nulos.

73 STJ, REsp 412.536, 3ª Turma, Rel. Min. Ari Pargendler, j. em 3-10-2002, *DJ* de 16-6-2003.

74 STJ, REsp 377.901, 2ª Turma, Rel. Min. Peçanha Martins, j. em 22-2-2005, publicado no *Informativo STJ* nº 236, de 21 a 25 de fevereiro de 2005.

75 STJ, REsp 1.482.724/SP, 3ª Turma, Rel. Min. Moura Ribeiro, j. em 14-11-2017, *DJe* de 28-11-2017.

76 A questão da Súmula 84 do STJ está tratada na seção 12.3.

Nesse mesmo sentido, deve-se verificar se não há ação judicial que provocou a indisponibilidade do bem (vide seções 2.34 e 3.16), o que pode impedir o registro da carta de arrematação.[77]

A Lei nº 14.825, de 20-3-2024, estabeleceu que nenhum "tipo de constrição judicial incidente sobre o imóvel ou sobre o patrimônio do titular do imóvel, inclusive a proveniente de ação de improbidade administrativa ou a oriunda de hipoteca judiciária" pode prejudicar o comprador na ausência de averbação na matrícula do imóvel. Isso reforçou o disposto no inciso III do art. 54 da Lei nº 13.097, de 19-1-2015, que mencionava expressamente a indisponibilidade. Em tese, a indisponibilidade que não estiver averbada não pode prejudicar o adquirente do imóvel (inclusive o arrematante).

Há precedente no sentido de que é válida a arrematação de imóvel realizada depois do termo legal da falência, mas antes da quebra.[78]

Além dos aspectos gerais no tocante à regularidade de um processo judicial, quanto a aspectos específicos que devem ser verificados, destacam-se a intimação pessoal do devedor, do credor hipotecário e dos demais titulares dos direitos mencionados nos arts. 804 e 889 do CPC/2015 (arts. 619 e 698 do CPC/73) de leilão, o atendimento dos requisitos legais (especialmente arts. 886 e 887 do CPC/2015) por parte do edital da praça e a eventual ocorrência de pagamento da dívida.

Assim, por exemplo, a regra geral é que a hipoteca é extinta pela arrematação (art. 1.499, VI, do Código Civil). Para tanto, porém, é preciso que o credor hipotecário seja intimado da realização da penhora e do leilão ("hasta pública").[79] Caso contrário, o arrematante irá adquirir um bem com hipoteca gravada, que não será extinta com a

---

[77] "Registro de Imóveis. Prévia averbação de indisponibilidade de bem imóvel, por determinação emanada em ação civil pública. Impossibilidade de registro posterior de carta de adjudicação sobre o mesmo bem. Observância do princípio da legalidade. (...) A carta de adjudicação não pode ter ingresso no fólio real por haver, precedentemente, averbação de indisponibilidade do bem adjudicado, decorrente de ordem emanada em ação civil pública, sob pena de ferir o princípio da legalidade. (...) E o impedimento subsiste ainda que a adjudicação tenha se operado antes da decretação da indisponibilidade, tendo em vista que a carta de adjudicação foi expedida e apresentada ao registro quando a indisponibilidade já constava na matrícula do bem. (...) Por outro lado, a penhora não obsta a decretação da indisponibilidade, mesmo que tenha sido feita antes desta, posto que não gera direito adquirido, nem é ato jurídico perfeito no que tange a satisfação do crédito" (CSM-SP, Apelação Cível nº 219-6/1, Rel. Des. José Mário Antonio Cardinale, j. em 11-11-2004, *DOE* de 19-1-2005).

[78] "Recurso especial. Direito comercial e processual civil. Ação revocatória. Falência. Arrematação realizada em processo trabalhista após a data fixada como termo legal, mas antes da decretação da quebra. Inocorrência de ofensa ao artigo 52, VIII, do Decreto-lei 7.661/45. Plena eficácia da venda judicial. Precedente específico desta Corte. Recurso especial a que se nega provimento" (STJ, REsp 1.187.706/MG, Terceira Turma, Rel. Min. Paulo de Tarso Sanseverino, j. em 7-5-2013, *DJe* de 13-5-2013).

[79] STJ, REsp nº 139.101/RS, 3ª Turma, Rel. Min. Carlos Alberto Menezes Direito, j. em 24-11-1998, *DJ* de 22-2-1999.

STJ, REsp nº 36.757/SP, 4ª Turma, Rel. Min. Barros Monteiro, j. em 24-5-1994, *DJ* de 5-9-1994.

arrematação. Portanto, é imprescindível verificar se ocorreram validamente as mencionadas intimações. O arrematante deve receber o imóvel livre de débitos, que deverão ficar sub-rogados no preço que ele pagou em juízo, o que deveria abranger as dívidas perante o condomínio vencidas até a data da arrematação.[80] Porém, há precedente do STJ no sentido oposto, razão pela qual isso deve ser verificado.[81]

Há entendimento recente de que "tendo o imóvel sido alienado em hasta pública com informação no edital acerca da existência de débitos condominiais, responde o arrematante por dívidas condominiais anteriores à arrematação".[82]

Com relação ao IPTU, prevaleceu o entendimento de que "é inválida a previsão em edital de leilão atribuindo responsabilidade ao arrematante pelos débitos tributários que já incidiam sobre o imóvel na data de sua alienação".[83]

É fundamental verificar o que foi penhorado pelo oficial de justiça (um terreno com ou sem benfeitorias, quais as construções que foram penhoradas, descrição do que foi penhorado etc.), para ver se isso está de acordo com o que está registrado na matrícula do imóvel. Caso a descrição do imóvel constante da carta de arrematação (título de aquisição do arrematante) não for coincidente com a da matrícula, o oficial do cartório imobiliário deverá ou poderá recusar o registro da carta de arrematação (art. 225 da Lei nº 6.015/73).[84]

Finalmente, é preciso verificar se a penhora está registrada na matrícula do imóvel, conforme seção 2.4.

De qualquer modo, é importante verificar se o imóvel já não está penhorado ou mesmo se já não foi arrematado em outro processo. A despeito de a prioridade ser,

---

TJDF, AGI DF nº 19980020024067, 2ª Turma Cível, Des. Relatora Nancy Andrighi, j. em 8-2-1999, *Diário da Justiça* do DF de 5-5-1999, p. 52.

80 TJRJ, Agravo de Instrumento nº 2007.002.30180, Sétima Câmara Cível, Rel. Des. Caetano Fonseca Costa, j. em 14-5-2008.

81 "Processual Civil. Agravo no recurso especial. Ação de cobrança. Despesas condominiais anteriores à arrematação. Arrematante. Responsabilidade pelo pagamento. – O arrematante de imóvel em condomínio responde pelas cotas condominiais em atraso, ainda que anteriores à aquisição" (STJ, AgRg no REsp 682.664/RS, Terceira Turma, Rel. Ministra Nancy Andrighi, j. em 18-8-2005, *DJ* de 5-9-2005). Veja também: STJ, Resp 1.672.508-SP, Terceira Turma, Rel. Min. Paulo de Tarso Sanseverino, j. 25-6-2019, *DJe* 1º-8-2019.

82 STJ, AgInt no REsp n. 1.955.102/SP, Quarta Turma, Rel. Min. Maria Isabel Gallotti, j. em 30-9-2024.

83 STJ, REsp n. 1.914.902/SP, Primeira Seção, Rel. Min. Teodoro Silva Santos, j. em 9-10-2024.

84 Nesse sentido: "Registro de imóveis. Imóvel encravado em área maior, sem divisas e confrontações. Art. 225 da Lei de Registros Públicos. Dúvida procedente. (...) Para fim registrário, todavia, a carta de adjudicação, expedida dos autos da ação respectiva, submete-se aos princípios norteadores dos Registros Públicos, um deles o de perfeita adequação do imóvel objeto do título, aos assentos contrários existentes" (CSMSP, AC 602-0, j. 11-5-82. JACOMINO, Sérgio (Org.). Registro de imóveis: estudos de direito registral imobiliário. In: XXIII Encontro de Oficiais de Registro de Imóveis do Brasil. Fortaleza, 1996. Porto Alegre: Instituto de Registro Imobiliário do Brasil: Sergio Antonio Fabris, 1997. p. 163-164).

em tese, para a arrematação que primeiro for registrada, nunca se sabe como poderá ser julgada uma eventual ação movida por alguém que arrematou imóvel em outro processo em data anterior, mas não registrou a carta de arrematação.[85]

Dispõe o CNN/CN/CNJ-Extra (Provimento nº 149/2023), alterado pelo Provimento CNJ nº 188, de 4-12-2024:

> "Art. 320-G. No caso de arrematação, alienação ou adjudicação, a autoridade judicial que determinou tais medidas deverá, expressamente, prever o cancelamento das demais constrições oriundas de outros processos, arcando o interessado com os emolumentos devidos."[86]

No que se refere à desnecessidade de apresentação da Certidão Negativa de Débito (CND) por ocasião da emissão e registro da carta de arrematação, vide seção 5.3.

No que se refere ao pagamento de ITBI, vide seção 7.2.

2.21 USUCAPIÃO

Se o imóvel foi a certo tempo adquirido por usucapião (arts. 1.238 a 1.244 do Código Civil), o comprador deverá em primeiro lugar verificar se essa aquisição foi válida, vale dizer, se o processo que culminou na outorga da propriedade por usucapião atendeu aos requisitos legais. Na hipótese de usucapião extrajudicial, deve-se observar se os procedimentos e requisitos que deram origem à propriedade ao vendedor foram obedecidos, como veremos na seção 14.4 deste livro.

A lei não diz, mas aquisição de imóvel de proprietário que adquiriu o imóvel por meio de usucapião não é isenta de riscos. Embora a usucapião seja uma forma de

---

85 Exemplo de uma decisão no sentido da hipótese tratada, embora originária de época em que o registro da penhora não era requisito para sua validade ou eficácia: "Alienação judicial – Arrematação – Registro da respectiva carta – Imóvel, todavia, já penhorado e arrematado em processo anterior – Nulidade da segunda – Ação procedente" (1ºTACivSP. *RT* 573/134).

86 Antes do advento do Provimento nº 188/2024, havia a seguinte regra no hoje revogado Provimento CNJ nº 39, de 25-7-2014: "Art. 16. As indisponibilidades averbadas nos termos deste Provimento e as decorrentes do § 1º, do art. 53, da Lei nº 8.212, de 24 de julho de 1991, não impedem a inscrição de constrições judiciais, assim como não impedem o registro da alienação judicial do imóvel desde que a alienação seja oriunda do juízo que determinou a indisponibilidade, ou a que distribuído o inquérito civil público e a posterior ação desse decorrente, ou que consignado no título judicial a prevalência da alienação judicial em relação à restrição oriunda de outro juízo ou autoridade administrativa a que foi dada ciência da execução. Parágrafo único. Consistindo eventual exigência para o registro de alienação judicial de imóvel atingido por ordem de indisponibilidade na falta de indicação, no título, da prevalência da alienação judicial em relação à restrição oriunda de outro juízo ou autoridade administrativa a que foi dada ciência da execução, será o fato comunicado ao Juízo que expediu o título de alienação, visando sua complementação, ficando prorrogada a prenotação por 30 dias contados da efetivação dessa comunicação".

aquisição originária (ou seja, não depende da validade das aquisições pretéritas do imóvel), é possível que o antigo proprietário, que perdeu a propriedade do imóvel por usucapião, venha a pedir judicialmente a decretação da invalidade da usucapião. Nesse caso, a aquisição do comprador, que adquiriu a propriedade de vendedor que obteve o imóvel por usucapião, poderá ser prejudicada.

As aquisições anteriores à usucapião não são relevantes, razão pela qual o comprador deverá centralizar suas atenções no exame do processo de usucapião.

Deve-se verificar se existe alguma ação ou recurso contra a decisão judicial que concedeu a usucapião. Isso poderá ser detectado na certidão pessoal do vendedor que veremos na seção 3.12.

Portanto, ao se concluir que a usucapião ocorrida não poderá ser rescindida, o passo seguinte será o estudo das aquisições posteriores a ela, em conformidade com o exposto nos vários capítulos deste livro.

Para mais informações a respeito de usucapião, vide seções 1.5, 1.14, 3.14 e 14.4.

2.22 COMPRA, DOAÇÃO, PERMUTA, DOTE E DAÇÃO EM PAGAMENTO

Também estarão registradas na matrícula todas as aquisições em virtude de compra, doação, dote, permuta e dação em pagamento. Com a edição da Medida Provisória nº 1.085, de 27-12-2021, convertida na Lei nº 14.382, de 27-6-2022, passou a ser possível também o registro da promessa de compra e venda (veremos no Capítulo 8), mas também o de promessa de permuta.

Como dissemos anteriormente, regra geral, a validade da aquisição atual depende da validade das aquisições anteriores,[87] razão pela qual todas elas deverão ser estudadas, na forma disposta neste livro.

2.23 DESAPROPRIAÇÃO

Desapropriação é um instituto de direito público por meio do qual a Administração Pública obtém para si a propriedade de um bem de outrem.

A desapropriação pode ocorrer amigavelmente ou por sentença. Ela também deverá estar registrada na matrícula. Assim, o comprador que queira adquirir um imóvel que tenha sido desapropriado, ou esteja sendo objeto de ação de desapropriação, não poderá fazê-lo, salvo no caso em que a desapropriação seja para a execução

---

[87] Essa questão da "contaminação" de vícios em aquisições anteriores a prejudicar a última aquisição tem sido objeto de controvérsias nas últimas décadas. A título de exemplo: "A fraude à execução, de outro lado, caracteriza-se de forma objetiva, não dependendo de eventual má-fé das partes nem sendo afastada na hipótese de alienações sucessivas do bem" (AgInt no REsp n. 2.075.094/SP, Rel. Min. Benedito Gonçalves, j. em 13-11-2023).

de parcelamento popular, destinado às classes de menor renda, hipótese em que um lote poderá ser adquirido, na forma descrita adiante, na seção 2.26 (*Imissão provisória na posse do imóvel*).

De acordo com o art. 22, II, da Constituição Federal, a competência para legislar sobre desapropriação é privativa da União. Contudo, todas as pessoas jurídicas políticas (União, Estados, Distrito Federal e Municípios) podem desapropriar por necessidade ou utilidade pública. Os concessionários de serviços públicos e as entidades de caráter público ou que exerçam funções delegadas de poder público poderão promover desapropriações mediante autorização expressa, para fins de necessidade ou utilidade pública (não confundir a possibilidade de promover a desapropriação com a prática do ato que declara a necessidade ou utilidade pública). Para fins de reforma agrária, porém, apenas a União pode promover a desapropriação.

A desapropriação normalmente enseja o pagamento de indenização, que poderá ser em dinheiro ou não, conforme o tipo de desapropriação. A regra geral é pelo pagamento de indenização em dinheiro, prévia e justa. Há casos, porém, em que não haverá indenização, ou em que ela não será em dinheiro, mas em título da dívida pública.[88]

2.24 TRANSFERÊNCIA DE IMÓVEL PARA SOCIEDADE COMO FORMA DE INTEGRALIZAÇÃO DE COTA SOCIAL

Uma sociedade pode adquirir determinado bem por meio de compra, doação, permuta etc., mas também pode obtê-lo mediante integralização de seu capital social. Ou seja, alguém, em vez de, como se diz na linguagem popular, "entrar com dinheiro" para a composição da sociedade, "entrará com algum bem".

Essa questão era tranquila. Com o surgimento das chamadas "holding patrimoniais" (vide Capítulo 5), começaram a surgir algumas controvérsias.

O exame da validade dessa transferência de propriedade não difere do exame das demais tratadas neste livro. Deverá haver um instrumento registrado. A transferência da propriedade do bem da sociedade para terceira pessoa também deverá estar em consonância com o disposto nos vários tópicos deste livro, em especial no Capítulo 5.

Há algumas questões interessantes a respeito do tema, que veremos no Capítulo 7, no tocante à tributação ao não tributação da transferência da propriedade do imóvel para a empresa.

[88] A respeito de desapropriação, vide: SILVA, Bruno Mattos e. *Direito administrativo para concursos*. 2. ed. Belo Horizonte: Del Rey, 2008. p. 270-281.

2.25 ALIENAÇÃO FIDUCIÁRIA, CESSÃO DE CRÉDITOS IMOBILIÁRIOS, CESSÃO FIDUCIÁRIA EM GARANTIA, SECURITIZAÇÃO DE CRÉDITOS IMOBILIÁRIOS E ALIENAÇÃO FIDUCIÁRIA INCIDENTE SOBRE IMÓVEL JÁ ALIENADO FIDUCIARIAMENTE

Pode ser que conste da matrícula do imóvel registro de uma *alienação fiduciária* (seção 1.9). A inexistência de averbação que cancele esse registro significa que o imóvel é de propriedade (fiduciária) daquele que concedeu o financiamento, que é o credor fiduciário.

Há duas situações: 1) quem oferece o imóvel à venda é o devedor fiduciante, que será proprietário pleno do imóvel quando pagar todo o financiamento e proceder à averbação correspondente na matrícula do imóvel; 2) quem oferece o imóvel à venda é credor fiduciário, na hipótese de inadimplência do devedor fiduciante e consolidação da propriedade, que passa de propriedade fiduciária a propriedade plena, tal como vimos na seção 1.9.

O devedor fiduciante (antes, portanto, de ter pagado o financiamento) pode vender o imóvel (na verdade, os direitos de fiduciante) a terceira pessoa, no caso o novo comprador do imóvel, nos termos do art. 29 da Lei nº 9.514/97. Caso não tenha havido a cessão fiduciária em garantia por parte do credor fiduciário (veremos isso adiante) a solução será simples: registro da cessão de direitos do fiduciante, com expressa concordância do credor fiduciário, para o novo comprador, que deverá pagar o restante do financiamento. Após isso, deve ser obtido o termo de quitação do débito, emitido pelo credor fiduciário, e cancelado o regime fiduciário por meio de averbação na matrícula do imóvel.[89] Com isso o comprador passa a ser proprietário pleno do imóvel.

Existe algo mais complicado do que a simples alienação fiduciária do imóvel em garantia: 1) a cessão de crédito imobiliário (art. 28 da Lei nº 9.514/97); 2) a cessão fiduciária em garantia (arts. 18 e 19 da Lei nº 9.514/97),[90] ambas decorrentes do crédito de financiamento imobiliário que é objeto de cessão plena ou fiduciária para terceira pessoa (cessionário).

Até mesmo no caso da cessão fiduciária em garantia, o devedor original (devedor fiduciante),[91] que tinha adquirido o imóvel por meio de financiamento imobiliário com

---

89 Art. 32 da Lei nº 14.430, de 3-8-2022.

90 "Uma das hipóteses mais comuns de negócio fiduciário é a cessão fiduciária de crédito, para fins de garantia, de cobrança ou mesmo de compensação, todas elas largamente utilizadas no sistema financeiro. A essa modalidade de negócio aplicam-se, *mutatis mutandis*, os princípios da venda com escopo de garantia." (CHALHUB, Melhim Namem. *Alienação fiduciária:* negócio fiduciário. 7. ed. Rio de Janeiro: Forense, 2021).

91 Não confundir o devedor fiduciante (comprador do imóvel, mencionado no art. 22 da Lei nº 9.514/97) com o devedor cedente (credor fiduciário original, que financiou o imóvel e posterior-

garantia incidente sobre esse imóvel,[92] passa a ser obrigado a efetuar os pagamentos do débito ao cessionário (art. 19, IV, da Lei nº 9.514/97),[93] pessoa que recebeu do credor originário esses créditos em garantia[94] de outra dívida.[95]

A cessão fiduciária em garantia (cessão fiduciária de crédito)[96] é uma das espécies do *negócio fiduciário* que vimos na seção 1.9 deste livro.

O mesmo ocorre na hipótese em que o novo credor fiduciário (credor cessionário) adquiriu do credor fiduciário original os créditos decorrentes do financiamento imobiliário concedido (cessão de posição contratual).[97]

O pagamento do devedor fiduciário diretamente ao credor cessionário é o óbvio, pois trata-se de simples cessão de crédito.[98] Isso pode não ser tão claro na hipótese em que os créditos imobiliários, em si, não são cedidos, mas sim utilizados como lastro (garantia ou *collateral*) para outra operação de crédito, mediante a mencionada cessão fiduciária em garantia (cessão fiduciária de crédito).[99] É que nessa operação de cessão garantia, há

---

mente cedeu o crédito ou a garantia dessa operação (cessão fiduciária) para o credor fiduciário, mencionados, respectivamente, nos art. 19 e 28 da Lei nº 9.514/97).

92 Art. 17, I e IV, da Lei nº 9.514/97.

93 "Por meio da cessão, o cessionário é investido da condição de credor, com todos os poderes inerentes a este, inclusive o de valer-se de todas as ações e execuções a que o credor está legitimado, mas, recebendo o crédito, não pode apropriar-se da totalidade do produto, mas apenas do *quantum* correspondente ao seu crédito, ou retendo o produto recebido até que o devedor-cedente pague sua dívida" (CHALHUB, Melhim Namem. *Alienação fiduciária:* negócio fiduciário. 7. ed. Rio de Janeiro: Forense, 2021).

94 Art. 18 da Lei nº 9.514/97.

95 Em geral, essa dívida será de menor valor que os créditos recebidos em garantia. A diferença é chamada de garantia em excesso ou *haircut.* O maior valor da garantia faz parte da política de gerenciamento de riscos do credor, pois a garantia pode perder valor ao longo do tempo. Há operações de crédito que preveem a necessidade de o devedor conceder garantias adicionais nessa situação (*margin call*), o que também é parte do gerenciamento de riscos.

96 Arts. 18, 19 e 20 da Lei nº 9.514/97.

97 Art. 28 da Lei nº 9.514/97.

98 Arts. 286 a 298 do Código Civil.

99 A respeito da cessão fiduciária em garantia, ensina-nos o Consultor Legislativo do Senado Federal Carlos Eduardo Elias de Oliveira: "A cessão fiduciária de direito creditório é muito usual na prática. Serve como garantia em inúmeros negócios. Distingue-se da alienação fiduciária em garantia apenas por conta do objeto: nesta última, o objeto é coisa corpórea; na cessão fiduciária, o objeto é coisa incorpórea. Entendemos que a cessão fiduciária de crédito não depende de previsão legal específica. Há, porém, leis específicas que disciplinam, ainda que forma lacônica, algumas espécies de cessões fiduciárias de direito creditório. São exemplos: (1) cessão fiduciária de direitos creditórios relativos a contratos de alienação de imóvel (art. 17 da Lei 9.514/97); (2) cessão fiduciária de quota de fundo de investimento em garantia de dívida de locação urbana (art. 88, §§ 6º e 7º, Lei 11.196/2005 e art. 37, IV, da Lei 8.245/91); (3) cessão fiduciária de direito sobre coisas móveis e de títulos de crédito (art. 66-B, § 3º, Lei 4.278/1965); e (4) da cessão fiduciária de direitos creditórios do agronegócio em favor dos adquirentes de títulos de crédito

uma relação tripartite, sendo típica a seguinte situação: o comprador do imóvel passa a pagar diretamente a uma instituição financeira os valores por ele comprador devidos, ao passo que a instituição financeira vai concedendo recursos a título de financiamento para a incorporadora. Para o comprador, não há diferença alguma: ele pagará o preço do imóvel nas condições pactadas com a incorporadora. Conduto, na relação entre a instituição financeira e a incorporadora pode existir uma diferença, para mais ou para menos, entre os valores recebidos pela instituição financeira e os valores devidos pela incorporadora. Por isso, há a previsão legal de que o cessionário (a instituição financeira), no caso de cessão fiduciária em garantia, deverá devolver ao cedente (a incorporadora) o que tiver recebido do devedor fiduciante (o comprador do imóvel).

Aqui, dois parênteses: a cessão do crédito imobiliário ora tratada não se confunde com o refinanciamento imobiliário previsto nos arts. 31 e 33-A a 33-F da Lei nº 9.514/97. Vide seção 12.13. Outros direitos podem ser objeto de alienação fiduciária (não apenas a propriedade plena), a teor dos incisos do § 1º do art. 22 Lei nº 9.514/97.

O credor fiduciário pode optar por ceder seu crédito, por exemplo, a uma companhia securitizadora ou a uma instituição financeira, a teor, respectivamente, do art. 3º da Lei nº 9.514/97, dos arts. 25 e 26 da Lei nº 14.430, de 3-8-2022 e dos arts. 18 e 21 da Lei nº 10.931/2004.[100] Nesse caso poderá ter sido feita devidamente, na matrícula do imóvel, a averbação de termo de securitização de créditos[101] ou da cessão do crédito.[102] Isso significa que a garantia decorrente da alienação fiduciária do imóvel que foi objeto de cessão do crédito passa a ser um crédito cedido a terceiro e, pior, esse crédito pode ser lastro (juntamente com outros ativos), exatamente em razão da securitização, de emissões de Certificados de Recebíveis Imobiliários (CRI).[103] Esses títulos serão registrados e circularão no mercado financeiro.

Não vamos confundir o CRI com a Cédula de Crédito Imobiliário (CCI), que é emitida pelo próprio credor imobiliário. São títulos distintos, embora ambos circulem no mercado financeiro.

---

do agronegócio, como o Certificado de Direitos Creditórios do Agronegócio (CDCA), Letra de Crédito do Agronegócio (LCA) e Certificado de Recebíveis do Agronegócio (CRA) (art. 41, Lei 11.076/2004)." Disponível em: https://www.migalhas.com.br/coluna/migalhas-notariais-e--registrais/357454/cartorios-virtualizacao-e-questoes-imobiliarias-mp-1-085-21--ii. Acesso em: 5 jan. 2021. Não confundir o Certificado de Recebíveis do Agronegócio (CRA) com a Cota de Reserva Ambiental (mesma sigla), que veremos na seção 11.7.

100 Há, no direito brasileiro, outras leis que versam sobre securitização de créditos.

101 O termo de securitização de créditos imobiliários (art. 26 da Lei nº 14.430/2022) é emitido pelas companhias securitizadoras de créditos imobiliários (art. 3º da Lei nº 9.514/97), e deve ser averbado a teor do item 17 do inciso II do art. 167 da Lei nº 6.015/73.

102 A cessão do crédito imobiliário pode ser feita por meio de emissão e averbação de uma Cédula de Crédito Imobiliário (CCI), a teor do art. 18 da Lei nº 10.931/2004 e do art. 167, II, item 21, da Lei nº 6.015/73.

103 Art. 6º da Lei nº 9.514/1997, arts. 20 a 32 da Lei nº 14.430/2022.

A respeito da CCI, no âmbito da interessante discussão da *tokenização*[104] de ativos decorrentes de operações imobiliárias,[105] há uma excelente explicação da Comissão do Pensamento Registral Imobiliário do Instituto de Registro Imobiliário do Brasil (CPRI/IRIB):

> "Como já identificamos anteriormente, existe no Brasil, aproximando-se da noção de tokenização de direitos pessoais, a possibilidade de emissão de cédulas de crédito escriturais, documentos representativos de créditos custodiados em instituição financeira,[106] depositados em entidade gestora de ativos financeiros.[107] Averbada na matrícula a emissão da cédula escritural,[108] cabe à instituição custodiante identificar o credor.[109] Nesse modelo, o Registro de Imóveis é o órgão responsável pela criação e modificação dos direitos reais incidentes sobre bens imóveis – quando houver garantia imobiliária –, mas o específico controle da titularidade de um crédito – principal – garantido pelo imóvel – acessório – é realizado pela instituição custodiante.

---

[104] *Tokenização* é transformação ou "representação" de um ativo real em um ativo virtual. Dispõe o art. 3º da Lei nº 14.478, de 21-12-2022:

"Art. 3º Para os efeitos desta Lei, considera-se ativo virtual a representação digital de valor que pode ser negociada ou transferida por meios eletrônicos e utilizada para realização de pagamentos ou com propósito de investimento, não incluídos: I – moeda nacional e moedas estrangeiras; II – moeda eletrônica, nos termos da Lei nº 12.865, de 9 de outubro de 2013; III – instrumentos que provejam ao seu titular acesso a produtos ou serviços especificados ou a benefício proveniente desses produtos ou serviços, a exemplo de pontos e recompensas de programas de fidelidade; e IV – representações de ativos cuja emissão, escrituração, negociação ou liquidação esteja prevista em lei ou regulamento, a exemplo de valores mobiliários e de ativos financeiros. Parágrafo único. Competirá a órgão ou entidade da Administração Pública federal definido em ato do Poder Executivo estabelecer quais serão os ativos financeiros regulados, para fins desta Lei."

[105] Há um crescente interesse na chamada *tokenização de ativos reais*, que são conhecidos pela sigla RWA – Real World Assests (ativos do mundo real). Podemos dizer que um crédito qualquer ou mesmo certos direitos são ou podem ser um RWA. A proposta da *tokenização* é a possibilidade de transferência da titularidade de ativos (ex.: um crédito imobiliário) por meio de novas (ou não tão novas) tecnologias, como *blockchain*, ou DLT (Distributed Ledger Technology), que é um registro descentralizado ou distribuído. Trata-se da tecnologia oposta ao sistema de registro de imóveis e direitos reais incidentes sobre imóveis no Brasil, que é um sistema concentrado, tal como vimos nas seções 1.1 e 1.2 deste livro. Mas isso não obsta a transferência, por exemplo, de créditos com garantias ou lastro em imóveis, inclusive na forma de *tokens*. Um *token* pode ser um valor mobiliário ou um ativo virtual. Em tese, pode existir um valor mobiliário tokenizado ou um ativo virtual tokenizado. O que atualmente está vedado é considerar (juridicamente) valores mobiliários e ativos financeiros como ativo virtual. São categorias jurídicas distintas por força da legislação brasileira.

No que se refere à operação com *token* que venha a caracterizar operação de intermediação que objetive transferência de plena propriedade imobiliária (Lei nº 6.530, de 12-5-1978), ver Resolução COFECI nº 1.551, de 14-8-2025. Em sentido contrário à Resolução do COFECI, vide Nota Técnica nº 1/2025 do CPIRIB/IRIB (válida como doutrina).

[106] Art. 18, § 4º, da Lei nº 10.931/2004.

[107] Art. 18, § 4º-A da Lei nº 10.931/2004.

[108] Art. 18, § 5º, da Lei nº 10.931/2004.

[109] Art. 18, § 9º, da Lei nº 10.931/2004.

> Essa modalidade de controle em sistema separado, em que os direitos são constituídos pelo registro no RI, mas em que se possibilita a transmissão da titularidade do crédito em sistema separado, não ofende o sistema registral, e pode ser, de forma adequada, transformada em um sistema tokenizado. Enfatizamos: desde que o token somente represente a titularidade de um crédito vinculado a um bem imóvel, que só poderá ser transmitido por meio de cessões de crédito."[110]

O regime jurídico do CRI (inclusive a securitização dos créditos imobiliários) é também tratado pela Lei nº 14.430/2022, que revogou diversos dispositivos da Lei nº 9.514/97.

Os CRIs se tornaram uma popular opção de investimento em virtude da isenção de imposto de renda para as pessoas físicas decorrente dos rendimentos do capital, de acordo com o art. 3º, II, da Lei nº 11.033, de 21-12-2004. Contudo, no momento do fechamento desta 16ª edição, estava em vigor a Medida Provisória nº 1.303, de 11-6-2025, que estabeleceu hipóteses de tributação dos CRIs e de outros instrumentos financeiros. Além de não serem garantidos pelo Fundo Garantidor de Créditos (FGC),[111] os CRIs apresentam risco proporcional à capacidade financeira da empresa que realiza a operação imobiliária, ou operações imobiliárias. Em razão do risco, os juros pagos são um pouco mais elevados (às vezes bem mais elevados) que a média do mercado, também a depender da capacidade econômica e financeira da empresa.

Os CRIs normalmente são emitidos por uma *companhia securitizadora*, com lastro em operações imobiliárias de determinada empresa (poderá ou não ser uma incorporadora imobiliária)[112]. Essa emissão por parte da *companhia securitizadora* não é tão clara para o investidor: ele enxerga que está comprando um CRI de uma empresa que atua com operações imobiliárias, exatamente porque o que interessa é justamente a empresa imobiliária ou a operação imobiliária que serve de lastro para a emissão.

A maneira mais fácil de investir em CRI é por meio de uma corretora de valores mobiliários. Normalmente o investidor acessa o *site* da corretora ou fala com um assessor de investimentos e pode adquirir CRIs dentro da categoria "crédito

---

110 RIBEIRO DE MIRANDA, Caleb Matheus; MATUSZEWSKI MACHADO, Lorruane. *Tokenização e controle dos direitos reais imobiliários*. Parecer encaminhado ao Presidente do Operador Nacional do Sistema de Registro Eletrônico de Imóveis. São Paulo: IRIB, 2025.

111 O FGC é formado pelo recebimento de um pequeno percentual de determinadas operações financeiras. No final de 2024, houve um certo receio no Mercado de que algumas instituições financeiras de menor porte e de menor credibilidade estavam emitindo títulos com juros muito altos, exatamente porque o investidor confiava no FGC e aplicava nesses títulos sem qualquer receio. O problema seria alguma dessas instituições financeiras deixar de honrar suas dívidas, criando um "efeito cascata" ("risco sistêmico"), em magnitude tal que o FGC não teria recursos suficientes para cobrir todos os prejuízos. Nesse caso, o Governo teria de intervir – utilizando recursos públicos, mediante algum tipo de nova dotação orçamentária – o que seria algo caótico e devastador para a economia do Brasil no curto prazo.

112 Vide Resolução CMN nº 5.118, de 1º-2-2024.

privado".[113] Os CRIs oferecidos no mercado ao público pelas corretoras são valores mobiliários.[114]

Isso pode gerar uma certa confusão porque embora se chame "crédito privado", uma vez que são emitidos por empresas privadas, a emissão e negociação no mercado dos CRIs é aberta ao público em geral (no mercado financeiro, é chamada de "negociação pública"), estando sujeitas às regras da Comissão de Valores Mobiliários (CVM). É possível a emissão *privada* de títulos lastreados em créditos imobiliários, fora do *mercado de valores mobiliários*,[115] mas essa operação não pode ser oferecida ao *público* investidor em geral (por isso é chamada de *privada*).

Embora emitidos por uma *companhia securitizadora*, o investidor verá as ofertas de CRIs das empresas que operam no ramo imobiliário (na maioria, incorporadoras). E é assim porque o relevante não é qual é a "companhia securitizadora", mas sim qual é a empresa cujos empreendimentos são o lastro do CRI. Em termos meramente econômicos, a *companhia securitizadora* é apenas um intermediário financeiro entre o investidor e a empresa que opera no ramo imobiliário.

Outra confusão comum é chamar os CRIs de "renda fixa". O valor de mercado de um CRI e os valores de juros pagos pelos CRIs flutuam no mercado, da mesma forma que os valores de outros ativos (exemplos: ações, ouro, boi, soja, moeda estrangeira) também flutuam.

Na verdade, o preço de imóvel "de verdade" (físico, real, existente) também flutua, embora exista a impressão de que ele "sempre sobe". A tendência de valorização (real) existe, além da chamada "valorização nominal" expressa em moeda corrente (R$) em razão do fenômeno inflacionário. A aquisição de imóvel (físico), a despeito da deterioração (física), é uma tradicional forma de proteção do capital

---

113 É possível a aquisição de CRIs, por meio da corretora, no *mercado primário* (na hipótese em que a aquisição se dará por ocasião da oferta e emissão dos títulos pela empresa) ou no *mercado secundário* (aquisição do título de propriedade de outro investidor), que no caso de CRIs é atualmente por meio de uma corretora de valores mobiliários (no passado, chamado de "mercado de balcão").

114 Art. 2º da Lei nº 6.385, de 7-12-1976.

115 A melhor definição do que seja *mercado de valores mobiliários* (expressão ainda constante do art. 4º da Lei nº 6.404, de 15-12-1976), estava na já revogada Instrução CVM nº 461, de 23-10-2007. Assim, vamos entender para fins didáticos que o *mercado de valores mobiliários* compreende as compras e vendas de valores mobiliários (ex.: CRI) diretamente na corretora de valores mobiliários ou por meio de uma corretora de valores mobiliários na Bolsa de Valores. Não vamos confundir o *mercado de valores mobiliários* (que abrange também o mercado de balcão, em inglês, *over the counter – OTC*) com o mercado organizado de valores mobiliários, cuja definição está no inciso VII do art. 2º da Resolução CVM 135/2022. Nessa norma há menções a *mercado de valores mobiliários* (expressão da Lei nº 6.404/1976), mas no art. 2º, VIII, é utilizada a expressão *mercados regulamentados de valores mobiliários*. Há um erro de técnica: ou utiliza-se a expressão *mercado de valores mobiliários* (que abrange o *mercado organizado de valores mobiliários* e o *mercado de balcão*) ou a expressão *mercado regulamentado de valores mobiliários*.

contra a inflação, além de poder ser um investimento destinado ao recebimento de aluguéis ou com expectativa de valorização (hipótese em que o investimento começa a ganhar contornos especulativos).

É possível a venda dos CRIs ("crédito privado" sujeito à "negociação pública", que é a hipótese usual), por meio da mesma corretora, antes do vencimento. Em geral, essa operação não é vantajosa por causa do deságio, a depender da liquidez do título. Normalmente o investidor comum compra os CRIs e vai recebendo juros periódicos (às vezes também amortizações) até o vencimento do título, que poderá (ou não) estar atrelado a índice inflacionário (ex.: IPCA).

Os também populares Fundos de Investimentos Imobiliários (FII) podem ser lastreados em CRIs. Eles são chamados de "fundos de papel" porque os ativos desses fundos são justamente valores mobiliários lastreados em operações imobiliárias. No início, os FIIs eram baseados na aquisição física de imóveis com objetivo de auferir ganhos por meio de locação. Quando o lastro dos FII são imóveis físicos, eles são chamados de "fundos de tijolo". O primeiro FII lançado no Brasil foi baseado na aquisição de um imóvel para locação da Caixa Econômica Federal. Obviamente os FIIs apresentam riscos, não só em razão dos ativos que os compõem, mas também porque a capacidade de o gestor fazer boas aquisições para o fundo é crucial. Além disso, os FIIs não contam com a proteção do FGC.[116]

Há FIIs com negociação na bolsa de valores (a única bolsa de valores em funcionamento no Brasil é a B3, antiga Bovespa) e outros só em determinadas corretoras de valores mobiliários. Os rendimentos pagos pelos FIIs também são isentos de imposto de renda da pessoa física (de acordo com o art. 3º, III, da Lei nº 11.033, de 21-12-2004), mas a venda das quotas poderá ser tributada como ganho de capital, se houver.

Na teoria, a securitização de créditos imobiliários não deveria ser óbice à aquisição de imóvel que garante os títulos por ela emitidos. Na prática, a questão não é tão simples. Pode ser um tanto difícil para um juiz que não seja especialista em securitização de créditos apreciar eventual litígio envolvendo esse tema, com resultados imprevisíveis.

Assim, caso exista averbação de termo de securitização de créditos imobiliários[117] ou cessão fiduciária de direitos relativos a imóveis,[118] (nos termos da Lei nº 9.514/97 ou da Lei nº 10.931/2004), a aquisição do imóvel afigura-se mais complicada e somente deverá ser feita com cautelas ainda maiores que as usuais.

A Lei nº 14.382, de 27-6-2022, incluiu o item 35 ao inciso II do art. 167 da Lei de Registros Públicos, estabelecendo que é possível a averbação de cessão de crédito ou a sub-rogação de dívida "decorrentes de transferência do financiamento com garantia

---

116 No momento de fechamento desta 16ª edição, o Fundo Garantidor de Créditos (FGC) estava sendo amplamente noticiado na mídia em razão dos problemas envolvendo o *Banco Master*.

117 Art. 167, II, item 17 da Lei nº 6.015/73.

118 Art. 167, II, item 8 da Lei nº 6.015/73.

real sobre imóvel, nos termos do disposto no Capítulo II-A da Lei nº 9.514, de 20 de novembro de 1997".

A Lei nº 14.711, de 30-10-2023 (conhecida como Marco das Garantias) incluiu o item 37 para prever a averbação "da extensão da garantia real à nova operação de crédito, nas hipóteses autorizadas por lei". Essa nova operação de crédito, teoricamente, terá como garantia o imóvel que já está onerado, por isso é caso de averbação, e não de registro.

Contudo, a principal novidade do Marco das Garantias foi a possibilidade de alienação fiduciária em imóvel já alienado fiduciariamente. É a mesma lógica de uma hipoteca incidente sobre imóvel já hipotecado (chamada de "hipoteca de segundo grau").[119]

Por via de consequência, o Marco das Garantias estabeleceu que a nova alienação fiduciária deve ser objeto de novo *registro* na matrícula do imóvel, na forma genérica "de outros negócios jurídicos de transmissão do direito real de propriedade sobre imóveis ou de instituição de direitos reais sobre imóveis",[120] de modo a poder também abranger outras situações jurídicas.

Portanto, para a aquisição de imóvel que foi objeto de qualquer desses atos jurídicos, será necessário "livrar" o imóvel de todos esses gravames. Isso somente ocorrerá quando for averbado na matrícula do imóvel o cancelamento de todos os registros que onerem o imóvel. Para tanto, recomenda-se mais do que cautela, bem como a orientação de um advogado especializado no tema.

2.26 IMISSÃO PROVISÓRIA NA POSSE DO IMÓVEL

Uma interessante novidade trazida pela Lei nº 9.785, de 29 de fevereiro de 1999, que introduziu o item 36 no art. 167, I, da Lei de Registros Públicos, consiste na possibilidade de ser registrada imissão na posse provisória de imóvel, quando concedida à União, aos Estados, ao Distrito Federal, aos Municípios ou às suas entidades delegadas.

Até o advento da Medida Provisória nº 514, de 1º-12-2010, convertida na Lei nº 12.424, de 16-6-2011, essa possibilidade era restrita à hipótese de ocorrência de desapropriação efetuada pelo poder público destinada à execução de parcelamento urbano para as classes de menor renda. Como essa expressão ("execução de parcelamento urbano para as classes de menor renda") foi excluída, a conclusão é a de que, como regra geral, qualquer imissão provisória na posse concedida às entidades estatais mencionadas poderá ser registrada.

Assim, antes mesmo do final do processo de desapropriação, o expropriante poderá ingressar na posse do imóvel, devendo registrar sua imissão provisória nessa posse.

---

119 Essas operações foram regulamentadas pela Resolução CMN nº 5.197, de 19-12-2024, ao alterar a Resolução CMN nº 4.676, de 31-7-2018.

120 Esse *registro* está previsto no item 48 do inciso I do art. 167 da Lei de Registros Públicos (LRP), incluído pela Lei nº 14.711/2023.

Assim, caso exista o registro dessa imissão *provisória* na posse, significa que o imóvel foi ou está sendo objeto de desapropriação.

Caso o objetivo seja a realização de um parcelamento popular, a Lei nº 9.785/99 determinou a possibilidade da *cessão* dessa específica *posse provisória*, por meio de instrumento particular, por parte do expropriante, ao dar nova redação ao art. 26, § 3º, da Lei nº 6.766/79, que, por sua vez, foi alterado pela Lei nº 14.620, de 13-7-2023 (Nova Lei do Minha Casa, Minha Vida):

> "§ 3º Admite-se a cessão da posse em que estiverem provisoriamente imitidas a União, os Estados, o Distrito Federal, os Municípios e suas entidades delegadas, o que poderá ocorrer por instrumento particular, ao qual se atribui, no caso dos parcelamentos populares, para todos os fins de direito, caráter de escritura pública, não se aplicando a disposição do art. 108 da Lei nº 10.406, de 10 de janeiro de 2002 (Código Civil)."

O instrumento particular de cessão poderá ser registrado na matrícula do imóvel, a teor do item 36, incluído pela Lei nº 9.785/99 ao inciso I do art. 167 da Lei nº 6.015/73.

Ademais, essa posse provisória poderá ser dada em garantia de financiamento imobiliário, conforme disposto no art. 26, § 4º, da lei nº 6.766/79.[121]

Ao final do processo de desapropriação, com o registro da sentença transitada em julgado que fixar o valor da indenização destinada ao expropriado, a posse provisória do ente público-expropriante se transformará automaticamente (*ex lege*) em propriedade. Por força desse mesmo registro, a cessão dessa posse provisória ao particular se converterá em compromisso de compra e venda, caso ele tenha obrigações a cumprir, ou em compra e venda, caso ele já tenha pagado todo o preço ao expropriante e cumprido as demais obrigações contratadas, a teor do disposto no art. 26, § 5º:

> "§ 5º Com o registro da sentença que, em processo de desapropriação, fixar o valor da indenização, a posse referida no § 3º converter-se-á em propriedade e a sua cessão, em compromisso de compra e venda ou venda e compra, conforme haja obrigações a cumprir ou estejam elas cumpridas, circunstâncias que, demonstradas ao Registro de Imóveis, serão averbadas na matrícula relativa ao lote."

Assim, o registro da sentença, quando importar na transformação do contrato de cessão, registrado na matrícula, em compra e venda, ocasionará transferência da propriedade do imóvel.

Mesmo o cessionário que não tiver pagado todo o preço no momento do registro da sentença irá obter a propriedade do lote sem necessidade de recebimento ou registro de escritura pública, quando cumprir essa obrigação e proceder a sua averbação no cartório imobiliário, nos termos do § 6º do mesmo artigo:

---

121 "§ 4º A cessão da posse referida no § 3º, cumpridas as obrigações de cessionário, constitui crédito contra o expropriante, de aceitação obrigatória em garantia de contratos de financiamentos habitacionais."

> "§ 6º Os compromissos de compra e venda, as cessões e as promessas de cessão valerão como título para o registro da propriedade do lote adquirido, quando acompanhados da respectiva prova de quitação."

Assim, na hipótese de se desejar comprar um lote que teve origem em parcelamento popular, destinado às classes de menor renda, com registro de posse provisória prevista pelo art. 167, I, 36, da Lei de Registros Públicos, é preciso verificar se consta registro de cessão da posse provisória desse lote, por parte do expropriante a terceiro. Evidentemente, somente será possível adquirir o lote diretamente do Poder Público (expropriante) caso não exista esse registro.

Note-se que, se inexistir o registro da sentença de desapropriação, o comprador somente poderá adquirir, mediante contrato de cessão, a posse provisória do lote. Essa posse – obtida diretamente do expropriante – poderá ser registrada e se transformará em propriedade com o pagamento do preço e registro da sentença, conforme vimos.

A aquisição dessa posse, a princípio, apresenta bom grau de segurança jurídica, pois a desapropriação para implantação de parcelamento popular é irreversível,[122] além de ser forma originária de aquisição de propriedade. A segurança jurídica decorre também da própria sistemática instituída pela nova lei, no tocante à conversão automática da posse provisória em propriedade. Se o comprador cumprir devidamente as obrigações previstas no contrato de cessão, guardando os recibos e procedendo aos devidos registros no cartório imobiliário, deverá ele adquirir a propriedade do imóvel sem maiores problemas.

Se já ocorreu registro de sentença do processo de desapropriação, mas não há registro anterior de cessão da posse ou posterior de compra e venda ou de compromisso de compra e venda, poderá ser celebrado com o expropriante contrato de compra e venda ou compromisso de compra e venda. Pelas razões acima, também é uma aquisição segura.

Caso, porém, o vendedor do imóvel não seja o expropriante, mas sim alguém que obteve a posse provisória do imóvel, será necessário adotar os procedimentos para a regularização da cessão e da conversão em propriedade nos termos do § 6º do art. 26. Deve-se verificar especialmente a questão da existência de dívida ou da quitação do valor do imóvel perante o Poder Público expropriante.

2.27 DIREITO DE SUPERFÍCIE

O *direito de superfície* está previsto nos arts. 21 a 24 do Estatuto da Cidade (Lei nº 10.257, de 10-7-2001) para os imóveis urbanos e nos arts. 1.369 a 1.377 do atual Código Civil para os imóveis urbanos e rurais.

De acordo com o art. 21, § 1º, do Estatuto da Cidade, o direito de superfície consiste no direito de *utilização* de imóvel (solo, subsolo e espaço aéreo), nos termos que

---

122 Diz o art. 5º, § 3º, do Decreto-lei nº 3.365, de 21-6-1941, em sua redação dada pela Lei nº 9.785/99: "§ 3º Ao imóvel desapropriado para implantação de parcelamento popular, destinado às classes de menor renda, não se dará outra utilização nem haverá retrocessão."

for contratado pelo proprietário do imóvel com o *superficiário*, que é o beneficiário do direito de superfície, e nos limites permitidos pela legislação urbanística. Já de acordo com o art. 1.396 do atual Código Civil,[123] o objeto do direito de superfície consiste no direito de *construir ou plantar*.

Diante disso, há afirmações de que o imóvel rural construído não poderá ser objeto de direito de superfície,[124] mas o terreno urbano poderia conter construção.[125]

Há entendimento no sentido de que "O direito de superfície abrange o direito de utilizar o solo, o subsolo ou o espaço aéreo relativo ao terreno, na forma estabelecida no contrato, admitindo-se o direito de sobrelevação, atendida a legislação urbanística".[126]

Em regra, perderá o proprietário o direito de utilizar o imóvel, pois a outorga para a utilização ao superficiário será feita com exclusividade.

O art. 21 do Estatuto da Cidade afirma que o direito de superfície pode ter prazo determinado ou indeterminado; já o art. 1.369 do atual Código Civil afirma que o prazo deve ser determinado. É de se concluir, portanto, que para imóveis rurais o direito de superfície deve ser sempre determinado. Seja como for, não pode o direito de superfície ser perpétuo, de acordo com a doutrina.[127]

Não se confunde o direito de superfície com o usufruto, pois o direito de superfície pode ser transmissível a terceiros (ou seja, pode ser vendido) e aos herdeiros, se o contrato não vedar, ao contrário do que ocorre com o usufruto, para o qual não existe essa possibilidade; nem com a enfiteuse, pois a venda do direito de superfície não gera para o proprietário direito ao laudêmio; nem com a locação, pois em regra a alienação do imóvel locado extingue o direito do locador sobre o imóvel (exceto na hipótese descrita no item 2.3), uma vez que o direito do locatário é apenas um direito pessoal, ao passo que o direito do superficiário é real.[128]

---

[123] "Art. 1.369. O proprietário pode conceder a outrem o direito de construir ou de plantar em seu terreno, por tempo determinado, mediante escritura pública devidamente registrada no Cartório de Registro de Imóveis."

[124] "Entendemos que imóvel edificado não poderá ser sujeito ao direito de superfície" (OLIVEIRA, Regis Fernandes de. *Comentários ao Estatuto da Cidade*. São Paulo: Revista dos Tribunais, 2002. p. 70).

[125] "Não se pense que é apenas o terreno que pode ser objeto do direito em tela. Pode nele haver construção. É irrelevante" (OLIVEIRA, Regis Fernandes de. *Comentários ao Estatuto da Cidade*. São Paulo: Revista dos Tribunais, 2002. p. 69).

[126] Enunciado nº 568, aprovado pela VI Jornada de Direito Civil, realizada nos dias 11 e 12 de março de 2013 pelo Conselho da Justiça Federal (válido como doutrina).

[127] LIMA, Frederico Henrique Viegas de. O direito urbanístico contido no Estatuto da Cidade. In: LIMA, Frederico Henrique Viegas de. *Registro de imóveis*: estudos de direito registral imobiliário XXVIII Encontro de Oficiais de Registro de Imóveis do Brasil Foz do Iguaçu/2001. Porto Alegre: Sergio Antonio Fabris Editor, 2003. p. 315.

[128] Direitos reais têm eficácia *erga omnes* (contra todos), são os direitos válidos em face de todas as pessoas, em oposição aos direitos *pessoais*, que são válidos em face apenas de uma pessoa ou

A constituição do direito de superfície é feita por meio do registro de escritura pública com esse objeto no cartório imobiliário. A possibilidade de registro da escritura pública de constituição do direito de superfície decorre da alteração do art. 167, I, da Lei de Registros Públicos, pelo art. 56 do Estatuto da Cidade, que incluiu o item nº 39 no rol dos atos registráveis. Assim, se um imóvel for objeto de direito de superfície, constará da certidão do imóvel.

O comprador de imóvel objeto de direito de superfície deve verificar o teor da escritura pública que tiver sido registrada, pois ela regerá os direitos do proprietário e do superficiário, nos termos do Estatuto da Cidade e/ou do atual Código Civil. Normalmente, o comprador terá interesse em adquirir o direito do superficiário. Por isso, é preciso verificar o contrato (escritura registrada) do proprietário com o superficiário, de modo que o comprador saberá se existe possibilidade de aquisição do direito de utilização do imóvel e em que termos. Não será uma compra e venda, mas uma aquisição de direitos de superficiário. Evidentemente, deve o adquirente tomar as demais cautelas previstas ao longo deste livro.

Cautela interessante consiste em verificar se o superficiário praticou qualquer ato passível de extinção do direito de superfície, pois tanto o Estatuto da Cidade como o atual Código Civil preveem hipóteses de extinção do direito de superfície antes do prazo previsto.[129] Como o direito do adquirente do direito de superfície de um superficiário depende do direito desse superficiário, poderá o proprietário obter judicialmente a extinção do direito de superfície em razão de ato praticado por esse superficiário.[130]

Se o direito de superfície tiver sido concedido por prazo determinado, pode não ser bom negócio para o comprador adquirir o direito de superfície do superficiário. Poderá ser mais vantajoso comprar o imóvel do proprietário e aguardar o término do prazo para restar com a propriedade livre e desembaraçada do imóvel. Além disso, pode existir a possibilidade de o superficiário ser indenizado pelas benfeitorias introduzidas no imóvel (exemplo: construção ou ampliação de uma casa), caso isso conste

---

de pessoas determinadas. É registro do direito de superfície na matrícula do imóvel que lhe dá a natureza de direito real, oponível contra todas as pessoas.

129 Estatuto da Cidade: "Art. 23. Extingue-se o direito de superfície: (...) II – pelo descumprimento das obrigações contratuais assumidas pelo superficiário."

Código Civil: "Art. 1.374. Antes do termo final, resolver-se-á a concessão se o superficiário der ao terreno destinação diversa daquela para que foi concedida."

130 Questão interessante: se inexistir ação judicial do proprietário contra o superficiário em curso, a alienação do direito de superfície faz perecer o direito do proprietário em retomar o imóvel? Como ainda não há jurisprudência pacífica a esse respeito, deve o adquirente verificar se o superficiário praticou qualquer ato que possa ensejar ao proprietário o direito de pedir a extinção do direito de superfície. Se já existir ação judicial, a questão é clara: o novo superficiário sofrerá os efeitos da decisão judicial, a teor do art. 109, § 3º, do CPC/2015 (corresponde ao art. 42, § 3º, do Código de Processo Civil/73), tal como será visto na seção 3.1.

do contrato de outorga do direito de superfície (possibilidade prevista no art. 24 do Estatuto da Cidade e no art. 1.375 do atual Código Civil).

Como se vê, é importantíssimo estudar os termos do contrato de outorga do direito de superfície do caso concreto!

Por fim, aspecto jurídico importante do direito de superfície é a existência do direito de preferência do superficiário e do proprietário na hipótese de alienação do imóvel ou do direito de superfície, a teor do art. 22 do Estatuto da Cidade e do art. 1.373 do atual Código Civil. Ver, assim, as cautelas pertinentes previstas nos itens 1.3 e 2.3.

2.28 CONCESSÃO DE USO ESPECIAL PARA FINS DE MORADIA E AUTORIZAÇÃO DE USO PARA FINS COMERCIAIS

Um imóvel de propriedade do Poder Público não poderá ser adquirido por usucapião,[131] mas, de acordo com a Medida Provisória (MP) nº 2.220, de 4-9-2001,[132] poderá ser objeto de concessão de uso especial para fins de moradia, passível de registro no cartório imobiliário.

A *concessão de uso especial para fins de moradia* estabelecida pelo art. 1º da MP nº 2.220/2011, alterada pela Lei nº 13.465/2017, consiste na concessão de um direito incidente sobre imóveis públicos com área de até 250 m² (duzentos e cinquenta metros quadrados) situados em região urbana para as pessoas que estivessem em sua *posse* por período igual ou superior a 5 (cinco) anos até o dia 22 de dezembro de 2016 e os utilizassem com finalidade residencial e não fossem proprietários ou concessionários de outro imóvel urbano ou rural.

Se, por um lado, o § 3º do art. 183 da Constituição Federal determina que a *propriedade* de imóveis públicos não pode ser adquirida por usucapião, a MP nº 2.220/2001 estabelece a aquisição de um direito outro, que será adquirido pela utilização ininterrupta e pacífica por lapso temporal definido: é a *concessão de uso especial para fins de moradia.*

A MP nº 2.220/2001, em seu art. 2º, prevê também a concessão *coletiva* do direito de uso especial para fins de moradia, para a população de baixa renda, nas hipóteses em que não é possível identificar os terrenos ocupados por cada pessoa, em área superior a 250 m² (duzentos e cinquenta metros quadrados). Nessa hipótese, cada ocupante terá direito a uma fração ideal da área ocupada. O objetivo da concessão de uso especial coletiva, evidentemente, é regularizar a situação das comunidades desfavorecidas ("favelas"). De acordo com a redação dada a esse dispositivo pela Lei nº 13.465/2017,

---

131 Voltaremos ao tema da usucapião de bens públicos na seção 14.1.

132 A MP nº 2.220/2001 está em vigor com força de lei, sem necessidade de ser reeditada, por força do art. 2º da Emenda Constitucional nº 32, de 11-9-2001, que dispôs que "as medidas provisórias editadas em data anterior à da publicação desta emenda continuam em vigor até que medida provisória ulterior as revogue explicitamente ou até deliberação definitiva do Congresso Nacional".

também a ocupação que enseja a concessão de uso especial coletiva deve ter existido até 22 de dezembro de 2016.

Detalhe: os arts. 1º, tanto da MP nº 2.220/2001 como da Lei nº 13.465/2017, usam o termo "posse"; já os arts. 2º, também em ambas as normas, utilizam o termo "ocupação". Em direito civil, posse e ocupação não são expressões sinônimas: para a configuração de ocupação são exigidos menos requisitos do que para a configuração de posse (vide seções 1.14 e 2.36, nas quais a controvertida questão da natureza da posse é debatida).

A concessão de uso especial para fins de moradia não é uma "benesse" da Administração Pública, mas um direito que deve ser conferido a todos os que preencherem os requisitos exigidos pela MP nº 2.220/2001.

O possuidor (ocupante) deverá solicitar o título de concessão de uso especial para fins de moradia ao órgão competente da Administração Pública, que terá o prazo de 12 (doze) meses para apreciá-lo. Se a Administração indeferir o pedido ou não o apreciar, o possuidor poderá mover ação judicial para obtê-lo.

Obtido o título, o possuidor deverá registrá-lo no cartório imobiliário competente para o registro dos imóveis da localidade. O art. 15 da MP nº 2.220/2001 alterou o inciso I do art. 167 da Lei nº 6.015/73 para possibilitar o registro desse título.

A concessão de especial para fins de moradia não é direito tão forte quanto a enfiteuse (aforamento), mas é muito melhor que as formas de ocupação descritas nas seções 1.11 e 2.36.

Aspecto interessante da concessão de uso especial para fins de moradia é a possibilidade de aquisição por ato *inter vivos* ou *causa mortis*. Isto é, a concessão de uso especial para fins de moradia pode ser vendida, doada, trocada e herdada, tal como expressamente dispõe o art. 7º da MP nº 2.220/2001. O título de transferência da concessão de uso especial também poderia, em tese, ser registrado no cartório imobiliário, na matrícula do imóvel, embora isso não tenha ficado claro no texto da norma, como veremos adiante.

Quem pretender adquirir um imóvel que é objeto de concessão de uso especial para fins de moradia não irá, evidentemente, obter a propriedade do imóvel, mas apenas um direito à concessão do direito especial para fins de moradia. O candidato a adquirente deve certificar-se, inicialmente, da existência de registro, no cartório imobiliário, do título de concessão de uso especial para fins de moradia, além das demais cautelas descritas neste livro.

O art. 8º da MP nº 2.220/2001 prevê a extinção do direito de uso especial para fins de moradia em duas hipóteses: caso o concessionário adquira outro imóvel urbano ou rural; e caso o concessionário dê ao imóvel destinação diversa da moradia para si ou para sua família. Portanto, a pessoa que é titular da concessão de uso especial para fins de moradia somente pode morar ou deixar sua família morar no imóvel e não pode adquirir outro imóvel, sob pena de perder o direito à concessão.

Cautelas adicionais àquele que pretende adquirir imóvel objeto de concessão de uso especial para fins de moradia consiste em verificar se o concessionário é proprietário ou concessionário de outro imóvel – caso assim o seja, a primeira concessão estaria extinta (art. 8º, II) e a segunda seria nula (art. 1º) –, bem como verificar se o concessionário ou sua família moram no imóvel, pois, caso assim não seja, a concessão estaria extinta (art. 8º, I) e, portanto, não poderá ser transmitida. Nessas hipóteses, contudo, será possível ao adquirente sustentar, como defesa de seu direito, que a extinção da concessão dependeria de *averbação*, pois, enquanto o registro não for cancelado, ele é válido e produz efeitos, tal como previsto no art. 252[133] da Lei de Registros Públicos. A MP nº 2.220/2001 prevê expressamente a averbação da extinção da concessão no parágrafo único do art. 8º.

A MP nº 2.220/2001 prevê ainda a possibilidade de o Poder Público conceder *autorização de uso* na hipótese de utilização comercial. O art. 9º prescreve a faculdade de o Poder Público dar *autorização de uso* àquele que, até 22 de dezembro de 2016, possuiu como seu, por cinco anos, ininterruptamente e sem oposição, até 250 m² de imóvel público situado em área urbana, utilizando-o para fins comerciais.

Essa *autorização de uso* para fins comerciais não é um direito do possuidor, mas uma faculdade do Poder Público, que poderá concedê-la ou não.

Não está claro na MP nº 2.220/2001 se essa autorização pode ser transferida a terceiro pelo autorizado. Com efeito, o § 3º do art. 9º afirma que se aplica à *autorização de uso* o disposto nos arts. 4º e 5º da MP nº 2.220/2001. A expressa possibilidade de transferência da *concessão de uso especial para fins de moradia*, tal como vimos no item anterior, encontra-se no art. 7º, que parece inaplicável à autorização de uso para fins comerciais.

Não está claro se a *autorização de uso* consiste em um direito real, pois não está claro se ela pode ser registrada no cartório imobiliário. De acordo com a nova redação do inciso I do art. 167 da Lei nº 6.015/73, dada pelo art. 15 da MP nº 2.220/2001, restou contemplada a possibilidade de registro na matrícula do imóvel da concessão de uso especial para fins de moradia (inclusão do item nº 37) e do "contrato de concessão de direito real de uso de imóvel público" (inclusão do item nº 40), que veremos na seção 2.29.

Portanto, se na certidão do imóvel constar a existência de um "contrato" de concessão ou de autorização de uso para fins comerciais, incidente sobre imóvel público, é porque se entendeu que a autorização de uso concedida pelo Poder Público com fundamento no art. 9º da MP nº 2.220/2001 conferiu a alguém um direito real de utilização de imóvel público. Disso necessariamente não decorre, pelos motivos mencionados, a possibilidade de "concessionário" ou "autorizado" poder alienar ou transferir o direito de uso concedido ou autorizado incidente sobre o imóvel.

É bem possível que a intenção do legislador, ao editar a Medida Provisória nº 2.220/2001 não tenha sido a de criar *dois* institutos jurídicos – concessão de uso especial

---

133 "Art. 252. O registro, enquanto não cancelado, produz todos os seus efeitos legais ainda que, por outra maneira, se prove que o título está desfeito, anulado, extinto ou rescindido."

para fins de moradia e autorização de uso comercial –, mas um único instituto – concessão de uso especial – para o qual poderia ser conferida autorização para utilização conjunta de moradia e comércio. É muito comum a utilização do imóvel como residência e como local de trabalho, com pequenos negócios.[134] Contudo, a redação do art. 9º não é clara o suficiente para que se possa concluir isso com segurança.

No que se refere à *cessão* da concessão de uso especial para fins de moradia, pode parecer absurda a ideia de que a MP nº 2.220/2001 previu expressamente a possibilidade da cessão da concessão – art. 7º –, mas não estabeleceu expressamente a possibilidade do registro – art. 15 – dessa cessão. Será que a ideia da norma é fazer com que toda cessão de concessão de uso especial para fins de moradia tenha de passar pelo crivo da Administração, vale dizer, o cessionário teria de obter da Administração outro termo de concessão de uso especial para fins de moradia (que é registrável, item 37 do art. 167, I, da Lei de Registros Públicos)?

Como se vê, a norma não é clara a respeito dos contornos desse(s) instituto(s). Trata-se de mais outra medida provisória editada às pressas (entre o veto aos arts. 15 a 20 do Estatuto da Cidade, que tratavam da matéria, e a edição da MP nº 2.220/2001 decorreram menos de dois meses). É preciso aguardar que nova norma disponha sobre a questão ou que a jurisprudência (quando pacificada) resolva de forma precisa todas as indagações que ora surgem no tocante a essa *autorização de uso* prevista no art. 9º da MP nº 2.220/2001 e no tocante à possibilidade de registro de um contrato *de cessão* da concessão de uso especial para fins de moradia.

Infelizmente, a Medida Provisória nº 514, de 1º-12-2010, convertida na Lei nº 12.424, de 16-6-2011, poderia ter corrigido esse problema: em vez de ter previsto a averbação da extinção da concessão de uso especial para fins de moradia e da concessão de direito real de uso, mediante inclusão dos itens 28 e 29 ao inciso II do art. 167 da Lei de Registros Públicos (o que já estava contemplado no item 2 do mesmo dispositivo), poderia ter previsto o registro ou averbação das cessões. Também a MP nº 759/2016, convertida na Lei nº 13.465/2017, silenciou a respeito dessa questão.

2.29 CONCESSÃO DE DIREITO REAL DE USO DE IMÓVEL PÚBLICO OU PARTICULAR

A concessão de direito real de uso de bem imóvel foi prevista no art. 7º do Decreto-lei nº 271, de 28-2-1967, e tinha por objeto a concessão de terrenos para fins

---

[134] "No art. 9º, é facultado ao poder público autorizar o uso de imóvel público para fins comerciais. Do ponto de vista urbanístico, essa medida contribui para corrigir a legislação urbanística que se refere ao uso habitacional exclusivo, impedindo o frequentemente necessário uso comercial e de serviços sem os quais a habitação não se realiza satisfatoriamente. Além de condenar os pequenos negócios à ilegalidade, a legislação funcionalista do residencial exclusivo dificulta as oportunidades de geração de renda, tão fundamentais nas comunidades de baixa renda" (MARICATO, Herminia. O que fazer com a cidade ilegal? *Revista de Direito Imobiliário*, nº 52, ano 25, jan.-jun. 2002. São Paulo: Revista dos Tribunais, p. 30).

de urbanização, industrialização, edificação, cultivo da terra, ou outra utilização de interesse social. Posteriormente, a Lei nº 11.481, de 31-5-2007, ampliou um pouco esse alcance, dando a seguinte redação ao dispositivo:

> "Art. 7º É instituída a concessão de uso de terrenos públicos ou particulares remunerada ou gratuita, por tempo certo ou indeterminado, como direito real resolúvel, para fins específicos de regularização fundiária de interesse social, urbanização, industrialização, edificação, cultivo da terra, aproveitamento sustentável das várzeas, preservação das comunidades tradicionais e seus meios de subsistência ou outras modalidades de interesse social em áreas urbanas.
>
> § 1º A concessão de uso poderá ser contratada, por instrumento público ou particular, ou por simples termo administrativo, e será inscrita e cancelada em livro especial.
>
> § 2º Desde a inscrição da concessão de uso, o concessionário fruirá plenamente do terreno para os fins estabelecidos no contrato e responderá por todos os encargos civis, administrativos e tributários que venham a incidir sobre o imóvel e suas rendas.
>
> § 3º Resolve-se a concessão antes de seu termo, desde que o concessionário dê ao imóvel destinação diversa da estabelecida no contrato ou termo, ou descumpra cláusula resolutória do ajuste, perdendo, neste caso, as benfeitorias de qualquer natureza.
>
> § 4º A concessão de uso, salvo disposição contratual em contrário, transfere-se por ato *inter vivos*, ou por sucessão legítima ou testamentária, como os demais direitos reais sobre coisas alheias, registrando-se a transferência.
>
> § 5º Para efeito de aplicação do disposto no *caput* deste artigo, deverá ser observada a anuência prévia:
>
> I – do Ministério da Defesa e dos Comandos da Marinha, do Exército ou da Aeronáutica, quando se tratar de imóveis que estejam sob sua administração; e
>
> II – do Gabinete de Segurança Institucional da Presidência de República, observados os termos do inciso III do § 1º do art. 91 da Constituição Federal."

Em tese, a concessão de direito real de uso poderia incidir sobre imóveis particulares, mas isso pouco ocorre na prática. Em geral, a concessão de direito real de uso apenas é usada pelo Poder Público.

A previsão para registro da concessão de direito real de uso de imóvel público na matrícula do imóvel decorreu da inclusão do item 40 ao inciso I do art. 167 da Lei de Registros públicos efetuada pela Medida Provisória nº 2.220, de 4-9-2001. A previsão anterior era de registro em "livro especial" (art. 7º, § 1º).

A concessão de direito real de uso decorre de contrato. Caso celebrado com o Poder Público, serão aplicáveis as regras de direito administrativo, inclusive as tormentosas questões de necessidade de autorização legislativa e de licitação, que dependerão do caso concreto. Por ser decorrente de contrato, não se trata de simples permissão, autorização ou tolerância do Poder Público, como a ocupação precária (vide seção 1.11), *autorização de uso*, ou *permissão de uso de bem público*.[135]

O prazo pode ser determinado ou indeterminado. O Poder Público pode rescindir a qualquer tempo a concessão, mas a rescisão antes do prazo deverá ensejar indenização ao particular que não tiver descumprido os termos do contrato.

Há possibilidade de cessão da concessão para terceiros, desde que não haja vedação contratual, por ato gratuito ou oneroso (art. 7º, § 4º). A despeito de inexistir previsão de registro ou averbação da cessão da concessão de direito de uso no art. 167, I, da Lei de Registros Públicos, acredito que o ato deve ser registrado na matrícula do imóvel por força de interpretação do art. 7º, § 4º, do Decreto-lei nº 271/67, que expressamente previu o registro da cessão, com o sistema da Lei de Registros Públicos, que concentra todos os registros relativos ao imóvel específico na matrícula.

Na hipótese de se verificar que na certidão do imóvel há o registro de uma concessão de direito real de uso, deve-se ponderar a respeito da conveniência de se adquirir o imóvel: tanto a aquisição dos direitos do atual concessionário (cessão da concessão), como a aquisição da propriedade (compra e venda), deverá observar os termos da concessão registrada na matrícula do imóvel. Isso significa que a venda do imóvel objeto de concessão não extingue os direitos do concessionário – trata-se de direito real –, que são maiores do que os de um usufrutuário, dado que a concessão é transmissível aos herdeiros. Deve-se observar, com atenção, a validade e se os termos do contrato estão sendo cumpridos pelo atual concessionário, sob pena de a concessão poder ser anulada ou rescindida, o que poderá afetar os direitos do cessionário da concessão.

2.30 LEGITIMAÇÃO DE POSSE E CONVERSÃO EM PROPRIEDADE

A legitimação de posse (não confundir com legitimação fundiária, que veremos na seção 2.31) é um instituto muito antigo, que tem origem na época do Império, tendo passado por sucessivas transformações ao longo do tempo. Por meio do processo de legitimação de posse, o Poder Público reconhece a existência da posse legítima, de modo a promover a regularização.

Até o advento da Medida Provisória nº 459, de 25-3-2009, convertida na Lei nº 11.977, de 7-7-2009, a legitimação de posse estava limitada a imóveis *rurais* que atendessem aos requisitos do art. 29 da Lei nº 6.383, de 7-12-76.[136] Esse dispositivo prevê um processo administrativo para a concessão da legitimação de posse. Vide, a esse respeito, a Instrução Normativa INCRA nº 45, de 26-5-2008.

---

[135] Vide: SILVA, Bruno Mattos e. *Direito administrativo para concursos*. 2. ed. Belo Horizonte: Del Rey, 2008. p. 184-185.

[136] "Art. 29. O ocupante de terras públicas, que as tenha tornado produtivas com o seu trabalho e o de sua família, fará jus à legitimação da posse de área contínua até 100 (cem) hectares, desde que preencha os seguintes requisitos: I – não seja proprietário de imóvel rural; II – comprove a morada permanente e cultura efetiva, pelo prazo mínimo de 1 (um) ano. (...)."

Atualmente, é possível legitimação de posse em área urbana e ela está regida pela Lei nº 13.465, de 11-7-2017.

Nos termos da Lei nº 11.977/2009, a legitimação de posse era o ato do Poder Público que conferia título de reconhecimento de posse de imóvel (com a identificação do ocupante e do tempo e natureza da posse)[137] que for objeto de *demarcação urbanística*. Já *demarcação urbanística* é um procedimento administrativo pelo qual o Poder Público, no âmbito da regularização fundiária, demarca imóvel de domínio público ou privado, definindo seus limites, área, localização e confrontantes (vide seção 14.3).

Já no regime da Lei nº 13.465/2017 – no qual a demarcação urbanística não é obrigatória – a legitimação de posse continua sendo ato do poder público, agora no âmbito da regularização fundiária urbana (Reurb), que incide sob imóveis e identifica (tal como faziam os dispositivos revogados da Lei nº 11.977/2009): 1) quem são os ocupantes; 2) qual o tempo da ocupação; 3) qual a natureza da posse.

O § 2º do art. 25 da Lei nº 13.465/2017 expressamente excluiu os imóveis urbanos de propriedade do Poder Público da incidência da legitimação de posse.

Contudo, a Lei nº 14.620, de 13-7-2023, acrescentou o seguinte § 4º ao art. 30 da Lei nº 13.465/2017:

> "Art. 30. Compete aos Municípios nos quais estejam situados os núcleos urbanos informais a serem regularizados:
>
> (...)
>
> § 4º Para as terras de sua propriedade, os órgãos da administração direta e as entidades da administração indireta da União, dos Estados, do Distrito Federal e dos Municípios ficam autorizados a instaurar, processar e aprovar a Reurb-S ou a Reurb-E e a utilizar os demais instrumentos previstos nesta Lei."

Desde o advento da Lei nº 11.977/2009, a legitimação de posse é registrável na matrícula do imóvel, em razão do acréscimo do item 41 ao inciso I do art. 167 da Lei de Registros Públicos. Isso não significa, obviamente, que todas as posses legítimas estarão ou serão registradas: o que existe é a possibilidade de registro no cartório imobiliário de posses que atendam determinados requisitos.

A Lei nº 11.977/2009 havia estabelecido a possibilidade da *conversão da legitimação de posse em propriedade* (art. 60, já revogado) e a Lei nº 12.424/2011 determinou

---

[137] Por ocasião da VI Jornada de Direito Civil, realizada nos dias 11 e 12 de março de 2013 pelo Conselho da Justiça Federal, restou sumulado o seguinte entendimento (válido como doutrina): "Enunciado nº 563 – O reconhecimento da posse por parte do Poder Público competente anterior à sua legitimação nos termos da Lei nº 11.977/2009 constitui título possessório. Artigo: 1.196 do Código Civil Justificativa: No âmbito do procedimento previsto na Lei nº 11.977/2009, verifica-se que o Poder Público municipal, ao efetuar cadastramento dos possuidores no momento da demarcação urbanística, emite documento público que atesta a situação possessória ali existente. Tal reconhecimento configura título possessório, ainda que anterior à legitimação da posse".

a possibilidade do respectivo registro (inclusão do item 42 ao art. 167, I, da Lei de Registros Públicos).

Atualmente, a legitimação de posse (arts. 25 a 27 da Lei nº 13.465/2017) continua sendo passível de conversão em propriedade. De acordo com o disposto no art. 26, decorrido o prazo de cinco anos de seu registro, haverá a conversão automática da legitimação de posse em propriedade, desde que atendidos os termos e as condições do art. 183 da Constituição Federal, independentemente de registro. Na ausência dessas condições, a solução será o procedimento de usucapião extrajudicial, que veremos na seção 14.4.

Havia entendimento no sentido de que "É indispensável o procedimento de demarcação urbanística para regularização fundiária social de áreas ainda não matriculadas no Cartório de Registro de Imóveis, como requisito à emissão dos títulos de legitimação da posse e de domínio",[138] mas acredito que isso está superado (vide seção 14.3) em razão do disposto no art. 19, § 3º, da Lei nº 13.465/2017.

A questão da regularização fundiária ainda é um problema sério no Brasil, com uma multiplicidade de leis e regulamentos. Vide, a esse respeito, a seção 11.6 e o Capítulo 14.

2.31 CERTIDÃO DE REGULARIZAÇÃO FUNDIÁRIA, LEGITIMAÇÃO FUNDIÁRIA E CONVÊNIO PARA GESTÃO, REGULARIZAÇÃO E ALIENAÇÃO DE IMÓVEIS DA UNIÃO

A ocupação e regularização fundiária, inclusive a relativa a imóveis públicos, é tema recorrente e objeto de diversas normas. Vimos algumas questões em seções anteriores deste livro e veremos outras em seções posteriores.

A Lei nº 13.465/2017, criou uma forma de aquisição de propriedade, que é a *legitimação fundiária*. E mais: tal como ocorre com o usucapião, o novo instituto tem o caráter de forma de aquisição *originária* da propriedade, de modo que as aquisições anteriores do imóvel não prejudicam e não são relevantes para o direito do proprietário que adquire por meio de legitimação fundiária (art. 23, § 2º).

De acordo com o art. 23 da Lei nº 13.465/2017, a legitimação fundiária é concedida pelo Poder Público, no âmbito de programa para a regularização fundiária urbana, somente podendo ser aplicada apenas para núcleos urbanos informais existentes "até 22 de dezembro de 2016" (ou seja, ocupações que ocorreram em período anterior à referida data), nos termos do art. 9º, § 2º, da Lei nº 13.465/2017.

Após os procedimentos do programa (art. 28 e seguintes da Lei nº 13.465/2017), o Município deve emitir Certidão de Regularização Fundiária (CRF), que deverá ser submetida ao registrador imobiliário juntamente com o projeto de regularização fundiária.

---

[138] Enunciado nº 593, aprovado na VII Jornada de Direito Civil, realizada em Brasília/DF, nos dias 28 e 29 de setembro de 2015.

A CRF deve ser registrada na matrícula do imóvel a ser regularizado. Quando o projeto previr a outorga de títulos para mais de uma família, haverá a abertura de novas matrículas para os novos imóveis, nos termos dos arts. 44, § 1º, II, e 52 da Lei nº 13.465/2017.

A norma não foi explícita a respeito, mas o § 5º do art. 23 (Seção III – Da Legitimação Fundiária) pareceu dizer que, após o registro da CRF, os beneficiários do programa de regularização fundiária irão adquirir a propriedade do imóvel por meio de legitimação fundiária. Assim, deverá existir: 1) registro da CRF (na matrícula-mãe); 2) abertura de novas matrículas; 3) registro da aquisição por legitimação fundiária para cada uma das famílias em cada uma das novas matrículas.

A Lei nº 14.620, de 13-7-2023, acrescentou o seguinte dispositivo ao art. 44 da Lei nº 13.465/2017:

> "§ 8º O oficial do cartório de registro de imóveis, ao abrir as matrículas individuais decorrentes do projeto de regularização fundiária, deverá, nas matrículas de unidades imobiliárias cujo ocupante não venha a ser informado na lista de beneficiários da CRF, fazer constar o titular originário da matrícula na condição de proprietário anterior, não inserindo esse mesmo proprietário como titular atual da matrícula aberta, mas apenas inserindo, no campo relativo ao proprietário atual, texto informando que o futuro proprietário será oportunamente citado na matrícula quando do envio de listas complementares de beneficiários."

Curiosamente, o parágrafo único do art. 52 parece indicar que, em última análise, o beneficiário do programa de regularização fundiária "deverá estar em dia com o grileiro":[139]

> "Art. 52. (...) Parágrafo único. Para os atuais ocupantes das unidades imobiliárias objeto da Reurb, os compromissos de compra e venda, as cessões e as promessas de cessão valerão como título hábil para a aquisição da propriedade, quando acompanhados da prova de quitação das obrigações do adquirente, e serão registrados nas matrículas das unidades imobiliárias correspondentes, resultantes da regularização fundiária."

É um tanto estranho exigir que, no contexto de regularização fundiária, o atual ocupante deva provar que está adimplente em um contrato de parcelamento irregular de solo urbano, que contraria frontalmente a legislação e é considerado nulo nos termos do art. 37 da Lei nº 6.766, de 19-12-1979. Ao que parece, o parágrafo único do art. 52 da Lei nº 13.465/2017 parece se inspirar no art. 41 da Lei nº 6.766/1979, que tem em mente o proprietário (e não o grileiro). Assim, é de se supor que somente se deve exigir o adimplemento do contrato ilegal em relação ao proprietário registrado como tal na

---

[139] A expressão "deverá estar em dia com o grileiro" foi dita por um amigo urbanista que ficou espantado com a existência do dispositivo, por ocasião da tramitação da Medida Provisória que deu origem à Lei nº 13.465/2017. A despeito de tudo, o dispositivo, como vê, foi mantido.

matrícula do imóvel objeto de regularização fundiária (ou, no máximo, a um possuidor de boa-fé), e não em relação ao grileiro. Espera-se que a Administração Pública e o Judiciário interpretem o dispositivo dessa forma, mas não há qualquer garantia de que o bom senso prevalecerá.

A Lei nº 14.011, de 10-6-2020, previu a possibilidade de registro na matrícula do imóvel (art. 4º, § 2º, da Lei 9.636/98) de contratos e convênios para "ações de demarcação, de cadastramento, de avaliação, de venda e de fiscalização de áreas do patrimônio da União, assim como para o planejamento, a execução e a aprovação dos parcelamentos urbanos e rurais". Essas ações poderão estar no âmbito de algum programa de regularização fundiária, tema do Capítulo 14 deste livro.

Além disso, a Lei nº 14.011/2020 alterou a Lei nº 9.636, de 15-5-1998, e a Lei nº 13.240, de 30-12-2015, entre outras disposições a respeito de bens da União. O tema está longe de ser solucionado.

2.32 CLÁUSULA DE INALIENABILIDADE

O art. 167, II, da Lei de Registros Públicos estabelece quais são as *averbações* passíveis de serem feitas na matrícula. A existência de uma *cláusula de inalienabilidade* é uma delas.

O bem gravado com essa cláusula, que poderá ter diversas origens (ex.: disposição do doador do imóvel), não pode ser vendido ou doado. Existe a possibilidade, porém, de ser obtida uma autorização judicial para a venda, que será concedida em situações específicas (art. 1.911 do atual Código Civil). Nesse caso, por cautela, deve ser observado se o processo que culminou na expedição do *alvará judicial* (documento que materializa a autorização) para a venda do imóvel não é passível de nulidade.

2.33 EDIFICAÇÃO

Um terreno poderá estar ou não construído. E essa construção poderá ou não constar do registro de imóveis.

Não se deve confundir a *averbação* de uma construção[140] com o *registro* do imóvel (ex.: um terreno) na matrícula (vide seção 1.1).

Vale dizer que alguém pode vir a construir algo em um terreno sem providenciar a averbação dessa construção na matrícula do imóvel.

Se da escritura pública constar a existência de uma construção (ex.: "uma casa") e na matrícula, na descrição do imóvel ou em averbação (art. 167, II, 4, da LRP), não constar a existência dessa edificação (ex.: o imóvel está descrito na matrícula como sendo um "terreno sem benfeitorias" e não há averbação da construção), o registro da

---

140 No dizer do item 4 do inciso II do art. 167 da Lei nº 6.015/73 – LRP, "edificação" ou "reconstrução".

escritura poderá ser denegado pelo cartório imobiliário, a depender da prática registral. Muitos registradores, porém, ignoram a menção da construção e registram a escritura pública de aquisição do terreno.

O comprador de um imóvel edificado deve exigir, previamente à compra, que tanto na escritura como no registro do imóvel conste a existência da construção. Caso contrário, poderá ter dificuldades em registrar sua escritura, bem como poderá ter prejuízos no tocante ao pagamento de tributos não pagos por ocasião da construção.

A inexistência da averbação da construção pode acarretar vários problemas para o proprietário. Um deles é a impossibilidade ou maior dificuldade para obtenção de alvará para atividades econômicas. Além disso, o imóvel com construção não averbada poderá não ser passível de financiamento imobiliário, como veremos no Capítulo 12. Esses aspectos tendem a provocar, além da irregularidade sob o aspecto jurídico, perda de valor sob o aspecto econômico.

Na prática, há casos em que o comprador prefere adquirir imóvel sem averbação da construção: é normalmente o caso em que ele pretende demolir totalmente a construção. Não deixa de ser uma irregularidade sob o aspecto jurídico, mas pode ser vantajosa sob o aspecto econômico, a depender do caso concreto.

A inexistência da averbação da construção não impede que ela seja penhorada, a despeito de sua inexistência na matrícula do imóvel.[141]

Para averbação da edificação, dependendo do Estado, ainda é necessária a apresentação da CND – Certidão Negativa de Débito do INSS (atualmente, a CND é expedida pela RFB – Secretaria da Receita Federal do Brasil: vide seção 5.3), relativa à construção do imóvel. Alguns municípios exigem também a comprovação do pagamento de ISS – Imposto Sobre Serviços para expedição do *habite-se*.

Contudo, por ocasião do julgamento da Ação Direta de Inconstitucionalidade (ADI) nº 394, em 25-9-2008, foi declarada a inconstitucionalidade do art. 1º, IV, da Lei nº 7.711/88. Esse dispositivo não versava sobre averbação de construção ou edificação de imóvel, exigência prevista no art. 47, II, da Lei nº 8.212/91. Sustentou-se, porém, que a decisão baseada na ADI nº 394 também se aplicaria à hipótese de averbação da construção ou edificação.

Embora o art. 47, I, "b", e II, da Lei nº 8.212/91 continuasse em vigor exigindo a CND, respectivamente, para a alienação de bem imóvel (art. 47, I, "b") e averbação de obra de construção civil (art. 47, II), o art. 1º do Decreto nº 8.302, de 4-9-2014, revogou os arts. 227, 257, 258, 259, 262 e 263 do Decreto nº 3.048, de 6-5-1999, que

---

141 "(...) Sob a luz do princípio de que o acessório segue o principal conclui-se que, constrito o lote de terreno, resta também penhorado o que nele foi edificado, pouco importando se a construção foi ou não averbada na matrícula. A regra jurídica de que o acessório segue o principal harmoniza-se com a simples retificação do termo de penhora, dando-se conhecimento no edital de praça a terceiros interessados na sua aquisição. (...)" (TJSP, Agravo de Instrumento nº 0040045-32.2012.8.26.0000, 20ª Câmara de Direito Privado, Rel. Maria Lúcia Pizzotti, j. em 28-5-2012).

regulamentavam essas exigências previstas na Lei. Foi mantida "a vigência dos atos normativos e regulamentares expedidos com base nos dispositivos revogados pelo art. 1º, até que sejam revistos por atos posteriores" (art. 2º).

Curiosamente, afirmando que a ADI nº 394 abrangeria a hipótese prevista no art. 47, I, "b", da Lei 8.212/91 – que também não diz respeito a averbação de construção, mas sim a alienação de imóvel –, o CNJ, no dia 25-10-2017,[142] decidiu pela validade do Provimento CGJ nº 41/2013 editado pelo Tribunal de Justiça do Rio de Janeiro. Esse Provimento havia revogado o art. 589 da Consolidação Normativa da Corregedoria--Geral da Justiça do Estado do Rio de Janeiro – Parte Extrajudicial. Esse dispositivo determinava, justamente, a obrigação da apresentação de CND para averbação na matrícula do imóvel de construção ou edificação realizada.

Em razão disso, outros Estados alteraram suas normas para determinar expressamente a não exigência da apresentação da CND para averbação de construção.

A despeito disso, recomenda-se aos registradores de imóveis e tabeliães que continuem a exigir a CND, pois a decisão do CNJ não tem efeito *erga omnes*.

Embora anterior à decisão do CNJ, há precedente do STJ no sentido de que "Oficial de Registro que não exige Certidão Negativa de Dívida no momento da averbação é responsável solidariamente, nos termos do art. 48 da Lei n. 8.212/91, pelo tributo devido, com base em toda a construção, e não só em relação à ampliação da área construída".[143]

Enfim, a CND exigível para a averbação da construção não é a mesma CND exigível para a venda do imóvel.

A CND para a alienação do imóvel é referente a débitos do vendedor com a seguridade social – art. 47, I, "b", da Lei 8.212/91.

Já para a averbação da construção no cartório imobiliário em tese necessária a CND "da obra", que é o documento hábil a comprovar que foram recolhidas todas as contribuições sociais devidas em razão da obra – art. 47, II, da Lei nº 8.212/91. Ocorre que, para tanto, a obra deverá ter sido matriculada no INSS (atualmente, RFB). As contribuições, assim, deverão ter sido recolhidas, por meio da guia própria, em que constará o número de matrícula da obra (CEI) no INSS (RFB).

Não serão devidas contribuições previdenciárias na hipótese de construção *residencial* unifamiliar, com área total não superior a 70 m^2, destinada a uso próprio, do tipo econômico, executada sem a utilização de mão de obra assalariada, a teor do art. 278 do Decreto nº 3.048/99.

Na hipótese de consórcio regido pela Lei nº 11.795, de 8-10-2008, não será exigida a CND da administradora de consórcios que alienar imóvel integrante de patrimônio de afetação de determinado grupo, nos termos do art. 5º, § 6º.[144]

---

[142] Pedido de Providências nº 1230-82.2015.2.00.0000, Rel. Min. João Otavio de Noronha.

[143] STJ, REsp n. 645.047/CE, Segunda Turma, Rel. Min. Humberto Martins, j. em 2-4-2009.

[144] "Art. 5º A administradora de consórcios é a pessoa jurídica prestadora de serviços com objeto social principal voltado à administração de grupos de consórcio, constituída sob a forma de

Observe-se, desde logo, que a apresentação, por parte do comprador, de algumas GRPSs quitadas não significa que os recolhimentos relativos à obra foram devidamente efetuados. O que vale é a expedição da CND pelo INSS (RFB), documento indispensável, e é isso que o cartório imobiliário vai ou deveria exigir para poder averbar a construção.

Voltaremos ao tema na Seção 5.3, para explicar a necessidade das certidões fiscais, a despeito da mencionada decisão do CNJ e das normas estaduais que não exigem a CND da seguridade social para a averbação da construção.

Caso não tenham sido recolhidas as contribuições, deverá o proprietário do imóvel, com o *habite-se* (que é aceito pelo INSS (RFB), como prova suficiente a demonstrar a conclusão da obra), recolher as contribuições sociais devidas em razão da construção realizada e, assim, obter a CND, que é ou seria exigível para a averbação na matrícula do imóvel. O *habite-se* somente deverá ser concedido para as construções finalizadas e de acordo com o projeto aprovado.

A Lei nº 13.865, de 8-8-2019 (conhecida como "Lei do Habite-se"), incluiu o seguinte disposto na Lei de Registros Públicos (LRP):

> "Art. 247-A. É dispensado o habite-se expedido pela prefeitura municipal para a averbação de construção residencial urbana unifamiliar de um só pavimento finalizada há mais de 5 (cinco) anos em área ocupada predominantemente por população de baixa renda, inclusive para o fim de registro ou averbação decorrente de financiamento à moradia."

O problema desse novo dispositivo é de interpretação: deve ser exigido outro documento para comprovação de que a construção da casa existe? Caso positivo, como seria ou qual seria esse documento? Ou bastaria simples declaração do interessado de que a moradia existe e atende aos requisitos do art. 247-A?

O ideal é que o CNJ ou as corregedorias dos tribunais de justiças respondam a essas perguntas mediante edição de provimentos próprios. Assim, os registradores de imóveis e o público em geral saberão como proceder.

---

sociedade limitada ou sociedade anônima, nos termos do art. 7º, inciso I. (...) § 5º Os bens e direitos adquiridos pela administradora em nome do grupo de consórcio, inclusive os decorrentes de garantia, bem como seus frutos e rendimentos, não se comunicam com o seu patrimônio, observado que: I – não integram o ativo da administradora; II – não respondem direta ou indiretamente por qualquer obrigação da administradora; III – não compõem o elenco de bens e direitos da administradora, para efeito de liquidação judicial ou extrajudicial; IV – não podem ser dados em garantia de débito da administradora. § 6º A administradora estará desobrigada de apresentar certidão negativa de débitos, expedida pelo Instituto Nacional da Seguridade Social, e Certidão Negativa de Tributos e Contribuições, expedida pela Secretaria da Receita Federal, relativamente à própria empresa, quando alienar imóvel integrante do patrimônio do grupo de consórcio. § 7º No caso de o bem recebido ser um imóvel, as restrições enumeradas nos incisos II a IV deverão ser averbadas no registro de imóveis competente."

Para imóveis na cidade de São Paulo, vide Lei Municipal nº 17.202, de 16-10-2019 (conhecida como "Lei da Anistia"). Essa norma foi alterada pela Lei Municipal nº 17.556, de 25-3-2021, e pela Lei Municipal nº 17.771, de 28-3-2022, que prorrogaram o prazo para regularização de construções efetuadas em desconformidade com a legislação.

Não será exigido pagamento na hipótese de ter ocorrido a decadência das contribuições, isto é, perda do direito do INSS (RFB) às contribuições em razão do lapso temporal, que é de cinco anos,[145] contados a partir do primeiro dia do exercício seguinte àquele em que o crédito poderia ter sido constituído. Nessa hipótese, a CND deverá ser fornecida independentemente de pagamento, cabendo ao contribuinte o ônus da prova da realização da obra em período abrangido pela decadência.

Caso a construção não tenha nem sido matriculada no INSS ou na RFB (ou seja, a obra nem teve a matrícula CEI), será preciso, além de recolher as contribuições, pagar a multa pela ausência da matrícula (art. 92 da Lei nº 8.212/91 e art. 283, I, *d*, do Decreto nº 3.048/99).

Pode ocorrer a hipótese em que a construção já habitada não foi sequer matriculada no INSS ou na RFB, averbada no cartório imobiliário e inscrita na Prefeitura, estando até mesmo sem existir o pagamento do IPTU, por falta de inscrição no fisco municipal. É aconselhável que o comprador exija que o vendedor providencie todos esses registros, pois ao adquirir o imóvel nessas condições, além de ficar em uma situação de irregularidade formal, poderá vir, no futuro, a ter de pagar por tudo isso, inclusive o IPTU não pago pelo proprietário anterior nos últimos cinco anos anteriores ao momento em que o fisco municipal "descobriu" a existência do imóvel. Atualmente, vários municípios têm utilizado drones para encontrar construções clandestinas.

Para mais informações das certidões fiscais, vide seção 5.3.

2.34 DEMAIS REGISTROS E AVERBAÇÕES

Além de averbações decorrentes de atos praticados com base em leis já revogadas, podemos destacar algumas das possíveis e relevantes averbações:

1. **caução**. A caução é uma garantia real, podendo ser de várias modalidades (ex.: judicial)[146] e, desde que averbada, funciona nos moldes da hipoteca;

---

[145] O STF, por ocasião do julgamento dos Recursos Extraordinários nºs 556.664, 559.882, 559.943 e 560.626, em 11-6-2008, declarou a inconstitucionalidade do art. 45 da Lei nº 8.212/1991, que estabelecia prazo de dez anos, sob fundamento de que lei ordinária não pode dispor sobre prazo de decadência de tributo (art. 146, III, da Constituição Federal). Em 12-6-2008, o STF editou a Súmula Vinculante nº 8: "São inconstitucionais o parágrafo único do artigo 5º do Decreto-lei 1569/77 e os artigos 45 e 46 da Lei 8.212/91, que tratam de prescrição e decadência de crédito tributário".

[146] A caução está prevista de forma expressa na Lei nº 8.245, de 18-10-1991. Nada impede, porém, a garantia na forma de caução para outras hipóteses. A caução pode incidir sobre bens móveis ou imóveis. Há situações em que é exigida caução para a prática de outros atos (ex.: caução em

2. **regime de bens dos cônjuges**. O eventual pacto antenupcial dos proprietários não estará inteiramente transcrito na matrícula, mas estará averbada sua existência;
3. **sentenças de separação judicial** dos proprietários do imóvel;
4. **cancelamentos de registros;**
5. **indisponibilidade ou constrições judiciais diversas**. Há leis que determinam a indisponibilidade de imóvel específico ou mesmo da totalidade do patrimônio de devedores ou responsáveis por algum tipo de infração ou débito. Em tese, a indisponibilidade ou qualquer constrição incidente sobre o imóvel somente poderia atingir o comprador de boa-fé na hipótese de estar averbada na matrícula do imóvel.. A decretação da indisponibilidade deve ser averbada na matrícula do imóvel, nos termos do art. 247 da Lei de Registros Públicos. A Lei nº 14.825, de 20-3-2024, estabeleceu que nenhum "tipo de constrição judicial incidente sobre o imóvel ou sobre o patrimônio do titular do imóvel, inclusive a proveniente de ação de improbidade administrativa ou a oriunda de hipoteca judiciária" pode prejudicar o comprador na ausência de averbação na matrícula do imóvel. Isso reforçou o disposto no inciso III do art. 54 da Lei nº 13.097, de 19-1-2015, que menciona expressamente a indisponibilidade. Voltaremos ao tema nas seções 3.4, 3.6 e, especialmente, 3.16;
6. **existência de execução ou de ação em fase de cumprimento de sentença**. É possível a um credor do vendedor proceder à averbação, e na matrícula do imóvel, de ação judicial que não diz respeito ao imóvel (ex.: uma ação de cobrança), mas possa configurar fraude à execução (art. 792, IV, do CPC), a teor do disposto no art. 828 do CPC:

   "Art. 828. O exequente poderá obter certidão de que a execução foi admitida pelo juiz, com identificação das partes e do valor da causa, para fins de averbação no registro de imóveis, de veículos ou de outros bens sujeitos a penhora, arresto ou indisponibilidade. § 1º No prazo de 10 (dez) dias de sua concretização, o exequente deverá comunicar ao juízo as averbações efetivadas (...) § 4º Presume-se em fraude à execução a alienação ou a oneração de bens efetuada após a averbação."

   Regra semelhante já existia no art. 615-A do CPC/73, que havia sido incluída pelo art. 2º da Lei nº 11.382, de 6-12-2006.

   A Lei nº 13.097, de 19-1-2015, objeto da conversão da Medida Provisória nº 656, de 7-10-2014, prevê a possibilidade de averbação, por solicitação do interessado, de constrição judicial, do ajuizamento de ação de execução ou de fase de cumprimento de sentença, procedendo-se nos termos previstos (art. 54, II).

   O CPC de 2015, ao que parece, prevê essa possibilidade não apenas para a execução extrajudicial, mas também para a fase de execução de sentença, em razão do disposto no art. 771;[147]

---

dinheiro ou em títulos da dívida pública, art. 56, § 1º, I, da Lei de Licitações ainda em vigor), mas nos interessa aqui apenas a caução incidente sobre bens imóveis.

147 "Art. 771. Este Livro regula o procedimento da execução fundada em título extrajudicial, e suas disposições aplicam-se, também, no que couber, aos procedimentos especiais de execução, **aos**

7. **limitações ambientais.** Algumas limitações à utilização do imóvel poderão estar averbadas, conforme veremos na seção 11.7;
8. **ação capaz de levar o vendedor à insolvência.** Embora não diga respeito *diretamente* ao imóvel, a Lei nº 13.097, de 19-1-2015, objeto da conversão da Medida Provisória nº 656, de 7-10-2014, prevê a possibilidade de averbação, mediante decisão judicial, da existência de outro tipo de ação cujos resultados ou responsabilidade patrimonial possam reduzir seu proprietário à insolvência (art. 54, IV). É um tanto curioso (e atécnico) que algo que não seja referente ao imóvel possa ser objeto de averbação na matrícula. Enfim, o art. 54, II, da Lei nº 13.097/2015 é diferente da regra do art. 828 do CPC/2015, pois não é preciso que o processo seja uma execução extrajudicial ou que esteja em fase de cumprimento de sentença ("execução por título judicial"), mas é preciso decisão judicial determinando a averbação. O objetivo, no presente caso (art. 54, IV) é configurar a fraude à execução prevista no art. 792, IV, do CPC/2015. O art. 54, IV, da Lei nº 13.097/2015, em sua redação original, aludia a dispositivo (art. 593, II, do CPC/73) revogado pelo CPC/2015, razão pela qual houve tese no sentido de que o art. 54, IV, da Lei nº 13.097/2015 teria sido tacitamente revogado pelo CPC/2015. Voltaremos ao tema na seção 3.4, inclusive para tratar de nova tentativa de não configurar fraude à execução na ausência de averbação ou registro indicativo na matrícula do imóvel, mediante alteração do referido art. 54 pela Lei nº 14.382, de 27-6-2022.

A Lei nº 14.382, de 27-6-2022, acrescentou novos possíveis registros e averbações, elencados no art. 167 da Lei de Registros Públicos (LRP), bem como fez alterações a registros e averbações já previstos. Vimos algumas delas em seções anteriores desse capítulo.

Assim, além do que vimos nas seções anteriores, a Lei nº 14.382/2022 incluiu ao rol do inciso I do art. 167 da LRP as seguintes possibilidades de registros:

- legitimação fundiária;
- contrato de pagamento por serviços ambientais, quando este estipular obrigações de natureza *propter rem*;
- ato de tombamento definitivo, sem conteúdo financeiro.

Ao rol do inciso II do art. 167, foram incluídas as seguintes possibilidades de averbações:

- existência dos penhores previstos no art. 178 da LRP, de ofício, sem conteúdo financeiro, por ocasião do registro no livro auxiliar em relação a imóveis de titularidade do devedor pignoratício ou a imóveis objeto de contratos registrados no Livro nº 2 – Registro Geral;
- caução ou cessão fiduciária de direitos reais imobiliários;

---

atos executivos realizados no procedimento de cumprimento de sentença, bem como aos efeitos de atos ou fatos processuais a que a lei atribuir força executiva." (original sem destaques)

- transferência de financiamento imobiliário;
- cessão de crédito ou da sub-rogação de dívida decorrentes de transferência do financiamento com garantia real sobre imóvel, nos termos do Capítulo II-A da Lei nº 9.514, de 20 de novembro de 1997;
- processo de tombamento de bens imóveis e de seu eventual cancelamento, sem conteúdo financeiro.

Outra interessante alteração efetuada pela Lei nº 14.382/2022, é a possibilidade de averbação de qualquer ato que diga respeito ao imóvel, uma vez que à redação do art. 246 da LRP foi acrescida a expressão "ou repercutam nos direitos relativos ao imóvel". Ao que parece, trata-se da possibilidade de averbação de qualquer ato que, mesmo não dizendo respeito diretamente ao imóvel, tenha a possibilidade de vir a afetá-lo sob qualquer aspecto. Isso amplia de forma astronômica as possibilidades de averbação, salvo caso venha a se conceder à nova norma interpretação restritiva.

A Lei nº 14.421, de 20-7-2022,[148] acrescentou o *patrimônio rural em afetação em garantia* no rol de atos passíveis de registro.

No âmbito da Lei nº 13.465, 11-6-2017, a Lei nº 14.620, de 13-7-2023, incluiu o seguinte dispositivo ao art. 36: "§ 7º As unidades desocupadas e não comercializadas do titular originário do domínio da área alcançadas pela Reurb, na forma do inciso I do *caput* deste artigo, poderão ser caucionadas ou averbadas em alienação fiduciária e colocadas em garantia para as obras de infraestrutura essenciais, consignando-se o poder público como beneficiário da garantia estabelecida".

A Lei nº 14.711, de 30-10-2023 (Marco das Garantias) criou novas hipóteses de registro e de averbação, tal como vimos na seção 2.25.

Por fim, a Lei nº 15.042, de 11-12-2024, incluiu o item 38 ao rol dos atos passíveis de averbação, que é o "contrato entre gerador e desenvolvedor de projeto de crédito de carbono, quando cabível". Na hipótese de existência dessa averbação, deve-se verificar o contrato, que pode limitar a utilização do imóvel por parte do adquirente.

O problema é que esse contrato é de natureza privada, em teoria celebrado entre um proprietário de imóvel rural e a chamada "empresa de carbono". A Lei não previu obrigação de registro ou arquivamento da íntegra desse contrato, que não se confunde com o registro dos *créditos de carbono* (valor mobiliário ou não) previsto no art. 15 da Lei nº 15.042/2024, da mesma forma como os *créditos de carbono* não se confundem com os títulos previstos nos incisos III e VI do art. 2º da referida Lei.

Na falta de previsão normativa, imaginamos que ou todos os dados relevantes do contrato constarão da averbação mencionada (item 38 do inciso II do art. 167 da LRP), ou a regulamentação exigida pela Lei estabelecerá o local onde o adquirente de um imóvel poderá obter cópia do instrumento do contrato a que se refere a averbação.

---

[148] Vide seção 2.12.

Na primeira hipótese, qual seja a de que supostamente *todos* os dados relevantes do contrato constarão da averbação, o problema persiste: se "algo" relevante não estiver na averbação, ou o adquirente do imóvel não estará obrigado a cumprir tal "algo", ou os *créditos de carbono* decorrentes do contrato poderão deixar de ser válidos por ocasião da transferência da propriedade do imóvel para o adquirente, exatamente porque esse adquirente não está obrigado a cumprir cláusula de contrato que ele sequer conhecia.

Vislumbra-se que essa averbação poderá não ser tão incomum no futuro, em razão de o art. 56 da Lei nº 15.042/2024[149] ter estabelecido a obrigação de aquisição de *créditos de carbono* pelas pessoas jurídicas nele mencionadas.

2.35 CONSTRUÇÕES SOBRE LAJES, "PUXADINHOS" E EDÍCULAS COMO IMÓVEIS COM REGISTROS AUTÔNOMOS: O DIREITO DE LAJE

A Lei nº 13.465, de 11-7-2017 (conversão em lei da Medida Provisória nº 759, de 22-12-2016), objetivando promover a regularização de determinados imóveis sem registro, positivou o que era conhecido popularmente como *direito de laje*.

Antes mesmo da MP nº 759/2016, o *direito de laje* existia como prática aceita quotidianamente, à margem da lei, como parte dos usos e costumes populares. Ele funcionava do seguinte modo: o proprietário ou possuidor de um imóvel permitia que outra pessoa (um parente, um conhecido ou mesmo um estranho) construísse outro imóvel no terreno ou na parte de cima (na laje) do imóvel já existente. O direito de laje podia ser efetuado a título gratuito ou oneroso: a permissão para a construção poderia ser feita por simples doação (normalmente para um parente) ou vendida (normalmente para um conhecido ou mesmo para um estranho).

Assim, em um mesmo terreno, passavam a existir mais de uma edificação, habitadas por famílias diferentes.

A ideia da Lei nº 13.465/2017 é conceder registro imobiliário às novas edificações, mediante abertura de matrícula. Para isso foi alterado o art. 1.225 do Código Civil, para incluir a *laje* (leia-se: a nova construção) no rol dos direitos reais, bem como foi incluído no Código Civil o art. 1.510-A, cujo § 3º dispõe a respeito do registro, via abertura de matrícula, para o registro da nova construção. Assim, o *direito de laje* passa a ter proteção legal. Isso significa que o imóvel originário (o terreno com a casa preexistente) passa a sofrer, agora também legalmente, um gravame (ônus): o *direito de laje*, materializado na existência de outro imóvel protegido pela legislação.

A nova norma faz algumas exigências para que a abertura da matrícula para a nova unidade imobiliária seja feita, bem como para que o *direito de laje* seja reconhecido legalmente. Obviamente, as exigências são menores do que as necessárias para

149 Alterada pela Lei nº 15.076, de 26-12-2024. A constitucionalidade do art. 56 é objeto da ADIn nº 7795, proposta em 17-3-2025, tendo sido designado relator o Min. Flávio Dino.

a instituição do condomínio especial decorrente da incorporação imobiliária, que veremos no Capítulo 9 deste livro.

A Lei nº 13.465/2017 estabelece que deve existir abertura de matrícula para a nova unidade imobiliária (a casa construída na laje, a edícula, o "puxadinho" etc.), assim como há previsão para que a matrícula original (terreno com a casa preexistente) seja alterada mediante averbação, para constar a existência de uma unidade imobiliária adicional (o imóvel novo é como um "gravame" incidente sobre o imóvel antigo).

Em termos de técnica legislativa, o correto teria sido alterar o art. 167 da Lei nº 6.015, de 31-12-73 (Lei de Registros Públicos – LRP), de modo a incluir a previsão da abertura da matrícula do novo imóvel no rol do inciso I e a averbação desse fato na matrícula do imóvel antigo no rol do inciso II. Seja como for, o § 9º acrescentado ao art. 176 da LRP pela Lei nº 13.456/2017 prevê o procedimento registral a ser adotado:

> "Art. 176 (...) § 9º A instituição do direito real de laje ocorrerá por meio da abertura de uma matrícula própria no registro de imóveis e por meio da averbação desse fato na matrícula da construção-base e nas matrículas de lajes anteriores, com remissão recíproca."

A norma não diz, mas parece indicar que somente será reconhecido legalmente o *direito de laje* para fins de registro imobiliário (abertura de matrícula) caso a nova construção incida sobre imóvel já matriculado. Lamentavelmente, grande parte dessas construções é efetuada em imóveis objeto de posse ou detenção, sem registro próprio no cartório imobiliário em nome do possuidor ou ocupante, para os quais a nova norma somente será útil caso a propriedade desses imóveis seja regularizada. A respeito de regularização fundiária, ver Capítulo 14.

2.36 O QUE A CERTIDÃO DO IMÓVEL NÃO VAI OU TALVEZ NÃO VÁ MOSTRAR

Vimos nos tópicos anteriores registros e averbações de fatos ou atos que, por se referirem *diretamente* ao imóvel, são feitos na matrícula e constarão da certidão do imóvel.

Nesta seção veremos outros fatos ou atos jurídicos que, embora também digam *diretamente* ao imóvel, não estarão ou não poderão estar registrados, averbados ou indicados no registro imobiliário.

Esses atos talvez não constem da matrícula do imóvel, não sendo informados pela certidão da situação jurídica do imóvel (certidão de ônus). São falhas do nosso sistema jurídico: tudo o que diz respeito *diretamente* ao imóvel deveria estar registrado, averbado ou indicado na matrícula do imóvel. Infelizmente, porém, não é assim.

Além disso, a aquisição do imóvel pode ser *indiretamente* afetada por atos ou fatos outros, que não dizem respeito diretamente a imóvel específico e, portanto, normalmente não estão – nem deveriam estar – registrados na sua matrícula. Ao longo deste livro é descrita uma diversidade desses aspectos. A questão ficou mais confusa com o advento da Lei nº 14.382, de 27-6-2022, que alterou o art. 246 da LRP, parecendo possibilitar que qualquer (!) fato ou ato jurídico possa vir a afetar direitos incidentes sobre o imóvel.

O que não incide *diretamente* sobre o imóvel específico poderá não estar previsto na matrícula e, por via de consequência, não constará da sua certidão.[150] Por essa razão, não basta apenas o estudo da certidão do imóvel. Os exemplos mais estridentes de atos ou fatos que podem *indiretamente* afetar a propriedade imobiliária são os de fraude contra credores e fraude contra o fisco (seção 3.3) e os de fraude à execução por possível insolvência do vendedor (seção 3.4).[151] Mas há outros, que veremos ao longo deste livro.

Na prática, nosso sistema jurídico não acolhe totalmente o princípio da concentração[152] (*vis atractiva* do registro imobiliário). Isso significa que nem tudo que diretamente (muito menos indiretamente) afeta o imóvel ou a sua propriedade constará do seu registro.[153] Pior: a presunção de propriedade de acordo com os registros imobiliários é relativa, podendo ser demonstrado que o verdadeiro proprietário do imóvel não é a pessoa cujo registro de propriedade consta da matrícula.

Parte dos problemas que não constarão da matrícula (certidão de ônus) poderão ser detectados mediante obtenção das certidões pessoais do vendedor, que veremos na seção 3.12. Na seção 3.13, veremos o que chamo de "buraco negro": problemas que não serão detectados nem pela certidão de ônus nem pelas certidões pessoais do vendedor.

Para melhorar a situação do comprador, o art. 16 da Lei nº 14.382, de 27-6-2022, alterou a Lei nº 13.097, de 19-1-2015:

> "Art. 54. (...) § 1º Não poderão ser opostas situações jurídicas não constantes da matrícula no registro de imóveis, inclusive para fins de evicção, ao terceiro de boa-fé que adquirir ou receber em garantia direitos reais sobre o imóvel, ressalvados o dis-

---

150 A Lei nº 14.382, de 14-6-2022, decorrente da Medida Provisória nº 1.085, de 27-12-2021, objetiva alterar esse panorama, permitindo que alguns atos ou fatos que não digam respeito diretamente ao imóvel possam ser averbados na matrícula, caso exista a possibilidade de tais atos ou fatos afetarem o imóvel. Isso não significa que todos esses atos ou fatos estarão averbados.

151 Veremos que a Lei nº 14.382, de 14-6-2022, embora tenha melhorado o problema, não foi capaz de resolvê-lo totalmente.

152 De acordo com o princípio da concentração, a matrícula do imóvel deveria *espelhar* toda a situação jurídica do imóvel no que se refere a direitos sobre ele incidentes. Assim, a *realidade jurídica* constaria totalmente na matrícula do imóvel. Isso não ocorre na prática. Mas, para fins de concurso público, deve-se afirmar que o princípio da concentração existe no direito brasileiro.

153 Em tese, qualquer fato ou ato jurídico seria passível de averbação, nos termos do art. 246 da Lei de Registros Públicos em redação dada pela Lei nº 14.382, de 14-6-2022 ("Art. 246. Além dos casos expressamente indicados no inciso II do *caput* do art. 167 desta Lei, serão averbadas na matrícula as sub-rogações e outras ocorrências que, por qualquer modo, alterem o registro ou repercutam nos direitos relativos ao imóvel"). Por razões de ordem prática, nem sempre ou poucas vezes essa possibilidade será utilizada. Muitas vezes o maior interessado simplesmente desconhece a "ocorrência" ou a existência do imóvel.

posto nos arts. 129 e 130 da Lei nº 11.101, de 9 de fevereiro de 2005, e as hipóteses de aquisição e extinção da propriedade que independam de registro de título de imóvel."

A despeito desse dispositivo (que não será aplicável em quaisquer casos), vejamos algumas falhas do princípio da concentração e ônus que, embora se refiram *diretamente* a imóvel específico, não estarão ou poderão não estar registradas, averbadas ou indicadas na matrícula do imóvel:

Terreno de marinha não demarcado. Embora possa constar na matrícula que o imóvel é propriedade particular, pode ele ser de propriedade da União, tal como vimos nas seções 1.15 e 2.10. Portanto, na hipótese de imóvel situado perto da praia, pode ele ser de propriedade da União e não da pessoa que está na posse do imóvel, mesmo com a situação de propriedade aparentemente regularizada no cartório imobiliário.

Terra indígena. Trata-se de problema existente desde os tempos coloniais: por mais absurdo que possa parecer, até nos dias de hoje há casos em que a propriedade de glebas de terra é disputada entre "brancos" e "indígenas". Assim, ainda que conste no registro imobiliário que o imóvel é de propriedade particular, bem como não exista averbação de demarcação homologada ou de processo demarcatório,[154] pode o imóvel vir a ser declarado que é terra indígena (propriedade da União). Assim, o comprador poderá vir a perder a propriedade, pela mesma lógica que vimos na seção 1.15 a respeito de terrenos de marinha não demarcados. Vide seção 1.14.

Imóvel rural em faixa de fronteira. Caso o registro de suposta propriedade ou direito de uso tenha sido decorrente de uma outorga efetuada pelo Poder Público Estadual incidente sobre terra devoluta em faixa de fronteira, a ratificação da outorga por parte da União pode ser necessária. Assim, ainda que conste na matrícula que a propriedade do imóvel é privada, na ausência de averbação de ratificação da outorga, o imóvel pode ser de propriedade da União, nos termos em que vimos na seção 1.16.

Construção não averbada. Vide seção 2.33.

Direito real de habitação decorrente do direito de família. Não se confunde o direito real de habitação voluntário que vimos no item 2.7, decorrente do direito das obrigações, que existe apenas se estiver registrado na matrícula do imóvel, com o direito real de habitação obrigatório, decorrente do direito de família, que pode existir sem o registro.[155]

Nos termos do art. 1.831 do atual Código Civil,[156] o cônjuge viúvo(a) poderá ter direito real de habitação. O companheiro(a) viúvo(a) também poderá ter esse direito,

---

154 Art. 246, §§ 2º e 3º, da Lei de Registros Públicos.

155 STJ, REsp 74.729/SP, 4ª Turma, Relator Min. Sálvio de Figueiredo Teixeira, j. em 9-12-1997, *DJ* 2-3-1998.

156 "Art. 1.831. Ao cônjuge sobrevivente, qualquer que seja o regime de bens, será assegurado, sem prejuízo da participação que lhe caiba na herança, o direito real de habitação relativamente ao imóvel destinado à residência da família, desde que seja o único daquela natureza a inventariar."

a depender da tese jurídica adotada.[157] Nessas hipóteses, o direito real de habitação não decorre de ato voluntário das partes, mas sim diretamente de lei de ordem pública e dispensa registro.

Em outras palavras, pode existir direito real de habitação sem que isso conste da certidão do imóvel. Trata-se de uma exceção à regra de que o direito deve estar registrado na matrícula para existir e ser eficaz contra terceiros. A lei pretende proteger a família e por isso sacrifica a segurança jurídica do terceiro comprador, que não vê no registro imobiliário a existência de direito real de habitação incidente sobre o imóvel.

Há precedente judicial no sentido de não ser possível a venda forçada do imóvel objeto de direito real de habitação,[158] assim como não é possível aos herdeiros do falecido cobrar aluguel do(a) beneficiário(a) do direito real de habitação ou pleitear a dissolução do condomínio obtido a título de herança.[159]

Em termos práticos, pode-se até discutir se existe a possibilidade da venda voluntária do imóvel objeto de direito real de habitação, mas o comprador será obrigado a tolerar que o beneficiário(a) do direito real de habitação continue morando no imóvel se não for obtido um acordo para a extinção do direito do(a) beneficiário(a)!

Portanto, caso os vendedores atuais ou pretéritos tenham recebido o imóvel a título de herança, o comprador deve verificar se o imóvel não é objeto de direito real de habitação sem registro no cartório imobiliário.

Protesto contra a alienação de bens. Essa medida poderá ou não constar da matrícula do imóvel, como veremos na seção 3.9.

Verdadeiro estado civil e novo nome do vendedor. Nem sempre haverá averbação na matrícula do imóvel de mudança do nome e do estado civil do vendedor. Embora todo casamento ou divórcio deva ser comunicado aos registros de nascimentos das pessoas que se casaram, para que seja procedida a devida alteração, na prática isso nem sempre ocorre. A questão fica mais perigosa quando não há a devida averbação desses atos jurídicos na matrícula do imóvel (solteiro que se casou, casado que mudou

---

[157] Dispôs a Lei nº 9.278/96: "Art. 7º (...) Parágrafo único. Dissolvida a união estável por morte de um dos conviventes, o sobrevivente terá direito real de habitação, enquanto viver ou não constituir nova união ou casamento, relativamente ao imóvel destinado à residência da família."

O atual Código Civil, porém, não contemplou o direito real de habitação na união estável.

A Lei nº 9.278/96 foi revogada pelo Código Civil?

O enunciado 117 da I Jornada de Direito Civil, realizada pelo Conselho da Justiça Federal em setembro de 2002, é do seguinte teor: "O direito real de habitação deve ser estendido ao companheiro, seja por não ter sido revogada a previsão da Lei nº 9.278/96, seja em razão da interpretação analógica do art. 1.831, informado pelo art. 6º, *caput*, da CF/88."

[158] STJ, REsp 107.273, 4ª Turma, Relator Min. Ruy Rosado de Aguiar, j. em 9-12-1996, *DJ* 17-3-1997.

[159] STJ, REsp nº 1.846.167/SP, Terceira Turma, Rel. Min. Nancy Andrighi, j. em 9-2-2021.

de sobrenome etc.).[160] Como nada é tão ruim que não possa piorar, a Lei nº 14.382, de 27-6-2022, alterou o art. 56 da LRP e facilitou muito a mudança imotivada do prenome. A nova norma prevê que vários órgãos sejam informados, mas entre eles não consta comunicação aos cartórios de registros imobiliários (o que seria possível via utilização dos mecanismos tecnológicos previstos na própria Lei nº 14.382/2022). Além disso, há o problema da união estável, que sequer necessita de formalização por meio de escritura pública para ser válida, muito menos de registro, averbação ou indicação no cartório imobiliário (que nem mesmo estão previstos na LRP) para surtir efeitos contra o comprador.

Dívidas e obrigações incidentes sobre o imóvel (*propter rem*). Podem existir dívidas (ex.: IPTU, débitos com o condomínio, vide seção 3.12) e obrigações (ex.: recomposição da vegetação suprimida, vide seção 11.7) decorrentes da propriedade de imóvel específico que, caso não tenham sido cumpridas pelo proprietário anterior, poderão passar a ser também de responsabilidade do comprador, ainda que não haja qualquer menção a elas na matrícula do imóvel. Ao longo deste livro, veremos várias dessas hipóteses.

Reserva legal. Conforme veremos na seção 11.7, a reserva legal talvez ainda não esteja averbada na matrícula. Isso pode ser um problema na hipótese em que toda a vegetação foi suprimida (desmatada).

Restrições legais ao uso. Restrições previstas em lei, que não se referem a imóvel específico, normalmente não estarão registradas na matrícula do imóvel. Assim, por exemplo, não constará da matrícula do imóvel restrições decorrentes da legislação de zoneamento, restrições e obrigações da legislação ambiental (vide seção 11.7) ou de outras normas, exatamente porque essas restrições não se referem a imóvel específico. Embora se refiram a imóveis em determinada situação, normas (ex.: leis, decretos, instruções normativas) não criam direito para imóvel específico, ao contrário de uma sentença judicial, que se aplica a um caso concreto.

Imóvel vendido após a decretação da falência do vendedor. Nos termos do art. 129, VII, da Lei de Falências, a venda de imóvel após a decretação da falência do vendedor poderá não ser considerada "válida" (ineficaz, nos termos da lei), mesmo que o comprador esteja de boa-fé. Nessa hipótese, nem mesmo o art. 54, § 1º, da Lei nº 13.097, de 19-1-2015, com redação dada Lei nº 14.382, de 27-6-2022, poderá beneficiar o comprador.

Restrições convencionais ao uso. Deve existir registro, na matrícula do imóvel, da existência da convenção de condomínio (arts. 167, I, 17, da Lei nº 6.015/73). Eventuais restrições ao uso constantes da convenção de condomínio não constarão desse registro e será necessário solicitar cópia da convenção para saber quais são elas. Voltaremos ao tema na seção 9.8.

---

160 Vide capítulos 1 e 4.

Restrições legais ou contratuais à venda. Teoricamente, nenhuma restrição à venda que não estivesse registrada na matrícula poderia ser oponível ou prejudicar o comprador. Contudo, na prática, a solução pode ser outra, por mais paradoxal que isso pareça. Nem sempre eventual restrição à alienação (venda, doação, oneração etc.) que vimos na Seção 2.32 constará da matrícula do imóvel. Vide seção 1.8. Um exemplo interessante é a restrição de venda por dez anos de imóvel rural obtido por meio de reforma agrária, como veremos na Seção 14.2.

Vício em aquisição anterior. Várias são as ocasiões em que há ou pode haver nulidade na transmissão da propriedade por alguém que consta da matrícula como proprietário ou antigo proprietário (ex.: é nula a venda de imóvel caso a procuração outorgada ou supostamente outorgada pelo vendedor seja nula). Não é possível saber, pela simples leitura da certidão da matrícula, se isso ocorreu. Ninguém pode transmitir mais direitos do que tem: a pessoa que comprou um imóvel por meio de um procurador sem plenos poderes não poderá vender esse imóvel, simplesmente porque ele não é proprietário. Vide seção 1.15.

Posse. Vimos a questão na seção 1.14. Fora de hipóteses muito específicas, não constará da matrícula do imóvel eventual direito de posse de terceiro incidente sobre o imóvel. É controvertida na doutrina a natureza jurídica da posse.[161] Há autores a sustentar que a posse é um direito real e autores a sustentar o oposto, no sentido de que posse é um direito pessoal. Não interessa aqui discutir essa questão, pois é certo que o possuidor pode ser protegido – inclusive contra o comprador que adquirir a propriedade –, mediante propositura de ações judiciais específicas, de modo a permanecer na posse do imóvel. Vide seções 1.14 e 11.6 para informações a respeito de aquisição de posse.

A posse pode derivar de várias causas. Pode existir posse justa e posse injusta.[162] Pode existir uma posse melhor do que outra. Assim, o Direito pode proteger até mesmo uma posse sem justo título, se o possuidor foi desapossado de forma violenta por outra pessoa. O locatário é também possuidor do imóvel (posse direta), assim como o é o locador (posse indireta). No que se refere à hipótese de imóvel objeto de locação, remetemos o leitor para a seção 2.3.

No que se refere à questão da proteção do possuidor contra o proprietário, há precedentes judiciais no sentido de, ao apreciar a ação reivindicatória (que é a ação do

---

[161] Diz o Código Civil: "Art. 1.196. Considera-se possuidor todo aquele que tem de fato o exercício, pleno ou não, de algum dos poderes inerentes à propriedade."

[162] Diz o Código Civil:

"Art. 1.200. É justa a posse que não for violenta, clandestina ou precária.

Art. 1.201. É de boa-fé a posse, se o possuidor ignora o vício, ou o obstáculo que impede a aquisição da coisa. Parágrafo único. O possuidor com justo título tem por si a presunção de boa-fé, salvo prova em contrário, ou quando a lei expressamente não admite esta presunção."

proprietário que não tem a posse contra o possuidor que não é proprietário),[163] julgar favoravelmente ao possuidor contra o proprietário![164] Pode parecer estranho que o Judiciário tenha protegido, em certos casos, o possuidor contra aquele que ele mesmo reconhece como proprietário. Na verdade, tais decisões se fundaram na ausência de injustiça da posse (fundamento jurídico do possuidor). Evidentemente, também há decisões em sentido diametralmente oposto, isto é, pelo provimento das ações do proprietário contra o possuidor.[165]

É preciso ter em mente que precedentes judiciais são muitas vezes repletos de casuísmos, isto é, têm particularidades que conduzem ou podem conduzir a decisão judicial para um ou outro sentido. Desse modo, uma decisão judicial pode ser aplicável a um determinado caso, mas não ser aplicável a um outro caso muito similar em razão de alguma particularidade. Isso, de certo modo, explica a existência de decisões discrepantes, bem como de decisões que podem ser consideradas esdrúxulas para os que não analisaram aspectos específicos do caso concreto. Além disso, os magistrados procuram dar ao caso concreto a solução por eles melhor considerada "justa", interpretando intuitivamente a lei de modo que se possa chegar a essa solução...

No que se refere especificamente a conflito entre um *comprador* e um *possuidor prévio*, há precedente do STJ no sentido de que a posse pode ser justa contra o proprietário anterior, mas injusta contra o novo proprietário (na verdade, um simples compromissário comprador), concluindo-se a favor do comprador.[166] De acordo com esse entendimento, que parece ser o tecnicamente mais adequado, o comprador estará protegido, ainda que a posse do atual ocupante do imóvel seja justa. Contudo, há outro precedente do STJ em sentido contrário, negando provimento à ação reivindicatória

---

[163] Ação reivindicatória é a ação do proprietário que deseja obter a posse. O proprietário pode demonstrar desde logo que é o proprietário (apresenta a certidão do imóvel, na qual consta que ele é o proprietário), ou pode ter que produzir provas e sustentar alguma tese jurídica para demonstrar que é o verdadeiro proprietário.

O Código de Processo Civil (CPC) em vigor não utiliza a consagrada expressão "ação reivindicatória". Isso não é problema, pois a ação reivindicatória é uma ação ordinária como outra qualquer. O CPC trata de imissão na posse, que nada mais é do que o ato que entrega a posse a alguém. Por exemplo, um proprietário ou possuidor que utiliza alguma ação para obter a posse é imitido na posse. O mesmo ocorre na ação reivindicatória: se autor provar ser o verdadeiro proprietário, além da carga declaratória dessa decisão (reconhecimento da propriedade), ele será imitido na posse.

[164] STJ, REsp 145.204/BA, 4ª Turma, Rel. Min. Barros Monteiro, j. em 20-10-1998, *DJ* 14-12-1998.

STJ, REsp 87.262/SP, 3ª Turma, Rel. Min. Nilson Naves, j. em 14-12-1998, *DJ* 15-3-1999.

STJ, REsp 25.600/SP, 4ª Turma, Relator Min. Ruy Rosado de Aguiar, j. em 24-5-1994, *DJ* 20-6-1994.

[165] STJ, REsp 151.237/MG, 4ª Turma, Relator Min. Cesar Asfor Rocha, j. em 24-5-2000, *DJ* 7-10-2002.

STJ, REsp 115.091/RS, 4ª Turma, Relator Min. Sálvio de Figueiredo Teixeira, j. em 25-6-1998, *DJ* 28-9-1998.

[166] STJ, REsp 13.335/SP, 3ª Turma, Relator Min. Eduardo Ribeiro, j. em 30-3-1992, *DJ* 20-4-1992.

movida por comprador com escritura pública registrada(!), sob fundamento de ser justa a posse dos réus decorrente de substabelecimento na forma de escritura pública outorgada por pessoa que detinha procuração em causa própria.[167]

Diante desse quadro conturbado, ainda que se possa sustentar que a posição que protege o comprador é a tecnicamente mais adequada, deve o comprador verificar se o bem imóvel está na posse de alguém que não seja o proprietário. Isso é feito naturalmente, pois o comprador normalmente visita o imóvel que pretende comprar.

Portanto, a cautela é quanto aos efeitos de se constatar que a pessoa que está ocupando o imóvel não é o vendedor. Será preciso inicialmente verificar se essa pessoa tem uma posse justa ou injusta (vide seção 1.14), analisando sua *causa* e, assim, avaliar, com auxílio de advogado especializado na matéria, quais os possíveis riscos e prognósticos para o caso. De qualquer forma, ainda que se possa concluir pela melhor solução jurídica para o comprador, a aquisição de imóvel ocupado poderá exigir que o comprador ajuíze uma ação para obter sua posse, o que pode causar-lhe dissabores.

Para deixar o tema mais confuso, a Lei nº 14.620, de 13-7-2023, incluiu "os direitos oriundos da imissão provisória na posse, quando concedida à União, aos Estados, ao Distrito Federal, aos Municípios ou às suas entidades delegadas e a respectiva cessão e promessa de cessão" no rol dos *direitos reais* previstos no art. 1.225 do Código Civil.

A possibilidade de registro "da imissão provisória na posse, quando concedida à União, aos Estados, ao Distrito Federal, aos Municípios ou às suas entidades delegadas, e respectiva cessão e promessa de cessão" já constava da LRP desde a edição da Lei nº 9.785, de 29-1-1999, com alcance ampliado pela Lei nº 12.424, de 16-6-2011.

Pela lógica, apenas a cessão ou promessa de cessão de direitos decorrentes da imissão provisória na posse decorrente de desapropriação que estivessem registradas na matrícula do imóvel deveriam conferir direitos reais ao cessionário ou ao promissário cessionário ("comprador" do imóvel, no sentido leigo).

Contudo, em razão da mencionada alteração do art. 1.225 do Código Civil pela Lei nº 14.620/2023, é possível sustentar que o direito do cessionário ou promissário cessionário não depende de registro, especialmente se ele já está ocupando o imóvel... Afinal, ao ingressar na posse do imóvel, o Poder Público expropriante já se torna proprietário. A lógica seria a mesma.

Outra solução seria simplesmente dizer que a alteração efetuada não modificou o direito, o que contraria regra de hermenêutica no sentido de que "a lei contém palavras inúteis". Pode-se sustentar que a alteração legislativa decorreu de um simples "erro de técnica" e não está de acordo com as demais regras do direito civil (interpretação sistemática, também hermenêutica), razão pela qual não teria qualquer efeito jurídico.

---

[167] STJ, REsp 238.750/PE, 4ª Turma, Relator Min. Ruy Rosado de Aguiar, j. em 16-12-1999, *DJ* 8-3-2000.

Seja como for, a proteção jurídica ao possuidor do imóvel está ficando cada vez mais forte na legislação: será que um dia os doutrinadores de direito civil reconhecerão que determinados direitos de posse podem ser direitos reais?

Enfim, discussões teóricas à parte, deve o comprador verificar com cuidado quem está na posse do imóvel: se não for o proprietário, deverá ser analisada a *causa* da posse, conforme descrevemos acima.

Ocupação de imóvel do Poder Público. Se a questão da posse de imóvel privado é um tema controvertido, imagine a ocupação de um imóvel de propriedade do Poder Público! Vamos diferenciar algumas das possíveis hipóteses de ocupação de um imóvel do Poder Público, que poderão ou não estar registradas no cartório imobiliário:

1. *Ocupação decorrente de direito real.* Vários são os instrumentos pelos quais um particular pode ter um direito real incidente sobre um imóvel do Poder Público. São, por exemplo, as hipóteses de *aforamento* ou *enfiteuse* (seções 1.15 e 2.10), *concessão de uso especial para fins de moradia* (seção 2.28), *concessão de direito real de uso* (seção 2.29) etc. Nesses casos, o direito deverá estar registrado na matrícula do imóvel e constará da certidão (itens 10, 37 e 40 do inciso I do art. 167 da Lei nº 6.015/73). É o caso, entre outros, do art. 7º do Decreto-lei nº 271, de 28-11-67.
2. *Ocupação decorrente de contrato ou convênio.* O Poder Público, por meio de contrato ou convênio, cede o imóvel para a utilização de particular ou mesmo para outra pessoa de direito público. Isso não constará da matrícula do imóvel. Exemplo: concessão de "títulos de posse" ou "títulos de domínio" por parte de Estados em terras da União. Exceção: na hipótese do convênio celebrado nos termos da Lei nº 14.011, de 10-6-2020, o registro é possível (o que não significa que será feito).
3. *Ocupação precária inscrita na SPU.* A inscrição de ocupação de imóveis da União também não é registrada em cartório. Ela foi tratada na seção 1.11, para a qual remetemos o leitor.
4. *Ocupação com autorização de uso sustentável*, prevista no art. 10-A da Lei nº 9.636, de 15-5-1998, acrescentado pela Lei nº 13.465, de 11-7-2017. Trata-se de ato precário (pode ser revogado a qualquer tempo), outorgado a comunidades tradicionais (pescadores, quilombolas, indígenas etc.). Não confundir com casos em que o imóvel é terra indígena, casos em que não há ocupação a título precário, mas sim reconhecimento de direitos constitucionalmente estabelecidos.
5. *Ocupação com Certidão de Reconhecimento de Ocupação.* Trata-se de ocupação de área rural da União ou do Incra em vias de regularização. Vide seção 14.2.
6. *Posse ou detenção de imóvel sem inscrição no órgão do patrimônio público.* Situação mais comum do que se imagina, inclusive em condomínios irregulares implantados por pessoas que alegam serem proprietários ou possuidores de glebas que, na ver-

dade, são do Poder Público.[168] Afirma-se que a ocupação de imóveis públicos sem anuência do Poder Público não configura posse (Súmula nº 619 do STJ). Contudo, admite-se que há posse para fins de IPTU. Quanto à maioria dos outros aspectos, há opinião generalizada de que a ocupação de imóvel público consiste em simples detenção física, inclusive no tocante à inexistência de direito à proteção possessória contra o Poder Público.[169] O tema, porém, é controvertido. Vide seções 1.14 e 11.6.

Outras decisões judiciais ou administrativas. Em tese, nenhuma decisão judicial ou administrativa sem registro ou averbação na matrícula do imóvel poderia prejudicar o comprador. O sistema, porém, não é perfeito. O tema deste livro é, justamente, riscos na compra de imóveis. Em tempos de "ativismo judicial", aumentou a possibilidade de existir decisão ilegal e imprevisível que possa prejudicar o comprador. No passado, decisões judiciais esdrúxulas eram em menor número.

Há processos judiciais que dizem respeito *diretamente* ao imóvel e, em tese, deveriam estar "noticiados" ou "informados" na matrícula do imóvel, mas nem sempre estarão. Um exemplo é a ação para desconstituir, anular ou declarar nulo um ato que concedeu usucapião extrajudicial ao vendedor: como não se trata de uma ação reivindicatória, pode surgir dúvida a respeito da aplicabilidade do disposto na parte final do inciso 792, I, do CPC.

Há processos judiciais que apenas *indiretamente* podem afetar a venda de um imóvel. Como um "arremedo" para esses problemas, a legislação prevê a possibilidade de registro ou averbação em certas hipóteses. Em tese, só o que diz respeito *diretamente* ao imóvel deveria estar na matrícula, assim como – vamos insistir – nada que não estivesse na matrícula poderia prejudicar o comprador. Mas como o sistema não é perfeito, pode existir algo que não esteja na matrícula e prejudique o comprador, a despeito de a Lei nº 14.382, de 27-6-2022, ao dar nova redação ao § 1º do art. art. 54 da Lei nº 13.097/2015, tentar solucionar esses problemas.

Há o caso de decisões judiciais ilegais, que inclusive podem decorrer de erro. Vamos dar um exemplo absurdo, mas absurdos abundam no Brasil: um indivíduo celebra um compromisso de compra e venda de um imóvel com uma incorporadora e posteriormente efetua um distrato (seção 9.10). Esse imóvel é posteriormente vendido a outra pessoa. Até aqui, a hipótese é muito comum no quotidiano. Um compromisso de compra e venda mesmo não registrado pode ensejar adjudicação compulsória (seção 8.3). Assim, agindo com má-fé, a pessoa que efetuou o distrato "pode" efetuar permuta de imóvel com outra pessoa, que, por sua vez, poderá ingressar com ação judicial contra a incorporadora, ou mesmo contra o novo proprietário pedindo a propriedade do imóvel, uma vez que tal pessoa detém o compromisso de compra e venda assinado

---

168 A respeito de ocupação de bens públicos, vide: SILVA, Bruno Mattos e. *Direito administrativo para concursos*. 2. ed. Belo Horizonte: Del Rey, 2008. p. 99-103.

169 STJ, REsp 489.732/DF, Quarta Turma, Rel. Min. Barros Monteiro, j. em 5-5-2005, *DJ* de 13-6-2005.

pela incorporadora. Em tese, seria absurdo imaginar que essa ação poderia levar à concessão da propriedade à pessoa que detém instrumento de compromisso de compra e venda já distratado, prejudicando o novo comprador. Inclusive a citação desse absurdo poderá vir a ser registrada na matrícula do imóvel após o registro de propriedade do comprador inocente, e essa propriedade passará e será considerada *litigiosa*.

Infelizmente, porém, os juízes brasileiros estão sobrecarregados de processos, algo que piora a cada ano, levando a um número cada vez maior de decisões absurdas. Erros judiciais são cada vez mais frequentes. De resto, ainda que seja muitíssimo provável a decisão favorável ao comprador inocente, o imóvel ficará litigioso por vários anos: ele terá dificuldade para revender o imóvel enquanto perdurar a ação judicial.

Continuando com exemplos absurdos, vejamos a questão da Cédula de Crédito Rural (CCR)**.** A Lei nº 13.986/2020, corretamente, revogou o item 13 do inciso I do art. 167 da Lei nº 6.015/73 (Lei de Registros Públicos – LRP), que previa registro da CCR na matrícula do imóvel. A CCR, em suas várias modalidades, tal como vimos na seção 2.12, não deveria ser registrada na matrícula do imóvel que garantia seu pagamento, mas sim em livro próprio. O que deveria e continua devendo ser registrado na matrícula é a garantia (ex.: hipoteca) e não a cédula em si. Portanto, não deve constar da certidão do imóvel a existência de uma CCR, mas sim eventual garantia dela decorrente. O problema é um juiz ou tribunal desavisado se equivocar e "entender" ser válida a oneração do imóvel com o simples registro ou depósito de uma CCR na forma prevista pela Lei nº 13.986/2020, na qual preveja garantia imobiliária sem registro dessa garantia na matrícula do imóvel (afinal, o registro da *CCR* na matrícula do imóvel deixou de ser possível, não é mesmo?). A Lei nº 13.986/2020 revogou os dispositivos do Decreto-lei nº 167, de 14-2-67, e a previsão da LRP de registro da cédula no cartório de imóveis, mas não determinou que constituição da garantia (ex.: hipoteca) aconteça pela simples escrituração eletrônica por parte de entidade autorizada pelo Banco Central para essa atividade (art. 10-A, § 1º, do Decreto-lei nº 167/67, acrescido pela Lei nº 13.986/2020).

Outro absurdo possível, decorrente de legislação ruim, é o da Cédula de Crédito Bancário (CCB)**.** Em tese, a situação seria a mesma da CCR acima descrita, mas a técnica legislativa utilizada dá margem a erro. A Lei nº 10.931, de 2-8-2004, alterada pela Lei nº 13.986/2020, estabelece, no art. 32, que pode ser *constituída* garantia na própria CCB, assim como o credor "poderá" (art. 34, § 1º) averbar "a existência de qualquer outro bem por ela abrangido". Em tese, não deveria ser válida contra o comprador de imóvel qualquer garantia (ex.: hipoteca ou "algo" que vincule o imóvel ao pagamento de uma dívida) "constituída" apenas no título (no caso, a CCB) incidente sobre esse imóvel e não registrada ou averbada na matrícula do imóvel. A situação ficou mais confusa, pois o art. 42-A, § 2º, acrescido pela Lei nº 13.986/2020 afirma que "As garantias dadas na Cédula de Crédito Bancário (...) deverão ser informadas no sistema ao qual se refere o art. 27-A", que é o sistema eletrônico de escrituração efetuado por instituição financeira ou entidade autorizada pelo Banco Central do Brasil a exercer a atividade de escrituração eletrônica e não o cartório de registro de imóveis (art. 27-B da Lei nº 10.931/2004, acrescido pela Lei nº 13.986/2020). Vide seção 2.12.

Para piorar a questão da imprevisibilidade das decisões judiciais, a Lei nº 13.874, de 20-9-2019 (Lei da Liberdade Econômica), ao positivar vários "princípios", possibilita ao juiz decidir contra ou a favor de qualquer das partes em litígio sem maiores balizas legais. Norma de péssima técnica, a Lei da Liberdade Econômica deveria melhorar e não piorar o ambiente de negócios no Brasil. Assim, tomando como exemplo apenas o art. 1º, § 2º, dessa Lei,[170] pode o juiz proteger o "respeito aos contratos" (decidir pela validade da aquisição do imóvel, beneficiando o comprador) ou proteger o "investimento" de um credor do vendedor (decidir pela invalidade ou ineficácia da venda do imóvel, prejudicando o comprador e beneficiando o credor). Um horror.

Como se vê de tudo isso, decisões judiciais sem previsão legal nem sempre podem ou são registradas na matrícula do imóvel.

Para tentar melhorar a situação do comprador de imóveis, a Lei nº 13.097, de 19-1-2015, tentou "blindar" o comprador de boa-fé de eventual perda da propriedade do imóvel nos termos do seu art. 54. Não deu muito certo, e a redação do art. 54 foi alterada pela Lei nº 14.382, de 27-6-2022, e pela Lei nº 14.825, de 20-3-2024.

É louvável a tentativa de a legislação tornar absoluto o "princípio da concentração" no direito brasileiro, de modo que nada que não esteja na matrícula do imóvel pudesse prejudicar o comprador.

Na prática, ao menos por enquanto, isso parece impossível, o que ficou mais uma vez evidenciado com a edição do Provimento CNJ nº 188, de 4-12-2024, que incluiu um polêmico dispositivo no Provimento CNJ nº 149/2023:

> "Art. 320-I (...) § 3º A superveniência de ordem de indisponibilidade impede o registro de títulos, ainda que anteriormente prenotados, salvo exista na ordem judicial previsão em contrário."

Pouco tempo depois, esse dispositivo foi alterado pelo Provimento CNJ nº 190 de 25-4-2025, que passou a ter a seguinte redação:

> "Art. 320-I (...) § 3º A superveniência de ordem de indisponibilidade, salvo decisão judicial em sentido contrário, não impede o registro de título anteriormente prenotado, incumbindo ao registrador comunicar ao juiz a realização do ato de registro."

---

170 "Art. 1º (...) § 2º Interpretam-se em favor da liberdade econômica, da boa-fé e do respeito aos contratos, aos investimentos e à propriedade todas as normas de ordenação pública sobre atividades econômicas privadas. (...)."
Não será difícil para um advogado sustentar o que quer que seja com base nesse dispositivo de lei.

O § 3º do art. 320-I, na redação original, embora um tanto inofensivo, causou grande incômodo aos juristas especializados em direito registral: o *princípio da anterioridade* (prioridade registral), que vimos na seção 1.7, foi violado.[171]

O transcrito § 3º do art. 320-I, mesmo com a redação dada pelo Provimento CNJ nº 190, de 25-4-2025, demonstra que decisões judiciais podem prevalecer em face de leis e de princípios consagrados. Por isso o comprador deve tomar as cautelas necessárias.

É verdade que "Não se pode presumir a má-fé ou o conluio de quem agiu com todo o cuidado e diligência".[172] Na prática, porém, sabemos que há decisões judiciais imprevisíveis e até mesmo ilegais. Não são raros os problemas que enfrentam os registradores de imóveis nessas situações, especialmente quando a decisão judicial é, na prática, de difícil ou mesmo impossível cumprimento.

Voltaremos ao tema nas seções 3.4 e 3.16.

---

[171] Em artigo muito bem elaborado, três juristas conceituados (*José Luiz Germano*, registrador de imóveis no Estado do Paraná; *Thomas Nosch Gonçalves*, tabelião de notas em Santo André (SP); *José Renato Nalini*, Desembargador aposentado do TJSP, tendo exercido os cargos de Corregedor e Presidente.) criticaram o Provimento CNJ nº 188/2024 com base na violação da prioridade registral e ilustraram a crítica nos seguintes termos: "Imagine que você queira comprar um imóvel, além da escritura, é do nosso sistema que ele tenha que ser registrada no cartório de imóveis. Você toma todas as cautelas do mundo para que o negócio não tenha riscos, paga todo seu dinheiro pelo bem, inclusive tributos, leva a escritura para o cartório de imóveis e lá, dentro de alguns dias, o registro será feito. Digamos que, dois dias depois disso, surge uma ordem de indisponibilidade, que chega de imediato pela via eletrônica. Segundo a regra aqui criticada, não poderá o imóvel ser registrado em nome de quem o comprou e pagou: você. Isso é um absurdo". Disponível em: https://www.migalhas.com.br/depeso/422093/a-ameaca-da-indisponibilidade retroativa. Acesso em: 2 jan. 2025.

[172] Disponível em: https://www.migalhas.com.br/depeso/422093/a-ameaca-da-indisponibilidade-retroativa. Acesso em: 2 jan. 2025.

3

O BEM IMÓVEL E SEU VENDEDOR

No Capítulo 1, tratamos do imóvel e de seus possíveis registros, especialmente da questão da aquisição da propriedade: como alguém se torna proprietário do imóvel.

No Capítulo 2, vimos os vários elementos que poderão estar presentes na matrícula do imóvel, como forma de poder conhecer sua história e a história das suas aquisições.

É importante, agora, verificar a situação pessoal daquele que vende o imóvel. Ocorre que essa situação estará diretamente relacionada com a venda.

Além disso, pelas razões já explicitadas no Capítulo 1, na seção 1.5, *O vendedor é o verdadeiro proprietário? As aquisições anteriores foram eficazes?*, é recomendável verificar não apenas a situação do atual proprietário, mas também a dos anteriores.

Nessa mesma medida, será com o estudo da situação pessoal do vendedor que teremos os dados faltantes para concluir se ele é realmente o proprietário do imóvel, se existe chance de alguém demonstrar perante a Justiça que ele não é ou não foi seu proprietário, se seus bens, ainda que já vendidos, devam servir para pagamento de suas dívidas etc.

Por exemplo, é possível que alguém venha a pleitear judicialmente a propriedade do imóvel; ou que o vendedor esteja endividado e que o bem, mesmo após a venda, venha a ser penhorado e leiloado judicialmente para saldar seus débitos.

Analisaremos algumas hipóteses, nas quais mesmo já estando o imóvel devidamente registrado em nome do comprador, ele poderá perdê-lo. Veremos quais são certidões o comprador deverá obter, inclusive à luz dos novos registros públicos eletrônicos, para saber se há riscos e como reduzi-los.

Além disso, trataremos de outras questões relevantes, que podem impactar na aquisição e na manutenção da propriedade, ou gerar algum tipo de prejuízo para o adquirente.

3.1 ALGUÉM REIVINDICA SER O PROPRIETÁRIO DO IMÓVEL

É possível que o bem esteja sendo reivindicado por outrem, que, por meio de uma ação reivindicatória, pleiteie judicialmente a propriedade do bem. Dizemos, assim, que este bem é *litigioso*. Uma das consequências disso é a possibilidade de o comprador perder a propriedade do bem, conforme se verá a seguir.

Ocorre que o art. 109 do Código de Processo Civil de 2015 assim dispõe, repetindo a regra do CPC/73 (art. 42, § 3º):

> "Art. 109. A alienação da coisa ou do direito litigioso por ato entre vivos, a título particular, não altera a legitimidade das partes (...) § 3º Estendem-se os efeitos da sentença proferida entre as partes originárias ao adquirente ou cessionário."[1]

A lei foi ainda mais clara ao determinar que o bem litigioso, mesmo se alienado, deverá ser entregue ao reivindicante vencedor, conforme dispõe o art. 790 do CPC/2015 (art. 592 do CPC/73):

> "Art. 790. São sujeitos à execução os bens:
> I – do sucessor a título singular,[2] tratando-se de execução de sentença proferida em ação fundada em direito real."[3]

Nesses termos, portanto, é possível que um bem, ainda que já vendido, venha a ser alcançado pela ação reivindicatória, o que poderá significar a perda, por parte do comprador, para o autor dessa ação.

A perda do imóvel ocorre para satisfazer o legítimo direito de propriedade do reivindicante, posto que é ele, e não o vendedor, o verdadeiro proprietário.[4]

Observemos que é válida, a princípio, a compra de um bem litigioso.[5] O comprador estará, contudo, correndo o risco de perder o bem, pois a venda apenas não será eficaz em face do reivindicante, caso ele seja vencedor, como se viu.

---

1 É o que ocorre quando, na pendência de uma ação reivindicatória, o bem é vendido: "Se o direito controvertido se torna, no curso do processo, objeto de transferência a título particular, não importa se, por ato entre vivos ou por causa de morte, o processo prossegue entre as partes originárias (se se trata de ato entre vivos) ou perante o sucessor a título universal (se se trata de ato por causa de morte), mas a sentença produz os seus efeitos, mesmo perante o adquirente e o legatário (art. 42, § 3º)" (THEODORO JÚNIOR, Humberto. Curso de direito processual civil. 19. ed. Rio de Janeiro: Forense, 1997. v. 2, p. 77-78).

2 O comprador é um sucessor a título singular; já o herdeiro é sucessor a título universal. Assim, "Sucessor a título singular é o terceiro que de alguma forma (a título oneroso ou gratuito) recebeu do devedor o bem (móvel ou imóvel) que deveria responder pelo cumprimento da obrigação" (MACHADO, Antônio Claudio da Costa. *Código de processo civil interpretado.* São Paulo: Saraiva, 1993. Art. 592, I, p. 521).

3 A reivindicatória é uma ação fundada no direito à propriedade que o reivindicante alega possuir: é fundada em direito *real*, portanto.

4 De acordo com o sistema jurídico brasileiro, existe apenas uma presunção de ser o proprietário do imóvel aquele que consta como tal no registro de imóveis. Essa presunção pode ser derrubada pela ação reivindicatória, que alterará o registro imobiliário.

5 Nesse sentido: "2. O registro de citação em ação em que se discute a titularidade do bem não tem o condão de torná-lo inalienável." (CSMSP, proc. 029841-0/0, j. 3-2-97, Rel. Dirceu de Mello.)

Não se devem confundir a ação reivindicatória e a "ação" de imissão na posse com as ações possessórias. Tecnicamente, a ação reivindicatória é a ação do proprietário que não detém a posse (ainda que ele precise demonstrar que é o proprietário). Já ação possessória é a ação do possuidor, proprietário ou não, para obter novamente a posse (vide seção 1.14) do imóvel.

> "Apesar de seu *nomen iuris*, a ação de imissão na posse é ação do domínio, por meio da qual o proprietário, ou o titular de outro direito real sobre a coisa, pretende obter a posse nunca exercida. Semelhantemente à ação reivindicatória, a ação de imissão funda-se no direito à posse que decorre da propriedade ou de outro direito real (*jus possidendi*), e não na posse em si mesmo considerada, como uma situação de fato a ser protegida juridicamente contra atentados praticados por terceiros (*jus possessionis*)."[6]

Aqui, um parêntesis: o Código de Processo Civil em vigor não utiliza a consagrada expressão "ação reivindicatória" ou "reivindicar".[7] Ele trata de imissão na posse, que nada mais é do que o ato que entrega a posse a alguém. Por exemplo, um proprietário ou possuidor que se utiliza de alguma ação para obter a posse é imitido na posse. O mesmo ocorre na ação reivindicatória: se o autor provar ser o verdadeiro proprietário, além da carga declaratória dessa decisão (reconhecimento da propriedade), ele será imitido na posse.

O CPC dirimiu antiga divergência no tocante à necessidade de ser obrigatório o registro da citação na matrícula do imóvel para efeito do bem imóvel vendido a terceiro[8] ser atingido pelos efeitos da sentença proferida em virtude de ação reivindicatória. De acordo com o art. 792, I, do CPC, é necessário que, antes do registro da venda, tenha sido a citação registrada na matrícula do imóvel. Caso contrário, o autor da ação reivindicatória, mesmo se vencedor, não obterá a propriedade do imóvel, que permanecerá na propriedade do comprador.

Assim, caso *A* venda o imóvel para *B*, existindo uma ação reivindicatória movida por *C* contra *A*, há quem entenda que *B* somente será atingido pelos efeitos dessa

---

Também é essa a posição de Nelson Nery Júnior e Rosa Maria Andrade Nery, conforme se lê do comentário ao art. 42 do seu *Código de processo civil comentado*, p. 276: "O sistema admite como válida a alienação da coisa ou direito litigioso, apenas reputando-a como ineficaz relativamente ao processo. Isto significa que o alienante, que era parte no processo, nele continuará ostentando sua qualidade e suportará os efeitos da sentença; o adquirente de coisa ou direito litigioso também será atingido pelos efeitos decorrentes da sentença. A alienação da coisa ou direito litigioso pode configurar fraude à execução".

6 STJ, REsp nº 1.909.196/SP, Terceira Turma, Rel. Min. Nancy Andrighi, j. em 15-6-2021.

7 Já o Código Civil em vigor utiliza diversas vezes as palavras "reivindicar".

8 Esse registro só pode ser feito antes da venda. Nesse sentido: "1. Não é cabível o registro de citação em ação real ou pessoal reipersecutória quando os réus não são os titulares de domínio. Há infringência ao princípio de continuidade. 2. O registro deferido em infringência ao princípio de continuidade deve ser cancelado administrativamente" (CSMSP, proc. 196/89, j. 8-1-90, Rel. Onei Raphael).

ação (ou seja, perderá o imóvel no caso da ação ser julgada procedente) caso *C* tenha providenciado o registro de a citação de *A* na matrícula do imóvel, uma vez que o art. 792, I, do CPC, em sintonia com o art. 169 da Lei de Registros Públicos, estabelece que esse registro é obrigatório.

Contudo, nada impede que, inexistindo a ação reivindicatória, mas presente o vício de aquisição anterior, a ação seja, mesmo após a venda, promovida contra o comprador.

Por isso já se decidiu que, "o cancelamento de registro na matrícula do imóvel, por ter sido fundado em escritura pública inexistente, autoriza a reivindicação do imóvel pelo legítimo proprietário, em detrimento do terceiro adquirente de boa-fé, nos termos do art. 1.247, parágrafo único, do CC, não se aplicando, nessa hipótese, o art. 54, § 1º, da Lei nº 13.097/2015".[9]

3.2 O IMÓVEL E AS DÍVIDAS DE SEU PROPRIETÁRIO

Os bens do devedor respondem pelo eventual não pagamento de suas dívidas. Isso significa que os bens de um devedor, que não honrou seus compromissos, podem ser penhorados e alienados em praça ("leilão").

Bastante comum é a situação na qual, após contrair dívidas imensas, o devedor aliena[10] seus bens, "sumindo" com o dinheiro, ou os colocando em nome de terceiro, de modo que os credores não tenham como satisfazer seu crédito, exatamente porque não haverá bens a serem penhorados em sede de execução judicial.

A lei, contudo, procurou buscar formas de impedir esse tipo de fraude.

Como é notório, se *A* deve, por qualquer razão, uma certa quantia para *B* e em função disso *B* move ação de cobrança em face de *A*, que, condenado a pagar, não o faz, ou porque não tem dinheiro ou porque não quer, a solução de *B* é ter os bens de *A* penhorados e alienados (em praça), de modo que com o produto dessa alienação possa *B* ter seu crédito satisfeito.

Ocorre que, como já dissemos, o vendedor pode ter-se utilizado de má-fé, para furtar-se ao pagamento de sua dívida, vendido seus bens e escondendo os recursos obtidos para prejudicar seus credores. É uma situação injusta.

Assim, em certos casos, o comprador, ainda que de boa-fé e num negócio que, para ele, seria absolutamente legítimo, poderá perder a propriedade do bem para um eventual credor do vendedor.

Em que casos isso acontece?

---

9 STJ, REsp nº 2115178, Terceira Turma, Rel. Min. Nancy Andrighi, j. em 21-5-2024.

10 O verbo *alienar* abrange tanto o ato de vender como o de doar. A alienação implica a perda da propriedade por parte do alienante, podendo este ter algum benefício, como na hipótese de venda, ou nenhum, na hipótese de doação.

Além da hipótese da reivindicatória, já tratada, existem duas hipóteses nas quais o devedor aliena os bens para se furtar ao pagamento da dívida: são os casos de *fraude contra credores e fraude contra o fisco, bem como* de *fraude à execução*, conforme veremos a seguir:

3.3 FRAUDE CONTRA CREDORES E FRAUDE FISCAL

A fraude contra credores está disciplinada nos arts. 158 e 159 do Código Civil:

> "Art. 158. Os negócios de transmissão gratuita de bens ou remissão de dívida, se os praticar o devedor já insolvente, ou por eles reduzido à insolvência, ainda quando o ignore, poderão ser anulados pelos credores quirografários, como lesivos dos seus direitos.
>
> § 1º Igual direito assiste aos credores cuja garantia se tornar insuficiente.
>
> § 2º Só os credores que já o eram ao tempo daqueles atos podem pleitear a anulação deles.
>
> Art. 159. Serão igualmente anuláveis os contratos onerosos do devedor insolvente, quando a insolvência for notória, ou houver motivo para ser conhecida do outro contratante."

Essas hipóteses são aquelas que dão ensejo à tão conhecida *ação pauliana*, que permite aos credores anularem uma alienação feita pelo devedor, para que o bem alienado volte ao patrimônio dele e responda pelas suas dívidas.[11]

Assim, os credores que forem lesados pela manobra do devedor poderão ingressar com a referida ação, nos termos dos dispositivos citados.

Por *insolvência notória*, embora a questão comporte controvérsias, podemos entender aquela que pode ser aferida por meio de certidões, das quais este livro trata, que dão ensejo ao conhecimento público da situação financeira do vendedor do imóvel. Assim, como qualquer pessoa pode solicitar certidões de títulos protestados, de distribuição cível, de execuções fiscais etc., caso tais certidões, quando comparadas com o patrimônio do vendedor, indicarem um estado de insolvência, podemos considerá-la notória. Obviamente é notória, para efeitos do art. 159 do Código Civil, se a má situação financeira houver sido largamente noticiada pela imprensa, se for objeto de comentários da população local etc.

Não obstante as dívidas sejam maiores que o patrimônio, se as mencionadas certidões nada revelarem, os credores que desejarem a anulação de uma venda que julgam fraudulenta terão de provar que o comprador sabia, por algum outro meio, que o vendedor estava insolvente, conforme dispõe o art. 159 supramencionado.[12]

---

11 Não importa que o bem não tenha sido dado em garantia da dívida. O art. 789 do Código de Processo Civil assim dispõe a respeito: "O devedor responde com todos os seus bens presentes e futuros para o cumprimento de suas obrigações, salvo as restrições estabelecidas em lei."

12 A questão da prova será apreciada pelo Judiciário, ou seja, por seres humanos, que têm valores e opiniões pessoais. Nesse sentido é que se verá que o Direito não é apenas técnica,

É assim porque no caso da *fraude contra credores* é fundamental a existência de má-fé do comprador provada ou presumida no caso da notoriedade da insolvência. Diante da – caso provada ou presumida – boa-fé do comprador, não há fraude contra credores,[13] mas poderá haver fraude contra o fisco (que veremos nesta seção) ou fraude à execução (que veremos na seção 3.4).

---

não é uma ciência exata. Vale dizer, assim, que o julgamento da existência ou não de fraude contra credores dependerá do conjunto probatório, que for produzido no processo, e da convicção que será formada pelos juízes. Assim, não é incomum a existência de decisões nos tribunais sem unanimidade, como ocorreu no seguinte julgado: "Fraude contra credores. Configuração. Hipótese. Demonstrada a anterioridade do crédito, que nasceu no momento da prática do ato ilícito, o conluio entre o devedor alienante e o adquirente e o prejuízo para o credor, decorrente da alienação, que reduziu o devedor à insolvência, anula-se o ato, por fraude contra credores, retornando os bens alienados ao patrimônio da devedora, para que sobre eles recaia a execução. Não é necessária a existência de título judicial, para caracterizar a fraude. Basta que o autor comprove que, à época da alienação, já era credor quirografário do réu, ainda que não exigível a obrigação ou já haja ação de cobrança. Voto vencido: Não obstante o apreço que dedico à douta maioria, lavrei divergência (...) ao contrário do que se concluiu, não restaram demonstrados, até agora, a indispensável insolvência da devedora, ou seja, a circunstância de não terem sido encontrados bens suficientes para garantir a execução, como, também, não se demonstrou a presença, no ato inquinado de nulo, do, também indispensável, *consilium fraudis*" (TJRJ, Ap. Cív. 1.270/94, 3ª Câm., Bol Jurispr. *ADCOAS* nº 23, de 20-8-1996, p. 666).

13 Interessantíssimo precedente a respeito:

"Direito civil. Recurso especial. Omissão. Inexistência. Ação pauliana. Sucessivas alienações de imóveis que pertenciam aos devedores. Anulação de compra de imóvel por terceiros de boa-fé. Impossibilidade. Limitação da procedência aos que agiram de má-fé, que deverão indenizar o credor pela quantia equivalente ao fraudulento desfalque do patrimônio do devedor. Pedido que entende-se implícito no pleito exordial.

1. A ação pauliana cabe ser ajuizada pelo credor lesado (*eventus damni*) por alienação fraudulenta, remissão de dívida ou pagamento de dívida não vencida a credor quirografário, em face do devedor insolvente e terceiros adquirentes ou beneficiados, com o objetivo de que seja reconhecida a ineficácia (relativa) do ato jurídico – nos limites do débito do devedor para com o autor –, incumbindo ao requerente demonstrar que seu crédito antecede ao ato fraudulento, que o devedor estava ou, por decorrência do ato, veio a ficar em estado de insolvência e, cuidando-se de ato oneroso – se não se tratar de hipótese em que a própria lei dispõe haver presunção de fraude –, a ciência da fraude (*scientia fraudis*) por parte do adquirente, beneficiado, subadquirentes ou sub-beneficiados.

2. O acórdão reconhece que há terceiros de boa-fé, todavia, consigna que, reconhecida a fraude contra credores, aos terceiros de boa-fé, ainda que se trate de aquisição onerosa, incumbe buscar indenização por perdas e danos em ação própria. Com efeito, a solução adotada pelo Tribunal de origem contraria o artigo 109 do Código Civil de 1916 – correspondente ao artigo 161 do Código Civil de 2002 – e também afronta a inteligência do artigo 158 do mesmo Diploma – que tem redação similar à do artigo 182 do Código Civil de 2002 –, que dispunha que, anulado o ato, restituir-se-ão as partes ao Estado, em que antes dele se achavam, e não sendo possível restituí-las, serão indenizadas com o equivalente.

3. 'Quanto ao direito material, a lei não tem dispositivo expresso sobre os efeitos do reconhecimento da fraude, quando a ineficácia dela decorrente não pode atingir um resultado útil, por encontrar-se o bem em poder de terceiro de boa-fé. Cumpre, então, dar aplicação analógica ao

Observemos que a lei é mais branda com o adquirente a título oneroso (art. 159 do Código Civil). Para que sua compra seja anulada, será necessário que os credores do vendedor provem, no devido processo judicial, que a insolvência do devedor era notória ou que, por qualquer razão, era conhecida pelo adquirente.[14] Já com relação ao adquirente a título gratuito (doação, herança), nos termos do art. 158, a lei exige apenas a prova da existência da insolvência, notória ou não, conhecida ou não, para que o negócio jurídico possa ser anulado.

No que se refere a dívidas tributárias, o *caput* do art. 185 do CTN, alterado pela Lei Complementar nº 118, de 9-2-2005, dispõe:

> "Presume-se fraudulenta a alienação ou oneração de bens ou rendas, ou seu começo, por sujeito passivo em débito para com a Fazenda Pública por crédito tributário regularmente inscrito como dívida ativa."

O parágrafo único desse artigo ressalva a inaplicabilidade da presunção caso tenham "sido reservados, pelo devedor, bens ou rendas suficientes ao total pagamento da dívida inscrita".

A nova redação não menciona a necessidade de estar o crédito em fase de execução para configuração de fraude, mas se a alienação ocorrer no curso de uma execução fiscal, será caso de fraude à execução, que veremos na seção 3.4.

A questão da venda (ou qualquer tipo de alienação ou oneração) de imóvel por vendedor com débito inscrito em dívida ativa foi objeto de tecnicamente inatacável – porém perigosa – decisão do STJ: a Primeira Seção, por ocasião do julgamento do

---

artigo 158 do Código Civil [similar ao artigo 182 do Código Civil de 2002], que prevê, para os casos de nulidade, não sendo possível a restituição das partes ao estado em que se achavam antes do ato, a indenização com o equivalente. Inalcançável o bem em mãos de terceiro de boa-fé, cabe ao alienante, que adquiriu de má-fé, indenizar o credor' (REsp 28.521/RJ, Rel. Ministro Ruy Rosado de Aguiar, Quarta Turma, julgado em 18-10-1994, *DJ* 21-11-1994, p. 31769) 4. Recurso especial parcialmente provido" (STJ, REsp 1.100.525/RS, Quarta Turma, Rel. Min. Luis Felipe Salomão, j. em 16-4-2013, *DJe* 23-4-2013).

14 A esse respeito, muito bem dispõe o ilustre Silvio Rodrigues (In: *Enciclopédia Saraiva de Direito*): "Se o adquirente ignorava a insolvência do vendedor, nem podia, com diligência ordinária, descobri-la, vale o negócio efetuado.

(...) Entretanto, se o adquirente estava de má-fé e ingressou no negócio jurídico sabendo da insolvência do alienante, cessa a consideração que merecia da lei, e esta o presume, de maneira irrefragável, cúmplice do negócio fraudulento, que, por conseguinte, pode ser revogado.

A má-fé caracteriza-se pela mera ciência, por parte do adquirente, do estado de insolvência do devedor. Sabendo desta circunstância e não ignorando que o patrimônio do devedor responde por suas dívidas, o adquirente revela seu propósito de pactuar com a fraude e assume o risco pelo prejuízo eventual, decorrente da anulação do negócio jurídico.

A lei presume o adquirente sabedor da insolvência do alienante, quando esta for notória ou quando houver motivo para ser conhecida do primeiro (CC, art. 107).

A notoriedade da insolvência revela-se por atos externos, tais como o protesto de títulos, o ajuizamento de ações executivas, os protestos judiciais formulados pelos credores etc."

Recurso Especial Repetitivo nº 1.141.990/PR, retornou à orientação de há "contaminação" da fraude às "alienações sucessivas" na hipótese de execução fiscal (art. 185 do CTN). Essa orientação foi reafirmada por ocasião do julgamento dos embargos de declaração opostos em face dessa decisão, em 14 de novembro de 2018:

> "(...) o sujeito passivo em débito com a Fazenda Pública alienou o bem de sua propriedade após já ter sido validamente citado no Executivo Fiscal, é irrelevante ter ocorrido uma cadeia sucessiva de revenda do bem objeto da constrição judicial, já que o resultado do julgamento não se altera no caso, pois restou comprovado, de forma inequívoca, que aquela alienação pretérita frustrou a atividade jurisdicional executiva.
>
> Portanto, ainda que o vício processual somente tenha sido revelado após a revenda do bem, considera-se perpetrado desde a data do negócio jurídico realizado pelo executado, porquanto já ocorrera a inscrição em dívida ativa e até mesmo a sua citação. Isso porque é absoluta a presunção da fraude, sendo desinfluente que o ora embargante tenha obtido o bem de um terceiro."[15]

Não há necessidade de estar o vendedor em concordata ou em processo falimentar para a incidência dos dispositivos mencionados, uma vez que eles não exigem a ocorrência dessas hipóteses.[16] Também não é necessário que o imóvel esteja penhorado ou submetido a qualquer outra constrição.

No caso de fraude contra o fisco, não há necessidade de existir ação proposta, bastando a existência de inscrição em dívida ativa. Há um conflito entre a orientação Recurso Especial Repetitivo nº 1.141.990/PR e a da Súmula nº 375 do STJ.[17]

Mais grave: a anulabilidade ou ineficácia da compra de um imóvel pode decorrer de uma aquisição pretérita, decorrente de uma venda considerada fraudulenta por antigo proprietário, tal como vimos na seção 1.5.

Não deixa de ser curioso que essa mudança da jurisprudência do STJ (Recurso Especial Repetitivo nº 1.141.990/PR), consolidada em 2018, esteja em franca contradição com a Lei nº 13.874, de 20-9-2019 (Lei da Liberdade Econômica).

Vamos continuar tratando do tema na seção 3.4, que aborda várias hipóteses de fraude à execução, bem como na seção 3.6, demonstrando que a questão é ainda mais grave do que pareceu até agora.

---

15 Alguns anos antes, no dia 10 de novembro de 2010, a Primeira Seção do STJ julgara o Recurso Especial Repetitivo nº 1.141.990/PR, afirmando que "A lei especial prevalece sobre a lei geral (*lex specialis derrogat lex generalis*), por isso que a Súmula nº 375 do Egrégio STJ não se aplica às execuções fiscais (...) fraude de execução, diversamente da fraude contra credores, opera-se *in re ipsa*, vale dizer, tem caráter absoluto, objetivo, dispensando o *concilium fraudis*". Essa decisão foi objeto de embargos de declaração, julgados anos depois.

16 Veja, no Capítulo 5, as seções 5.7 e 5.8 *O vendedor está em fase de recuperação judicial ("concordata")* e *O vendedor está ou corre o risco de entrar em processo falimentar.*

17 Precedente contrário à Súmula nº 375 em desfavor do comprador: STJ, AgRg no REsp nº 1.341.624/SC, Primeira Turma, Rel. Min. Arnaldo Esteves Lima, j. em 6-11-2012.

3.4 FRAUDE À EXECUÇÃO

Antes de explicar o que é *fraude à execução*, será preciso fazer um corte temporal: com o advento da Medida Provisória nº 1.085, de 27-12-2021, publicada em 28-12-2021, que deu origem à Lei nº 14.382, de 27-6-2022, houve uma crucial alteração desse tema.

Vamos primeiro explicar o que é a venda de imóvel em fraude à execução. Em seguida iremos tratar da questão à luz do regime anterior à MP nº 1.085/2021.

No final desta seção, veremos o novo regime jurídico trazido pela Lei nº 14.382/2022, decorrente da Medida Provisória nº 1.085/2021, que é válido para as aquisições efetuadas a partir de 28-12-2021.

Diferente da hipótese de fraude contra credores, a *fraude à execução* ocorre se já existe *ação judicial* em curso em face do devedor. A despeito do nome, não é necessário que o processo já esteja em fase de execução.

Desde logo, ressaltemos que nenhuma outra matéria tem suscitado tanta controvérsia nos tribunais como a fraude à execução, especialmente no que se refere ao ônus da prova, à prova de insolvência e até mesmo à ciência e boa-fé do adquirente. O dispositivo que enseja mais problemas é o inciso IV do art. 792 da Lei nº 13.105, de 16-3-2015 (Código de Processo Civil - CPC).

Algumas alterações legislativas - Lei nº 13.097, de 19-1-2015, e a Lei nº 13.105/2015 (Código de Processo Civil - CPC) - já haviam deixado a questão ainda mais complexa e mais confusa. Assim, para os profissionais da área jurídica, recomendamos cuidado especial na análise deste tema. O leitor leigo não precisa se preocupar em entender todos os detalhes da questão fraude à execução e pode até passar para as seções seguintes, caso ache o presente tema excessivamente complexo.

A fraude à execução também é uma tentativa de se fraudar credores, só que a lei irá coibi-la de forma ainda mais severa, na medida em que ela visa tornar ineficaz, na prática, a ação judicial em curso. Por isso é que a fraude à execução é considerada como atentatória à dignidade da Justiça, pois visa subtrair, no plano dos fatos (mundo real), a eficácia das decisões do Poder Judiciário.

A aquisição de bem nas hipóteses de fraude à execução não é nula ou anulável, mas apenas ineficaz em relação ao autor da ação. Isso significa que a aquisição do imóvel não poderá ser oposta ao autor: ele se tornará titular do bem, caso venha a ser ou já tenha sido a ação reivindicatória julgada procedente, ou o bem responderá pela dívida do vendedor, conforme o caso.

Portanto, exatamente porque a aquisição não é nem nula nem anulável, mas simplesmente ineficaz contra o credor, "Havendo extinção do processo, consequentemente, desaparecendo a demanda, não se fala mais em ineficácia da alienação e muito menos em fraude à execução. Continua válida a venda ou oneração,"[18] pois

---

[18] BARCELOS, Pedro dos Santos. Fraude de execução. *RT* 658/47.

"O negócio jurídico, que frauda a execução, diversamente do que se passa com o que frauda credores, gera pleno efeito entre alienante e adquirente. Apenas não pode ser oposto ao exequente."[19] Assim, se o credor desistir da ação, se o vendedor pagar as dívidas, fizer um acordo judicial com o credor, enfim, se houver qualquer ato que encerre a(s) ação(ões) em curso, inexistirá fraude à execução, restando perfeitamente válida a venda. Em certos casos, poderá não ficar configurada fraude à execução, mas existir fraude contra credores.

A fraude à execução está tratada da seguinte forma pelo CPC:

> "Art. 792. A alienação ou a oneração de bem é considerada fraude à execução:
>
> I - quando sobre o bem pender ação fundada em direito real ou com pretensão reipersecutória, desde que a pendência do processo tenha sido averbada no respectivo registro público, se houver;
>
> II - quando tiver sido averbada, no registro do bem, a pendência do processo de execução, na forma do art. 828;
>
> III - quando tiver sido averbado, no registro do bem, hipoteca judiciária ou outro ato de constrição judicial originário do processo onde foi arguida a fraude;
>
> IV - quando, ao tempo da alienação ou da oneração, tramitava contra o devedor ação capaz de reduzi-lo à insolvência;
>
> V - nos demais casos expressos em lei.
>
> § 1º A alienação em fraude à execução é ineficaz em relação ao exequente.
>
> § 2º No caso de aquisição de bem não sujeito a registro, o terceiro adquirente tem o ônus de provar que adotou as cautelas necessárias para a aquisição, mediante a exibição das certidões pertinentes, obtidas no domicílio do vendedor e no local onde se encontra o bem.
>
> § 3º Nos casos de desconsideração da personalidade jurídica, a fraude à execução verifica-se a partir da citação da parte cuja personalidade se pretende desconsiderar.
>
> § 4º Antes de declarar a fraude à execução, o juiz deverá intimar o terceiro adquirente, que, se quiser, poderá opor embargos de terceiro, no prazo de 15 (quinze) dias."

Vejamos as situações previstas em cada um dos incisos.

O inciso I do art. 792 do CPC refere-se à possibilidade de existir uma ação reivindicatória (ou outra ação fundada em direito real), conforme já tratamos na seção *Alguém reivindica ser o proprietário do imóvel.*

Nessa hipótese, "mesmo que o executado tenha outros bens, livres e desembaraçados, acervo patrimonial bem superior, restará caracterizada a fraude de execução, que, aqui, independe de insolvência (de direito ou de fato)".[20]

---

19 THEODORO JÚNIOR, Humberto. *Curso de direito processual civil.* 19. ed. Rio de Janeiro: Forense, 1997. v. 2, p. 111.

20 TEIXEIRA, Sálvio de Figueiredo. Fraude de execução. *RT* 609/9.

No caso de o imóvel ser vendido na pendência de uma ação reivindicatória, a ação prossegue contra o antigo proprietário (art. 109 do CPC), mas seu resultado atingirá o direito do comprador, desde que a citação tenha sido averbada (registrada) na matrícula do imóvel, que poderá perder a propriedade do bem (art. 790, V, do CPC).

O autor da ação deverá requerer o registro *da citação* do réu na matrícula do imóvel. Via de regra isso não é feito. Havendo esse registro, o adquirente não poderá alegar que desconhecia a existência da ação, o que significa que poderá (talvez) nem ter direito às perdas e danos em face do vendedor, no caso da procedência da ação em curso, que nesse caso terá o condão de reverter a propriedade ao autor da ação.

Pergunta-se: como fica a situação do comprador, que adquiriu o imóvel antes da entrada em vigor do CPC, caso não existisse à época o registro da citação da ação reivindicatória na matrícula do imóvel e a decisão judicial conclua que o verdadeiro proprietário era o autor da ação reivindicatória e não o vendedor? Deve-se aplicar a regra do CPC/2015 (que exige o registro) ou a regra do CPC/73 (que era omisso a respeito da necessidade do registro)?

Havia duas posições díspares na doutrina: uma posição, defendida por Vicente Greco Filho, sustentava que o registro da citação nas ações fundadas em direito real é medida meramente assecuratória, que tinha por fim apenas eliminar possível dúvida a respeito da situação jurídica do bem, razão pela qual sua ausência não prejudicaria o direito do autor da ação reivindicatória. Afirmava referido autor que a existência de eventuais ações fundadas em direito real são "dados objetivos e facilmente aferíveis por certidão do distribuidor cível", que

> "eliminam a alegação de ignorância por parte do adquirente, justificando, por conseguinte, a solução drástica da lei, qual seja, a de tornar ineficaz ou irrelevante a alienação em face da execução, o que vai alcançar os bens com quem quer que se encontrem".[21]

A outra posição, defendida por Moacyr Amaral Santos, sustentava:

> "Não tendo a citação sido levada àquele registro, conquanto aí exista a fraude, cumpre ao exequente prová-la, o que vale dizer que insta a este provar que o terceiro adquirente ou beneficiário com a oneração dos bens tinha conhecimento da ação pendente contra o alienante ou instituidor do ônus real."[22]

A segunda tese, ao final acolhida pelo CPC, era majoritária. É pouco provável que prevaleça hoje o entendimento de que o registro da citação de ação reivindicatória proposta antes do CPC é desnecessário. Contudo, decisões judiciais no Brasil estão cada

---

[21] GRECO FILHO, Vicente. *Direito processual civil brasileiro*. 14. ed. São Paulo: Saraiva, 2000. v. 3, p. 42.

[22] SANTOS, Moacyr Amaral. *Primeiras linhas de direito processual civil*. 8. ed. São Paulo: Saraiva, 1985. p. 252.

vez menos previsíveis, razão pela qual é difícil afirmar com certeza absoluta quais serão as soluções para hipóteses em que pairam dúvidas, ainda que mínimas.

Vejamos, agora, as hipóteses previstas nos incisos II e IV do art. 792 do CPC.

O disposto nesses incisos torna ineficaz a venda (bem como qualquer outra alienação, ou mesmo onerações, tais como a instituição de hipoteca, usufruto etc.) de imóvel, efetuada pelo proprietário, que frustre ou possa frustrar a ação judicial tendente a levar à penhora e à venda judicial o imóvel, como forma de satisfazer os créditos dos autores da ação.

É a hipótese, bastante comum na prática, na qual o vendedor vende tudo o que tem para prejudicar os credores. Porém, o que diferencia a presente hipótese da fraude contra credores (ver tópico anterior) é a existência de uma ação já em curso no momento em que é feita a alienação.[23]

Embora o inciso IV seja o dispositivo que enseja mais controvérsias, vamos iniciar esse diabólico tema com o inciso II, para manter a ordem cronológica.

O inciso II exige, explicitamente, que a citação do réu no processo de execução tenha sido determinada pelo juiz e que esse ato - a decisão do juiz - tenha sido averbado na matrícula do imóvel.

A possibilidade dessa averbação (item 12 do inciso II do art. 167 da Lei de Registros Públicos) existe desde o advento da Lei nº 11.382, de 6-12-2006, que acrescentou o art. 615-A ao CPC/73. Mas há, ao menos, uma diferença: o art. 615-A se referia ao ato de ajuizamento da execução baseada em título extrajudicial e não à decisão que, admitindo a execução, determinava a citação do réu (devedor e proprietário do imóvel).

Havia dúvida a respeito da possibilidade de averbação da decisão que determina o cumprimento da sentença judicial decorrente de processo de conhecimento (que anteriormente era chamada de "citação em processo de execução por título judicial")?

O art. 828 do CPC parece se referir apenas à hipótese de processo de execução (chamada, na terminologia antiga, de "execução de título extrajudicial"):

> "Art. 828. O exequente poderá obter certidão de que a execução foi admitida pelo juiz, com identificação das partes e do valor da causa, para fins de averbação no registro de imóveis, de veículos ou de outros bens sujeitos a penhora, arresto ou indisponibilidade."

---

23 Embora existisse divergência, o entendimento predominante na época do CPC/73 era no sentido de ser requisito para a configuração da fraude à execução a existência não apenas do aforamento da ação, mas também de já ter sido o devedor citado no processo em curso.

Nesse sentido: "Para caracterizar a fraude à execução não bastam o ajuizamento da ação e o despacho inicial do juiz determinando a citação, é necessário que tenha ocorrido a citação válida do devedor" (STJ, REsp 911.660/MS, Segunda Turma, Rel. Min. Castro Meira, j. em 10-4-2007, *DJ* 23-4-2007).

Contudo, o art. 771 do CPC parece estender a possibilidade de averbação da decisão que determina a medida executiva também à fase de execução da sentença ("execução por título judicial"):

> "Art. 771. Este Livro regula o procedimento da execução fundada em título extrajudicial, e suas disposições aplicam-se, também, no que couber, aos procedimentos especiais de execução, aos atos executivos realizados no procedimento de cumprimento de sentença, bem como aos efeitos de atos ou fatos processuais a que a lei atribuir força executiva."

Com a nova redação do art. 54, II, da Lei nº 13.097, de 19-1-2015, dada pelo art. 16 da Lei nº 14.382, de 27-6-2022, essa questão ficou mais clara: é possível a averbação da decisão que determina o cumprimento da sentença judicial.

Na verdade, o art. 246 da Lei de Registros Públicos, com redação dada pela Lei nº 14.382/2022, parece permitir a averbação na matrícula do imóvel de qualquer ato ou fato que afete direitos que "repercutam nos direitos relativos ao imóvel".

Atenção: os incisos II e IV do art. 792 não se referem a registro de penhora, mas sim a averbação da existência de ação que não diz respeito ao imóvel. Portanto, não se trata da incidência de penhora sobre o imóvel: basta a existência da ação que os incisos II e IV mencionam: processo de execução (inciso II) ou existência de demanda capaz de levar o vendedor à insolvência, no sentido de que a alienação do imóvel torne os débitos do vendedor maiores que seu patrimônio remanescente (inciso IV).

Assim, para hipótese prevista nos incisos II e IV não existe a exigência de registro de penhora (como dissemos, nem mesmo de penhora!) para a caracterização de fraude à execução.

O entendimento majoritário da doutrina, da Justiça do Trabalho e dos tribunais estaduais era no sentido de ser irrelevante o fato de o adquirente conhecer ou não o estado de insolvência do vendedor na fraude à execução prevista no inciso IV do art. 792 do CPC atualmente em vigor (alienação de imóvel na pendência de ação capaz de levar o vendedor à insolvência, regra equivalente à do inciso II do art. 593 do CPC/73), simplesmente porque esse dispositivo não trata de boa-fé ou de má-fé do comprador.

Esse quadro foi parcialmente alterado pela jurisprudência do STJ. Embora muitos acórdãos de tribunais estaduais continuassem afirmando que a boa-fé do comprador não seria relevante,[24] a jurisprudência do STJ prevaleceu no sentido de que é ônus do credor a prova do conhecimento da insolvência do vendedor por parte do comprador para caracterização da fraude à execução:

---

[24] TJRS, Apelação Cível nº 70009225293, 16ª Câmara Cível, Rel. Des. Ana Beatriz Iser, j. em 1º-12-2004.

TJMG, Apelação Cível nº 1.0105.02.051393-0/001, 7ª Câmara Cível, Rel. Des. Belizário de Lacerda, j. em 24-8-2004, *DJ* de 30-11-2004.

> "Súmula nº 375. O reconhecimento da fraude à execução depende do registro da penhorado bem alienado ou da prova de má-fé do terceiro adquirente."

O inciso IV do art. 792 não trata da existência ou não de boa-fé do comprador. Ele não presume que exista má-fé do comprador, simplesmente porque o conhecimento da insolvência por parte do comprador inexiste no texto frio da norma para fins de caracterização da fraude à execução. A análise de boa-fé ou má-fé do comprador seria tecnicamente impertinente para o deslinde da questão. Contudo, o STJ adota orientação diferente, como vimos.

Há, porém, além da exceção à aplicação da Súmula nº 375 que veremos adiante, resistência dentro do próprio STJ à própria existência da Súmula nº 375:

> "(...) na fraude à execução, segundo a doutrina amplamente majoritária, dispensa-se o *consilium fraudis*, pouco importando se havia ciência ou não de que a alienação ou oneração do bem levaria o devedor à insolvência. Entretanto, o Superior Tribunal de Justiça entende de forma diversa, exigindo a prova do registro da penhora do bem ou da má-fé do adquirente, com a nítida finalidade de proteção do terceiro de boa-fé, conforme se vê da Súmula n. 375 desta Corte (...)."[25]

A orientação da Súmula nº 375, evidentemente, protege o comprador ingênuo, beneficia a segurança das operações imobiliárias, mas prejudica a eficácia das decisões judiciais (o instituto da fraude à execução visa à proteção da decisão judicial favorável ao credor). Não se conclua, porém, que sempre prevalece a orientação do STJ, pelas razões que veremos adiante.

Para deixar a questão mais confusa, o próprio STJ criou uma "exceção" à aplicação da Súmula nº 375, por ocasião do julgamento, no dia 10 de novembro de 2010, do Recurso Especial Repetitivo nº 1.141.990/PR, reafirmada pelo julgamento dos embargos de declaração, em 14 de novembro de 2018. De acordo com a nova orientação, no caso de débito inscrito em dívida ativa, não deve ser aplicada a Súmula nº 375. Foi o que vimos na seção 3.3 deste livro.

Pior: isso pode abranger não só a hipótese em que a pessoa jurídica é a vendedora, mas sim algum dos seus controladores ou administradores, como veremos na seção 3.6, ou na hipótese de débito de empresa sucedida, que veremos na seção 5.5. Analisando em conjunto especialmente as seções 3.3, 3.4, 3.6 e 5.5, veremos que a existência de débito fiscal da pessoa física ou jurídica (ou de controlador ou administrador dessa pessoa jurídica) proprietária do imóvel é algo que pode fazer o comprador perder a propriedade do imóvel. Há precedente mitigando essa orientação, conforme veremos na seção 3.14.

A maior parte das decisões do STJ que afastavam a fraude à execução não explicitava se a existência de registro da ação *no distribuidor forense* da comarca de situação do imóvel ou de residência do vendedor levaria à presunção de conhecimento da ação

---

[25] STJ, REsp nº 1.845.558/SP, Terceira Turma, Rel. Min. Marco Aurélio Bellizze, j. em 1º-6-2021.

por parte do comprador. Há um antigo precedente do próprio STJ, concluindo pela existência de fraude à execução nessa hipótese.[26] Outro julgamento do STJ foi exatamente no sentido de que se presumem de conhecimento público as ações distribuídas e somente se considera de boa-fé o comprador que efetua as diligências de praxe (veremos na seção 3.12) a título de cautela.[27]

Estava tecnicamente equivocada a orientação de que a prova do conhecimento da ação que possa levar o devedor à insolvência deveria ocorrer por meio de registro no *cartório imobiliário*: apenas existia possibilidade de averbação na hipótese do art. 615-A do CPC/73 (repetida no art. 828 do CPC em vigor), que se referia somente ao processo de execução ("execução por título extrajudicial") e não nas hipóteses de processo de conhecimento e da fase cumprimento de sentença ("execução por título judicial"). A existência de processo de conhecimento, que não diz respeito a imóvel matriculado (ao contrário de uma reivindicatória ou da hipótese de penhora do imóvel), podia ensejar a aplicação do art. 593, II, do CPC/73, mas não podia ser registrada ou averbada no *cartório imobiliário*, por absoluta falta de previsão legal. Nesses termos, de acordo com a legislação anterior à Lei nº 13.097/2015, o registro da ação que não estivesse em fase de execução somente poderia estar no *distribuidor forense*.

Existe um conflito – de mérito político – a respeito de qual deve ser a solução para o problema de alienação de bens registráveis (imóveis, navios etc.) em fraude à execução ou em fraude ao fisco: adoção absoluta do princípio da concentração (*vis attractiva* do registro imobiliário) ou não.

A alteração da redação do art. 1º, § 2º, da Lei 7.433, de 18-12-1985, bem como o art. 54 da Lei nº 13.097/2015, foram partes da tentativa fracassada de positivar o princípio da concentração no direito brasileiro. Por esse princípio, atos que não dissessem respeito a bem registrado (no caso, imóveis), mas poderiam influir na propriedade desse bem (ex.: uma ação de cobrança contra um devedor insolvente que vendeu um imóvel a terceiro), poderiam ser registrados no mesmo local de registro do bem (no caso, matrícula do imóvel). Essa teoria é contrária à exigência de certidões de distribuidores, conhecida como certidão de feitos ajuizados: o que não está no registro do bem (no caso, matrícula de imóvel) não pode ser oposto ao adquirente do bem. Por essa lógica, a obtenção de certidões de distribuidores de feitos ajuizados ou de certidões fiscais seria inexigível e inútil.

---

[26] No sentido de que, havendo o registro da distribuição, existe o conhecimento do comprador da existência da ação, o que importa a existência de fraude à execução:
"Processo civil. Execução fiscal. Fraude à execução. Redirecionada a execução fiscal contra o sócio-gerente, o débito tributário já está em fase de execução contra este (CTN, art. 185), e, feitas as anotações próprias no setor de distribuição do foro, o fato já se reveste de publicidade, podendo ser conhecido pelas pessoas precavidas que subordinam os negócios de compra e venda de imóveis à apresentação das certidões negativas forenses. Recurso Especial não conhecido" (STJ, REsp nº 87.547/SP, 2ª Turma, Rel. Min. Ari Pargendler, j. em 17-12-1998, *DJ* de 22-3-1999).

[27] STJ, REsp nº 618.625, Terceira Turma, Rel. Min. Nancy Andrighi, j. em 19-2-2008, publicado no *Informativo STJ* nº 345, de 18 a 22-2-2008.

Na prática, essa solução não prosperou. Até mesmo seus apoiadores mais entusiasmados perceberam que o número de atos que não dizem respeito ao bem imóvel passíveis de registro na matrícula desse bem seria astronômico, o que tornaria caótico o sistema registral. Imagine-se, por exemplo, uma empresa com dezenas ou centenas de reclamações trabalhistas e cada juiz trabalhista determinando que os registradores imobiliários registrem (gratuitamente) na matrícula de cada imóvel da empresa a existência de cada ação... Assim, entendeu-se à época da edição do Código de Processo Civil, que as regras do art. 54 da Lei nº 13.097/2015 quanto à fraude à execução teriam sido tacitamente revogadas. Veremos adiante a reintrodução dessas regras com nova roupagem pela Lei nº 14.382, de 27-6-2022.

O problema das alienações em fraude à execução ou em fraude fiscal persiste. Uma possível solução normativa para isso pode estar na criação de um registro eletrônico nacional, semelhante à Central Nacional de Indisponibilidade de Bens – CNIB, que vimos na seção 2.36. Essa possível solução não depende, por óbvio, da vontade do comprador. Voltaremos ao tema nas seções 3.12, 3.13 e 3.14.

No âmbito da jurisprudência trabalhista, a orientação era diferente da solução dada pela Súmula nº 375 do STJ: tal como ainda faziam diversos tribunais estaduais e seguindo a doutrina tradicional, o TST aplicava textualmente o disposto no art. 593, II, do CPC/73 e concluía pela existência de fraude à execução sem apreciar a existência de boa-fé ou má-fé do adquirente. Ou seja, para o TST, o fato de o comprador desconhecer a situação de insolvência do vendedor era juridicamente irrelevante para a configuração de fraude à execução.[28] Essa orientação era favorável ao credor (no caso, um trabalhador), prestigiava a eficácia da jurisdição, mas prejudicava o comprador ingênuo. Atualmente, porém, prevalece orientação no TST no mesmo sentido da Súmula nº 375 do STJ.[29] Portanto, neste momento, não há diferença entre a jurisprudência do TST e do STJ – o que não significa que a questão está pacificada.

---

[28] TST, SBDI-2, ROAR – 40.966/2001-000-05-00, Rel. Min. Ives Gandra Martins Filho, j. em 14-3-2006, *DJ* de 31-3-2006.

TST, RR nº 655.331/2000.7, 4ª Turma, Rel. Min. Barros Levenhagen, j. em 6-8-2003, *DJ* de 22-8-2003.

TST, SDI, ROMS nº 953/89, Rel. Min. José Luiz Vasconcellos, j. em 22-9-1992, *DJ* de 20-11-1992.

[29] "Recurso ordinário em ação rescisória proposta na vigência do CPC/73. Art. 485, V e IX, do CPC/1973. Alienação de imóvel pertencente aos sócios anteriormente ao redirecionamento da execução. Adquirentes de boa-fé. Fraude à execução (...) Sobre o tema, consagrou-se neste Tribunal o entendimento segundo o qual 'o reconhecimento da fraude à execução depende do registro da penhora do bem alienado ou da prova da má-fé do terceiro adquirente', que equivale à Súmula 375 do Superior Tribunal de Justiça. Assim, diante da ausência de qualquer elemento que demonstre a má-fé dos terceiros adquirentes, somada ao fato de que incontroversa a ausência de registro da penhora junto ao Cartório de Registro de Imóveis, merece procedência a presente ação rescisória. Precedentes. Recurso ordinário a que se dá provimento" (TST, Subseção II Especializada em Dissídios Individuais, RO-2661-82.2014.5.02.0000, Rel. Min. Maria Helena Mallmann, *DEJT* 13-12-2019).

A orientação do STJ (Súmula nº 375), por romper de forma tão radical com a orientação até então existente, encontrou enormes resistências na jurisprudência dos demais tribunais e no próprio STJ. A reação contra a Súmula nº 375, no seio do próprio STJ, foi suscitada no âmbito do Recurso Especial nº 956.943/PR, de 2007, a ser julgado como recurso repetido pela Corte Especial. Somente em 20 de agosto de 2014, a Corte Especial do STJ julgou o incidente, mantendo a orientação da Súmula nº 375.

Contudo, como vimos, por ocasião do Recurso Especial Repetitivo nº 1.141.990/PR, foi criada uma "exceção" à aplicação da Súmula nº 375.

Essas reviravoltas na jurisprudência do STJ e do TST não alteram em absoluto a conclusão de que são necessárias as certidões que mencionaremos na seção 3.12: se, no Brasil, leis mudam com frequência extraordinária, o mesmo – ou algo pior – ocorre com orientações jurisprudenciais. Ao revés, todas essas mudanças reforçam a necessidade das cautelas de que tratam este livro.

Para complicar mais ainda, de acordo com o art. 1º, § 2º, da Lei nº 13.874, de 20-9-2019 (Lei da Liberdade Econômica),[30] pode o juiz proteger o "respeito aos contratos" (decidir pela validade da aquisição do imóvel, beneficiando o comprador) ou proteger o "investimento" de um credor do vendedor (decidir pela invalidade da aquisição, prejudicando o comprador), tal como vimos na seção 2.36.

É possível sustentar que não há fraude à execução na venda de um imóvel que, por ser bem de família, é impenhorável (vide seções 2.1, 2.20 e 3.14). Teoricamente, exatamente por ser o bem de família em regra geral impenhorável, somente nos casos excepcionais seria compatível e possível a alienação de bem de família em fraude há execução. A jurisprudência, contudo, é controvertida nessa questão, nem sempre seguindo a melhor técnica jurídica, assim como em razão de particularidades de casos concretos.[31]

Há precedente no sentido de que se considera bem família o imóvel que foi adquirido com recursos decorrentes da venda de outro imóvel que era considerado

---

"(...) o TRT conferiu efetividade às normas legais pertinentes e à Súmula 375 do STJ, segundo a qual 'O reconhecimento da fraude à execução depende do registro da penhora do bem alienado ou da prova de má-fé do terceiro adquirente.'" (TST, 7ª Turma, Ag-ED-AIRR-168600-46.1994.5.03.0111, Rel. Min. Cláudio Mascarenhas Brandão, *DEJT* 19-12-2019).

30 "Art. 1º (...) § 2º Interpretam-se em favor da liberdade econômica, da boa-fé e do respeito aos contratos, aos investimentos e à propriedade todas as normas de ordenação pública sobre atividades econômicas privadas. (...)."

Não será difícil para um advogado sustentar o que quer que seja com base nesse dispositivo de lei – levará anos até que o STJ decida qual o exato alcance e interpretação.

31 STJ, REsp nº 772.829/RS, Segunda Turma, Rel. Min. Mauro Campbell Marques, j. em 16-12-2010.

STJ, REsp nº 1.364.509/RS, Terceira Turma, Rel. Min. Nancy Andrighi, j. em 10-6-2014.

STJ, AgInt no AREsp nº 1.190.588/RS, Primeira Turma, Rel. Min. Napoleão Nunes Maia Filho, j. em 18-3-2019.

STJ, REsp nº 846.897/RS, Segunda Turma, Rel. Min. Castro Meira, j. em 15-3-2007.

STJ, REsp nº 1.163.114/MG, Quarta Turma, Rel. Min. Luis Felipe Salomão, j. em 16-6-2011.

bem de família. Portanto, não há presunção no sentido de que o novo imóvel é bem de família nem que o novo imóvel não seja bem de família: a decisão dependerá da análise de prova, devendo ser demonstrado se o imóvel foi ou não adquirido com os recursos decorrentes da venda de imóvel que era bem de família.[32]

Diante desse quadro caótico (leis contraditórias, jurisprudência errática etc.), deve o comprador tomar todas as cautelas possíveis, inclusive para se precaver contra o "ativismo judicial".

Na hipótese do inciso III do art. 792 do CPC, a questão não é muito distinta: a averbação da hipoteca judiciária ou de outra constrição (ex.: indisponibilidade) é requisito para a caracterização da fraude à execução. O problema é, novamente, a questão dos atos anteriores à vigência do CPC, quando o registro não era requisito para validade ou eficácia do ato, além do conflito com a Lei nº 13.097/2015.

E no que se refere à hipótese do § 1º do art. 53 da Lei nº 8.212/91, que faculta ao exequente federal a indicação de bens à penhora na petição inicial? A intenção do legislador, à época da edição desse dispositivo, foi estabelecer a indisponibilidade dos bens indicados na petição inicial sem qualquer necessidade de prática de outro ato, nem mesmo do registro da penhora. Porém, isso não foi aceito: mais um exemplo de um dispositivo de lei que não foi aplicado na prática (na gíria jurídica, diz-se que "a lei não pegou"). Seja como for, lei é lei e algum juiz pode determinar sua aplicação. Nesse caso, a indisponibilidade prevista no dispositivo dependerá da averbação exigida pelo inciso III do art. 54 da Lei nº 13.097/2015 passado o prazo do art. 61 da Lei nº 13.097/2015? Vale dizer, sem a "averbação" exigida, o imóvel ficará "indisponível"? Nesse caso não se trataria propriamente de fraude à execução, mas sim de indisponibilidade (que é mais grave), como vimos na seção 2.34.

Por fim, no caso do inciso V do art. 792 do CPC, qual seja, das demais hipóteses em que outras leis descrevam atos que caracterizam a fraude à execução, merece destaque a aquisição de bem com penhora já registrada no cartório imobiliário (art. 240 da Lei nº 6.015/73). Embora, a princípio, essa compra seja válida (se, por exemplo, o devedor pagar todas suas dívidas, não haverá nenhum problema), o comprador provavelmente perderá a propriedade do bem no curso da execução ou da fase de cumprimento da sentença, exatamente porque a lei presume que a venda se operou em fraude à execução.

Portanto, mesmo inexistindo uma reivindicatória ou outra ação versando sobre direito real e mesmo que o vendedor tenha outros bens que em muito ultrapassam o valor de suas dívidas, caso o comprador adquira um bem com penhora registrada (art. 240 da Lei nº 6.015/73), mesmo que efetue o registro de sua aquisição no cartório imobiliário, correrá ele astronômico risco de perdê-lo para o credor do vendedor.

Quanto à questão da penhora e de seu registro, veja, no Capítulo 2, o tópico *Penhora, arresto, sequestro*, no qual essa matéria é debatida.

---

[32] STJ, REsp nº 1.935.842/PR, Terceira Turma, Rel. Min. Nancy Andrighi, j. em 22-6-2021.

Na fraude à execução, em qualquer das modalidades descritas, não há necessidade de ação pauliana em face do devedor e do adquirente. Isso porque a pretensão nessa ação é a de *anular* a alienação do bem, o que não é necessário, nas hipóteses de fraude à execução, conforme disposto no inciso V do art. 790 do CPC.

Assim, a execução prossegue normalmente, ignorando a venda efetuada. Bastará ao credor, portanto, pedir ao juiz a penhora do bem alienado, que, embora na propriedade do adquirente, servirá para a satisfação da execução, como se ele nem mesmo tivesse sido vendido. Na verdade, o que ocorre é isso mesmo: a venda de um bem em fraude à execução não é eficaz contra o credor.

No que se refere à aquisição de unidades em incorporação imobiliária e em loteamento, a Lei nº 13.097/2015 concedeu especial proteção contra a ocorrência de fraude à execução:

> "Art. 55. A alienação ou oneração de unidades autônomas integrantes de incorporação imobiliária, parcelamento do solo ou condomínio edilício, devidamente registrada, não poderá ser objeto de evicção ou de decretação de ineficácia, mas eventuais credores do alienante ficam sub-rogados no preço ou no eventual crédito imobiliário, sem prejuízo das perdas e danos imputáveis ao incorporador ou empreendedor, decorrentes de seu dolo ou culpa, bem como da aplicação das disposições constantes da Lei nº 8.078, de 11 de setembro de 1990."

Vide seção 1.9, uma vez que a Lei nº 13.043, de 13-11-2014, ao alterar o Código Civil, concedeu proteção adicional ao comprador de imóvel.

Como podemos concluir, o tema fraude à execução já era complexo antes do advento da Lei nº 13.097/2015, do atual CPC, da Lei da Liberdade Econômica e, como veremos adiante, da Lei nº 14.382, de 27-6-2022. Com essas quatro normas, embora se vislumbre que a situação do comprador com propriedade registrada ficou melhor, a insegurança jurídica permanece, em razão das várias questões que surgiram e serão respondidas pela jurisprudência apenas no futuro - e talvez demore muitos anos para que todas as questões sejam resolvidas de forma precisa.

A questão era e continua sendo insegura. Nem sempre o recurso especial consegue chegar ao STJ em razão de questões processuais,[33] podendo prevalecer no STJ a decisão do tribunal inferior desfavorável ao comprador, por considerar, por exemplo, que a existência de insolvência é matéria de fato, inapreciável em sede de recurso especial.[34] Às vezes a questão da ausência de conhecimento da existência da ação simplesmente não é levantada, prevalecendo a decisão que concluiu pela fraude à execução,[35] ou mesmo o STJ decide de forma

---

33 A respeito dos óbices processuais à apreciação de recursos no STJ e STF, vide: SILVA, Bruno Mattos e. *Prequestionamentos, recurso especial e recurso extraordinário*. 2. ed. Rio de Janeiro: Forense, 2003.

34 STJ, REsp 784.742/RS, Terceira Turma, Rel. Min. Castro Filho, j. em 21-11-2006, *DJ* de 4-12-2006.

35 STJ, REsp 706.137/RS, Primeira Turma, Rel. Min. Teori Albino Zavascki, j. em 16-10-2007, *DJ* 5-11-2007.

discrepante.[36] Além disso, não é incomum que processos em que o comprador defende a validade de sua aquisição demorem anos ou décadas até que o Judiciário afirme a inexistência de fraude à execução. Por todas essas razões, não pode o comprador confiar na existência da Súmula nº 375 do STJ e deixar de obter as certidões descritas na seção 3.12 deste livro.

Sem prejuízo de tudo aqui exposto, remetemos o leitor para a seção 3.14, na qual são expostas várias linhas de defesa do comprador que adquiriu imóvel reputado como em fraude à execução.

Agora vejamos as alterações trazidas pelo art. 16 da Lei nº 14.382/2022, que alterou o art. 54 da Lei nº 13.097, de 19-1-2015. Salta aos olhos que o objetivo dessa alteração é tornar a aquisição imobiliária mais segura, embora com prejuízo para a efetividade das decisões judiciais.

No essencial, a redação do art. 54 da Lei nº 13.097/2015, dada pelo art. 16 da Lei nº 14.382/2022, passou a ser a seguinte (antes do advento da Lei nº 14.825, de 20-3-2024):

> "Art. 54. Os negócios jurídicos que tenham por fim constituir, transferir ou modificar direitos reais sobre imóveis são eficazes em relação a atos jurídicos precedentes, nas hipóteses em que não tenham sido registradas ou averbadas na matrícula do imóvel as seguintes informações:
>
> (...)
>
> II – averbação, por solicitação do interessado, de constrição judicial, de que a execução foi admitida pelo juiz ou de fase de cumprimento de sentença, procedendo-se nos termos da previstos no art. 828 da Lei nº 13.105, de 16 de março de 2015 – Código de Processo Civil;
>
> (...)
>
> IV – averbação, mediante decisão judicial, da existência de outro tipo de ação cujos resultados ou responsabilidade patrimonial possam reduzir seu proprietário à insolvência, nos termos do disposto no inciso IV do *caput* do art. 792 da Lei nº 13.105, de 2015 – Código de Processo Civil.
>
> § 1º Não poderão ser opostas situações jurídicas não constantes da matrícula no registro de imóveis, inclusive para fins de evicção, ao terceiro de boa-fé que adquirir ou receber em garantia direitos reais sobre o imóvel, ressalvados o disposto nos art. 129 e art. 130 da Lei nº 11.101, de 9 de fevereiro de 2005, e as hipóteses de aquisição e extinção da propriedade que independam de registro de título de imóvel.
>
> § 2º Para a validade ou eficácia dos negócios jurídicos a que se refere o *caput* deste artigo ou para a caracterização da boa-fé do terceiro adquirente de imóvel ou beneficiário de direito real, não serão exigidas:
>
> I – a obtenção prévia de quaisquer documentos ou certidões além daqueles requeridos nos termos do disposto no § 2º do art. 1º da Lei nº 7.433, de 18 de dezembro de 1985; e
>
> II – a apresentação de certidões forenses ou de distribuidores judiciais."

---

[36] STJ, REsp 831.329/PR, Quinta Turma, Rel. Ministro Arnaldo Esteves Lima, j. em 6-9-2007, *DJ* de 22-10-2007.

Posteriormente, a redação do art. 54 foi novamente alterada pela Lei nº 14.825, de 20-3-2024, para tentar "reforçar" a ideia de que nada que não conste na matrícula pode prejudicar o comprador, mediante inclusão do inciso V ao *caput* do art. 54 ora transcrito:

> "Art. 54. (...)
>
> V – averbação, mediante decisão judicial, de qualquer tipo de constrição judicial incidente sobre o imóvel ou sobre o patrimônio do titular do imóvel, inclusive a proveniente de ação de improbidade administrativa ou a oriunda de hipoteca judiciária."

É louvável o esforço legislativo para tentar tornar as aquisições imobiliárias mais seguras, mas nem tudo é tão simples.

O novo § 1º do art. 54 nos daria a entender que nada que não esteja na matrícula poderá prejudicar o comprador, o que iria nulificar por completo vários outros direitos de terceiros. Por direitos de terceiros entenda-se não apenas os mencionados na seção 2.36, mas vários outros que não decorrem *diretamente* do imóvel. Será que, por exemplo, um juiz irá aplicar a nova norma e decidir um processo prejudicando direitos de uma viúva idosa ou de um menor de idade? E na hipótese de um pedido de usucapião extrajudicial em curso, prevalecerá o direito de comprador ou do possuidor que ingressou com o pedido de usucapião extrajudicial (vide seção 14.4) antes da venda?

Pior: de acordo com a letra fria da Lei, até mesmo negócios simulados (ex.: fraude a herdeiros, seção 3.8), em que houve má-fé por parte do vendedor, poderão ser considerados válidos, o que obviamente não poderia ocorrer no passado,[37] desde que os registros imobiliários estejam formalmente perfeitos. A interpretação literal dos §§ 1º e 2º do art. 54 nos dá a entender que qualquer aquisição registrada na matrícula do imóvel teria o condão de "sanar" vícios de aquisições anteriores – o que incluiria até mesmo práticas de crimes. É um absurdo – e poderá o comprador vir a ser prejudicado na hipótese de futura ação judicial para desfazer a venda decorrente de vício, fraude ou simulação.[38]

Como se vê, o art. 16 da Lei nº 14.382/2022 é uma abertura ainda maior da "Caixa de Pandora", ao aumentar a quantidade de males e problemas do nosso sistema jurídico. Será que os juízes irão compactuar com a fraude ou optar por uma interpretação sistemática da legislação como um todo?

A alteração efetuada pelo art. 16 da Lei nº 14.382/2022 introduz o elemento "existência de má-fé ou de boa-fé" na lei para efeito de caracterização da fraude à execução na hipótese de aquisição de imóvel de vendedor na pendência de ação judicial

---

37 STJ, REsp nº 1.981.646/SP, Terceira Turma, Rel. Min. Nancy Andrighi, j. em 2-8-2022.

38 "O art. 54, § 1º, da Lei nº 13.097/2015 não regulamenta especificamente as consequências jurídicas na hipótese de ocorrer o cancelamento do registro anterior, situação tratada expressamente no art. 1.247 do CC, que não foi revogado pela referida Lei e permanece vigente. O cancelamento de registro na matrícula do imóvel, por ter sido fundado em escritura pública inexistente, autoriza a reivindicação do imóvel pelo legítimo proprietário, em detrimento do terceiro adquirente de boa-fé, nos termos do art. 1.247, parágrafo único, do CC, não se aplicando, nessa hipótese, o art. 54, § 1º, da Lei nº 13.097/2015" (STJ, REsp nº 2115178, Terceira Turma, Rel. Min. Nancy Andrighi, j. em 21-5-2024).

que possa levá-lo à insolvência (incisos II e IV do art. 792 do CPC).[39] Por boa-fé, nesse caso, deve-se entender a ausência de conluio entre vendedor (devedor tendente à insolvência) e comprador do imóvel.[40]

O pulo do gato é permitir (leia-se: exigir do credor) a averbação de ações judiciais que não dizem respeito a imóvel específico na matrícula desse imóvel. Essa tentativa já havia sido feita por ocasião do advento da Lei nº 13.097/2015 e falhou miseravelmente, tal como vimos anteriormente.

Tratava-se, como se trata novamente, de impor dificuldades e custos adicionais ao credor: ele passa a ter o ônus, por ocasião da propositura da ação judicial, de procurar os imóveis do devedor pelo Brasil afora e, depois disso, pedir ao juiz que determine seja feita ou que possibilite ao credor fazer (art. 54, IV, da Lei nº 13.097/2015) as averbações da ação na matrícula de cada imóvel para evitar que o devedor se furte ao pagamento dos valores devidos. Um absurdo.

Isso nos parece o suplício de Tântalo: alguém que já não recebeu o crédito devido e não tem alternativa que não a de buscar o Judiciário, aguardar anos pela bendita prestação jurisdicional, e ao final, em uma vitória de Pirro, não receber nada caso não tenha procedido à localização dos imóveis do devedor e proceda a averbação da ação na matrícula de cada um deles. Eis, então, a verdade nua e crua: exigir algo quase impossível (que nos lembra a punição de Sísifo) ou com custo extremamente alto, de modo a aniquilar a norma que protege o credor e a efetividade da jurisdição.

O essencial deveria ser manter um equilíbrio entre três valores importantes: de um lado, a proteção do comprador de imóveis e, de outro, o direito do credor, bem como da efetividade das decisões judiciais. Agora, porém, essa situação foi desbalanceada:

---

39 Há possibilidade de se alegar vício de inconstitucionalidade na alteração efetuada pelo art. 16 da Medida Provisória nº 1.085/2021 (lembremos, mais uma vez, que a Lei nº 14.382/2022 é decorrente da Medida Provisória nº 1.085/2021), uma vez que matéria processual não pode ser objeto de medida provisória (art. 62, § 1º, I, *b*, da Constituição Federal). A questão que se põe é a seguinte: a fraude à execução está regida no Código de Processo Civil, mas o fato de determinada matéria estar no CPC não significa, necessariamente, que ela é processual. Assim, é possível a existência de normas de direito material no CPC. Da mesma forma, pode existir dispositivo de direito processual em lei que versa predominantemente sobre direito material. A fraude à execução (tratada no art. 792 do CPC e atingida por via transversa pelo art. 16 da Medida Provisória nº 1.085/2021, que alterou o art. 54 da Lei nº 13.097/2015) é matéria de direito processual ou material? A eficácia ou ineficácia de uma alienação parece ser questão de direito material, mas o objetivo da existência de uma norma (art. 792 do CPC) que visa à proteção da efetividade da jurisdição, embora não diga respeito diretamente a um procedimento em ação judicial, parece ser norma de direito processual.

40 Tecnicamente, o vocábulo *boa-fé* tem sido mais utilizado com o significado de *comportamento ético que se espera do homem comum*. Nesse sentido, *boa-fé* se contrapõe a *abuso de direito*. Ao que parece, a Lei nº 14.382, de 27-6-2022 adotou para *boa-fé* a noção de que "o exercício de um direito subjetivo é contrário à boa-fé quando exercitado de maneira ou em circunstâncias que o fazem desleal, segundo as regras que a consciência social impõe aos negócios jurídicos." (DÍEZ-PICAZO, Luis; GULLÓN, Antonio. *Sistema de derecho civil*. 11. ed. Madri: Tecnos, 2005. vol. I, p. 434. Tradução livre)

a Lei nº 14.382/2022, além de prejudicar o direito do credor, beneficiou a má-fé do devedor e reduziu ainda mais a efetividade das decisões judiciais.

Caso se pretendesse conceder maior proteção ao adquirente de um imóvel, bastaria estabelecer em lei que a obtenção das certidões judiciais – algo cada vez mais fácil em tempos de Internet – do vendedor do local do seu domicílio e do local de situação do imóvel descaracterizaria a ocorrência de fraude à execução.[41]

Ao revés, optou-se por expressamente estabelecer a desnecessidade de certidões dos distribuidores por parte do comprador, sem qualquer preocupação com o direito do credor e com a efetividade do Poder Judiciário brasileiro.

Coibir vendas em fraude à execução tem por objetivo não só proteger o credor, mas especialmente garantir a efetividade das decisões judiciais. Nenhum país pode se desenvolver se não existir um mínimo de segurança jurídica. Um Judiciário que protege e obriga o cumprimento das leis e contratos é essencial para a segurança jurídica.

A baixa efetividade da prestação jurisdicional é um dos componentes do "Risco Brasil". A insegurança jurídica é fator que prejudica enormemente o desenvolvimento do País. Portanto, em vez de aumentar a efetividade das decisões judiciais, a Lei nº 14.382/2022, no caso da fraude à execução, causa um desserviço às tentativas de diminuir o "Risco Brasil".

Seja como for, a alteração feita pelo art. 16 da Lei nº 14.382/2022 ao art. 54 da Lei nº 13.097/2015 se esqueceu da hipótese do art. 185 do Código Tributário Nacional (CTN), que vimos na seção 3.3.[42] O inciso I do § 2º incluído ao art. 54[43] da Lei nº 13.097/2015 remete ao § 2º do art. 1º da Lei nº 7.433, de 18-12-1985, que exige a apresentação das certidões fiscais.[44] Pode-se sustentar (de forma contrária à lei) que

---

41 Isso é obviamente muito mais fácil do que se obter certidões de todos os cartórios imobiliários no Brasil e de se exigir averbações em inúmeras matrículas de imóveis. Será que o SERP irá ajudar nessas tarefas?

42 A referência ao art. 185 do CTN no § 1º acrescentado ao art. 129 da Lei de Registros Públicos pela Lei nº 14.382, de 27-6-2022, é inútil para solucionar a controvérsia a respeito da necessidade de adicional registro na matrícula para que exista produção de efeitos contra o comprador previstos no art. 185 do CTN.

43 "Art. 54 (...)

(...)

§ 2º Para a validade ou eficácia dos negócios jurídicos a que se refere o *caput* deste artigo ou para a caracterização da boa-fé do terceiro adquirente de imóvel ou beneficiário de direito real, não serão exigidas:

I – a obtenção prévia de quaisquer documentos ou certidões além daqueles requeridos nos termos do disposto no § 2º do art. 1º da Lei nº 7.433, de 18 de dezembro de 1985;

(...)."

44 Esse erro foi observado na Câmara dos Deputados por ocasião da tramitação da Medida Provisória nº 1.085/2021. A Emenda nº 1 propôs alterar o art. 16 da MP para excluir a remissão ao § 2º do art. 1º da Lei nº 7.433, de 18-12-1985 (que exige a apresentação de certidões fiscais). De acordo com a referida emenda, a norma estabeleceria que "Não serão exigidos, para a validade ou eficácia dos negócios jurídicos a que se refere o *caput* ou para a caracterização da boa-fé do terceiro adquirente de imóvel ou beneficiário de direito real a obtenção prévia de

essas certidões seriam apenas as relativas ao IPTU e ao ITR. Não deve o comprador aceitar essa tese.[45]

Além disso, nos termos do art. 129, VII, da Lei de Falências, a venda de imóvel após a decretação da falência do vendedor poderá não ser considerada "válida" (ineficaz, nos termos da lei), mesmo que o comprador esteja de boa-fé. Nessa hipótese, nem mesmo o art. 54, § 1º, da Lei nº 13.097/2015, com redação dada pela Lei nº 14.382, de 27-6-2022, poderá beneficiar o comprador – e isso está expresso no próprio art. 54 da Lei nº 13.097/2015, que é dispositivo ruim tecnicamente. Vide seção 5.8.

Portanto, o objetivo de estabelecer que a certidão de ônus do imóvel seria suficiente para proteger totalmente o comprador não foi atingido por completo. E tal desejo dificilmente será obtido, salvo se houver mudanças muito radicais (leia-se: nas raízes) no nosso sistema jurídico. São um tanto ingênuas as tentativas de, mediante alteração de um ou outro dispositivo legal, mudar consequências decorrentes de um ordenamento jurídico complexo como o brasileiro, por mais que ele contenha sérios problemas assistemáticos.

Em tese, as aquisições de imóveis ocorridas a partir de 28-12-2021, data de publicação da MP nº 1.085/2021, convertida na Lei nº 14.382/2022, passariam a ser mais seguras. A fraude à execução na hipótese dos incisos II e IV do art. 792 do CPC passaria a depender da inexistência de boa-fé por parte do comprador, exceção feita à questão das certidões fiscais, à hipótese de aquisição em sede de falência, além de outras situações específicas. Contudo, ainda é muito cedo para que se possa chegar a essa conclusão. É necessário aguardar algum tempo para que os tribunais decidam a respeito de um tema tão complexo.

Além disso, o art. 16 da Lei nº 14.382/2022 em nada beneficia os imóveis que não são objeto de registro. Cessão de direitos possessórios (venda de posse), compromissos de compra e venda e cessões não registrados e qualquer tipo de imóvel sem registro regular poderão ser considerados como fraude à execução.

Vide seção 2.36 para analisar outras questões que poderão prevalecer a despeito do advento da Lei nº 14.382/2022.

---

quaisquer documentos ou certidões além daquele referido no § 9º do art. 19 da Lei nº 6.015, de 31 de dezembro de 1973". Isso excluiria a necessidade de apresentação das certidões fiscais. Contudo, a Emenda nº 1 foi rejeitada (todas as emendas apresentadas apreciadas inicialmente pela Câmara dos Deputados foram rejeitadas em bloco; apenas o Senado aprovou algumas emendas, que depois foram aceitas pela Câmara), sendo mantido o texto original da MP nesse particular. Portanto, a necessidade de apresentação das certidões fiscais está mantida mesmo para as aquisições posteriores a 27-12-2021.

45 A Primeira Seção do Superior Tribunal de Justiça, por ocasião do julgamento do REsp 1.141.990/PR, sob o rito dos repetitivos, consolidou o entendimento de que não se aplica à execução fiscal a Súmula 375 do STJ, decidindo que, na hipótese de a alienação ter sido efetivada "antes da entrada em vigor da Lei Complementar n. 118, de 9-6-2005, que alterou o art. 185 do CTN, configura-se fraude à execução se o negócio jurídico tiver ocorrido após a citação do devedor e, se posteriormente à publicação da referida norma, a transação realizar-se após a inscrição do débito tributário em dívida ativa" (STJ, AgInt no AREsp n. 2.191.532/PR, Primeira Turma, Rel. Min. Gurgel de Faria, j. em 22-5-2023).

Há uma pergunta que não quer calar – e que não deixa de ser uma provocação: quando os ardorosos defensores da perfeita existência do princípio da concentração no direito brasileiro vão comprar imóveis para eles mesmos, obtêm ou não obtêm eles as certidões descritas neste livro?

Decisões judiciais imprevisíveis ou com estridentes ilegalidades ocorrem com frequência aguda e irritante. O § 3º do art. 320-I do Provimento CNJ nº 149/2023, mesmo com a redação dada pelo CNJ nº 190/2025, que vimos na seção 2.36, exemplifica a possibilidade de prevalência de decisões judiciais sobre princípios jurídicos consagrados. Minimizar riscos, quando possível, é uma questão de simples bom senso.

3.5 O VENDEDOR É EMPRESÁRIO

Empresários e sociedades empresárias, tal como definidos nos arts. 966 e 982 do Código Civil, estão sujeitos a um regime jurídico distinto. Destacam-se, dentro desse regime jurídico, o direito de pedir recuperação judicial e estar sujeito à falência.

O produtor rural pode, facultativamente, aderir ao regime jurídico empresarial, nos termos do art. 971 do Código Civil. Curiosamente, há precedente no sentido de que dívidas anteriores à aquisição do regime jurídico de empresário rural possam ser incluídas na recuperação judicial.[46] Sustentou-se, nos tempos da Pandemia da Covid-19, que até mesmo não empresários poderiam pedir recuperação judicial.[47] Esse entendimento excepcional abrange quase a totalidade de pessoas que sejam proprietárias de imóveis.[48]

Até mesmo clubes de futebol podem ser sociedades empresárias: é o que dispõe a Lei nº 14.193, de 6-8-2021. Como se vê, a jurisprudência e a legislação estão "alargando" as situações em que é ou pode ser aplicável o regime jurídico empresarial.

Nessas hipóteses, ainda que o vendedor seja pessoa física (exemplo: MEI - Microempreendedor Individual), ou exerça atividade econômica, ver as seções 5.3 (*A certidão negativa de débito*), 5.7 (*O vendedor está em fase de recuperação judicial ("concordata")*) e 5.8 (*O vendedor está ou corre o risco de entrar em processo falimentar*), no Capítulo 5, para as necessárias informações adicionais.

3.6 O VENDEDOR É OU FOI SÓCIO, GERENTE, DIRETOR, ADMINISTRADOR OU CONTROLADOR DE PESSOA JURÍDICA

Hipótese que merece menção é a situação em que o vendedor é ou foi sócio, administrador, gerente, diretor, seja, ou tenho sido pessoa com poder de controle em

---

46 STJ, Quarta Turma, REsp 1800032/MT, Rel. Ministro Marco Buzzi, Rel. p/ Acórdão Ministro Raul Araújo, j. em 5-11-2019.

47 Disponível em: https://politica.estadao.com.br/blogs/fausto-macedo/coronavirus-da-aplicacao--da-recuperacao-judicial-aos-nao-empresarios/.

48 Estariam excluídos bebês, crianças, donas de casa e pessoas que não exercem nenhum tipo de atividade laborativa.

sociedade (ou mesmo titular da antiga empresa individual de responsabilidade limitada EIRELI)[49] em má situação econômica. O vendedor pode ser solvente, provido de bens, sem dívida alguma, mas a empresa pode possuir dívidas, cujo patrimônio não seja suficiente para pagá-las.

Ocorre que essas pessoas podem ser compelidas a responder por débitos da pessoa jurídica em certas hipóteses. Isso poderá afetar a venda do imóvel, pois pode configurar *fraude contra credores* ou *fraude à execução, ou mesmo dar ensejo a caso de indisponibilidade de bens* (vide seções 3.2, 3.3, 3.4 e 3.16).

Vejamos, assim, sem ter a pretensão de esgotar a matéria, as principais hipóteses nas quais essa responsabilidade ocorre:

1. Caso o Contrato Social assim disponha, os sócios responderão ilimitadamente pelas dívidas da sociedade.

Essa hipótese é raríssima na prática, uma vez que a maioria das sociedades é constituída sob forma de Sociedade Anônima (S.A.) ou Sociedade por Quotas de Responsabilidade Limitada (LTDA.). Tanto nas empresas "S.A." como nas "LTDA." a regra é pela irresponsabilidade dos sócios em face das dívidas da sociedade.

2. Os sócios de uma sociedade limitada deliberam de forma contrária à lei ou ao contrato social (art. 1.080 do Código Civil).

3. Na hipótese de desconsideração da personalidade jurídica da sociedade.

Pela teoria da desconsideração da personalidade jurídica, que foi positivada em recentes leis, inclusive no Código Civil de 2002 (art. 50) e no CPC (arts. 133 a 137), os bens dos sócios ou administradores respondem pelas obrigações da sociedade, em certos casos. Até mesmo dirigente de associações ou de outras entidades sem fins lucrativos podem responder por dívidas da pessoa jurídica.[50] A teoria da desconsideração da personalidade jurídica surgiu para coibir a utilização da sociedade como forma de fraudar credores ou fraudar a lei. Antes do surgimento dessa teoria, bastava alguém contrair imensas dívidas em benefício próprio, mas em nome da sociedade, o que mantinha seus bens pessoais a salvo dos credores da sociedade, uma vez que ela não era formalmente proprietária de nada.

Com a desconsideração da personalidade jurídica, é possível ao credor da sociedade sem patrimônio suficiente buscar bens dos sócios ou administradores para garantia ou satisfação da execução. Em razão dos vários abusos que foram cometidos, a responsabilidade dos sócios ou administradores pelos débitos da empresa foi ganhando

---

49 As EIRELIs foram transformas em sociedades limitadas por força do art. 41 da Lei nº 14.195, de 26-8-2021. O Departamento Nacional de Registro Empresarial e Integração (DREI), por meio do Ofício Circular SEI nº 4.856/2022/ME, explicou o procedimento de transformação da EIRELI em sociedade limitada.

50 SILVA, Bruno Mattos e. *Direito de empresa*: teoria da empresa e direito societário. São Paulo: Atlas, 2007. p. 229-230.

guarida nos tribunais.[51] Adiante veremos, porém, que a tendência atual é de limitação do poder de desconsideração da personalidade jurídica.

Há entendimento da doutrina no sentido de que "O redirecionamento da execução fiscal para o sócio-gerente prescinde do incidente de desconsideração da personalidade jurídica previsto no art. 133 do CPC/2015",[52] bem como precedente no mesmo sentido.[53]

Em tese, deve o distribuidor forense ser comunicado do redirecionamento da execução fiscal, que pode ser efetuado até em medida cautelar,[54] contra as pessoas físicas responsáveis. Nada garante, porém, que o procedimento correto será adotado e a certidão de feitos ajuizados (vide seções 3.12 e 3.13) irá informar a existência da execução fiscal contra a pessoa física responsável pelo débito da empresa.

Embora formalmente a sociedade continue existindo, com os direitos e obrigações decorrentes de sua condição de "*pessoa jurídica*", o juiz poderá desconsiderar sua personalidade, determinando que os bens dos sócios respondam pelas obrigações da sociedade.[55]

Portanto, caso existam indícios de ter o sócio (ou administradores) propositadamente desfalcado a sociedade para lesar os credores, pode ser pleiteada a desconsideração da personalidade jurídica da sociedade, para atingir os bens de sócios ou administradores. Assim, um bem particular de sócio ou administrador da sociedade, vendido nessas condições, poderá ser visto pelo Judiciário como alienado em fraude contra credores ou em fraude à execução.[56]

---

[51] Para mais informações, vide: SILVA, Bruno Mattos e. *Direito de empresa*: teoria da empresa e direito societário. São Paulo: Atlas, 2007. p. 222-238.

[52] Enunciado nº 53, aprovado no Seminário O Poder Judiciário e o CPC, realizado em 2016 pela Escola Nacional de Formação e Aperfeiçoamento de Magistrados (Enfam).

[53] "(...) A previsão constante no art. 134, *caput*, do CPC/2015, sobre o cabimento do incidente de desconsideração da personalidade jurídica, na execução fundada em título executivo extrajudicial, não implica a incidência do incidente na execução fiscal regida pela Lei n. 6.830/1980, verificando-se verdadeira incompatibilidade entre o regime geral do Código de Processo Civil e a Lei de Execuções, que diversamente da Lei geral, não comporta a apresentação de defesa sem prévia garantia do juízo, nem a automática suspensão do processo, conforme a previsão do art. 134, § 3º, do CPC/2015. Na execução fiscal 'a aplicação do CPC é subsidiária, ou seja, fica reservada para as situações em que as referidas leis são silentes e no que com elas compatível' (REsp n. 1.431.155/PB, Rel. Ministro Mauro Campbell Marques, Segunda Turma, julgado em 27/5/2014). (...)" (STJ, REsp nº 1.786.311/PR, Segunda Turma, Rel. Min. Francisco Falcão, j. em 9-5-2019).

[54] STJ, REsp 1.656.172/MG, Primeira Turma, Rel. Min. Gurgel de Faria, j. em 11-6-2019.

[55] Vide: SILVA, Bruno Mattos e. *Direito de empresa*: teoria da empresa e direito societário. São Paulo: Atlas, 2007. p. 222-238.

[56] Isso efetivamente ocorreu no processo nº 1.327/83, que tramitou perante a 9ª Vara Cível da Comarca da Capital do Estado de São Paulo, em que a MM. Juíza, em decisão interlocutória, declarou ineficaz a venda de um determinado imóvel efetuada por sócia da empresa executada, pois sua personalidade jurídica da empresa já tinha sido desconstituída em razão do seu estado de insolvência. Nesse caso concreto, a vendedora (que era outra empresa) não era parte no processo e, portanto, não tinha registro da distribuição do mencionado processo contra si (uma vez que ela não compunha o polo passivo)! Sua responsabilidade derivou da desconsideração da personalidade

Além disso, de acordo com o art. 28 da Lei nº 8.078, de 11-9-1990 (Código de Defesa do Consumidor – CDC), a desconsideração da personalidade jurídica poderá existir no caso de falência, estado de insolvência, encerramento ou inatividade da pessoa jurídica provocados por má administração (*caput* do art. 28) ou toda vez que a personalidade jurídica for obstáculo ao ressarcimento de prejuízos causado ao consumidor (§ 5º do art. 28). A parte final do *caput* do art. 28 e o § 5º abrem um espaço gigantesco para a desconsideração da personalidade jurídica. Basicamente, em qualquer hipótese em que o consumidor não conseguir a realização do seu crédito contra o fornecedor, poderá existir a desconsideração da personalidade jurídica. Há precedente no sentido de que a desconsideração da personalidade jurídica na hipótese do CDC não atinge o administrador que não for sócio.[57]

Partindo do pressuposto óbvio de que "a autonomia patrimonial das pessoas jurídicas é um instrumento lícito de alocação e segregação de riscos, estabelecido pela lei com a finalidade de estimular empreendimentos, para a geração de empregos, tributo, renda e inovação em benefício de todos",[58] a desconsideração da personalidade jurídica ou a responsabilidade de sócios ou administradores somente pode ocorrer nos casos e na forma prevista em lei.

Atualmente, o procedimento para decretação da desconsideração da personalidade jurídica encontra-se regido pelos arts. 133 a 137 do CPC. Nada garante, porém, que todos os atos do incidente de desconsideração da personalidade jurídica serão corretamente efetuados.

O art. 137 é explícito no sentido de que, no caso de desconsideração da personalidade jurídica, "a alienação ou a oneração de bens, havida em fraude de execução, será ineficaz em relação ao requerente" do pedido de desconsideração (no caso, um credor do vendedor do imóvel). Pela leitura do dispositivo, percebe-se que os efeitos da desconsideração são retroativos, em razão do tempo verbal empregado para qualificar a alienação ou oneração de bens.

---

jurídica da empresa executada, esta sim com registro no distribuidor cível da ação em curso. O adquirente, em petição muito bem fundamentada, ajuizou embargos de terceiro, mas a MM. Juíza sentenciante os rejeitou, entendendo a ocorrência de fraude à execução.

Em sede de apelação, o tribunal manteve a decisão que concluiu pela ineficácia da venda em fraude à execução, nos seguintes termos: "Embargos de Terceiro – Fraude à execução reconhecida – Imóvel alienado, de propriedade de empresa acionária da executada cuja personalidade jurídica fora desconsiderada – A prova da solvência segue a ordem do art. 333, do CPC, de quem alega – Fato indemonstrado – Embargos improcedentes – Recurso Improvido V.U."

O comprador interpôs recurso especial, que foi indeferido pelo Presidente do tribunal de apelação. O comprador agravou e, no STJ, foi determinada a subida do recurso especial em decisão monocrática proferida em 23-2-2000 (AG 275.528, *DJ* de 31-3-2000).

Por fim, somente foi afastada a fraude à execução por ocasião do julgamento do recurso especial no STJ: REsp 263.188, Quarta Turma, Rel. Min. Aldir Passarinho Junior, j. em 1º-3-2005.

57 STJ, REsp nº 1.860.333/DF, Quarta Turma, Rel. Min. Marco Buzzi, j. em 11-10-2022.

58 Parágrafo único do art. 49-A do Código Civil, incluído pela Lei nº 13.874, de 20-9-2019.

Havia divergência se o procedimento do CPC seria aplicável na hipótese de falência da pessoa jurídica. Com o advento da Lei nº 14.112/2020, que incluiu o art. 82-A[59] à Lei nº 11.101/2005, foi estabelecida a aplicabilidade do procedimento de desconsideração da personalidade jurídica previsto no CPC.

Além disso, a Lei nº 13.874, de 20-9-2019 (Lei da Liberdade Econômica) estabeleceu que a desconsideração da personalidade jurídica somente pode atingir sócios e administradores "beneficiados direta ou indiretamente pelo abuso". Essa Lei alterou o art. 50 do Código Civil, que passou a vigorar com a seguinte redação:

> "Art. 50. Em caso de abuso da personalidade jurídica, caracterizado pelo desvio de finalidade ou pela confusão patrimonial, pode o juiz, a requerimento da parte, ou do Ministério Público quando lhe couber intervir no processo, desconsiderá-la para que os efeitos de certas e determinadas relações de obrigações sejam estendidos aos bens particulares de administradores ou de sócios da pessoa jurídica beneficiados direta ou indiretamente pelo abuso.[60]
>
> § 1º Para os fins do disposto neste artigo, desvio de finalidade é a utilização da pessoa jurídica com o propósito de lesar credores e para a prática de atos ilícitos de qualquer natureza.
>
> § 2º Entende-se por confusão patrimonial a ausência de separação de fato entre os patrimônios, caracterizada por:
>
> I – cumprimento repetitivo pela sociedade de obrigações do sócio ou do administrador ou vice-versa;
>
> II – transferência de ativos ou de passivos sem efetivas contraprestações, exceto os de valor proporcionalmente insignificante; e
>
> III – outros atos de descumprimento da autonomia patrimonial.
>
> § 3º O disposto no *caput* e nos §§ 1º e 2º deste artigo também se aplica à extensão das obrigações de sócios ou de administradores à pessoa jurídica.

---

59 "Art. 82-A. É vedada a extensão da falência ou de seus efeitos, no todo ou em parte, aos sócios de responsabilidade limitada, aos controladores e aos administradores da sociedade falida, admitida, contudo, a desconsideração da personalidade jurídica.

Parágrafo único. A desconsideração da personalidade jurídica da sociedade falida, para fins de responsabilização de terceiros, grupo, sócio ou administrador por obrigação desta, somente pode ser decretada pelo juízo falimentar com a observância do art. 50 da Lei nº 10.406, de 10 de janeiro de 2002 (Código Civil) e dos arts. 133, 134, 135, 136 e 137 da Lei nº 13.105, de 16 de março de 2015 (Código de Processo Civil), não aplicada a suspensão de que trata o § 3º do art. 134 da Lei nº 13.105, de 16 de março de 2015 (Código de Processo Civil)."

60 "(...) 3. A questão central a ser dirimida no presente recurso consiste em saber se a herdeira do sócio minoritário que não teve participação na prática dos atos de abuso ou fraude deve ser incluída no polo passivo da execução. 4. A desconsideração da personalidade jurídica, em regra, deve atingir somente os sócios administradores ou que comprovadamente contribuíram para a prática dos atos caracterizadores do abuso da personalidade jurídica. 5. No caso dos autos, deve ser afastada a responsabilidade da herdeira do sócio minoritário, sem poderes de administração, que não contribuiu para a prática dos atos fraudulentos. (...)" (STJ, REsp nº 1.861.306/SP, Rel. Min. Ricardo Villas Bôas Cueva, j. em 2-2-2021).

> § 4º A mera existência de grupo econômico sem a presença dos requisitos de que trata o *caput* deste artigo não autoriza a desconsideração da personalidade da pessoa jurídica.
>
> § 5º Não constitui desvio de finalidade a mera expansão ou a alteração da finalidade original da atividade econômica específica da pessoa jurídica."

A despeito da existência dessas previsões legais, há precedentes contraditórios do STJ no sentido de que não é necessário o término do procedimento do pedido de desconsideração da personalidade jurídica para que os bens dos administradores, controladores de sociedades anônimas ou mesmos sócios possam ser atingidos por dívidas das pessoas jurídicas.[61]

4. A dívida é de origem trabalhista. Essa hipótese era controvertida antes do advento da Lei nº 13.467, de 13-7-2017 (Reforma Trabalhista). Em vários casos concretos, sócios de empresa foram acionados e tiveram que pagar, mesmo inexistindo qualquer tipo de fraude.[62] A Instrução Normativa TST nº 39/2016 trata da questão da desconsideração da personalidade jurídica de empresas para atingir bens dos sócios.

A Lei nº 13.467/2017 incluiu os arts. 10-A e 855-A à Consolidação das Leis do Trabalho (CLT):

> "Art. 10-A. O sócio retirante responde subsidiariamente pelas obrigações trabalhistas da sociedade relativas ao período em que figurou como sócio, somente em ações

---

[61] A favor do comprador: "Direito processual civil. Recurso especial. Embargos de terceiro. Alienação de imóvel por sócio da pessoa jurídica antes do redirecionamento da execução. Desconsideração da personalidade jurídica. Fraude à execução não configurada. 1. Cinge-se a controvérsia em determinar se a venda de imóvel realizada por sócio de empresa executada, após a citação desta em ação de execução, mas antes da desconsideração da personalidade jurídica da empresa, configura fraude à execução. 2. A fraude à execução só poderá ser reconhecida se o ato de disposição do bem for posterior à citação válida do sócio devedor, quando redirecionada a execução que fora originariamente proposta em face da pessoa jurídica. 3. Na hipótese dos autos, ao tempo da alienação do imóvel corria demanda executiva apenas contra a empresa da qual os alienantes eram sócios, tendo a desconsideração da personalidade jurídica ocorrido mais de três anos após a venda do bem. Inviável, portanto, o reconhecimento de fraude à execução. 4. Recurso especial não provido." (STJ, REsp nº 1.391.830/SP, Terceira Turma, Rel. Min. Nancy Andrighi, j. em 22-11-2016).

Contra o comprador: "Sobreveio recurso especial das embargantes (...). Ponderam que desconheciam a ação de cobrança quando adquiriram a fazenda, e que agiram pautadas pela boa-fé, porquanto o vendedor - sócio da pessoa jurídica executada - só veio a compor o polo passivo da ação originária anos após o registro da compra e venda do imóvel. (...) Obtemperam que o negócio jurídico que firmaram é válido e eficaz, antes mesmo da citação da pessoa jurídica na ação de cobrança e **muito antes da desconsideração da personalidade jurídica** para atingir o patrimônio do vendedor, assim a prova documental é inafastável (...). A principal questão controvertida consiste em saber se é possível caracterizar fraude à execução a alienação de imóvel promovida pelo sócio da devedora originária, tida por lesiva ao credor, **havida antes da desconsideração da personalidade jurídica** levada a efeito no cumprimento de sentença em ação de cobrança. (...) Diante do exposto, nego provimento ao recurso especial." (STJ, REsp nº 1.763.376/TO, Quarta Turma, Rel. Min. Luis Felipe Salomão, j. em 18-8-2020. Original sem destaques).

[62] Vide: SILVA, Bruno Mattos e. *Direito de empresa*: teoria da empresa e direito societário. São Paulo: Atlas, 2007. p. 237.

> ajuizadas até dois anos depois de averbada a modificação do contrato, observada a seguinte ordem de preferência:
>
> I – a empresa devedora;
>
> II – os sócios atuais; e
>
> III – os sócios retirantes."
>
> "Art. 855-A. Aplica-se ao processo do trabalho o incidente de desconsideração da personalidade jurídica previsto nos arts. 133 a 137 da Lei nº 13.105, de 16 de março de 2015 - Código de Processo Civil.
>
> § 1º Da decisão interlocutória que acolher ou rejeitar o incidente:
>
> I – na fase de cognição, não cabe recurso de imediato, na forma do § 1º do art. 893 desta Consolidação;
>
> II – na fase de execução, cabe agravo de petição, independentemente de garantia do juízo;
>
> III – cabe agravo interno se proferida pelo relator em incidente instaurado originariamente no tribunal.
>
> § 2º A instauração do incidente suspenderá o processo, sem prejuízo de concessão da tutela de urgência de natureza cautelar de que trata o art. 301 da Lei nº 13.105, de 16 de março de 2015 (Código de Processo Civil)."

5. O capital social não foi totalmente integralizado.

6. Extinção irregular da sociedade.[63] Esse caso é muito comum: as atividades empresariais acabam, a empresa não mais funciona, mas não são praticados os atos para o formal encerramento (fim) da pessoa jurídica, que formalmente continua existindo, pois não ocorreu a "baixa" na Junta Comercial.

7. Os sócios, que efetivamente detenham poderes de administração, ou os gerentes ou diretores praticam atos com excesso de poder ou infração de lei, contrato social ou estatutos (art. 135 do Código Tributário Nacional).

8. Algum ou todos os sócios prestam garantia à sociedade (ex.: fiança).

Como podemos ver, são muitas as hipóteses em que os sócios, administradores, gerentes, diretores, poderão ficar em situação de insolvência em razão de dívidas de uma pessoa jurídica.

---

63 "Processual civil e tributário – Execução fiscal – Redirecionamento – Citação na pessoa do sócio-gerente – Art. 135, III do CTN – Dissolução irregular. (...) 2. Em matéria de responsabilidade dos sócios de sociedade limitada, é necessário fazer a distinção entre empresa que se dissolve irregularmente daquela que continua a funcionar. 3. Em se tratando de sociedade que se extingue irregularmente, cabe a responsabilidade do sócio-gerente que fica com o ônus de provar não ter agido com dolo, culpa, fraude ou excesso de poder. 4. A diferença entre as duas situações, em relação do redirecionamento, é a inversão do ônus da prova: na extinção regular cabe ao exequente fazer a prova em desfavor do sócio-gerente, e na extinção irregular da sociedade, cabe ao sócio-gerente fazer a prova em seu favor, ou seja não ter agido com dolo, culpa fraude ou excesso de poder. 5. Recurso especial provido" (STJ, REsp 736.325/PR, Segunda Turma, Rel. Min. Eliana Calmon, j. em 6-10-2005, *DJ* 24-10-2005).

Nada garante que o juiz irá adotar o procedimento determinado pelo CPC, abrindo prazo para a defesa dos sócios ou administradores e determinando que o distribuidor seja comunicado: não há certeza de que o juiz não irá simplesmente penhorar os bens dos sócios ou dos administradores caso entenda ser caso de desconsideração da personalidade jurídica ou de responsabilidade direta dos sócios ou administradores.

Assim, caso o vendedor seja alguma dessas pessoas, será necessário verificar também a situação financeira da empresa.

Por tal razão, a situação financeira da sociedade, da qual o vendedor participe de algum modo, deve ser minuciosamente verificada, nos termos do Capítulo 5.

Além disso, há casos de indisponibilidade de bens decorrente de leis específicas, os quais veremos na seção 3.16.

Na seção 3.14 veremos alguns temperamentos ao rigor das hipóteses já mencionadas.

Em algumas das hipóteses descritas, os sócios não constam da petição inicial da ação ajuizada contra a empresa. Assim, quando o comprador solicitar as certidões do distribuidor do foro cível ou da Justiça Federal, em nome do vendedor sócio da empresa poderá nada encontrar. Assim, é preciso solicitar certidões também em nome da empresa.

O CPC, aparentemente, teria melhorado isso, pois o art. 134, § 1º, dispõe que a instauração do incidente de desconsideração da personalidade jurídica deverá ser imediatamente comunicada ao distribuidor para as anotações devidas. Contudo, no CPC também dispõe, no art. 792, § 3º, que "Nos casos de desconsideração da personalidade jurídica, a fraude à execução verifica-se a partir da citação da parte cuja personalidade se pretende desconsiderar". Ou seja, o comprador estará desprotegido no período que medeia a citação da pessoa jurídica e a comunicação ao distribuidor da desconsideração da personalidade jurídica (o que está em coerência com o art. 137 do CPC).

E mais: há entendimento no sentido de que "O redirecionamento da execução fiscal para o sócio-gerente prescinde do incidente de desconsideração da personalidade jurídica previsto no art. 133 do CPC/2015".[64]

É curioso: a maioria das pessoas costuma obter as certidões dos sócios nas hipóteses em que a vendedora é a pessoa jurídica (o que deve ser feito), mas não da empresa, quando o vendedor é o sócio. Isso é um grande equívoco, pois as hipóteses em que por força de dívidas da empresa são atingidos os bens de sócios são muito mais frequentes do que as hipóteses nas quais o bem da empresa responde por dívida do sócio.

Se não for possível saber se o vendedor é ou não sócio ou administrador de alguma empresa, caso ele seja proprietário de outros bens, os credores deverão ter seus créditos satisfeitos pela penhora e alienação em praça ("leilão") dos outros bens, que o vendedor não tiver alienado. Nesse caso a situação do comprador é um pouco mais tranquila.

---

[64] Enunciado nº 53, aprovado no Seminário O Poder Judiciário e o CPC, realizado em 2016 pela Escola Nacional de Formação e Aperfeiçoamento de Magistrados (Enfam).

Como se pode ver, é aspecto favorável ser o vendedor proprietário de vários imóveis, embora isso não seja, por si só, suficiente para se garantir que não haverá problemas na aquisição.[65]

A Lei de Falências (Lei nº 11.101, de 9 de fevereiro de 2005) prevê no art. 82, § 2º, que o juiz da falência poderá, até julgamento final de ação para apuração de responsabilidade, ordenar a indisponibilidade de bens particulares dos administradores, dos sócios e dos controladores da sociedade falida, em quantidade compatível com o dano provocado. Infelizmente não há, nessa Lei, previsão expressa de que deve haver comunicação ao cartório imobiliário.

Em um interessante precedente, o STJ estendeu os efeitos da falência de uma empresa, sem necessidade de ação revocatória, ao adquirente dos ativos, sob fundamento de que seria um mesmo grupo societário de fato.[66]

Em suma, deve o comprador checar se o vendedor é administrador (ou mesmo gerente, conselheiro etc.) de instituição financeira em situação financeira delicada ou administrador, sócio ou controlador de sociedade falida.

A Lei nº 13.097/2015 e o CPC preveem que as indisponibilidades deverão estar averbadas na matrícula do imóvel. A respeito da interpretação dessas normas, vide seções 2.34, 2.36, 3.4 e 3.16.

3.7 O PROPRIETÁRIO DO IMÓVEL É MENOR DE IDADE

Caso o proprietário do imóvel seja uma pessoa menor de 18 (dezoito) anos, não será válida a "venda" por ela eventualmente efetuada, como é até intuitivo. O art. 5º do Código Civil de 2002 alterou nesse particular a regra anterior, pois o art. 9º do Código Civil revogado estabelecia que a maioridade era aos 21 (vinte e um) anos.

A venda de bem imóvel de pessoa menor de idade deve ser feita pelos pais, na qualidade de representantes da criança e do adolescente, ou como assistentes, caso ele seja maior de 16 (dezesseis) anos. De todo modo, deverão ser atendidos os requisitos do art. 1.691 do Código Civil. Assim, é necessária a autorização do juiz antes da compra,[67] que será consubstanciada na forma de um *alvará*, caso fique provado que a venda trará manifesta vantagem para a criança e para o adolescente ou é necessária para ele.

Na ausência de autorização do juiz, a aquisição não será válida.[68]

---

65 Veja, com especial atenção, as seções 1.5, *O vendedor é o verdadeiro...*, e 3.1, *Alguém reivindica ser o proprietário do imóvel.*

66 STJ, REsp 1.259.020/SP, Terceira Turma, Rel. Ministra Nancy Andrighi, j. em 9-8-2011.

67 Não serve alvará expedido depois da venda. Nesse sentido: "Bem de menor – Contrato preliminar de compra e venda de Imóvel – Necessidade de autorização judicial para a concretização do negócio – Alvará expedido dois anos após – Ineficácia do pré-contrato assinado pelos interessados menores – Restituição das partes ao *status quo ante*" (*RT* 590/117, Ement.).

68 Nesse sentido: "Compromisso de compra e venda – Imóvel pertencente a menor – Obrigação assumida pelo pai – Contrato nulo – Carência de ação do promissário comprador – Apelação não provida" (1º TACivSP, *RT* 531/148, Ement.).

É importante mencionar que mesmo autorizada pelo juiz, em sede de procedimento de concessão do *alvará*, poderá mais tarde a criança ou o adolescente pleitear a anulação da venda, caso entenda que ela lhe foi danosa, ainda que a preço de mercado. Essa eventual ação, movida pela criança ou pelo adolescente, ao obter sua maioridade, poderá ser provida ou não.[69]

Portanto, como precaução necessária, o comprador deverá, antes da compra, verificar situação do processo de concessão do *alvará*. Há de ter sido demonstrado e provado, de forma explícita e sem qualquer sombra de dúvida, que a venda era necessária para a criança ou o adolescente ou a ele vantajosa. Ademais, não poderá haver qualquer nulidade no processo que culminou com a expedição do *alvará*. É recomendável que o comprador obtenha e guarde consigo cópias autenticadas de todas as folhas dos autos do processo em questão, para que, caso necessário, possa provar posteriormente a sua lisura, demonstrando que sua aquisição foi objetivamente de boa-fé.

A venda de bem de criança ou de adolescente não precisa ser obrigatoriamente efetuada em hasta pública ("leilão"),[70] nem mesmo no caso de criança ou de adolescente que não esteja sob pátrio poder, pois o art. 1.750 do Código Civil em vigor não faz essa exigência, ao contrário do art. 429 do Código Civil revogado. O art. 1.750 do Código Civil em vigor, porém, exige que seja manifesta a vantagem para a criança ou o adolescente que seja tutelado (art. 1.728), haja prévia avaliação judicial e aprovação do juiz.

3.8 FRAUDE A HERDEIROS

A venda de bens de ascendente (pais, avós etc.) para descendente (filho, neto etc.) sem o consentimento *expresso* dos demais descendentes e do cônjuge é anulável, a teor do art. 496 do Código Civil.[71]

Assim, é importante verificar se na certidão imobiliária ocorreu alguma venda de ascendente a descendente. Caso tenha ocorrido, é preciso verificar se essa venda foi ou não autorizada, na escritura pública, pelos demais descendentes e pelo cônjuge. Se inexistiu esse consentimento, a venda é passível de anulação, de modo que a aquisição de imóvel nessas condições é juridicamente arriscada.

---

[69] Há precedentes prestigiando a boa-fé do comprador. Nesse sentido: "Bens de incapaz – Imóvel pertencente a menor – Venda – Alvará judicial – Posterior ação anulatória – Improcedência – Boa-fé do comprador – Apelação provida" (TJRS, *RT* 535/156).

[70] Nesse sentido: "Compra e venda de imóvel. Bem de menor sob pátrio poder. Incidência da regra do art. 386 do Código Civil. Inaplicabilidade do art. 429 do mesmo Código" (STJ, REsp nº 113.008/BA, 3ª Turma, Rel. Min. Carlos Alberto Menezes Direito, j. em 24-11-1997, *DJ* de 19-12-1997). "Bens de menor – Menor púbere sob o pátrio poder – Venda de imóvel mediante alvará judicial – Vantagem evidente – Admissibilidade – Dispensa de hasta pública" (TJMS, *RT* 555/22 – Ement.).

[71] STJ, REsp 725.032/RS, Quarta Turma, Rel. Ministro Hélio Quaglia Barbosa, j. em 21-9-2006, *DJ* 13-11-2006.

Observemos ainda que a vedação se aplica no caso de existir uma venda por meio de terceiro ("interposta pessoa"),[72] ou qualquer outro artifício para burlar a lei, bem como na hipótese de permuta de bens de valores desiguais (art. 533, II, do Código Civil).

Há entendimento no sentido de que a venda é anulável, sendo aplicável o art. 179 do Código Civil, sendo de dois anos o prazo decadencial para a anulação do negócio, bem como os arts. 167, § 1º, I, e 169 do Código Civil não incidem na hipótese.[73]

Pode também ser nula ou anulável a hipótese em que alguém doa todos os seus bens sem ter como se manter (por exemplo: *A* doa todos seus bens sem reservar o usufruto desses bens para si e sem ter renda de qualquer natureza).

Igual situação ocorre quando alguém, tendo herdeiro necessário, doa mais do que poderia dispor em testamento[74] (por exemplo: *A* doa seu único bem), a teor do que dispõem os arts. 548 e 549 do Código Civil, ou quando alguém deserda herdeiro necessário de forma desmotivada.[75]

Assim, caso o vendedor atual, ou algum proprietário anterior, tenha adquirido o bem por doação ou herança, será preciso verificar se a legítima de algum outro herdeiro não foi preterida de forma desmotivada.[76] Caso tenha havido a deserdação desmotivada ou por motivo não previsto expressamente pela lei,[77] a aquisição do imóvel não será válida.[78]

---

72 STJ, REsp 771.736/SC, Terceira Turma, Rel. Min. Carlos Alberto Menezes Direito, j. em 7-2-2006, *DJ* de 15-5-2006.

73 STJ, REsp 1.679.501/GO, Terceira Turma, Rel. Min. Nancy Andrighi, j. em 10-3-2020.

74 Dispõe o art. 1.789 do Código Civil em vigor: "Havendo herdeiros necessários, o testador só poderá dispor da metade da herança." De acordo com o art. 1.845 do Código Civil em vigor, "são herdeiros necessários os descendentes, os ascendentes e o cônjuge", o que significa modificação do direito anterior, pois o Código Civil revogado (art. 1.721) estabelecia que herdeiros necessários eram apenas ascendentes e descendentes.

75 Diz o Código Civil em vigor, repetindo regra existente no Código Civil revogado: "Art. 1.964. Somente com expressa declaração de causa pode a deserdação ser ordenada em testamento."

76 Diz o Código Civil em vigor, repetindo regra existente no Código Civil revogado: "Art. 1.965. Ao herdeiro instituído, ou àquele a quem aproveite a deserdação, incumbe provar a veracidade da causa alegada pelo testador."

77 Diz o Código Civil em vigor:

"Art. 1.814. São excluídos da sucessão os herdeiros ou legatários:

I – que houverem sido autores, coautores ou partícipes de homicídio doloso, ou tentativa deste, contra a pessoa de cuja sucessão se tratar, seu cônjuge, companheiro, ascendente ou descendente;

II – que houverem acusado caluniosamente em juízo o autor da herança ou incorrerem em crime contra a sua honra, ou de seu cônjuge ou companheiro;

III – que, por violência ou meios fraudulentos, inibirem ou obstarem o autor da herança de dispor livremente de seus bens por ato de última vontade.

Art. 1.962. Além das causas mencionadas no art. 1.814, autorizam a deserdação dos descendentes por seus ascendentes:

I – ofensa física;

II – injúria grave;

Há entendimento no sentido de que para ser decretada a nulidade da doação em prejuízo de herdeiro necessário deve ser provado que o valor dos bens doados excedeu o que o doador podia dispor por testamento, no momento da doação e não no momento do falecimento do doador.[79] A questão, porém, não é tranquila.

Vide seção 2.19 para mais informações sobre o tema.

A respeito da possibilidade de defesa do adquirente do imóvel contra eventuais herdeiros do proprietário anterior ou de antigo proprietário que ajuizaram ação para anular a aquisição em suposta fraude a herdeiros e as aquisições subsequentes, vide seção 3.14, especialmente na parte em que tratamos de *Contestação em ação anulatória, reivindicatória ou de reintegração de posse.*

3.9 PROTESTO CONTRA ALIENAÇÃO DE BENS

Há uma medida cautelar, tradicionalmente chamada de protesto contra a alienação de bens (não confundir com protesto de título!), que talvez a certidão imobiliária não irá mostrar, pelas razões que veremos a seguir.

Essa medida tem por objetivo apenas comunicar ao público em geral que alguém, que não consta como proprietário de um bem, manifesta sua oposição à eventual venda desse bem. O credor deve demonstrar interesse no protesto, sob pena de o juiz indeferir a medida.[80]

III – relações ilícitas com a madrasta ou com o padrasto;

IV – desamparo do ascendente em alienação mental ou grave enfermidade.

Art. 1.963. Além das causas enumeradas no art. 1.814, autorizam a deserdação dos ascendentes pelos descendentes:

I – ofensa física;

II – injúria grave;

III – relações ilícitas com a mulher ou companheira do filho ou a do neto, ou com o marido ou companheiro da filha ou o da neta;

IV – desamparo do filho ou neto com deficiência mental ou grave enfermidade."

[78] Observe-se que a aquisição poderá não ser totalmente inválida, mas até o limite da possibilidade que tinha o doador ou testador de dispor de seu patrimônio, a teor do que dispõe o art. 549 do Código Civil. Nesse sentido decidiu o TJPR, 2ª Câmara Cível, Apelação nº 27.431-9, na vigência do Código Civil revogado: "Doação de ascendente a descendente – Único bem imóvel – Ação de herdeiro para anular a escritura pública – Ineficácia porém da doação apenas na parte que exceder a de que a doadora, no momento da liberalidade, poderia dispor em testamento – Ação procedente – Apelo dos donatários parcialmente provido. O art. 1.176 estabelece a ineficácia da doação na parte que exceder a de que a doadora, no momento da liberalidade, poderia dispor em testamento. Trata-se do instituto da redução. É uma invalidade que não prejudica totalmente o ato, tendo por efeito apenas reduzi-lo a proporções devidas."

[79] STJ, AR 3.493/PE, Segunda Seção, Rel. Ministro Massami Uyeda, Rel. p/ Acórdão Min. Luis Felipe Salomão, j. em 12-12-2012, *DJe* 6-6-2013.

[80] "A publicação de editais contra a alienação de bens do grupo econômico em tela, composto por várias pessoas jurídicas, com atuação em diferentes ramos comerciais, poderia ocasionar, no mercado, 'dúvidas ou incertezas' capazes de impedir a formação ou realização de negócios jurídicos lícitos, prejudicando a saúde financeira das sociedades comerciais que o compõem.

Sendo-lhe concedida a medida, o juiz mandará publicar editais comunicando à praça essa manifestação do autor. Apenas isso.

Não existe, portanto, nenhum impedimento legal a que o réu nessa ação proceda à venda. De qualquer modo, sabendo da existência do *protesto contra alienação de bens,* é recomendável análise ainda mais minuciosa do caso concreto antes de decidir pela compra do imóvel.

Essa decisão judicial é apenas informativa, não constituindo quaisquer direitos. De forma lacônica, o CPC alude à possibilidade de registro do protesto contra a alienação de bens no art. 301. Antes mesmo do advento desse dispositivo,[81] já havia precedentes judiciais permitindo a averbação do protesto contra alienação de bens na matrícula do imóvel.[82]

Portanto, mesmo se existir esse protesto, ele talvez não constará da certidão imobiliária tratada no Capítulo 2, pois a averbação não é consequência natural da ação. Assim, o comprador poderá não saber de sua existência mediante verificação da certidão imobiliária, devendo verificar a certidão do distribuidor forense, que veremos na seção 3.12.

Há precedente no sentido de que não são cabíveis embargos de terceiros (vide seções 3.4 e 3.14) para cancelar averbação de protesto contra alienações de bens na matrícula do imóvel.[83]

3.10 IMÓVEL ADQUIRIDO COM O PRODUTO DE CRIME

O bem imóvel, utilizado ou adquirido com dinheiro ou como resultado de atividades criminosas, ainda que já transferido a terceiros, pode ser *apreendido, sequestrado* ou *hipotecado,* para garantia da reparação dos danos causados pelo crime, nos termos dos arts. 125 e 134 do Código de Processo Penal (CPP), do art. 60 da Lei nº 11.343, de 23-8-2006 (relativa aos crimes de tráfico de drogas), do Decreto nº 5.687, de 31-1-2006, que introduz no ordenamento jurídico brasileiro convenção internacional relativa ao combate à corrupção, do art. 4º da Lei nº 9.613, de 3-3-1998, a respeito de lavagem de dinheiro, e da Lei nº 12.846, de 1º-8-2013, que versa sobre responsabilidade de pessoas jurídicas por atos contra a administração pública.

Há de se verificar, assim, quem é e qual a fonte de renda do proprietário do imóvel, para não correr o risco de comprar um imóvel que foi adquirido com o produto ou utilizado para a prática de crimes.

Posto isso, não tendo os requerentes demonstrado legítimo interesse e considerando-se que a medida pleiteada poderá impedir a concretização de negócios jurídicos, INDEFIRO o pedido" (Processo 2010.01.1.014517-3, Oitava Vara Cível de Brasília, j. em 22-2-2010).

81 O CPC atualmente em vigor utiliza, no art. 301, a expressão "registro de protesto contra alienação de bem". O parágrafo único do art. 870 do CPC/73 previa apenas a publicação de editais noticiando o protesto, mas não o "registro" na matrícula do imóvel.

82 STJ, EREsp 185.645/PR, Segunda Seção, Rel. Ministro Luis Felipe Salomão, j. em 9-12-2009, *DJe* de 15-12-2009.

83 STJ, REsp 1.758.858/SP, Terceira Turma, Rel. Min. Nancy Andrighi, j. em 19-5-2020.

Adquirir imóvel, por exemplo, de pessoa física ou jurídica ligada à política passou a ser uma questão delicada, mesmo nos casos em que a pessoa é absolutamente honesta. As decisões judiciais, no Brasil, estão em um nível de imprevisibilidade demasiado alto. Não é possível prever se, em um caso concreto, o juiz não se deixará levar por paixões pessoais e decidirá tecnicamente.

Lembramos que "Um advogado que, no interesse do seu constituinte, propõe ao tribunal apenas uma das várias interpretações possíveis da norma jurídica a aplicar a certo caso, e um escritor que, num comentário, elege uma interpretação determinada, entre as várias interpretações possíveis, como a única 'acertada', não realizam uma função jurídico-científica, mas uma função jurídico-política (de política jurídica). Eles procuram exercer influência sobre a criação do Direito. Isso não lhes pode, evidentemente, ser proibido. Mas não o podem fazer em nome da ciência jurídica, como frequentemente o fazem. A interpretação jurídico-científica tem de evitar, com o máximo cuidado, a ficção de que uma norma jurídica apenas permite, sempre e em todos os casos, uma só interpretação: a interpretação 'correta'. Isto é uma ficção de que se serve a jurisprudência tradicional para consolidar o ideal da segurança jurídica".[84] Isso também vale, obviamente, para o juiz que escolhe uma das possíveis interpretações da norma existente ou simplesmente a viole, de forma explícita ou velada.

Assim, não se recomenda, por enquanto, a aquisição de imóvel de pessoas físicas ou jurídicas que tenham alguma conexão com grupos políticos que sejam alvos preferenciais em investigações, mesmo considerando que os arts. 19, I, da Lei nº 12.846/2013, e 54 da Lei nº 13.097/2015 protegem o terceiro de boa-fé. Caso se pretenda adquirir imóvel de pessoa física ou jurídica ligada à política, a compra de imóvel que tenha sido adquirido pelo vendedor no passado distante (quando a pessoa não era ligada à política) é mais segura do que a de imóvel adquirido no passado mais recente.

Há de se verificar, portanto, se o proprietário do imóvel é réu em processos criminais ou está sendo investigado em sede de inquérito policial, tenha ele sido formalmente indiciado ou não.

Ocorre que, mesmo na hipótese de o imóvel já ter sido vendido pelo criminoso (ou julgado criminoso) a terceira pessoa, será cabível o *sequestro*, nos termos do art. 125 do CPP. Poderá o comprador, contudo, se defender, na hipótese de ausência do registro aludido no art. 239 da Lei de Registros Públicos, mediante alegação da aplicabilidade do art. 54, III, da Lei nº 13.097/2015 e do art. 792, III, do CPC (vide seção 3.4). É interessante arguir a existência de boa-fé,[85] que pode ser *objetivamente* demonstrada com base na prova de aquisição do imóvel pelo valor de mercado e mediante prova da

---

84 KELSEN, Hans. *Teoria pura do direito*. São Paulo: Martins Fontes, 1987. p. 370-371.

85 Nesse sentido: "Embargos de terceiro – Levantamento de sequestro de bem imóvel adquirido com proventos de infração – Aquisição a título oneroso efetivada e registrada no cartório competente em data anterior à do requerimento e deferimento da cautelar – Boa-fé do adquirente – Pedido deferido – Aplicação dos arts. 125, 129 e 130, II, do CPP" (TJSP, In: *RT* 652/269).

tomada das cautelas descritas neste livro, mas nada garante que isso será considerado pelo juiz. A questão *objetiva* da boa-fé será exposta mais adiante, na seção 3.13, *Processos que as certidões não vão mostrar*.

Uma interessante alteração legislativa, contudo, criou uma possível exceção à impossibilidade de aquisição de imóvel obtido pelo vendedor em razão de corrupção, que veremos na seção 5.5 deste livro, à qual remetemos o leitor. A questão tem potencial de controvérsia.

Vide seções 2.4, 3.4 e 3.14.

3.11 O VENDEDOR ESTÁ INTERDITADO

Finalmente, é possível que o vendedor esteja interditado por decisão judicial, não podendo alienar seus bens.

A interdição constitui uma cessação da capacidade do interditado de praticar atos jurídicos, como a venda de bens. Ela pode decorrer de várias causas, tais como prodigalidade, toxicomania, psicopatia ou demência senil.

Na hipótese de o vendedor ser pessoa razoavelmente idosa (por exemplo: maior de setenta anos), é interessante que o vendedor verifique cuidadosamente sua capacidade lúcida. Além disso, deve efetuar o pagamento por meio de cheque nominal, depósito na conta do vendedor, ou por outro meio que seja possível provar que o pagamento foi feito independentemente da manifestação do vendedor.

3.12 AINDA É NECESSÁRIO SOLICITAR AS CERTIDÕES PESSOAIS DO VENDEDOR?

Em larga medida, a situação pessoal do(s) vendedor(es) poderá ser aferida por meio da obtenção de suas *certidões pessoais*, que estão descritas a seguir. Essas certidões são muito úteis para o estudo da segurança jurídica da aquisição e algumas delas são necessárias para lavratura da escritura pública.

Pelas razões mencionadas anteriormente e conforme veremos na seção 4.2, deverão ser solicitadas as certidões dos respectivos cônjuges ou companheiras(os).[86]

"Embargos de terceiro – Sequestro – Imóvel adquirido, em caráter oneroso mesmo antes do ajuizamento da medida cautelar – Boa-fé do embargante, ademais, devidamente comprovada – Inaplicabilidade do art. 125 do Código de Processo Penal – Levantamento do sequestro concedido – Art. 130, inciso II, do Código de Processo Penal – Recurso não provido" (*JTJ* 125/484).

"Permite a lei o sequestro dos bens imóveis adquiridos com os proventos da infração, ainda que já transferidos a terceiros (alienação, doação, abandono etc.). Não é sequestrável o bem quando em poder de terceiro de boa-fé. (...) O terceiro a quem foram transferidos os bens (...). Deve comprovar que houve de sua parte erro invencível, substrato de boa-fé" (MIRABETE, Julio Fabbrini. *Código de Processo Penal interpretado*. 4. ed. São Paulo: Atlas, 1996. p. 194-195 e 197).

86 A seção 4.2, *O vendedor não é formalmente casado, mas vive maritalmente com alguém*, explica as razões pelas quais será necessária a verificação da situação pessoal da companheira do vendedor.

É aconselhável a obtenção também das certidões pessoais dos antigos proprietários (vide seções 1.5, 3.3, 3.4 e 3.8), especialmente quando se verifica que o atual proprietário adquiriu o imóvel recentemente.

Por que é necessário que o comprador obtenha as certidões pessoais dos vendedores?

Muito se tem argumentado que essa necessidade, além de presumir a má-fé do adquirente, configuraria verdadeira *probatio diabolica* ou uma *via crucis* para o comprador. Muito se sustentou que essas certidões seriam desnecessárias para o comprador e que a manutenção da sua exigência é inconveniente para o mercado imobiliário.[87]

Antes do advento da Lei nº 13.097, de 19-1-2015, objeto da conversão da Medida Provisória nº 656, de 7-10-2014, havia grande discussão a respeito da obrigação legal da obtenção de certidão dos distribuidores judiciais. Essa alteração legislativa excluiu do § 2º do art. 1º da Lei nº 7.433, de 18-12-1985, a controvertida expressão "[certidão de] feitos ajuizados" do rol dos documentos necessários para elaboração da escritura pública (ou do instrumento particular com efeito equivalente) de compra e venda de imóvel. Antes dessa alteração, havia dúvidas no tocante ser a obtenção das certidões dos distribuidores uma *obrigação legal* do comprador ou simples ônus para prevenir consequências jurídicas indesejáveis (simples cautela, portanto). Essa obrigação legal – de obtenção das certidões dos feitos ajuizados – claramente inexiste atualmente.

As certidões dos distribuidores judiciais, atualmente, consistem em *ônus* (o que não se confunde com obrigação) do comprador que não deseja sofrer consequência indesejáveis, previstas em diversas hipóteses legais. Por ser um ônus, pode o comprador simplesmente não obter as certidões e correr os riscos descritos neste livro.

A discussão a respeito da "legalidade" ou "ilegalidade" da exigência dessas certidões era e continua sendo inútil. Ela interessa apenas para fins acadêmicos. Na prática, as certidões são necessárias.

Tal como observamos na leitura de várias seções deste livro, existe possibilidade de a aquisição do comprador ser prejudicada por fato não constante da matrícula do imóvel. E isso simplesmente pode não estar relacionado com boa-fé ou com má-fé do comprador. O ideal, sob o aspecto da segurança jurídica, seria que tudo que diz respeito ou possa prejudicar o comprador estivesse registrado na matrícula do imóvel. Infelizmente, não é isso o que ocorre.

Como vimos nas seções 3.3 e 3.4, a Lei nº 13.097/2015, o CPC e a Súmula nº 375 do STJ não cumprem totalmente esse objetivo. Ao longo de todo o livro descrevemos várias situações (especialmente nas seções 1.5, 2.4, 2.19, 2.20, 2.21, 2.36, 3.3, 3.4, 3.6,

---

87 A respeito do tema, vide artigos publicados na *Revista de Direito Imobiliário* nº 63, jul.-dez. 2007, ano 30, editora Revista dos Tribunais e no *Boletim do IRIB*, São Paulo: Instituto de Registro Imobiliário do Brasil, nº 331, abr.-jun. 2007.

3.8, 3.13, 5.3, 5.5, 5.8, 7.5, 11.5, 11.6, 11.7) em que as certidões pessoais são necessárias ou, ao menos, recomendáveis. Elas complementarão as informações constantes da certidão do imóvel, que mencionamos nos Capítulos 1 e 2.

A questão, portanto, é de gerenciamento de riscos: verificamos ao longo deste livro que existem riscos jurídicos. A obtenção das certidões do vendedor, portanto, é capaz de mitigar (reduzir) os riscos inerentes a uma operação imobiliária.

Desse modo, a aquisição de imóvel sem obtenção das certidões pessoais do vendedor é um risco desnecessário em grande parte dos casos, que o comprador não pode admitir (muito menos o seu advogado!). Não deve o comprador deixar de utilizar os mecanismos disponibilizados pela ordem jurídica que aumentam ou conferem a necessária segurança jurídica para a operação de compra de um imóvel. Na seção 3.13, voltaremos a essa questão, inclusive para explicitar que a boa-fé do comprador pode ser aferida pelas cautelas tomadas previamente ao negócio, certo que a obtenção das certidões tem grande relevo.

Vejamos, assim, quais são as certidões que devem ser obtidas, além das certidões que vimos no Capítulo 1.

Além do SERP, que vimos na seção 1.1 e já está com várias funcionalidades em operação, existe o RI digital (https://registradores.onr.org.br), de modo que o comprador poderá obter algumas das certidões pela internet. Outras certidões também podem ser obtidas pela internet, tal como mencionaremos adiante, mas desde já mencionamos Central Eletrônica Notarial de Serviços Compartilhados (CENSEC – https://censec.org.br). Vide Provimento CNJ nº 107, de 24-6-2020.

Há empresas especializadas em obter certidões de diversos locais do País, inclusive por meio da internet. As desvantagens do uso do serviço oferecido por essas empresas são, em certos casos, a demora maior e o custo mais alto. A vantagem pode ser a conveniência. A obtenção de certidões por intermédio dessas empresas é cada vez menos comum.

1. Em primeiro lugar, a certidão do *distribuidor cível*, tanto da cidade onde está situado o imóvel, como da cidade do domicílio do proprietário do imóvel. Essa certidão deverá ser obtida diretamente no fórum cível ou no cartório do distribuidor cível dessas cidades. Em algumas cidades há mais de um distribuidor cível,[88] hipótese em que deverá ser solicitada certidão em todos os distribuidores. Nessa certidão constarão as ações cíveis nas quais o proprietário é réu. Verifique se nessa certidão, fornecida na comarca em questão, também estão incluídas as ações e as execuções fiscais movidas pelo Poder Público Estadual ou Municipal e as de família. Caso não estejam, deve ser pedida também a certidão específica dessas ações. Ou seja, a certidão do distribuidor deve ser completa.

---

[88] É o caso do Rio de Janeiro, onde há cinco distribuidores: 1º, 2º, 3º e 4º Ofício (ações cíveis) e o 9ª (Fazenda Pública).

2. Para nos resguardarmos das ações movidas pela União ou autarquias federais contra o vendedor, devemos obter as certidões relativas aos feitos de competência da Justiça Federal. As certidões podem ser obtidas diretamente no Fórum Federal do local de residência do proprietário ou pela internet.

Embora houvesse sido prevista pela já revogada Resolução nº 417, de 8-3-2005, do Conselho da Justiça Federal, ainda não é possível obter a *certidão nacional de distribuição da Justiça Federal*, que acusaria a existência de ações civis e criminais em tramitação em qualquer Seção Judiciária da Justiça Federal. De acordo com essa Resolução, a *certidão nacional* poderia ser obtida por meio da internet a partir de 1º de maio de 2005, o que infelizmente não ocorreu.

Existe a *certidão unificada da Justiça Federal*, disponível desde 27 de junho de 2024, que deverá, em breve, abranger todos os tribunais regionais federais, inclusive o Tribunal Regional Federal da 6ª Região.

No momento de fechamento desta edição, a certidão nacional ainda não estava disponível. A certidão unificada pode ser obtida pelo *site* https://www.cjf.jus.br/cjf/. Clicar em "Certidão Unificada".

3. Devemos também buscar uma certidão negativa de títulos protestados. Se na cidade houver mais de um cartório de protesto, deverá ser obtida certidão de cada um deles. Em algumas comarcas, é possível solicitar as certidões diretamente no setor de distribuição de títulos para protesto, que fornece as certidões de todos os cartórios de protesto existentes na localidade; em outras comarcas, é preciso solicitar as certidões em cada cartório de protesto de letras e títulos, um a um. Há comarcas cuja certidão do distribuidor de protestos não acusa a existência de protesto lavrado, mas apenas de títulos apresentados, que são distribuídos aos cartórios de protesto. Nessa hipótese, caso a certidão do distribuidor demonstre registro de apontamento de título apresentado para pagamento ou protesto, deve ser solicitada uma certidão diretamente no cartório de protesto que recebeu o título, que acusará se o título apontado foi pago ou se o protesto foi lavrado.

Com a edição do Provimento CNJ nº 87, de 11-9-2019 (formalmente revogado, na verdade "incorporado" ao *Código de Normas* do Provimento CNJ nº 149 de 30-8-2023), foi instituída a Central Nacional de Serviços Eletrônicos dos Tabeliães de Protesto de Títulos (CENPROT. A utilização desse sistema promete ser de grande valia para o comprador de imóvel que deseja obter informações a respeito do vendedor.

De acordo com o art. 365 do Provimento CNJ nº 149/2023, que repetiu a regra do art. 12 do Provimento CNJ nº 87, "As certidões individuais serão fornecidas pelo tabelião de protesto de títulos, no prazo máximo de cinco dias úteis, mediante pedido escrito ou verbal de qualquer pessoa interessada, abrangendo período mínimo dos cinco anos anteriores ao pedido, salvo quando solicitado período maior ou referente a protesto específico".

O melhor de tudo está no 259, I e II, do Provimento CNJ nº 149/2023, que repetiu a regra do art. 17, I e II, do Provimento CNJ nº 87:

> "Art. 259. A CENPROT deve disponibilizar, por meio da rede mundial de computadores (internet) pelo menos, os seguintes serviços:
>
> I – acesso a informações sobre quaisquer protestos válidos lavrados pelos Tabeliães de Protesto de Títulos dos Estados ou do Distrito Federal;
>
> II – consulta gratuita às informações indicativas da existência ou inexistência de protesto, respectivos tabelionatos e valor; (...)."

O acesso via internet é pelo seguinte endereço: pesquisaprotesto.com.br.

Por ora, ainda não é possível afirmar com segurança se o CENPROT irá fornecer todas as informações (ou ao menos a existência) de todos os protestos de títulos relativos a uma determinada pessoa em âmbito nacional. A ideia do sistema é excelente e tem tudo para dar certo. Aguardamos como será o funcionamento do CENPROT na prática, com a ansiedade dos jovens e a prudência dos idosos...

4. É importante, ainda, a obtenção da Certidão Criminal. Devemos pedir a do vendedor, seu cônjuge e, se o vendedor for pessoa jurídica, de seus sócios. Pode ser obtida no Fórum Criminal e nela constará se o vendedor está respondendo a algum processo criminal.

A relevância desse cuidado não está somente em razão dos delitos penais terem reflexo consistente na obrigação da reparação civil dos danos causados, o que, em certas hipóteses, pode vir, também, a comprometer a aquisição, na medida em que pode levar o vendedor à insolvência, conforme já visto. Na realidade, o fundamento dessa cautela consiste em procurar saber se o vendedor é honesto. A título de exemplo, imaginemos uma hipótese em que alguém registra uma escritura pública falsa,[89] de modo a passar a figurar no cartório imobiliário como proprietário do imóvel. O comprador toma todas as cautelas, mas não descobre essa falsidade. Porém, imaginemos que ao obter as certidões criminais, descobre que esse antigo proprietário responde a processos criminais por falsidade. Outro exemplo: o comprador irá comprar um imóvel em construção. Solicita as certidões criminais e descobre que o dono da incorporadora responde a dezenas de processos criminais. Nesses dois hipotéticos exemplos, poderá o comprador avaliar que o vendedor não é confiável e poderá decidir se irá estudar com maior profundidade se a aquisição do vendedor foi lícita; saberá que pode haver risco maior etc. As certidões criminais, assim, poderão informar um pouco mais da vida e de atos daquelas pessoas que influirão diretamente na aquisição do imóvel.

---

[89] Evidentemente, aquele que registra uma escritura pública falsificada não se tornará proprietário do imóvel, embora possa até vir a figurar na matrícula do imóvel como tal.

Nesse sentido: "Ato jurídico – Nulidade – Venda de imóvel – Comprovação pericial que a escritura decorreu de falsificação do procurador dos vendedores – Atos reconhecidos como inexistentes. *Ementa Oficial:* – Comprovado pericialmente que a escritura de venda de imóvel decorreu de falsificação do procurador dos vendedores, o ato original é nulo, assim como o subsequente, pois a nulidade não produz efeitos" (TJSP, Ap. 235.616-1/4, 8ª C., j. 13-12-1995, Rel. Des. Felipe Ferreira. In: *RT* 727/171).

Ademais, essa verificação será indicativa da eventual possibilidade de ter o atual proprietário do imóvel feito sua aquisição com dinheiro proveniente de atividades criminosas, conforme vimos no tópico *Imóvel adquirido com o produto de crime.*

Para a verificação da eventual existência dos crimes de competência da Justiça Federal, da Justiça Militar e da Justiça Eleitoral, deverão ser solicitadas certidões diretamente nos distribuidores desses órgãos, nos moldes tratados.

Caso essas certidões revelem algo, deve-se verificar do que se trata para concluir se o negócio deve ser contratado ou não. Assim, o fato de alguém estar respondendo a um processo por lesão corporal culposa pode significar, por exemplo, que ele é um motorista descuidado, mas não necessariamente um estelionatário.

5. É necessário solicitar uma Certidão Trabalhista, especialmente se o vendedor for uma empresa.

Na verdade, poucas vezes a aquisição de um imóvel poderá ser prejudicada em função de uma *pessoa física* ter contraído apenas dívidas trabalhistas; mas isso pode ocorrer, especialmente nos casos em que o vendedor é titular de empresa individual, ou é sócio, diretor ou administrador de pessoa jurídica, pelas razões que vimos na seção 3.6.

Já quanto às pessoas jurídicas, essa situação não é infrequente, embora esteja na maior parte dos casos associada a outras formas de protestos, ou seja, poucas vezes uma empresa irá falir apenas em razão de reclamações trabalhistas: normalmente, terá também outros tipos de problemas, como débitos com o fisco, ações cíveis, títulos protestados etc., aspectos que serão detectados por meio das outras certidões.

Seja como for, deve o comprador solicitar a certidão de feitos ajuizados na Justiça do Trabalho que abranja o local onde a empresa realiza suas atividades, especialmente em razão do tratamento mais rigoroso que o TST costumava dar à fraude à execução, conforme vimos na seção 3.4.

Com o advento da Lei nº 12.440, de 7-7-2011, passou a ser possível e muito fácil a obtenção de uma "certidão negativa de débitos trabalhistas". O endereço na Internet para obtenção da certidão é http://www.tst.jus.br/certidao. Contudo, essa certidão, que se refere a um banco de dados de caráter nacional, não abrange todos os processos trabalhistas em curso.

Confira-se, nesse sentido, o que dizem os incisos I e II do art. 1º do Ato nº 1, de 21-1-2022, da Corregedoria-Geral da Justiça do Trabalho (TST), que só se refere a execuções (e não a todos os processos em curso):

> "Art. 1º O Banco Nacional de Devedores Trabalhistas – BNDT, instituído pela Resolução TST nº 1470/2011, é composto dos dados necessários à identificação das pessoas naturais e jurídicas, de direito público e privado, inadimplentes perante a Justiça do Trabalho quanto às obrigações:
>
> I – estabelecidas em sentença condenatória transitada em julgado ou em acordos judiciais trabalhistas, inclusive no que concerne aos recolhimentos previdenciários, a honorários, a custas, a emolumentos ou a recolhimentos determinados em lei; ou

> II – decorrentes de execução de acordos firmados perante o Ministério Público do Trabalho, Comissão de Conciliação Prévia ou demais títulos que, por disposição legal, contiver força executiva.
>
> (...)."

Contudo, como vimos na seção 3.4, a caracterização da existência de fraude à execução em razão de demanda que possa levar o devedor à insolvência não se limita às hipóteses em que o vendedor tem contra si uma sentença condenatória ou está sendo executado. Ao revés, a existência de ações judiciais, mesmo pendentes de decisão final, podem configurar fraude à execução. Como vimos na seção 3.4, a jurisprudência do TST tem oscilado a respeito da interpretação do que caracteriza fraude à execução.

Por isso, além da certidão nacional da Lei nº 12.440/2011, deve o comprador obter também a certidão do distribuidor trabalhista do local onde a empresa exerce suas atividades.

6. Existem ainda as certidões fiscais (vide seção 5.3), inclusive as previstas pelo art. 47 da Lei nº 8.212/91. As certidões fiscais são indispensáveis para a própria lavratura e registro da escritura. Elas são mais que mera cautela: são exigência legal (§ 2º do art. 1º da Lei nº 7.433, de 18-12-1985). Pode-se tentar obter a certidão negativa de inscrição de débitos em dívida ativa (vide seção 3.3) por meio do Módulo de Certidão de Dívida Ativa (MCDA), que faz parte do SERP (vide seção 1.3), a teor do Provimento CNJ nº 204, de 26-8-2025.

Pessoas físicas que tenham empregados ou outros trabalhadores a seu serviço, em algum tipo de atividade econômica, são equiparadas às empresas, a teor do art. 15, parágrafo único,[90] da Lei nº 8.212/91, no tocante à responsabilidade perante a Seguridade Social.

Assim, para as empresas (incluindo a pessoa física que exerce atividade econômica com auxílio de terceiros) será necessária a apresentação dessas certidões fiscais, que veremos na seção 5.3. O mesmo se aplica a qualquer pessoa física, por força do art. 185 do CTN, tal como vimos na seção 3.3.

Se o vendedor for pessoa física que não exerça atividade econômica diretamente, mas seja sócio, diretor, gerente ou administrador de empresa, devemos também solicitar essas certidões da empresa, por medida de cautela, pelos motivos expostos na seção 3.6.

Deve-se obter também as certidões relativas ao fisco estadual e municipal. Pode parecer absurdo uma compra de imóvel ser prejudicada pelo fato de o vendedor não ter pagado, por exemplo, o IPVA de seu veículo, mas no Brasil tudo é possível. Vimos na seção 3.3 que o STJ está com uma rigorosa interpretação a respeito de fraude contra o fisco.

---

[90] A redação desse dispositivo, de acordo com a Lei nº 13.202, de 8-12-2015, é do seguinte teor: "Parágrafo único. Equiparam-se a empresa, para os efeitos desta Lei, o contribuinte individual e a pessoa física na condição de proprietário ou dono de obra de construção civil, em relação a segurado que lhe presta serviço, bem como a cooperativa, a associação ou a entidade de qualquer natureza ou finalidade, a missão diplomática e a repartição consular de carreira estrangeiras."

7. Para verificar se o vendedor está interditado, será necessário solicitar uma certidão de interdição, tutelas e curatelas, que poderá ser obtida no fórum cível ou no cartório do distribuidor cível. Também é possível obter essa informação por meio de uma certidão atualizada de seu nascimento,[91] obtida no cartório de registro civil do local de nascimento do vendedor (vide seção 4.1) ou por uma certidão específica de existência ou inexistência de interdição, que será obtida no cartório do 1º Ofício do Registro Civil de Pessoas Naturais da comarca de domicílio do vendedor.[92]

Pode-se tentar obter a certidão de nascimento do vendedor pelo seguinte endereço: registrocivil.org.br. Contudo, como já mencionamos, os diversos registros que deveriam ser feitos no assento de nascimento (ex.: casamento) nem sempre são feitos.

8. Outrossim, veja no Capítulo 7 – *Tributos a Pagar*, a questão das certidões negativas de débitos relativos ao IPTU, para os imóveis urbanos, e ao ITR, para os imóveis rurais.

9. Na hipótese da aquisição de imóvel de pessoa jurídica que tenha como objeto a construção, comercialização ou incorporação de imóveis, é interessante verificar no Procon (ou em órgão de defesa do consumidor equivalente) a existência de eventuais queixas.

10. No caso de unidade autônoma em condomínio (apartamento, escritório, loja, garagem etc.), deve ser obtida com o síndico certidão negativa de débitos do vendedor

---

91 Diz o art. 107 da Lei de Registros Públicos: "Art. 107. O óbito deverá ser anotado, com as remissões recíprocas, nos assentos de casamento e nascimento, e o casamento no deste.

§ 1º A emancipação, *a interdição* e a ausência *serão anotadas pela mesma forma, nos assentos de nascimento e casamento*, bem como a mudança do nome da mulher, em virtude de casamento, ou sua dissolução, anulação ou desquite. (...)."

Além disso, dispõe o Código de Processo Civil:

"Art. 755. Na sentença que decretar a interdição, o juiz: I – nomeará curador, que poderá ser o requerente da interdição, e fixará os limites da curatela, segundo o estado e o desenvolvimento mental do interdito; II – considerará as características pessoais do interdito, observando suas potencialidades, habilidades, vontades e preferências. § 1º A curatela deve ser atribuída a quem melhor possa atender aos interesses do curatelado. § 2º Havendo, ao tempo da interdição, pessoa incapaz sob a guarda e a responsabilidade do interdito, o juiz atribuirá a curatela a quem melhor puder atender aos interesses do interdito e do incapaz. § 3º A sentença de interdição será inscrita no registro de pessoas naturais e imediatamente publicada na rede mundial de computadores, no sítio do tribunal a que estiver vinculado o juízo e na plataforma de editais do Conselho Nacional de Justiça, onde permanecerá por 6 (seis) meses, na imprensa local, 1 (uma) vez, e no órgão oficial, por 3 (três) vezes, com intervalo de 10 (dez) dias, constando do edital os nomes do interdito e do curador, a causa da interdição, os limites da curatela e, não sendo total a interdição, os atos que o interdito poderá praticar autonomamente."

92 A sentença que conceder a *interdição* deverá ser registrada no Livro "E" desse cartório; eventual decisão posterior que determinar a cessação da interdição deverá ser averbada à margem desse registro.

com o condomínio,[93] a teor do art. 1.345 do Código Civil, mesmo que não exista qualquer ação contra o proprietário do imóvel.[94] O texto de lei fala por si:

> "Art. 1.345. O adquirente de unidade responde pelos débitos do alienante, em relação ao condomínio, inclusive multas e juros moratórios."[95]

11. Também deve ser verificada a situação financeira do condomínio. Há casos em que o condomínio tem um excelente "caixa", mas há casos em que o condomínio tem dívidas de grande monta. Assim, pode-se obter as certidões fiscais, trabalhistas e civis do condomínio. Imagine ser devedor solidário de débito do condomínio perante a Seguridade Social?

No que se refere a débitos decorrentes de associações de moradores, vide seção 11.6.

Observação importante: não é recomendável que as certidões sejam fornecidas pelo vendedor do imóvel. Caso ele seja insolvente e desonesto, poderá vir a apresentar certidões falsas! Assim, quando possível, deve o comprador, ou alguém de sua confiança, obter as certidões ou verificar a autenticidade dessas certidões.

Pode ocorrer que as certidões revelem que o comprador não é devedor ou réu em ação alguma. Contudo, existe a possibilidade de que as certidões acusem alguma coisa, nos termos do que este livro descreve. Porém, para saber se isso comprometerá a viabilidade do negócio, é necessário o estudo pormenorizado de cada situação específica, com a consulta, sempre recomendável, a um profissional especializado na matéria.

Não existe impedimento legal à consulta, pelo próprio comprador leigo, dos autos dos eventuais processos judiciais, que são públicos, com poucas exceções, para averiguar se o montante lá discutido compromete ou não a capacidade de pagamento do vendedor. É recomendável que a verificação seja feita por advogado especializado na matéria, até porque essa análise pode ser muito complexa, envolvendo possibilidade de perda ou ganho de causa, cálculos de atualização monetária, de honorários, custas judiciais etc.

3.13 PROCESSOS QUE AS CERTIDÕES NÃO VÃO MOSTRAR

Contudo, é ainda possível que o vendedor esteja respondendo a processos em local outro que não o do imóvel ou o de seu domicílio. Normalmente, as ações devem

---

93 A respeito da existência ou não de personalidade jurídica do condomínio, vide: SILVA, Bruno Mattos e. *Direito de empresa:* teoria da empresa e direito societário. São Paulo: Atlas, 2007. p. 215-219.

94 "Em se tratando a dívida de condomínio de obrigação *propter rem* e partindo-se da premissa de que o próprio imóvel gerador das despesas constitui garantia ao pagamento da dívida, o proprietário do imóvel pode ter seu bem penhorado no bojo de ação de cobrança, já em fase de cumprimento de sentença, da qual não figurou no polo passivo" (STJ, REsp 1.829.663, Terceira Turma, Rel. Min. Nancy Andrighi, j. em 5-11-2019).

95 STJ, Segunda Seção, ProAfR no REsp 2.015.740/SP, Rel. Min. Maria Isabel Gallotti, j. em 20-5-2025.

ser propostas na comarca onde o réu tem domicílio, mas existem algumas exceções.[96] Evidentemente, não é possível extrair certidões de todas as comarcas do país (exceto no caso da Justiça Federal, tal como vimos na seção 3.12).

Além disso, alguns juízes, às vezes, esquecem-se (!) de comunicar ao distribuidor forense o redirecionamento de execuções a responsáveis por dívidas de pessoas jurídicas, nas várias hipóteses vistas na seção 3.6. Mesmo quando o distribuidor não é comunicado, os bens das pessoas responsáveis (sócio, administrador, controlador etc.) podem ser penhorados para pagamento dos débitos da pessoa jurídica, mas o comprador, mesmo se obtiver a certidão de feitos ajuizados contra as pessoas responsáveis, nada saberá a respeito da execução. O correto, por óbvio, é a inclusão nos registros do distribuidor forense do nome do responsável no polo passivo da execução, não apenas porque ele tem seus bens sujeitos à execução (tecnicamente ele está no polo passivo e é executado, pois o processo executivo visa à expropriação de bens do executado para a satisfação do exequente), mas também para que essa situação seja de conhecimento de terceiros.[97]

Quando não existe a comunicação ao distribuidor, não deveria o comprador ser penalizado,[98] exatamente para que seja protegido o terceiro de boa-fé, que confia nos registros públicos, e a segurança das relações jurídicas. Mas não há garantia de que não ocorrerá essa penalização.

A conclusão, portanto, é de que não é possível saber, com 100% de certeza, se o vendedor responde ou não a processo judicial.

A verdade é que existe um tenebroso "buraco negro" no sistema jurídico brasileiro. A existência do "ativismo judicial" e de erros judiciários causados por juízes inexperientes ou assoberbados (a quantidade de processos a cargo da maior parte dos

---

96 Existem casos em que a ação não é proposta no foro onde o réu tem domicílio. Exemplos disso são as ações de alimentos (propostas no foro de domicílio da mulher), ações fundadas em acidente de trânsito (propostas no local do acidente ou no foro do domicílio do autor), ações penais (propostas, em regra, no local da infração, art. 70 do CPP) e a já mencionada ação reivindicatória (proposta no foro do local onde está situado o imóvel).

97 Há juízes, porém, que corretamente comunicam o distribuidor forense. Exemplo de decisão referente a caso concreto em que isso ocorreu:

"Processual civil e tributário – Execução fiscal – Citação de responsável solidário – Sócio da empresa executada – Dívida de origem previdenciária – Art. 124, II do CTN e art. 13 da Lei 8.620/93. (...) III – A decisão guerreada está em consonância com o ordenamento jurídico, ao permitir o prosseguimento da execução fiscal, determinando a correção na distribuição, para fazer constar no polo passivo o Espólio de (...), tendo em vista seu falecimento, por ser um dos sócios da empresa-executada à época do fato gerador. (...)" (TRF – 2ª Região, Agravo nº 2002.02.01.014560-RJ, 1ª Turma, Relator Juiz Ney Fonseca, j. em 30-9-2002, *DJU* 30-10-2002).

98 STJ, AgRg no REsp nº 251.115, 1ª Turma, Rel. Min. Francisco Falcão, j. em 13-5-2003, *DJ* de 30-6-2003.

TJMG, Reexame Necessário nº 1.0647.02.022273-1/001, 7ª Câmara Cível, Rel. Des. Pinheiro Lago, j. em 29-6-2004, *DJ* de 24-9-2004.

STJ, REsp 172.036, 2ª Turma, Rel. Min. Ari Pargendler, j. em 17-9-1998, *DJ* de 14-12-1998.

juízes é desumana) torna o problema ainda pior. Há casos em que nem com a obtenção da certidão de ônus e das certidões pessoais descritas nesta seção será possível identificar algum problema. O "buraco negro" é muito pequeno, mas existe. Na verdade, não existe operação econômica isenta de riscos e a aquisição de um imóvel não poderia ser diferente.

É por essa razão que há quem afirme que a prévia verificação da viabilidade jurídica de uma compra e venda de imóvel é inútil. Essa afirmação está equivocada. Exceção feita a profissionais do mercado financeiro, a maior parte das pessoas que correm riscos só o fazem porque não estão conscientes dos riscos que estão correndo. Com efeito, a tomada de todas as cautelas descritas neste livro dará um grau muito maior de segurança jurídica da aquisição imobiliária. Além do que, em certos casos, poderá excluir, de pronto, uma compra juridicamente inviável ou perigosa, evitando-se um futuro e certo prejuízo. Trata-se de redução de riscos. Quanto mais cautelas forem tomadas, menor o risco.

Contudo, não é só isso. A obtenção e guarda das certidões será de fundamental importância na hipótese de ser preciso provar a *boa-fé do comprador*,[99] em uma eventual ação movida contra ele. É que a boa-fé, nesse caso, pode ser aferida objetivamente pelo juiz. Portanto, "Está demonstrada a boa-fé do terceiro adquirente quando este junta aos autos certidões de distribuição cível e de protestos obtidas no domicílio da alienante e no local do imóvel. Não se pode exigir que o adquirente tenha conhecimento de ações ajuizadas em outras comarcas".[100]

No mesmo sentido, há precedente da Justiça Trabalhista afirmando que se não há ação direcionada contra o sócio, não há fraude à execução.[101]

Assim, "a boa-fé que o Direito sempre quer salvaguardar, quando possível, é a do adquirente comum, ordinário, que toma das cautelas de praxe nas aquisições de imóveis.

---

99 Em interessante acórdão, prolatado em 14-11-1994, no Recurso Especial nº 32.890-5-SP, a Quarta Turma do Superior Tribunal de Justiça optou por privilegiar o direito dos compradores de boa-fé em detrimento do direito da credora da vendedora, em sede de fraude à execução caracterizada. Ocorre que, tanto a doutrina como a jurisprudência predominantes não cogitavam, na época, da existência de boa-fé por parte do comprador na hipótese de fraude à execução. É bem possível que o que tenha motivado os julgadores a discreparem da orientação que era majoritária naquele momento foi justamente o fato de existirem hipóteses em que os compradores não têm condições (objetivas) de saber da existência da ação a que o art. 792, IV, do CPC (art. 593, II, do CPC/73) alude, em virtude de não ter transcorrido na comarca do imóvel ou onde tem a vendedora a sua sede, visto que no voto, dentre outros argumentos, assim fundamentou o relator: "A mim preocupa sobremodo a situação do terceiro de boa-fé, que acredita na aparência do negócio e muitas vezes investe todos seus recursos na aquisição de um patrimônio que vê desaparecer de suas mãos por força de um processo cuja existência talvez nem tinha tido condições de saber, como acontece nas execuções promovidas através de precatórias".

100 STJ, REsp 1.015.459/SP, Terceira Turma, Rel. Min. Nancy Andrighi, j. em 19-5-2009, *DJe* 29-5-2009.

101 TRT-2ª Região, 7ª Turma, AgP em ET nº 02167200706902000-SP; ac nº 2008.0725850, Rel. Des. Fed. do Trabalho José Carlos Fogaça, j. 21-8-2008.

Não a do adquirente insensato, que sequer examina as certidões do Distribuidor para saber da existência de ações contra o transmitente".[102]

Desse modo, exatamente porque "a boa-fé protegida pela lei é aquela objetiva, de quem tomou as cautelas, (...) quem não toma tais cautelas, corre o risco de sofrer dissabores futuros. E quem corre o risco não pode invocar a imprudência ou negligência, para se safar dos efeitos prejudiciais de sua conduta."[103]

Portanto, "Não pode ser admitido como terceiro de boa-fé o adquirente de imóvel que não cuida de requerer a apresentação de certidão de feitos ajuizados quando da lavratura de escritura pública de compra e venda, como prevê a Lei 7.433, de 1985, mormente quando domiciliado no mesmo local dos alienantes e da situação do imóvel".[104]

Não se trata de proteção àquele que é ingênuo (boa-fé subjetiva), mas de proteger aquele que mesmo tomando todas as cautelas devidas[105] (boa-fé objetiva), não descobriu que o negócio era juridicamente inviável: este sim é o comprador de boa-fé! O Direito, assim, não protege o incauto, que pode vir a sofrer as consequências de sua desídia.

Em outras palavras, a existência ou não de boa-fé será constatada pela resposta à seguinte indagação: tinha condições o comprador de, tomando todas as cautelas possíveis, saber da inviabilidade jurídica da compra? Se negativa a resposta, a boa-fé é presumida e, portanto, deve – ou deveria – ser prestigiada.

De qualquer modo, a verdade é que são muito raras as situações nas quais *apenas* ações judiciais fora do domicílio do vendedor serão capazes de levá-lo à insolvência, o

---

[102] Extrato do voto proferido pelo Juiz José Osório, em 18-8-1982, por ocasião do julgamento do agravo de instrumento nº 301.479, 3ª Câmara, do Primeiro Tribunal de Alçada Civil de São Paulo, conforme transcrito na *RT* nº 565, p. 121.

Em idêntico sentido:

TRT – 2ª Região, Ag. de Petição em Embargos de Terceiro nº 029.701.57912, 10ª Turma, Rel. Juiz Eduardo de Azevedo Silva, j. em 25-11-1997, por maioria de votos. Transcrito no *Bol. AASP* nº 2.058, de 8 a 14-6-1998, p. 593-j.

STJ, REsp nº 87.547/SP, 2ª Turma, Rel. Min. Ari Pargendler, j. em 17-12-1998, *DJ* de 22-3-1999.

[103] Sentença proferida em 17-12-1998 pelo nosso amigo, hoje falecido, o MM. Juiz da Comarca de Caconde (SP), Dr. Vladimir José Massaro, Embargos de Terceiro nº 139/98.

[104] TJMG, Apelação Cível nº 1.0035.00.000965-0/001, 11ª Câmara Cível, Rel. Des. Marcelo Rodrigues, j. em 8-8-2007, *DJ* de 25-8-2007.

[105] As *cautelas devidas* são aquelas que o homem precavido deve tomar. Este livro as descreve. Interessante lembrar que a noção de *homem precavido* remonta ao Direito Romano, que entendia como *bonus pater familias* o homem médio cuidadoso e precavido, o qual o Direito devia proteger. Assim, essa noção é tradicional no direito do mundo ocidental. Tratando de questão distinta, mas também no sentido de premiar o homem zeloso, assim diz Thomas Marky: "Se a impossibilidade da prestação não podia ser evitada nem pela diligência ou cuidado de um *bonus pater familias*, o acontecimento havido é considerado *casus*, ou acaso, caso fortuito" (*Curso elementar de direito romano.* 4. ed. São Paulo: Saraiva, 1988. p. 112).

que torna os riscos bastante minimizados. Via de regra, existirão também ações em seu próprio domicílio. Mesmo porque as certidões cíveis poderão acusar a distribuição de cartas precatórias, de modo que poderá ser possível a descoberta de ações em trâmite em comarcas outras.

Outrossim, é relevante procurar saber se ele possui outros bens capazes de solver eventuais obrigações. O risco é, portanto, bastante reduzido, caso ele os possua, pois, na pior das hipóteses, poderão ser pleiteados as perdas e danos, e haverá o que penhorar.

No caso específico de uma ação reivindicatória, porém, ela deverá estar correndo na comarca onde estiver situado o imóvel.[106]

Como vimos, a reivindicatória é a ação que apresenta maior gravidade, pois o bem passará a ser propriedade de reivindicante, se ele vier a ser vencedor nesse processo.

Nessa hipótese, somente importará saber se o vendedor possui outros bens para efeito de responsabilidade por perdas e danos, pois a ação versa especificamente sobre o bem imóvel reivindicado e não sobre quantia em dinheiro a ser paga.

3.14 DEFENDENDO O IMÓVEL ADQUIRIDO E AMEAÇADO: AÇÕES E DEFESAS JUDICIAIS QUE PODEM SER UTILIZADAS PELO COMPRADOR

Além das diversas cautelas prévias expostas ao longo deste livro, o comprador poderá proteger a propriedade do imóvel, ou quaisquer outros direitos que adquiriu em face do imóvel (exemplos: direitos decorrentes de compromisso de compra e venda, posse, direitos de ocupação), mediante algumas medidas judiciais.

Embora não seja possível prever abstratamente qual a melhor solução para eventuais casos concretos que possam surgir, é interessante elencar algumas medidas que, conforme o caso, podem ser adotadas. Vários dos argumentos ou teses aqui elencadas poderão ser usadas em sede de agravo, tenha sido ele interposto contra decisão contrária aos interesses do comprador ou por ocasião da defesa de decisão favorável ao comprador.

Evidentemente, o proprietário ou pessoa que detém outros direitos sobre o imóvel deverá procurar um advogado especializado na matéria para verificar qual a melhor estratégia a ser utilizada: não há qualquer garantia de que as possíveis soluções aqui apontadas irão surtir efeito em qualquer caso concreto.

---

[106] O art. 95 do CPC/73 (corresponde ao art. 47 do CPC/2015) era claro a esse respeito. Contudo, não é impossível imaginar que algum juiz desavisado pense que esse caso de competência, por ser territorial, é relativa... A título de ilustração, segue precedente neste sentido, que foi prolatado na vigência de lei processual anterior:

"2) Ação reivindicatória deve ser proposta no foro da situação do imóvel, mas a regra não é absoluta, prorrogando-se a competência, na omissão da exceção de incompetência" (STF, RE-62.777/GB, 11-4-1969, p. 1.353, *RTJ* v. 49-01, p. 46).

Na petição inicial ou na contestação para a defesa da propriedade, da posse ou de qualquer direito sobre o imóvel adquirido, deve-se mencionar ("prequestionar"[107]) expressamente todos os dispositivos legais que favoreçam o adquirente. No Brasil, lei é o que não falta.

A título de exemplo, o art. 1º, § 2º, da Lei nº 13.874, de 20-9-2019 (Lei da Liberdade Econômica),[108] determina o "respeito aos contratos", segundo o qual deve o juiz decidir pela validade da aquisição do imóvel, beneficiando o comprador. Até mesmo a proteção do "investimento", mencionado nesse dispositivo legal, pode ser utilizado em favor do adquirente do imóvel, uma vez que a aquisição de um imóvel é um investimento (trata-se de um contraponto ao que vimos na seção 2.36, exatamente porque normas amplas permitem interpretação em sentidos díspares). Mesmo aquisições anteriores à referida Lei podem ser objeto de sua aplicação, caso o fato que enseja a potencial perda da propriedade seja posterior (ex.: um credor de antigo proprietário do imóvel ingressa com ação após do advento da Lei da Liberdade Econômica).

Embargos de terceiro

Trata-se de ação que pode ser movida pelo proprietário ou possuidor que sofrer qualquer tipo de gravame (ex.: penhora) decorrente de ato judicial ("ato de apreensão", no dizer da lei) proveniente de processo do qual ele não seja parte (ex.: ação contra um antigo proprietário). O autor dos embargos de terceiro é chamado de *embargante* e ele deve ser uma pessoa estranha (um "terceiro") ao processo que gerou o ato de apreensão relativo ao imóvel do qual é proprietário ou possuidor.[109] Imagine-se, por exemplo, que

---

[107] A respeito do que seja *prequestionamento*, vide: SILVA, Bruno Mattos. *Prequestionamento, Recurso Especial e Recurso Extraordinário: roteiro para a advocacia no STJ e no STF*. Rio de Janeiro: Forense, 2ª edição, 2003.

[108] "Art. 1º (...) § 2º Interpretam-se em favor da liberdade econômica, da boa-fé e do respeito aos contratos, aos investimentos e à propriedade todas as normas de ordenação pública sobre atividades econômicas privadas. (...)."

Não será difícil para um advogado sustentar o que quer que seja com base nesse dispositivo de lei – levará anos até que o STJ decida qual o exato alcance e interpretação.

[109] Há manifestação na doutrina distinguindo quem é parte e quem é terceiro:

"Em síntese, encontra-se na singular posição de terceiro, no que tange ao processo executivo, quem, cumulativamente: a) não estiver no título executivo; b) não se sujeitar aos efeitos do título; e c) não integrar (ainda que ilegitimamente) a relação processual executiva. Por conseguinte, se ostentam partes (e jamais terceiros): os sujeitos designados no título executivo; as pessoas pela lei processual declaradas legitimadas (p. ex., o fiador judicial, segundo o art. 568, IV); as pessoas que têm seus bens sujeitos aos atos executórios por expressa disposição legal (p. ex., o adquirente da coisa litigiosa, *ex vi* do art. 626); o terceiro hipotecante, que figura como executado na inicial; e, finalmente, as pessoas que, por simples equívoco ou deliberado capricho do credor, figuram como executadas na ação executória. Neste último caso, há flagrante ilegitimidade passiva; porém, a pessoa assume a condição de parte e, nesta contingência, toca-lhe empregar os embargos do devedor (...) Por outro lado, constitui realmente terceiro a pessoa que, estranha ou não a qualquer dessas situações, nada obstante sofre constrição patrimonial no processo executivo. E, de fato, ainda que alguém figure no título, ou responda pela dívida (legitimidade

o comprador, já proprietário, está calmamente em sua residência, em seu sítio ou no imóvel em que utiliza como local de trabalho, quando é surpreendido por um oficial de justiça com mandado para penhorar (ou para declarar a fraude à execução, de acordo com o CPC, art. 792, § 4º) o imóvel decorrente de um processo judicial entre duas pessoas que talvez ele nem mesmo tenha ouvido falar.

Os embargos de terceiro estão previstos nos arts. 674 a 681 do CPC e são movidos contra o credor (exequente), que deverá ser citado. O prazo para a propositura dos embargos de terceiro, atualmente, é de 15 dias, contados a partir da intimação do adquirente, de acordo com o art. 792, § 4º, do CPC: "Antes de declarar a fraude à execução, o juiz deverá intimar o terceiro adquirente, que, se quiser, poderá opor embargos de terceiro, no prazo de 15 (quinze) dias".

É preciso verificar se o ato de apreensão foi determinado em um processo no qual o proprietário ou possuidor realmente não é parte: teoricamente, se ele tiver sido citado, ainda que pretenda alegar sua ilegitimidade na ação, ele não é terceiro, não sendo cabíveis embargos de terceiro.[110] Há, porém, precedentes admitindo os embargos de terceiro em certas hipóteses em que existiu citação de parte considerada ilegítima.[111] Seja como for, há precedentes no sentido de que é possível ao juiz receber os embargos do devedor como embargos de terceiro, desde que os embargos de terceiro tenham sido propostos dentro do prazo para os embargos do devedor.[112] Além disso, depende do juiz a concessão da suspensão da execução nos embargos à execução (art. 919 do CPC).[113]

Nos embargos de terceiro, o efeito suspensivo decorria de disposição expressa da lei: de acordo com o art. 1.052 do CPC/73,[114] com o recebimento dos embargos, o juiz deveria determinar a suspensão da execução que gerou o ato supostamente violador dos direitos do embargante, até que os embargos de terceiro fossem definitivamente julgados. Atualmente, porém, a regra do art. 678 do CPC/2015 é no sentido de que

---

ultra titulum), em razão das disposições da lei substantiva (*v. g.*, o sócio, a teor do art. 592, II, c/c art. 134, VII, do CTN), se afigura lícito ao credor deixar de demandá-lo, e, assim, permanecerá terceiro, mostrando-se ilegal a constrição do seu patrimônio" (ASSIS, Araken de. *Manual da execução*. 11. ed. São Paulo: Revista dos Tribunais, 2007. p. 1.199-1.200).

110 STJ, REsp 298.241/DF, Terceira Turma, Rel. Min. Ari Pargendler, j. em 4-9-2007, *DJ* de 1º-2-2008.

111 STJ, REsp 649.907/SP, Primeira Turma, Rel. Min. Luiz Fux, j. em 21-9-2004, *DJ* 25-10-2004.

112 STJ, AgRg no Ag 847.616/MG, Primeira Turma, Rel. Min. Denise Arruda, j. em 4-9-2007, *DJ* de 11-10-2007.

113 "Art. 739-A. Os embargos do executado não terão efeito suspensivo. § 1º O juiz poderá, a requerimento do embargante, atribuir efeito suspensivo aos embargos quando, sendo relevantes seus fundamentos, o prosseguimento da execução manifestamente possa causar ao executado grave dano de difícil ou incerta reparação, e desde que a execução já esteja garantida por penhora, depósito ou caução suficientes."

114 "Art. 1.052. Quando os embargos versarem sobre todos os bens, determinará o juiz a suspensão do curso do processo principal; versando sobre alguns deles, prosseguirá o processo principal somente quanto aos bens não embargados."

o juiz poderá deferir a suspensão da medida constritiva (ex.: penhora), bem como a manutenção ou reintegração da posse, o que deverá ser pedido pelo embargante.

De acordo com o art. 676 do CPC/2015, é competente para apreciar os embargos de terceiro o juiz que determinou a prática do ato de apreensão. No caso de ato de apreensão realizado mediante carta precatória, no regime anterior, devia o advogado verificar o caso concreto, à luz da jurisprudência, para decidir perante qual juízo (deprecante ou deprecado) deverá apresentar os embargos.[115] Atualmente, a teor do art. 676, parágrafo único, do CPC/2015, competente é o juízo deprecado, salvo se indicado pelo juízo deprecante o bem constrito ou se já devolvida a carta.

Os embargos de terceiros podem ser utilizados em várias situações. A mais comum é a hipótese em que credor do vendedor penhora o imóvel, seja por ele ainda estar em nome do vendedor-devedor, seja em razão de, embora já registrado em nome do comprador, ter sido a venda efetuada em possível fraude à execução.

Assim, não é incomum um compromissário comprador ou cessionário que não registrou seu título (vide seção 12.13) ter o imóvel penhorado em uma ação contra compromissário vendedor, que continua constando no registro imobiliário como proprietário do imóvel.

O STJ também tem inúmeros precedentes favoráveis ao comprador que adquiriu imóvel em situação que poderia ser caracterizada como fraude à execução na hipótese de existência de demanda capaz de levar à insolvência do devedor. Há até mesmo precedente no sentido de que são cabíveis embargos de terceiro em favor de adquirente de imóvel em construção.[116]

O TST tinha precedentes em sentido distinto, mas, atualmente, aplica o entendimento do STJ. Vimos essa questão na seção 3.4, para o qual remetemos o leitor.

---

115 STJ, REsp 1.033.333-RS, Terceira Turma, Rel. Min. Massami Uyeda, j. em 19-8-2008, *Informativo* STJ nº 364, de 18 a 22 de agosto de 2008.

STJ, CC 39.384/MG, Primeira Seção, Rel. Min. Luiz Fux, j. em 24-8-2005, *DJ* de 12-9-2005.

Enunciado nº 419 da súmula da jurisprudência predominante do TST: "Competência. Execução por carta. Embargos de terceiro. Juízo deprecante. Na execução por carta precatória, os embargos de terceiro serão oferecidos no juízo deprecante ou no juízo deprecado, mas a competência para julgá-los é do juízo deprecante, salvo se versarem, unicamente, sobre vícios ou irregularidades da penhora, avaliação ou alienação dos bens, praticados pelo juízo deprecado, em que a competência será deste último."

116 "(...) 6. Na hipótese, o imóvel adquirido só não estava na posse da recorrida em razão de ainda estar em fase de construção, razão pela qual o instrumento particular de compra e venda colacionado aos autos - ainda que desprovido de registro - deve ser considerado para fins de comprovação de sua posse, admitindo-se, via de consequência, a oposição dos embargos de terceiro. 7. Ademais, o instrumento de compra e venda foi firmado em data anterior ao próprio ajuizamento da ação de execução em que foi determinada a penhora do bem, não havendo que se falar em fraude à execução ou má-fé da parte adquirente. (...)" (STJ, REsp nº 1.861.025/DF, Terceira Turma, Rel. Min. Nancy Andrighi, j. em 12-5-2020).

Evidentemente, todas as questões que sejam favoráveis ao comprador devem ser levantadas expressamente na petição inicial dos embargos. Podemos citar o seguinte:

1. no caso de fraude à execução, pode-se alegar ausência do registro da penhora na matrícula do imóvel ou de ausência de prova de má-fé do comprador (Súmula nº 375 do STJ). No caso de fraude à execução por suposta insolvência do vendedor, o comprador já proprietário, compromissário comprador ou cessionário, mesmo sem contrato registrado (vide seção 12.3), podem alegar que é do credor o ônus da prova da insolvência do vendedor,[117] bem como da prova de conhecimento do comprador, compromissário ou cessionário, da ação movida contra o vendedor que pode levá-lo à insolvência. Isso também pode ser sustentado, embora sem garantia de êxito, no caso de venda ocorrida após a inscrição do vendedor na dívida ativa ou mesmo após a citação em uma execução fiscal, a despeito do art. 185 do CTN e do precedente do STJ que vimos na Seção 3.3.[118] No caso de fraude à execução decorrente da responsabilidade por débito da pessoa jurídica, caso o nome do vendedor não conste da certidão de dívida ativa que embasa a execução fiscal, é ônus da Fazenda Pública a prova de que o vendedor é pessoalmente responsável pelo débito.[119] Ainda no caso de fraude à execução por suposta insolvência do vendedor em decorrência da propositura de uma execução fiscal, se a venda do imóvel tiver ocorrido antes do advento da Lei Complementar nº 118, de 9 de fevereiro de 2005, ou se o vendedor for sócio minoritário da pessoa jurídica executada, é ainda melhor para o comprador, compromissário ou cessionário, que poderá alegar esses fatos em seu favor.[120] A despeito de tudo isso, se for possível, é conveniente que o embargante faça prova de que obteve as certidões de praxe,[121] ou no sentido de que o vendedor tem outros bens, bem como que não há registro da ação que pode levar o vendedor à insolvência no distribuidor forense do domicílio do imóvel ou do vendedor;[122]
2. embora exista um curioso precedente em sentido contrário,[123] pode-se tentar alegar que o imóvel adquirido era bem de família e não poderia ter sido penhorado (Lei nº 8.009, de 29-3-90). Pode ser alegado nos embargos de terceiro que isso

---

[117] STJ, REsp 867.502/SP, Terceira Turma, Rel. Min. Nancy Andrighi, j. em 9-8-2007, *DJ* de 20-8-2007.

[118] STJ, AgRg no REsp 1.046.004/MT, Segunda Turma, Rel. Min. Humberto Martins, j. em 10-6-2008, *DJ* 23-6-2008.
STJ, REsp 907.491/MS, Segunda Turma, Rel. Min. Castro Meira, j. em 20-3-2007, *DJ* 29-3-2007.

[119] STJ, AgRg no REsp 968.047/RN, Segunda Turma, Rel. Ministro Humberto Martins, j. em 3-4-2008, *DJ* de 14-4-2008.

[120] STJ, REsp 690.260/CE, Primeira Turma, Rel. Min. Denise Arruda, j. em 3-5-2007, *DJ* 31-5-2007.

[121] STJ, REsp 1.015.459/SP, Terceira Turma, Rel. Min. Nancy Andrighi, j. em 19-5-2009, *DJe* 29-5-2009.

[122] STJ, REsp nº 618.625, Terceira Turma, Rel. Min. Nancy Andrighi, j. em 19-2-2008, publicado no *Informativo STJ* nº 345, de 18 a 22-2-2008.

[123] STJ, REsp nº 1.364.509/RS, Terceira Turma, Rel. Min. Nancy Andrighi, j. em 10-6-2014.

descaracteriza a fraude à execução, pois, se o imóvel não poderia ser penhorado, não há razão lógica para aliená-lo para tentar fraudar a execução. Há, como vimos na seção 3.4, precedentes favoráveis à inexistência de fraude à execução de venda de bem de família. Isso também se aplica também ao imóvel que, sem má-fé, tornou-se bem de família após a aquisição, passando a ser impenhorável.[124] Deve o comprador, compromissário comprador ou cessionário fazer a prova de que o imóvel era ou passou a ser bem de família.[125] Porém, a vaga na garagem, se tiver matrícula própria, não é considerada bem de família (Súmula nº 449 do STJ). Também é considerado bem de família o imóvel destinado à residência dos familiares do proprietário;[126]

3. o imóvel de propriedade de pessoa jurídica, mesmo se sociedade empresária,[127] é impenhorável, caso seja utilizado como residência e preencha os demais requisitos para ser considerado bem de família;[128]
4. a escritura, o compromisso de compra e venda do imóvel, o contrato de cessão de direitos desse compromisso, mesmo celebrados por instrumento particular e não registrados podem ensejar a propositura de embargos de terceiro, a teor do disposto na Súmula nº 84 do STJ. Embora essa Súmula apenas se refira ao compromisso de compra e venda, não há qualquer razão para não aplicá-la nos contratos de cessões de direitos desse compromisso. O mais adequado é que a "cadeia" de compromisso de compra de venda e cessões de direitos desse compromisso esteja perfeita, para que fique configurado que o atual ocupante do imóvel é, juridicamente, o último cessionário dos direitos decorrentes do compromisso de compra e venda (vide seções 8.4 e 12.3). Deve ser apontado que o ato foi celebrado antes da citação do réu (vendedor, compromissário vendedor ou cessionário anterior) na ação que ensejaria a fraude à execução,[129] sendo recomendável que o embargante faça a prova de que ingressou na posse do imóvel antes do ajuizamento ou ao menos antes da citação do réu na ação que poderia ensejar a fraude à execução. Essa prova deve ser feita utilizando-se todos os meios disponíveis, tais como testemunhas, contas de luz, água, telefone, gás e boleto do IPTU em nome do embargante etc.;

---

[124] STJ, REsp 846.897/RS, Segunda Turma, Rel. Min. Castro Meira, j. em 15-3-2007, *DJ* de 23-3-2007.
STJ, REsp 573.018/PR, Quarta Turma, Rel. Min. Cesar Asfor Rocha, j. em 9-12-2003, *DJ* de 14-6-2004.

[125] TJMG, Apelação Cível nº1.0479.01.019784-2/001, 1ª Câmara Cível, Rel. Des. Geraldo Augusto, j. em 7-12-2004, *DJ* de 4-2-2005.

[126] STJ, AgInt no REsp nº 1.889.399/PE Primeira Turma, rel. Min. Benedito Gonçalves, j. em 24-10-2022.

[127] A respeito de pessoa jurídica e de sociedade empresária, vide: SILVA, Bruno Mattos e. *Direito de empresa*: teoria da empresa e direito societário. São Paulo: Atlas, 2007, especialmente p. 41-44, 179 a 222 e 314.

[128] STJ, REsp 1.024.394/RS, Segunda Turma, Rel. Min. Humberto Martins, j. em 4-3-2008, *DJ* 14-3-2008.

[129] STJ, REsp 974.062/RS, Primeira Turma, Rel. Min. Denise Arruda, j. em 20-9-2007, *DJ* de 5-11-2007.

5. é possível sustentar mesmo que simples "recibos" de pagamento podem configurar "compromisso de compra e venda", a ensejar a aplicação da Súmula nº 84 do STJ, conforme veremos na seção 12.3, possibilitando à pessoa que está na posse do imóvel a propositura dos embargos de terceiro. Em tese, até mesmo a existência de "contrato verbal" pode ser alegada para tanto (vide seção 8.3, que menciona um caso muito específico). Para a adjudicação compulsória (vide abaixo), é necessário que o preço tenha sido efetivamente pago, mas para os embargos de terceiro não existe esse requisito;
6. a penhora não foi registrada (art. 659, § 4º, do CPC/73; art. 844 do CPC/2015), razão pela qual não pode ser considerada válida ou eficaz contra terceiros;[130]
7. quem foi citado e era insolvente não foi o vendedor do imóvel, mas sim a sociedade da qual ele fazia parte, inexistindo qualquer registro da desconsideração da personalidade jurídica (vide seção 3.6) no distribuidor forense[131] ou simplesmente não se discutiu a questão da desconsideração da personalidade jurídica da sociedade,[132] não podendo ser admitido que bens de sócios ou administradores de pessoas jurídicas sejam penhorados sem que, ao menos, exista alegação de um fundamento para tanto. Se isso ocorrer, estarão sendo violado o princípio do contraditório e da ampla defesa, bem como o art. 5º, LIV e LV, da Constituição Federal e o art. 11 do CPC/2015 (art. 165 do CPC/73), devendo o embargante fazer expressa alegação da violação desses dispositivos;
8. a existência de hipoteca, ainda que prévia ao compromisso de compra e venda celebrado com incorporadora ou construtora, não é óbice para a propositura dos embargos de terceiro,[133] especialmente se todo o preço do imóvel foi pago,[134] sendo plenamente aplicável a Súmula nº 308 do STJ,[135] o que pode também ser alegado pelos cessionários do compromitente comprador original, mesmo que não tenham sido registrados na matrícula do imóvel o compromisso ou os contratos de cessão dele decorrentes;

---

130 STJ, REsp 200.583/RS, Segunda Turma, Rel. Ministro João Otávio de Noronha, j. em 3-5-2005, *DJ* de 27-6-2005.

STJ, REsp 112.445/SP, Segunda Turma, Rel. Min. Eliana Calmon, j. em 16-5-2000, *DJ* de 21-8-2000.

131 Razões e precedentes no sentido de que a comunicação ao distribuidor forense é obrigatória: SILVA, Bruno Mattos e. *Direito de empresa:* teoria da empresa e direito societário. São Paulo: Atlas, 2007. p. 234.

132 TST, RR 198/2004-015-01-40, 1ª Turma, Rel. Min. Vieira de Mello Filho, j. em 20-6-2007, *DJ* de 3-8-2007.

STJ, AgRg no Ag 601.922/SP, Primeira Turma, Rel. Min. Denise Arruda, j. em 22-2-2005, *DJ* de 14-3-2005.

133 STJ, REsp 587.835/PE, Quarta Turma, Rel. Min. Barros Monteiro, j. em 20-10-2005, *DJ* de 19-12-2005.

134 STJ, REsp 600.528/PR, Quarta Turma, Rel. Min. Aldir Passarinho Junior, j. em 13-9-2005, *DJ* 17-10-2005.

135 "Súmula nº 308. A hipoteca firmada entre a construtora e o agente financeiro, anterior ou posterior à celebração da promessa de compra e venda, não tem eficácia perante os adquirentes do imóvel."

9. a existência de mandado de desocupação não impende embargos de terceiro;[136]
10. há alguma nulidade na execução que determinou a penhora ou qualquer outro gravame;[137]
11. não ocorreu a averbação da citação ou da existência do processo de execução ou processo em fase de cumprimento de sentença, razão pela qual o comprador deve ser considerado de boa-fé e o credor deve ser penalizado, pois tinha a seu alcance a possibilidade de assegurar seu direito, mas não o fez por desídia. Além disso, de acordo com as regras da Lei nº 13.097/2015 e do CPC/2015, a averbação é necessária para atingir terceiros, de acordo com interpretação textual da lei (vide seção 3.4);
12. ainda que tenha sido nulo o registro da aquisição do imóvel, a propriedade foi posteriormente adquirida em razão do lapso temporal necessário para o usucapião, que sanou o registro viciado (art. 214, § 5º, da Lei nº 6.015/73). Evidentemente, deve o comprador fazer a prova necessária para poder alegar a usucapião em defesa (vide seção 1.5);[138]
13. ausência de averbação da indisponibilidade do imóvel, mesmo se decretada antes do registro da aquisição ou da celebração do compromisso de compra e venda não registrado. Se mesmo nos casos em que não é possível ao credor do vendedor, por absoluta falta de previsão legal, efetuar o registro ou averbação da ação na matrícula do imóvel (item 1 acima), o STJ entende que deve ser demonstrado que o comprador teria ciência da insolvência, com muito mais razão se deve entender que não pode ser oponível contra o credor a indisponibilidade que não consta da matrícula do imóvel, uma vez que essa indisponibilidade é passível e deve ser averbada por força do art. 247 da Lei de Registros Públicos, devendo ser penalizado o credor que tinha a providência a seu alcance e deixou de utilizá-la por desídia.[139] Além disso, de acordo com as regras da Lei nº 13.097/2015 e do CPC, a averbação é necessária para atingir terceiros, de acordo com interpretação textual da lei (vide seção 3.4);
14. não há fraude à execução ou fraude contra credores em razão de responsabilidade de sócio ou administrador da pessoa jurídica vendedora, se o dispositivo legal ensejador da suposta responsabilidade for inconstitucional ou não for aplicável ao caso concreto,[140] ou porque não foi preenchido algum dos requisitos para a respon-

---

[136] STJ, REsp 266.062/PR, Segunda Turma, Rel. Min. Castro Meira, j. em 10-8-2004, *DJ* de 20-9-2004.

[137] STJ, REsp 650.790/AM, Terceira Turma, Rel. Min. Carlos Alberto Menezes Direito, j. em 8-3-2007, *DJ* 28-5-2007.

[138] "Art. 214 (...) § 5º A nulidade não será decretada se atingir terceiro de boa-fé que já tiver preenchido as condições de usucapião do imóvel."

[139] "Art. 247. Averbar-se-á, também, na matrícula, a declaração de indisponibilidade de bens, na forma prevista na Lei."

[140] STJ, REsp 987.991/MG, Segunda Turma, Rel. Ministro Castro Meira, j. em 20-11-2007, *DJ* 28-11-2007.

sabilidade do sócio ou administrador.[141] Se não houver registro da execução contra o sócio, também não se pode falar em fraude à execução.[142] Atualmente, há forte tendência de limitar a desconsideração da personalidade jurídica e a responsabilidade dos sócios e administradores, tal como vimos na Seção 3.6. Além disso, há precedente no sentido de que o administrador que não é sócio não responde por débitos da pessoa jurídica mesmo nos casos de desconsideração da personalidade jurídica;[143]

15. o comprador de boa-fé não pode ser prejudicado,[144] especialmente se em razão de vícios em aquisições anteriores.[145] Vide redação atual do art. 54 da Lei nº 13.097/2015 dada pelo art. 16 da Lei nº 14.382/2022. Em sentido favorável e em sentido contrário, vide seções 1.5 e 3.4;

16. na hipótese de aquisição de bem de pessoa jurídica reputada em fraude à execução (vide seção 3.4) pelo fato de estar o sócio em situação de insolvência e ter ocorrido a desconsideração da personalidade jurídica (vide seção 3.6), pode o comprador, no regime do CPC/73, tentar sustentar o descabimento da aplicação da teoria desconsideração da personalidade jurídica "inversa",[146] sob fundamento de que essa possibilidade só surge com o advento do CPC/2015, embora as chances de êxito normalmente sejam pequenas (vide seção 5.2), a depender do caso concreto. Deve o comprador, se isso for possível, sustentar que deve existir prova cabal de que a sociedade vendedora somente foi constituída com o objetivo de evitar a caracterização da fraude à execução (desvio de finalidade), bem como que seria necessário para a penhora dos bens da pessoa jurídica que todos os interessados tivessem sido citados para compor o processo judicial e o distribuidor tivesse sido comunicado da inclusão desses interessados (vide seção 3.13). A prova da ocorrência desses fatos incumbe ao credor, podendo o comprador alegar que ela não foi feita e, portanto, não pode ser a aquisição reputada ineficaz.[147] Não é razoável que o comprador seja prejudicado só porque um sócio ou administrador da pessoa jurídica vendedora está em suposta situação de insolvência, devendo, se for o caso, todos os demais sócios e

---

141 STJ, AgRg no REsp 966.206/PE, Primeira Turma, Rel. Min. Francisco Falcão, j. em 6-11-2007, *DJ* 19-12-2007.

142 TRT-2ª Região, AgP em ET nº 02167200706902000-SP, 7ª Turma; ac nº 2008.0725850, Rel. Des. Fed. do Trabalho José Carlos Fogaça, j. 21-8-2008.

143 "(...) A despeito de não exigir prova de abuso ou fraude para fins de aplicação da Teoria Menor da desconsideração da personalidade jurídica, tampouco de confusão patrimonial, o § 5º do art. 28 do CDC não dá margem para admitir a responsabilização pessoal de quem não integra o quadro societário da empresa, ainda que nela atue como gestor. (...)" (STJ, REsp nº 1.862.557/DF, Terceira Turma, Rel. Min. Ricardo Villas Bôas Cueva, j. em 15-6-2021).

144 STJ, EREsp 144.190/SP, Segunda Seção, Rel. Min. Ari Pargendler, j. em 14-9-2005, *DJ* 1º-2-2006.

145 STJ, REsp 74.135/RS, Quarta Turma, Rel. Min. Aldir Passarinho Junior, j. em 7-11-2000, *DJ* 11-12-2000.

146 TJMG, Agravo de Instrumento nº 483.082-6, Décima Sexta Câmara Cível, Rel. Des. Sebastião Pereira de Souza, j. em 20-4-2005, *DJ* de 7-5-2005.

147 TJMG, Agravo de Instrumento nº 1.0086.03.003145-3/001, Décima Sétima Câmara Cível, Rel. Des. Eduardo Mariné da Cunha, j. em 2-2-2006, *DJ* de 9-3-2006.

administradores arcarem com o prejuízo da má utilização da pessoa jurídica. Esse fato deverá ser objeto de prova, cujo ônus é do credor que pretende penhorar os bens que não são de propriedade da pessoa que está sendo executada. O embargante, assim, deve alegar tudo isso na sua petição, adaptando esses argumentos ao caso concreto e narrando os fatos da forma mais detalhada possível;

17. de acordo com o art. 82-A, incluído na Lei de Falências pela Lei nº 14.112/2020, "É vedada a extensão da falência ou de seus efeitos, no todo ou em parte, aos sócios de responsabilidade limitada, aos controladores e aos administradores da sociedade falida, admitida, contudo, a desconsideração da personalidade jurídica". De acordo com o parágrafo único desse dispositivo, "a desconsideração da personalidade jurídica da sociedade falida, para fins de responsabilização de terceiros, grupo, sócio ou administrador por obrigação desta, somente pode ser decretada pelo juízo falimentar com a observância do art. 50 da Lei nº 10.406, de 10 de janeiro de 2002 (Código Civil) e dos arts. 133, 134, 135, 136 e 137 da Lei nº 13.105, de 16 de março de 2015 (Código de Processo Civil), não aplicada a suspensão de que trata o § 3º do art. 134 da Lei nº 13.105, de 16 de março de 2015 (Código de Processo Civil)".

Além disso, o STJ tem as seguintes súmulas a respeito de embargos de terceiro, que devem ser levadas em consideração quando se pretende buscar a melhor estratégia para o caso concreto:

> "Súmula nº 84. É admissível a oposição de embargos de terceiro fundados em alegação de posse advinda do compromisso de compra e venda de imóvel, ainda que desprovido do registro."
>
> "Súmula nº 134. Embora intimado da penhora em imóvel do casal, o cônjuge do executado pode opor embargos de terceiro para defesa de sua meação."
>
> "Súmula nº 195. Em embargos de terceiro não se anula ato jurídico, por fraude contra credores."
>
> "Súmula nº 303. Em embargos de terceiro, quem deu causa à constrição indevida deve arcar com os honorários advocatícios."

Ação cautelar e ações ordinárias

A ação cautelar é utilizada para obtenção de provimento de urgência e normalmente será posteriormente ajuizada outra ação, que será a ação principal, na qual se discutirá o direito (mérito) das partes em litígio. Deve ser expressamente pedido ao juiz, liminarmente, que sem ouvir a parte contrária, conceda uma medida (liminar) para suspender a prática de um ato que poderá fazer perecer o direito de alguém sobre um imóvel. Exemplo: o comprador do imóvel está sofrendo uma execução extrajudicial movida pela instituição que financiou a aquisição, podendo ocorrer a venda desse imóvel em leilão (vide seção 12.12): o comprador poderá propor uma ação cautelar para suspender a execução extrajudicial ou algum ato específico dessa execução.

Pode ser pedido na ação cautelar que a instituição financeira seja obrigada a receber os pagamentos de acordo com os valores apontados pelo comprador (ou pelo compromissário comprador, conforme o caso), que seja vedada a inscrição do devedor nas instituições de proteção ao crédito (Serasa, SPC etc.), que seja suspensa a execução, bem como outras medidas pertinentes ao caso.

Na ação principal (exemplos: ação declaratória de nulidade de cláusula contratual, ação anulatória de execução extrajudicial), o autor, que é o comprador ou pessoa que detém algum direito sobre o imóvel (ex.: compromissário comprador), deverá expor o direito, apontando os fatos e expondo algum fundamento para inviabilizar a pretensão da parte contrária, culminando com um pedido nesse sentido. Exemplos: ação declaratória de nulidade de cláusula contratual, ação anulatória de ato de execução extrajudicial, ação ordinária para desconstituir hipoteca em favor de instituição financeira.

O Judiciário poderá acolher (ou não) algum dos fundamentos levantados pelo autor. Portanto, é conveniente que as ações estejam baseadas em todas as questões que possam levar à obtenção do provimento desejado. Exemplos:

1. na execução extrajudicial (vide seção 12.12), apontar a ausência de avaliação do imóvel[148] ou de notificação do comprador,[149] sendo cabível ação cautelar para sua suspensão,[150] inclusive para discutir valor das prestações devidas.[151] Até que mude o cenário jurisprudencial atual, é mais eficaz apontar que existiu no caso concreto alguma ilegalidade (ex.: não foi cumprido algum requisito obrigatório no procedimento de execução extrajudicial) do que chamar o Decreto-lei nº 70/60 de "lei da ditadura"[152] ou dizer que ele é inconstitucional, já que essa tese foi repetitivamente rechaçada pelos vários tribunais em incontáveis precedentes;[153]

---

148 STJ, REsp 480.475/RS, Quarta Turma, Rel. Min. Barros Monteiro, j. em 3-5-2005, *DJ* de 5-6-2006.

149 STJ, REsp nº 945.093, decisão monocrática proferida pelo Min. Aldir Passarinho Junior em 14-5-2007, *DJ* de 18-5-2007.

150 STJ, AgRg no REsp 640.178/PE, Terceira Turma, Rel. Min Antônio de Pádua Ribeiro, j. em 14-9-2004, *DJ* de 25-10-2004.

151 STJ, REsp 575.343/CE, Segunda Turma, Rel. Min. João Otávio de Noronha, j. em 5-12-2006, *DJ* de 7-2-2007.
STJ, REsp 191.276/SC, Segunda Turma, Rel. Min. Ari Pargendler, j. em 17-12-1998, *DJ* de 1º-3-1999, p. 296.

152 "Banco despeja pobres com lei da ditadura" (notícia publicada no *Correio Braziliense*, 21-1-2007, p. 19); "MP recomenda à Caixa fim de lei da ditadura" (notícia publicada no *Correio Braziliense*, 11-3-2007, p. 23).

153 STF, AI-AgR 600.257, Primeira Turma, Rel. Min. Ricardo Lewandowski, j. em 27-11-2007, *DJ* 19-12-2007.
TRF-3ª Região, Apelação Cível nº 885694, Processo nº 1999.61.00.052703-5, Segunda Turma, Rel. Juíza Cecilia Mello, j. em 26-6-2007, *DJ* de 14-11-2007.
STF, RE 223.075, Primeira Turma, Rel. Min. Ilmar Galvão, j. em 23-6-1998, *DJ* de 6-11-1998.

2. é cabível ação cautelar para efetuar depósito de parcelas em discussão, de modo a afastar a mora e configurar a boa-fé do devedor, suspender a execução,[154] especialmente se o depósito for integral;[155]
3. há precedente favorável ao cabimento de ação cautelar para proteger imóvel adquirido e integralmente pago que está na iminência de ser excutido em razão de hipoteca outorgada à instituição financeira credora;[156]
4. há precedente no sentido de que é cabível ação cautelar para suspender a execução enquanto se discutem os valores devidos em financiamento imobiliário,[157] com ou sem depósito de valores controvertidos, como veremos a seguir;
5. pode o comprador mover ação contra a instituição financeira para desconstituir a hipoteca que incide sobre o imóvel;[158]
6. há precedentes favoráveis a compradores que pagaram a maior parte do imóvel (teoria do adimplemento substancial).[159]

Ação revisional de valores em financiamento habitacional

É possível discutir os valores devidos em sede de financiamento habitacional mesmo na pendência de uma execução extrajudicial. De acordo com a regra geral do art. 50 da Lei nº 10.931, de 2-8-2004, o mutuário que pretender discutir esses valores deve depositar os valores incontroversos e, para a suspensão da execução, também a parte controvertida. Há precedentes, porém, no sentido de que a execução pode ser suspensa sem esse depósito.[160]

Há precedentes no sentido de que até mesmo o adquirente de imóvel por meio de "contrato de gaveta" tem legitimidade para ingressar com ação revisional para discutir cláusulas do contrato de financiamento original.[161] A jurisprudência predominante, porém, é no sentido de conceder essa possibilidade apenas ao cessionário ("gaveteiro")

---

154 STJ, REsp 407.759/PR, Quarta Turma, Rel. Min. Ruy Rosado de Aguiar, j. em 6-8-2002, *DJ* 10-3-2003.

155 STJ, REsp 537.514/CE, Primeira Turma, Rel. Ministro Luiz Fux, j. em 11-5-2004, *DJ* de 14-6-2004.

156 STJ, REsp 85.281/PA, Quarta Turma, Rel. Min. Aldir Passarinho Junior, j. em 12-3-2002, *DJ* de 6-5-2002.

157 STJ, REsp 706.720/SP, Terceira Turma, Rel. Min. Carlos Alberto Menezes Direito, j. em 24-4-2007, *DJ* 29-6-2007.

158 STJ, REsp 895.563/DF, Terceira Turma, Rel. Min. Humberto Gomes de Barros, j. em 6-11-2007, *DJ* de 14-11-2007.

159 TJSP, Agravo de Instrumento nº 2279563-64.2019.8.26.0000, 25ª Câmara de Direito Privado, Rel. Marcondes D'Angelo, j. em 8-4-2020; TJSP, Apelação Cível nº 1002520-73.2018.8.26.0554, 2ª Câmara de Direito Privado, Rel. José Carlos Ferreira Alves, j. em 28-5-2012.

160 TRF-4 Região, AG 2007.04.00.015789-8, Terceira Turma, Rel. Des. Luiz Carlos de Castro Lugon, j. em 21-8-2007, *DJ* 6-9-2007.

161 STJ, REsp 710.805/RS, Segunda Turma, Rel. Min. Francisco Peçanha Martins, j. em 6-12-2005, *DJ* 13-2-2006.

que preencheu os requisitos da Lei nº 10.150, de 21-12-2000.[162] Uma alternativa possível é o "gaveteiro" utilizar a procuração e substabelecimentos para outorgar, em nome do mutuário oficial (original), a procuração para o advogado que ajuizará a ação. Evidentemente, nada impede que o próprio mutuário oficial concorde em assinar essa procuração.

Como consta ao longo deste livro (em especial no Capítulo 12), várias cláusulas de um contrato de financiamento podem ser discutidas e invalidadas judicialmente. Muitas foram consideradas abusivas em precedentes judiciais, tais como a taxa calculada pela Andib/Cetip,[163] Taxa Básica Financeira (TBF),[164] ou até mesmo a utilização da Tabela Price quando importar juros compostos (anatocismo).[165] O STJ chegou a afirmar que o anatocismo não seria permitido no âmbito do SFH,[166] ou que falta amparo legal ao anatocismo no âmbito do SFH,[167] mas, ao final, a Súmula nº 539 do STJ estabeleceu orientação no sentido de que "É permitida a capitalização de juros com periodicidade inferior à anual em contratos celebrados com instituições integrantes do Sistema Financeiro Nacional a partir de 31/3/2000 (MP n. 1.963-17/2000, reeditada como MP n. 2.170-36/2001), desde que expressamente pactuada." Há também decisões do STJ no sentido de que não se pode apreciar a existência de anatocismo em cada caso concreto, por ser matéria de fato, prevalecendo a decisão do tribunal inferior.[168] Seja como for, deve o comprador sustentar que, mesmo para contratos celebrados após o advento da Medida Provisória nº 1.963-17, de 30-3-2000, e reedições (atualmente MP nº 2.170-36, de 23-8-2001) ou da Lei nº 11.977, de 7-7-2009, é necessário que a incidência do anatocismo inferior a um ano esteja expressamente pactuada para ser aplicada, não bastando a existência do permissivo contido na referida MP.[169] A respeito de anatocismo e de amortização negativa, vide

[162] STJ, REsp 653.155/PR, Primeira Turma, Rel. Min. José Delgado, j. em 17-2-2005, *DJ* 11-4-2005.

[163] Súmula 176 do STJ: "É nula a cláusula contratual que sujeita o devedor à taxa de juros divulgada pela ANBID/CETIP."

[164] Súmula 287 do STJ: "A Taxa Básica Financeira (TBF) não pode ser utilizada como indexador de correção monetária nos contratos bancários."

[165] "É ilegal o emprego da Tabela Price nos contratos de mútuo firmados sob o regime do Sistema Financeiro da Habitação, na medida em que implica capitalização de juros" (Enunciado VIII do Grupo de Câmaras de Direito Comercial do Tribunal de Justiça de Santa Catarina, aprovado em 15-6-2007).

[166] STJ, REsp 601.445/SE, Primeira Turma, Rel. Ministro Teori Albino Zavascki, j. em 29-6-2004, *DJ* 13-9-2004.

[167] STJ, REsp 919.693/PR, Segunda Turma, Rel. Min. Castro Meira, j. em 14-8-2007, *DJ* 27-8-2007.

[168] STJ, REsp 942.014/SP, Quarta Turma, Rel. Min. João Otávio de Noronha, j. em 12-2-2008, *DJ* 25-2-2008.

[169] STJ, AgRg no REsp 1.007.622/RS, Quarta Turma, Rel. Min. Aldir Passarinho Junior, j. em 6-5-2008.

seção 12.7. O mutuário poderá discutir a validade de qualquer cláusula abusiva, nos termos do Código do Consumidor, art. 39, V,[170] e art. 51, IV.[171]

Evidentemente, salvo se diante de alguma particularidade que destoa dos demais casos, não se devem utilizar teses que já foram exaustivamente debatidas e consolidadas de forma favorável às instituições financeiras, tais como incidência do pagamento antes da correção do saldo devedor,[172] limitação de juros a 10%, inaplicabilidade da TR quando pactuada, inaplicabilidade do índice de 84,32% para abril de 1990 etc.[173]

Tal como vimos no tocante à possibilidade de ação cautelar para ser suspensa a execução, há precedentes do STJ favoráveis ao cabimento de antecipação de tutela para esse mesmo objetivo.[174]

Ação de adjudicação compulsória

Há precedentes no sentido de que até mesmo o adquirente de imóvel por meio de "contrato de gaveta" (ou seja, compromisso de compra e venda não registrado) tem direito à ação de adjudicação compulsória para obter a propriedade do imóvel, seja em razão de ter efetuado a totalidade dos pagamentos,[175] seja em razão da cobertura do contrato pelo FCVS,[176] ou mesmo em razão de morte do mutuário original, pois o financiamento continha cláusula de seguro, que foi sendo pago pelo cessionário.[177]

A ação de adjudicação compulsória poderá ser proposta caso haja algum defeito na cadeia de procuração e substabelecimentos mencionada nas seções 12.3 e 12.4. Há precedente afirmando a legitimidade para a propositura da ação por um cessionário diretamente contra o promitente vendedor.[178] Porém, caso haja um cedente com con-

---

170 "Art. 39. É vedado ao fornecedor de produtos ou serviços dentre outras práticas abusivas: (...) V – exigir do consumidor vantagem manifestamente excessiva."

171 "Art. 51. São nulas de pleno direito, entre outras, as cláusulas contratuais relativas ao fornecimento de produtos e serviços que: (...) IV – estabeleçam obrigações consideradas iníquas, abusivas, que coloquem o consumidor em desvantagem exagerada, ou sejam incompatíveis com a boa-fé ou a equidade."

172 Súmula nº 450 do STJ: "Nos contratos vinculados ao SFH, a atualização do saldo devedor antecede sua amortização pelo pagamento da prestação."

173 STJ, AgRg no REsp 547.599/SP, Terceira Turma, Rel. Min. Castro Filho, j. em 21-8-2007, *DJ* 24-9-2007.

174 STJ, REsp 591.241/MT, Quarta Turma, Rel. Min. Aldir Passarinho Junior, j. em 19-4-2005, *DJ* 30-5-2005.

175 STJ, REsp 355.771/RS, Primeira Turma, Rel. Min. Humberto Gomes de Barros, j. em 18-11-2003, *DJ* de 15-12-2003.

176 STJ, REsp 710.577/SC, Primeira Turma, Rel. Min. Francisco Falcão, j. em 7-4-2005, *DJ* 16-5-2005.

177 STJ, REsp 122.032/RS, Quarta Turma, Rel. Min. Fernando Gonçalves, j. em 27-5-2003, *DJ* 1º-8-2005.

178 STJ, REsp 648.468/SP, Terceira Turma, Rel. Min. Carlos Alberto Menezes Direito, j. em 14-12-2006, *DJ* de 23-4-2007.

trato registrado na matrícula do imóvel, deverá ele ser citado para compor a ação (vide seção 8.4).

Há precedente no sentido de que um simples "recibo" pode demonstrar a existência de um compromisso de compra e venda, embora isso seja controvertido (vide seção 12.3).

A respeito dos requisitos necessários à propositura da ação de adjudicação compulsória (ou para execução de compromisso de compra e venda e de cessão de direitos de compromisso de compra e venda), vide Capítulo 8.

Ação de consignação em pagamento

Há precedente no sentido de que o adquirente de imóvel por meio de "contrato de gaveta" tem legitimidade para propor ação de consignação em pagamento contra a instituição financeira que financiou a compra do imóvel.[179] A questão da possibilidade da transferência do financiamento no âmbito do SFH, porém, continua tormentosa.[180] Vide seção 12.3.

Mandado de segurança

O mandado de segurança pode ser impetrado contra ato de autoridade, que em regra será autoridade administrativa. Somente deve ser impetrado contra ato judicial em casos extremos, quando não há outra medida judicial possível. Normalmente será utilizado contra ato de autoridade administrativa. Exemplo em que o mandado de segurança pode ser utilizado: o proprietário tem licença para construir, validamente obtida, e já está construindo, mas a Administração revoga ou pretende embargar a obra, em razão de legislação superveniente.[181]

Embora até haja precedentes favoráveis,[182] a jurisprudência tende a ser contrária no que refere à possibilidade de utilização de mandado de segurança na hipótese em que seriam cabíveis os embargos de terceiro.[183]

---

179 STJ, REsp 753.098/RS, Quarta Turma, Rel. Min. Fernando Gonçalves, julgado em 20-9-2005, *DJ* 3-10-2005.

180 STJ, REsp 943.317/RJ, Primeira turma, Rel. Min. Denise Arruda, j. em 21-8-2007, *DJ* 22-10-2007.

181 STJ, REsp 103.298/PR, Segunda Turma, Rel. Min. Ari Pargendler, j. em 17-11-1998, *DJ* 17-2-1999.

182 STJ, RMS nº 24.293/RJ, Terceira Turma, Rel. Min. Humberto Gomes de Barros, j. em 23-10-2007, *DJ* de 5-11-2007.
STJ, RMS 14.995/PR, Quarta Turma, Rel. Min. Jorge Scartezzini, j. em 26-10-2004, *DJ* de 6-12-2004.

183 STJ, RMS nº 23.318/MA, Quarta Turma, Rel. Min. Fernando Gonçalves, j. em 27-11-2007, *DJ* de 10-12-2007.
STJ, RMS 19.579/RJ, Quarta Turma, Rel. Min. Hélio Quaglia Barbosa, j. em 4-10-2007, *DJ* de 22-10-2007.

Usucapião

Por meio da ação de usucapião, a pessoa que for possuidor do imóvel pode obter a propriedade. A posse deve ser mansa, pacífica e ininterrupta, durante os prazos previstos nos arts. 1.238 a 1.244 e 2.028 do Código Civil. Há entendimento no sentido de que "As normas relativas à usucapião extraordinária (art. 1.238, *caput*, CC) e à usucapião ordinária (art. 1.242, *caput*, CC), por estabelecerem redução de prazo em benefício do possuidor, têm aplicação imediata, não incidindo o disposto no art. 2.028 do Código Civil",[184] que pode ser usado pelo comprado em defesa.

Isso significa que o possuidor não pode ter perdido a posse durante o lapso necessário ou sofrido qualquer ação por parte do proprietário ou de outra pessoa que tenha uma posse juridicamente melhor (exceto, claro, se o Judiciário refutar essa ação e der provimento para a manutenção no imóvel do primitivo possuidor que pretender usucapir o imóvel).

Não é cabível usucapião para adquirir a propriedade de imóveis do Poder Público,[185] mas voltaremos ao tema da possibilidade prática de usucapião de "terras devolutas", por via obtusa, na seção 14.1.

É cabível usucapião para adquirir domínio útil de objeto de enfiteuse em ação contra foreiro (vide seção 2.10).[186] Há precedentes no sentido de que são cabíveis para aquisição de bens de sociedade de economia mista,[187] tendo prevalecido nesses julgados que tais bens não seriam públicos, embora essa questão ainda possa suscitar controvérsias.[188]

A ação de usucapião deve ser proposta no foro de situação do imóvel. O autor deverá expor o fundamento do pedido, demonstrando que exerceu a posse do imóvel durante o período exigido para a concessão da usucapião e, caso tenha, apresentará o

---

Enunciado nº 92 da Orientação Jurisprudencial da SBDI-2 do TST: "Não cabe mandado de segurança contra decisão judicial passível de reforma mediante recurso próprio, ainda que com efeito diferido."

184 Enunciado nº 564, aprovado pela VI Jornada de Direito Civil, realizada nos dias 11 e 12 de março de 2013 pelo Conselho da Justiça Federal.

185 STJ, AgRg no REsp 865.999/DF, Terceira Turma, Rel. Min. Humberto Gomes de Barros, j. em 3-12-2007, *DJ* 14-12-2007.

186 STJ, REsp 262.071/RS, Quarta Turma, Rel. Min. Aldir Passarinho Junior, j. em 5-10-2006, *DJ* 6-11-2006.

187 STJ, REsp 647.357/MG, Terceira Turma, Rel. Min. Castro Filho, j. em 19-9-2006, *DJ* 23-10-2006.

188 A respeito da divergência quanto à natureza dos bens das empresas estatais, se públicos ou privados, vide: SILVA, Bruno Mattos e. *Direito de empresa*: teoria da empresa e direito societário. São Paulo: Atlas, 2007. p. 479-480.

título que lhe conferiu a posse (ex.: compromisso de compra e venda[189]). Na ausência de justo título, o ocupante poderá pedir o usucapião extraordinário,[190] já se tendo afirmado que nesse caso a boa-fé do ocupante seria presumida.[191] O requisito da posse contínua durante o lapso temporal exigido pela lei deve ser integralmente cumprido antes da propositura da ação de usucapião, não sendo possível contar o tempo de tramitação da ação.[192]

O autor deverá juntar a planta do imóvel, a certidão do cartório imobiliário (caso o imóvel não tenha registro em cartório, deverá juntar certidão negativa de registro)[193] do imóvel que pretende obter a propriedade ("imóvel usucapiendo", no dizer da lei) e dos imóveis com os quais faz divisas.[194] Deverá requerer a citação da pessoa em cujo nome estiver registrado o imóvel usucapiendo, bem como dos confinantes.

Deve o autor provar que esteve na posse do imóvel, podendo utilizar todos os meios de prova admitidos (testemunhas; contas de luz, água, telefone; contrato particular etc.).[195] O adquirente poderá "somar" seu tempo de efetiva posse no imóvel ao do possuidor anterior e assim por diante, fazendo a prova necessária.[196]

É cabível usucapião para corrigir vícios ou erros na aquisição (ex.: área do imóvel).[197] Não é cabível ação de usucapião de locatário contra locador,[198] do caseiro contra o dono do sítio, de qualquer pessoa que esteve no imóvel mediante permissão

---

189 STJ, REsp 171.204/GO, Quarta Turma, Rel. Min. Aldir Passarinho Junior, j. em 26-6-2003, *DJ* 1º-3-2004.
STJ, REsp 143.976/GO, Quarta Turma, Rel. Min. Barros Monteiro, j. em 6-4-2004, *DJ* 14-6-2004.

190 TJMG, Apelação Cível nº 1.0035.96.006014-9/001, 8ª Câmara Cível, Rel. Des. Teresa Cristina da Cunha Peixoto, j. em 8-3-2007, *DJ* de 28-6-2007.

191 STJ, REsp 316.453/SP, Quarta Turma, Rel. Min. Aldir Passarinho Junior, j. em 16-9-2004, *DJ* 6-12-2004.

192 STJ, REsp 30.325/SP, Terceira Turma, Rel. Min. Ari Pargendler, j. em 16-5-2002, *DJ* de 5-8-2002.

193 TJMG, Apelação Cível nº 1.0024.06.062440-0/001, 15ª Câmara Cível, Rel. Des. Wagner Wilson, j. em 9-8-2007, *DJ* de 27-8-2007.

194 TAMG, Apelação Cível nº 443.445-1, Sétima Câmara Cível, Rel. Juiz D. Viçoso Rodrigues, j. em 18-11-2004, *DJ* de 15-12-2004.

195 TJMG, Apelação Cível nº 1.0701.04.092343-8/001, 13ª Câmara Cível, Rel. Des. Eulina do Carmo Almeida, j. em 10-1-2008, *DJ* de 15-2-2008.

196 STJ, REsp 171.204/GO, Quarta Turma, Rel. Min. Aldir Passarinho Junior, j. em 26-6-2003, *DJ* 1º-3-2004.
TJMG, Apelação Cível nº 1.0569.05.000448-4/001, 14ª Câmara Cível, Rel. Des. Elias Camilo, j. em 9-8-2007, *DJ* de 27-8-2007.

197 TJMG, Apelação Cível nº 1.0106.03.007847-6/001, 13ª Câmara Cível, Rel. Des. Cláudia Maia, j. em 8-11-2007, *DJ* de 18-1-2008.

198 TJMG, Apelação Cível nº 1.0045.05.010651-2/001, 17ª Câmara Cível, Rel. Des. Eduardo Mariné da Cunha, j. em 10-10-2007, *DJ* de 31-10-2007.

do proprietário,[199] ou em razão de detenção de imóvel obtido por meios violentos ou clandestinos.[200] Também não é cabível usucapião para obter imóvel em tamanho menor do que o permitido pela legislação.[201]

O usucapião pode ser usado também como defesa do adquirente de imóvel que, por qualquer razão, está com posse ou propriedade contestada, conforme vimos na seção 1.5.

Reintegração de posse

O titular de compromisso de compra e venda, mesmo não registrado, pode se utilizar não só dos embargos de terceiro que vimos anteriormente, mas também da ação de reintegração de posse, nos termos dos arts. 560 a 566 do CPC/2015 (correspondentes aos arts. 926 a 931 do CPC/73). Há precedente no sentido de que a turbação não descaracteriza a posse mansa e pacífica necessária para a usucapião.[202]

Contestação em ação anulatória, reivindicatória ou de reintegração de posse

O comprador, atual proprietário, também pode ser réu ou interessado em uma ação movida para anular a sua aquisição ou para declarar que ele não é o verdadeiro proprietário do imóvel. O comprador deve apontar na sua contestação todas as questões e argumentos que lhe são favoráveis. Evidentemente, esse trabalho deverá ser feito por um advogado especializado na matéria.

Várias defesas são possíveis, a depender do que for suscitado pelo autor da ação. Vimos diversos pontos que o comprador poderá alegar em uma ação judicial, vários dos quais podem ser usados também quando ele é réu na ação. Merece destaque a possibilidade de utilização da usucapião em defesa, visto nesta seção e também na seção 1.5.

No caso de fraude a herdeiros, há precedente do STJ no sentido de que o prazo prescricional dessa ação é de dois ou de quatro anos, caso a aquisição tenha decorrido de prévia aquisição por terceiro (interposta pessoa),[203] e há precedente no sentido de que é vintenário, caso direta;[204] há entendimento doutrinário no sentido de que o prazo para anular a venda de ascendente a descendente é decadencial de dois anos, no regime

---

[199] TJMG, Apelação Cível nº 1.0686.03.066201-5/001, 9ª Câmara Cível, j. em 11-9-2007, *DJ* de 29-9-2007.

[200] TJMG, Apelação Cível nº 1.0319.97.003807-5/001 e 1.0319.97.003763-0/001, 12ª Câmara Cível, Rel. Des. José Flávio de Almeida, j. em 14-8-2007, *DJ* de 25-8-2007.

[201] STJ, REsp 402.792/SP, Quarta Turma, Rel. Ministro Jorge Scartezzini, j. em 26-10-2004, *DJ* 6-12-2004.

[202] STJ, AR 3449/GO, Segunda Seção, Rel. Ministro Humberto Gomes de Barros, j. em 13-2-2008, *DJ* 6-3-2008.

[203] STJ, REsp 771.736/SC, Terceira Turma, Rel. Min. Carlos Alberto Menezes Direito, j. em 7-2-2006, *DJ* 15-5-2006.

[204] STJ, REsp 661.858/PR, Terceira Turma, Rel. Min. Castro Filho, j. em 28-6-2005, *DJ* 15-8-2005.

do Código Civil.[205] Há precedente no sentido de que deve ser provada a simulação caso a venda ao descendente tenha sido realizada por interposta pessoa,[206] assim como de que o terceiro de boa-fé não pode ser prejudicado por vício em aquisição anterior.[207] Vide seção 3.8.

Caso o vendedor do imóvel seja casado, mas mantenha simultaneamente outra relação conjugal, pode-se sustentar que não seria necessária a assinatura da outra companheira (concubina) por ocasião da lavratura da escritura, pois não há a proteção que a Constituição Federal concede à união estável, que somente seria aplicável quando a pessoa casada está separada de fato (STF, RE nº 397.762, j. em 3-6-2008). Desse modo, pode o comprador se defender de eventual ação movida pela concubina que pretende obter metade da propriedade do imóvel vendido pela pessoa com a qual ela manteve a convivência.[208] Se for possível, deve o comprador demonstrar que o imóvel não foi adquirido com recursos da concubina. Sem prejuízo disso, deve o comprador sempre sustentar que o ônus de provar o esforço comum na aquisição do imóvel é da concubina que move a ação: caso ela, como autora, não se desincumba desse ônus, a ação deve ser julgada improcedente. Vide seção 4.2.

Pode o comprador alegar que inexistiu ou houve defeito na citação do cônjuge na ação reivindicatória.[209]

Tratando-se de aquisição de imóveis em área registrada como particular, embora de propriedade da União, consta que foi declarado por representante da SPU que os direitos dos terceiros de boa-fé devem ser assegurados.[210] Vide seções 1.12 e 11.5.

---

[205] Enunciado nº 368, aprovado na IV Jornada de Direito Civil, realizada pelo Conselho da Justiça Federal nos dias 25 a 27-10-2006 (válido como doutrina): "Art. 496: O prazo para anular venda de ascendente para descendente é decadencial de dois anos (art. 179 do Código Civil)."

Enunciado nº 545, aprovado na VI Jornada de Direito Civil, realizada pelo Conselho da Justiça Federal nos dias 11 e 12-3-2013 (válido como doutrina): "O prazo para pleitear a anulação de venda de ascendente a descendente sem anuência dos demais descendentes e/ou do cônjuge do alienante é de 2 (dois) anos, contados da ciência do ato, que se presume absolutamente, em se tratando de transferência imobiliária, a partir da data do registro de imóveis."

[206] STJ, REsp 71.545/RS, Quarta Turma, Rel. Min. Barros Monteiro, j. em 31-8-1999, *DJ* 29-11-1999.

[207] STJ, REsp 74.135/RS, Quarta Turma, Rel. Min. Aldir Passarinho Junior, j. em 7-11-2000, *DJ* 11-12-2000.

[208] STJ, REsp 931.155/RS, Terceira Turma, Rel. Min. Nancy Andrighi, j. em 7-8-2007, *DJ* de 20-8-2007.

[209] STJ, REsp 73.975/PE, Quarta Turma, Rel. Min. Sálvio de Figueiredo Teixeira, j. em 24-11-1997, *DJ* de 2-2-1998.

[210] "Outra preocupação que devemos ter é com a segurança jurídica e os direitos de terceiros. Temos casos de pessoas que eram titulares de direito de grandes glebas, sabiam que a área era da União, mas o título foi registrado como particular. Em razão disso pode ter havido um parcelamento do solo e terceiros de boa-fé que compraram os lotes desconhecendo a situação de que a área era pública. O direito dessas pessoas tem de ser assegurado" (MORETTI, Julia Azevedo. Lei nº 11.481/07 – regularização fundiária em imóveis da União: efeitos e importância. Palestra apresentada pela representante da SPU, Julia Moretti, no XXXIV Encontro dos Oficiais de Registro

No que se refere a terrenos de marinha que foram concedidos em regime de enfiteuse (aforamento) a particular por parte de Município ou de Estado, pode-se sustentar a validade desse ato e das transmissões posteriores com base na Lei de 15 de novembro de 1831 (época do Império), que colocou à disposição das "câmaras municipais" e dos "presidentes das províncias" os terrenos de marinha por eles solicitados ou para logradouros públicos, que poderiam ser aforados a particulares. Vide seção 2.10.

Na hipótese de aquisição de imóvel por pessoa jurídica brasileira controlada por estrangeiro, contra a qual foi alegada existência de nulidade ou de anulabilidade em decorrência de fraude à lei, dolo ou simulação, pode-se sustentar que o entendimento da Administração Federal no momento na aquisição era no sentido de ser válida a aquisição, tal como veremos no Capítulo 13. Deve-se sustentar a necessidade de ser prestigiada e protegida a boa-fé daquele que confiou no entendimento predominante na época do negócio, sob pena de causar insegurança jurídica. Além disso, deve o comprador apontar que o art. 2º, parágrafo único, XIII, da Lei nº 9.784, de 29-1-99, veda a aplicação retroativa de nova interpretação em processo administrativo.

Possivelmente em todos os casos, mesmo que não preencha o lapso temporal ou outro requisito para utilização do usucapião em defesa, deve o proprietário alegar que sua posse é justa, ainda que exista algum vício na sua aquisição,[211] sendo que é ônus do autor provar não só que é o verdadeiro proprietário, bem como que o réu exerce uma posse injusta sobre o imóvel.[212] Em diversas hipóteses, nosso ordenamento prestigia e protege o comprador de boa-fé.[213] Há precedente no sentido de que o titular de compromisso de compra não pode ser condenado em ação de reintegração de posse antes de ser rescindido o seu contrato.[214] Vide seção 2.36.

3.15 PERDENDO O IMÓVEL E COBRANDO OS PREJUÍZOS

E se o comprador, que registrou sua escritura pública e tornou-se proprietário, vier a perder a propriedade do imóvel em qualquer dos casos tratados? Terá ele direito a perdas e danos contra o vendedor?

---

de Imóveis do Brasil, no dia 24 de setembro, no hotel Majestic Palace, em Florianópolis, SC. Boletim do IRIB, São Paulo: Instituto de Registro Imobiliário do Brasil, nº 332, p. 19, jul.-set. 2007).

211 STJ, REsp 145.204/BA, Quarta Turma, Rel. Ministro Barros Monteiro, j. em 20-10-1998, *DJ* 14-12-1998.

212 STJ, REsp 691.963/RS, Quarta Turma, Rel. Min. Jorge Scartezzini, j. em 25-4-2006, *DJ* 15-5-2006.

213 Enunciado nº 318, aprovado na IV Jornada de Direito Civil, realizada pelo Conselho da Justiça Federal nos dias 25 a 27-10-2006 (válido como doutrina): "Art. 1.258: O direito à aquisição da propriedade do solo em favor do construtor de má-fé (art. 1.258, parágrafo único) somente é viável quando, além dos requisitos explícitos previstos em lei, houver necessidade de proteger terceiros de boa-fé."

214 TJMG, Agravo nº 1.0024.07.598996-2/001, 17ª Câmara Cível, Rel. Des. Luciano Pinto, j. em 10-10-2007, *DJ* de 31-10-2007.

A regra geral é a de que o comprador deverá ser indenizado por aquele que vendeu o imóvel, nos termos do art. 447 do Código Civil.

Porém, há casos nos quais o comprador não terá direito a essa indenização.

É a hipótese do art. 457 do Código Civil, repetindo regra do Código Civil anterior (art. 1.117, II):

> "Art. 457. Não pode o adquirente demandar pela evicção, se sabia que a coisa era alheia ou litigiosa."

Assim, caso exista na matrícula do imóvel o registro da citação de uma ação reivindicatória, na hipótese de essa ação ser julgada procedente, o comprador perderá o imóvel e não terá direito às perdas e danos em face do comprador. É que nesse caso a coisa era litigiosa e o comprador, por presunção legal, tinha ciência desse aspecto, em virtude da existência do registro imobiliário.

E se o comprador e o vendedor estabelecerem que, na hipótese de procedência da reivindicatória, o comprador será ressarcido? Nesse caso, é possível ao comprador pedir a indenização, a teor do que dispõe o art. 448 do Código Civil.

E caso exista a ação reivindicatória, mas não exista registro da citação na matrícula do imóvel? Nesse caso, três soluções são possíveis. Tanto podemos sustentar que o comprador nem mesmo perde o bem, nos termos do art. 169 da Lei de Registros Públicos, como podemos sustentar que a indenização é devida, pois o comprador não tinha ciência de ser o bem de terceiro ou litigioso; como podemos entender que não há direito à indenização em razão da litigiosidade do bem, pouco importando se o comprador dela tinha ciência ou não. Vide seção 3.1.

Há hipóteses em que o comprador poderá ou não adquirir a propriedade do imóvel em razão de algum fato imputável ao tabelião de notas ou ao registrador imobiliário. Pode ocorrer, por exemplo, que uma escritura ou uma procuração seja lavrada mediante apresentação de uma carteira de identidade falsa, hipótese em que o proprietário do imóvel, na verdade, nada vendeu e o "comprador" foi enganado. Nessas hipóteses, conforme as particularidades do caso concreto, poderá haver responsabilidade do Estado, do tabelião ou do registrador imobiliário.

A questão da existência de responsabilidade objetiva[215] dos notários e registradores era polêmica, com posições muito bem sustentáveis em ambos os sentidos.[216] Até pouco tempo, prevalecia nos tribunais a orientação de que ela é objetiva, independentemente de culpa do delegatário (tabelião ou registrador), por força dos arts. 37, § 6º e 236 da

---

215 Disponível em: http://www.blog.brunosilva.adv.br/administrativo-concursos-7.htm.

216 BENÍCIO, Hercules Alexandre da Costa. *Responsabilidade civil do Estado decorrente de atos notariais e de registro.* São Paulo: IRIB e Revista dos Tribunais, 2005.

Constituição Federal (CF).[217] Essa orientação havia ficado tecnicamente fortalecida com o advento do Código Civil de 2002, pois a teoria da responsabilidade positivada é a da responsabilidade independente de culpa, elemento que não existia na redação original do art. 22 da Lei nº 8.935, de 18-11-1994.[218]

Contudo, referido art. 22 foi alterado pela Lei nº 13.286, de 10-5-2016, estabelecendo que a responsabilidade dos notários e registradores depende de culpa. Essa regra segue o princípio que havia sido positivado para os tabeliães de protesto, pois o art. 38 da Lei nº 9.492, de 10-9-1997,[219] já havia estabelecido a responsabilidade dependente de dolo ou culpa. Portanto, ao menos quanto aos atos lavrados a partir do advento da Lei nº 13.286/2016, somente existirá responsabilidade objetiva do Estado (e não do delegatário), e, ainda assim, caso se entenda aplicável o art. 37, § 6º, da CF. A aplicação do art. 22 da Lei nº 8.935/94, em sua nova redação, tornou impossível ou muito difícil sustentar que a responsabilidade do tabelião de notas e do registrador imobiliário prescinde da prova de culpa ou dolo.[220] E mais: o prazo para se pleitear indenização por culpa ou dolo do tabelião ou registrador prescreve em três anos, contados da data da lavratura do ato. Para o comprador, portanto, pode ser mais interessante pedido de reparação por responsabilidade objetiva do Estado (RE 1.027.633), mesmo considerando que entre a propositura da ação e o recebimento da indenização podem tardar anos ou décadas em um processo contra o Estado.

A possibilidade de se responsabilizar objetivamente o Estado é aspecto que se relaciona diretamente com a questão da existência de maior segurança jurídica da

---

[217] "3. O exercício de atividade notarial delegada (art. 236, § 1º, da Constituição) deve se dar por conta e risco do delegatário, nos moldes do regime das concessões e permissões de serviço público. 4. Conforme decidido pela Segunda Turma no julgamento do Recurso Especial 1.087.862/AM, em caso de danos resultantes de atividade estatal delegada pelo Poder Público, há responsabilidade objetiva do notário, nos termos do art. 22 da Lei 8.935/1994, e apenas subsidiária do ente estatal. Precedentes do STJ. 5. O Código de Defesa do Consumidor aplica-se à atividade notarial. 6. Em se tratando de atividade notarial e de registro exercida por delegação, tal como *in casu*, a responsabilidade objetiva por danos é do notário, diferentemente do que ocorre quando se tratar de cartório ainda oficializado. Precedente do STF. 7. Não está configurada violação do art. 70 do CPC, na linha do raciocínio que solidificou a jurisprudência na Primeira Seção do STJ, no sentido de que é desnecessária a denunciação à lide em relação à responsabilidade objetiva do Estado, sem prejuízo do direito de regresso em ação própria" (STJ, REsp 1.163.652-PE, Segunda Turma, Rel. Min. Herman Benjamin, j. em 1º-6-2010).

[218] "Art. 22. Os notários e oficiais de registro responderão pelos danos que eles e seus prepostos causem a terceiros, na prática de atos próprios da serventia, assegurado aos primeiros direito de regresso no caso de dolo ou culpa dos prepostos."

[219] "Art. 38. Os Tabeliães de Protesto de Títulos são civilmente responsáveis por todos os prejuízos que causarem, por culpa ou dolo, pessoalmente, pelos substitutos que designarem ou Escreventes que autorizarem, assegurado o direito de regresso."

[220] A respeito de responsabilidade civil independente de culpa e teoria do risco, vide: SILVA, Bruno Mattos e. *Direito de empresa*: teoria da empresa e direito societário. São Paulo: Atlas, 2007. p. 268-290.

escritura pública em face do instrumento particular. Há um intenso debate a respeito dessa questão, com argumentos favoráveis e contrários à admissão, cada vez mais adotada na legislação, de hipóteses de utilização do instrumento particular.[221] Obviamente, entendendo que o Estado responde objetivamente, a utilização da escritura pública ainda pode ser mais interessante, a despeito da Lei nº 13.286/2016.

Existe previsão no Código Civil em vigor no sentido de o vendedor não se responsabilizar pela perda do bem, caso essa exclusão de responsabilidade tenha sido por eles pactuada, ou caso tenha o comprador sido cientificado do risco dessa ocorrência:

> "Art. 448. Podem as partes, por cláusula expressa, reforçar, diminuir ou excluir a responsabilidade pela evicção.
>
> Art. 449. Não obstante a cláusula que exclui a garantia contra a evicção, se esta se der, ter direito o evicto a receber o preço que pagou pela coisa evicta, se não soube do risco da evicção, ou, dele informado, não o assumiu."

De maneira geral, existe entendimento de que a indenização, caso o comprador faça jus, deve compreender o preço pago, devidamente corrigido.

É possível pleitear as demais despesas sofridas, direta ou indiretamente, em razão da compra, bem como a recomposição dos lucros que o adquirente teria, se não tivesse perdido o imóvel. Normalmente é difícil fazer a prova de lucros que teriam sido auferidos (lucros cessantes). Caso se pretenda obter indenização quanto a isso, é necessário apresentar provas robustas, pois o Judiciário costuma ser muito reticente quando se trata de conceder indenização por lucros cessantes. Tudo isso dependerá do caso concreto.

De qualquer modo, pior do que perder o imóvel e demorar anos para obter na Justiça o direito à indenização, é constatar que o vendedor "sumiu", sem deixar bens que respondam por seu débito. Não é, portanto, fisicamente possível obter o ressarcimento dos prejuízos se o devedor desapareceu sem deixar bens. Se ele foge para um lugar desconhecido, mas é titular de bens, a situação é mais fácil: basta indicar tais bens, que serão penhorados e alienados em praça para satisfazer a dívida.

Disso concluímos algo tão óbvio quanto importante: é sempre melhor negociar com pessoas providas de bens.

3.16 A CENTRAL NACIONAL DE INDISPONIBILIDADE DE BENS (CNIB)

Antes de mais nada, vamos diferenciar rapidamente *indisponibilidade* de *penhora*. Na hipótese de *indisponibilidade*, o proprietário não pode *dispor* (vender, doar, permutar etc.) do bem móvel ou imóvel. Isso não significa, por si só, que ele perderá a propriedade desse bem. Na hipótese de *penhora*, o proprietário até poderá *dispor* do

---

[221] Exemplo disso ocorreu na tramitação do Projeto de Lei nº 3.065, de 2004, que deu origem à Lei nº 10.931, de 2-8-2004.

bem, mas o adquirente poderá perder a propriedade do bem penhorado. Essas questões são tratadas em várias partes deste livro, tais como nas seções 1.5, 2.4, 2.34, 3.3, 3.4.

A Central Nacional de Indisponibilidade de Bens (CNIB), havia sido criada pelo Provimento CNJ nº 39, de 25-7-2014 (hoje revogado), objetivando mitigar os riscos decorrentes de indisponibilidade (vide seção 2.34) sem a devida averbação prevista no art. 247 da Lei nº 6.015/73.

Inicialmente, a CNIB tratava apenas da indisponibilidade de bens imóveis *não individualizados*. A razão oficial foi no sentido de "que a centralização em plataforma única para comunicação das indisponibilidades permitirá maior rapidez na averbação constritiva por Oficial de Registro de Imóveis, evitando, por consequência, a dilapidação do patrimônio do atingido, além de permitir o rastreamento, em âmbito nacional, da propriedade de imóveis e de outros direitos reais imobiliários".[222]

Na verdade, reconhecia-se a dificuldade ou impossibilidade prática de se localizar e averbar a indisponibilidade nos registros dos bens. Por isso a excelente ideia de criação de um cadastro eletrônico nacional.

Com o advento do Provimento CNJ nº 188, de 4-12-2024, o Código de Normas do Provimento CNJ nº 149, de 30-8-2023, foi acrescido do seguinte dispositivo, de modo que a CNIB passou também a conter ordens de indisponibilidade incidentes sobre *bens específicos*:

> "Art. 320-A. A CNIB tem por finalidade o cadastramento de ordens de indisponibilidade de bens específicos ou do patrimônio indistinto, bem como das ordens para cancelamento de indisponibilidade.
>
> § 1º O cadastramento das ordens será realizado pelo número de inscrição no Cadastro de Pessoas Físicas (CPF) ou do número de inscrição no Cadastro Nacional da Pessoa Jurídica (CNPJ), com propósito de afastar risco de homonímia.
>
> § 2º Terão acesso à CNIB todas as autoridades judiciárias e administrativas autorizadas em lei a decretarem a indisponibilidade de bens."

Há uma série de normas que determinam a indisponibilidade do patrimônio total (o que inclui "bens imóveis não individualizados") do vendedor ou indisponibilidade de imóveis específicos.

---

[222] De acordo com o art. 4º do hoje revogado Provimento nº 39/2014, a "CNIB será constituída por Sistema de Banco de Dados Eletrônico (DBMS) que será alimentado com as ordens de indisponibilidades decretadas pelo Poder Judiciário e pelos demais órgãos da Administração Pública nas hipóteses legalmente previstas". Isso deveria ser feito na forma do art. 5º-A (numeração corrigida pelo art. 4º do Provimento CNJ nº 182, de 17-9-2024) e sem prejuízo do disposto no § 1º do art. 2º do então vigente Provimento CNJ nº 39/2014.

Podemos mencionar os seguintes dispositivos: art. 36 da Lei nº 6.024, de 13-3-1974;[223] art. 4º da Lei nº 8.397, de 6-1-1992; art. 44, § 2º, da Lei nº 8.443, de 16-7-1992; art. 59 da Lei Complementar nº 109, de 29-5-2001; art. 185-A do CTN, incluído pela Lei Complementar nº 118, de 9-2-2005, na hipótese de o devedor tributário, devidamente citado, não pagar nem apresentar bens à penhora no prazo legal, não forem encontrados bens penhoráveis pelo Oficial de Justiça e atendidos os requisitos da Súmula nº 560 do STJ;[224] art. 24-A da Lei nº 9.656, de 3-6-1998, incluído pela Medida Provisória nº 2.177-44, de 24-8-2001; art. 854 do CPC (*tokens* imobiliários são ativos financeiros); art. 20-B, § 3º, II, da Lei nº 10.522, de 19-7-2002, incluído pela Lei nº 13.606, de 9-1-2018;[225] arts. 82-A e 154, § 5º, da Lei nº 11.101, de 9-2-2005; art. 16 da Lei nº 8.429, de 2-6-1992, alterada pela Lei nº 14.230, de 25-10-2021.

Assim, mesmo na hipótese em que a indisponibilidade não estiver averbada, o tabelião poderá[226] detectar a existência da indisponibilidade do imóvel, pois a consulta ao CNIB é obrigatória.

Dispõem os arts. 320-F e 320-I do CNN/CN/CNJ-Extra (Provimento CNJ nº 149/2023), incluídos pelo Provimento CNJ nº 188/2024:

> "Art. 320-F. A consulta ao banco de dados da CNIB será obrigatória para todos os notários e registradores de imóveis, no desempenho de suas atividades, bem como para a prática dos atos de ofício, nos termos da Lei e das normas regulamentares, devendo o resultado da consulta ser consignado no ato notarial.
>
> Parágrafo único. A existência de ordem de indisponibilidade não impede a lavratura de escritura pública, mas obriga que as partes sejam cientificadas, bem como que a circunstância seja consignada no ato notarial.
>
> (...)
>
> Art. 320-I. Os oficiais de registro de imóveis deverão consultar, diariamente, a CNIB e prenotar as ordens de indisponibilidade específicas relativas aos imóveis matriculados em suas serventias, bem como devem lançar as indisponibilidades sobre o

---

[223] Se o vendedor for administrador de instituição financeira, deve-se verificar se ela está sob intervenção, liquidação extrajudicial ou processo de falência, pois os bens de pessoa que seja ou tenha sido administrador (ou, em certos casos muito específicos, gerente, membro de conselho fiscal ou até mesmo funcionário com algum poder decisório) ficam indisponíveis até que se apure a sua responsabilidade, nos termos e limites do art. 36 da Lei nº 6.024, de 13-3-1974. Essa indisponibilidade deve ser comunicada ao cartório imobiliário, a teor do art. 38.

[224] Súmula nº 560 do STJ: "A decretação da indisponibilidade de bens e direitos, na forma do art. 185-A do CTN, pressupõe o exaurimento das diligências na busca por bens penhoráveis, o qual fica caracterizado quando infrutíferos o pedido de constrição sobre ativos financeiros e a expedição de ofícios aos registros públicos do domicílio do executado, ao Denatran ou Detran".

[225] A inconstitucionalidade desse dispositivo foi arguida no STF nas ADIs nº 5.881, 5.886, 5.890, 5.925, 5.931, e 5.932.

[226] Falamos aqui em *poderá*, e não em *deverá*, porque não há certeza de que terá ocorrido a prática do ato ("inclusão das ordens de indisponibilidade") previsto no art. 320-B, na forma do art. 320-E, do Código de Normas (Provimento nº 149/2023), incluído pelo Provimento nº 188/2024.

> patrimônio indistinto na base de dados utilizada para o controle da tramitação de títulos representativos de direitos contraditórios.
>
> § 1º Ficam dispensadas da verificação diária prevista no *caput* deste artigo as serventias extrajudiciais que adotarem solução de comunicação com a CNIB via API (*Application Programming Interface*).
>
> § 2º Verificada a existência de bens no nome cadastrado, a indisponibilidade será prenotada e averbada na matrícula ou transcrição do imóvel. Se o imóvel houver passado para outra circunscrição de registro de imóveis, certidão deverá ser encaminhada ao atual registrador, acompanhada de comunicado sobre a ordem de indisponibilidade. Não sendo possível a abertura da matrícula na circunscrição atual, a averbação será realizada na serventia de origem.
>
> § 3º A superveniência de ordem de indisponibilidade, salvo decisão judicial em sentido contrário, não impede o registro de título anteriormente prenotado, incumbindo ao registrador comunicar ao juiz a realização do ato de registro."[227]

A principal crítica feita a essa norma (§ 3º do art. 320-I) foi a possibilidade de violação do *princípio da prioridade*, pois um título já apresentado ao cartório imobiliário (prenotado), mas ainda não registrado, poderia vir a não ser registrado. Vimos como funciona a *prioridade registral* na seção 1.7 deste livro.

Não há, na hipótese, violação ao *princípio da continuidade*, porque a indisponibilidade – em termos meramente registrais – não prevalece em face de título registrado, mas apenas em face de títulos não registrados, ainda que prenotados. Ainda assim, decisão judicial em contrário pode determinar que a indisponibilidade não prevaleça.

Portanto, a prioridade registral somente será violada no pequeno lapso temporal entre a apresentação do título (prenotação) e seu registro. Nas hipóteses em que não há pendência a ser resolvida, esse lapso temporal é algo como dois ou três dias (a depender do cartório, é claro). É muito azar (ou é muito suspeito) que essa hipótese ocorra na prática.

Caso o comprador do imóvel venha a ser prejudicado em decorrência de indisponibilidade não detectada, será possível alegar a ineficácia da indisponibilidade.[228] Na pior das hipóteses, a solução será buscar indenização contra o Estado, nos termos do art. 37, § 6º, da Constituição Federal.[229]

O Provimento nº 188/2024 não prevê responsabilidade civil do registrador ou do tabelião, que havia sido incluída no Provimento CNJ nº 39/2014 pelo Provimento CNJ nº 142, de 23-3-2023.

---

227 Redação do § 3º do art. 320-I dada pelo Provimento CNJ nº 190, de 25-4-2025.

228 Art. 54 da Lei nº 13.097, de 19-1-2015, alterada pela Lei nº 14.382, de 27-6-2022, e pela Lei nº 14.825, de 20-3-2024.

229 "Art. 37. (...) § 6º As pessoas jurídicas de direito público e as de direito privado prestadoras de serviços públicos responderão pelos danos que seus agentes, nessa qualidade, causarem a terceiros, assegurado o direito de regresso contra o responsável nos casos de dolo ou culpa."

Há uma hipótese de indisponibilidade que não constará ou talvez não conste do CNIB: o § 1º do art. 53 da Lei nº 8.212, de 24-7-1991, faculta ao exequente federal a indicação de bens à penhora já na petição inicial, que estabeleceu a indisponibilidade dos bens *indicados* (embora o dispositivo, de péssima técnica, use o vocábulo "penhorados") na petição inicial *sem qualquer necessidade de prática de outro ato*, nem mesmo decisão do juiz ou de registro ("averbação") da penhora. Essa hipótese é pouco comum na prática, mas reforça a necessidade de obtenção das certidões previstas na seção 3.12. Seja como for, o comprador pode tentar se defender alegando o disposto no art. 54 da Lei nº 13.097, de 19-1-2015, alterado pela Lei nº 14.382, de 27-6-2022, e pela Lei nº 14.825, de 20-3-2024, que são normas posteriores à Lei nº 8.212/91.

4

O ESTADO CIVIL E O CÔNJUGE OU COMPANHEIRO DO VENDEDOR

Por ocasião da venda do imóvel, é necessário que o cônjuge do vendedor também participe, assinando a escritura na qualidade de proprietário (ou seja, o cônjuge do vendedor é também vendedor, se for proprietário) ou, mesmo que não seja proprietário, na condição de cônjuge. A autorização do cônjuge é necessária por força de lei e chama-se outorga uxória ou outorga marital.

Essa autorização é expressamente exigida nos termos do art. 1.647 do Código Civil.

Há, atualmente, três hipóteses em que a outorga uxória ou marital para a venda do imóvel é juridicamente dispensável para a validade do negócio. Mas, na prática, apenas em uma delas e ainda assim em uma situação muito específica o comprador cauteloso poderá dispensar a participação do cônjuge ou companheiro, pelas razões a seguir expostas.

A primeira hipótese é a prevista no art. 978 do Código Civil, que permite ao *empresário casado*, sem outorga conjugal (isto é, uxória ou marital), qualquer que seja o regime de bens, alienar os imóveis que integrem o patrimônio da empresa.

A definição de empresário está no art. 966 do Código Civil. Sua origem está na *teoria da empresa*, que foi positivada inicialmente na Itália em 1942, embora remonte ao século XIX. De acordo com o art. 966 do Código Civil, a definição de empresário é pessoa física ou jurídica que exerce profissionalmente atividade econômica de forma organizada para produção e circulação de bens ou de serviços. A definição jurídica de *empresário* só foi positivada com o Código Civil. Por empresário não devemos entender o controlador de uma pessoa jurídica (chamado popularmente de "dono da empresa") nem o administrador, mas a pessoa jurídica ou a pessoa física que exerça em nome próprio atividade econômica.[1] Nesse caso, o imóvel de propriedade do empresário pode estar registrado com o seu nome civil ou com o nome da firma individual. Não há diferença: a pessoa é uma só, embora tenha um nome civil (que consta da certidão de nascimento) e um nome empresarial (firma individual registrada na Junta Comercial).

Quem é "empresário casado"? Evidentemente, "empresário casado" é necessariamente uma pessoa física, já que pessoas jurídicas não se casam. *Empresário individual* é a pessoa física que, sem qualquer vínculo associativo, que não tenha criado pessoa jurídica (sociedade empresária), exerça em nome próprio atividade econômica nos termos do art. 966 do Código Civil. Assim, o empresário casado aludido no art. 978 do Código Civil é o empresário individual que se casou. Para ser empresário individual *regular*, ele deve ter sua firma arquivada na Junta Comercial.

Que bem integra o patrimônio da empresa?

De acordo com a *teoria da empresa* (adotada pelo Código Civil), a palavra *empresa* pode ser tomada com três acepções (perfis): empresa é uma *atividade*, é o *empresário* ou é um *conjunto de bens*. O art. 978 adota a expressão *empresa* com o primeiro desses significados: empresa é a atividade econômica organizada.[2] Portanto, imóvel que integra o patrimônio da empresa é o imóvel utilizado na atividade econômica pelo empresário. A casa residencial, de veraneio, ou mesmo adquirida como investimento esporádico do empresário não está abrangida pelo art. 978, mas apenas o imóvel em que ele realmente exerce suas atividades econômicas habituais (profissionais).

Como se pode notar, não é exatamente simples a interpretação do art. 978 do Código Civil!

Por essa razão e antevendo prováveis controvérsias jurídicas a respeito, deve o comprador, por cautela, exigir a participação do cônjuge ou companheiro do vendedor, mesmo se a hipótese se enquadrar no art. 978 do Código Civil e, em tese, ser dispensada a participação do cônjuge ou companheiro nessa situação.[3]

Além disso, frise-se, muitas vezes, o bem imóvel, ainda que apenas em nome de um dos cônjuges ou companheiros, é, na verdade, de propriedade comum de ambos os cônjuges ou companheiros, como veremos ainda neste tópico, razão pela qual a participação do cônjuge ou companheiro será absolutamente necessária.

A segunda hipótese é a prevista no art. 1.656 do Código Civil. Diz que a possibilidade do cônjuge alienar seus bens imóveis pode constar do pacto antenupcial que

---

1 Vide: SILVA, Bruno Mattos e. *Direito de empresa*: teoria da empresa e direito societário. São Paulo: Atlas, 2007. p. 27-44.

2 Vide: SILVA, Bruno Mattos e. *Direito de empresa*: teoria da empresa e direito societário. São Paulo: Atlas, 2007. p. 48-54.

3 Enunciado nº 340, aprovado na IV Jornada de Direito Civil, realizada pelo Conselho da Justiça Federal nos dias 25 a 27-10-2006 (válido como doutrina): "Art. 1.665. No regime da comunhão parcial de bens é sempre indispensável a autorização do cônjuge, ou seu suprimento judicial, para atos de disposição sobre bens imóveis."

adotar como regime de bens o da participação final nos aquestos. Esse regime de bens, que não existia antes do advento do Código Civil em vigor, estabelece, como regra geral, que os bens imóveis só podem ser alienados com a outorga conjugal do cônjuge (art. 1.673, parágrafo único, do Código Civil). Ou seja, por esse regime, a regra geral é a necessidade da outorga conjugal; por exceção (art. 1.656), a outorga conjugal será desnecessária: para tanto, isso deverá constar do pacto antenupcial. Ora, na prática, essa situação dificilmente ocorrerá: o regime da participação final nos aquestos é desconhecido do grande público e mais ainda a possibilidade de se constar a alteração de uma de suas regras gerais! Não é difícil perceber que o art. 1.656 do Código Civil tem pouca aplicação na prática, razão pela qual é dispensada, aqui, a descrição das cautelas que seriam necessárias nessa improvável hipótese.

A terceira hipótese em que a outorga conjugal é juridicamente dispensada é a do vendedor que não tinha cônjuge ou companheiro, tendo adquirido como solteiro bem imóvel e após o advento do Código Civil em vigor se casou pelo regime da separação absoluta de bens. Nessa hipótese, o comprador cauteloso deverá checar minuciosamente esses fatos, bem como se o pacto antenupcial que estabeleceu o regime da separação é realmente válido, constando do assento do casamento (art. 70 da Lei nº 6.015/73), embora sua validade se presuma por meio da certidão de casamento em que constar essa informação, bem como se está registrada no livro especial do cartório de registro de imóveis do domicílio dos cônjuges (art. 1.657 do Código Civil).

Vejamos os motivos pelos quais não é qualquer pessoa hoje casada sob regime de separação absoluta que pode vender seus bens imóveis sem outorga conjugal.

Antes do advento do Código Civil em vigor, era irrelevante o regime de bens dos cônjuges, pois os arts. 235 e 242 do Código Civil de 1916 exigiam expressamente a autorização do marido ou da esposa para a alienação do imóvel, qualquer que fosse o regime de bens.

Atualmente, de acordo com os arts. 1.647 e 1.687 do Código Civil, pode-se entender como não sendo mais necessária a participação do cônjuge que não for proprietário, quando o regime de bens for o da separação absoluta.

Contudo, a jurisprudência já vinha admitindo que, em determinadas situações, os bens adquiridos na constância do casamento eram de propriedade comum, mesmo quando o regime de bens era o da separação de bens.[4] Nesses casos, a participação do cônjuge do vendedor era absolutamente necessária, ainda que a regra jurídica dispensasse a participação do cônjuge: ele era, na verdade, também

---

[4] STJ, REsp 208.640/RS, Terceira Turma, Min. Carlos Alberto Menezes Direito, j. em 15-2-2001, *DJ* de 28-5-2001.
STJ, REsp 1.615/GO, Terceira Turma, Min. Eduardo Ribeiro, j. em 13-2-1990, *DJ* de 12-3-1990.
STJ, REsp 13.661/RJ, Quarta Turma, Rel. Min. Sálvio de Figueiredo Teixeira, j. em 24-11-1992, *DJ* de 17-12-1992.
STJ, REsp 9.414/SP, Terceira Turma, Rel. Min. Dias Trindade, j. em 3-9-1991, *DJ* de 23-9-1991.

vendedor, por ser proprietário! A questão se resolve do seguinte modo: Caso o outro cônjuge venha a demonstrar que o imóvel foi adquirido por meio de "esforço comum", a despeito do regime de separação absoluta, haverá entendimento de que o imóvel pertence a ambos.[5]

Ou seja, como regra geral, os bens adquiridos na constância do casamento[6] ou da união estável[7] são de propriedade comum dos cônjuges ou companheiros.

Em outras palavras, mesmo pela regra atual a participação do cônjuge do vendedor pode ser necessária, de acordo com o entendimento jurisprudencial que o considera, em certas situações, proprietário do imóvel.

Além disso, pergunta-se: a venda de bens de pessoa casada sob regime de separação de bens *antes* da vigência do Código Civil em vigor subordina-se ao regime do Código Civil em vigor ou do Código Civil revogado?

O art. 2.039 do Código Civil em vigor dispõe que "o regime de bens nos casamentos celebrados na vigência do Código Civil anterior, Lei nº 3.071, de 1º de janeiro de 1916, é o por ele estabelecido", o que dá a entender que à venda nas condições mencionadas exigiria sim a autorização do cônjuge do vendedor. Porém, há precedente judicial em sentido contrário, permitindo a venda de imóvel sem a concordância do cônjuge, pois o casamento realizou-se pelo regime da separação absoluta, sendo irrelevante que a data da celebração tenha sido anterior ao advento do Código Civil em vigor: o registrador

---

5 STJ, EREsp nº 1.623.858/MG, Segunda Seção, Rel. Min. Lázaro Guimarães (Desembargador Convocado do TRF 5ª Região), j. em 23-5-2018.

6 Assim dispõe o Código Civil: (1) a respeito do regime de comunhão parcial de bens: "Art. 1.660. Entram na comunhão: I – os bens adquiridos na constância do casamento por título oneroso, ainda que só em nome de um dos cônjuges"; (2)a respeito do regime de comunhão universal: "Art. 1.667. O regime de comunhão universal importa a comunicação de todos os bens presentes e futuros dos cônjuges e suas dívidas passivas, com as exceções do artigo seguinte"; (3)a respeito do regime de participação final nos aquestos: "Art. 1.672. No regime de participação final nos aquestos, cada cônjuge possui patrimônio próprio, consoante disposto no artigo seguinte, e lhe cabe, à época da dissolução da sociedade conjugal, direito à metade dos bens adquiridos pelo casal, a título oneroso, na constância do casamento."

Quanto ao regime da separação, na vigência do Código Civil anterior entendia-se, com base no art. 259 do Código Civil de 1916 ("Embora o regime não seja o da comunhão de bens, prevalecerão, no silêncio do contrato, os princípios dela, quanto à comunicação dos adquiridos na constância do casamento"), que os bens adquiridos por um deles seriam de propriedade comum, salvo se o pacto antenupcial contivesse expressamente a incomunicabilidade dos bens adquiridos na constância do casamento, o que não se presumia pela simples opção pelo regime da separação de bens.

O Código Civil de 2002 não repetiu a regra do art. 259 do Código Civil revogado. Mas é bem possível que a jurisprudência acolha o princípio de que são comuns os bens adquiridos na constância do casamento sob o regime da separação de bens, se provado o esforço comum para a sua aquisição.

7 Diz o Código Civil: "Art. 1.725. Na união estável, salvo contrato escrito entre os companheiros, aplica-se às relações patrimoniais, no que couber, o regime da comunhão parcial de bens."

imobiliário recusou o registro do título, mas, ao final, o juiz concluiu que a assinatura do cônjuge era dispensável.[8]

A hipótese mais importante é a questão de bens adquiridos após o casamento, ainda que seja formalmente apenas um deles como proprietário. Caso o outro cônjuge venha a demonstrar que o imóvel foi adquirido por meio de "esforço comum", a despeito do regime de separação absoluta, haverá entendimento de que o imóvel pertence a ambos.[9]

Teoricamente, apenas se o imóvel tiver sido adquirido pelo vendedor como solteiro, na ausência de qualquer união estável, e o casamento tenha ocorrido após o advento do Código Civil em vigor sob o regime da separação absoluta é que pode o comprador dispensar a participação do cônjuge.

Para deixar o tema mais confuso, existe entendimento no sentido de que "podem os cônjuges ou companheiros escolher outro regime de bens além do rol previsto no Código Civil, combinando regras dos regimes existentes (regime misto)".[10] O problema nesse caso é que o Judiciário poderá ignorar as cláusulas do pacto antenupcial e aplicar o entendimento de que existiu "esforço comum" e afirmar que ambos os cônjuges são proprietários do imóvel.

Portanto, para não correr riscos ou ter transtornos quando for registrar a escritura no cartório, deve o comprador exigir *sempre* a participação do cônjuge do vendedor. Não são tão incomuns casos envolvendo simulações de venda de imóveis para prejudicar cônjuge, o que pode gerar nulidade da operação (simulada)[11] e vir a prejudicar o posterior comprador de boa-fé.

Se o vendedor tiver adquirido o bem como solteiro, vindo posteriormente a se casar, deve-se averbar no registro de imóveis a mudança no estado civil do vendedor, mesmo que em razão do regime de bens a esposa não seja coproprietária do imóvel.

É possível que o vendedor que veio a se casar não tenha procedido à averbação de seu novo estado civil nos cartórios de registro onde estejam registrados seus imóveis.

Assim, se "A" consta como *solteiro* no registro de imóveis, poderia vender seu imóvel apenas como solteiro, não necessitando da participação de seu cônjuge para a venda, por óbvio, uma vez que ele não o possui. Mas se "A", embora conste como

---

8 "Assim, mantendo o REGIME DE BENS anterior, o art. 2.039 não perpetuou a necessidade do consentimento da esposa na alienação de bens incomunicáveis, de forma que todas as operações de venda a serem realizadas nos termos da nova lei, poderão prescindir de tal formalidade, desde que o regime de bens seja o da separação absoluta de bens" (1ª VRPSP, Processo nº 000.04.023141-0, Juiz Venício Antonio de Paula Salles, j. em 26-11-2004).

9 STJ, EREsp nº 1.623.858/MG Segunda Seção, Rel. Min. Lázaro Guimarães (Desembargador Convocado do TRF 5ª Região), j. em 23-5-2018.

10 Enunciado nº 80 aprovado na 1ª Jornada de Direito Notarial e Registral, realizada pelo Conselho da Justiça Federal em 2022, válido como doutrina.

11 STJ, REsp nº 1.969.648/DF, Terceira Turma, Rel. Min. Moura Ribeiro, j. em 18-10-2022.

solteiro no registro de seu imóvel, veio a se casar, como *casado*, precisa, para vender o imóvel, de autorização de sua esposa (outorga uxória), que deverá, como se viu, assinar conjuntamente a escritura pública de compra e venda, por expressa exigência legal.

Averbando-se, no cartório imobiliário, a mudança do estado civil de "A", a situação estará regularizada.

Portanto, a qualificação do vendedor constante do registro de imóveis deverá ser a mesma da constante da escritura pública. Se for diferente, o oficial do cartório imobiliário poderá recusar o registro da escritura.[12]

É possível, outrossim, mesmo não constando no cartório imobiliário o estado de *casado* do vendedor, efetuar o registro da escritura, desde que conste dela a qualificação de casado, a assinatura do cônjuge e seja exibida ao oficial do cartório a certidão de casamento: o oficial averbará a mudança do estado civil e, em seguida, registrará a escritura pública.

Curiosamente, na hipótese de vendedor que adquiriu o imóvel como divorciado, pode ser exigida a apresentação de certidão de casamento com a averbação de divórcio (há tabeliães que aceitam cópia autenticada). Trata-se de um procedimento equivocado, pois o que deveria ser exigido é uma certidão de nascimento atualizada na qual, em tese, poderia constar um novo casamento do vendedor divorciado. Veremos na seção 4.1 que o sistema de comunicação ao cartório de registro do nascimento por parte do cartório de registro do casamento é falho, razão pela qual o procedimento mencionado é o utilizado na prática.

A verificação do direito dos cônjuges (ou de cônjuge anterior) à propriedade do imóvel pode ser tormentosa.

A questão, aliás, pode ser objeto de ação de usucapião de um cônjuge contra outro com prazo diferenciado, pois a Lei nº 12.424, de 16-6-2011, alterou a Lei nº 10.406, de 10-1-2002 (Código Civil), para incluir dispositivo:

> "Art. 1.240-A. Aquele que exercer, por 2 (dois) anos ininterruptamente e sem oposição, posse direta, com exclusividade, sobre imóvel urbano de até 250m^2 (duzentos e cinquenta metros quadrados) cuja propriedade divida com ex-cônjuge ou ex-

---

12 Nesse sentido: "Registro de Imóveis – Dúvida – Pretensão que visa o registro de mandado de penhora no qual o titular de domínio é qualificado como separado – Proprietário que é qualificado no registro de origem como solteiro – Imprescindibilidade da averbação do casamento e de respectivo regime de bens para a preservação da continuidade – Recurso não provido. O princípio da continuidade ficaria violado se se admitisse o registro do mandado de penhora em cujo título o executado é qualificado como sendo separado, quando no registro do bem ele consta o estado civil de solteiro. Importa conhecer o regime de bens do casamento e, conforme for o caso, se houve partilha na separação" (CSMSP, Ap. Cível 027.269-4, 26-4-1996, Relator: Antônio Carlos Alves Braga).

"Registro de imóveis – Registro – Certidão extraída dos autos de arrolamento de bens – Divergência com a transcrição existente – Adquirente mencionado como viúvo – Erro – Provas evidentes do estado de casado à época da aquisição do imóvel – Registro determinado com prévia averbação do estado civil" (*RT* 563/107).

-companheiro que abandonou o lar, utilizando-o para sua moradia ou de sua família, adquirir-lhe-á o domínio integral, desde que não seja proprietário de outro imóvel urbano ou rural.

§ 1º O direito previsto no *caput* não será reconhecido ao mesmo possuidor mais de uma vez.

§ 2º (VETADO)." (NR)

4.1 COMO SABER O ESTADO CIVIL DO VENDEDOR

Há de saber qual é o estado civil do vendedor. Se ele está casado, precisa do consentimento da esposa (ou marido) para vender o bem.

Uma possível solução consiste em se pedir uma certidão de nascimento do vendedor, no Cartório de Registro Civil onde estiver registrado seu nascimento.

É que no assento do nascimento deverão estar anotadas as informações necessárias a respeito de o vendedor ser ou não juridicamente capaz de alienar o imóvel: emancipação, interdição, ausência, óbito, estado civil.[13] Contudo, por esse Brasil gigante, pode ocorrer a hipótese na qual, por falha do serviço cartorário (judicial e extrajudicial), a averbação não é feita.

Atualmente, o Provimento CNJ nº 149, de 30-8-2023 (alterado pelo Provimento CNJ nº 180, de 16-8-2024), que substituiu o Provimento CNJ nº 46, de 16-6-2015, trata da Central de Informações de Registros Civil de Pessoas Naturais (CRC). Por meio desse sistema, qualquer pessoa poderá obter em um cartório de registro civil uma certidão de nascimento de determinada pessoa, ainda que o assento desse nascimento esteja registrado em outro cartório. Interessa-nos, aqui, a possibilidade de o comprador obter a certidão de nascimento do vendedor.

Embora o CRC funcione bem, já sendo obrigatório que todo registrador civil esteja integrado ao sistema, na prática, ainda há falhas de comunicação, por exemplo, entre o Judiciário – que deveria informar a existência de mudança de estado civil (ex.: divórcio) ao cartório de registro do casamento –, o cartório de registro do casamento e o cartório de registro de nascimento etc. Assim, a certidão obtida pelo CRC irá refletir o que consta do assento de nascimento, mas nada garante que o assento de nascimento contenha todos os atos (casamento, divórcio etc.) referentes à vida da pessoa da qual se pode obter a certidão de nascimento.

---

[13] Diz o art. 107 da Lei de Registros Públicos: "Art. 107. O óbito deverá ser anotado, com as remissões recíprocas, nos assentos de casamento e nascimento, *e o casamento no deste.*

§ 1º A emancipação, a interdição e a ausência serão anotadas pela mesma forma, nos assentos de nascimento e casamento, bem como a mudança do nome da mulher, em virtude de casamento, ou sua dissolução, anulação ou desquite.

§ 2º A *dissolução e anulação do casamento* e o *restabelecimento da sociedade conjugal serão, também, anotados nos assentos de nascimento* dos cônjuges" (original sem destaques).

A situação também se complica na hipótese de existência de separação judicial (litigiosa ou consensual: "desquite", na terminologia antiga), cuja partilha não conste do registro imobiliário. É necessário, nesse caso, examinar o processo judicial ou a escritura lavrada pelo tabelião de notas (separação consensual ou divórcio consensual, no regime da Lei nº 11.441, de 4-1-2007), para avaliar como foi feita a partilha.

4.2 O VENDEDOR NÃO É FORMALMENTE CASADO, MAS VIVE MARITALMENTE COM ALGUÉM

Pode ser que o estado civil do vendedor seja o de solteiro, mas ele more com alguém, como se fosse casado. É a *união estável*, que pode ou não estar formalizada por contrato escrito.

Com o advento da Lei nº 9.278/96, passou a existir uma presunção de que foram adquiridos por esforço comum todos os bens que entraram para o patrimônio de um dos companheiros, no curso da convivência em comum, ainda que os bens estejam registrados no nome de apenas um deles e que o outro não exerça atividade remunerada. Todavia, a lei excluiu dessa presunção os bens que vieram a pertencer a um dos conviventes a título gratuito (doação, herança).

O Código Civil em vigor avançou um pouco mais, estabelecendo no art. 1.725 que, na união estável, salvo contrato escrito entre os companheiros, aplica-se às relações patrimoniais, no que couber, o regime da comunhão parcial de bens. Isso significa dizer que (ao menos teoricamente) não há mais de se falar em "presunção" de aquisição de bens pelo esforço comum, mas sim de efetivo direito à meação por parte da(o) companheira(o).[14]

Isso significa que a lei reconhece a propriedade da metade ideal de um imóvel ao companheiro que não conste como tal no Registro de Imóveis, desde que preenchidos alguns requisitos definidos pela própria lei, para que o relacionamento em comum seja considerado como *união estável*. É o que dispõe o art. 1.723 do Código Civil, que repete a regra do art. 1º da Lei nº 9.278/96:

> "Art. 1.723. É reconhecida como entidade familiar a união estável entre o homem e a mulher, configurada na convivência pública, contínua e duradoura e estabelecida com o objetivo de constituição de família."

Além disso, o STF, em uma decisão emblemática (ADPF nº 132/RJ, j. em 5-5-2011), reconheceu que pode existir união estável entre pessoas do mesmo sexo. Essa decisão é vinculante e a questão está pacificada.

---

14 Dispõe o Enunciado 115 da I Jornada de Direito Civil, realizada pelo Conselho da Justiça Federal, em setembro de 2002: "Art. 1.725: há presunção de comunhão de aquestos na constância da união extramatrimonial mantida entre os companheiros, sendo desnecessária a prova do esforço comum para se verificar a comunhão dos bens."

Preenchidos esses requisitos, portanto, a pessoa que convive com o vendedor será também proprietária dos bens adquiridos no curso da convivência em comum.

Portanto, o que vale é convivência em comum, mesmo que a união estável não esteja ainda formalizada. Isso tem como consequência que eventual acordo para separação de bens contido no contrato de união estável não retroage.[15]

Assim, um imóvel, adquirido por "A" no curso da união estável com "B", possivelmente constará, no registro imobiliário, como sendo de propriedade apenas de "A". Todavia, preenchidos os requisitos anteriores, "B" é também proprietário(a) do imóvel.

Por essa razão, os eventuais credores de "B" poderão vir a indicar o imóvel de "A" à penhora, mesmo que já vendido (isso pode caracterizar fraude à execução, vide seção 3.4), para que a parte de "B" no imóvel ("meação") responda pelas dívidas de "B". Por isso é que no Capítulo II está consignado que é necessária a verificação da situação pessoal da(o) companheira(o) do(a) vendedor(a). No caso de dívida decorrente de pensão alimentícia, a situação é ainda pior: mesmo considerado "bem de família" legal (vide seções 2.1, 2.20, 3.14), a teor do inciso III do art. 3º da Lei nº 8.009, de 29-3-90, em redação dada pela Lei nº 13.144, de 6-7-2015, os credores poderão pedir a penhora do imóvel.

Ou, ainda, "B" poderá alegar, futuramente, que metade do imóvel ainda é seu, posto que ele não assinou o instrumento de venda. Nessas situações, o comprador corre o risco de perder metade da propriedade do imóvel adquirido.

Também se aplica a casais homossexuais o direito do(a) parceiro(a) à propriedade de metade do imóvel adquirido a título de compra na constância do relacionamento, mesmo que ele tenha sido registrado em nome de apenas um dos parceiros, uma vez que a jurisprudência presume o esforço comum.[16] Não há qualquer distinção, sob esses aspectos, entre casais homossexuais e heterossexuais.

Portanto, caso o vendedor do imóvel "more junto" com alguém, o nome dessa pessoa deverá figurar na escritura de compra e venda como sendo vendedora, devendo participar do negócio jurídico nessa qualidade.

Observe-se que a lei, tal como interpretada pelo STF, limita-se a exigir, tão somente, a convivência duradoura, pública e contínua entre duas pessoas, com objetivo de constituir família. Esses requisitos são cumulativos. A ausência de qualquer um deles implica que não haverá a incidência do disposto pela presente lei. Portanto, relações fugazes, secretas, intermitentes, que não objetivam a criação de família não são abrangidas pela norma comentada. A infidelidade, ainda que de grandes proporções, parece não ser obstáculo para a configuração de união estável (REsp nº 1.974.218).

Evidentemente, em muitos casos existirá dúvida a respeito de preencher a convivência mantida pelo vendedor os requisitos da presente lei, a ensejar sua aplicabilidade.

---

[15] STJ, AgInt no REsp nº 1.843.825/RS, Terceira Turma, Rel. Min. Moura Ribeiro, j. em 8-3-2021.

[16] STJ, REsp 1.085.646, Segunda Seção, Rel. Min. Nancy Andrighi, j. em 11-5-2011.

Existindo dúvida, deve o comprador exigir que a(o) companheira(o) assine a escritura conjuntamente com o vendedor, por uma questão de segurança.

Pode ser, ainda, que o vendedor seja formalmente casado com uma pessoa, mas separado de fato e viva maritalmente com outra, preenchendo os requisitos da lei quanto a esta última convivência. Existia um entendimento no sentido de que essa relação seria adúltera, recusando-se nosso ordenamento jurídico protegê-la como entidade familiar e a reconhecer seus efeitos.[17] Tratando dessa questão, o Código Civil estabelece no § 1º do art. 1.723 que é possível a existência de união estável mesmo com pessoa casada, desde que separada de fato.

Outra hipótese é a do vendedor que, casado e vivendo maritalmente com sua esposa, mantenha simultaneamente outra relação. Nesse caso não há união estável, mas simples concubinato (art. 1.727 do Código Civil).[18] Contudo, o imóvel pode ter sido adquirido mediante esforço comum dos concubinos adúlteros, razão pela qual, a despeito da ausência da incidência do art. 226, § 3º, da Constituição Federal, ambos podem ser considerados proprietários do imóvel, devendo a escritura de compra e venda ser assinada também pela concubina. Vide, na seção 3.14, o tópico *Contestação em ação anulatória, reivindicatória ou de reintegração de posse.*

Para descaracterizar a existência de união estável e as consequências jurídicas dessa situação, passou a ser comum a lavratura em cartório de "contrato de namoro". Em tese, isso serve ou serviria para inverter o ônus da prova quanto à presunção de que foram decorrentes de esforço comum os bens adquiridos na constância da relação, digamos, amorosa.

Nada impede, porém, que exista prova em sentido contrário, de modo que mesmo na existência de "contrato de namoro" possa existir, na realidade, união estável.[19] Por isso muita gente tem feito, periodicamente (ex.: a cada seis meses), nova lavratura em cartório do "contrato de namoro".

Todo esse tema é repleto de casuísmos, havendo decisões judiciais em sentidos distintos, dependendo das particularidades do caso concreto e da interpretação dada

---

17 Nesse sentido: "Concubinato adulterino – Direitos próprios do casamento – Impossibilidade. Se adulterino, o concubinato não pode gerar direitos próprios do casamento. (...) Portanto, em sendo assim, mesmo que indiscutível a existência do concubinato, por ser adulterino, não poderia a autora, ora apelante, pretender extrair dele os efeitos da união estável do casamento, como efetivamente acontece" (TJRJ, 1ª Câm. Cív.; reg. em 7-5-97, Ap 651/97. In: *ADCOAS* 8.155.359).

18 STF, RE nº 397.762, j. em 3-6-2008.

19 Há até mesmo um "folclórico" caso, narrado por um tabelião amigo, de lavratura de escritura de *contrato de não namoro*. Qual seria a consequência desse curioso acordo? Em termos técnicos, a existência de um contrato dizendo que determinada relação (namoro) não existe não significa que outra relação (união estável) necessariamente existe: a questão da existência ou inexistência de união estável deverá ser objeto de prova, deverá ser demonstrada se há ou houve vida em comum.

pelo julgador.[20] Há um interessante precedente do STJ favorável ao comprador de boa-fé.[21] Em caso de dúvida, por uma questão de segurança, é recomendável que tanto a esposa como a companheira assinem a escritura juntamente com o vendedor.

4.3 ACORDO ENTRE OS CÔNJUGES OU COMPANHEIROS A RESPEITO DA PROPRIEDADE DE DETERMINADOS BENS

É evidente que o que quer esteja consignado no acordo celebrado entre os cônjuges ou companheiros não terá o condão de prejudicar os interesses de terceiros. O acordo será válido para os cônjuges ou companheiros, mas não em face de outrem.

Assim, se "A", com imensas dívidas, adquire um imóvel e coloca em nome de "B", sua esposa ou companheira, mesmo existindo acordo versando que o bem foi adquirido unicamente com o produto do esforço de "B", os credores de "A" poderão requerer que a metade ideal de "A" responda pela dívida.

Como regra geral, os bens adquiridos na constância do casamento ou da união estável são de propriedade comum dos cônjuges ou companheiros. E é assim porque o esforço comum é presumido, exceto na hipótese da separação absoluta, na qual o esforço comum deve ser provado. Para que se queira demonstrar que o bem adquirido

---

20 "Processual civil. Recurso especial. Ação de reconhecimento e dissolução de sociedade de fato. Partilha de bens. Concubinato. Casamento. Pré e coexistência. Impedimento matrimonial. Prevalência. Reexame de prova. – Os efeitos decorrentes do concubinato alicerçado em impedimento matrimonial não podem prevalecer frente aos do casamento pré e coexistente. VOTO (...) Diante dos conceitos supramencionados, e da perspectiva adotada pelo CC/02, se a pessoa casada tiver rompido a sociedade conjugal, de fato, ou judicialmente (art. 1.723, § 1º), não se obsta a constituição da união estável. Contudo, se a relação entre um homem e uma mulher se der sem a observância da proibição contida no art. 183, VI, do CC/16 (correspondência: art. 1.521, VI, CC/02), sem que tenha havido separação judicial ou de fato no anterior casamento do impedido, não restará configurada a hipótese de união estável, mas de mero concubinato (art. 1.727, CC/02) – caso concreto. Consubstanciada a existência de concomitante casamento e concubinato, impende fixar-se a preponderância legal de um dos institutos. Emerge, tanto do plano legal subjacente às razões acima esposadas, quanto do plano social, segundo o qual o legislador conferiu especial deslinde ao casamento, notadamente no que tange à salvaguarda da família, base da sociedade e merecedora de fundamental proteção do Estado, a prevalência do vínculo matrimonial diante da figura do concubinato a ele simultâneo, reforçando-se tal preponderância quando a relação concubinária vem alicerçada em impedimento para configuração de nova relação conjugal. Desse modo, não há que se falar em violação ao art. 1º da Lei nº 9.278/96, primeiro, pela não configuração de hipótese de união estável, contemplada pela referida lei, segundo, porque mesmo ante o possível reconhecimento da relação concubinária, seus efeitos não poderiam prevalecer frente aos do casamento pré e coexistente" (STJ, REsp nº 631.465/DF, 3ª Turma, Rel. Min. Nancy Andrighi, j. em 5-8-2004, *DJ* de 23-8-2004).

"Civil. Concubinato. Partilha de bens. Desfeito o concubinato, a partilha de bens supõe prova de que o patrimônio foi constituído pelo esforço comum. Recurso especial conhecido e provido" (STJ, REsp nº 214.819/RS, 3ª Turma, Rel. Min. Castro Filho, Rel. p/ Acórdão Min. Ari Pargendler, j. em 18-3-2003, *DJ* de 19-5-2003).

21 STJ, REsp nº 1.592.072, Terceira Turma, Rel. Marco Aurélio Bellizze, j. em 21-11-2017.

é de propriedade de apenas um dos cônjuges, deve-se derrubar a presunção de que recursos do casal foram utilizados para a compra do imóvel. Em geral, o modo pelo qual o casal faz isso é mediante expressa menção na escritura pública de aquisição do imóvel de que os recursos são ou foram exclusivamente decorrentes de um dos cônjuges. Essa declaração, porém, não subsiste no caso de fraude ou de prova em contrário.

Assim, se os credores provarem que os recursos vieram de "A" e que tudo foi uma fraude, a metade ideal de "A" ou mesmo a totalidade do bem, ainda que em nome de "B", responderá pelas dívidas.

Isso significa que, mesmo já vendido, o bem (ou sua metade ideal) poderá vir a responder pelas dívidas do cônjuge ou companheiro do vendedor, pelas razões descritas no Capítulo 2.

Nesse passo, a existência do acordo, devidamente registrado, somente elide a necessidade de participação do(a) companheiro(a) no negócio se ele(a) tiver manifesta solvência financeira. Havendo dúvida, deve-se exigir sua participação.

Quanto à esposa ou marido, sua participação, qualquer que seja o regime de bens, é normalmente necessária, conforme já visto.

5

COMPRANDO DE UMA PESSOA JURÍDICA

É possível que o imóvel seja de propriedade de uma pessoa jurídica e não da pessoa física que o ofereça para a venda. Nesse caso, alguns cuidados adicionais devem ser tomados.

O primeiro cuidado consiste em verificar o que dispõem os *atos constitutivos* da empresa (Contrato Social, se for uma Sociedade Limitada – Ltda.; Estatutos, se for uma Sociedade Anônima – S.A.) quanto à venda de seus bens, especialmente no tocante aos requisitos para a venda dos bens imóveis.[1] O mesmo se diga com relação à antiga EIRELI – Empresa Individual de Responsabilidade Limitada,[2] que foi transformada em sociedades limitadas unipessoais por força do art. 41 da Lei nº 14.195, de 26-8-2021.[3]

Não se confunde antiga EIRELI ou a sociedade limitada (unipessoal ou não) com o MEI – Microempreendedor Individual, que é um empresário individual (pessoa física), tal como definido no art. 966 do Código Civil, a teor do art. 18-A, § 1º, da Lei Complementar nº 123, de 14-12-2006, ou empreendedor, nos termos da redação dada a esse dispositivo pelo art. 1º da Lei Complementar nº 155, de 27-10-2016.

Neste Capítulo, vamos ver aspectos jurídicos (ex.: poderes conferidos a administrador para vender o imóvel, requisitos para a venda), bem como aspectos econômicos que podem impedir ou configurar risco para a aquisição válida do imóvel (ex.: montante de dívidas superior ao patrimônio da empresa vendedora).

---

1 Vide: SILVA, Bruno Mattos E. *Direito de empresa*. São Paulo: Atlas, 2007. p. 112, 147 e 268.

2 Art. 980-A do Código Civil, incluído pela Lei nº 12.441, de 11-7-2011, mas revogado pela Lei nº 14.382, de 27-6-2022.

3 O Departamento Nacional de Registro Empresarial e Integração (DREI), por meio do Ofício Circular SEI nº 4856/2022/ME, explicou o procedimento de transformação da EIRELI em sociedade limitada.

5.1 A EXISTÊNCIA DE PODERES CONFERIDOS A ALGUÉM PARA A VENDA

É preciso verificar se a pessoa que oferece o bem tem poderes para efetuar a venda. Não basta, simplesmente, que um sócio, diretor ou mesmo o presidente queira vender um imóvel de uma empresa para que a "venda" seja válida: é preciso ter poderes para isso.

Assim, é preciso, inicialmente, verificar nos *atos constitutivos* da empresa se a pessoa que oferece o bem à venda está autorizada a fazê-lo. Caso ela não esteja, deverá ter uma procuração com poderes específicos para proceder à venda. Essa procuração deve, obviamente, ter sido outorgada *pela empresa*,[4] por meio de quem detenha poderes para tanto.

Talvez conste expressamente nos estatutos ou contrato social em que situação poderá a pessoa jurídica vender bens imóveis, bem como quais são os requisitos para validade da alienação.

Deve-se, portanto, observar se a procuração atendeu aos requisitos constantes dos atos constitutivos da empresa. Assim, por exemplo, se constar que é necessário que dois diretores autorizem a venda, a procuração somente será válida se tiver sido assinada por dois diretores. Ou ainda, se o Estatuto tiver estipulado *quorum* mínimo para deliberação de venda de bem da sociedade, dever-se-á ter, no documento hábil, prova de que este requisito foi preenchido.[5] Em suma, tudo deve estar de acordo com o disposto no estatuto ou contrato social da empresa, sob pena de invalidade.

Contudo, é possível que na procuração, no contrato social, no estatuto, não se disponha expressamente a respeito da possibilidade ou não da venda de bens. Por exemplo, a expressão "autorizado a praticar *atos de administração*" não tem o condão de autorizar a venda, pois "ato de administração" corresponde, justamente, a se *utilizar e conservar* os bens e não a vendê-los. O art. 661, § 1º e o *caput* do art. 1.015 do Código Civil[6] são ou seriam claros quanto a essa questão.

---

4 Vide: SILVA, Bruno Mattos e. *Direito de empresa*: teoria da empresa e direito societário. São Paulo: Atlas, 2007.

5 Observe-se que a Assembleia que outorgar poderes para alguém vender um imóvel não apenas deverá ser efetuada da forma prevista em lei e no Estatuto, como "Os atos praticados em detrimento dos interesses da empresa são nulos, eis que, resultam do reconhecimento da nulidade das Assembleias Extraordinária e Ordinária, quando estas deferiram a mandatários poderes de disposição quanto aos bens e estes foram desviados" (JSTJ 36/208, cf. comentário ao art. 121 da Lei das Sociedades por Ações, Fábio Ulhoa Coelho. In: *Código comercial e legislação complementar anotados*).

6 *In verbis*: "Art. 1.015. No silêncio do contrato, os administradores podem praticar todos os atos pertinentes à gestão da sociedade; não constituindo objeto social, a oneração ou a venda de bens imóveis depende do que a maioria dos sócios decidir."

"Art. 661. O mandato em termos gerais só confere poderes de administração.

§ 1º Para alienar, hipotecar, transigir, ou praticar outros quaisquer atos, que exorbitem da administração ordinária, depende a procuração de poderes especiais e expressos."

O parágrafo único do art. 1.015 do Código Civil, que elencava as hipóteses em que o prejudicado poderia alegar ineficácia, anulabilidade, nulidade ou inexistência jurídica de ato praticado com abuso de poderes, foi revogado pela Lei nº 14.195, de 26-8-2021.[7] Isso deixou o tema ainda mais confuso, pois a inexistência do revogado parágrafo único pode ser interpretada tanto a favor como contra a validade do ato de venda do imóvel.

É possível sustentar, porém, que a venda pode ser ato regular *de administração* para as empresas que se dediquem à venda de imóveis. Registre-se que, mesmo para essas empresas, é conveniente que estejam expressos nos atos constitutivos quais os requisitos para a alienação dos bens imóveis. Caso contrário, ainda que proporcionalmente menor, também existe o risco.

Caso o Estatuto ou Contrato Social disponha especificamente quanto à possibilidade de venda ou alienação de bens, bastará que a escritura pública seja assinada por quem tem esses poderes ou que a procuração, na qual conste *poderes para vender* ou *poderes para alienar*[8] o bem objeto da venda, seja outorgada por ele.

Cuidado adicional deve ser tomado ao se verificar o estatuto ou o contrato social no que se refere a sua vigência: pode-se estar analisando um contrato social ou estatuto que já sofreu uma alteração, posterior à cópia em análise! Assim, é preciso verificar isso na Junta Comercial, no caso de a empresa ser uma sociedade comercial ou empresária, ou no Cartório de Registro Civil de Pessoas Jurídicas, na hipótese de uma sociedade civil,[9] associação ou sociedade simples.

No caso de uma sociedade empresária, pode-se solicitar uma *certidão específica* na Junta Comercial,[10] que será expedida nos termos da Instrução Normativa DREI nº 81, de 10-6-2020. No pedido, deve o solicitante explicitar as informações que deseje que conste da certidão. A *certidão simplificada* não é suficiente, pois ela afirma quem é administrador ou diretor da sociedade, mas não explicita quais são requisitos constantes do contrato social ou estatutos para a venda do imóvel. Em sentido semelhante, no caso de uma sociedade civil, associação ou sociedade simples, pode ser solicitada no Cartório de Registro Civil de Pessoas Jurídicas uma certidão *por quesitos*, que será fornecida nos termos dos arts. 16 e 19 da Lei nº 6.015, de 31-12-1973 (Lei de Registros Públicos).

---

[7] Assim dizia o dispositivo revogado: "Parágrafo único. O excesso por parte dos administradores somente pode ser oposto a terceiros se ocorrer pelo menos uma das seguintes hipóteses: I – se a limitação de poderes estiver inscrita ou averbada no registro próprio da sociedade; II – provando-se que era conhecida do terceiro; III – tratando-se de operação evidentemente estranha aos negócios da sociedade."

[8] Alienação é venda ou doação; é termo genérico, do qual venda e doação são espécies.

[9] O Código Civil não contempla a existência da sociedade civil, mas as sociedades civis criadas anteriormente continuam existindo, devendo proceder à adaptação dos atos constitutivos no prazo estabelecido pelo art. 2.031 do Código Civil.

[10] A respeito de registro na Junta Comercial, vide: SILVA, Bruno Mattos e. *Direito de empresa*: teoria da empresa e direito societário. São Paulo: Atlas, 2007. p. 115-127.

5.2 AS CERTIDÕES DE PRAXE: DA EMPRESA, DOS SÓCIOS E DO GRUPO ECONÔMICO

Deve ser feita uma análise da situação econômica do vendedor, não só pelas razões constantes de seções anteriores (vide especialmente as seções 2.12, 2.13. 2.36, 3.3 e 3.4), mas também por razões que veremos ao longo deste Capítulo.

É interessante verificar a relação entre dívida bruta e patrimônio da empresa vendedora. Há hipóteses em que a contabilidade da empresa deve ser publicada por força de lei (o exemplo típico são as empresas listadas na Bolsa de Valores,[11] mas há outras hipóteses de obrigação de publicação de balanços), assim como há dados que são sigilosos em razão da própria atividade empresarial.

Em geral, ainda que a relação dívida/patrimônio não seja boa sob o aspecto econômico, isso não significa necessariamente que a empresa não possa vender imóveis nem mesmo do que é conhecido como "ativo permanente". A rigor, em uma empresa com a contabilidade correta, haverá a devida previsão (provisão) para as ações judiciais e débitos em geral, de modo que o comprador saberá se existe possibilidade de a aquisição ser prejudicada por fraude à execução, fraude contra credores, ato realizado em "período suspeito" (vide seção 5.8) etc. A análise deve ser feita de forma criteriosa, de modo a poder verificar o grau de risco da aquisição.

Deverão ser obtidas as certidões mencionadas no Capítulo 3 em nome da empresa, mas também em nome dos sócios e das demais empresas constantes do mesmo grupo.

Ocorre que, em algumas situações, o sócio, já insolvente, adquire bens em nome da empresa solvente, por ele gerida, resolvendo posteriormente aliená-los, em detrimento do direito de seus credores.

Evidentemente, alegando que o bem, embora em nome da empresa, era na realidade de propriedade do sócio, os credores poderão tentar penhorá-lo para a satisfação do crédito, da forma já debatida.

Para aqueles que militam nos meios forenses, é clara a impressão de que é muito mais comum a hipótese em que o sócio responde por dívida da empresa do que a situação em que a empresa responde por dívida de sócio. Isso não é apenas uma impressão, é realmente verdade. Contudo, também são vistos, no dia a dia, vários casos em que a empresa responde por dívidas de sócios.[12] Sem prejuízo dessas afirmações, vide seção 3.14 para possíveis defesas do comprador nessas hipóteses.

---

[11] Rápida verificação da relação dívida bruta/patrimônio (e outros indicadores interessantes) de companhias listadas em bolsa pode ser feita por meio do site www.fundamentus.com.br.

[12] Enunciado nº 283, aprovado na IV Jornada de Direito Civil, realizada pelo Conselho da Justiça Federal nos dias 25 a 27-10-2006 (válido como doutrina): "Art. 50: É cabível a desconsideração da personalidade jurídica denominada 'inversa' para alcançar bens de sócio que se valeu da pessoa jurídica para ocultar ou desviar bens pessoais, com prejuízo a terceiros".
TJMG, Apelação Cível nº 1.0672.05.182169-8/001, 12ª Câmara Cível, Rel. Des. Alvimar de Ávila, j. em 13-9-2006, *DJ* de 30-9-2006.

Assim, para evitar que seja decretada a fraude à execução ou mesmo fraude contra credores[13] por parte da empresa, convém verificar a situação financeira dos seus sócios.

Hipótese ainda mais comum que a anterior é a da existência, dentro de um mesmo grupo econômico, de empresas em péssima situação financeira e empresas em ótima situação financeira.

Ocorre que as empresas pertencentes a um mesmo grupo econômico respondem pelas obrigações umas das outras em diversas situações.[14] Assim, é preciso verificar, na aquisição de um bem de uma empresa pertencente a um grupo, a situação patrimonial de todo o grupo, comparando o resultado obtido nas certidões de praxe, tiradas para cada empresa, com o montante de bens de que o grupo como um todo seja proprietário. Vide, a esse respeito, a Seção 3.6.

Verificando-se, dessa forma, que a situação do grupo é ruim, ainda que a situação da empresa vendedora seja ótima, a aquisição do bem imóvel não é, em princípio, recomendável.

Com o advento da Lei nº 12.441, de 11-7-2011 (hoje revogada), chegou a ser instituída do Brasil a *empresa individual de responsabilidade limitada* (EIRELI). Trata-se de uma pessoa jurídica criada por uma única pessoa física (costuma-se dizer "sociedade unipessoal", embora essa expressão seja contraditória, pois não há "sócios"). No caso, o administrador da EIRELI era a pessoa física que a constituiu. Devem ser obtidas as certidões em nome da pessoa física e também da EIRELI.

Não se deve confundir a antiga EIRELI com o empresário (pessoa física), embora ambos tenham CNPJ: no caso da EIRELI, há a criação de uma pessoa jurídica; no caso do empresário pessoa física, há apenas registro como tal na Junta Comercial.

Com o advento da Lei nº 14.195, de 26-8-2021, as EIRELIs foram transformadas em sociedades limitadas unipessoais (art. 41).

---

13 Ver no Capítulo 3 os tópicos *Fraude contra credores* e *Fraude à execução.*

14 Podemos mencionar como exemplo dessas situações a hipótese de responsabilidade por dívidas trabalhistas, conforme disposto na CLT:

"Art. 2º (...)

§ 2º Sempre que uma ou mais empresas, tendo, embora, cada uma delas, personalidade jurídica própria, estiverem sob a direção, controle ou administração de outra, ou ainda quando, mesmo guardando cada uma sua autonomia, integrem grupo econômico, serão responsáveis solidariamente pelas obrigações decorrentes da relação de emprego."

O mesmo se diga quanto às obrigações devidas à Seguridade Social, conforme disposto pela Lei nº 8.212/91: "Art. 30. A arrecadação e o recolhimento das contribuições ou de outras importâncias devidas à Seguridade Social obedecem às seguintes normas:

(...)

IX – as empresas que integram grupo econômico de qualquer natureza respondem entre si, solidariamente, pelas obrigações decorrentes desta Lei."

5.3 A CERTIDÃO NEGATIVA DE DÉBITO

Para a aquisição de bem imóvel de uma pessoa jurídica, ou de um empresário pessoa física (inclusive o MEI – Microempreendedor Individual),[15] será necessário que o vendedor esteja em dia com suas obrigações perante a Seguridade Social. Isso se faz mediante a apresentação da Certidão Negativa de Débito (CND),[16] na forma e pelas razões que veremos a seguir.

De acordo com a letra fria dos arts. 47 e 48 da Lei nº 8.212/91, a apresentação das certidões não é uma simples cautela que o comprador deve tomar para evitar riscos decorrentes do inadimplemento do vendedor, mas sim é requisito para a validade da aquisição do imóvel:

> "Art. 47. É exigida Certidão Negativa de Débito, fornecida pelo órgão competente, nos seguintes casos:
>
> I – Da empresa
>
> (...)
>
> b) na alienação ou oneração, a qualquer título, de bem imóvel ou direito a ele relativo.
>
> (...)."[17]

> "Art. 48. A prática de ato com inobservância do disposto no artigo anterior, ou seu registro, acarretará a responsabilidade solidária dos contratantes e do oficial que lavrar ou registrar o instrumento, sendo o ato nulo para todos os efeitos (...)."

---

15 O empresário individual (inclusive o MEI - Microempreendedor Individual), tal como era o antigo comerciante individual, não é nem pessoa jurídica nem sociedade, mas apenas pessoa física que exerce a atividade empresária, com registro como tal na Junta Comercial. Embora pessoa física, a legislação tributária trata o empresário individual como pessoa jurídica. Por isso ele tem CNPJ. É irrelevante se o empresário individual é MEI ou não (todo MEI é empresário individual, a teor do art. 18-A, § 1º, da Lei Complementar nº 123, de 14-12-2006, mas nem todo empresário individual é MEI). Ele deve apresentar as certidões negativas em razão do disposto nos arts. 15, I, e 47, ambos da Lei nº 8.212/91, e no art. 2.037 do Código Civil. Para mais informações a respeito, vide o seguinte livro: SILVA, Bruno Mattos e. *Direito de empresa*: teoria da empresa e direito societário. São Paulo: Atlas, 2007. p. 41 a 44 e 75 a 79.

16 Não confundir com a CRP – Certidão de Regularidade Previdenciária, relativa à Lei nº 9.717, de 27-11-1998.

17 Esse artigo ainda dispõe que: "§ 1º A prova da inexistência de débito deve ser exigida da empresa em relação a todas as suas dependências, estabelecimentos e obras de construção civil, independentemente do local onde se encontrem, (...)

§ 2º A prova da inexistência do débito, quando exigível ao incorporador, independe da apresentada no registro de imóveis por ocasião da inscrição do memorial de incorporação.

§ 3º Fica dispensada a transcrição, em instrumento público ou particular, do inteiro teor do documento comprobatório de inexistência de débito, bastando a referência do seu número de série e data da emissão, bem como a guarda do documento comprobatório à disposição dos órgãos competentes.

§ 4º O documento comprobatório de inexistência de débito poderá ser apresentado por cópia autenticada, dispensada a indicação de sua finalidade, exceto no caso do inciso II deste artigo. (...)."

A apresentação dessas certidões não se confunde com as demais certidões pessoais do vendedor (vide seção 3.12), que muitas vezes são "dispensadas" pelo tabelião e por compradores que, conscientes ou não, correrão os riscos inerentes a essa dispensa, conforme o tipo de operação.

Vimos na seção 2.33 a existência de orientação do CNJ no sentido de que a CND não é necessária para a venda do imóvel. Há perigosas decisões de juízes de primeiro grau, em frontal violação ao disposto na Lei, "dispensando" a apresentação da CND.[18] Como se vê, a orientação do CNJ pode prevalecer sobre a lei, por mais inacreditável que isso possa parecer. Houve tentativa de revogar, por parte do art. 20 da Lei nº 14.382, de 27-6-2022, os dispositivos que exigem a CND. Contudo, essa tentativa foi vetada[19] e não permaneceu no corpo da Lei nº 14.382/2022. Já o veto à inclusão do § 2º ao art. 216-B da Lei nº 6.015/73 no tocante à dispensa da CND em sede de adjudicação compulsória extrajudicial (vide seção 8.4) foi derrubado pelo Congresso Nacional.[20] O Brasil, definitivamente, não é para principiantes!

Em alguns Estados, há norma da Corregedoria afirmando que não é necessária a apresentação da CND ao tabelião ou ao registrador de imóveis. Há orientação do CNJ, tomada no julgamento do Procedimento de Controle Administrativo 0001611-12.2023.2.00.0000, por ocasião da 10ª Sessão Virtual de 2025, no sentido de que não é necessária apresentação da Certidão Negativa de Débitos (CND) do vendedor por ocasião da lavratura da escritura de compra e venda de imóvel.

A despeito disso, mesmo nos Estados em que há norma da Corregedoria dispensando, e até mesmo quando há decisão judicial "dispensando" a apresentação, deve a CND ser obtida, salvo nas exceções que veremos adiante. Há vários precedentes do STJ no sentido de que a alienação (venda, doação etc.) de imóvel por parte de vendedor com débito inscrito em dívida ativa pode configurar fraude, tal como vimos nas seções 3.3 e 3.4. Assim, o risco de aquisição de imóvel sem a CND, mesmo que "dispensada" por juiz de primeiro grau ou por tribunal de segundo grau, é muito grande.

O art. 47 da Lei nº 8.212/91 continua em vigor, não tendo a decisão do CNJ efeito vinculante ou *erga omnes*: pode o tabelião ou o registrador vir a ser civilmente

---

18 15ª Vara da Fazenda Pública de São Paulo, Processo nº 1040962-88.2020.8.26.005.
1ª Vara da Fazenda Pública de São Paulo, Processo nº 1056920-70.2020.8.26.0100, *DJ* de 28-8-2020.

19 Constou das razões do veto: "Desse modo, a proposição legislativa está em descompasso com a necessária proteção do terceiro de boa-fé, o que resultaria no desconhecimento pelo terceiro da existência de eventual débito do devedor da Fazenda Pública, sujeitando a prejuízo aqueles que, munidos de boa-fé, fossem induzidos a celebrar negócio presumivelmente fraudulento, a teor do disposto no art. 185 da Lei nº 5.172, de 1966 – Código Tributário Nacional."

20 Dispõe assim o dispositivo mantido:
"§ 2º O deferimento da adjudicação independe de prévio registro dos instrumentos de promessa de compra e venda ou de cessão e da comprovação da regularidade fiscal do promitente vendedor."
Pergunta-se: a dispensa das certidões fiscais também é válida no caso de cessões de direitos de promessa de compra e venda?

responsabilizado (nos Estados com norma expressa dispensando, a hipótese é mais improvável) e o comprador não obter ou perder a propriedade do imóvel. Enfim, sem discutir se o CNJ está correto ou não, a CND deve ser obtida pelo comprador e, conforme o caso, exigida pelo tabelião e pelo registrador.

Os dispositivos da Lei nº 8.212/91, ora transcritos, não só estabeleceram a nulidade[21] do ato (venda, doação etc.), como impuseram ao adquirente, ao tabelião e ao registrador imobiliário a responsabilidade pelo pagamento do débito do vendedor![22]

Há precedente do STJ, porém, temperando o rigor da lei, estabelecendo que a inexistência da apresentação das certidões não importará a nulidade da venda, mas apenas a ineficácia da venda em face da Seguridade Social.[23] Vale dizer: a venda será válida, mas o imóvel poderá ser penhorado para responder pelo pagamento das dívidas do antigo proprietário com a Seguridade Social.

Seja como for, pelas razões constantes na seção 3.3 deste livro, devem as certidões fiscais serem obtidas.

Qual é ou quais são as certidões exigidas pelo art. 47 supratranscrito? Qual órgão tem competência para expedi-las?

Com o advento da Lei nº 11.457, de 16-3-2007 (também conhecida como Lei da "Super Receita"), o órgão competente para arrecadação das contribuições devidas à Seguridade Social é a Secretaria da Receita Federal do Brasil (RFB). De acordo com a Lei da "Super Receita", a RFB tem as competências da extinta Secretaria da Receita Previdenciária (SRP), que tinha sido criada anteriormente para absorver as funções de fiscalização e arrecadação das contribuições devidas ao INSS,[24] e da Secretaria da Receita Federal (SRF).

Assim, o § 10 do art. 257 do Decreto nº 3.048, de 6-5-1999, com redação dada pelo Decreto nº 6.106, de 30-4-2007, dispunha que a certidão de inexistência de débito será fornecida pelos "órgãos locais competentes" da RFB. O Decreto nº 8.302, de 4-9-2014, revogou o referido art. 257, mas manteve os atos normativos expedidos com base no

---

21 Há precedente no sentido de que a venda não é nula, mas ineficaz em relação ao fisco: STJ, AgInt nos EDcl no AREsp n. 1.183.933/GO, Quarta Turma, Rel. Min. Luis Felipe Salomão, rel. p/ acórdão Min. Maria Isabel Gallotti, j. em 17-11-2020. O fisco poderá proceder à penhora do imóvel como se ainda fosse de propriedade do devedor (vendedor).

22 Além do art. 48 da Lei nº 8.212/91, o art. 134, IV, do Código Tributário Nacional, dispõe: "Art. 134. Nos casos de impossibilidade de exigência do cumprimento da obrigação principal pelo contribuinte, respondem solidariamente com este nos atos em que intervierem ou pelas omissões de que forem responsáveis: (...) VI – os tabeliães, escrivães e demais serventuários de ofício, pelos tributos devidos sobre os atos praticados por eles, ou perante eles, em razão do seu ofício; (...)."

23 STJ, REsp nº 140.252, 4ª Turma, Rel. Min. Sálvio de Figueiredo Teixeira, j. em 9-12-1997, publicado na *Revista de Direito Imobiliário*, São Paulo: Revista dos Tribunais, nº 45, p. 147-148, set./dez. 1998.

24 Com o advento da Medida Provisória nº 222, de 4-10-2004, convertida na Lei nº 11.098, de 13-1-2005, as funções relativas à fiscalização e arrecadação das contribuições previdenciárias foram transferidas do INSS para a Secretaria da Receita Previdenciária, órgão do Ministério da Previdência Social. Tal alteração não foi "visível" para o cidadão comum.

dispositivo revogado, até que nova regulamentação fosse editada. Atualmente, está em vigor a Portaria Conjunta PGFN/RFB nº 1.751, de 2-10-2014, alterada por várias normas posteriores.

Que "órgãos locais competentes" são esses? Primeiramente, vamos fazer um breve histórico, porque o advogado ou comprador poderá se deparar com certidões antigas e talvez precise, mesmo para aquisições atuais, entender como era a situação anteriormente.

Durante a vigência da Portaria Conjunta PGFN/RFB nº 3, de 2-5-2007 (revogada pela Portaria Conjunta PGFN/RFB nº 1.751/2014), os sistemas da SRP (INSS) e SRF ainda não estavam unificados. Na prática, continuava a situação da legislação anterior: de acordo com o art. 33 da Lei nº 8.212/91 (em redação dada pela Lei nº 12.256, de 9-7-2001), havia dois órgãos competentes para a arrecadação das contribuições destinadas ao custeio da Seguridade Social: o INSS e a SRF. Em linhas gerais, ao INSS competia a fiscalização e a arrecadação das contribuições devidas pelos empregados, trabalhadores autônomos etc. e as incidentes sobre a folha de pagamentos das empresas, conhecidas comumente como "parte do empregado" e "parte do empregador"; à SRF competiam as contribuições incidentes sobre o faturamento (receita bruta) e sobre o lucro líquido, conhecidas pelas siglas COFINS e CSLL.

Diante dessa situação transitória, a já revogada Portaria Conjunta PGFN/RFB nº 3, de 2-5-2007, estabeleceu que havia duas certidões: a "certidão específica", que abrange as contribuições que eram arrecadadas pelo INSS, e a "certidão conjunta", que abrange os demais tributos federais (incluindo a COFINS e a CSLL) e os débitos inscritos na dívida ativa da União.

Ao contrário do que o nome podia sugerir, a "certidão conjunta" não abrangia as contribuições que eram arrecadadas pelo INSS. Desde o advento do Decreto nº 5.512, de 15-8-2005 (atualmente revogado), a Certidão de Tributos e Contribuições Federais da SRF passou a ser expedida *conjuntamente* com a Certidão Negativa de Débitos da Procuradoria-Geral da Fazenda Nacional (PGFN), que passou a abranger os débitos inscritos na dívida ativa da União, mesmo que não fossem de competência da SRF ou nem mesmo tivessem natureza tributária (ex.: multas do IBAMA, multas do Ministério do Trabalho etc.). Assim, a certidão denominada "conjunta" abrangia os tributos que eram arrecadados pela antiga SRF (que expedia a certidão respectiva) e os débitos tributários ou não tributários inscritos na dívida ativa da União pela PGFN (que também expedia certidão própria), mas não as contribuições que antes eram arrecadadas pelo INSS.

Até 2-11-2014, a prova da regularidade fiscal perante a Fazenda Nacional das pessoas jurídicas (ou das pessoas físicas equiparadas a pessoas jurídicas) era feita por meio de duas certidões: a *Certidão Específica*, relativa às contribuições previdenciárias, inscritas ou não em Dívida Ativa da União, emitida pela Secretaria da Receita Federal do Brasil (RFB) e a *Certidão Conjunta*, relativa aos demais tributos administrados pela RFB e inscrições na dívida ativa administradas pela Procuradoria-Geral da Fazenda Nacional (PGFN), emitida conjuntamente pela RFB e pela PGFN. Isso mudou com o advento da Portaria MF nº 358, de 5-9-2014, e da Portaria MF nº 443, de 17-10-2014.

Atualmente, de acordo com a Portaria Conjunta PGFN/RFB nº 1.751/2014, a referida certidão abrange também as contribuições sociais que anteriormente eram arrecadadas pelo INSS (chamadas popularmente de "INSS - parte da empresa" e "INSS - parte do empregado").

Não estão, porém, abrangidas por essa certidão as seguintes situações:

- certidão com finalidade específica de averbação de obras de construção civil ("matrícula CEI") no cartório de registro de imóveis (Instrução Normativa RFB nº 971, de 13-11-2009, Título IV), que vimos na seção 2.33 deste livro;
- regularidade de inscrição e de recolhimento das contribuições do Contribuinte Individual para com a Previdência Social, cuja demonstração é efetuada mediante a apresentação da Declaração de Regularidade de Situação do Contribuinte Individual (DRS-CI), fornecida pelo INSS (Portaria Conjunta INSS/RFB nº 6, de 3-6-2008).

Portanto, para fins do art. 47 da Lei nº 8.212/91, a partir de 3-11-2014, deve ser obtida a certidão (chamada de "CND" ou "Certidão Negativa de Débito") prevista na Portaria Conjunta PGFN/RFB nº 1.751/2014 (não mais existem as duas certidões mencionadas na Portaria Conjunta PGFN/RFB nº 3/2007).

Dispõe o art. 4º da Portaria Conjunta PGFN/RFB nº 1.751/2014 com alterações posteriores:

> "Art. 4º A Certidão Negativa de Débitos relativos a Créditos Tributários Federais e à Dívida Ativa da União (CND) será emitida quando não existirem pendências em nome do sujeito passivo:
>
> I – perante a RFB, relativas a débito tributário, a dados cadastrais ou a irregularidade de declaração que tenha por objeto informações previdenciárias ou constituição de crédito tributário relativo a contribuições previdenciárias; e
>
> II – perante a PGFN, relativas a inscrições em Dívida Ativa da União (DAU).
>
> Parágrafo único. A certidão de que trata este artigo será emitida conforme os modelos constantes dos Anexos I, II e III desta Portaria."

As certidões devem ser apresentadas por ocasião do registro do título no cartório de registro de imóveis ou é suficiente a anterior apresentação perante o tabelião?

A lei não é explícita a esse respeito. O ideal é que o pedido de registro do título no cartório imobiliário ocorra dentro dos prazos de validade das certidões.

Quando o pedido de registro do título é efetuado *após* o prazo de validade, a orientação predominante era no sentido de que deve ocorrer nova apresentação da certidão vencida.[25]

---

[25] TJPR, Apelação Cível nº 102.423-3, Quinta Turma, Rel. Des. Bonejos Demchuk, j. em 7-8-2001. CSM-SP, Ap. Civ. nº 065.544-0/8, Rel. Des. Sérgio Augusto Nigro Conceição, j. em 6-12-99, *DJ* de 5-4-2000.

Atualmente, prevalece em alguns Estados a desnecessidade de apresentação dessas certidões perante o cartório imobiliário, tal como vimos na seção 2.33. Em outros, a obrigação se mantém.

Seja como for, as certidões fiscais devem ser obtidas. Caso contrário, o comprador poderá adquirir a propriedade do imóvel, por ocasião do registro do título, em desacordo com o art. 48 da Lei nº 8.212/91, acima transcrito e, pior, correr o risco de perder o imóvel, inclusive pelas razões vistas na seção 3.3.

O art. 48 da Lei nº 8.212/91 fala em "prática de ato", ao se referir à alienação (ex.: compra por meio de escritura pública), e em "registro" (aquisição da propriedade ou de direito real por ocasião do registro do título), deixando claro que são atos e momentos distintos. Isso está coerente com a disciplina jurídica do contrato de compra no direito brasileiro, que não é contrato que confere, por si só, direito real. No direito brasileiro, o contrato de compra e venda de imóveis confere direito pessoal e se aperfeiçoa com o consenso manifestado na forma estabelecida pela lei; já a transferência da propriedade do imóvel (direito real) ocorre em momento posterior, com o registro do título, não fazendo parte do ato de alienação, mas sim consistindo no cumprimento da obrigação (direito pessoal) por ele produzida.

Qual o prazo de validade das certidões?

O § 5º do art. 47 da Lei nº 8.212/91, em redação dada pela Lei nº 14.148, de 3-5-2021, estabelece que o prazo de validade das certidões é de 180 dias, podendo ser ampliado por ato da Secretaria Especial da Receita Federal do Brasil e da Procuradoria-Geral da Fazenda Nacional.

Contudo, é altamente recomendável que o comprador obtenha certidões recentes, especialmente em razão do novo entendimento do STJ a respeito de fraude fiscal, como vimos na seção 3.3.

Quando a certidão não for apresentada ao tabelião, ou não houver menção dessa apresentação na escritura, poderá o registrador imobiliário devolver o título, para que o comprador apresente a certidão faltante, salvo nas hipóteses em que norma da corregedoria estabeleça que a certidão não é necessária para registro da escritura.

O mesmo se aplica no caso de pedido de registro de instrumento particular (vide seção 1.3),[26] bem como de alguns títulos judiciais.

Na hipótese de pedido de registro de carta de arrematação, porém, a CND não é exigível, pois o débito tributário deverá ser pago com a quantia paga pelo arrematante e depositada judicialmente (caso contrário, seria impossível a arrematação de bens

---

Contra: apontando a desnecessidade da apresentação das certidões no registro imobiliário, vide: SILVA, Ulysses da. *A previdência social e o registro de imóveis*. Porto Alegre: Sérgio Antonio Fabris, 1999. p. 41-50.

26 CSM-SP, Ap. Civ. 394-6/9, Rel. Des. José Mario Antonio Cardinale, j. em 6-10-2005, *DJ* de 3-11-2005.

imóveis de devedores sem certidões negativas!). É o que dispõe o parágrafo único do art. 130 do CTN,[27] que trata de *arrematação* (hipótese em que existe pagamento em dinheiro por parte do arrematante na venda judicial).[28]

Nesse sentido, diz a Portaria Conjunta PGFN/RFB nº 1.751/2014:

> "**Art. 17.** Fica dispensada a apresentação de comprovação da regularidade fiscal:
>
> (...)
>
> II - nos atos relativos à transferência de bens envolvendo a arrematação, a desapropriação de bens imóveis e móveis de qualquer valor, bem como nas ações de usucapião de bens móveis ou imóveis nos procedimentos de inventário e partilha decorrentes de sucessão *causa mortis*;
>
> (...)."

A hipótese de *registro de carta de arrematação* é diferente da hipótese de *registro de carta de adjudicação de bem penhorado em execução por quantia* (hipótese em que não houve pagamento do preço em dinheiro por parte do adjudicante, muito menos depósito em juízo)[29] e da hipótese de *registro de carta de adjudicação em execução de obrigação de fazer* (hipótese em que também não houve pagamento do preço em juízo, pois o compromitente vendedor já recebeu o preço e não outorgou a escritura).[30]

---

27 "Art. 130. Os créditos tributários relativos a impostos cujo fato gerador seja a propriedade, o domínio útil ou a posse de bens imóveis, e bem assim os relativos a taxas pela prestação de serviços referentes a tais bens, ou a contribuições de melhoria, sub-rogam-se na pessoa dos respectivos adquirentes, salvo quando conste do título a prova de sua quitação. Parágrafo único. No caso de arrematação em hasta pública, a sub-rogação ocorre sobre o respectivo preço."

28 STJ, REsp nº 166.975/SP, Quarta Turma, Rel. Min. Sálvio de Figueiredo Teixeira, j. em 24-8-1999, *DJ* 4-10-1999.

29 TJSC, AI nº 2002.015807-6, Sexta Câmara Civil, Rel. Des. Luiz Cézar Medeiros, j. em 26-11-2002. "Vistos. Cuida-se de procedimento administrativo de dúvida registral, suscitada nos termos de art. 198, da lei de Registros Públicos, pelo Oficial da 1a Serventia Imobiliária. Destacou que, por duas vezes consecutivas, lhe foi apresentado para registro carta de adjudicação, expedida em processo que tramita perante a 22a Vara Cível desta Capital, tendo a parte beneficiária deixado de apresentar as certidões fiscais necessárias para a efetivação do registro. Decido. A dúvida é procedente. Não existe a possibilidade de ingresso tabular de documento, ou mesmo de ordem judicial, em desconformidade com os princípios registrários ou em desrespeito aos ônus fiscais" (1ª Vara de Registros Públicos de São Paulo, Processo nº: 583.00.2005.112654-8, Juíza Tânia Mara Ahualli, j. em 16-5-2006, *DOE* de 1º-6-2006).

30 **Nesse sentido:** "Registro de Imóveis - Dúvida - Alienante Pessoa Jurídica - Necessidade de apresentação de CND do INSS e Receita Federal mesmo em se tratando de carta de sentença expedida em ação de adjudicação compulsória - Recusa pertinente - Apelação Desprovida" (CSM-SP, Apelação cível nº 100.165-0, Rel. Des. Luiz Tâmbara, j. em 29-5-2003).

"Voto (...) No caso sob exame, discutem os apelantes a recusa de registro de título judicial, extraído de ação de obrigação de fazer em cumprimento a compromisso de compra e venda, em que substituída a vontade de pessoa jurídica. Sustentam tese oposta a tranquilo entendimento deste Egrégio Conselho Superior da Magistratura, no sentido de que para alienação de qualquer bem

Portanto, teoricamente, nas hipóteses de registro de carta de *adjudicação* (de bem penhorado ou substitutiva de obrigação de fazer), deveria o cartório imobiliário exigir a CND, de acordo com os arts. 47 e 48 da Lei nº 8.212/91, ao contrário do registro da carta de *arrematação*, em que a CND não precisa ser apresentada (art. 130, parágrafo único, do CTN). Na prática, porém, é comum haver confusão entre essas hipóteses, ou, a depender do Estado, ser aplicada a orientação do CNJ que dispensa a apresentação da certidão... Vide seções 2.33 e 8.3.

É indispensável que o comprador verifique se as certidões apresentadas são verdadeiras, o que pode ser feito nos postos da RFB ou pela Internet.[31]

Frise-se que para a alienação do imóvel não basta a certidão apresentada para efeito de averbação da construção. Com efeito, a certidão necessária para a averbação da construção limita-se a certificar a inexistência de débitos da construção, que está vinculada ao número de matrícula da obra ("matrícula CEI") - atualmente realizada na RFB (antigamente, a matrícula da obra era realizada no posto de arrecadação fiscal do INSS) - e não ao CNPJ ou CPF do construtor.

Para a venda de imóvel, são necessárias as certidões mencionadas para demonstrar que o vendedor (e não apenas uma obra) não possui débitos com a Seguridade Social. Assim, se "A" possui débitos com a Seguridade Social, mas sua obra recolheu todas as contribuições de forma correta, "A" poderá averbar a construção, mas não a venda do imóvel poderá ser considerada inválida ou ineficaz.

Assim, deverá ser exigida a CND relativa ao vendedor (e a CND relativa à obra - matrícula CEI -, caso a construção não tenha sido averbada na matrícula do imóvel). A escritura de compra e venda deverá fazer menção ao número de série e data da emissão. A apresentação das certidões não pode ser substituída por simples declaração do vendedor de que "não tem empregados", "não tem débito perante a seguridade social",

---

imóvel que integre o ativo fixo de pessoa jurídica, devem ser apresentadas as CNDs do INSS e da Receita Federal, mesmo que verificada a alienação por sentença proferida em adjudicação compulsória ou em ação de obrigação de fazer (...)" (CSM-SP, Apelação Cível nº 94.125-0, Rel. Des. Luiz Tâmbara, j. em 13-9-2002).

Contra (sustentando que as certidões são desnecessárias para o registro da adjudicação compulsória):

"Agravo de instrumento. Adjudicação compulsória. Certidões negativas. Desnecessidade. Adjudicação compulsória reconhecida e deferida em decisão judicial transitada em julgado. Desnecessidade de apresentação das certidões negativas da promitente vendedora, pena de inviabilidade de efetividade da decisão. Agravo Provido" (TJRS, Agravo de Instrumento nº 70.006.398.101, 19ª Câmara Cível, Rel. Des. Carlos Rafael dos Santos Júnior, j. em 16-12-2003).

O equívoco dessa decisão, *data venia*, reside em não perceber que o processo de adjudicação compulsória, que decorre do descumprimento da obrigação de fazer, culmina com a sentença substitutiva do ato de outorga da escritura e não se confunde com o registro no cartório de imóveis. Como consequência, possibilita que o devedor de contribuições sociais possa desfazer-se do seu patrimônio sem as certidões negativas.

[31] Vide o seguinte endereço: http://www.receita.fazenda.gov.br.

"que se responsabiliza por eventuais cobranças da seguridade social", ou simplesmente "que se acha dispensada de apresentar CND, pois o imóvel não integra seu ativo permanente" etc.

Na verdade, o que existe é a dispensa de apresentação das certidões negativas na hipótese do art. 17, I, da Portaria Conjunta PGFN/RFB nº 1.751/2014:

> "Art. 17. Fica dispensada a apresentação de comprovação da regularidade fiscal:
>
> I - na alienação ou oneração, a qualquer título, de bem imóvel ou direito a ele relativo, que envolva empresa que explore exclusivamente atividade de compra e venda de imóveis, locação, desmembramento ou loteamento de terrenos, incorporação imobiliária ou construção de imóveis destinados à venda, desde que o imóvel objeto da transação esteja contabilmente lançado no ativo circulante e não conste, nem tenha constado, do ativo permanente da empresa;
>
> (...)."

É possível a uma empresa com débitos com a seguridade social conseguir as certidões negativas, desde que o débito esteja sendo discutido em juízo e exista penhora que garanta a dívida. Além disso, as certidões podem ser expedidas na hipótese de débito parcelado, desde que cumpridos os requisitos estabelecidos pela legislação referente ao parcelamento concedido.

Evidentemente, a singela apresentação de guias de recolhimentos dos tributos não supre a ausência das certidões mencionadas.

Por fim, resta dizer que a maneira de adquirir um imóvel de empresa com débitos perante a seguridade social e que não consegue obter as certidões é por meio do comparecimento, no momento da lavratura da escritura, de representante do Fisco federal, que deverá autorizar a venda e receber ou o pagamento do débito no ato ou receber termo de confissão de dívida e garantias reais suficientes, conforme dispõe o § 1º do art. 48 da Lei nº 8.212/91. Mais prático, no entanto, pode ser as partes celebrarem um compromisso de venda e compra, pagando o comprador, em seguida, a dívida com abatimento do preço, obtendo as certidões necessárias e, após, a escritura definitiva e seu registro. Deve-se, obviamente, verificar cuidadosamente a totalidade das dívidas, para não correr o risco de uma dívida não verificada não constar do abatimento do preço a ser pago pelo comprador.

Evidentemente, para essas hipóteses é ainda mais recomendável que o comprador, mesmo que conhecedor de seus detalhes jurídicos, procure a assistência de advogado especializado na matéria, para monitorar a aquisição.

Há notícia de que já foi usada uma desonesta maneira de aquisição de imóvel de empresa sem as certidões, que consistiu na propositura de uma ação (simulada) de adjudicação compulsória[32] do comprador em face do vendedor, embasada na existência

[32] A questão da adjudicação compulsória está tratada no Capítulo 8.

de um (simulado) compromisso de compra e venda. Sendo a ação julgada procedente, o comprador simplesmente registra a sentença no Cartório, passando a ser proprietário do imóvel, uma vez que para tal registro a lei não exige expressamente as certidões. Deve o cartório imobiliário, porém, exigir mesmo em tais casos as certidões... Mas algumas vezes isso não ocorre. Vide seção 8.3.

Seja como for, é passível de ser declarado nulo o ato simulado descrito, a teor do art. 167 do Código Civil.

Além disso, se o juiz perceber que é essa a intenção deverá frustrar os objetivos das partes (art. 129 do CPC/73 e art. 142 do CPC/2015).

Evidentemente, essa tentativa não tem a menor garantia de êxito, não é legítima e não é recomendável. Assim, devem estar alertas os magistrados da existência dessa ilegítima prática, sendo certo que para o comprador existe grande risco na compra de imóvel que foi adquirido pelo vendedor nessas condições, uma vez que poderá a Fazenda Nacional propor ação para desconstituir a adjudicação ocorrida e, por via de consequência, estará prejudicada a venda posterior a ela (vide seção 1.5).

5.4 MUDANÇA DO NOME DA EMPRESA

É possível que ao verificar as certidões obtidas em nome da pessoa jurídica se verifique inexistir qualquer ação ou protesto tirado contra ela. Contudo, é imprescindível verificar, na Junta Comercial (ou no cartório de registro de pessoas jurídicas, para as associações e para sociedades não empresariais), como se deu a constituição dessa pessoa jurídica: pode ser que uma sociedade em péssima situação financeira simplesmente trocou de nome, estando o nome anterior "sujo" na praça.

Não será a simples mudança de nome que fará a empresa deixar de ter dívidas. Contudo, caso sejam solicitadas as certidões pessoais apenas pelo novo nome e nada surgindo, ter-se-á a impressão de estar a pessoa jurídica em boa situação financeira, o que poderá não ser verdade.

Assim, verificando-se que a empresa vendedora já teve outro(s) nome(s), devem-se tirar as certidões mencionadas também no(s) antigo(s) nome(s).

5.5 AQUISIÇÃO DE ESTABELECIMENTO E SUCESSÃO DE EMPRESAS

Nesta seção, veremos três situações em conjunto: aquisição de um imóvel que é parte do estabelecimento[33] de uma empresa, aquisição da totalidade do estabelecimento (inclusive o imóvel) e aquisição de um imóvel pertencente a uma empresa que sucedeu outra. Nessas três hipóteses poderá existir responsabilidade do comprador do

33 Estabelecimento é o conjunto de bens reunidos pelo empresário para a exploração da sua atividade. Pode compreender bens corpóreos (imóvel, mobília, estoque, máquinas etc.) e incorpóreos (marcas, patentes, ponto etc.).

imóvel por dívidas do vendedor ou mesmo por dívidas de empresa que foi sucedida pelo vendedor. A aquisição do estabelecimento não tem forma específica (pode ser feito por meio de instrumento particular), mas quanto ao imóvel que dele faz parte, a escritura pública é necessária, com as exceções vistas na seção 1.3.[34]

O Código Civil traz diversas regras a respeito da alienação do estabelecimento. De acordo com o art. 1.144, o contrato de alienação do estabelecimento depende de averbação na Junta Comercial e de publicação no *Diário Oficial* para produzir efeitos perante terceiros. A intenção da lei é a de proteger os credores do alienante, pois se o estabelecimento for alienado sem que restem ao alienante bens suficientes para solver suas obrigações, a eficácia da alienação depende do pagamento de todos os credores ou do consentimento destes (art. 1.145). Esse consentimento pode ser tácito, caso os credores não se manifestem expressamente no prazo de 30 (trinta) dias contados a partir de notificação da alienação a eles efetuada. Essa notificação não se confunde com a mencionada publicação na imprensa oficial.[35]

Além disso, de acordo com o art. 1.146 do Código Civil, o adquirente do estabelecimento responde pelo pagamento dos débitos do empresário alienante anteriores à transferência, desde que regularmente contabilizados, mas continua o alienante ("devedor primitivo", no dizer da lei) solidariamente obrigado pelo prazo de um ano.

A sucessão não ocorre com a mudança do controle societário de uma empresa (que em nada altera suas responsabilidades), mas com a venda de *ativos* de uma para outra empresa, que continua a exploração do negócio da empresa sucedida.[36]

Exemplificando: a empresa "A", com inúmeros credores, resolve vender para a empresa "B" seu imóvel ou seu ponto, seu estoque, suas linhas telefônicas etc. "B", então, poderá até continuar com os negócios de "A". A empresa "B" é, assim, *sucessora* da empresa "A".

"B" resolve vender um imóvel.

Ao solicitar as certidões em nome de "B", constata-se que ele, aparentemente, nada deve a ninguém. Contudo, sendo sucessor de "A", "B" poderá responder por algumas de suas dívidas. Vejamos as hipóteses em que isso ocorre.

No que se refere às dívidas tributárias, assim dispõe o art. 133, I e II, do CTN (original sem destaques; adiante veremos alteração legislativa):

---

34 Enunciado nº 393, aprovado na IV Jornada de Direito Civil, realizada pelo Conselho da Justiça Federal nos dias 25 a 27-10-2006 (válido como doutrina): "Art. 1.143: A validade da alienação do estabelecimento empresarial não depende de forma específica, observado o regime jurídico dos bens que a exijam".

35 SILVA, Bruno Mattos e. *Direito de empresa*: teoria da empresa e direito societário. São Paulo: Atlas, 2007. p. 134.

36 A respeito de sucessão de empresas e responsabilidade, vide: SILVA, Bruno Mattos e. *Direito de empresa*: teoria da empresa e direito societário. São Paulo: Atlas, 2007. p. 77 e 134-145.

> "Art. 133. A pessoa natural ou jurídica de direito privado que adquirir de outra, por qualquer título, fundo de comércio ou estabelecimento comercial, industrial ou profissional, e continuar a respectiva exploração, sob a mesma ou outra razão social ou sob firma ou nome individual, *responde pelos tributos*, relativos ao fundo ou estabelecimento adquirido, devidos até a data do ato:
>
> I – integralmente, se o alienante cessar a exploração do comércio, indústria ou atividade;
>
> II – subsidiariamente com o alienante, se este prosseguir na exploração ou iniciar dentro de 6 (seis) meses, a contar da data da alienação, nova atividade no mesmo ou em outro ramo de comércio, indústria ou profissão."

Como claramente se vê, o adquirente responderá por dívidas tributárias do antecessor, nos termos citados anteriormente.[37] Evidentemente, isso também ocorrerá mesmo que ele tenha contrato com o alienante "eximindo-o" dessas dívidas, uma vez que tal contrato, celebrado entre particulares, não pode atingir o fisco ou terceiros que dele não participaram.[38]

Pior: há precedente no sentido pela inaplicabilidade do art. 133 do CPC,[39] afirmando que "não se apresenta impositiva a instauração do incidente de desconsideração da personalidade jurídica, podendo o julgador determinar diretamente o redirecionamento da execução fiscal para responsabilizar a sociedade na sucessão empresarial. Seria contraditório afastar a instauração do incidente para atingir os sócios-administradores

---

37 Nesse sentido decidiu o Superior Tribunal de Justiça, no Recurso Especial nº 3.828, por sua Segunda Turma: "Direito Tributário – Débitos de ICM – Sucessão dissimulada de empresas, suscetível de ser demonstrada por meio de indícios e presunções – Responsabilidade da sucessora – artigo 133 do código tributário nacional" (*RJTJESP* 129/422).

Nessa lógica decidiu o TJSP, na apelação cível 39.822-2, por sua 7ª Câmara Civil: "Quando o alienante cessa a exploração do comércio, indústria ou profissão, o adquirente do fundo de comércio ou estabelecimento comercial, industrial ou profissional que continuar a respectiva exploração responde integralmente pelos tributos relativos ao fundo ou estabelecimento adquirido, devidos até o ato da transferência" (*RT* 579/58).

38 Assim: "Execução fiscal – Sujeito passivo – Responsabilidade do adquirente do estabelecimento pelos débitos tributários até a data da transferência – Convenção, pelas partes, da responsabilidade da obrigação oposta à Fazenda Pública – Inadmissibilidade.

Ementa Oficial: O adquirente sucessor é responsável integralmente pelos débitos tributários do sucedido devidos até a data da transferência. As convenções particulares, relativas à responsabilidade pelo pagamento de tributos, não podem ser opostas à Fazenda Pública, para modificar a definição legal do sujeito passivo das obrigações tributárias respectivas" (TRF, ApCiv 95.01.24692-2/MG, 4ª T., 1ª Região, Rel. Juiz Mário César Ribeiro, j. 1º-4-1997, *DJU* 24-4-1997. In: *RT* 744/395).

39 "Art. 133. O incidente de desconsideração da personalidade jurídica será instaurado a pedido da parte ou do Ministério Público, quando lhe couber intervir no processo. § 1º O pedido de desconsideração da personalidade jurídica observará os pressupostos previstos em lei. § 2º Aplica-se o disposto neste Capítulo à hipótese de desconsideração inversa da personalidade jurídica."

(art. 135, III, do CTN), mas exigi-la para mirar pessoas jurídicas que constituem grupos econômicos para blindar o patrimônio em comum, sendo que nas duas hipóteses há responsabilidade por atuação irregular, em descumprimento das obrigações tributárias, não havendo que se falar em desconsideração da personalidade jurídica, mas sim de imputação de responsabilidade tributária pessoal e direta pelo ilícito".[40]

Contudo, o art. 133 do CTN foi alterado pela Lei Complementar nº 118, de 9-2-2005, que estabeleceu que não haverá responsabilidade do adquirente de estabelecimento em sede de processo de falência ou de filial ou unidade produtiva isolada em caso de recuperação judicial,[41] desde que o adquirente não seja sócio da sociedade falida ou em recuperação judicial, de sociedade controlada pelo devedor falido ou em recuperação judicial, nem parente, em linha reta ou colateral até o 4º grau, consanguíneo ou afim, do devedor falido ou em recuperação judicial ou de qualquer de seus sócios, nem identificado como agente do falido ou do devedor em recuperação judicial com o objetivo de fraudar a sucessão tributária.

Quanto às dívidas trabalhistas, assim dispõe a Consolidação das Leis do Trabalho (CLT), alterada pela Lei nº 13.467, de 13-7-2017:

> "Art. 10. Qualquer alteração na estrutura jurídica da empresa não afetará os direitos adquiridos por seus empregados."
>
> "Art. 10-A. O sócio retirante responde subsidiariamente pelas obrigações trabalhistas da sociedade relativas ao período em que figurou como sócio, somente em ações ajuizadas até dois anos depois de averbada a modificação do contrato, observada a seguinte ordem de preferência:
>
> I – a empresa devedora;
>
> II – os sócios atuais; e
>
> III – os sócios retirantes
>
> Parágrafo único. O sócio retirante responderá solidariamente com os demais quando ficar comprovada fraude na alteração societária decorrente da modificação do contrato."
>
> "Art. 448. A mudança na propriedade ou na estrutura jurídica da empresa não afetará os contratos de trabalho dos respectivos empregados."
>
> "Art. 448-A. Caracterizada a sucessão empresarial ou de empregadores prevista nos arts. 10 e 448 desta Consolidação, as obrigações trabalhistas, inclusive as contraídas à época em que os empregados trabalhavam para a empresa sucedida, são de responsabilidade do sucessor.
> Parágrafo único. A empresa sucedida responderá solidariamente com a sucessora quando ficar comprovada fraude na transferência."

---

40 STJ, REsp nº 1.786.311/PR, Segunda Turma, Rel. Min. Francisco Falcão, j. em 9-5-2019.

41 Vide a seção 5.7 *O vendedor está em fase de recuperação judicial ("concordata")* e a seção 5.8 *O vendedor está ou corre o risco de entrar em processo falimentar*.

Nesses termos, a empresa sucessora responderá pelo passivo trabalhista da empresa sucedida. A empresa sucedida responderá solidariamente em caso de fraude. Há precedente do TST no sentido que configura a sucessão trabalhista mesmo se o adquirente não continuar a atividade desenvolvida pela empresa vendedora dos ativos.[42]

No entanto, na hipótese de aquisição de estabelecimento em arrematação judicial em processo de falência, não haverá responsabilidade por dívidas trabalhistas ou tributárias, nos termos do art. 141 da Lei nº 11.101, de 9-2-2005, em redação dada pela Lei nº 14.112, de 24-12-2020:

> "Art. 141. Na alienação conjunta ou separada de ativos, inclusive da empresa ou de suas filiais, promovida sob qualquer das modalidades de que trata o art. 142:
>
> I – todos os credores, observada a ordem de preferência definida no art. 83 desta Lei, sub-rogam-se no produto da realização do ativo;
>
> II – o objeto da alienação estará livre de qualquer ônus e não haverá sucessão do arrematante nas obrigações do devedor, inclusive as de natureza tributária, as derivadas da legislação do trabalho e as decorrentes de acidentes de trabalho.
>
> § 1º O disposto no inciso II do *caput* deste artigo não se aplica quando o arrematante for:
>
> I – sócio da sociedade falida, ou sociedade controlada pelo falido;
>
> II – parente, em linha reta ou colateral até o 4º (quarto) grau, consanguíneo ou afim, do falido ou de sócio da sociedade falida; ou
>
> III – identificado como agente do falido com o objetivo de fraudar a sucessão.
>
> § 2º Empregados do devedor contratados pelo arrematante serão admitidos mediante novos contratos de trabalho e o arrematante não responde por obrigações decorrentes do contrato anterior.
>
> § 3º A alienação nas modalidades de que trata o art. 142 desta Lei poderá ser realizada com compartilhamento de custos operacionais por 2 (duas) ou mais empresas em situação falimentar."

No tocante às dívidas de natureza civil, assim dispõe o Código Civil:

> "Art. 1.146. O adquirente do estabelecimento responde pelo pagamento dos débitos anteriores à transferência, desde que regularmente contabilizados, continuando o devedor primitivo solidariamente obrigado pelo prazo de um ano, a partir, quanto aos créditos vencidos, da publicação, e, quanto aos outros, da data do vencimento."

Dispõe a Lei nº 11.101/2005 quanto às unidades produtivas isoladas, que podem ser destacadas do patrimônio (ativos) do devedor:

> "Art. 60-A. A unidade produtiva isolada de que trata o art. 60 desta Lei poderá abranger bens, direitos ou ativos de qualquer natureza, tangíveis ou intangíveis, isolados ou em conjunto, incluídas participações dos sócios."

---

[42] TST, AIRR nº 99.292/2003, Terceira Turma, Rel. Min. Alberto Bresciani, j. em 11-12-2007, *DJ* de 22-2-2008.

O *caput* do art. 60 Lei nº 11.101/2005 assim dispõe:

> "Art. 60. Se o plano de recuperação judicial aprovado envolver alienação judicial de filiais ou de unidades produtivas isoladas do devedor, o juiz ordenará a sua realização, observado o disposto no art. 142 desta Lei.
>
> (...)."

Além disso, a Lei nº 14.112/2020 alterou o parágrafo único do art. 60 da Lei nº 11.101/2005, além de incluir o § 3º ao art. 66.[43] Essas alterações foram vetadas pelo Presidente da República, mas os vetos foram derrubados pelo Congresso Nacional.[44] Assim, está em vigor o seguinte parágrafo único do art. 60 da Lei nº 11.101/2005:

> "Parágrafo único. O objeto da alienação estará livre de qualquer ônus e não haverá sucessão do arrematante nas obrigações do devedor de qualquer natureza, incluídas, mas não exclusivamente, as de natureza ambiental, regulatória, administrativa, penal, anticorrupção, tributária e trabalhista, observado o disposto no § 1º do art. 141 desta Lei."

Como se vê, também na hipótese de alienação de filiais ou de unidades produtivas isoladas do devedor estabelecida no plano de recuperação judicial aprovado, não haverá responsabilidade do adquirente pelas dívidas do vendedor. A aquisição deverá ocorrer por meio de arrematação em venda por oferta pública (salvo aplicação dos arts. 46 e 145), a teor do disposto nos arts. 60, 74 e 142 da Lei nº 11.101/2005.[45] O STF, em controle de constitucionalidade, já se pronunciou pela validade da alienação de filiais ou unidades produtivas isoladas (arts. 60 e 141),[46] mas ainda nada disse sobre as alterações da Lei nº 14.112/2020.

Portanto, caso o imóvel a ser adquirido seja parte do estabelecimento de uma empresa ou caso o vendedor do imóvel seja empresa que sucedeu outra na exploração dos negócios, fora das hipóteses de arrematação em processo de falência ou de recuperação

---

43 "§ 3º Desde que a alienação seja realizada com observância do disposto no § 1º do art. 141 e no art. 142 desta Lei, o objeto da alienação estará livre de qualquer ônus e não haverá sucessão do adquirente nas obrigações do devedor, incluídas, mas não exclusivamente, as de natureza ambiental, regulatória, administrativa, penal, anticorrupção, tributária e trabalhista."

44 Veto nº 57/2020 – Votação do dispositivo 57.20.003 – parágrafo único do art. 60 da Lei nº 11.101, de 9-2-2005, e do dispositivo 57.20.004 – § 3º do art. 66 da Lei nº 11.101, de 9-2-2005, com a redação dada pelo art. 1º do Projeto de Lei nº 4.458, de 2020 (PL nº 6.229/2005, na Câmara dos Deputados). Data da sessão: 17-3-2021.

45 "Art. 74. Na convolação da recuperação em falência, os atos de administração, endividamento, oneração ou alienação praticados durante a recuperação judicial presumem-se válidos, desde que realizados na forma desta Lei."

"Art. 142. O juiz, ouvido o administrador judicial e atendendo à orientação do Comitê, se houver, ordenará que se proceda à alienação do ativo em uma das seguintes modalidades: I – leilão, por lances orais; II – propostas fechadas; III – pregão. (...)."

46 ADIn nº 3.934, Rel. Min. Ricardo Lewandowski, j. em 25-5-2009.

judicial, é necessário verificar a situação da empresa sucedida, extraindo em nome desta as certidões pessoais.[47] Na hipótese de aquisição de imóvel em sede de processo de recuperação judicial ou falência, ou de aquisição de imóvel de empresa sucessora, deve o comprador verificar se os requisitos da Lei nº 11.101/2005 foram atendidos.

Além disso, a aquisição da unidade produtiva isolada mesmo no âmbito da Lei nº 11.101/2005 não exime o imóvel de eventuais gravames, a teor do art. 50, § 1º, da Lei nº 11.101/2005, salvo na hipótese de concordância do credor.

Também é preciso aguardar como será a interpretação dada pelos tribunais às alterações mencionadas. Um exemplo: caso as certidões pessoais de "A" revelem dívidas civis tributárias e trabalhistas de grande monta, será preciso ponderar se essas dívidas de "A", somadas às dívidas de "B", são capazes de levar "B" à insolvência, o que poderá ocasionar ações judiciais dos credores visando à anulação ou declaração de ineficácia da aquisição do imóvel, que irá responder pelas mencionadas dívidas, conforme visto, dentre outros, nos tópicos *Fraude à execução, Fraude contra credores* e *O vendedor está ou corre o risco de entrar em processo falimentar.*

Outro exemplo: o Judiciário irá eximir o adquirente do passivo ambiental de uma unidade produtiva isolada, tal como agora dispõe a Lei? Ou irá simplesmente ignorar a alteração legislativa acima mencionada?

Observe-se que a empresa sucedida, em grande parte dos casos, não é proprietária do imóvel onde estão instaladas as atividades da empresa sucessora, proprietária do imóvel. Ou seja, o imóvel que será comprado não é, necessariamente, o local onde a empresa exerce suas atividades.

Exemplificando: a empresa "A" vende seu estabelecimento, situado na rua "X", para a empresa "B", que passa a operar na rua "X". A empresa "B" é proprietária de um imóvel qualquer, situado na rua "Y". Caso "C" resolva comprar o imóvel da rua "Y", deverá verificar a solvência de seu proprietário, que é "B". Ocorre, porém, que como "B" adquiriu o estabelecimento de "A" (situado na rua "X"), ficou responsável por parte de suas dívidas. Assim, "C" deverá verificar a situação financeira também de "A".

Nesses casos, não será por meio da *certidão do cartório de imóveis* que será possível saber qual é a empresa sucedida. Será necessário buscar essa informação por outros meios, como a verificação da contabilidade da empresa vendedora, a obtenção de informações com comerciantes vizinhos, a verificação de comentários do próprio vendedor, de sua família etc.

5.6 FUSÃO, TRANSFORMAÇÃO, INCORPORAÇÃO E CISÃO DE EMPRESAS

Na mesma linha de raciocínio dos tópicos anteriores, hipóteses de fusão, transformação, cisão e incorporação de empresas, a(s) empresa(s) resultante(s) poderá(ão) responder por alguns dos débitos da(s) empresa(s) anterior(es).

---

[47] Ver, no Capítulo 3, a seção 3.12, *Como verificar a situação do vendedor: solicitar as certidões.*

Na hipótese de transformação, nenhum credor será prejudicado: todas as dívidas se mantêm, não sendo atingidos os direitos dos credores (art. 222 da Lei nº 6.404/76 e art. 1.115 do Código Civil). O mesmo ocorre na hipótese de fusão, pois a nova sociedade será sucessora dos direitos e obrigações das sociedades fundidas (art. 228 da Lei nº 6.404/76 e art. 1.119 do Código Civil), bem como na hipótese de incorporação (art. 227 da Lei nº 6.404/76 e art. 1.116 do Código Civil).

O art. 132 do CTN, inclusive, dispõe que nas hipóteses de transformação ou incorporação, a empresa resultante responde pelas dívidas tributárias da antecessora.

Também pode existir responsabilidade nas hipóteses de cisão. Nos termos do art. 229 da Lei nº 6.404/76, se houver extinção da sociedade cindida (hipóteses de *cisão total* e de *cisão absorção*), as sociedades sucessoras, isto é, as sociedades que receberam patrimônio da sociedade cindida, receberão também suas obrigações na proporção do patrimônio recebido. Contudo, a teor do art. 233, há responsabilidade solidária entre as sociedades sucessoras pela totalidade das obrigações recebidas. Já na hipótese de *cisão parcial*, também chamada de *falsa cisão*, o art. 233, parágrafo único, explicita que há possibilidade de inexistir solidariedade entre as sociedades, se assim constar do ato de cisão. Os credores, porém, têm o prazo de 90 (noventa) dias para apresentar oposição à disposição que prevê a ausência de solidariedade, quanto aos respectivos créditos, notificando a sociedade.

O art. 1.122 do Código Civil dispõe que o prazo de 90 (noventa) dias pode ser utilizado por qualquer credor que for prejudicado pelo ato de incorporação, fusão ou cisão.

Portanto, verificando que a atual empresa vendedora do imóvel sofreu transformação, fusão, cisão (ou é um produto de uma cisão), incorporação, é necessário verificar a situação econômica da(s) empresa(s) anterior(es), nos termos descritos neste capítulo e no Capítulo 3.

5.7 O VENDEDOR ESTÁ EM FASE DE RECUPERAÇÃO JUDICIAL ("CONCORDATA")

Se o vendedor for pessoa que exerça atividade econômica, é possível que ele esteja em período de *recuperação judicial*. Assim, é preciso verificar isso, mediante extração da respectiva certidão no fórum cível ou mediante certidão obtida na Junta Comercial.

A Lei nº 11.101, de 9-2-2005, que é a atual Lei de Falências, revogou o Decreto-lei nº 7.661, de 21-6-1945 (antiga Lei de Falências). A Lei vigente não traz a figura da "concordata", mas dois novos institutos em substituição: a *recuperação judicial* e a *recuperação extrajudicial*. Contudo, essa Lei estabelece no art. 192 hipóteses em que, ainda hoje, deve ser aplicada a Lei antiga.[48] Além disso, a Lei nº 11.101/2005 foi

[48] "Art. 192. Esta Lei não se aplica aos processos de falência ou de concordata ajuizados anteriormente ao início de sua vigência, que serão concluídos nos termos do Decreto-lei nº 7.661, de 21 de junho de 1945. § 1º Fica vedada a concessão de concordata suspensiva nos processos de falência em curso, podendo ser promovida a alienação dos bens da massa falida assim que

profundamente alterada pela Lei nº 14.112, de 24-12-2020.[49]

A *recuperação judicial* é um instituto jurídico que tem por objetivo viabilizar a superação da situação de crise econômico-financeira do empresário (ou da sociedade empresária), a fim de permitir a continuidade de suas atividades produtivas.

Com o advento da Lei nº 14.112, de 24-12-2020, também a pessoa jurídica que se dedique à atividade rural, ainda que não seja sociedade empresária, poderá pedir recuperação judicial. Para tanto, ela deverá comprovar a existência de Escrituração Contábil Fiscal (ECF) nos dois anos anteriores ao pedido (art. 48, § 2º, da Lei nº 11.101/2005).

O plano de recuperação judicial deverá ser apresentado pelo devedor ao juiz e poderá ser aprovado (ou não) pelos credores ou pelo juiz, de acordo com o previsto na Lei nº 11.101/2005. Nesse plano, o devedor deverá dizer como pagará seus credores. O art. 191-A do CTN, em redação dada pela Lei Complementar nº 118, de 9-2-2005, estabelece que a concessão de recuperação judicial depende da apresentação da prova de quitação de todos os tributos. Há, porém, possibilidade de parcelamento dos débitos tributários (art. 151, VI, do CTN). Vide, a esse respeito, o art. 68 da Lei nº 11.101/2005 e os arts. 10-A, 10-B e 10-C da Lei nº 10.522, de 19-7-2002.

Na hipótese de o vendedor estar em recuperação judicial, como regra geral, ele não perde a administração de seus bens (diferente, portanto, da falência). Ele pode, porém, ser afastado por decisão judicial, a teor do parágrafo único do art. 64 da Lei nº 11.101/2005. Enquanto não afastado, ele continua exercendo suas atividades normalmente, só que sob fiscalização do Comitê de Credores e do administrador judicial, figuras que substituem o antigo *comissário* da concordata.

Ocorre que, para alienar um imóvel, poderá ser necessário que o vendedor obtenha uma autorização do juiz da recuperação judicial ("concordata"). Essa autorização

---

concluída sua arrecadação, independentemente da formação do quadro geral de credores e da conclusão do inquérito judicial. § 2º A existência de pedido de concordata anterior à vigência desta Lei não obsta o pedido de recuperação judicial pelo devedor que não houver descumprido obrigação no âmbito da concordata, vedado, contudo, o pedido baseado no plano especial de recuperação judicial para microempresas e empresas de pequeno porte a que se refere a Seção V do Capítulo III desta Lei. § 3º No caso do § 2º deste artigo, se deferido o processamento da recuperação judicial, o processo de concordata será extinto e os créditos submetidos à concordata serão inscritos por seu valor original na recuperação judicial, deduzidas as parcelas pagas pelo concordatário. § 4º Esta Lei aplica-se às falências decretadas em sua vigência resultantes de convolação de concordatas ou de pedidos de falência anteriores, às quais se aplica, até a decretação, o Decreto-lei nº 7.661, de 21 de junho de 1945, observado, na decisão que decretar a falência, o disposto no art. 99 desta Lei. § 5º O juiz poderá autorizar a locação ou arrendamento de bens imóveis ou móveis a fim de evitar a sua deterioração, cujos resultados reverterão em favor da massa."

49 No momento de fechamento desta 16ª edição, outra alteração significativa na Lei de Falências estava no horizonte: o Projeto de Lei nº 3, de 2024, havia sido aprovado na Câmara dos Deputados e já estava em tramitação no Senado Federal.

será consubstanciada na forma de um *alvará judicial*. Confira-se o teor dos arts. 66 e 66-A da Lei nº 11.101/2005, em redação dada pela Lei nº 14.112/2020:

> "Art. 66. Após a distribuição do pedido de recuperação judicial, o devedor não poderá alienar ou onerar bens ou direitos de seu ativo não circulante, inclusive para os fins previstos no art. 67 desta Lei, salvo mediante autorização do juiz, depois de ouvido o Comitê de Credores, se houver, com exceção daqueles previamente autorizados no plano de recuperação judicial.
>
> § 1º Autorizada a alienação de que trata o *caput* deste artigo pelo juiz, observar-se-á o seguinte:
>
> I – nos 5 (cinco) dias subsequentes à data da publicação da decisão, credores que corresponderem a mais de 15% (quinze por cento) do valor total de créditos sujeitos à recuperação judicial, comprovada a prestação da caução equivalente ao valor total da alienação, poderão manifestar ao administrador judicial, fundamentadamente, o interesse na realização da assembleia-geral de credores para deliberar sobre a realização da venda;
>
> II – nas 48 (quarenta e oito) horas posteriores ao final do prazo previsto no inciso I deste parágrafo, o administrador judicial apresentará ao juiz relatório das manifestações recebidas e, somente na hipótese de cumpridos os requisitos estabelecidos, requererá a convocação de assembleia-geral de credores, que será realizada da forma mais célere, eficiente e menos onerosa, preferencialmente por intermédio dos instrumentos referidos no § 4º do art. 39 desta Lei.
>
> § 2º As despesas com a convocação e a realização da assembleia-geral correrão por conta dos credores referidos no inciso I do § 1º deste artigo, proporcionalmente ao valor total de seus créditos.
>
> § 3º Desde que a alienação seja realizada com observância do disposto no § 1º do art. 141 e no art. 142 desta Lei, o objeto da alienação estará livre de qualquer ônus e não haverá sucessão do adquirente nas obrigações do devedor, incluídas, mas não exclusivamente, as de natureza ambiental, regulatória, administrativa, penal, anticorrupção, tributária e trabalhista.
>
> § 4º O disposto no *caput* deste artigo não afasta a incidência do inciso VI do *caput* e do § 2º do art. 73 desta Lei.
>
> Art. 66-A. A alienação de bens ou a garantia outorgada pelo devedor a adquirente ou a financiador de boa-fé, desde que realizada mediante autorização judicial expressa ou prevista em plano de recuperação judicial ou extrajudicial aprovado, não poderá ser anulada ou tornada ineficaz após a consumação do negócio jurídico com o recebimento dos recursos correspondentes pelo devedor."

O transcrito § 3º do art. 66 é o que pode causar mais controvérsias. Ele havia sido vetado pelo Presidente da República, mas o Congresso Nacional derrubou o veto. Não é possível prever se o Judiciário irá aplicar as regras dos arts. 66 e 66-A em plenitude. Tecnicamente os dispositivos são claros ao estabelecer os limites da responsabilidade do adquirente, mas em tempos de "ativismo judicial" tudo pode acontecer. Lamentavelmente, levará anos para que a jurisprudência estabeleça a aplicabilidade, total ou parcial, de regras criadas justamente para dar segurança jurídica ao adquirente de bem de empresa em recuperação judicial. Poderão ocorrer casos de fraudes e recursos de decisões de juiz de primeiro grau a ser resolvidos nos tribunais.

A lei não diz claramente, mas parece ser razoável concluir que, caso seja feita a venda sem a obtenção do alvará, a alienação será ineficaz em relação aos credores do vendedor, mesmo que ela tenha sido feita de forma honesta e com o valor de mercado. Assim, poderá o bem vendido e já de propriedade do comprador vir a responder pelas dívidas do vendedor.

Isso fica ainda mais evidente na hipótese de a empresa vir a falir no curso da recuperação judicial, pois o art. 74 afirma que, nesse caso, somente são válidos os atos praticados com obediência ao disposto na Lei nº 11.101/2005.[50]

Além disso, a Lei nº 11.101/2005 prevê a possibilidade de afastamento do empresário em recuperação judicial. Nessa hipótese, ele perde a administração dos bens e, a teor do art. 27, II, *c*, caberá ao Comitê de Credores a eventual alienação de imóvel do ativo permanente, mediante autorização judicial.

A Lei nº 11.101/2005, nos arts. 161 a 167, contempla ainda a figura da *recuperação extrajudicial*. Trata-se de um acordo efetuado pelo empresário com a totalidade de seus credores ou com parte deles, o que era chamado no passado de "concordata branca" e expressamente vedado pela antiga Lei de Falências, consistindo em ato passível de decretação de falência. A lei atual, ao revés, prevê a possibilidade de acordo do empresário com seus credores, disciplinando-o e estabelecendo que ele será homologado pelo juiz.

Embora a lei não o diga expressamente, espera-se que o pedido de homologação de recuperação extrajudicial seja anotado nos registros de distribuição da Justiça Comum, bem como seja acusado quando for solicitada certidão em nome do empresário. Afinal de contas, trata-se de um pedido de prestação judicial como outro qualquer.

Também não há menção na Lei nº 11.101/2005 a respeito da necessidade de autorização judicial para a venda de imóvel quando o empresário estiver em fase de recuperação *extrajudicial*. Limita-se o art. 166 a dizer que se o plano de recuperação extrajudicial homologado envolver alienação judicial de filiais ou de unidades produtivas isoladas do devedor, deverá ocorrer de acordo com o art. 142. A lei não diz qual a sanção pelo descumprimento dessa regra, se a venda seria anulável, nula ou ineficaz perante os credores.

A Lei nº 14.112/2020 alterou a redação do art. 131 da Lei nº 11.101/2005, para incluir a expressão "recuperação extrajudicial", exatamente para deixar claro que os atos referidos nos incisos I, II, III e VI do *caput* do art. 129 da Lei nº 11.101/2005 (vide seção 5.8), previstos e realizados na forma definida no plano de recuperação extrajudicial, serão declarados ineficazes ou revogados.

---

50 "Art. 74. Na convolação da recuperação em falência, os atos de administração, endividamento, oneração ou alienação praticados durante a recuperação judicial presumem-se válidos, desde que realizados na forma desta Lei."

Seja como for, não deve o comprador adquirir imóvel em violação ao disposto no art. 166, bem como, caso a alienação do imóvel não conste do plano de recuperação homologado, exigir a apresentação, por cautela, de alvará judicial autorizando a venda.

5.8 O VENDEDOR ESTÁ OU CORRE O RISCO DE ENTRAR EM PROCESSO FALIMENTAR

Um dos efeitos da sentença que declara a falência de um empresário (pessoa física ou pessoa jurídica) é o de retirar dele o poder de disponibilidade dos seus bens.[51] Isso significa que ele não poderá vendê-los, nem mesmo de forma honesta, a preço de mercado.

Da mesma forma, se o comprador não tiver registrado sua escritura e o vendedor falir, não mais poderá fazê-lo de forma eficaz, uma vez que o título registrado após a declaração da falência não tem o condão de transferir a propriedade, a teor do disposto no art. 129, VI e VII, da Lei nº 11.101/2005.

Todos os bens do falido serão *arrecadados*, com exceção dos bens absolutamente impenhoráveis. A arrecadação consiste na incidência de um *ônus* sobre cada bem, cujos efeitos são semelhantes aos da *penhora*, de modo que os bens arrecadados ficam vinculados ao pagamento dos credores. Esses bens serão vendidos ou adjudicados[52] na fase de liquidação do ativo da massa falida. Assim, todos os atos praticados pelo falido que, de um modo ou de outro, prejudicarem os credores serão ineficazes.

Dessa forma, os atos elencados no art. 129 da Lei nº 11.101/2005, ainda que praticados sem qualquer fraude, não produzirão quaisquer efeitos. É que a lei presume, de forma absoluta, serem nocivos aos credores. Vejamos quais são esses atos:

> "Art. 129. São ineficazes em relação à massa falida, tenha ou não o contratante conhecimento do estado de crise econômico-financeira do devedor, seja ou não intenção deste fraudar credores:
>
> (...)
>
> VI – a venda ou transferência de estabelecimento feita sem o consentimento expresso ou o pagamento de todos os credores, a esse tempo existentes, não tendo restado ao devedor bens suficientes para solver o seu passivo, salvo se, no prazo de 30 (trinta) dias, não houver oposição dos credores, após serem devidamente notificados, judicialmente ou pelo oficial do registro de títulos e documentos;

---

[51] Diz o *caput* do art. 103 da Lei nº 11.101/2005: "Art. 103. Desde a decretação da falência ou do sequestro, o devedor perde o direito de administrar os seus bens ou deles dispor."

[52] A nova Lei prevê adjudicação direta de bens para os credores, isto é, em vez de receberem dinheiro, os credores irão receber algum ou alguns bens da massa falida:

"Art. 111. O juiz poderá autorizar os credores, de forma individual ou coletiva, em razão dos custos e no interesse da massa falida, a adquirir ou adjudicar, de imediato, os bens arrecadados, pelo valor da avaliação, atendida a regra de classificação e preferência entre eles, ouvido o Comitê."

VII – os registros de direitos reais e de transferência de propriedade entre vivos, por título oneroso ou gratuito, ou a averbação relativa a imóveis realizados após a decretação da falência, salvo se tiver havido prenotação anterior.

Parágrafo único. A ineficácia poderá ser declarada de ofício pelo juiz, alegada em defesa ou pleiteada mediante ação própria ou incidentalmente no curso do processo."

O inciso VI trata da venda do estabelecimento[53] ou, segundo orientação que existia nos Tribunais na época da antiga Lei de Falências,[54] de venda de parte do estabelecimento, mesmo que realizada antes da sentença que declarou a falência.[55] Aliás, a transferência do estabelecimento por parte do empresário que não tiver outros bens suficientes para pagamento do passivo sem o consentimento dos credores é causa ensejadora da falência (art. 94, III, *c*).

Já o inciso VII dispõe que a venda de imóvel efetuada após a sentença que declarou a falência não será eficaz. A ressalva feita ("salvo se tiver havido prenotação anterior")

---

53 A respeito de estabelecimento e venda de estabelecimento, vide: SILVA, Bruno Mattos e. *Direito de empresa*: teoria da empresa e direito societário. São Paulo: Atlas, 2007. p. 127-145.

54 Podemos destacar a seguinte decisão: "II – A alienação do direito de uso de linha telefônica realizada *dentro do termo legal* de falência pode configurar ato de venda ou transferência de estabelecimento comercial, tal como disciplinado no inciso VIII do art. 52 do Decreto-lei 7.661/45, hipótese em que, independentemente de ter ou não havido intenção de fraudar credores (elemento subjetivo), deve ser declarada ineficaz em relação à massa" (STJ, REsp 9.647-0/SP, 4ª Turma, v.u., j. 23-3-1993, in: *LEX-55 JSTJ* e *TRF*, p. 95; original sem destaques).

Como se vê, se mero "direito de uso de linha telefônica (...) pode configurar ato de venda (...) de estabelecimento comercial", nos termos do inciso VIII, quanto mais um imóvel onde funcionem as atividades, ou parte delas, da pessoa jurídica!

Essa posição, contudo, não era unânime na doutrina:

"A venda em separado de bens integrantes do estabelecimento comercial, sem o desmantelamento deste, é providência que o comerciante pode adotar, já às vésperas da falência, como legítima medida necessária à obtenção de recursos para o pagamento de suas dívidas, com vistas a tentar evitar a quebra.

Por outro lado, se aplicável fosse o inciso VIII do art. 52, seria de todo irrelevante a invocação do termo legal da falência, posto que não previsto nesse dispositivo. Por outro lado, a repressão à venda desses bens, quando realizada com intuito fraudulento, é plenamente cabível, com base no art. 53 da Lei de Falências" (Fábio Ulhoa Coelho. In: *Código comercial e legislação complementar anotados*. São Paulo: Saraiva, 1995. p. 534).

Seja como for, exatamente porque não se sabe qual será a posição que a jurisprudência adotará à luz da nova lei, não é recomendável a aquisição de estabelecimento (ou parte dele) de empresa em situação econômica que possa vir a provocar sua falência no futuro.

55 STJ, REsp nº 628.860, 4ª Turma, Rel. Min. Cesar Asfor Rocha, j. em 6-4-2004, *DJ* de 7-6-2004.

significa que, se o título aquisitivo[56] houver sido prenotado[57] no cartório imobiliário antes da sentença ter declarado a falência, a venda não será ineficaz, ao menos pela razão constante desse dispositivo.

Nas hipóteses dos mencionados arts. 129 e 130 da Lei de Falências nem mesmo o babélico art. 54, § 1º, da Lei nº 13.097, de 19-1-2015, com redação dada pela Lei nº 14.382, de 27-6-2022, poderá beneficiar o comprador – e isso está expresso no próprio art. 54 da Lei nº 13.097/2015, tal como vimos na seção 3.4 deste livro.

Na época em que vigente o Decreto-lei nº 7.661/45 (antiga Lei de Falências), havia uma divergência em razão de conflito com o art. 215 da Lei nº 6.015/73 (Lei de Registros Públicos), que estabelece a nulidade dos registros efetuados não apenas após a decretação da falência, mas também dos registros efetuados dentro do termo legal. Termo legal é um período de tempo, fixado pelo juiz, que se inicia a partir de, no máximo, 90 (noventa) dias antes do pedido de falência, do pedido de recuperação judicial ou do 1º protesto por falta de pagamento, excluindo-se, para esta finalidade, os protestos que tenham sido cancelados.

A divergência consistia em ser ou não eficaz a venda cujo registro foi efetuado antes da *sentença de falência*, mas dentro do *termo legal*.[58] Pelo teor da nova Lei, provavelmente a jurisprudência concluirá que, à luz do art. 129, VII, apenas é ineficaz

---

56 Tal como a lei anterior, a lei atual não menciona a expressão *título aquisitivo*. Nem diz que tipo de título seria *prenotado*. Ao que parece, pretendeu a lei englobar todas as hipóteses nas quais a transação lícita, em que todos os contraentes estão de boa-fé, não seria invalidada por uma posterior sentença de falência. Assim, é possível entender que a *prenotação anterior* se refira à prenotação em cartório de *qualquer título*, não só a escritura definitiva de compra e venda, mas também o compromisso de compra e venda e da cessão de direitos de compromisso. No sentido da eficácia do compromisso de compra e venda, à luz da antiga Lei de Falências: STJ, REsp 16.863-PR, 3ª Turma, j. 7-12-1992, *LEX JSTJ* e *TRF*, p. 189.

57 Observe-se que ainda hoje alguns cartórios somente efetuam a *prenotação* mediante requerimento do apresentante. Como a lei fala em *prenotação* e não em *apresentação*, é de todo conveniente solicitar, no momento do protocolo do título, que seja efetuada a prenotação.

58 Em linhas gerais, havia uma posição que sustentava a ineficácia da venda realizada no termo legal:

"São ineficazes em relação à Massa (*rectius*, em relação à função jurisdicional executiva da falência) os registros imobiliários de disposição ou oneração efetuados após a sentença de abertura da falência ou dentro do termo legal, salvo se a apresentação do título for anterior" (TJSP, AI 96.664-1, 2ª Câmara, j. 29-3-1988, in: *RT* 629/114).

Em sentido oposto, a outra posição afirmava que eram ineficazes apenas as alienações realizadas após a decretação da falência:

"Direito comercial – Falência. Ação revocatória. Venda de fração ideal de imóvel durante o termo legal da falência, mas antes da decretação da quebra – Lei de Registros Públicos e art. 52, inc. VII, da Lei Falimentar – Inteligência – Precedentes. I – O art. 215 da Lei de Registros Públicos não serve de amparo para expungir os efeitos ditados pela Lei de Falências. Segundo o disposto no art. 52, inc. VII, do DL nº 7.661, de 21/06/1945, é ineficaz a transcrição de transferência da propriedade quando efetivada após a decretação do sequestro ou da quebra; mas não se operada durante o denominado período suspeito da falência. Precedentes do STJ. II – Recurso especial

a alienação ocorrida após a decretação da falência, mantendo-se a orientação jurisprudencial atual.[59]

Independentemente de constarem do rol do art. 129, o art. 130 dispõe que são revogáveis quaisquer atos praticados com a intenção de prejudicar credores, provando-se o conluio fraudulento entre o devedor e o terceiro que com ele contratar e o efetivo prejuízo sofrido pela massa falida. Como se vê, é sempre arriscado efetuar a aquisição de imóvel de empresa em má situação financeira, que poderá levar à decretação da falência a curto ou médio prazo.

Além disso, outras hipóteses não enquadradas nesses dispositivos poderão caracterizar *fraude contra credores* ou *fraude à execução*, razão pela qual remetemos o leitor para essas seções do Capítulo 3.

---

não conhecido" (STJ, REsp 246.689/SP, 3ª Turma, Rel. Min. Waldemar Zveiter, j. em 19-2-2001, *DJ* de 2-4-2001).

59 "Direito processual civil e comercial. Falência. Venda de bem após o termo legal da falência, mas antes da decretação da quebra. Validade. Art. 52-VII da Lei de Falências. Orientação da Segunda Seção. (...) Na linha da orientação de ambas as Turmas que compõem a Segunda Seção, inocorrendo demonstração de fraude, é eficaz em relação à massa falida a alienação de imóvel de sua propriedade ocorrida dentro do termo legal da falência, também denominado período suspeito, mas anteriormente à declaração da quebra" (STJ, REsp 246.667, 4ª Turma, Rel. Min. Sálvio de Figueiredo Teixeira, j. em 20-3-2003, *DJ* de 14-4-2003).

6

COMPRANDO POR MEIO DE UM PROCURADOR

O vendedor do imóvel poderá outorgar uma procuração para que alguém, em seu nome, outorgue a escritura de compra e venda. Assim, "A" nomeia "B" para que pratique o ato de vender o imóvel a "C". Dizemos, assim, que "A" é o mandante e "B", o mandatário.

O mandatário praticará atos em nome do mandante, que ficará obrigado pelos atos que o mandatário praticar, nos termos dos poderes conferidos, que deverão constar da Procuração, que é o instrumento do mandato. O procurador deverá ser alguém maior de dezesseis anos (art. 666 do Código Civil). Evidentemente, o cônjuge (ou companheira) do vendedor também deverá figurar na procuração como mandante, se não for assinar diretamente a escritura pública.

É necessário que o comprador exija que o procurador do vendedor tenha uma procuração lavrada por instrumento público. No período de vigência do Código Civil revogado, o entendimento predominante da doutrina era de considerar como válida uma procuração em instrumento particular, com firma reconhecida;[1] a despeito disso, sempre recomendei, como cautela, a utilização de procuração por instrumento público.[2] Com o advento do Código Civil atualmente em vigor, a situação está pacificada, pois o

---

1 Efetivamente, a lei não era explícita a exigir que a procuração seja por instrumento público, limitando-se a exigir que o instrumento particular tivesse firma reconhecida (art. 1.289, § 3º, do Código Civil). Existia a tese de não ser necessária a procuração por instrumento público: MONTEIRO, Washington de Barros. *Curso de direito civil, direito das obrigações.* 8. ed. p. 261. DINIZ, Maria Helena. *Curso de direito civil brasileiro.* Teoria das obrigações contratuais e extracontratuais. 9. ed. aum. e atual. São Paulo: Saraiva, 1994. p. 253, v. 3. TJPR, Apelação Cível 1.064/88, 3ª Câmara Cível, j. 13-12-1988. In: *Revista de direito imobiliário*, nº 24-25, p. 149-150.

2 Nesse sentido, mesmo na vigência do Código Civil revogado, já estabelecia o atualmente revogado item 12.1 do Capítulo XIV do Tomo II das Normas de Serviço da Corregedoria Geral de Justiça

art. 657 é expresso no sentido de que a procuração deve ser lavrada na mesma forma do ato que será praticado. Assim, para a outorga de escritura pública de compra e venda, é necessário que a procuração seja também por instrumento público. Além disso, será possível a extração de certidão a comprovar a validade da procuração, tal como veremos a seguir.

É preciso que a procuração mencione, de forma expressa, que o mandatário tem poderes para vender o imóvel. Como se viu no Capítulo 5, não basta a concessão de poderes de administração, uma vez que a alienação não é abrangida pela administração. Assim, não basta procuração com poderes gerais, deve-se exigir procuração com poderes específicos, a teor do que exige o art. 661, § 1º, do Código Civil.[3] Há jurisprudência no sentido de que "poderes de alienação de 'quaisquer imóveis em todo o território nacional' não suprem o requisito de especialidade exigido por lei", sendo necessária "referência e determinação dos bens concretamente mencionados na procuração", sob pena de nulidade.[4]

Portanto, deve estar especificada na procuração a existência de poderes para a venda do imóvel objeto da aquisição, em vez de simples menção de poderes para alienar imóveis. É recomendável que contenha a procuração o valor pelo qual o imóvel será vendido, ou, pelo menos, os valores mínimo e máximo.

O imóvel deverá ser descrito, ou, pelo menos, perfeitamente identificado. Também é preciso constar a existência de poderes para transferir a posse, a propriedade e os direitos a ela relativos, podendo o procurador praticar todos os atos necessários para que a venda e a transferência da posse sejam levadas a efeito.

Na hipótese de o pagamento ser efetuado ao mandatário, deverá ser exigido que em sua procuração conste, de forma expressa, que ele tem poderes para *receber e dar quitação*. Não confundir poderes para *receber e dar quitação* com poderes para *dar e receber quitação*; no primeiro caso, o procurador pode receber o preço; no segundo, não!

Observe-se, outrossim, que o mandato pode perder sua validade.[5] Ato praticado após o vencimento do prazo não será válido, assim como ato praticado após a morte

---

de São Paulo: "É vedado o uso de instrumentos particulares de mandato ou substabelecimentos, para lavratura de atos que exijam a escritura pública (art. 134 do Código Civil)."

[3] *In verbis*: "Art. 661. O mandato em termos gerais só confere poderes de administração.

§ 1º Para alienar, hipotecar, transigir, ou praticar outros quaisquer atos, que exorbitem da administração ordinária, depende a procuração de poderes especiais e expressos."

[4] STJ, REsp 1.814.643/SP, Terceira Turma, Rel. Min. Nancy Andrighi, j. em 22-10-2019.

[5] Diz o Código Civil: "Art. 682. Cessa o mandato:

I – Pela revogação ou pela renúncia.

II – Pela morte ou interdição de uma das partes.

III – Pela mudança de estado que inabilite o mandante para conferir os poderes, ou o mandatário, para os exercer.

IV – Pelo término do prazo ou pela conclusão do negócio."

do mandante também não o será, como regra geral. Também perde validade a procuração conferida por empresário pessoa física ou jurídica[6] que faliu.[7] Esses aspectos, todavia, não se aplicam à chamada "procuração em causa própria", a teor do art. 685 do Código Civil.[8]

Além disso, há precedente do STJ no sentido de que a procuração "não perde a validade com o falecimento do sócio ou do representante legal que assinou o instrumento de mandato".[9]

Deve-se verificar se o mandato está válido no momento da outorga da escritura, uma vez que a boa-fé do comprador é algo que será aferido objetivamente. É fácil verificar se ainda não venceu seu prazo de validade (art. 682, inciso IV), mas a verificação da inocorrência das demais causas pode ser algo difícil.

Para se aferir se a procuração está válida, é preciso ir ao tabelionato onde ela foi lavrada e extrair uma certidão, atualizada, na qual conste que a procuração não foi revogada. É assim que se prova a boa-fé do comprador.[10]

Além da possibilidade de pedido no próprio tabelionato, pode-se tentar obter a certidão por meio do *site* buscacep.com.br, nos termos do Provimento CNJ nº 194, de 26-5-2025.

---

[6] Vide: SILVA, Bruno Mattos e. *Direito de empresa:* teoria da empresa e direito societário. São Paulo: Atlas, 2007.

[7] Dispõe a Lei nº 11.101, de 9-2-2005:

"Art. 120. O mandato conferido pelo devedor, antes da falência, para a realização de negócios, cessará seus efeitos com a decretação da falência, cabendo ao mandatário prestar contas de sua gestão. § 1º O mandato conferido para representação judicial do devedor continua em vigor até que seja expressamente revogado pelo administrador judicial. § 2º Para o falido, cessa o mandato ou comissão que houver recebido antes da falência, salvo os que versem sobre matéria estranha à atividade empresarial."

[8] Nesse sentido: "Ato jurídico – Nulidade – Inocorrência – Procuração outorgada em causa própria – Morte do mandante – Obrigação irrevogável, transmissível – Ação improcedente – Recurso provido. A *procuratio in rem suam*, desde que satisfaça os requisitos e formalidades exigidos para o contrato a que ela se destina, e conste do instrumento a quitação do preço ou a modalidade do seu pagamento, vale pelo próprio contrato. E por sua natureza e seus efeitos, é irrevogável, e sobrevive à morte do mandante ou do mandatário, porque traduz obrigação transmissível aos herdeiros" (TJSP, Apelação Cível 179.426-1, Rel. Silveira Paulilo, Itapecerica da Serra, 11-12-1992).

"Mandato – Procuração em causa própria – Morte do outorgante – Revogação inocorrente, por implicar em transferência de direitos – Insubsistência, no entanto, do mandante falecido como titular de direito de ação – Exclusão do polo ativo como medida adequada – Preliminar de nulidade rejeitada" (TJSP, *JTJ* 140/100).

[9] STJ, AgInt no REsp nº 1.997.964/SC, Segunda Turma, Rel, Min. Afrânio Vilela, j. em 12-11-2024.

[10] Ver, no Capítulo 3, na seção 3.13, *Processos que as certidões não vão mostrar*, a questão da boa-fé do comprador.

Na hipótese de revogação do mandato, que é apenas uma das formas pela qual ele cessa sua vigência, a lei expressamente confere validade ao ato praticado na hipótese de terceiro de boa-fé[11] desconhecer a revogação (art. 686 do Código Civil).[12]

Na hipótese de o mandatário ignorar que o mandato está extinto, também deve ser reputado válido o ato praticado, desde que o terceiro também esteja de boa-fé (art. 689 do Código Civil). Observe-se que, ao contrário da hipótese do art. 686, aqui se exige boa-fé também do mandatário.

Nos termos e limites dos arts. 683 a 686 do Código Civil, existe a possibilidade de um mandato com cláusula de irrevogabilidade ser validamente revogado. Assim, mesmo na hipótese de apresentação de certidão de procuração lavrada em cartório com essa cláusula, deve o comprador obter uma certidão atualizada.

Finalmente, a procuração deverá ser exibida ao oficial do cartório imobiliário por ocasião do registro de um compromisso particular de compra e venda.[13] Por tal razão, o comprador deve exigir que o procurador, que assinar o compromisso, entregue-lhe a procuração, em seu original, sob pena de não conseguir o registro. No tocante à outorga de escritura pública efetuada por procurador, com procuração lavrada por instrumento público, deve o comprador guardar consigo a certidão atualizada obtida no tabelionato, que é a prova de validade da outorga da escritura quanto aos poderes do procurador.

---

11 Ver, no Capítulo 3, na seção 3.13, *Processo que as certidões não vão mostrar*, a questão da boa-fé do comprador.

12 Contudo, parece-me que se a revogação for notória, se estiver averbada no livro de registro da procuração, ou em hipóteses semelhantes, poderá o juiz que for julgar uma eventual ação de anulação da venda não aceitar o argumento do comprador no sentido de que desconhecia a revogação. Assim, é necessária a verificação, no cartório onde a procuração por instrumento público foi lavrada, da eventual existência de revogação averbada.

13 Nesse sentido: "Registro de Imóveis – Dúvida – Pretendido registro de instrumento particular de compromisso de compra e venda – Falta de exibição do instrumento de procuração mencionado em seu texto – Ausência de reconhecimento das firmas das partes e das testemunhas – Necessidade de apresentação de documento comprobatório do valor venal – Contradição entre as descrições constantes do título e do cadastro real – Princípios da continuidade e da especialidade – Precedentes – Registro inviável – Decisão mantida" (CSMSP, Ap. Cível 035.544-0/3, 18-12-96, Rel. Márcio Martins Bonilha).

7

TRIBUTOS A PAGAR

A aquisição de um imóvel a título de compra enseja o pagamento do Imposto de Transmissão de Bens Imóveis (ITBI),[1] nos termos do art. 156 da Constituição Federal.[2]

Além disso, veremos neste Capítulo o Imposto Predial e Territorial Urbano (IPTU), também cobrado pelo município, o Imposto Territorial Rural (ITR), que é cobrado pela União relativamente aos imóveis situados fora da zona urbana do município, bem como eventual incidência de Imposto de Renda (IR) a ser pago pelo vendedor.

7.1 IMPOSTO DE TRANSMISSÃO DE BENS IMÓVEIS (ITBI)

Por ocasião da compra de um imóvel, é cobrado o Imposto de Transmissão de Bens Imóveis (ITBI), pelo município onde estiver situado o imóvel, nos termos de sua lei própria.

O ITBI também poderá ser cobrado por ocasião da cessão de direitos à aquisição de imóvel, como é o caso de alguém adquirir os direitos que outrem teria em razão de uma promessa de compra e venda.

A interpretação dada ao inciso II do art. 156 da Constituição Federal é no sentido de que podem ensejar o pagamento de ITBI a *transmissão da propriedade* do imóvel

---

1 O ITBI, curiosamente, era conhecido como "Sisa", que significava, no tempo do Império, Serviço de Impostos de Sua Alteza. Mesmo no começo do século XXI havia pessoas que usavam essa expressão e é possível que, mesmo nos dias de hoje, alguém (pessoa mais idosa, talvez) ainda chame o ITBI de "Sisa".

2 Os municípios devem editar leis para instituir e cobrar tais impostos. Fica, portanto, a critério do município instituir ou não os impostos previstos, mas é evidente que a esmagadora maioria dos municípios opta por sua instituição.

e a *cessão* de direitos (vide seção 8.4)[3] de um compromisso de compra e venda (vide Capítulo 8). Já o próprio compromisso de compra e venda, dentro dessa interpretação, não se enquadra em nenhuma das duas hipóteses: não é transmissão de propriedade nem cessão de direitos à aquisição dessa propriedade, razão pela qual não enseja pagamento de ITBI.[4] É preciso verificar, porém, o que dispõe a legislação do Município de situação do imóvel, que poderá ser discutida judicialmente caso preveja a incidência de ITBI em razão da realização ou do registro de um compromisso de compra e venda (não confundir com a cessão de direitos de um compromisso de compra e venda).

Pode parecer estranho que não incida ITBI por ocasião do compromisso de compra e venda, mas incida ITBI por ocasião das cessões de direitos desse compromisso, mas é a conclusão que se chega pela leitura do art. 156, II, da Constituição Federal. Há, porém, algumas decisões judiciais discrepantes.

Na hipótese de imóvel que irá integralizar o capital social de pessoa jurídica, não irá incidir ITBI, a teor do art. 156, § 2º, I, da Constituição Federal. Essa não incidência "não alcança o valor dos bens que exceder o limite do capital social a ser integralizado", de acordo com o julgamento do Tema 796 de Repercussão Geral no âmbito do Recurso Extraordinário 736.376, do STF.

No caso de doação ou recebimento de imóvel por herança também é cobrado imposto de transmissão, porém não é o ITBI ora tratado, mas sim o Imposto sobre a Transmissão *Causa Mortis* e Doação de Quaisquer Bens ou Direitos (ITCD ou ITCMD), casos em que a cobrança será feita pelo Estado-membro da Federação.[5] Há de se verificar, portanto, o que dispõe a lei da Unidade da Federação da situação do imóvel.

---

3 Houve um interessante precedente no sentido de que também no caso da cessão de compromisso de compra e venda não seria possível cobrar ITBI: CSM-SP, Apelação Cível 1002630-12.2014.8.26.0587, Rel. Des. José Carlos Gonçalves Xavier de Aquino, j. em 15-12-2015.

4 "Agravo regimental no agravo de instrumento. Matéria infraconstitucional. Ofensa indireta à Constituição do Brasil. Contrato de compromisso de compra e venda. Não incidência do ITBI. 1. Controvérsia decidida à luz de normas infraconstitucionais. Ofensa indireta à Constituição do Brasil. 2. A celebração de contrato de compromisso de compra e venda não gera obrigação ao pagamento do ITBI. Agravo regimental a que se nega provimento" (STF, AI-AgR 603.309/MG, Segunda Turma, Rel. Min. Eros Grau, j. em 18-12-2006, *DJ* de 23-2-2007).

"Tributário – Imposto sobre a Transmissão de Bens Imóveis – ITBI – Fato gerador – Art. 35, II do CTN e art. 156, II da CF/88 – Contrato de promessa de compra e venda – Não incidência. 1. O fato gerador do Imposto sobre a Transmissão de Bens Imóveis – ITBI é a transmissão do domínio do bem imóvel, nos termos do art. 35, II do CTN e art. 156, II da CF/88. 2. Não incidência do ITBI em promessa de compra e venda, contrato preliminar que poderá ou não se concretizar em contrato definitivo, este sim ensejador da cobrança do aludido tributo – Precedentes do STF. 3. Recurso especial não conhecido" (STJ, REsp 57.641/PE, Segunda Turma, Rel. Min. Eliana Calmon, j. em 4-4-2000, *DJ* 22-5-2000).

5 No que se refere à instituição do ITCD, assim como quanto à alíquota máxima que a Lei do Estado poderá estabelecer, assim dispõe a Constituição Federal: "Art. 155. Compete aos Estados e ao Distrito Federal instituir impostos sobre:

I – transmissão *causa mortis* e doação de quaisquer bens ou direitos;

Convém distinguir, assim, o ITBI por ato oneroso *inter vivos* do imposto que incide em razão de aquisição de imóvel por herança ou por doação. O primeiro, que nos interessa, é cobrado exclusivamente pelo Município, já o segundo é cobrado, exclusivamente, pelo Estado-membro. O Distrito Federal pode cobrar ambos.

A Lei Complementar nº 214, de 16-1-2025, que é uma das normas que regulamenta a recente Reforma Tributária, assim dispõe:

> "Art. 4º O IBS e a CBS incidem sobre operações onerosas com bens ou com serviços.
>
> (...)
>
> § 2º Para fins do disposto neste artigo, considera-se operação onerosa com bens ou com serviços qualquer fornecimento com contraprestação, incluindo o decorrente de:
>
> I – compra e venda, troca ou permuta, dação em pagamento e demais espécies de alienação;
>
> (...)
>
> § 3º São irrelevantes para a caracterização das operações de que trata este artigo:
>
> I – o título jurídico pelo qual o bem encontra-se na posse do fornecedor;
>
> (...)
>
> § 4º O IBS e a CBS incidem sobre qualquer operação com bem ou com serviço realizada pelo contribuinte, incluindo aquelas realizadas com ativo não circulante ou no exercício de atividade econômica não habitual, observado o disposto no § 4º do art. 57 desta Lei Complementar.
>
> § 5º A incidência do IBS e da CBS sobre as operações de que trata o *caput* deste artigo não altera a base de cálculo do:
>
> I – Imposto sobre a Transmissão *Causa Mortis* e Doação de Quaisquer Bens ou Direitos (ITCD), de que trata o inciso I do *caput* do art. 155 da Constituição Federal;
>
> II – Imposto sobre a Transmissão *Inter Vivos* de Bens Imóveis e Direitos a eles relativos (ITBI), de que trata o inciso II do *caput* do art. 156 da Constituição Federal."

Deve-se acompanhar o Projeto de Lei Complementar nº 108, de 2024, já aprovado na Câmara dos Deputados e tramitando no Senado, pois a norma decorrente dessa proposição legislativa irá regulamentar uma série de questões a respeito do tema. Além disso, o próprio STF poderá mudar a orientação decorrente do Tema nº 1.124.

(...)

§ 1º O imposto previsto no inciso I:

(...)

IV – terá suas alíquotas máximas fixadas pelo Senado Federal."

A alíquota será definida na lei estadual própria. Mas, em razão da Resolução nº 9/92 do Senado Federal, ela não poderá ser maior que 8%.

A possibilidade de a lei estadual instituir alíquotas progressivas para o ITCD deverá ser apreciada pelo STF no julgamento do Recurso Extraordinário nº 562.045, cuja repercussão geral, requisito para análise do mérito, foi reconhecida em 1º-2-2008.

7.2 QUANTO DEVE SER PAGO A TÍTULO DE ITBI

Para saber quanto deverá ser pago a título de ITBI, é preciso verificar qual é a alíquota e qual é a base de cálculo.

A base de cálculo é o valor venal do imóvel.[6] Isso, como definição geral, foi mantida pela recente Reforma Tributária. Em princípio, valor venal é o valor do imóvel no mercado. Não é, necessariamente, o preço de venda do imóvel.

A legislação do município deverá estabelecer qual é a base de cálculo e qual a alíquota do ITBI. O Município estabelece, anualmente, determinado valor venal para cada imóvel urbano para efeito da cobrança do IPTU, com base em critérios e cálculos predeterminados. Para imóveis rurais, é o ITR. Todo contribuinte, todo ano, recebe o carnê de pagamento do IPTU, no qual constam tais elementos utilizados para se chegar ao valor venal do imóvel. A legislação municipal "pode" estabelecer simplesmente que a base de cálculo do ITBI é a mesma do IPTU ou do ITR.

Contudo, muitas vezes a lei municipal dispõe, de forma lacônica, que a base de cálculo do ITBI é "o valor venal dos bens ou direitos relativos ao imóvel" que seria "o valor corrente de mercado do bem ou direito". Há, porém, outros critérios usados pelo legislador local (ex.: valores por metro quadro a depender da localização imóvel, o valor previsto no cadastro municipal). Infelizmente, o STF tem negado pronunciamento a respeito da constitucionalidade desses critérios,[7] ficando essa questão a ser apreciada pelos tribunais de justiça estaduais.

Normalmente, a lei municipal estabelece que a base de cálculo do ITBI será o valor declarado no instrumento de aquisição (normalmente a escritura pública), caso esse valor seja maior que o estabelecido pelos critérios anteriores. Há precedentes do STJ afirmando a possibilidade de a lei municipal estabelecer cobrança de ITBI com base de cálculo distinta da que foi aferida para o IPTU.[8]

Às vezes a legislação municipal estabelece, por meio de "tabelas", qual seria o valor do imóvel para fins de pagamento de ITBI. Caso o comprador entenda que o valor previsto está mais alto do que o valor do mercado, há possibilidade de se discutir essa questão com o órgão competente do Município. Isso poderá ser feito verbalmente (não é incomum em cidades pequenas) ou mediante instauração de procedimento administrativo.

Muito se discute judicialmente a respeito de como deve ser definido o tal "valor venal", base de cálculo do ITBI, bem como a constitucionalidade das diversas disposições

---

6 Vide: art. 4º, § 5º, II, arts. 252, 257 e, especialmente, 258, § 6º, I, da Lei Complementar nº 214, de 16-1-2025.

7 STF, RE 644.563, Primeira Turma, Min. Edson Fachin, j. em 10-11-2015.

8 REsp nº 1.199.964/SP, Segunda Turma, Rel. Min. Herman Benjamin, j. em 3-9-2013. AgRg no AREsp nº 36.740/RS, Segunda Turma, Rel. Min. Humberto Martins, j. em 25-10-2011.

das leis municipais a respeito do tema, inclusive a validade das tais "tabelas" municipais de valor venal de imóveis para fins de ITBI. O STJ tratou da questão no Tema Repetitivo 1.113,[9] abordando a presunção de veracidade por parte do contribuinte, mas a questão precisa ser decidida pelo STF.

A legislação municipal pode estabelecer hipóteses de redução da base de cálculo (ex.: aquisição no âmbito de programas sociais). Porém, simples decreto não pode majorar os tributos, sendo necessário que os critérios estejam previstos em lei.

Enfim, é preciso consultar a legislação municipal (lei e regulamentos) para saber qual a base de cálculo do ITBI.

No que se refere a imóvel adquirido em leilão judicial ou extrajudicial, há jurisprudência no sentido de que a base de cálculo do ITBI deve ser o valor pago pelo arrematante.[10] Vide seção 2.20.

Alíquota é uma porcentagem que incidirá sobre a base de cálculo. O resultado é o valor a ser pago.

A alíquota deverá estar prevista na lei do município[11] onde estiver situado o imóvel. A Constituição Federal não previu alíquota máxima para este imposto, o que significa que a lei municipal poderá estabelecer a alíquota que bem entender, desde que não fique caracterizado um efeito confiscatório (art. 150, IV, da Constituição Federal).

Alguns municípios tentaram implantar alíquotas progressivas, com base no valor venal do imóvel. Ou seja, quanto mais valioso o imóvel, mais alta seria a alíquota, sempre com base na previsão da lei do município do local onde está situado o imóvel. O STF, porém, estabeleceu que essa progressividade é inconstitucional,[12] devendo o tributo ser pago pela alíquota mínima.

7.3 QUEM PAGA O ITBI

Resta, agora, verificar quem, o comprador ou o vendedor, e em que momento deverá pagar o ITBI.

---

9 STJ, REsp nº 1.937.821/SP, Primeira Seção, Rel. Min. Gurgel de Faria, j. em 24-2-2022.

10 "(...) O entendimento aplicado pela Corte paulista está de acordo com o do STJ, o qual afirma que, nas hipóteses de alienação judicial do imóvel, seu valor venal corresponde àquele pelo qual foi arrematado em hasta pública, inclusive para fins de cálculo do ITBI. 3. Ademais, em virtude da similaridade do leilão extrajudicial com a arrematação judicial, aplica-se, *mutatis mutandis*, o entendimento pacífico na Primeira Seção do STJ de que aquele corresponde a esta. (...)" (STJ, REsp nº 1.803.169/SP, Segunda Turma, Rel. Min. Herman Benjamin, j. em 23-4-2019).

11 Ou a Lei do Distrito Federal, caso o imóvel esteve lá situado, uma vez que o Distrito Federal, por não ser dividido em municípios, possui as competências tributárias atribuídas aos Estados e aos Municípios, nos termos da Constituição Federal (arts. 147 e 155).

12 Súmula 656 do STF: "É inconstitucional a lei que estabelece alíquotas progressivas para o Imposto de Transmissão *Inter Vivos* de Bens imóveis – ITBI com base no valor venal do imóvel."

Assim dispõe o Código Tributário Nacional (Lei nº 5.172/66):

> "Art. 42. Contribuinte do imposto é qualquer das partes na operação tributada, como dispuser a lei."

A lei, a que o dispositivo transcrito alude, é a lei municipal de onde estiver situado o imóvel. Nesse passo, a lei municipal definirá quem será responsável pelo pagamento do ITBI. Normalmente, as leis municipais estabelecem que o responsável será o comprador.

Isso não impede, contudo, de estabelecerem as partes, no contrato de compra e venda, que será o vendedor quem arcará com o pagamento do ITBI. Evidentemente, isso não poderá ser oposto ao fisco municipal. Assim, prevendo a lei municipal que o comprador é o responsável pelo pagamento, caso o vendedor não pague, mesmo que as partes tenham convencionado que a responsabilidade seria do vendedor, poderá o fisco municipal cobrar do comprador.

7.4 EM QUE MOMENTO O ITBI DEVERÁ SER PAGO

Algumas leis municipais ainda determinam que o ITBI deve ser pago por ocasião da lavratura da escritura de compra e venda. Nesses casos, possivelmente só será possível lavrar a escritura após o contribuinte pagar o ITBI, salvo se ordem judicial a dispensar[13] ou se houver provimento do Tribunal de Justiça do Estado onde a escritura for lavrada, no sentido de que o ITBI é devido apenas por ocasião do registro da escritura.

A despeito do advento da Emenda Constitucional nº 3/93,[14] houve em 2021 decisão do STF no seguinte sentido:

---

13 "Tributário. Agravo regimental. Agravo de instrumento. Imposto sobre Transmissão de Bens Imóveis. Fato gerador. Registro no cartório imobiliário. Súmula 83/STJ. 1. 'O fato gerador do imposto de transmissão de bens imóveis ocorre com a transferência efetiva da propriedade ou do domínio útil, na conformidade da Lei Civil, com o registro no cartório imobiliário' (RMS 10.650/DF, Rel. Min. Francisco Peçanha Martins, *DJU* de 4-9-2000). (...)" (STJ, AgRg nos EDcl no Ag 717.187/DF, Segunda Turma, Rel. Min. Castro Meira, j. em 14-3-2006, *DJ* 23-3-2006).

14 Até o advento da Emenda Constitucional nº 3/93 era possível sustentar, com bastante propriedade e segurança, que seria inconstitucional a lei municipal que estabelecesse que o ITBI devesse ser pago desse modo, pois a competência conferida pela Constituição aos municípios foi a de instituir imposto de transmissão da propriedade de bens imóveis por ato oneroso *inter vivos* e não a de instituir imposto à prática de um ato que, por si só, não transmite e talvez nem venha a transmitir a propriedade ou direitos de bem imóvel.

Seria a hipótese, por exemplo, em que alguém vende um imóvel a duas ou mais pessoas, lavrando-se duas ou mais escrituras: a propriedade do imóvel somente será transmitida àquele que primeiro registrar sua escritura, sendo que os demais teriam pagado ITBI e não teriam se tornado proprietários do imóvel! Haveria, assim, imposto de transmissão pago para hipóteses em que não houve transmissão.

Contudo, a Emenda Constitucional nº 3/93 deu nova redação ao art. 150 da Constituição Federal, incluindo o § 7º, que prevê, justamente, a possibilidade de tributação em decorrência de

> "O fato gerador do imposto sobre transmissão *inter vivos* de bens imóveis (ITBI) somente ocorre com a efetiva transferência da propriedade imobiliária, que se dá mediante o registro."[15]

De acordo com essa decisão do STF, o ITBI deveria ser pago apenas por ocasião do registro, no cartório imobiliário, do instrumento de compra e venda do imóvel (normalmente escritura pública).

Contudo, essa questão será reexaminada pelo STF,[16] pois a hipótese tratada no julgamento acima mencionado versava sobre cessão dos direitos decorrentes de promessa de compra e venda de imóveis (vide seção 8.4). Houve erro. A cessão também é fato gerador do ITBI.

Outro problema é que a maior parte das cessões de direitos decorrentes do compromisso de compra e venda ou de cessões ("cessão de cessão de direitos") é feita por instrumento particular: não há como fiscalizar e exigir o pagamento do tributo antes do registro no cartório imobiliário. Pior: muitas vezes o compromissário comprador outorga a escritura diretamente para o último cessionário (há, nesse caso, sonegação fiscal).

Há leis municipais que proíbem os cartórios de praticarem atos referentes à alienação de imóveis sem o prévio pagamento do ITBI. Já se afirmou que essas leis estariam ofendendo o art. 22, inciso XXV, da Constituição Federal, que estabelece ser da União (e não do município) a competência para legislar sobre Registros Públicos. Todavia, a verdade é que o art. 289 da Lei de Registros Públicos determina que o oficial do cartório imobiliário fiscalize o recolhimento do imposto,[17] o que nos remete ao ponto de partida, consistente em saber qual o momento em que o ITBI deve ser pago.

Aguarda-se a nova decisão do STF, desta vez a respeito de efetiva compra e venda de imóveis. Caso o STF conclua que o fato gerador do ITBI, no que se refere à compra de venda de imóveis, é a transferência da propriedade imobiliária (sem antecipação do fato gerador), espera-se que a legislação municipal se adapte à futura decisão do STF,

---

fato gerador ainda não ocorrido, bem como a restituição do tributo na hipótese de ele não vir a ocorrer.

15 STF, ARE nº 1.294.969 RG, Tribunal Pleno, Rel. Min. Luiz Fux, j. em 11-2-2021.

16 STF, Plenário, Embargos de Declaração no ARE nº 1.294.969, Rel. p/ acórdão Min. Dias Toffoli, j. em 26-8-2022.

17 Nesse sentido: "Registro de Imóveis – (...) Exigência de comprovação de valor venal e de recolhimento de ITBI – Recurso improvido.
(...)
O comprovante do valor venal faz-se necessário para cálculo das custas e emolumentos (cf. apelações cíveis nºs 1.958, 2.178, 2.506, 3.721, 5.825, 13.633, 13.598) e a guia de recolhimento do imposto de transmissão sobre bens imóveis merece ser exibido em face da atribuição dada ao registrador para controle de seu recolhimento" (CSMSP, Ap. Cível 023.868-0/9, j. 6-12-1995, Rel. Antônio Carlos Alves Braga).

assim como seja alterado o inciso II do art. 1º do Decreto nº 93.240, de 9-9-1986, que regulamenta a Lei nº 7.433, de 18-12-1985, a respeito dos requisitos para a lavratura de escrituras públicas.[18]

Em suma: discussões jurídicas à parte, em certos casos será exigido o pagamento do ITBI desde logo por ocasião e como requisito para a *lavratura* da escritura pública de compra e venda; em outros, somente por ocasião e como requisito para o *registro* da escritura.

Até que a questão esteja totalmente pacificada, é melhor para o comprador que o ITBI seja pago por ocasião da lavratura da escritura, de modo a evitar eventuais problemas por ocasião do pedido de registro no cartório imobiliário.

A respeito da incidência de ITBI no âmbito de imóvel alienado fiduciariamente, vide seção 1.19.

7.5 IMPOSTO PREDIAL E TERRITORIAL URBANO (IPTU)

No que se refere aos cuidados com relação a eventuais dívidas do vendedor, deve-se verificar a situação do imóvel frente ao fisco municipal.

Ocorre que quem paga o IPTU, mesmo atrasado, é o atual proprietário do imóvel. Assim, se você adquire um imóvel, responderá por eventuais débitos fiscais referentes a este imóvel, ainda que estes sejam originários do período em que você não era proprietário do imóvel.

Portanto, é necessário requerer uma Certidão Negativa de Tributos na prefeitura do local onde está situado o imóvel. Caso tal certidão revele que o proprietário não pagou o IPTU de determinado(s) ano(s), deve o comprador solicitar o desconto correspondente no preço do imóvel como forma de se ressarcir do que irá ser pago a título de IPTU atrasado.

Evidentemente, de nada vale em face do fisco um "contrato" no qual o vendedor se compromete a pagar o imposto atrasado: o comprador será compelido a pagá-lo do mesmo modo, uma vez que obrigações contratuais não podem ser opostas a terceiros.

Frise-se, finalmente, que em certos municípios é exigida a certidão negativa de débitos perante o poder público municipal como requisito para a *lavratura* da escritura de compra e venda.

7.6 IMPOSTO TERRITORIAL RURAL (ITR)

Semelhante ao IPTU, o ITR é o imposto que deve ser pago pelo proprietário de imóvel rural.

Para fins de pagamento de ITR deve-se levar em conta a destinação do imóvel: se ele for usado para exploração vegetal, agrícola, pecuária ou agroindustrial, estará

---

[18] "Art. 1º Para a lavratura de atos notariais, relativos a imóveis, serão apresentados os seguintes documentos e certidões: (...) II – o comprovante do pagamento do Imposto sobre a Transmissão de Bens Imóveis e de Direitos a eles relativos, quando incidente sobre o ato, ressalvadas as hipóteses em que a lei autorize a efetivação do pagamento após a sua lavratura; (...)."

sujeito ao ITR e não ao IPTU.[19] Normalmente, o pagamento de ITR em vez de IPTU é mais vantajoso sob o aspecto econômico. O ônus da prova da destinação rural do imóvel é do contribuinte.[20]

O adquirente de imóvel rural deverá verificar a eventual existência de dívidas relativas ao ITR no tocante ao imóvel a ser adquirido. Isso deve ser feito por meio de requisição de certidão perante a Secretaria da Receita Federal (RFB).

Tal como no caso do IPTU, o adquirente de imóvel rural passa a ser responsável pelas dívidas do antigo proprietário concernentes ao ITR não pago (art. 5º da Lei nº 9.393/96).

Ademais, com o advento da Lei nº 9.393/96, passou a se exigir, a teor de seu art. 21, a comprovação de ter sido pago o ITR dos últimos 5 (cinco) exercícios para a prática dos atos previstos nos arts. 167 e 168 da Lei nº 6.015/73.

Vale dizer, assim, que para registro de escritura pública de compra e venda, de compromisso de compra e venda etc., será necessário apresentar prova do pagamento do ITR dos últimos 5 (cinco) exercícios, ou seja, dos últimos 5 (cinco) anos.

Caso contrário, o registro somente poderá ser efetuado na hipótese de estar suspensa a exigibilidade do tributo, tal como ocorre quando existe execução fiscal devidamente garantida por meio de efetivação de penhora, a teor da ressalva contida no próprio art. 21. A Lei não diz, mas parece razoável entender que, para os imóveis beneficiados com isenção ou imunidade relativa ao pagamento ou incidência de ITR, não pode ser exigida a comprovação de seu pagamento.

Assim, como se pode ver, a verificação de inexistência de débitos no tocante ao não pagamento de ITR não é uma mera cautela, mas uma necessidade para poder registrar o título de aquisição da propriedade do imóvel rural.

A comprovação da regularidade fiscal a título do ITR é feita mediante apresentação da certidão negativa prevista na Portaria Conjunta RFB/PGFN nº 1.751, de 2-10-2014, e alterações posteriores. O requerimento dessa certidão poderá ser feito na unidade da receita federal do imóvel rural ou do domicílio fiscal do contribuinte ou pela Internet, no endereço http://www.receita.fazenda.gov.br.

De acordo com o inciso II do § 1º do art. 10 da Lei nº 9.393/96, não são tributáveis as seguintes áreas:

> "a) de preservação permanente e de reserva legal, previstas na Lei nº 12.651, de 25 de maio de 2012;

---

19 STJ, REsp 492.869/PR, Primeira Turma, Rel. Min. Teori Albino Zavascki, j. em 15-2-2005, *DJ* 7-3-2005.

20 STJ, AgRg no Ag 993.224/SP, Primeira Turma, Rel. Min. José Delgado, j. em 6-5-2008, *DJ* 4-6-2008.

b) de interesse ecológico para a proteção dos ecossistemas, assim declaradas mediante ato do órgão competente, federal ou estadual, e que ampliem as restrições de uso previstas na alínea anterior;

c) comprovadamente imprestáveis para qualquer exploração agrícola, pecuária, granjeira, aquícola ou florestal, declaradas de interesse ecológico mediante ato do órgão competente, federal ou estadual;

d) sob regime de servidão ambiental;

e) cobertas por florestas nativas, primárias ou secundárias em estágio médio ou avançado de regeneração;

f) alagadas para fins de constituição de reservatório de usinas hidrelétricas autorizadas pelo poder público."

De acordo com a Instrução Normativa SRF nº 256, de 11-12-2002, alterada pela Instrução Normativa RFB nº 861, de 17-7-2008, para fazer jus ao benefício fiscal, devem as áreas objeto de servidão ambiental ou cobertas por florestas nativas estar averbadas na matrícula do imóvel.[21] Há, porém, entendimento do STJ em sentido contrário, dispensando a averbação para a concessão do benefício tributário.[22] A Lei nº 14.932, de 23-7-2024, incluiu no 29 da Lei nº 12.651, de 25-5-2012, o seguinte dispositivo: "§ 5º É o produtor rural autorizado a apresentar o CAR de que trata o *caput* deste artigo, para fins de apuração da área tributável prevista no inciso II do § 1º do art. 10 da Lei nº 9.393, de 19 de dezembro de 1996, que dispõe sobre o Imposto sobre a Propriedade Territorial Rural (ITR)". Vide seção 11.7.

Finalmente, a teor do art. 6º da Lei nº 9.393/96, deverá ser comunicado à Secretaria da Receita Federal a aquisição de imóvel rural por meio do Documento de Informação e Atualização Cadastral do ITR – Diac e, anualmente, deverá o proprietário do imóvel rural efetuar a Declaração do Imposto sobre a Propriedade Territorial Rural (DITR), de

---

[21] "Área não tributável – Áreas de Servidão Ambiental. Art. 13-A. São áreas de servidão ambiental aquelas averbadas à margem da inscrição da matrícula do imóvel, no Registro de Imóveis competente, nas quais o proprietário renuncia, em caráter permanente ou temporário, total ou parcialmente, a direito de uso, exploração ou supressão de recursos naturais, localizadas fora das áreas de preservação permanente e reserva legal. Parágrafo único. Para fins de exclusão da área tributável, as áreas a que se refere o *caput* devem estar averbadas na data de ocorrência do respectivo fato gerador.

Área não tributável – Áreas Cobertas por Florestas Nativas. Art. 14-A. São áreas cobertas por florestas nativas aquelas nas quais o proprietário protege as florestas nativas, primárias ou secundárias em estágio médio ou avançado de regeneração, onde o proprietário conserva a vegetação primária – de máxima expressão local, com grande diversidade biológica, e mínimos efeitos de ações humanas, bem como a vegetação secundária – resultante dos processos naturais de sucessão, após supressão total ou parcial da vegetação primária por ações humanas ou causas naturais."

[22] STJ, REsp 969.091/SC, Primeira Turma, Rel. Min. Luiz Fux, j. em 15-6-2010, *DJe* de 1º-7-2010.

acordo com o art. 36 da Instrução Normativa SRF nº 256, de 11-12-2002.[23] A respeito de outras declarações referentes a imóvel rural, vide seção 1.11.

7.7 IMPOSTO DE RENDA (IR)

A compra e venda de um imóvel, em si, não é fato gerador de Imposto de Renda (IR). Contudo, qualquer negócio pode provocar a existência de ganho de capital e, por essa razão, ensejar o pagamento do IR. Assim, não é a venda do imóvel que enseja o pagamento do imposto, mas sim o ganho decorrente da diferença do preço de compra e do preço de venda do imóvel.

Caso devido, o IR será pago pelo vendedor. Disso não se conclua que a questão não seja relevante para o comprador: no futuro, possivelmente ele irá vender o imóvel e poderá ter de pagar IR. Vide a seção 1.3 a respeito do valor que deverá constar da escritura de compra do imóvel.

A regra geral é que o ganho de capital seja tributado. Há exceções, hipóteses em que, a despeito do ganho de capital decorrente da venda do imóvel, não haverá incidência de IR.

Vejamos, inicialmente, a regra geral e, em seguida, as exceções.

Há regras para apuração e tributação do ganho de capital decorrente da diferença entre o preço de venda e o preço de compra do imóvel.

Para as pessoas físicas, essas regras estão previstas nos arts. 134 e 135 (cálculo do valor da alienação) e nos arts. 136 a 141 (cálculo do custo de aquisição) do Decreto nº 9.580, de 22-11-2018 (Regulamento do Imposto de Renda – RIR). Também são aplicáveis o art. 18 da Lei nº 7.713, de 22-12-98 (que importa "isenção" para bens adquiridos até 1969 e uma redução regressiva da base de cálculo para os anos seguintes até 1988), e o art. 40 da Lei nº 11.196, de 21-11-2005 ("Lei do Bem"), que estabelece um critério para

---

[23] "Art. 36. O sujeito passivo, inclusive o isento, ou a pessoa imune deve apresentar anualmente, em modelo aprovado pela SRF, a Declaração do Imposto sobre a Propriedade Territorial Rural (DITR) correspondente a cada imóvel rural, composta pelos seguintes documentos: I – Documento de Informação e Atualização Cadastral do ITR (Diac), mediante o qual o sujeito passivo, inclusive o isento, ou a pessoa imune deve prestar à SRF as informações cadastrais correspondentes a cada imóvel rural e a seu titular; II – Documento de Informação e Apuração do ITR (Diat), mediante o qual o sujeito passivo deve prestar à SRF as informações necessárias ao cálculo do ITR e apurar o valor do imposto correspondente a cada imóvel rural. § 1º As informações constantes no Diac integrarão o Cafir, cuja administração cabe à SRF, que pode, a qualquer tempo, solicitar informações visando à sua atualização. § 2º A inscrição do imóvel rural no Cafir e os efeitos dela decorrentes não geram qualquer direito ao proprietário, ao titular do domínio útil e ao possuidor a qualquer título. § 3º As pessoas isentas ou imunes do ITR estão dispensadas de preencher o Diat."

a correção monetária do custo de aquisição do imóvel,[24] assim como existem outros benefícios, inclusive específicos para imóveis rurais, dependendo do caso concreto.

A tributação incide inclusive sobre os ganhos de capital decorrentes da venda de imóvel situado no exterior, salvo se o vendedor for considerado não residente no Brasil (art. 10, VI, da Instrução Normativa RFB nº 1.500, de 29-10-2014). Com relação a imóveis situados no Brasil, a regra geral é no sentido de que a tributação atinge residentes e não residentes (art. 18 da Lei nº 9.249, de 26-12-95). Curiosamente, há norma (art. 26 da Lei nº 10.833, de 29-12-2003) estabelecendo o dever de retenção e recolhimento do Imposto de Renda devido pelo não residente no Brasil, que poderá recair sobre o comprador.

A diferença entre o preço de alienação e o custo de aquisição supostamente corrigido (art. 40 da "Lei do Bem"), com possíveis ajustes, será tributada pelo Imposto de Renda das Pessoas Físicas (IRPJ) à alíquota de 15% a 22,5%, nos termos do art. 21 da Lei nº 8.981, de 20-1-95, em redação dada pela Lei nº 13.259, de 16-3-2016.[25]

---

[24] "Art. 40. Para a apuração da base de cálculo do imposto sobre a renda incidente sobre o ganho de capital por ocasião da alienação, a qualquer título, de bens imóveis realizada por pessoa física residente no País, serão aplicados fatores de redução (FR1 e FR2) do ganho de capital apurado. § 1º A base de cálculo do imposto corresponderá à multiplicação do ganho de capital pelos fatores de redução, que serão determinados pelas seguintes fórmulas: I – FR1 = 1/1,0060m1, onde 'm1' corresponde ao número de meses-calendário ou fração decorridos entre a data de aquisição do imóvel e o mês da publicação desta Lei, inclusive na hipótese de a alienação ocorrer no referido mês; II – FR2 = 1/1,0035m2, onde 'm2' corresponde ao número de meses-calendário ou fração decorridos entre o mês seguinte ao da publicação desta Lei ou o mês da aquisição do imóvel, se posterior, e o de sua alienação. § 2º Na hipótese de imóveis adquiridos até 31 de dezembro de 1995, o fator de redução de que trata o inciso I do § 1º deste artigo será aplicado a partir de 1º de janeiro de 1996, sem prejuízo do disposto no art. 18 da Lei nº 7.713, de 22 de dezembro de 1988."

[25] "Art. 21. O ganho de capital percebido por pessoa física em decorrência da alienação de bens e direitos de qualquer natureza sujeita-se à incidência do imposto sobre a renda, com as seguintes alíquotas: I – 15% (quinze por cento) sobre a parcela dos ganhos que não ultrapassar R$ 5.000.000,00 (cinco milhões de reais); II – 17,5% (dezessete inteiros e cinco décimos por cento) sobre a parcela dos ganhos que exceder R$ 5.000.000,00 (cinco milhões de reais) e não ultrapassar R$ 10.000.000,00 (dez milhões de reais); III – 20% (vinte por cento) sobre a parcela dos ganhos que exceder R$ 10.000.000,00 (dez milhões de reais) e não ultrapassar R$ 30.000.000,00 (trinta milhões de reais); e IV – 22,5% (vinte e dois inteiros e cinco décimos por cento) sobre a parcela dos ganhos que ultrapassar R$ 30.000.000,00 (trinta milhões de reais). § 1º O imposto de que trata este artigo deverá ser pago até o último dia útil do mês subsequente ao da percepção dos ganhos. § 2º Os ganhos a que se refere este artigo serão apurados e tributados em separado e não integrarão a base de cálculo do Imposto de Renda na declaração de ajuste anual, e o imposto pago não poderá ser deduzido do devido na declaração. § 3º Na hipótese de alienação em partes do mesmo bem ou direito, a partir da segunda operação, desde que realizada até o final do ano-calendário seguinte ao da primeira operação, o ganho de capital deve ser somado aos ganhos auferidos nas operações anteriores, para fins da apuração do imposto na forma do *caput*, deduzindo-se o montante do imposto pago nas operações anteriores. § 4º Para fins do disposto neste artigo, considera-se integrante do mesmo bem ou direito o conjunto de ações ou quotas de uma mesma pessoa jurídica. § 5º (Vetado)."

A base de cálculo do Imposto de Renda (ganho de capital decorrente da venda do imóvel) deve ser subtraída de algumas despesas, beneficiando o vendedor. É o que dispõe a Instrução Normativa SRF nº 84, de 11-10-2001:

> "Art. 17. Podem integrar o custo de aquisição, quando comprovados com documentação hábil e idônea e discriminados na Declaração de Ajuste Anual, no caso de:
>
> I – bens imóveis:
>
> a) os dispêndios com a construção, ampliação e reforma, desde que os projetos tenham sido aprovados pelos órgãos municipais competentes, e com pequenas obras, tais como pintura, reparos em azulejos, encanamentos, pisos, paredes;
>
> b) os dispêndios com a demolição de prédio construído no terreno, desde que seja condição para se efetivar a alienação;
>
> c) as despesas de corretagem referentes à aquisição do imóvel vendido, desde que tenha suportado o ônus;
>
> d) os dispêndios pagos pelo proprietário do imóvel com a realização de obras públicas, tais como colocação de meio-fio, sarjetas, pavimentação de vias, instalação de redes de esgoto e de eletricidade que tenham beneficiado o imóvel;
>
> e) o valor do imposto de transmissão pago pelo alienante na aquisição do imóvel;
>
> f) o valor da contribuição de melhoria;
>
> g) os juros e demais acréscimos pagos para a aquisição do imóvel;
>
> h) o valor do laudêmio pago, etc.;
>
> II – outros bens ou direitos: os dispêndios realizados com a conservação e reparos, a comissão ou a corretagem quando não transferido o ônus ao adquirente, os juros e demais acréscimos pagos, etc."

Além disso, "podem integrar o custo de aquisição do imóvel, para fins de apuração de ganho de capital por ocasião de sua alienação, os dispêndios com móveis planejados e embutidos, desde que se integrem fisicamente ao imóvel, sendo projetados especificamente para determinado espaço, sua instalação se dê de modo permanente ou, havendo possibilidade de remoção, esta não ocorra sem modificação, dano ou mesmo destruição, e resultem na valorização do imóvel. Necessário também que tais dispêndios sejam comprovados com documentação hábil e idônea e estejam discriminados na Declaração de Ajuste Anual do IRPF."[26]

Há precedente no sentido de que não cabe tributação na hipótese de permuta de imóveis.[27]

---

[26] Solução de Consulta Cosit nº 298, de 16-10-2014.

[27] "Processual civil e tributário. Agravo interno no recurso especial. IRPJ, CSLL, PIS e COFINS. Permuta de imóveis. Equiparação à compra e venda para fins tributários. Ilegalidade. Matéria pacífica. 1. Este Tribunal Superior firmou orientação segundo a qual o contrato de permuta de imóveis não pode ser equiparado ao de compra e venda para fins de incidência de tributos.

O art. 23 da Lei nº 9.250, de 26 de dezembro de 1995, concede a seguinte isenção para as pessoas físicas:

> "Art. 23. Fica isento do Imposto de Renda o ganho de capital auferido na alienação do único imóvel que o titular possua, cujo valor de alienação seja de até R$ 440.000,00 (quatrocentos e quarenta mil reais), desde que não tenha sido realizada qualquer outra alienação nos últimos cinco anos."

Por sua vez, o art. 39 da Lei nº 11.196/2005 ("Lei do Bem") assim dispõe:

> "Art. 39. Fica isento do Imposto de Renda o ganho auferido por pessoa física residente no País na venda de imóveis residenciais, desde que o alienante, no prazo de 180 (cento e oitenta) dias contado da celebração do contrato, aplique o produto da venda na aquisição de imóveis residenciais localizados no País.
>
> § 1º No caso de venda de mais de 1 (um) imóvel, o prazo referido neste artigo será contado a partir da data de celebração do contrato relativo à 1a (primeira) operação.
>
> § 2º A aplicação parcial do produto da venda implicará tributação do ganho proporcionalmente ao valor da parcela não aplicada.
>
> § 3º No caso de aquisição de mais de um imóvel, a isenção de que trata este artigo aplicar-se-á ao ganho de capital correspondente apenas à parcela empregada na aquisição de imóveis residenciais.
>
> § 4º A inobservância das condições estabelecidas neste artigo importará em exigência do imposto com base no ganho de capital, acrescido de:
>
> I – juros de mora, calculados a partir do 2º (segundo) mês subsequente ao do recebimento do valor ou de parcela do valor do imóvel vendido; e
>
> II – multa, de mora ou de ofício, calculada a partir do 2º (segundo) mês seguinte ao do recebimento do valor ou de parcela do valor do imóvel vendido, se o imposto não for pago até 30 (trinta) dias após o prazo de que trata o *caput* deste artigo.
>
> § 5º O contribuinte somente poderá usufruir do benefício de que trata este artigo 1 (uma) vez a cada 5 (cinco) anos."

De acordo com o art. 17, I, "e", da Instrução Normativa SRF nº 84/2001, o ITBI pago deve integrar o custo do imóvel para fins da isenção prevista no art. 39 da Lei nº 11.196/2005.[28]

Precedentes de ambas as Turmas componentes da Primeira Seção. 2. Agravo interno não provido" (STJ, AgInt no REsp nº 1.819.330/SC, Primeira Turma, Rel. Min. Benedito Gonçalves, j. em 15-3-2021).

[28] Solução de Consulta Cosit nº 600, de 20-2-2014.

Há "isenção de que trata o art. 39 da Lei nº 11.196, de 2005, na hipótese de aquisição de 'casa pré-fabricada e terreno onde foi construída, ainda que não seja averbada a construção', a par do cumprimento dos demais requisitos previstos nesse artigo, sujeita-se à comprovação de que o imóvel objeto dessa operação destina-se a fins residenciais, segundo as normas disciplinadoras das edificações da localidade em que se situar – mediante documentação hábil e idônea".[29]

Também há isenção na "hipótese de venda de imóvel residencial com o objetivo de quitar, total ou parcialmente, débito remanescente de aquisição a prazo ou à prestação de imóvel residencial já possuído pelo alienante". (Instrução Normativa RFB nº 2.070, de 16-3-2022). Contudo, "Não se aplica a isenção do imposto sobre a renda incidente sobre o ganho de capital na venda de imóveis de que trata o inciso III do § 10 do art. 2º da Instrução Normativa RFB nº 599, de 28 de dezembro de 2005, nos casos em que a aquisição do imóvel residencial já possuído pelo alienante se deu à vista e a dívida a ser quitada decorre de empréstimo obtido por ele, cujos recursos foram utilizados na aquisição do imóvel, mas que não está diretamente ligado ao instrumento de aquisição do imóvel.

Para fins da referida isenção, a dívida a ser quitada deve estar relacionada com a própria aquisição a prazo ou à prestação do imóvel residencial já possuído pelo alienante" (Solução de Consulta COSIT nº 14, de 19-2-2025).

A Receita Federal entende que não há isenção sobre o ganho de capital previsto no art. 39 da Lei nº 11.196/2005 se o valor recebido na alienação do imóvel for utilizado na construção de uma casa[30] ou se o valor da venda de imóvel residencial for aplicado em reformas em imóveis de propriedade do contribuinte.[31]

Não haverá isenção do Imposto de Renda por ocasião da venda isolada da vaga de garagem (necessariamente com matrícula própria, vide seção 10.1), a teor do inciso III do § 11 do art. 2º da IN SRF nº 599/2005. Contudo, pode-se tentar sustentar o cabimento da isenção para bens de até R$ 35.000,00 prevista no art. 1º, II, da IN SRF nº 599/2005.[32]

No que se refere a tributação decorrente de permuta, vide Instrução Normativa SRF nº 107/98. Há precedente do STJ favorável ao contribuinte pessoa jurídica.[33]

---

29 Solução de Consulta Cosit nº 4, de 3-3-2021.

30 Solução de Consulta Cosit nº 70, de 28-3-2014.

31 Solução de Consulta Cosit nº 240, de 19-5-2017.

32 "Art. 1º Fica isento do Imposto de Renda o ganho de capital auferido por pessoa física na alienação de bens e direitos de pequeno valor, cujo preço unitário de alienação, no mês em que esta se realizar, seja igual ou inferior a: I – R$ 20.000,00 (vinte mil reais), no caso de alienação de ações negociadas no mercado de balcão; II – R$ 35.000,00 (trinta e cinco mil reais), nos demais casos."

33 STJ, REsp nº 1.733.560/SC, Segunda Turma, Rel. Min. Herman Benjamin, j. em 17-5-2018.

7.8 OUTRAS DÍVIDAS DE ORIGEM TRIBUTÁRIA QUE O COMPRADOR PODERÁ SER COMPELIDO A PAGAR

Na hipótese de o imóvel adquirido ser um estabelecimento ("estabelecimento comercial", na terminologia antiga), o comprador poderá ficar sujeito às dívidas tributárias (entre outras) do(s) antigo(s) proprietário(s). Por tal razão, remetemos o leitor ao tópico *Sucessão de empresas*, no Capítulo 5.

8

COMPROMISSO DE COMPRA E VENDA

Bastante difundido atualmente, o compromisso de compra e venda, que pode ser feito por simples instrumento particular, é um contrato pelo qual as partes se comprometem a efetuar um contrato de compra e venda. Ele também é popularmente chamado de "promessa de compra e venda". Por meio do compromisso de compra e venda, uma das partes, o *compromissário comprador*, se compromete a comprar um determinado bem, e a outra parte, o *compromitente vendedor*, se compromete a vendê-lo.

Na prática, o compromisso de compra e venda surge quando as partes não querem ou não podem celebrar desde logo, por escritura pública, o contrato definitivo.

Como seu objeto é, justamente, a elaboração de outro contrato, o compromisso de compra e venda é um pré-contrato, contrato preliminar ou ajuste prévio.

Como regra geral, o compromisso de compra e venda e os contratos de cessões desse compromisso, mesmo por instrumento particular, poderão ser registrados no cartório de registro de imóveis (item 9 do inciso I do art. 167 da Lei nº 6.015/73). Para isso, é necessário que sejam preenchidos os mesmos requisitos exigidos para a escritura pública (vide seção 1.3) e tenham sido as assinaturas reconhecidas em cartório, nos termos do art. 221, II, da Lei nº 6.015/73, com redação dada pela Lei nº 14.620, de 13-7-2023.

Na esmagadora maioria das vezes, o tabelião lavra corretamente a escritura pública, mas às vezes alguns detalhes podem obrigar que a escritura seja refeita. Com o compromisso de compra e venda acontece o mesmo, mas pode ser mais difícil para o compromissário comprador conseguir do vendedor novo instrumento de compromisso de compra e venda para registro: normalmente, o registro do compromisso de compra e venda é mais vantajoso para o comprador. Na prática, o registro normalmente dificulta a possibilidade de o vendedor efetuar nova venda do imóvel. Embora na maioria dos casos o distrato não seja desejado pelo vendedor, há casos em que o comprador não está cumprindo suas obrigações contratuais. Nessa situação, o compromisso de compra e venda tem de ser desfeito e, caso registrado, deve ser feita averbação do distrato (ou do desfazimento por via judicial). O registro do compromisso de compra e venda é vantajoso para o adquirente do imóvel.

Vimos os requisitos e elementos gerais que uma escritura pública deve conter para que possa ser registrada no Capítulo I. Devemos ter em mente que questões específicas de determinada aquisição podem levar à necessidade de novos elementos ou requisitos.

Os compromissos de compra e venda de imóvel financiado e os contratos de cessões de direitos desses compromissos (vide seção 8.3) que não foram celebrados com anuência do agente financeiro ("banco"), normalmente exigível (vide seção 12.3), não podem ser registrados no cartório imobiliário, razão pela qual são popularmente chamados de "contratos de gaveta".

Na prática, a regra geral (possibilidade de registro do compromisso de compra e venda e das cessões) é menos comum do que a hipótese em que o registro é obstaculizado por algum motivo de fato ou de direito, sendo o mais frequente a ausência de anuência do agente financeiro. Trataremos dessa questão na seção 12.3, inclusive quanto aos riscos e quanto à proteção concedida para a pessoa que tem compromisso de compra e venda não registrado.

A respeito da não incidência de ITBI em razão do compromisso de compra e venda, vide seção 7.1.

8.1 O COMPROMISSO DE COMPRA E VENDA PODE SER DESFEITO OU É IRRETRATÁVEL?

Em regra geral, contratos devem ser cumpridos (irretratabilidade contratual). Contudo, a lei ou uma cláusula contratual podem estabelecer a possibilidade de um dos contratantes optar por rescindir o contrato, com ou sem multa, pondo fim ao contrato.

A possibilidade de "rescisão"[1] contratual decorre do chamado "direito de arrependimento". Insista-se: nem sempre há direito de arrependimento. Na linguagem popular, o direito de arrependimento é às vezes chamado de "distrato". Tecnicamente, distrato é o fim do contrato por acordo entre as partes contratantes. Se há vontade de apenas um dos contratantes em rescindir o contrato contra a vontade de outra parte, não é caso de "distrato" propriamente dito.

Há compromissos de compra e venda celebrados entre particulares e compromissos de compra e venda celebrados no âmbito de incorporação imobiliária. A legislação e a jurisprudência tratam esses contratos de forma diferenciada.

Vamos começar pelas regras gerais e depois tratar das regras aplicáveis ao direito de desfazimento do contrato (por rescisão, resilição e resolução) no âmbito de incorporações imobiliárias nesta seção e nas seções 9.10, 9.11 e 12.10.

---

1 Tecnicamente, o direito de desfazer um contrato por vontade de apenas um contratante de forma imotivada chama-se *resilição*. O direito de *rescisão* decorre do descumprimento de uma cláusula contratual, tal como veremos na seção 9.11.

Da leitura do art. 1.417 do Código Civil poder-se-ia inferir que o compromisso de compra e venda seria irretratável, caso não houvesse a inclusão de cláusula de arrependimento:

> "Art. 1.417. Mediante promessa de compra e venda, em que se não pactuou arrependimento, celebrada por instrumento público ou particular, e registrada no Cartório de Registro de Imóveis, adquire o promitente comprador direito real à aquisição do imóvel."

Na verdade, o referido art. 1.417 não trata de direito de arrependimento, mas sim de direito real (prioridade)[2] conferido ao compromissário comprador.

A questão da possibilidade de desfazimento do contrato é tema controvertido desde o início do século XX, inclusive quanto à validade de cláusula de arrependimento inserida no contrato (por mais absurdo que isso possa parecer nos dias de hoje).[3]

Na vigência do Código Civil revogado, o entendimento predominante era de que, embora a regra geral fosse pela existência do direito de arrependimento em razão do disposto em seu art. 1.088[4] ou como cláusula tácita,[5] no caso específico de compromisso de compra e venda de imóveis, a regra geral seria pela irretratabilidade, por força do art. 22 do Decreto-lei nº 58/37[6] e do art. 25 da Lei nº 6.766/79.[7] Esse entendimento tinha

---

2 Vide seção 1.7.

3 À época, a matéria era assim tratada pela doutrina: "a diferença substancial entre a promessa de compra e venda de imóveis loteados e não loteados é que a primeira está integralmente subordinada ao regime legal de ordem pública, e cujo aspecto fundamental consiste precisamente em não poder se estabelecer o direito de arrependimento, sob pena de nulidade. No caso de imóveis não loteados, isto é, não sujeitos ao regime de exceção do decreto-lei nº 58, de 1937, paira a plena autonomia da vontade. Os contratantes podem, livremente, estabelecer a irrevogabilidade ou não, o direito de se arrepender-se ou a coatividade da promessa." (SERPA LOPES, Miguel Maria. *Tratado dos registros públicos*. 5. ed. Rio de Janeiro: 1962, p. 225, v. III).

4 "Art. 1.088. Quando o instrumento público for exigido como prova do contrato, qualquer das partes pode arrepender-se, antes de o assinar, ressarcindo à outra as perdas e danos resultantes do arrependimento, sem prejuízo do estatuído nos arts. 1.095 a 1.097."

5 "Em princípio, deve considerar-se que há cláusula (tácita ou implícita) de arrependimento, sempre que a promessa seja acompanhada de arras ou sinal (VARELA, Antunes. *Direito das Obrigações*. Rio de Janeiro: Forense, v. II/171, nº 57, 1979). Na espécie dos autos não se admitiu hipótese de arrependimento, tanto que não se referiu (e tacitamente não se presume) a sinal ou arras" (TJSP, Apelação Cível 224.259-2, 11ª Câmara Civil, por maioria. In: JTJ LEX-164. p. 49-50).

6 "Art. 22. Os contratos, sem cláusulas de arrependimento, de compromisso de compra e venda e cessão de direito de imóveis não loteados, cujo preço tenha sido pago no ato de sua constituição ou deva sê-lo em uma ou mais prestações, desde que inscritos a qualquer tempo, atribuem aos compromissários direito real oponível a terceiros, e lhes conferem o direito de adjudicação compulsória nos termos dos arts. 16 desta lei, 640 e 641 do Código de Processo Civil."

7 "Art. 25. São irretratáveis os compromissos de compra e venda, cessões e promessas de cessão, os que atribuam direito a adjudicação compulsória e, estando registrados, confiram direito real oponível a terceiros."

como fundamento a derrogação da regra do art. 1.088 do Código Civil então vigente quanto aos compromissos de compra e venda de imóveis.[8]

Em tese, deveria existir cláusula de arrependimento para que pudesse existir o direito de arrependimento. Deve necessariamente ser tal cláusula expressa? Ou se presume que a possibilidade de "rescisão" (resilição) do contrato é direito inerente ao compromisso de compra e venda?

O direito de arrependimento é repleto de casuísmos. Há precedente, por exemplo, que baliza o cabimento de indenização ao promitente comprador por parte do vendedor a depender da regularidade da construção.[9] O valor da multa aplicável ao contratante continua variando de caso a caso, a depender do entendimento do juiz a respeito do tema.

Um dado curioso: a previsão da irretratabilidade dos compromissos de compra e venda em incorporação imobiliária constava de norma expressa: art. 32, § 2º, da Lei nº 4.591/64.[10] Esse dispositivo, porém, era simplesmente ignorado pela jurisprudência, tal como veremos na seção 9.10 deste livro. Houve tentativa tecnicamente correta, por parte da Medida Provisória nº 1.085/2021, de revogação expressa desse dispositivo. Contudo, a revogação desse dispositivo sem eficácia não foi contemplada por ocasião da conversão da MP na Lei nº 14.382/2022.

Nada mudou: continua prevalecendo na prática que é possível ao compromissário comprador rescindir o contrato em sede de incorporação imobiliária, nos termos que veremos nas seções 9.10 e 9.11.

O tema é objeto de norma específica: Lei nº 13.786, de 27-12-2018 (conhecida como Lei dos "distratos"), editada para regulamentar o direito de arrependimento ou resolução do contrato em incorporações imobiliárias (imóveis em construção). Veremos como o tema é tratado para os contratos sujeitos ao Código de Defesa do Consumidor – CDC (ex.: aquisição de imóveis já prontos de uma incorporadora) nas seções 9.10 e 9.11.

Já para os contratos celebrados entre particulares, para os quais nem a Lei nº 13.786/2018 nem o CDC são aplicáveis, voltaremos ao tema na seção 12.10.

---

8 "O art. 22 do Dec.-lei 58/37 derrogou, no tocante aos compromissos particulares de venda e compra de imóveis não loteados, o art. 1.088 do CC ao estabelecer regra oposta à estatuída neste, tornando irretratáveis, como norma, estes pré-contratos, salvo cláusula expressa em contrário, prevendo o direito de arrependimento. Em tais condições, os compromissos particulares de venda e compra de imóveis não loteados só podem ser rescindidos mediante arrependimento de quaisquer das partes se esse direito for expressamente estipulado pelos contratantes" (TJSP, Ap. 154.355-2, 18ª Câmara Civil, j. 19-3-1990, v.u. In: *RT* 654/102).

9 STJ, REsp nº 1.643.771/PR, Terceira Turma, Rel. Min. Nancy Andrighi, j. em 18-6-2019.

10 Esse dispositivo foi tacitamente revogado em razão do advento Lei nº 13.786, de 27-12-2018 (conhecida como Lei dos "distratos").

8.2 REGISTRO DO COMPROMISSO DE COMPRA E VENDA E SUAS CONSEQUÊNCIAS. DIREITO À ADJUDICAÇÃO COMPULSÓRIA. CANCELAMENTO DO REGISTRO POR VIA EXTRAJUDICIAL

O art. 1.417 do Código Civil dispõe que o registro da promessa de compra e venda no cartório imobiliário confere *direito real* à aquisição da propriedade do imóvel. Direito real à aquisição do imóvel abrange o *direito à prioridade (prioridade registral)*, que vimos na seção 1.7.

O registro da promessa de compra e venda não diz respeito à irretratabilidade ou possibilidade de rescisão do compromisso de compra e venda. O registro funciona apenas como ato constitutivo do direito do compromissário comprador em obter a prioridade para a aquisição do imóvel. Não é demais lembrar que o registro imobiliário é público, de modo que qualquer pessoa pode obter uma certidão e verificar que determinado imóvel é objeto de uma promessa de venda. Ou seja, se há uma promessa de venda registrada, é porque alguém detém o direito de prioridade em sua aquisição.

Se não há registro (ou título prenotado – ver seção 1.7) da promessa, não há prioridade. Mas isso em nada interfere, de acordo com a boa técnica jurídica, insista-se, com a retratabilidade ou irretratabilidade da promessa de venda, que diz respeito apenas ao compromitente vendedor e compromissário comprador.

Na verdade, uma das grandes vantagens do compromisso de compra e venda reside nos efeitos gerados por seu registro. É que, com o registro, o compromisso de compra e venda, que não contenha cláusula de arrependimento, passará a ter eficácia *erga omnes*,[11] que se confunde com o mencionado direito à prioridade.

Curiosamente, há precedente do Conselho Superior da Magistratura de São Paulo no sentido de que o compromisso de compra e venda, mesmo devidamente registrado na matrícula, confere apenas direito pessoal contra o proprietário, o que não impediria a venda do imóvel para terceiros:

> "Prevalece o posicionamento de que o compromisso de compra e venda, ainda que registrado, configura obrigação de natureza pessoal e não transfere a titularidade do domínio, portanto, a propriedade permanece em nome do alienante, razão pela qual não há de se falar em quebra do princípio da continuidade na hipótese de o promi-

---

[11] Direitos *erga omnes* são os válidos em face de todas as pessoas, em oposição aos direitos *pessoais*, que são válidos em face apenas de uma pessoa ou de pessoas determinadas. Assim, mesmo que o compromissário vendedor e um terceiro contratem a venda do bem compromissado, ela não poderá efetivar-se, pois o registro anterior do compromisso tem eficácia *erga omnes*, atingindo o terceiro comprador, que só poderá pleitear, se for o caso, perdas e danos em face do vendedor. Inexistindo registro, o compromisso de compra e venda não tem eficácia *erga omnes*, sendo válido apenas em face do compromitente vendedor, que poderá, validamente, vender o imóvel a terceiro, que ao registrar sua escritura irá adquirir a propriedade do imóvel, restando ao compromissário comprador, se for o caso, o direito às perdas e danos em face do compromitente vendedor.

tente vendedor e titular do domínio alienar o bem a terceiro por escritura pública e esta for apresentada para registro. O registro do compromisso de compra e venda e das cessões de direitos dá publicidade à relação obrigacional e gera direitos para a parte prejudicada, caso haja sua inobservância."[12]

Como conciliar esse tipo de decisão - que discrepa de toda orientação até então existente - com o direito à prioridade registral do compromissário comprador? Pode-se sustentar, nessa situação, que o novo proprietário estaria vinculado ao compromisso de compra e venda registrado e deveria outorgar a escritura definitiva ao compromissário comprador, que passaria a ser o proprietário, caso comprovasse ter cumprido todas as obrigações constantes do compromisso de compra e venda... É a única maneira de se manter o respeito à prioridade conferida pelo registro do compromisso de compra venda, a teor do disposto no art. 1.418 do Código Civil:

> "Art. 1.418. O promitente comprador, titular de direito real, pode exigir do promitente vendedor, ou de terceiros, a quem os direitos deste forem cedidos, a outorga da escritura definitiva de compra e venda, conforme o disposto no instrumento preliminar; e, se houver recusa, requerer ao juiz a adjudicação do imóvel."

Seja como for, a orientação descrita deixa o compromissário comprador, mesmo com o compromisso registrado, em uma situação mais vulnerável em comparação com a situação do comprador que desde logo obteve e registrou a escritura definitiva. É claro que o mencionado art. 1.418 garante ao compromissário comprador que cumpriu suas obrigações, em razão da mencionada prioridade registral, o direito de obter a escritura definitiva e, registrando-a, obter a propriedade do imóvel. Mas a orientação tradicional - que simplesmente impedia a outorga de escritura para terceiro na hipótese de compromisso de compra venda registrado - é mais protetiva para o compromissário comprador.

O compromisso de compra e venda, que contenha cláusula prevendo o direito de uma das partes arrepender-se, também pode ser registrado, pois a lei não o veda (art. 167, inciso I, itens 9 e 20, da Lei nº 6.015/73).[13] Contudo, ele continuará passível de retratação até o recebimento do preço,[14] podendo o compromitente vendedor res-

---

12 CSMSP, Apelação Cível 1057235-74.2015.8.26.0100, Rel. Des. Manoel de Queiroz Pereira Calças, j. em 15-3-2016.

13 Opinião em sentido contrário: não pode ser registrado o contrato que contiver cláusula de arrependimento: "Por oportuno, quanto ao direito do promitente comprador, agora inserido na legislação material como direito real, alerta-se os colegas Notários e Registradores que a cláusula de irretratabilidade é essencial para que o instrumento possa ser registrado" (PAIVA, João Pedro Lamana; BURLET, Tiago Machado. O instrumento particular e o registro de imóveis no NCC. *Boletim Eletrônico IRIB/ANOREG*, São Paulo, ano 3, nº 661, 4 abr. 2003).

14 "Estando já estabelecido de maneira definitiva pela jurisprudência que a cláusula de arrependimento não tem eficácia após o pagamento de todo o preço, é fácil prever que o mesmo ocorrerá, logo mais, nas hipóteses em que apenas uma parte do preço esteja paga. Isto porque

cindir o compromisso, cancelar seu registro e alienar o imóvel para terceiro, ficando o compromissário comprador com direito à devolução dos valores pagos e, conforme o caso, a uma indenização.

Em outras palavras, embora não influencie no direito de arrependimento, deve o compromissário comprador registrar o compromisso de compra e venda, sob pena de não obter o direito à prioridade.

Registrado o compromisso de compra e venda, que não contenha cláusula de arrependimento, o compromitente vendedor não poderá transferir a propriedade do imóvel a outra pessoa. Portanto, o compromissário comprador deverá registrar o compromisso de compra e venda tão logo ele seja formalizado.

Lamentavelmente, grande parte dos compromissos de compra e venda não é levada a registro, inclusive pelas razões constantes da seção 12.3. São os chamados "contratos de gaveta". O número de "contratos de gaveta" existentes diminuiu muito nos últimos anos, em razão do período em que caiu o valor de mercado dos imóveis. Trata-se de um fenômeno econômico: se o valor de mercado dos imóveis sobe, aumenta o número de "contratos de gaveta"; se o valor de mercado dos imóveis cai, aumenta o número de "distratos" (na verdade, de término forçado dos contratos, tal como veremos na seção 9.10).

Outra razão para inocorrer, na prática, o registro dos compromissos de compra e venda, é a elaboração defeituosa do contrato. Se não preencherem os requisitos legais, o registrador imobiliário deverá recusar o registro.

Como vimos, um importante direito do compromissário comprador é o de obter a *adjudicação compulsória* do imóvel, nos termos do art. 1.418 do Código Civil:

> "Art. 1.418. O promitente comprador, titular de direito real, pode exigir do promitente vendedor, ou de terceiros, a quem os direitos deste forem cedidos, a outorga da escritura definitiva de compra e venda, conforme o disposto no instrumento preliminar; e, se houver recusa, requerer ao juiz a adjudicação do imóvel."

Isso significa que, na hipótese de o compromitente vendedor recusar-se a outorgar a escritura definitiva, o compromissário comprador poderá pedir ao Juiz que supra o ato que o compromitente vendedor se recusa a praticar (qual seja, outorga da escritura), por meio de uma *sentença* que será hábil a ser registrada e terá os mesmos efeitos da escritura definitiva.

---

as mesmas razões éticas e sociais encontram-se presentes em ambos os casos. O Tribunal de Justiça de São Paulo, por acórdão de sua 1ª Câmara Civil, relatado pelo Des. Samuel Morão, já decidiu há muitos anos: 'Compromisso de compra e venda – Contrato com cláusula de pena para arrependimento. Promitente vendedor que já recebera quase todas as prestações. Hipótese em que não lhe cabe o direito de arrepender-se' (*RT* 373/94)" (AZEVEDO JÚNIOR, José Osório de. *Compromisso de compra e venda*. 3. ed. São Paulo: Malheiros, 1993. p. 237-238).

A adjudicação compulsória pode ser obtida por meio da ação judicial prevista no art. 16 do Decreto-lei nº 58/37. A respeito de adjudicação compulsória *extrajudicial*, vide seção 8.4.

O art. 16 do Decreto-lei nº 58/37 tem por objeto a concessão de título hábil (na forma de uma *sentença*) para a transferência da propriedade do bem ao compromissário comprador.

> "Art. 16. Recusando-se os compromitentes a outorgar a escritura definitiva no caso do art. 15, o compromissário poderá propor, para o cumprimento da obrigação, ação de adjudicação compulsória, que tomará o rito sumaríssimo."

É que nesse sentido dispõe o art. 15 do Decreto-lei nº 58/37, que trata de loteamento e venda de terreno para pagamento em prestações:

> "Art. 15. Os compromissários têm o direito de, antecipando ou ultimando o pagamento integral do preço, e estando quites com os impostos e taxas, exigir a outorga da escritura de compra e venda."

Como se vê, é necessário que o preço tenha sido totalmente pago[15] e os tributos devidamente recolhidos para que o compromissário comprador tenha direito à outorga da escritura definitiva ou à mencionada ação, caso o compromitente vendedor se recuse a outorgar a escritura. Nessa hipótese, ao ser vitorioso na ação, o compromitente comprador poderá registrar a *sentença* no cartório imobiliário, tornando-se proprietário do bem.

Além disso, no tocante aos imóveis não loteados, o art. 22 do Decreto-lei nº 58/37 dispõe do seguinte modo:

> "Art. 22. Os contratos, sem cláusulas de arrependimento, de compromisso de compra e venda e cessão de direito de imóveis não loteados, cujo preço tenha sido pago no ato de sua constituição ou deva sê-lo em uma ou mais prestações, desde que inscritos a qualquer tempo, atribuem aos compromissários direito real oponível a terceiros, e lhes conferem o direito de adjudicação compulsória nos termos dos arts. 16 desta lei, 640 e 641 do Código de Processo Civil."

Assim, bem se vê que tanto os imóveis decorrentes de loteamentos, como os que não o são, ensejam adjudicação compulsória, nos termos dos art. 15, 16 e 22, todos do Decreto-lei nº 58/37 ou provimento judicial para cumprimento de obrigação de fazer (arts. 497, 501, 536 e 537 do CPC).[16]

---

15 STJ, REsp 39.119/BA, Quarta Turma, Rel. Min. Aldir Passarinho Junior, j. em 2-12-2004, *DJ* 7-3-2005.

16 Nesse sentido dispõe a Súmula 413 do STF, válida como doutrina: "O compromisso de compra e venda de imóveis, ainda que não loteados, dá direito a execução compulsória, quando reunidos os requisitos legais."

Muito já se disse que, para ensejar a *adjudicação compulsória*, o compromisso deveria estar registrado em Cartório. A necessidade do registro para obtenção do direito à adjudicação compulsória é objeto da seção 8.3 deste livro.

O art. 251-A da Lei de Registros Públicos, incluído pela Lei nº 14.382, de 27-6-2022, criou um procedimento extrajudicial para o cancelamento do registro do compromisso de compra e venda por falta de pagamento.

Por esse procedimento, o oficial de registros públicos irá intimar o compromissário comprador a pagar os valores que supostamente não foram pagos. Na ausência de pagamento, o registrador imobiliário irá cancelar o registro do compromisso de compra e venda. Com esse cancelamento, poderá o compromitente vendedor pedir a reintegração da posse do imóvel.

Esse procedimento nos parece ser de estridente inconstitucionalidade: viola o princípio do contraditório (art. 5º, LV, da Constituição Federal – CF), não permitindo ao compromissário comprador sequer alegar que os pagamentos foram efetuados, muito menos discutir no procedimento extrajudicial se a singela alegação do compromitente vendedor está realmente de acordo com o que foi contratado.

É verdade que é demorado o processo de cancelamento do registro por via judicial. Assim, para resolver um problema que não está na legislação (morosidade do Judiciário), alterou-se a legislação de modo a beneficiar enormemente uma parte (o vendedor) e prejudicar de forma aguda a outra parte (o comprador), ao arrepio do mencionado art. 5º, LV, da CF.

A única saída para o compromissário comprador que pagou corretamente as parcelas devidas será tentar contactar o vendedor para "explicar" que há "erro" no pedido de cancelamento de registro ou buscar alguma medida judicial para sustar o cancelamento do registro e a perda da posse do imóvel.

A questão dos pagamentos pode ser, em si, controvertida. O compromitente vendedor pode achar que determinados valores são devidos e o compromissário comprador discordar. Há litígio que nem sempre poderá ser verificado por singela análise de um recibo de pagamento (que normalmente seque vai existir) ou extrato bancário demonstrando um pagamento. Muitas vezes será necessária análise do contrato para que se possa verificar se os pagamentos foram ou não efetuados corretamente.

Nessa situação, deverá o comprador pleitear judicialmente (com pedido de tutela antecipada ou de medida cautelar a ser liminarmente concedida) a aplicação do art. 259 da Lei de Registros Públicos[17] para impedir um indevido cancelamento do registro e a perda da posse do imóvel.

8.3 COMPROMISSO NÃO REGISTRADO COMO HÁBIL A ENSEJAR A ADJUDICAÇÃO COMPULSÓRIA

O compromisso não registrado em Cartório, embora não tenha eficácia *erga omnes*, é plenamente válido em face do promitente vendedor. Assim, o compromissário

17 "Art. 259. O cancelamento não pode ser feito em virtude de sentença sujeita, ainda, a recurso."

comprador tem um direito pessoal contra o vendedor, posto que este se obrigou a vender-lhe o imóvel.

A grande discussão que ocorreu na vigência do Código Civil revogado era quanto ao direito à adjudicação compulsória na hipótese de o compromisso de compra e venda não ter sido devidamente registrado. Teria o compromissário comprador nessa hipótese o direito à *adjudicação compulsória*?

Ficava fácil dizer que *não* em hipóteses em que o promitente vendedor não era mais o proprietário, já tendo alienado o imóvel a terceiro. É que ele, sendo proprietário, "podia" vender o imóvel (nos termos do Direito Civil) mais de uma vez, embora pudesse até responder pelo crime de estelionato. Arcaria, civilmente, com o eventual pagamento de indenização por ter descumprido o contrato celebrado (qual seja, o contrato de compromisso de compra e venda), se fosse o caso. Mas a prioridade era do comprador que registrou seu título e não do compromissário comprador que não registrou o seu.

O mesmo se diga, pelas mesmas razões, caso o vendedor tenha compromissado a venda do imóvel a terceiro que tenha registrado seu título no Cartório, pois nessa hipótese seria o terceiro quem teria obtido o direito à aquisição eficaz, por ter registrado seu contrato primeiro.

Supondo que o compromitente vendedor continue sendo o proprietário do imóvel prometido à venda (o registro continua em seu nome), caso se recuse a outorgar a escritura definitiva ao compromissário comprador, que não registrou o contrato, mas que já pagou todo o preço, haveria possibilidade da ação de *adjudicação compulsória*?

Após certa divergência inicial,[18] a jurisprudência pacificou-se no sentido de que não seria necessário o registro do compromisso para a obtenção do direito à adjudicação compulsória. Tal entendimento, inclusive, restou sumulado pelo STJ:

> "Súmula nº 239. O direito à adjudicação compulsória não se condiciona ao registro do compromisso de compra e venda no cartório de imóveis."

---

[18] "Compromisso de compra e venda por instrumento particular não registrado no ofício imobiliário. Possibilidade de adjudicação compulsória, em demanda contra o promitente da obrigação de fazer. A promessa de venda gera pretensões de direito pessoal, não dependendo, para sua eficácia e validade, de ser formalizada em instrumento público. A *obligatio faciendi*, assumida pelo promitente-vendedor, pode dar ensejo à adjudicação compulsória. O registro imobiliário somente é necessário para a produção de efeitos relativamente a terceiros. Recurso especial conhecido e provido" (Superior Tribunal de Justiça, 4ª Turma, j. 21-8-91, *LEX* JSTJ e TRF 31/238).

"Adjudicação compulsória. Contrato de compra e venda. Imóvel não registrado. Carência de ação. Sentença confirmada. A inscrição no Registro de Imóveis é condição imprescindível à adjudicação compulsória de imóvel prometido à venda por instrumento particular, sem cláusula de arrependimento e já quitado o preço – inteligência dos arts. 22 e 23 do Decreto-lei 58/37, na redação dada pela Lei nº 6.014/73 – Correta a jurisprudência do STF em face do novo Código de Processo Civil..." (TJSC, Apelação Cível 402/94, publicada em 20-12-94 no *Diário Oficial*, p. 6 e no *Boletim do Direito Imobiliário*, primeiro decêndio de abril/95, nº 10, p. 8).

Evidentemente, deve o titular do compromisso não registrado preencher os outros requisitos para obtenção do direito à adjudicação compulsória, entre os quais destaca-se o pagamento integral do preço do imóvel, tal como vimos na seção 8.2.

Além disso, há precedente no sentido de que não se pode obter a adjudicação compulsória de apenas parte do imóvel cujo desmembramento não tenha sido ou não seja devidamente autorizado pela Prefeitura.[19] Mas veremos precedentes em sentido contrário na seção 11.6.

Houve manifestação na doutrina no sentido de que os argumentos dos opositores da adjudicação compulsória por falta de registro no cartório imobiliário seriam infundados, pois o interessado poderia buscar a solução por meio da execução específica.[20]

Na verdade, não se tratava, neste último caso, da ação de adjudicação compulsória (prevista no art. 16 do Decreto-lei nº 58/37), mas de ação condenatória à obrigação de fazer, que é aplicável a qualquer compromisso que preencha os requisitos do dispositivo, e não apenas ao compromisso de compra e venda de imóveis.

Embora de diferença sutil, sempre entendi que os efeitos jurídicos de uma sentença procedente na ação de adjudicação compulsória, prevista no art. 16 do Decreto-lei nº 58/37, seriam mais amplos que os da ordem judicial para cumprimento de obrigação de fazer. É que, no primeiro caso, a sentença já transferiria a propriedade, a teor da redação do art. 16 do Decreto-lei nº 58/37 ("o juiz, por sentença, adjudicará os lotes aos compradores"), motivo pelo qual consubstanciaria verdadeira ordem de registro para o cartório imobiliário, que não poderia recusá-la; já no segundo caso, valeria a sentença apenas como escritura pública, submetendo-se a todos os requisitos exigidos para seu registro, que poderá ser recusado pelo cartório imobiliário. É por essa razão que somente deveria ser concedida a adjudicação compulsória para as hipóteses nas quais o compromisso de compra e venda *já preencheu* os requisitos exigidos para o registro e já está registrado (art. 23 do Decreto-lei nº 58/37). Para as hipóteses nas quais o compromisso não foi registrado, restaria apenas o direito às medidas previstas nos arts. 497, 501, 536 e 537 do CPC.

Todavia, as decisões judiciais nem sempre seguem essa técnica, razão pela qual a doutrina e jurisprudência normalmente tratam como sinônimas a ação de adjudicação compulsória (art. 16 do Decreto-lei nº 58/37) e ação para cumprimento de contrato.

---

19 "(...) 5. A averbação do desmembramento do imóvel urbano, devidamente aprovado pelo Município, é formalidade que deve anteceder qualquer registro da área desmembrada. 6. A existência de imóvel registrável é condição específica da ação de adjudicação compulsória. 7. No caso dos autos, o desmembramento do terreno não foi averbado na matrícula do imóvel, condição indispensável para a procedência da ação de adjudicação compulsória." (STJ, REsp nº 1.851.104/SP, Terceira Turma, Rel. Min. Ricardo Villas Bôas Cueva, j. em 12-5-2020).

20 RIZZARDO, Arnaldo. *Promessa de compra e venda e parcelamento do solo urbano*. 4. ed. São Paulo: Revista dos Tribunais, 1996. p. 167.

É o que ocorre com a redação da súmula acima transcrita. Assim, de forma corrente, essas expressões são usadas de forma indistinta, com o mesmo significado.

Nesse contexto se insere a indagação de ser necessária a apresentação das certidões fiscais para que o comprador possa registrar o título expedido pelo juiz que concedeu a sentença substitutiva da escritura pública, na hipótese em que essas certidões são exigíveis a teor dos arts. 47 e 48 da Lei nº 8.212/91.

Sempre entendi que na hipótese de obtenção judicial do direito à escritura pública (sentença substitutiva, decorrendo de cumprimento de obrigação de fazer ou prestar declaração de vontade), de acordo com o exposto na seção 5.3, as certidões fiscais continuariam sendo exigíveis, embora a questão seja controvertida.

A ordem judicial somente poderia ter por efeito o mesmo que teria a escritura de compra e venda, não se confundindo ou suprindo os requisitos para o registro no cartório imobiliário. Apenas uma ação judicial com provimento favorável, na qual a União fosse parte, poderia dispensar a necessidade de apresentação das certidões nas hipóteses em que a lei as exige.

Enfim, por interpretação sistemática do § 2º do art. 216-B da Lei de Registros Públicos, acrescido pela Lei nº 14.382, de 27-6-2022, a conclusão é pela dispensa das certidões fiscais do compromitente vendedor e talvez dos cedentes nos casos de adjudicação compulsória (vide seção 5.3).

Há precedentes no sentido de que a adjudicação compulsória pode ser concedida sem que seja cancelada a hipoteca incidente sobre o imóvel.[21]

A respeito da possibilidade de meros "recibos" poderem configurar compromisso de compra e venda e ensejar adjudicação compulsória para aquisição da propriedade (ou, ao menos, embargos de terceiro em defesa da posse), vide seções 1.14, 3.14 e 12.3.

Com relação aos "contratos verbais" de aquisição imobiliária, há um interessante precedente no sentido de que ele seria similar ao compromisso de compra e venda e ensejaria a obrigação de outorga, por parte do vendedor, ao adquirente que já estava havia vários anos na posse do imóvel.[22] A despeito disso, o comprador não deve jamais

---

21 TJDF, APC 20040110424322, 3ª Turma Cível, Rel. Mario-Zam Belmiro, j. em 4-8-2005, *DJ* de 6-10-2005.

TJDF, APC 20050110089786, 2ª Turma Cível, Rel. Carmelita Brasil, j. em 30-8-2006, *DJ* de 28-9-2006.

22 "(...) Previsão legal de pactuação da compra e venda de imóvel na forma escrita que não impede o reconhecimento da efetiva existência de negócio celebrado na forma verbal. Requerida que confirmou em juízo e devidamente compromissada a dizer a verdade, não só a existência do contrato como a quitação do preço à vista. Incontroverso entre as partes o fato de que o autor reside no imóvel há mais de 20 anos, sem qualquer contraprestação ou interferência dos réus, realizando benfeitorias no local e agindo como efetivo proprietário do bem. Elementos constantes dos autos que são suficientes para comprovar a existência do contrato verbal de compra e venda, bem como a quitação do preço. Pedido que deve ser acolhido para determinar aos réus

aceitar "contrato verbal" (na linguagem popular, "no fio do bigode"), mesmo se confiar muito no vendedor.

A existência de "recibos" pode estar no contexto da existência de um "contrato verbal". Obviamente é melhor ter do que não ter esses "recibos" ou comprovantes de pagamentos.

Em várias situações como essas, o comprador poderá receber o imóvel a título de posse (vide seção 1.14). Embora possa existir, em certos casos, alguma proteção jurídica, o que deve fazer o comprador é adquirir a propriedade, tal como descrito ao longo deste livro, especialmente no Capítulo 1.

A respeito de adjudicação compulsória extrajudicial, vide seção 8.4.

8.4 AS CESSÕES DE DIREITOS ORIUNDOS DE COMPROMISSOS DE COMPRA E VENDA

Pode ser que o compromitente comprador resolva celebrar contrato com terceira pessoa, transferindo seus direitos de compromissário comprador. Assim, por meio de um *contrato de cessão*, o *cessionário* irá adquirir do *cedente* seus direitos de compromitente comprador.

Entenda-se isso como sendo a mudança, no compromisso de compra e venda, de uma das pessoas contratantes: o cedente, ao transferir seus direitos desse contrato para um terceiro (o cessionário), por meio de outro contrato (contrato de cessão de direitos), deixa de ser compromitente comprador, pois essa posição passa a ser ocupada pelo cessionário, que passará a deter os direitos de compromissário comprador.

As cessões de direitos decorrentes do compromisso de compra e venda também podem ser registradas, com os mesmos efeitos, preenchidos os requisitos que vimos anteriormente.

No que se refere à possibilidade da adjudicação compulsória, vale o mesmo que foi dito para o compromisso de compra e venda, inclusive quanto à necessidade ou não do registro. Embora a Súmula nº 239 do STJ não se refira à cessão, mas apenas ao compromisso de compra e venda, tem sido admitida a ação de adjudicação compulsória mesmo se a cessão não estiver registrada.

O titular da última cessão de direitos de compromisso de compra e venda deve demonstrar que o preço do imóvel foi recebido pelo proprietário, e a ação deve ser proposta não só contra o proprietário do imóvel, mas também em face do último cessionário que constar da matrícula do imóvel. Assim, os efeitos da sentença atingirão o proprietário do imóvel e aquele que, de acordo com o registro imobiliário, for o titular do direito real à aquisição da propriedade, preservando-se a continuidade dos registros na matrícula do imóvel.[23] Sem prejuízo dessas afirmações, vide na seção 3.14, a parte *Adjudicação compulsória*.

---

a outorga da escritura em favor do autor." (TJSP, 7ª Câmara de Direito Privado, Apelação Cível 1021392-41.2016.8.26.0576; Rel. Des. Mary Grün; j. em 21-6-2018).

[23] Em ação de adjudicação compulsória que tramitou perante a Terceira Vara da Fazenda Pública do Distrito Federal, Proc. nº 1999.01.1.054601-2, movido pelo último cessionário de uma ca-

Pelas razões expostas nos tópicos anteriores, o cessionário deverá registrar o contrato de cessão. Evidentemente, ele só poderá registrar esse contrato caso o contrato de compromisso de compra e venda já esteja registrado. Nesse mesmo sentido, o compromisso de compra e venda só poderá ser registrado se o compromissário vendedor ainda for o proprietário do imóvel.

Portanto, alguém que pensa em comprar um imóvel por meio da aquisição dos direitos de compromissário comprador (ou seja, um "candidato a cessionário") deverá antes de celebrar o contrato de cessão, tomar os mesmos cuidados que esse livro descreve em face do cedente, do compromitente vendedor e dos proprietários anteriores. Ao verificar a situação pessoal de cada um deles, o "candidato a cessionário" deverá registrar seu contrato de cessão de direitos, de modo a ter assegurada a *prioridade*.

Ressalte-se que, conforme exposto no capítulo referente aos tributos a pagar, na hipótese de cessão de direitos à aquisição de imóvel poderá haver pagamento de ITBI, em razão de expressa previsão constitucional (art. 156, II, da CF), caso assim disponha a lei municipal do local do imóvel.[24]

Uma interessantíssima novidade da Lei nº 14.382/2022 foi ter incluído o art. 216-B à Lei de Registros Públicos para permitir a adjudicação compulsória por via extrajudicial no caso de imóveis que não sejam litigiosos:

---

deia de compromisso de compra e venda e cessões de direitos contra a Terracap, o Juiz Carlos Frederico Maroja de Medeiros, em 8/8/2000, corretamente, determinou a inclusão no polo passivo de H (...), última cessionária dos direitos à aquisição que tinha registro no cartório imobiliário. Julgada procedente a ação, o cartório imobiliário pediu a expedição de mandado judicial que determinasse o cancelamento dos registros do compromisso de compra e venda formulado entre a NOVACAP e o compromissário comprador e da cessão de direitos a H (...), para a observância do princípio da continuidade.

Apreciando o incidente de execução, a excelente Juíza Priscila Faria da Silva, em 25-6-2007, assim se manifestou:

"A exigência cartorária é indevida, pois a sentença proferida nestes autos, transitada em julgado, atingiu não só a Terracap, como H (...), que foram partes no processo. Assim, tal sentença é título aquisitivo da propriedade também em face de H (...). Quanto a J (...), foi desnecessária a sua inclusão no polo passivo da relação processual porque já não era mais titular de nenhum direito sobre o imóvel, conforme cessão registrada. De outro lado, é indevido o cancelamento dos registros referidos pelo (...) Ofício de Registro Imobiliário do Distrito Federal, à falta de fundamento legal, pois abrangem atos jurídicos válidos e perfeitos, que não devem ser excluídos da tábula. Ante o exposto, oficie-se ao (...) Ofício de Registro Imobiliário do Distrito Federal, para que cumpra o mandado de adjudicação já expedido nestes autos, instruindo-se com cópia da presente decisão."

24 O artigo 156, II, da Constituição Federal expressamente facultou ao município a instituição de imposto por ato oneroso que ceder direitos à aquisição de imóveis. Pode, portanto, o município cobrar ITBI na cessão de direitos de compromisso de compra e venda de imóvel. Assim, pagará ITBI quem a lei municipal determinar, conforme art. 42 do CTN. Haverá, por parte do fisco, lícita cobrança de ITBI toda vez em que houver transferência da propriedade ou cessão de direitos à sua aquisição. Em alguns municípios também é cobrado ITBI por ocasião da quitação de um compromisso ou promessa de compra e venda. Portanto, é preciso consultar a lei do município onde está situado o imóvel.

"Art. 216-B. Sem prejuízo da via jurisdicional, a adjudicação compulsória de imóvel objeto de promessa de venda ou de cessão poderá ser efetivada extrajudicialmente no serviço de registro de imóveis da situação do imóvel, nos termos deste artigo.

§ 1º São legitimados a requerer a adjudicação o promitente comprador ou qualquer dos seus cessionários ou promitentes cessionários, ou seus sucessores, bem como o promitente vendedor, representados por advogado, e o pedido deverá ser instruído com os seguintes documentos:

I – instrumento de promessa de compra e venda ou de cessão ou de sucessão, quando for caso;

II – prova do inadimplemento, caracterizado pela não celebração do título de transmissão da propriedade plena no prazo de 15 (quinze) dias, contado da entrega de notificação extrajudicial pelo oficial do registro de imóveis da situação do imóvel, que poderá delegar a diligência ao oficial do registro de títulos e documentos;

III – ata notarial lavrada por tabelião de notas da qual constem a identificação do imóvel, o nome e a qualificação do promitente comprador ou de seus sucessores constantes do contrato de promessa, a prova do pagamento do respectivo preço e da caracterização do inadimplemento da obrigação de outorgar ou receber o título de propriedade;[25]

IV – certidões dos distribuidores forenses da comarca da situação do imóvel e do domicílio do requerente que demonstrem a inexistência de litígio envolvendo o contrato de promessa de compra e venda do imóvel objeto da adjudicação;

V – comprovante de pagamento do respectivo Imposto sobre a Transmissão de Bens Imóveis (ITBI);

VI – procuração com poderes específicos.

§ 2º O deferimento da adjudicação independe de prévio registro dos instrumentos de promessa de compra e venda ou de cessão e da comprovação da regularidade fiscal do promitente vendedor.[26]

§ 3º À vista dos documentos a que se refere o § 1º deste artigo, o oficial do registro de imóveis da circunscrição onde se situa o imóvel procederá ao registro do domínio em nome do promitente comprador, servindo de título a respectiva promessa de compra e venda ou de cessão ou o instrumento que comprove a sucessão."

Chama a atenção o § 2º, mantido pelo Congresso Nacional, que dispensa a regularidade fiscal do promitente vendedor (nada fala a respeito do cedente) para efeito da concessão da adjudicação compulsória extrajudicial. Contudo, por uma questão de segurança, devem as certidões ser obtidas (vide seção 3.3)

O art. 216-B, I, e § 2º não diz, mas a "cadeia" formada pela promessa (compromisso) de compra e venda e as respectivas cessões de direito deve estar perfeita. Veremos como isso ocorrerá na prática.

---

25 Esse dispositivo havia sido vetado, mas o Congresso Nacional derrubou o veto (Veto nº 37/2022), mantendo o dispositivo aprovado.

26 Esse dispositivo havia sido vetado, mas o Congresso Nacional derrubou o veto (Veto nº 37/2022), mantendo o dispositivo aprovado.

Além disso, embora não esteja claro no § 3º do art. 216-B, o registrador imobiliário irá proferir uma verdadeira decisão, no sentido de deferir ou indeferir a adjudicação compulsória. Essa decisão pode ser objeto de ação judicial a ser movida por quem foi prejudicado pela decisão final do registrador.

O Provimento CNJ nº 150 de 11-9-2023 regulamentou o procedimento de adjudicação compulsória extrajudicial mediante inclusão dos arts. 440-A a 440-AM ao Provimento nº 149, de 30-8-2023 (CNN/CN/CNJ-Extra).

Remetemos o leitor para a seção 12.3, caso a cessão dos direitos de compromissário comprador decorra de um "contrato de gaveta".

8.5 O CÔNJUGE DO COMPROMITENTE VENDEDOR

Se o compromitente vendedor for casado, deverá seu cônjuge assinar o contrato de compromisso de compra e venda na posição de compromitente vendedor.

Apesar de o compromisso de compra e venda, enquanto simples compromisso, ser válido ainda que o cônjuge não tenha dele participado, é evidente que a obrigação do compromitente vendedor, qual seja, a de outorgar a escritura definitiva, não poderá ser cumprida, caso seu cônjuge se negue a participar dessa outorga. Assim, a aquisição do imóvel poderá ser obstaculizada pelo cônjuge.[27]

---

[27] Observe-se a título de ilustração:

"Compromisso de compra e venda – Outorga uxória – Desnecessidade – Dispensabilidade, também, de inscrição do instrumento no registro imobiliário como condição de procedibilidade das ações cominatória e adjudicatória. Ementa Oficial: Tendo em vista a natureza eminentemente pessoal dos direitos resultantes do contrato de compromisso de compra e venda, desnecessária é a outorga uxória da mulher daquele que firmou o pacto. Dispensável também a inscrição do instrumento no registro imobiliário como condição de procedibilidade das ações cominatória e adjudicatória, se o que se pretende é fazer valer os direitos entre as partes contratantes" (STJ, REsp 37.466-RS, 4ª T., Rel. Min. Sálvio de Figueiredo Teixeira, j. 25-11-1996, *DJU* 3-2-1997. In: *RT* 740/240).

"O contrato de promessa de compra e venda é de índole pessoal. Não visa a 'alienar, hipotecar ou gravar de ônus real os bens imóveis, ou direitos reais sobre imóveis alheios', na terminologia do inc. I do art. 235 do CC. Não exige, também, para a sua validade, a outorga do cônjuge do promitente vendedor. O promitente vendedor se obriga não a transferir o direito de propriedade sobre o imóvel, mas a outorgar um título revestido, este sim, de todas as características legais, para que, como ato constitutivo ou translativo de direito real, seja assim registrado. Se o promitente falhar na sua obrigação, responde se a falha advém da anuência de seu cônjuge, pelo fato de terceiro (art. 929 do CC)" (TJRJ, Apelação Cível 5.203/89, 6ª Câmara Cível, por maioria. In: *Revista de direito imobiliário* nº 27, p. 116).

O Relator Designado Cláudio Vianna de Lima sustentou ainda que "O registro desta promessa, de efeitos limitados, mas necessários, não autorizará, por certo, a outorga, por sentença, da propriedade. Mas não é possível, como prevalecia até agora nestes autos, retirar da promessa este mínimo efeito de segurança do negócio jurídico, entre contraentes e face a terceiro, que o registro tem função de garantir. Se o registro é o retrato da realidade, como se recusar a focalizá-la?" (TJRJ, Apelação Cível 5.203/89, 6ª Câmara Cível, por maioria. In: *Revista de direito imobiliário* nº 27, p. 118).

Portanto, mesmo nos contratos de compromisso de compra e venda deve ser exigida a participação do cônjuge ou companheira(o) do compromitente vendedor.

Já o Relator Mello Serra sustentou, com voto vencido, mas apoiado em precedente jurisprudencial, que "se na promessa de compra e venda de imóvel não é necessária, para a validade do ato, a outorga do outro cônjuge (...), na inscrição dessa promessa, no Registro Imobiliário, não se pode prescindir da outorga, pois da promessa de compra e venda engendra direito real" (TJRJ, Apelação Cível 5.203/89, 6ª Câmara Cível, por maioria. In: *Revista de direito imobiliário* nº 27, p. 119).

9

COMPRANDO IMÓVEL DE UMA INCORPORADORA

Uma boa parte dos imóveis é construída por grandes empresas, que normalmente objetivam vendê-los.

Pelo fato de o investimento imobiliário ser alto e para tentar proteger os adquirentes, surgiu a figura da *incorporação imobiliária*, que é o tema deste Capítulo. Assim, veremos o que é uma *incorporação imobiliária* e quem é o seu protagonista, o *incorporador*.

Em seguida, veremos que deverá ser verificado se a incorporadora efetuou o registro da incorporação e no que ele consiste, requisito para que possa oferecer os imóveis à venda, conforme tópico *O registro da incorporação*.

Além de outros aspectos de análise obrigatória, deverá ser estudada a situação econômica da incorporadora, tal como se deve fazer em qualquer contrato de aquisição de imóveis, nos termos dos capítulos anteriores. Como a esmagadora maioria das incorporações é feita por empresas, desde logo remetemos o leitor ao Capítulo 5, que trata da aquisição de imóvel de pessoa jurídica.

É possível que nada de relevante seja encontrado. Mas também é possível que a incorporadora seja ré em ações judiciais, algumas das quais envolvendo compradores de imóveis que pleiteiam a declaração da nulidade de cláusulas contratuais leoninas, indenização, reembolso do que foi pago a maior etc., o que não necessariamente significa que ela é inidônea do ponto de vista jurídico ou financeiro.

De qualquer modo, há de se verificar se a situação da empresa é boa ou ruim, levando em conta seus balanços, sua tradição no mercado, seu patrimônio, seu passivo, o grau de satisfação de seus antigos clientes, notícias em jornais, quantidade de construções já efetuadas, existência de títulos protestados, pedidos de falência etc.

É importante obter as certidões dos sócios da incorporadora, inclusive as criminais. É que a empresa cujos sócios respondem a vários processos criminais ou sofreram condenações nessa esfera provavelmente não é confiável.

Vejamos, inicialmente, nos dois tópicos seguintes, alguns elementos sobre o tema *incorporação imobiliária*, de modo a introduzirmos o tema dentro de um panorama global.

9.1 O QUE É "INCORPORAÇÃO IMOBILIÁRIA"

Nos termos do art. 28, parágrafo único, da Lei nº 4.591, de 16-12-64, que é a lei que trata da matéria, *incorporação imobiliária* é "a atividade exercida com o intuito de promover e realizar a construção, para alienação total ou parcial, de edificações ou conjunto de edificações compostas de unidades autônomas".

Em outras palavras, surge quando alguém, pessoa física ou jurídica, decide construir edifício em terreno de outra pessoa, com dinheiro obtido dos futuros proprietários das unidades autônomas (apartamentos, escritórios etc.), total ou parcialmente. Esse alguém é o *incorporador* e seu objetivo é a obtenção de lucro. Em geral, o dono do terreno não receberá dinheiro a vista ou a prazo, mas algumas unidades autônomas do edifício que lá será construído.

Situação distinta é aquela em que um grupo de pessoas decide, com dinheiro próprio ou obtido por meio de financiamento em seu próprio nome, edificar um determinado terreno, objetivando igualmente destinação própria para as futuras unidades autônomas.[1]

9.2 QUEM É O INCORPORADOR

Nesse passo, observamos que existe um agente a promover a incorporação imobiliária, que não necessariamente será o construtor do edifício de apartamentos, a despeito de a maioria das grandes construtoras ser também incorporadora.

Esse agente é o incorporador. No dizer de Caio Mário da Silva Pereira, em *Condomínio e incorporações*. 7. ed. Rio de Janeiro: Forense, 1993, p. 231-232:

> "Um indivíduo procura o proprietário de um terreno bem situado, e incute-lhe a ideia de realizar ali a edificação de um prédio coletivo. Mas nenhum dos dois dispõe do numerário e nenhum deles tem possibilidade de levantar por empréstimo o capital, (...). Obtém, então, opção do proprietário, na qual estipulam as condições em que este aliena seu imóvel. Feito isto, vai o incorporador ao arquiteto, que lhe dá o projeto. O construtor lhe fornece o orçamento. De posse dos dados que lhe permitem calcular o aspecto econômico do negócio (participação do proprietário, custo da obra, benefício

---

1 Nesse sentido: "Totalmente diversa é a situação onde um grupo de pessoas empreende a construção de um edifício ou grupo de casas, para uso próprio e em terreno adquirido expressamente para este fim. Este grupo definitivamente não é incorporador. Não existe aqui o intuito de promover a construção para a alienação, conforme exigido pelo art. 28 da Lei 4.591/64. E não há interesse de terceiros a serem protegidos" (MEZZARI, Mario Pazutti. *Condomínio de incorporação no registro de imóveis*. Porto Alegre: Livraria do Advogado Editora, 1996. p. 64).

do construtor e lucro), oferece à venda as unidades. Aos candidatos à aquisição não dá um documento seu, definitivo ou provisório, mas deles recebe uma "proposta" de compra, em que vêm especificadas as condições de pagamento e outras minúcias."

Nesse sentido dispõe o *caput* do art. 29 da Lei nº 4.591/64:

> "Art. 29. Considera-se incorporador a pessoa física ou jurídica, comerciante ou não, que, embora não efetuando a construção, compromisse ou efetive a venda de frações ideais de terreno objetivando a vinculação de tais frações a unidades autônomas, em edificações a serem construídas ou em construção sob regime condominial, ou que meramente aceita propostas para efetivação de tais transações, coordenando e levando a termo a incorporação e responsabilizando-se, conforme o caso, pela entrega, a certo prazo, preço e determinadas condições das obras concluídas."

Outrossim, nos termos do art. 31, alínea *a* da Lei nº 4.591/64, somente pode ser incorporador e, portanto, colocar à venda as futuras unidades e praticar os demais atos, o proprietário do terreno, seu promitente comprador, o cessionário dos direitos do promitente comprador, o promitente cessionário deste último, cujo título satisfaça aos requisitos da alínea *a* do art. 32, adiante comentado.

Também pode ser incorporador, nos termos do art. 31, alínea *b*, o construtor ou o corretor de imóveis, sendo certo que a "condição" de incorporador é estendida a qualquer um que, sendo proprietário ou titular de direito aquisitivo, contrate a construção de edifícios que se destinem à constituição em condomínio, sempre que efetuarem alienações antes do término das obras, a teor do art. 30.

Observe-se que o § 2º do art. 31 claramente dispõe que:

> "§ 2º Nenhuma incorporação poderá ser proposta à venda sem a indicação expressa do incorporador, devendo também seu nome permanecer indicado ostensivamente no local da construção."

9.3 O REGISTRO DA INCORPORAÇÃO

Nos termos da Lei nº 4.591/64, é obrigatório o registro da *incorporação*, no cartório imobiliário, antes de o incorporador poder efetuar as vendas das unidades autônomas, na forma do art. 32 (alterado pela Lei nº 14.382/2022). Assim, as vendas efetuadas na hipótese de inexistência desse registro podem não ser válidas, posto que em desacordo com a lei, já que, muitas vezes, a falha não tem como ser suprida.[2]

---

2 Nesse sentido: "Negociação de unidade autônoma de edifício. Ausência de registro. Nulidade. Configura incapacidade para negociação sobre unidades autônomas em incorporações imobiliárias, viciando de nulidade os contratos que daí derivam, a circunstância de não haver o incorporador arquivado no Registro de Imóveis os documentos de que trata o art. 32 da Lei nº 4.591/64" (TJPB, Ap. Cível proc. 1.408/87, 2ª Câmara Cível, j. 22-2-1988, Rel. Des. Luiz Pereira Diniz. In: *Rev. do FORO*, v. 86, p. 182).

De todo modo, não será possível ao comprador registrar em cartório o compromisso de compra e venda de unidade de uma incorporação que não tem registro.[3] Como se vê, o registro da incorporação é fundamental: sem esse registro não pode haver negócio, nos termos da lei. Só que, na prática, isso é frequente, com seríssimos riscos para o comprador e para o promitente comprador.

É interessante observar que, antes de o incorporador proceder à oferta pública das futuras unidades, esse registro deve estar concluído. Vale dizer, assim, que o incorporador, antes de proceder ao registro, não pode fazer propaganda na televisão, anunciar em jornais, distribuir folhetos etc. Mais ainda, nos termos do art. 32 da Lei nº 4.591/64, em todas essas propagandas devem constar o número e o cartório do registro da incorporação.

A razão de a lei impor esse registro é evidente: somente permitir anúncios de incorporações que atendam a um mínimo de segurança jurídica e facultar aos possíveis adquirentes o conhecimento de a incorporação atender ou não a esses requisitos.

Ressalte-se que, antes de efetuado o registro no Cartório, o projeto de construção deve estar definitivamente aprovado pela prefeitura,[4] sendo certo que o alvará de edificação não supre a ausência do registro da incorporação em cartório.

Na prática, tem sido muito comum os "pré-lançamentos" ou as "pré-vendas", que consistem em oferecer à venda unidades imobiliárias cujo empreendimento ainda não foi registrado. Isso, em si, é uma burla à lei, mas tem sido tolerado na prática. Caso a

---

"Compromisso de compra e venda – Rescisão – Imóvel objeto de incorporação imobiliária – Falta de arquivamento no Registro de Imóveis dos documentos previstos no art. 32 da Lei 4.591/64 – Conhecimento prévio da circunstância pelo adquirente, que notificou a empresa para prestar esclarecimentos acerca da omissão, não sendo atendido, tampouco tomando aquela as medidas imediatas para o registro – Conduta que acarreta desconstituição do negócio jurídico" (TJSP. In: *RT* 661/82).

3 Nesse sentido: "Registro de imóveis – Instrumentos particulares de venda e compra de unidades autônomas – Incorporação não registrada – Pretendido registro das frações ideais do terreno – Inadmissibilidade – Aplicação dos arts. 29, parágrafo único, e 32 da Lei 4.591/64" (*TJSP*, *RT* 593/123).

4 Nesse sentido: "Ao incorporador incumbe apresentar para registro os projetos devida e definitivamente aprovados, não sendo de se aceitar a aposição de carimbos de exame de viabilidade ou de aprovação condicional. A segurança que se deve dar ao comprador é de que ele está negociando sobre coisa certa, com contornos definitivos e que não terá que enfrentar surpresas por mudanças de orientação de parte das autoridades municipais" (MEZZARI, Mario Pazutti. *Condomínio de incorporação no registro de imóveis*. Porto Alegre: Livraria do Advogado Editora, 1996. p. 99).

"Almejando promover, no terreno descrito e caracterizado, uma incorporação imobiliária, na forma prevista pela Lei nº 4.591/64, o incorporador, antes de elaborar e firmar o contrato de incorporação, teve de contratar a elaboração de um projeto de construção do edifício, previamente aprovado pela Municipalidade, através de Alvará e processo administrativo próprio, onde estão definidos, dentre outros aspectos, o nome do empreendimento e a destinação das unidades condominiais – residencial ou comercial" (CAMBLER, Everaldo Augusto. *Incorporação imobiliária*. São Paulo: Revista dos Tribunais, 1993. p. 199-200).

incorporação venha a ser registrada, o comprador poderá vir a ter seus direitos resguardados. Em geral, nas hipóteses de "pré-lançamentos" ou "pré-vendas", são oferecidos aos compradores preços supostamente atraentes. Isso não é de se estranhar: como há maior insegurança jurídica (risco), o preço deve ser inferior ao do mercado.

Como é até notório, não são todos os incorporadores que efetuam o registro da incorporação. Portanto, é necessário verificar, inicialmente, se o incorporador fez o registro da incorporação no cartório imobiliário, nos termos do art. 32 da Lei nº 4.591/64.

Vejamos, assim, quais são os documentos que esse artigo determina que sejam registrados:

> "a) título de propriedade de terreno, ou de promessa, irrevogável e irretratável, de compra e venda ou de cessão de direitos ou de permuta, do qual conste cláusula de imissão na posse do imóvel, não haja estipulações impeditivas de sua alienação em frações ideais e inclua consentimento para demolição e construção, devidamente registrado".

O incorporador pode ser o proprietário do terreno. Caso não o seja, como acontece na maioria dos casos, deve ter um contrato, devidamente registrado,[5] com o proprietário, por meio do qual ele obterá a propriedade do imóvel. Ou seja, o incorporador deve ter um contrato que atenda ao disposto nesse artigo. Evidentemente, nesse contrato não poderá constar cláusula em que é facultado ao dono do terreno se arrepender do negócio.

A razão pela qual não pode haver impedimento para alienar frações ideais é porque os adquirentes dos futuros imóveis irão comprar do incorporador uma fração ideal do terreno onde o edifício será construído. A razão pela qual deve ser irretratável é porque, iniciadas as vendas, quem adquiriu no começo não pode ser prejudicado pela suspensão do negócio em razão de uma desistência do dono do terreno.

É preciso verificar, portanto, se o contrato que foi celebrado entre o incorporador e o dono do terreno está em ordem e atende a todos os requisitos legais, uma vez que a eventual invalidade ou anulação desse contrato ensejará o mesmo quanto ao contrato do adquirente com a incorporadora.

Pode também o proprietário do terreno outorgar procuração lavrada por instrumento público, irretratável e irrevogável, para permitir a incorporação, como veremos na alínea *m*, adiante.

> "b) certidões negativas de impostos federais, estaduais e municipais, de protestos de títulos, de ações cíveis e criminais e de ônus reais relativamente ao imóvel, aos alienantes do terreno e ao incorporador".

A leitura isolada desse dispositivo levaria a crer que o terreno onde será construído o edifício não poderia estar penhorado, hipotecado, arrestado etc. Além disso,

---

5 Ver, no Capítulo 8, a seção 8.2, *O registro do compromisso de compra e venda e suas consequências.*

o incorporador e o dono do terreno não poderiam ser réus em ações de nenhuma espécie. Contudo, não é assim.

No tocante a eventuais ônus incidentes sobre o imóvel, a teor do § 5º do mesmo artigo, apenas aqueles que impedem a alienação é que inviabilizariam o registro da incorporação. Assim, poderá existir terreno hipotecado ou penhorado e mesmo assim ser objeto de incorporação. E, nos termos da lei, poderá essa incorporação ser registrada, apesar da existência de hipoteca ou penhora!

Bem se vê, assim, que a simples existência de registro da incorporação não garante totalmente o comprador. Adquirindo um imóvel incorporado, o comprador irá adquirir também uma fração ideal do terreno, sobre o qual serão construídas as unidades imobiliárias. Se esse terreno está hipotecado ou penhorado, estará o comprador, por via de consequência, adquirindo uma fração ideal de um terreno hipotecado ou penhorado, assim como seu imóvel será construído em terreno nessas condições.

Portanto, verificando, na certidão do imóvel que está sendo objeto de incorporação, a existência de algum ônus, será preciso estudar muito bem o negócio para ver se vale mesmo a pena contratar.

A incorporadora "poderá" hipotecar o terreno, para obtenção de financiamento, já no curso da edificação ou antes de iniciada, aproveitando-se da brecha contida no § 5º do art. 32,[6] e lançar o empreendimento. O imóvel, assim, continuará hipotecado, mesmo que o comprador pague totalmente seu débito com a incorporadora, até que seja pago por parte da incorporadora o financiamento contraído com a instituição financeira, que é a titular da hipoteca.[7] Na seção 9.4 deste livro voltaremos a tratar dessa questão, à luz da Súmula 308 do STJ.

Observe-se que a situação tratada é diversa da hipótese na qual a incorporadora é detentora de financiamento, incidindo a hipoteca *sobre uma unidade específica do prédio incorporado* (não sobre a incorporação inteira, portanto) e o comprador, ao comprar o imóvel, já recebe da incorporadora a escritura definitiva, *ficando ele como responsável pela quitação do financiamento com o banco*, assumindo, assim, a dívida da incorporadora no tocante àquela unidade específica (hipotecada). Nesse caso, quanto a esse aspecto, não há problema: o comprador simplesmente adquiriu um imóvel financiado com o banco e irá pagá-lo. Evidentemente, após quitar a dívida com o banco, deve o comprador proceder ao cancelamento da hipoteca perante o cartório imobiliário.

---

6 Assim dispõe o § 5º do art. 32 da Lei nº 4.591/64: "§ 5º A existência de ônus fiscais ou reais, salvo os impeditivos da alienação, não impedem o registro, que será feito com as devidas ressalvas, mencionando-se, em todos os documentos, extraídos do registro, a existência e a extensão dos ônus."

7 Nesse sentido: TJMG, Ap. Cível nº 14.443/6, Rel. Des. Monteiro de Barros, j. 18-8-1997. In: *Boletim do direito imobiliário* nº 10, abr./95, p. 16.
Em sentido contrário: 1º TACivSP, Ap 378.569, 8ª Câm., Rel. Juiz Pinheiro Franco, j. 11-11-1987. *RT* 746/106-107.

Há de se verificar, portanto, em qual hipótese se enquadra a hipoteca. Ver, outrossim, na seção *Do contrato com a incorporadora, das obrigações do incorporador e das modalidades de construção*, informações adicionais a respeito da hipoteca na incorporação imobiliária.

No tocante à situação pessoal do dono do terreno e do incorporador, vemos que a lei exigiu certidão *negativa* de ações cíveis e certidões *negativas* de tributos. Se fôssemos levar isso ao pé da letra, evidente que não seria possível levantar um único tijolo neste país por meio de uma incorporação! O alcance que deve ser dado a essa alínea limita-se à demonstração da solvência do incorporador, conforme já largamente debatido no Capítulo 2 deste livro.

Nesse sentido, a Lei nº 14.382, de 27-6-2022, decorrente da Medida Provisória nº 1.085/2021, incluiu o seguinte parágrafo ao art. 32 da Lei nº 4.591/64:

> "§ 14. Quando demonstrar de modo suficiente o estado do processo e a repercussão econômica do litígio, a certidão esclarecedora de ação cível ou penal poderá ser substituída por impressão do andamento do processo digital."

Observe-se que, como no art. 37 consta previsão expressa no sentido de ser obrigatória a informação, no contrato celebrado com comprador, da existência das ocorrências mencionadas, o que leva à conclusão de que, realmente, conforme parágrafo anterior, o que exige a Lei não são as certidões negativas, mas tão somente certidões, que poderão até ser positivas, mas que permitam examinar, com transparência, sua situação financeira.

Frise-se, finalmente, que não é porque o incorporador apresenta, por ocasião do registro da incorporação, algumas certidões pessoais que o comprador não precisará, por cautela, solicitá-las, pelas várias razões constantes deste livro.

> "c) histórico dos títulos de propriedade do imóvel, abrangendo os últimos 20 anos, acompanhado de certidão dos respectivos registros".

O prazo de 20 anos decorre do Código Civil revogado. Ele era suficiente até para o usucapião extraordinário. Atualmente esse prazo é de 15 anos. Como vimos anteriormente, a usucapião poderá ser alegada em defesa, na hipótese de uma ação reivindicatória.[8] Essa é a lógica do prazo. Deveria a Lei nº 4.591/64 ter sido atualizada quanto a esse aspecto, mas até agora ainda não o foi.

> "d) projeto de construção devidamente aprovado pelas autoridades competentes".

Como se vê, trata-se de uma imposição de medida protetiva. Evidentemente, o projeto deverá ser assinado por profissional habilitado e deverá ser aprovado pelo órgão competente da prefeitura e, conforme o caso, do Estado.

---

8 Ver, no Capítulo 1, a seção 1.5, *O vendedor é o verdadeiro proprietário? As aquisições anteriores foram eficazes?*

> "e) cálculo das áreas das edificações, discriminando, além da global, a das partes comuns, e indicando, para cada tipo de unidade, a respectiva metragem de área construída".

Para bem informar o eventual adquirente do imóvel, o incorporador deverá demonstrar, numericamente, as características do projeto mencionado na alínea anterior.

> "f) certidão negativa de débito para com a Previdência Social, quando o titular de direitos sobre o terreno for responsável pela arrecadação das respectivas contribuições".

O "titular de direitos sobre o terreno" é o incorporador (ele poderá ser o proprietário do terreno ou não), evidentemente. A certidão negativa de débito "para com a Previdência Social" é a mencionada seção 5.3, ou as certidões expedidas com base em normas anteriores, que deverá ou deverão estar registradas no cartório imobiliário da incorporação.

> "g) memorial descritivo das especificações da obra projetada, segundo modelo a que se refere o inciso IV, do art. 53, desta lei".

O inciso IV do art. 53 da lei em comentário dispõe que o memorial que descreve as especificações da obra deve ser elaborado nos termos definidos pela Associação Brasileira de Normas Técnicas. Há um modelo próprio para se atender a essa exigência.

> "h) avaliação do custo global da obra, atualizada à data do arquivamento, calculada de acordo com a norma do inciso III, do art. 53, com base nos custos unitários referidos no art. 54, discriminando-se, também, o custo de construção de cada unidade, devidamente autenticada pelo profissional responsável pela obra".

Trata a presente alínea do orçamento financeiro da construção, do qual falaremos mais adiante.

O inciso III do art. 53 também se refere às normas editadas pela Associação Brasileira de Normas Técnicas (ABNT). O art. 54 se refere à obrigação dos sindicatos das construtoras de divulgarem mensalmente os custos unitários das construções.

Em tese, a alínea em comentário beneficia o adquirente do imóvel, que teria uma previsão do custo da construção que será levada a cabo com seu dinheiro. Observe-se, conforme se verá mais adiante, que essa avaliação poderá ser apenas indicativa, podendo o comprador ser compelido a pagar valor mais alto, quando o empreendimento é feito "a preço de custo" e não "a preço fixo".

> "i) instrumento de divisão do terreno em frações ideais autônomas que contenham a sua discriminação e a descrição, a caracterização e a destinação das futuras unidades e partes comuns que a elas acederão".[9]

---

[9] Redação de acordo com a Lei nº 14.382, de 27-6-2022.

Ao adquirir o apartamento, o escritório ou qualquer outra unidade autônoma, o comprador também passa a ser proprietário de fração do terreno onde o edifício está situado. Assim, o adquirente já fica sabendo quanto corresponde a sua parte ideal do terreno.

> "j) minuta de convenção de condomínio que disciplinará o uso das futuras unidades e partes comuns do conjunto imobiliário".[10]

A convenção de condomínio é o conjunto de normas que regem as relações entre os condôminos. Essa minuta é válida, mas os condôminos podem alterá-la, depois de terminado o edifício, se quiserem.

> "l) declaração em que se defina a parcela do preço de que se trata o inciso II, do art. 39".

O art. 39 se refere à hipótese na qual a incorporadora comprará o terreno por meio da cessão de partes ideais, de uma ou mais unidades a serem construídas. Por essa alínea, o comprador tem ciência da forma pela qual se deu a aquisição do terreno.

Esse dado é relevante para análise da viabilidade econômica do empreendimento. Assim, se o edifício terá 100 apartamentos, mas 40 deles serão destinados ao dono do terreno, isso significa que 60 compradores arcarão com todos os custos da construção.

> "m) certidão de instrumento público de mandato, referido no § 1º do art. 31".

Se o incorporador não é o proprietário do terreno, é necessário que este outorgue àquele uma procuração para que o incorporador possa alienar as frações ideais do terreno.

> "n) declaração expressa em que se fixe, se houver, o prazo de carência (art. 34)".

O "prazo de carência" ao qual se refere o art. 34 é aquele durante o qual poderá o incorporador desistir do empreendimento. A lei, portanto, permite ao incorporador, durante certo tempo, alienar as unidades imobiliárias, mas podendo desfazer o negócio, se o empreendimento se tornar inviável, pela inexistência de outros interessados.

> "o) atestado de idoneidade financeira, fornecido por estabelecimento de crédito que opere no país há mais de cinco anos".

Esse atestado é, simplesmente, uma mera declaração na qual um banco afirma que a empresa incorporadora é idônea. Como o banco não responde por tal declaração, essa medida é inócua.[11] Talvez por sua inutilidade, essa alínea foi revogada pela Lei nº 14.382, de 27-6-2022.

---

[10] Redação de acordo com a Lei nº 14.382/2022.

[11] Caio Mário da Silva Pereira, obra citada.

> "p) declaração, acompanhada de plantas elucidativas, sobre o número de veículos que a garagem comporta e os locais destinados à guarda dos mesmos".

Trata-se de outra medida informativa ao adquirente do imóvel. A finalidade é ainda a proteção do adquirente, por ser muito comum a garagem não conter as vagas prometidas.

Assim, nos termos do § 1º do art. 32, o oficial do cartório imobiliário examinará e arquivará essa documentação, bem como efetuará o registro da incorporação na matrícula do imóvel.

O Decreto nº 55.815/65, que regulamentava a Lei nº 4.591/64, mencionava em seu art. 2º o recebimento de, além dos documentos previstos no artigo anterior (repetição dos documentos previstos no art. 32 da Lei nº 4.591/64), um "memorial". Porém, o conteúdo do "Memorial da Incorporação" não era descrito pela Lei nem pelo revogado Decreto. Com a nova redação do *caput* do art. 32 da Lei nº 4.591/64 dada pela Lei nº 14.382, de 27-6-2022, decorrente da Medida Provisória nº 1.085, de 27-12-2021, ficou explícito que o memorial de incorporação é constituído pelos documentos elencados nas alíneas do art. 32:

> "Art. 32. O incorporador somente poderá alienar ou onerar as frações ideais de terrenos e acessões que corresponderão às futuras unidades autônomas após o registro, no registro de imóveis competente, do memorial de incorporação composto pelos seguintes documentos:
>
> (...)."

Esse memorial deverá estar registrado no cartório imobiliário, mas não na matrícula do imóvel e sim no livro destinado ao registro auxiliar.

Há aqui um equívoco técnico: o registro de imóveis registra atos e não documentos. Documentos podem ser, em certos casos, arquivados, mas não registrados. O memorial de incorporação, portanto, deveria (e era) arquivado.

Nesse sentido, as razões da Emenda nº 163 apresentada à Medida Provisória no 1.085/2021, mas rejeitada pela Câmara dos Deputados:

> "Tecnicamente, é inadequado aludir a 'registro do memorial de incorporação' no Cartório de Imóveis, pois, no Direito Brasileiro, registram-se atos jurídicos, e não propriamente documentos. O ato jurídico registrado aí é a incorporação imobiliária. O memorial é apenas um entre outros documentos envolvidos.
>
> Já houve outros tropeços da legislação nesse ponto, como em 2018, especificamente com a introdução, pela Lei 13.786, de 27 de dezembro de 2018, do inciso XI no art. 35-A da Lei no 4.591, de 1964.
>
> Essa falha, embora possa ser tratada como um pecadilho a ser corrigido pela doutrina, tem o potencial de gerar controvérsias futuras sobre questões práticas. Lei não pode dar espaço a inseguranças jurídicas. Não se trata de diletantismo jurídico: a imprecisão terminológica é nociva à prática."

9.4 DO CONTRATO COM A INCORPORADORA, DAS OBRIGAÇÕES DO INCORPORADOR E DAS MODALIDADES DE CONSTRUÇÃO

Geralmente, os instrumentos de contratos celebrados pelas incorporadoras são por elas mesmas elaborados, de modo a melhor protegerem seus interesses.

Em alguns casos existe situação ainda mais grave e ilegal: a incorporadora nem mesmo faz contrato escrito! Ou seja, o comprador vai pagando as prestações e a incorporadora lhe entrega apenas alguns "recibos". Desse modo, há vários riscos para o comprador: ele não pode registrar a compra no cartório imobiliário, pois não há contrato; a incorporadora (seja por descuido ou por má-fé) "pode", em tese, até vender o mesmo imóvel para mais de uma pessoa; não terá o comprador direito à adjudicação compulsória mencionada no Capítulo 8[12] etc.

Assim, o primeiro passo, para aquele que pretende adquirir um imóvel de uma incorporadora é a verificação do registro da incorporação no cartório imobiliário. O comprador deve ir ao cartório e pedir para ver todos os documentos relativos à incorporação (peça para ver o "memorial de incorporação"). Nesse momento, pode ser interessante a ajuda não apenas de um advogado especializado na matéria, mas também de um engenheiro civil, para que o comprador possa entender quais serão os detalhes técnicos das obras a serem realizadas, de modo a aferir a qualidade do que deverá ser construído.

É importante confrontar o que a incorporadora está oferecendo em seus prospectos de propaganda ou por meio de seus corretores com o que está registrado no cartório imobiliário. Pode-se verificar nesse momento, por exemplo, qual a posição da vaga da unidade imobiliária na garagem, a espessura das paredes, o material utilizado nas paredes que dividem as várias unidades do edifício etc.

Se o comprador verificar que o registro está de acordo com seus interesses e com o estabelecido pela lei, o segundo passo é a exigência da existência de um contrato escrito de promessa de venda, que é o compromisso de compra e venda, mencionado no Capítulo 8. Embora seja um instrumento particular, o compromisso de compra e venda pode ser registrado na matrícula do imóvel, diminuindo os riscos do comprador, nos termos do art. 32, § 2º, da Lei nº 4.591/64.[13]

---

[12] Nesse sentido:

"Adjudicação compulsória. Inexistência de instrumento de compra e venda. Não pode ser considerado como uma das hipóteses do artigo 639 do CPC mero recibo particular de compra e venda de imóvel, que não pode ser aceito nem como promessa de compra e venda, nem como contrato preliminar. Exige a norma que o título apresentado preencha as condições de validade do contrato definitivo. Recurso desprovido" (TJSP, Ap. 10.436.4/2, 7ª Câm. de Direito Privado, Rel. Des. Oswaldo Breviglieri, j. em 18-2-1998, v.u. Publicado no Bol. *AASP* nº 2066, de 3 a 9-8-1998, p. 137-e).

[13] "§ 2º Os contratos de compra e venda, promessa de venda, cessão ou promessa de cessão de unidades autônomas são irretratáveis e, uma vez registrados, conferem direito real oponível a terceiros, atribuindo direito a adjudicação compulsória perante o incorporador ou a quem o

Com a minuta do contrato em mãos, deve o comprador proceder à leitura atenta de cada cláusula, parágrafo, item, alínea etc. do instrumento contratual que regerá o negócio, de modo que possa o comprador conhecer todos os detalhes da transação. Embora pareça óbvia tal assertiva, a maioria dos prejuízos sofridos pelos compradores decorre da ausência da devida leitura e da consulta a profissional especializado no momento da contratação. Em geral, esses contratos são extremamente complexos, razão pela qual ele deve ser estudado com grande profundidade e vagar.

Em razão da multiplicidade das cláusulas que podem surgir nos contratos, inclusive algumas excessivamente "leoninas", torna-se impossível a descrição de cada uma delas. Contudo, alguns dos aspectos mais importantes, que merecem especial atenção, referem-se à forma do pagamento (preço total, momento, reajustes etc.), quem será responsável pelo pagamento de tributos e emolumentos cartorários, taxas relativas a financiamentos, às consequências do inadimplemento do comprador (multa,[14] perda de tudo ou de parte do que foi pago etc.), às hipóteses de rescisão do contrato, prazo de entrega do imóvel e às consequências do seu eventual descumprimento, descrição pormenorizada do imóvel, inclusive com área total e área útil.[15] Sem prejuízo disso, vide seções 1.3 e 9.11.

Deve o comprador guardar consigo todo o material de propaganda oferecido pela incorporadora, pois é pacífico que ela responde por tudo aquilo que ela oferece.[16]

Além disso, especialmente caso o comprador vá receber a escritura definitiva antes do imóvel estar pronto,[17] deve-se solicitar um documento escrito em que contenha a data da entrega do imóvel e demais promessas feitas verbalmente pelo corretor da incorporadora. Caso algo não seja cumprido, poderá o comprador pedir indenização.

Um aspecto, porém, que merece maior destaque é a eventual existência, no contrato, da possibilidade de a incorporadora (em nome do comprador ou não) poder obter financiamento para construção do imóvel,[18] que poderá ser dado em hipoteca ou

---

suceder, inclusive na hipótese de insolvência posterior ao término da obra" (Redação de acordo com a Lei nº 10.931, de 2-8-2004).

14 Ver a seção 12.11, *Multa incidente sobre os pagamentos em atraso.*

15 TJPR, Apelação Cível 141.309-6, Sexta Câmara Cível, Rel. Des. Rosene Arão de Cristo Pereira, j. em 11-8-2004.

16 STJ, REsp 341.405, 3ª Turma, Rel. Min. Nancy Andrighi, j. em 3-9-2002, *DJ* 28-4-2003.

17 Em algumas cidades do Brasil (ex.: Brasília), a matrícula pode ser aberta antes mesmo de estar o imóvel pronto e o condomínio especial instituído.

18 Observa-se que, algumas vezes, o dinheiro do empréstimo é usado para terminar a obra de incorporação anterior (evidentemente, há incorporadoras sérias no Brasil, que não adotam essa prática perigosa). Algumas incorporadoras vão, assim, rolando a dívida oriunda de sua má administração, até o momento em que já está tudo hipotecado, ela não tem mais crédito e os compradores que já pagaram todo o preço ficam sem nada. Para tentar evitar essa situação, foi estabelecida por lei a possibilidade de instituição do patrimônio de afetação, que é o objeto da seção 9.5.

em alienação fiduciária... Evidentemente, existindo essa cláusula, o comprador corre risco de pagar todo o preço do imóvel para a incorporadora e terminar com o imóvel hipotecado ou alienado fiduciariamente para um banco. Assim, o comprador somente deve aceitar esse tipo de cláusula se confiar, mas confiar muito, na incorporadora.

Evidentemente, de nada adianta constar no instrumento do contrato efetuado com a incorporadora que, pagando o preço de sua unidade autônoma, ficará o imóvel livre da hipoteca ou da alienação fiduciária, uma vez que é o banco o titular da garantia e não a incorporadora. Assim, somente é relevante a concordância do banco.[19]

Atualmente, a jurisprudência está pacificada no sentido de que não pode ser o comprador prejudicado pela hipoteca concedida ao banco,[20] tal como veremos adiante.

---

19 Exemplo de cláusula prevendo a possibilidade de a incorporadora contrair empréstimo para si dando em garantia o terreno e o imóvel que será do comprador:

"A [*nome da incorporadora*] poderá pleitear, junto a agente financeiro de sua escolha, concessão de financiamento à produção, o que implicará em outorga de garantia hipotecária, abrangendo todo o terreno, já descrito e caracterizado, bem como acessões e benfeitorias que lhe forem sendo acrescidas, o que não impede a destinação do imóvel à incorporação imobiliária.

Declara o COMPRADOR que concorda, expressamente, com aludida garantia.

A hipoteca que vier a incidir sobre a unidade autônoma, aqui objetivada, será cancelada quando da outorga da escritura de venda e compra, aludida no item."

Evidentemente, é inócua a disposição no sentido de que a hipoteca "será cancelada quando da outorga da escritura de venda e compra", posto que o cancelamento não prescinde da concordância do banco. Assim, a hipoteca se mantém até que a incorporadora (e não o comprador) pague a dívida com o banco, ou se o banco, num ato de extrema bondade e generosidade, abrir mão da hipoteca. É regra elementar de direito civil que contratos criam obrigações para as partes e não para terceiros não anuentes.

20 Inicialmente, a jurisprudência oscilou entre duas posições:

Contra a validade da hipoteca: "Procedem os embargos de terceiro opostos pelos promissários compradores de unidade residencial de edifício financiado, contra a penhora efetivada no processo de execução hipotecária promovida pela instituição de crédito imobiliário que financiou a construtora. O direito de crédito de quem financiou a construção das unidades destinadas à venda pode ser exercido amplamente contra a devedora, mas contra terceiros adquirentes fica limitado a receber deles o pagamento das suas prestações, pois os adquirentes da casa própria não assumem a responsabilidade de pagar duas dívidas, a própria, pelo valor real do imóvel, e a da construtora do prédio (...) A regras gerais sobre a hipoteca não se aplicam no caso de edificações financiadas por agentes imobiliários integrantes do sistema financeiro da habitação, porquanto estes sabem que as unidades a serem construídas serão alienadas a terceiros, que responderão apenas pela dívida que assumiram com o seu negócio, e não pela eventual inadimplência da construtora. O mecanismo de defesa do financiador será o recebimento do que for devido pelo adquirente final, mas não a excussão da hipoteca, que não está permitida pelo sistema." (STJ, REsp 187.940-SP, citado por ocasião do julgamento do REsp 205.607-SP, 4ª Turma, Rel. Min. Ruy Rosado de Aguiar, j. em 11-5-1999, *DJ* de 1º-7-1999).

Pela validade da hipoteca: "Agravo de instrumento. Agravo regimental. Contrato mútuo e hipoteca. Compromisso de compra e venda. Embargos de terceiros. I – Se a credora hipotecária não participou da avença, nem liberou os agravantes do vínculo hipotecário, sendo este real e não pessoal, qualquer negócio entre a Incorporadora e os promitentes compradores é inoponível à

A despeito disso, não deve o comprador assinar contrato que contenha cláusula que permita à incorporadora hipotecar ou alienar fiduciariamente o imóvel, pois poderá ser necessário propor ação judicial no final do contrato para cancelar a hipoteca ou a alienação fiduciária, sendo que o êxito dessa ação não é garantido.

Em alguns casos (ex.: alguns empreendimentos da incorporadora Encol, que veio a falir), os compradores obtiveram vitórias judiciais contra os bancos, mas sofreram prejuízos pois pagaram mais do que havia sido construído. Voltaremos a tratar do tema na seção 9.5, inclusive para explicar por que a constituição do "patrimônio de afetação" nem sempre protege o comprador.

Se o imóvel já estiver hipotecado, ou alienado fiduciariamente, deve o comprador exigir que o credor (normalmente uma instituição financeira) assine o contrato conjuntamente, liberando o imóvel da hipoteca ou da alienação fiduciária que garante o financiamento da incorporadora, ainda que seja constituída nova hipoteca ou nova alienação fiduciária, se for o caso, desta vez para garantir o financiamento obtido pelo comprador, que será liberada quando seu financiamento for pago. É comum as incorporadoras não concordarem com essa exigência, alegando negativa por parte da instituição financeira. Nesse caso, cabe ao comprador decidir se deseja ou não correr o risco. Há casos, porém, em que essa exigência foi aceita e o comprador adquiriu imóvel livre e desembaraçado.

Por razões óbvias, não é recomendável a aquisição de um imóvel já hipotecado ou alienado financeiramente em razão de débito da incorporadora, ainda que existam precedentes judiciais afirmando que a hipoteca não é válida na incorporação imobiliária realizada com recursos do SFH.[21] Aqui a situação é totalmente diferente, não havendo razão para se alegar boa-fé ou aplicar o Código do Consumidor para proteger o comprador que comprou imóvel já hipotecado ou alienado fiduciariamente.

Data venia, acredito que os precedentes que determinam a invalidação da hipoteca nas hipóteses em que o comprador adquiriu o imóvel já hipotecado decorrem de uma aplicação automática e sem maiores meditações da jurisprudência que entende ser inválida a instituição de hipoteca em imóvel compromissado à venda. Dizer que a hipoteca não é válida só porque os recursos são originários do SFH não encontra o menor amparo legal, decorrendo de tese equivocada do STJ (vide seção 9.5).

---

ora agravada e exequente que, titular do direito de sequela, pode exercer o seu direito de excutir o bem objeto da hipoteca para pagamento do seu crédito. II – O contrato de mútuo e hipoteca previa a transferência do referido débito hipotecário proporcionalmente aos adquirentes das unidades imobiliárias bem como, a responsabilidade da construtora pela liquidação do débito. Sendo esta disposição, tinham conhecimento do risco do negócio. III – Agravo Regimental improvido" (STJ, AGA 161.052/SP, 3ª Turma, Rel. Min. Waldemar Zveiter, j. em 15-10-1998, *DJ* de 7-12-1998, p. 81).

21 STJ, REsp 557.369/GO, 4ª Turma, Rel. Min. Fernando Gonçalves, j. em 7-10-2004, *DJ* de 8-11-2004.

STJ, REsp 316.640/PR, 3ª Turma, Rel. Min. Nancy Andrighi, j. em 18-5-2004, *DJ* de 7-6-2004.

Em abril de 2005 o Superior Tribunal de Justiça editou o seguinte enunciado da súmula da jurisprudência predominante:

> "Súmula nº 308. A hipoteca firmada entre a construtora e o agente financeiro, anterior ou posterior à celebração da promessa de compra e venda, não tem eficácia perante os adquirentes do imóvel."

Há um erro técnico na redação do enunciado: não se trata de hipoteca firmada entre a *construtora* e o agente financeiro, pois quem celebra o contrato de financiamento não é a construtora, mas a *incorporadora*. A incorporadora pode até ser a construtora do imóvel, mas quando ela celebra contratos com o dono do terreno, com a instituição financeira e com os compradores do imóvel, está agindo como *incorporadora* e não como construtora.

A despeito desse erro de redação, deve-se entender, a teor da jurisprudência atual do STJ, que ao menos por ora não é válida a hipoteca celebrada pela *incorporadora* em sede de financiamento imobiliário. A respeito das medidas que podem ser tomadas pelo comprador para defesa do seu imóvel, inclusive na hipótese de existência de hipoteca em favor do banco, vide seção 3.14.

O STJ usou para fundamentar invalidade da hipoteca conferida ao credor imobiliário a seguinte tese:

> "(...) regras gerais sobre a hipoteca não se aplicam no caso de edificações financiadas por agentes imobiliários integrantes do sistema financeiro da habitação, porquanto estes sabem que as unidades a serem construídas serão alienadas a terceiros, que responderão apenas pela dívida que assumiram com o seu negócio, e não pela eventual inadimplência da construtora."[22]

Esse fundamento, *data venia*, não pode ser aceito, pois a hipoteca é um direito real e, como direito real, é oponível contra todos (*erga omnes*), inclusive contra o comprador (se não for assim, não é hipoteca!), inexistindo qualquer lei a dizer que a hipoteca no âmbito de financiamento imobiliário não é direito real ou não é oponível contra o comprador.

Em termos da boa técnica jurídica, a hipoteca conferida pela incorporadora ao banco poderia ser considerada nula em caso de nulidade de cláusula contratual que a permitiu. Isso por força de ser abusiva a cláusula que permite ao banco hipotecar a *unidade já compromissada à venda*, nos termos do Código do Consumidor, art. 39, V[23] e art. 51, IV.[24]

---

22 STJ, REsp nº 187.940-SP, citado por ocasião do julgamento do REsp 205.607-SP, Quarta Turma, Rel. Min. Ruy Rosado de Aguiar, j. em 11-5-1999, *DJ* de 1º-7-1999.

23 "Art. 39. É vedado ao fornecedor de produtos ou serviços dentre outras práticas abusivas: (...) V – exigir do consumidor vantagem manifestamente excessiva;"

24 "Art. 51. São nulas de pleno direito, entre outras, as cláusulas contratuais relativas ao fornecimento de produtos e serviços que: (...) IV – estabeleçam obrigações consideradas iníquas, abusivas,

Nesse sentido, a nulidade da cláusula que permite à incorporadora hipotecar o imóvel foi afirmada pela Secretaria de Direito Econômico do Ministério da Justiça, por meio da Portaria nº 3, de 15-3-2001.[25] Além do mais, é plenamente aplicável ao caso o art. 422 do Código Civil, que estabelece a obrigação de os contratantes agirem com boa-fé, que é entendida como exigência de um comportamento leal (salvo em situações específicas, dar um imóvel compromissado à venda em garantia de um débito da incorporadora não é um comportamento leal, caso o débito não venha a ser pago).

Essa situação é diferente da hipótese em que o imóvel já está hipotecado por ocasião da venda ou da celebração de compromisso de compra e venda com o adquirente do imóvel.

Seja como for, o fato é que restou pacificado pela jurisprudência que a hipoteca conferida ao banco não é válida (ou eficaz) em face do comprador do imóvel, a teor da Súmula nº 308 do STJ acima transcrita.

Restaria saber se o STJ aplicaria o mesmo entendimento da Súmula nº 308 nas hipóteses de alienação fiduciária. O mais lógico seria manter o mesmo entendimento, a despeito de tecnicamente equivocado, tal como vimos anteriormente.

Depois de quase vinte anos (!), essa questão foi acertadamente apreciada pela Quarta Turma do STJ: no dia 3-9-2024, por ocasião do julgamento do Recurso Especial nº 2.130.141/RS, o relator Ministro Antonio Carlos Ferreira proferiu voto no sentido de que não deve ser aplicada a Súmula nº 308 do STJ na hipótese de alienação fiduciária.

Demonstrando conhecimento histórico, o voto do Ministro Antonio Carlos Ferreira explicou bem os motivos que levaram à edição da Súmula nº 308 (embora esses motivos tenham sido tecnicamente equivocados, como vimos). A conclusão foi no sentido da validade da alienação fiduciária em face dos compradores no caso concreto

De forma cirúrgica, afirmou o Ministro Antonio Carlos Ferreira:

> "A Súmula nº 308 do STJ criou uma exceção à regra geral do direito imobiliário sobre a prioridade registral, ao afirmar que a hipoteca celebrada entre a incorporadora e a instituição financeira não teria eficácia perante os adquirentes que conseguiram crédito por intermédio do Sistema Financeiro da habitação."[26]

Esse julgamento foi finalizado no dia 1º-4-2024. Uma manifestação que merece destaque pela lucidez é a do Ministro João Otávio de Noronha:

---

que coloquem o consumidor em desvantagem exagerada, ou sejam incompatíveis com a boa-fé ou a equidade."

25 O item nº 15 da Portaria afirma ser abusiva cláusula que "preveja, no contrato de promessa de venda e compra de imóvel, que o adquirente autorize ao incorporador alienante constituir hipoteca do terreno e de suas acessões (unidades construídas) para garantir dívida da empresa incorporadora, realizada para financiamento de obras".

26 Disponível em: https://www.youtube.com/watch?v=IYHSTQB76Is. Acesso em: 10 maio 2025.

> "(...) os tribunais brasileiros me deixam em constante estado de perplexidade. O legislador cria uma garantia para não valer. Já avacalhamos o instituto do penhor, já avacalhamos o instituto da hipoteca, que é garantia que não vale, agora vamos avacalhar o último instituto (...) É inacreditável que a gente possa ir para a frente, falar de segurança jurídica, em aumentar a construção civil no Brasil com esse tipo de lei que inibe investimento (...) e por que não tem investimento? Por que nós não oferecemos garantias para que o capital, seja nacional ou estrangeiro seja investido (...) não vamos estragar o que é bom e que funciona, que é a alienação fiduciária."[27]

Na verdade, nada há de errado com a lei no que se refere à proteção do capital. Ao revés: ela tende muito mais a beneficiar os ricos e poderosos, justamente em razão do poder político de que eles dispõem. Errada está a violação textual da lei e de institutos jurídicos consagrados, algo que é feito de forma irritante e quotidianamente por parte significativa do Judiciário. A Quarta Turma do STJ está de parabéns por tentar reverter essa situação.

Nessa ocasião, o Ministro Antonio Carlos Ferreira afirmou com fina e inteligente ironia:

> "A Súmula nº 308 transformou a velha e tradicional garantia da hipoteca em garantia hipotética...".[28]

É verdade que houve alguns pequenos erros no voto condutor do Recurso Especial nº 2.130.141/RS. Um deles foi no tocante a uma suposta relação direta e umbilical entre a *alienação fiduciária* e o *Sistema Financeiro Imobiliário (SFI)*: como vimos nas seções 1.9 e 2.25, a alienação fiduciária em garantia, inclusive incidente sobre imóveis, pode existir fora do âmbito do SFI.

A despeito disso, o Ministro Antonio Carlos Ferreira acertou em cheio ao afirmar que negócio jurídico realizado por quem não é dono não produz efeito em relação ao verdadeiro proprietário, sendo irrelevante a boa-fé do adquirente, concluindo que "Não deve ser aplicado, por analogia, o entendimento firmado na Súmula n. 308 do STJ aos casos envolvendo garantia real por alienação fiduciária".[29]

Enfim, vamos ter de aguardar algum tempo para ver se essa decisão da Quarta Turma do STJ prevalecerá.

O alcance da Súmula nº 308 já havia sido bastante reduzido pelo STJ: "A jurisprudência desta Casa orienta que o entendimento cristalizado na Súmula 308/STJ aplica-se

---

27 Disponível em: https://www.youtube.com/watch?v=uOjMrm-DSl8&t=8261s. Acesso em: 10 maio 2025.

28 Disponível em: https://www.youtube.com/watch?v=uOjMrm-DSl8&t=8261s. Acesso em: 10 maio 2025.

29 Informativo STJ nº 847, de 15-4-2025.

exclusivamente às hipotecas que recaiam sobre imóveis residenciais, afastando-se, por conseguinte, a incidência do respectivo verbete sumular quando a citada garantia recair sobre imóvel comercial."[30]

A bem da verdade, é irrelevante se o direito de garantia é ou não a propriedade fiduciária. Ou mesmo se o devedor mantém a posse direta (vide seção 1.14) do imóvel, que inclusive ocorre em ambas as situações. A questão deveria ser decidida quanto à natureza da garantia, se real (válida contra todos, inclusive contra o comprador) ou se pessoal (caso em que não seria válida contra o comprador).

Em um interessante julgamento, que inclusive atinge a Súmula nº 84 do STJ(!),[31] decidiu-se que "O contrato de promessa de compra e venda sem registro no Cartório Imobiliário, mesmo que celebrado antes da hipoteca, não é oponível a terceiro de boa-fé que recebeu o imóvel comercial como garantia real", uma vez que "Conforme dispõe o art. 1.245, § 1º, do CC/2002, a propriedade do imóvel só se transfere com o registro imobiliário. Antes disso, existe apenas um direito pessoal ou obrigacional entre as partes que celebraram o negócio jurídico. Somente com o registro é que se cria um direito oponível a terceiros (efeito erga omnes) em relação à transferência do domínio do bem".[32]

Como se vê, há agora uma tendência no sentido de se prestigiar o registro imobiliário e a boa técnica jurídica que protege o crédito.

O problema são os abusos legislativos que prejudicam o comprador. Vejamos esta importante alteração normativa: a Lei nº 14.382, de 27-6-2022, decorrente da Medida Provisória nº 1.085, de 27-12-2021, incluiu o seguinte dispositivo ao art. 32 da Lei nº 4.591/64:

> "§ 1º-A. O registro do memorial de incorporação sujeita as frações do terreno e respectivas acessões a regime condominial especial, investe o incorporador e os futuros adquirentes na faculdade de sua livre disposição ou oneração e independe de anuência dos demais condôminos."

Embora de redação confusa, que aparentemente serviria para diferenciar condomínio comum de condomínio especial (algo óbvio), o novo dispositivo parece dizer que é lícito à incorporadora dar a unidade imobiliária ("frações do terreno" e "acessões") ao banco em garantia de financiamento ("oneração") sem anuência do comprador

---

30 STJ, Quarta Turma, AgInt no AgInt no REsp 1.682.434/PR, Rel. Min. Lázaro Guimarães, Desembargador convocado do TRF 5ª Região, j. em 28-11-2017.

31 Súmula nº 84 do STJ: "É admissível a oposição de embargos de terceiro fundados em alegação de posse advinda do compromisso de compra e venda de imóvel, ainda que desprovido do registro".

32 STJ, Quarta Turma, REsp 2.141.417/SC, Rel. Min. Antonio Carlos Ferreira, j. em 22-4-2025.

("investe o incorporador (...) na faculdade de sua livre (...) oneração").[33] Além disso, a nova redação do *caput* do art. 32, efetuada pela Lei nº 14.382/2022, incluiu a palavra "onerar" (na redação anterior era apenas "negociar") como ato possível do incorporador após registro do memorial de incorporação. Tudo isso parece ser outra tentativa (vide seção 9.5) de dar eficácia à hipoteca incidente sobre unidades imobiliárias por parte do incorporador.[34] Como essas mudanças serão interpretadas? Provavelmente os tribunais irão manter o entendimento da Súmula nº 308 do STJ, mas o Poder Judiciário brasileiro é imprevisível.

Mesmo depois da Súmula nº 308, hipotecas incidentes sobre incorporações com unidades imobiliárias postas à venda continuaram sendo realizadas. Como o "Marco das Garantias" (vide seção 2.25) estabeleceu a possibilidade de alienação fiduciária da chamada "propriedade superveniente",[35] é possível que a alienação fiduciária venha a substituir a hipoteca na relação entre instituição financeira e incorporadora, especialmente se prevalecer a orientação da Quarta Turma do STJ no tocante à inaplicabilidade da Súmula nº 308 à hipótese de alienação fiduciária.

Enfim, as pessoas continuaram comprando unidades imobiliárias hipotecadas e bancos continuaram financiando empreendimentos tendo como garantia a hipoteca incidente sobre o empreendimento imobiliário como um todo, incluindo unidades imobiliárias vendidas, compromissadas à venda, ou que irão ou iriam ser negociadas antes do pagamento do financiamento da incorporadora. Em favor dos bancos e instituições que financiam o empreendimento, há o referido art. 31-A na Lei nº 4.591/64; em favor dos compradores, há a referida Súmula nº 308 do STJ. Como a Súmula e o dispositivo legal são contraditórios, a situação é insegura tanto para o comprador como para as instituições financeiras.

O problema da Súmula nº 308 do STJ também surge na hipótese em que a incorporadora não termina a construção do imóvel e não paga a instituição financeira. Há, nessa hipótese, disputa entre o comprador e a instituição financeira pelo "esqueleto" (obra não concluída) do empreendimento. Portanto, é crucial conhecer a situação financeira da incorporadora. A existência de eventual criação de SPE (Sociedade de Propósito Específico) por parte da incorporadora nem sempre resolve o problema pelas razões mencionadas neste livro.

---

33 Interpretação sistemática com o § 4º acrescido ao art. 43 da Lei nº 4.591/64 pela Medida Provisória nº 1.085/2021, convertida na Lei nº 14.382, de 27-6-2022, leva à mesma conclusão.

34 A origem remota da MP nº 1.085/2021, convertida na Lei nº 14.382/2022, é um anteprojeto elaborado por um grupo de trabalho formado no âmbito da Iniciativa de Mercado de Capitais (IMK), que foi uma ação do âmbito do antigo Ministério da Economia (2018-2022). Desse grupo participaram diversos órgãos, pessoas e associações relacionados ao setor registral e imobiliário (incorporadoras, oficiais de registro, instituições financeiras etc.). Faltaram, porém, representantes dos consumidores: nem mesmo a Secretaria Nacional de Defesa do Consumidor, órgão do Ministério da Justiça, participou do referido grupo de trabalho.

35 Art. 22, § 3º, da Lei de Alienação Fiduciária.

No tocante a cláusulas contratuais "eximindo" a incorporadora de apresentar a Certidão Negativa de Débito – CND, ver, no Capítulo 5, a seção 5.3 – *A certidão negativa de débito*, onde esta questão é tratada. É fundamental saber se o imóvel faz parte do patrimônio circulante da incorporadora ou não, bem como se ela não está falida ou em recuperação judicial.

O projeto de construção deverá fazer parte do contrato. Assim, o que o comprador irá adquirir é aquilo que consta do projeto. É interessante verificar, assim, se a planta aprovada pela prefeitura e registrada no cartório imobiliário é a mesma que consta dos folhetos, propagandas e anexos do contrato. Nele deverá constar o número do alvará, relativo à aprovação do projeto na prefeitura.

Ademais, o prazo para entrega das obras deverá constar do contrato, bem como as condições e formas de sua eventual prorrogação. Esses aspectos estão previstos na Lei nº 4.591/64, nos §§ 1º e 2º do art. 48. A relevância da existência dessas disposições no contrato escrito reside na obrigação da incorporadora de indenizar o comprador, caso não entregue a obra contratada no prazo convencionado, a teor do disposto no inciso II do art. 43:

> "Art. 43. Quando o incorporador contratar a entrega da unidade a prazo e preços certos, determinados ou determináveis, mesmo quando pessoa física, ser-lhe-ão impostas as seguintes normas:
>
> (...)
>
> II – responder civilmente pela execução da incorporação, devendo indenizar os adquirentes ou compromissários, dos prejuízos que a estes advierem do fato de não se concluir a edificação ou de se retardar injustificadamente a conclusão das obras, cabendo-lhe ação regressiva contra o construtor, se for o caso e se a este couber a culpa."

Além disso, poderá o comprador, caso lhe seja vantajoso, pedir judicialmente a rescisão do contrato, com devolução do valor pago e eventuais perdas e danos[36] nos termos do Código Civil, que assim dispõe:

---

36 Veja, a título de ilustração, a seguinte decisão da Quinta Turma Cível do Tribunal de Justiça do Distrito Federal e dos Territórios, na apelação cível nº 33.598, em acórdão prolatado em 31-10-94, nos termos da seguinte ementa, transcrita no Repertório de Jurisprudência IOB sob nº 3/10.571: "Civil – Rescisão de contrato – Atraso na entrega da obra – Invocação de caso fortuito ou força maior – Devolução das importâncias pagas – Correção monetária e lucros cessantes – Juros compensatórios – Verba honorária. 1. Positivada a não entrega da obra no prazo estipulado no contrato, com o acréscimo da tolerância nele prevista, ocorre a sua rescisão. 2. A alegação de dificuldades financeiras decorrentes de atrasos de outros promissórios compradores não caracteriza caso fortuito ou força maior, dado que previsível a sua ocorrência. 3. Rescindida a avença, devem as partes ser repostas ao estado anterior ao contrato, devolvendo a promitente vendedora ao promissário comprador tudo quanto dele haja recebido, com juros e correção monetária. 4. De igual modo, impõe-se-lhe a obrigação de compor os lucros cessantes. 5. Juros compensatórios indevidos, por constituir *bis in idem* com

> "Art. 475. A parte lesada pelo inadimplemento pode pedir a resolução do contrato, se não preferir exigir-lhe o cumprimento, cabendo, em qualquer dos casos, indenização por perdas e danos.
>
> Art. 476. Nos contratos bilaterais, nenhum dos contratantes, antes de cumprida a sua obrigação, pode exigir o implemento da do outro.
>
> Art. 477. Se, depois de concluído o contrato, sobrevier a uma das partes contratantes diminuição em seu patrimônio capaz de comprometer ou tornar duvidosa a prestação pela qual se obrigou, pode a outra recusar-se à prestação que lhe incumbe, até que aquela satisfaça a que lhe compete ou dê garantia bastante de satisfazê-la."

Deverá constar do contrato a quem caberão os custos com as ligações com os serviços mantidos pelo poder público ou por meio de concessionárias.

Optando pela contratação, deverá o comprador proceder ao registro de seu contrato no cartório imobiliário, conforme e pelas razões expostas no Capítulo 8.

Convém ressaltar que, nos termos do § 6º do art. 35 da Lei nº 4.591/64, o incorporador é responsável por custear as unidades autônomas que não forem vendidas, em igualdade de condições com os demais compradores. Assim, o incorporador somente deixará de estar obrigado a colocar do próprio bolso as quantias necessárias, tal como o fazem os compradores, para a construção do imóvel, na hipótese de vender a unidade autônoma a algum comprador.

É conveniente, portanto, verificar, no decorrer da execução da obra, não apenas por meio de sua contabilidade, mas sobretudo na realidade da obra, se a incorporadora está, efetivamente, alocando os recursos correspondentes às unidades não vendidas, em igualdade de condições com os que com ela contrataram, que se traduz no devido andamento da obra, vale dizer, se o cimento e o tijolo que constam da contabilidade está realmente indo para a construção. É preciso ir ao local da construção para ver se a obra está "andando", se está mudando de aspecto.

Além disso, nos termos da Lei nº 4.591/64, a construção do imóvel objeto de incorporação pode ocorrer sob duas modalidades: por *administração* (também conhecida como *a preço de custo*) ou por *empreitada*, que veremos nas seções 9.6 e 9.7.

No futuro, será importante verificar se a incorporação prevê a existência de medidores individuais de consumo de água para cada unidade autônoma, obrigação estabelecida pela Lei nº 13.312, de 12-7-2016, que entrou em vigor em 13-7-2021, aplicável às "novas edificações condominiais". Sem prejuízo disso, desde já é interessante verificar se a legislação do Município dispõe algo a respeito do tema.

---

a condenação em lucros cessantes, eis que os primeiros correspondem aos frutos do capital e os segundos à privação do uso do imóvel em que o capital se converteu. 6. Hipótese em que os honorários de advogado devem ser fixados sobre o valor da condenação. 7. Apelação conhecida e parcialmente provida. Votação unânime."

9.5 O REGIME DE AFETAÇÃO E MEDIDAS PROTETIVAS DO COMPRADOR EM INCORPORAÇÃO IMOBILIÁRIA

A critério do incorporador, a incorporação poderá ser submetida ao *regime da afetação*. O que significa isso?

Trata-se de uma tentativa de proteger o comprador de unidade em incorporação imobiliária, efetuada pela Lei nº 10.931, de 2-8-2004,[37] como veremos a seguir. Outras medidas legislativas para proteger o comprador ocorreram com o advento do art. 55 da Lei nº 13.097/2015, como vimos na seção 3.4, bem como, no tocante ao comprador de imóvel em alienação fiduciária, com o advento da Lei nº 13.043, de 13-11-2014 (vide seção 1.9).

A afetação diz respeito à separação de parte do patrimônio do incorporador, no caso, os bens componentes de uma incorporação imobiliária específica são "destacados" do patrimônio do incorporador, passando a constituir um patrimônio separado. Com isso, os bens componentes do *patrimônio de afetação* (no caso, o terreno, o edifício em construção, os materiais etc.) não responderão pelas dívidas gerais do incorporador, mas apenas pelas dívidas relativas à incorporação em questão e, em caso de falência do incorporador, não farão parte da massa falida global, mas constituirão uma massa isolada, à qual os credores dessa incorporação específica concorrerão, além de existir a possibilidade de os adquirentes continuarem a construção do edifício.

Trata-se de mais uma tentativa de fazer com que as incorporações imobiliárias sejam mais seguras. A sociedade brasileira ainda está (e com muita razão) traumatizada com o "Episódio Encol".

O *regime de afetação* torna a incorporação mais segura para o comprador? Seus defensores sustentam que com o regime de afetação o incorporador não poderá desviar recursos de um empreendimento para outro, bem como uma "Comissão de Representantes" dos adquirentes poderia fiscalizar o andamento da obra.

Vejamos, em linhas gerais, o que muda para o adquirente de imóvel em incorporação com a instituição do *regime de afetação*.

A possibilidade jurídica da instituição do *regime de afetação* surgiu com o advento da Medida Provisória nº 2.221, de 4-9-2001, já revogada, e atualmente está regido pela Lei nº 4.591, de 16-12-1964 e pela Lei nº 10.931, de 2-8-2004, que revogou a Medida Provisória nº 2.221/2001, alterou a Lei nº 4.591/64, incluiu várias disposições e estabeleceu a possibilidade de um regime simplificado de tributação para viabilizar, na prática, a utilização do regime de afetação nas incorporações imobiliárias.

---

[37] Além disso, a Lei nº 10.931/2004 conferiu benefício tributário às incorporadoras que optarem pelo regime de afetação. Vide Lei nº 12.024, de 27-8-2009, e Lei nº 13.970, de 26-12-2019. Vide arts. 485, 498 e 544, VI, da Lei Complementar nº 214, de 16-1-2025.

A instituição do regime de afetação é opção do incorporador. Com ela, deve a contabilidade do empreendimento submetido ao regime de afetação ser feita de forma apartada da contabilidade do incorporador, bem como ser utilizada uma conta-corrente específica para as movimentações bancárias relativas ao empreendimento (incorporação específica), de modo que se possa saber qual é o patrimônio de afetação relativo à incorporação específica, quanto de dinheiro está entrando, quanto está saindo, o que está sendo adquirido etc.

Essas medidas parecem ser realmente protetivas para o comprador, pois permitem maior transparência. Nesse ponto, a lei parece ser boa, mas também merece uma crítica: se o regime de afetação é mais seguro, por que a lei não estabelece que ele é obrigatório?

Além disso, nota-se que há a obrigação de a incorporadora somente movimentar os recursos do empreendimento em uma conta-corrente destinada especialmente para ele. Porém, deixou a lei de prever uma sanção para a incorporadora que viola essa regra.

Caso se opte pela instituição do regime de afetação, a incorporação deveria "nascer" sob o regime de afetação, pois seria um tanto complicado (e inseguro) instituir o regime de afetação em uma incorporação em curso: como fazer para desmembrar da contabilidade da incorporadora a parte relativa à incorporação específica, para fazer sua contabilidade em separado? Ainda que seja possível contabilmente fazer isso, já se vê que aumenta a possibilidade de fraude. A lei não é clara quanto à possibilidade de instituição do regime de afetação para as incorporações em curso, parecendo indicar que sim, pois afirma que se considera constituído o patrimônio de afetação mediante averbação, a qualquer tempo, no Registro de Imóveis (art. 31-B da Lei nº 4.591/64, em sua redação dada pela Lei nº 10.931/2004).[38]

Faculta-se a uma "Comissão de Representantes" dos adquirentes indicar uma pessoa para fiscalizar e acompanhar o patrimônio de afetação, que terá livre acesso à obra, bem como a livros, contratos, dados relativos à movimentação da conta-corrente da incorporação e quaisquer outros documentos relativos ao patrimônio de afetação. Além disso, o incorporador deverá entregar à Comissão de Representantes, no mínimo a cada três meses,[39] demonstrativo do estado da obra e de sua correspondência com o prazo pactuado ou com os recursos financeiros que integrem o patrimônio de afetação

---

[38] Enunciado nº 323, aprovado na IV Jornada de Direito Civil, realizada pelo Conselho da Justiça Federal nos dias 25 a 27-10-2006 (válido como doutrina): "É dispensável a anuência dos adquirentes de unidades imobiliárias no 'termo de afetação' da incorporação imobiliária."
Enunciado nº 324, aprovado na IV Jornada de Direito Civil, realizada pelo Conselho da Justiça Federal nos dias 25 a 27-10-2006 (válido como doutrina): "É possível a averbação do termo de afetação de incorporação imobiliária (Lei nº 4.591/64, art. 31b) a qualquer tempo, na matrícula do terreno, mesmo antes do registro do respectivo Memorial de Incorporação no Registro de Imóveis."

[39] O prazo anterior era de seis meses. A alteração foi efetuada pela Lei nº 14.382, de 27-6-2022.

recebidos no período, firmados por profissionais habilitados, ressalvadas eventuais modificações sugeridas pelo incorporador e aprovadas pela Comissão de Representantes, bem como entregar balancetes coincidentes com o trimestre civil, relativos a cada patrimônio de afetação.

Como é escolhida essa "Comissão de Representantes"? O art. 50 da Lei nº 4.591/64, em sua redação dada pela Lei nº 10.931/04, dispunha que ela seria designada no contrato de construção (!) ou eleita em assembleia geral. Ou seja, até que uma assembleia geral dos adquirentes elegesse uma "Comissão de Representantes", ou não existiria comissão alguma ou ela é a que tivesse sido designada no contrato (designada por quem? Pela incorporadora, é claro).

Com o advento da Lei nº 14.382, de 27-6-2022, a redação do art. 50 passou a ser a seguinte:

> "Art. 50. Será designada no contrato de construção ou eleita em assembleia geral a ser realizada por iniciativa do incorporador no prazo de até 6 (seis) meses, contado da data do registro do memorial de incorporação, uma comissão de representantes composta por, no mínimo, 3 (três) membros escolhidos entre os adquirentes para representá-los perante o construtor ou, no caso previsto no art. 43 desta Lei, o incorporador, em tudo o que interessar ao bom andamento da incorporação e, em especial, perante terceiros, para praticar os atos resultantes da aplicação do disposto nos art. 31-A a art. 31-F desta Lei."

Contudo, como veremos adiante, os poderes dos compradores quanto à formação da "Comissão de Representantes" pouco se modificaram.

Essa "Comissão de Representantes" poderá, em caso de falência (art. 31-F, § 1º) ou de insolvência do incorporador (art. 43, VII), bem como de atraso no andamento das obras (art. 43, VI),[40] convocar uma assembleia dos adquirentes para deliberar pela continuação da obra ou pela liquidação do patrimônio de afetação. Caso decidam pela continuação da obra, os adquirentes receberão os direitos ao patrimônio de afetação e responderão pelas obrigações e nos encargos a ele relativos, inclusive quanto ao contrato de financiamento da obra. Nos termos do art. 9º da Lei nº 10.931/2004, os adquirentes deverão pagar, em até um ano, contado a partir da deliberação da continuação da obra, ou até a data da concessão do habite-se, se esta ocorrer em prazo inferior, todas as obrigações tributárias, previdenciárias e trabalhistas, vinculadas ao respectivo patrimônio de afetação, existentes na data da decretação da falência.

---

[40] No site oficial da Presidência da República, www.planalto.gov.br, a redação do inciso VI do art. 43 da Lei nº 4.591/64 pode causar dúvidas: teria sido esse dispositivo vetado? Naquela época era possível veto a parte de um mesmo dispositivo. Nos dias de hoje, não é possível vetar parte do *caput* de um artigo, de um parágrafo, de um inciso etc. Portanto, o trecho que consta do inciso VI do art. 43 no mencionado site não foi vetado. Curiosamente, o art. 9º da Lei nº 10.931, de 10-8-2004, menciona falência do incorporador e "insolvência civil" como fatores que podem ensejar a destituição do incorporador.

Se os adquirentes optarem pelo não prosseguimento da obra, a assembleia geral poderá, pelo voto de 2/3 (dois terços) dos adquirentes, deliberar pela venda do terreno, das construções e demais bens e direitos integrantes do patrimônio de afetação, mediante leilão ou outra forma que estabelecer, distribuindo entre si, na proporção dos recursos que comprovadamente tiverem aportado, o resultado líquido da venda, depois de pagas as dívidas do patrimônio de afetação e deduzido e entregue ao proprietário do terreno a quantia que lhe couber, nos termos do art. 40; não se obtendo, na venda, a reposição dos aportes efetivados pelos adquirentes, reajustada na forma da lei e de acordo com os critérios do contrato celebrado com o incorporador, os adquirentes serão credores privilegiados pelos valores da diferença não reembolsada, respondendo subsidiariamente os bens pessoais do incorporador.

Como se vê, o patrimônio de afetação responderá por todas as dívidas a ele relativas, queiram os adquirentes continuar a obra ou não. A diferença é que caso não queiram continuar as obras, os adquirentes não serão devedores de mais nada e poderão receber de volta tudo, nada ou parte do que pagaram à incorporadora, dependendo da situação financeira da incorporação. Se optarem por continuar as obras, responderão pela totalidade das dívidas da incorporação, sendo que as dívidas trabalhistas, previdenciárias e tributárias deverão ser pagas no prazo de um ano há pouco mencionado.

Em uma das audiências públicas, que ocorreu na Câmara dos Deputados, por ocasião da tramitação do Projeto de Lei nº 2.109, de 1999, que deu origem à Lei nº 10.931/2004, levantou-se que essa lei seria prejudicial aos adquirentes. Sustentou-se que o regime da Lei nº 4.591/64 seria o da possibilidade de assunção, por parte dos adquirentes, da incorporação em questão, sem pagamento das dívidas, com fundamento nos incisos III e VI do art. 43, que preveem a possibilidade de os adquirentes prosseguirem com a construção.

Na verdade, a Lei nº 4.591/64 silenciava quanto à questão da responsabilidade pelas dívidas da incorporação, o que não significava que a dívida seria só do incorporador e os ativos só dos adquirentes, com prejuízos manifestos para os demais credores da incorporadora. O que havia era apenas um vazio legislativo: não estavam estabelecidas claramente as regras que regeriam a assunção da incorporação e o prosseguimento das obras.

Seja como for, com o advento da Lei nº 10.931/2004, as regras são muito claras na hipótese de instituição do patrimônio de afetação: há responsabilidade pelas dívidas do patrimônio de afetação, exista ou não o prosseguimento das obras.

A Medida Provisória nº 1.085/2021, convertida na Lei nº 14.382/2022, estabeleceu regras adicionais para a destituição do incorporador e poderes da "Comissão de Representantes" (inclusive procedimentos decorrentes da destituição do incorporador) com a alteração do art. 43 da Lei nº 4.591/64.

A Medida Provisória nº 1.085/2021 previa que fosse encaminhada aos adquirentes a relação dos adquirentes com seus endereços residenciais e eletrônicos. Isso seria de grande valia para que os adquirentes pudessem se organizar para defesa dos seus interesses: não é possível organização sem que as pessoas se conheçam.

Contudo, por ocasião da conversão da Medida Provisória nº 1.085/2021 na Lei nº 14.382/2022, foi excluída a obrigação de fornecimento também aos adquirentes dos nomes e endereços dos demais adquirentes (exclusão da palavra adquirentes do art. 43, I). Assim, deixou a nova lei de avançar no tocante a facilitar a organização dos adquirentes para alterar a composição da "Comissão de Representantes" ou destituir a incorporadora e assumir, ela própria, a finalização das obras da incorporação imobiliária.

Outro aspecto prejudicial aos interesses dos adquirentes é o disposto no § 3º do art. 31-A, incluído na Lei nº 4.591/64 pela Lei nº 10.931/2004, com redação dada pela Lei nº 14.620, de 13-7-2023:

> "§ 3º Os bens e direitos integrantes do patrimônio de afetação somente poderão ser objeto de garantia real em operação de crédito cujo produto seja integralmente destinado à consecução da edificação correspondente e à entrega das unidades imobiliárias e de suas pertenças aos respectivos adquirentes."

Aparentemente esse dispositivo protege os adquirentes, pois veda que o dinheiro decorrente de empréstimo garantido pelo patrimônio de afetação seja utilizado para outras operações da incorporadora.

Mas isso é um engodo. De forma sutil, esse dispositivo está dizendo que a incorporadora poderá hipotecar o imóvel para o banco! Aliás, o dispositivo legal em comento determina que não é necessária a autorização contratual para que a incorporadora possa hipotecar o imóvel para o banco na hipótese de instituição de patrimônio de afetação! O fato de existir o patrimônio de afetação diminui, mas não elimina, a possibilidade de falência financeira do empreendimento. Com efeito, o § 1º do art. 31-A afirma que o patrimônio de afetação somente responde pelas "dívidas e obrigações vinculadas à incorporação respectiva", mas só que essas "dívidas e obrigações vinculadas à incorporação respectiva" podem ser muito altas!

É intuitivo pensar que o § 3º do art. 31-A da Lei nº 4.591/64 teria sido editado para se contrapor à jurisprudência pacificada do STJ que afirmou ser inválida a hipoteca incidente sobre o terreno e edifício objeto de incorporação que garantiria a dívida do incorporador em face do banco financiador da incorporação, tal como vimos na seção 9.4. Tal entendimento jurisprudencial tem como consequência a liberação dos imóveis para os adquirentes que tenham pagado todo o preço, ficando o banco com o prejuízo na hipótese de insolvência da incorporadora.

Desse modo, o § 3º do art. 31-A, da Lei nº 4.591/64, incluído pela Lei nº 10.931/2004,[41] é claramente prejudicial aos adquirentes, contrariando sólida jurisprudência que beneficia os compradores (consumidores).

---

41 A alteração da redação pela Lei nº 14.620, de 13-7-2023, é irrelevante para essa questão.

A pergunta que se faz é a seguinte: o § 3º do art. 31-A da Lei nº 4.591/64 terá o condão de reverter a jurisprudência do STJ, isto é, a hipoteca em favor da instituição financeira para financiamento da incorporação sob regime de patrimônio de afetação é válida?

Caso a resposta seja positiva, nem mesmo será seguro para o comprador a existência de cláusula contratual *proibindo* a incorporadora de dar em garantia real os bens e os direitos integrantes do patrimônio de afetação, pois esse contrato não seria oponível contra a instituição financeira. Enfim, o § 3º do art. 31-A da Lei nº 4.591/64 é ruim para a segurança jurídica do comprador.

Na prática, o conflito entre o § 3º do art. 31-A da Lei nº 4.591/64 e a Súmula nº 308 perde relevo na hipótese de recuperação judicial da incorporadora ou de eventual Sociedade de Propósito Específico (SPE) criada pela incorporadora para o empreendimento.

É verdade que o art. 31-F da Lei nº 4.591/64 concede alguma proteção ao comprador por estabelecer que a falência ou recuperação judicial da incorporadora não atingiria o patrimônio de afetação, deixando-o a salvo dos credores da incorporadora. Contudo, isso não significa que os compradores não serão prejudicados em razão de dívidas do patrimônio de afetação. Vejamos a dívida em face instituição financeira que tem garantia (ex.: hipoteca) incidente sobre o patrimônio de afetação: a incorporadora "pode", antes do pedido de recuperação judicial, pagar a instituição financeira credora do patrimônio de afetação e não utilizar os recursos para a conclusão das obras.

A questão pode ser ainda mais delicada na hipótese de pedido de recuperação judicial não apenas da incorporadora, mas também das empresas componentes do mesmo grupo empresarial. Tem sido comum a constituição, por parte das incorporadoras, de uma sociedade de propósito específico (SPE) para cada empreendimento objeto de patrimônio de afetação. É verdade que o deferimento de pedido de recuperação judicial da incorporadora não pode atingir os empreendimentos objeto de patrimônio de afetação. Nada impede, porém, que a própria SPE peça recuperação judicial (!), afinal de contas, ela é uma empresa como outra qualquer, com personalidade jurídica própria. Portanto, os compradores podem vir a ser prejudicados também nessa hipótese,[42] caso preenchidos os requisitos para o pedido de recuperação judicial.[43] O tema, porém, é controverso.

Se por um lado a Lei nº 10.931/2004 busca incentivar o financiamento imobiliário, por meio de proteção do crédito, o que reduz (ou deveria reduzir) as taxas de juros desse mercado, por outro ela cria uma insegurança jurídica para o comprador, que mais uma vez ficou vulnerável à ação das más incorporadoras.

É verdade que não se pode presumir sejam as incorporadoras empresas de má-fé ou sem boa capacidade administrativa, mas a lei deve proteger os adquirentes das más

---

42 TJSP, 2ª Câmara Reservada de Direito Empresarial, AI nº 2290612-68.2020.8.26.0000, Rel. Des. Sérgio Shimura, j. em 31-5-2021.

43 STJ, REsp nº 1.955.428/SP, Terceira Turma, Rel. Min. Ricardo Villas Bôas Cueva, j. em 17-5-2022.

incorporadoras, ainda que se possa dizer que as más incorporadoras sejam minoria ou quase inexistentes. Em qualquer ramo há excelentes empresas e excelentes empresários, mas também há empresas ruins e há empresários desonestos ou incompetentes, assim como há hipóteses em que ótimas empresas, por qualquer razão, fracassam e causam prejuízos aos seus clientes. A Encol era uma ótima empresa, até o dia que faliu e milhares de pessoas perderam suas economias.

Como as incorporadoras captam poupança popular, deve sim a legislação ser extremamente rigorosa. As instituições financeiras e as sociedades anônimas abertas sofrem rígidos mecanismos de controle pela legislação, estando obrigadas a diversos procedimentos de alto custo material, à apresentação de diversos documentos e sujeitas à fiscalização e regulação, respectivamente, do Banco Central e da Comissão de Valores Mobiliários (CVM).[44]

O motivo disso tudo é muito simples: pretende o ordenamento jurídico proteger as pessoas que entregam suas economias a essas empresas. Com as incorporadoras, estranhamente isso não ocorre: inexiste uma autarquia (ou "agência", para usar o vocábulo decorrente de uma tradução ao pé da letra do inglês, utilizado em diversas leis) para regulamentar e fiscalizar a atividade de incorporação. A despeito disso, as incorporadoras podem fazer oferta pública com anúncios, manter estabelecimentos abertos ao público, corretores etc.[45]

Portanto, caso não se pretenda criar uma autarquia para regulamentar e fiscalizar as incorporações imobiliárias, é de bom tom que se tente ao máximo "blindar" a legislação, tentando eliminar todas as brechas que deixem ou possam deixar o comprador vulnerável. Desse modo, estará o comprador um pouco menos desprotegido e, talvez, episódios como o da "Encol" passem a ser apenas parte de uma história que sempre lembraremos e não deixaremos que se repita.

9.6 DA CONSTRUÇÃO POR ADMINISTRAÇÃO OU "A PREÇO DE CUSTO"

Na construção por administração, também chamada de "a preço de custo", o comprador se compromete a pagar todo o custo da obra. Não há, assim, um preço fechado, mas uma singela previsão de gastos. Isso significa que o que for gasto pelo incorporador com a obra contratada, nos termos do projeto contratado, deverá ser pago pelo comprador.

A hipótese em que uma cooperativa[46] se dispõe a construir imóveis para cooperados normalmente está nesta categoria. Via de regra, a cooperativa contrata uma

---

[44] Vide: SILVA, Bruno Mattos e. *Direito de empresa*: teoria da empresa e direito societário. São Paulo: Atlas, 2007. p. 404-412.

[45] A captação de recursos para empresas de menor porte (*crowdfunding*) é atualmente regulada pela Resolução CVM nº 88, de 27-4-2022, que substituiu a Instrução CVM nº 588, de 13-7-2017. Trata-se de modalidade que pode ser utilizada para financiar incorporação imobiliária.

[46] Súmula nº 602 do STJ: "O Código de Defesa do Consumidor é aplicável aos empreendimentos habitacionais promovidos pelas sociedades cooperativas."

construtora (embora possa fazer tudo por si mesma) para construir ou terminar o empreendimento. Os cooperados, a depender do contrato, irão pagar os valores utilizados para a construção do imóvel a preço de custo.

Observe-se, porém, que o incorporador, nessa modalidade, poderá, no curso da obra, aumentar o preço inicialmente previsto a título de orçamento.[47]

Além do orçamento total, deve haver uma previsão de gastos mensais. Geralmente, tudo isso consta de um cronograma físico-financeiro.

Esse cronograma é feito com base na coleta de preços de todos os materiais e serviços que vão ser usados na obra. Dessa coleta de preços analítica chega-se ao total do custo da obra, cujo montante deve constar de documento próprio, previsto no art. 53, inciso III, da Lei nº 4.591/64. Depois, distribuem-se no tempo, mês a mês, em função do dinheiro que vai ser arrecadado mensalmente, os serviços que deverão ser executados, conforme previsto no art. 53, inciso V. O primeiro levantamento é o orçamento financeiro. O segundo é o orçamento físico.

De sua conjugação elabora-se um ou dois mapas, que constituem o *cronograma físico-financeiro*. É por este documento que se pode avaliar o andamento da obra. Nessa modalidade de contrato é ainda mais importante o acompanhamento da construção.

Contudo, na prática, é muito difícil ou até impossível, para o comprador, fiscalizar o incorporador e o andamento da obra, de modo a saber se tudo o que ele está pagando está, realmente, vertendo para sua construção. Por tal razão, resta evidente que o comprador somente deve efetuar um contrato nessa modalidade se confiar muito, mas muito mesmo, no incorporador.

O mesmo vale, evidentemente, no caso de uma construção por meio de cooperativa. Em geral, o negócio pode ser ótimo se a cooperativa for honesta e eficiente; e péssimo se a cooperativa for desonesta ou incompetente. Construção civil é coisa séria, havendo pouco espaço para amadorismo.

9.7 DA CONSTRUÇÃO POR EMPREITADA

Ao contrário da modalidade prevista no tópico anterior, na construção *por empreitada* existe um preço já definido para o imóvel. O comprador sabe, assim, de antemão, quanto deverá pagar e em que condições. A esmagadora maioria das incorporações são feitas sob essa modalidade.

---

[47] Nesse sentido:
"Incorporação e construção imobiliária – Contrato sob regime de preço de custo – Sujeição a revisões e atualizações do valor inicialmente ajustado – Admissibilidade – Hipótese em que o orçamento inicial não constitui valor fixo, mas apenas estimativa – Impossibilidade, em face dos sucessivos reajustes impostos pela situação inflacionária, de ser pleiteada a rescisão do contrato, com devolução da importância paga e devidamente atualizada" (TJSP. In: *RT* 649/81).

Assim, pouco importa quanto o incorporador gastará no curso da construção: o comprador pagará o preço na forma contratada.[48] O valor poderá ser reajustado, na forma expressamente prevista no contrato, conforme veremos no Capítulo 12.

A lei faculta à Comissão de Representantes dos condôminos compradores a fiscalização do andamento da obra, bem como da obediência ao projeto, o que não impede a fiscalização direta pelo adquirente, que pode ir à obra, nos dias e horários previamente determinados.

Evidentemente, o comprador deverá tomar todas as cautelas expostas ao longo deste livro, assim como, no curso do contrato, acompanhar o andamento da obra.[49] Caso ela não esteja caminhando em ritmo adequado, deve o comprador tomar, com assistência de advogado especializado na matéria, as providências adequadas, que poderão até ser as descritas nos arts. 476 e 477 do Código Civil anteriormente transcritos.

---

48 Nesse sentido:

"Contrato – Teoria da imprevisão – Inaplicabilidade – Compromisso de compra e venda – Incorporação imobiliária – Construção por empreitada a preço reajustável por índices oficiais – Assunção pelo vendedor dos riscos inerentes à opção – Cálculos de custo projetados por especialistas da área econômica integrantes do quadro de funcionários da incorporadora, presumida, portanto, a inclusão no preço de um 'plus' a tal título – Impossibilidade de pedir revisão do contrato sob alegação de oneração excessiva de sua prestação contratual derivada de fato inesperado e imprevisível consistente na superveniência de reforma econômica instituída com o chamado 'Plano Cruzado' – Culpa por eventual prejuízo decorrente de negligência ou imperícia, não podendo ser carreada à outra parte – Obra, ademais, já concluída, não promovida a resolução do contrato ou a alteração de suas cláusulas, com suspensão dos trabalhos, no momento oportuno" (TJSP. In: *RT* 643/87).

49 Apenas a título de exemplo, no dia 25-8-96, o jornal *Folha de S.Paulo* publicou, nas páginas 7-13, reportagem intitulada "Compradora reclama de atraso", que era do seguinte teor: "Desanimada com o andar das obras do edifício em que comprou – a vista – um apartamento em Moema (zona sul de São Paulo), a dona-de-casa (...) diz que vai desistir do imóvel. Segundo ela, a entrega do empreendimento, chamado (...) e construído pela Encol, está prevista para novembro deste ano. Mas até agora, ainda não passou da terceira laje, e as obras estão paradas. 'Primeiro, disseram que ficaria pronto em julho de 97. Agora, já avisaram que vai demorar pelo menos mais 15 meses'. (...) A Encol atribui o atraso a problemas conjunturais, como a dificuldade em captar, no mercado financeiro, recursos de curto prazo para dar continuidade às obras."

Quanto à Encol, nada resta a dizer: os jornais publicaram, no 2º semestre de 1997, fartas reportagens a respeito. O que se pode aprender com o caso concreto trazido como ilustração é a necessidade de, desde o início, o comprador vistoriar as obras e acompanhar a situação financeira da empresa. Fazer isso só no final do empreendimento pode ser inútil.

Ver, neste Capítulo, a seção 9.4, *Do contrato com a incorporadora, das obrigações do incorporador e das modalidades de construção.*

9.8 DA CONCLUSÃO DA INCORPORAÇÃO E DA INSTITUIÇÃO DO CONDOMÍNIO. CONVENÇÃO DO CONDOMÍNIO, PODERES DA ASSEMBLEIA E DO SÍNDICO

Uma vez concluídas as obras de construção do edifício de apartamentos ou escritórios de acordo com o projeto aprovado, a incorporadora deverá solicitar à Prefeitura a concessão de uma autorização para a sua utilização. Essa autorização é materializada na forma de um alvará conhecido com o nome de *habite-se*, que reconhece a existência do término da construção de acordo com o projeto que foi aprovado.

Esse documento será necessário não apenas para que o edifício tenha sua utilização permitida pelo Poder Público municipal, mas também para que sejam pagas as contribuições sociais devidas em razão da utilização de mão de obra em sua construção, conforme vimos no Capítulo 2, seção 2.33 *Edificação.*

Note-se que, até o momento tratado, cada unidade autônoma do edifício ainda não tem matrícula própria (a depender da prática registral). É por isso que o registro do compromisso de compra e venda mencionado na seção 9.4 é feito na matrícula-mãe da incorporação. Contudo, em alguns lugares (como Brasília, por exemplo), as matrículas das unidades autônomas já estão abertas antes mesmo da conclusão das obras. Assim, é possível efetuar o registro da escritura de compra e venda ou do compromisso na própria matrícula do imóvel. Portanto, o registro do compromisso é feito na matrícula-mãe da incorporação (às vezes, utiliza-se folha à parte para esses registros, para não "poluir" a matrícula-mãe) ou na própria matrícula da unidade autônoma (ou em ambas), dependendo da prática cartorária do local. Vide, a esse respeito, o art. 237-A da Lei de Registros Públicos, incluído pela Lei nº 11.977, de 7-7-2009, alterado pela Lei nº 12.424, de 16-6-2011 e, por fim, pela Lei nº 14.382, de 27-6-2022. Com a abertura da matrícula própria da unidade imobiliária será possível o registro da escritura definitiva.

Uma boa parte dos cartórios imobiliários exige, para a abertura das matrículas das unidades autônomas, a instituição formal do condomínio edilício (também chamado de "condomínio especial"), previsto nos arts. 1.331 a 1.358 do Código Civil, mediante um ato do incorporador, que deverá proceder a novos registros e descrições da incorporação.

O § 15, acrescido pela Lei nº 14.382, de 27-6-2022, ao art. 32 da Lei nº 4.591/64 assim dispõe:

> "§ 15. O registro do memorial de incorporação e da instituição do condomínio sobre as frações ideais constitui ato registral único."

Há aqui um elemento curioso: o registro do memorial de incorporação ocorre antes da instituição do condomínio edilício. Por essa razão de ordem lógica (ou cronológica), tratamos de registro da incorporação na seção 9.3 e da instituição do condomínio edilício nesta seção 9.8. Eles ocorrem em momentos temporais muito distintos.[50]

---

[50] Corretíssima, tecnicamente, as razões da Emenda nº 110, apresentada à Medida Provisória nº 1.085/2021, infelizmente rejeitada na Câmara dos Deputados: "Em primeiro lugar, trata-se de

E mais: nem sempre a instituição do condomínio especial decorre de uma incorporação imobiliária. Não é incomum a construção de edifícios de escritórios ou apartamentos ser efetuada por um grupo de pessoas que, simplesmente, obtém um terreno e promovem a construção, de forma semelhante à disposta na seção 9.6, mas sem a existência formal de um incorporador e sem registro de memorial de incorporação. O transcrito § 15 parece estar a misturar "alhos com bugalhos".

Qual seria, então, o sentido da nova disposição?

Uma primeira interpretação se dá no sentido de que a intenção da lei é estabelecer que devem ser cobrados emolumentos cartorários apenas uma vez, como se os dois atos fossem realmente um "ato registral único".

Outra interpretação ocorre no sentido de que o estabelecimento por parte da lei de um suposto "ato único" estaria afirmando que com o registro da incorporação já nasce o condomínio edilício (condomínio especial), o que altera o sistema de incorporação até então existente. Nesse sentido:

> "O registro do memorial de incorporação já acarreta a instituição do condomínio protoedilício (= condomínio de frações ideais autônomas). Um ato único de registro gera dois efeitos jurídicos: surgimento da incorporação imobiliária e nascimento do condomínio protoedilício. (...) Na matrícula do imóvel, o registrador deverá lançar apenas um ato de registro, que gerará os efeitos jurídicos acima. (...) Não é correto que o registrador pratique dois atos de registro: um para a incorporação e outro para a instituição do condomínio protoedilício. Isso, porque os dois efeitos jurídicos são siameses, inseparáveis."[51]

De acordo com o Provimento CNJ nº 169, de 27-5-2024, que acrescentou o art. 440-NA ao Provimento CNJ nº 149, de 30-8-2023 (Capítulo VI – Da incorporação imobiliária e do condomínio edilício), "o registro único da incorporação e da instituição do condomínio especial sobre frações ideais não se confunde com o registro da instituição e da especificação do condomínio edilício".

Nem sempre o condomínio edilício decorre de uma incorporação, tal como vimos na seção 9.1.

---

atos totalmente diferentes, praticados costumeiramente em momentos cronológicos distantes: o registro da incorporação sói ocorrer antes do início da construção, e o registro da instituição do condomínio só se dá próximo ao término das obras ou após sua averbação. Em segundo lugar, cada ato envolve altíssima complexidade técnica e grande sensibilidade jurídica: um erro nesses atos pode causar prejuízos avassaladores ao cidadão. Por isso, esses atos exigem da serventia a mobilização de mão de obra extremamente capacitada e a dedicação de expressivo tempo de trabalho, o que evidentemente implica aumento de despesas para a serventia. Os emolumentos destinam-se a viabilizar financeiramente a prestação desse serviço. (...)."

51 OLIVEIRA, Carlos E. Elias de; TARTUCE, Flávio. Lei do Sistema eletrônico de registros públicos: registro civil, cartórios eletrônicos, incorporação, loteamento e outras questões. Rio de Janeiro: Forense, 2023, p. 245-246.

Controvérsias à parte, obtido o *habite-se* da prefeitura e a CND (vide seção 5.3), é possível a averbação da construção na matrícula do imóvel objeto da incorporação. Com ou sem a instituição formal do condomínio, dependendo da prática registrária do cartório imobiliário, será possível a abertura das matrículas (ou de fichas auxiliares, dependendo da prática do cartório) para cada uma das unidades autônomas (art. 44 da Lei nº 4.591/64). Essas matrículas terão descrições de seus respectivos imóveis individualmente, consignando-se o nome do proprietário e eventuais ônus incidentes sobre elas, tudo de acordo com o que constar dos registros da matrícula-mãe da incorporação.

A unidade autônoma passa a ser um imóvel como outro qualquer, com matrícula própria, embora sujeita ao regime condominial previsto na Lei nº 4.591/64, desvinculado da incorporação e da incorporadora, a despeito da manutenção do dever desta de indenizar os adquirentes na hipótese de defeitos no imóvel.

Disso decorre que o proprietário da unidade autônoma é proprietário exclusivo dela. Não há, nas unidades autônomas, um "condomínio", uma "copropriedade" com os demais proprietários das demais unidades autônomas, isto é, cada um é dono de seu imóvel (são autônomas as unidades). O condomínio edilício,[52] exatamente em razão do regime diferenciado, que contempla áreas privativas de cada condômino e áreas de propriedade em comum a todos eles, não é um condomínio simples ou comum. De acordo com o Código Civil, o condomínio simples pode ser *voluntário* (arts. 1.314 a 1.326), no qual toda propriedade é comum (vide seção 1.10) ou *necessário*, relativo apenas a uma parte imóvel (arts. 1.327 a 1.330). Na hipótese de condomínio edilício, não há necessidade de o vendedor oferecer aos demais condôminos do edifício sua unidade autônoma: não há o "direito de preferência", previsto no art. 504 do Código Civil.

Cada proprietário tem o direito de uso exclusivo sobre sua unidade autônoma e direito de uso em comum com os outros proprietários das coisas comuns do edifício. A forma de utilização das coisas comuns é regulada pelos arts. 1.331 a 1.358 do Código Civil e pela Convenção do Condomínio instituída por seus proprietários. Nessas normas estão estabelecidas as regras de convivência entre os condôminos e os poderes do síndico. É interessante que o comprador leia essas normas.

Aqui, um parêntesis: não se deve confundir a instituição do "condomínio edilício" (no qual existe direito de uso exclusivo) com a "multipropriedade" que vimos na seção 2.14, embora ambos os regimes possam coexistir em um mesmo empreendimento.

De acordo com o art. 1.333 do Código Civil, por ocasião da instituição do condomínio, a convenção de condomínio deve ser assinada pelos titulares de, no mínimo, dois terços das frações ideais (não é o mesmo que dois terços dos condôminos!).[53]

---

52 A respeito da existência ou não de personalidade jurídica do condomínio, vide: SILVA, Bruno Mattos e. *Direito de empresa*: teoria da empresa e direito societário. São Paulo: Atlas, 2007, p. 215-219.

53 Curiosamente, salvo para os casos em que é exigida unanimidade, para *alteração* da convenção são necessários 2/3 dos *condôminos* e não 2/3 das *frações ideais*, nos termos do art. 1.351 do Código Civil.

Desde que não viole a legislação e diga respeito ao condomínio, a convenção obriga os proprietários, compromissários compradores, cessionários dos compromissários compradores e moradores do condomínio.

Conforme o parágrafo único desse dispositivo, para ser válida também contra terceiros, a convenção do condomínio deverá ser registrada na matrícula do imóvel. Há, porém, antigo precedente no sentido de que, na ausência do registro, ela não obrigaria pessoas que não participaram da sua elaboração.[54]

Até o advento da Lei nº 14.405, de 12-7-2022, que alterou o art. 1.351 para a "mudança da destinação do edifício, ou da unidade imobiliária", era necessária a unanimidade dos condôminos. Com a nova redação do dispositivo, bastam dois terços dos condôminos, mesmo quórum para alteração da convenção do condomínio.[55] (art. 1.351 do Código Civil).[56] Pode-se discutir se o novo quórum para mudança da destinação

---

54 STJ, REsp 503.768/RJ, Quarta Turma, Rel. Min. Aldir Passarinho Junior, j. em 5-6-2003, *DJ* 1º-9-2003.

55 Por alguma razão misteriosa, o art. 1.351 do Código Civil adotou critério diferente do adotado pelo art. 1.333 e pelo parágrafo único do art. 1.352: o art. 1.351 exige 2/3 dos *condôminos* e o art. 1.333 exige 2/3 das *frações ideais*. Em harmonia com o art. 1.333, o parágrafo único do art. 1.352 do Código Civil afirma textualmente que "Os votos serão proporcionais às frações ideais no solo e nas outras partes comuns pertencentes a cada condômino, salvo disposição diversa da convenção de constituição do condomínio". Para deliberações da assembleia que não se refiram à alteração da convenção, deve ser aplicado o parágrafo único do art. 1.352 (votos computados de acordo com as frações ideais); já para deliberações da assembleia que envolvam alteração da convenção do condomínio, há uma aparente contradição entre o parágrafo único do art. 1.352 (votos por *frações ideais*) e o art. 1.351 do Código Civil (votos computados por *condôminos*). Seja como for, ainda que se conclua pela prevalência do critério do art. 1.351 para alteração da convenção do condomínio, há casos em que uma unidade imobiliária é de propriedade de mais de uma pessoa: seria absurdo imaginar que os vários proprietários de uma única unidade imobiliária possam votar pelo critério "um homem, um voto". Caso assim o fosse, uma unidade imobiliária com, por exemplo, dez proprietários, teria poder de voto dez vez maior que outra unidade imobiliária com apenas um proprietário. O art. 1.351, quando se refere a 2/3 dos "condôminos", quer dizer 2/3 das "unidades imobiliárias". É o óbvio. Tratando-se de hermenêutica, qualquer interpretação que leve a conclusão absurda está equivocada. Portanto, os coproprietários de cada unidade imobiliária devem acordar entre si como será o voto a ser proferido. Caso se conclua, porém, pela prevalência do parágrafo único do art. 1.352 também para as alterações da convenção do condomínio, a questão é mais singela: os votos são computados de acordo com as frações ideais de cada condômino. Esse é o melhor critério em termos de política jurídica: a existência, na legislação, de critérios distintos sem clareza suficiente para situações quase idênticas é péssima para a segurança jurídica e pode levar ao ajuizamento de ações judiciais.

56 "(...) A convenção de condomínio é o ato-regra, de natureza institucional, que disciplina as relações internas entre os coproprietários, estipulando os direitos e deveres de uns para com os outros, e cuja força cogente alcança não apenas os que a subscreveram mas também todos aqueles que futuramente ingressem no condomínio, quer na condição de adquirente ou promissário comprador, quer na de locatário, impondo restrições à liberdade de ação de cada um em benefício da coletividade; e estabelece regras proibitivas e imperativas, a que todos se sujeitam, inclusive a própria Assembleia, salvo a esta a faculdade de alterar o mencionado estatuto regularmente,

do imóvel se aplica aos imóveis construídos ou incorporados antes da Lei nº 14.405, de 12-7-2022.

Para efeito de quórum para que possa a assembleia deliberar, vide arts. 1.352 e 1.353 (alterado pela Lei nº 14.309, de 8-3-2022) do Código Civil.

Em geral, a convenção do condomínio estabelece que as despesas de manutenção do condomínio são cobradas proporcionalmente à fração ideal de cada proprietário.[57] Há precedente no sentido de que convenção de condomínio outorgada pela incorporadora não pode fixar valor menor para as unidades que não foram vendidas.[58]

Para mudança das regras estabelecidas na convenção do condomínio, são necessários votos de dois terços dos condôminos (e não apenas dois terços dos condôminos presentes à reunião).[59] Já a mudança da destinação do edifício ou de uma unidade imobiliária, unanimidade dos condôminos.

Regras de convivência, poderes do síndico e da assembleia dos condôminos são questões quase sempre causadores de problemas nos condomínios.

Os poderes da assembleia são:

- autorizar a realização de obras que não sejam urgentes;
- aprovar o orçamento das despesas, as contribuições dos condôminos (comumente chamadas de "condomínio", "taxa de condomínio" ou "valor do condomínio");
- aprovar a prestação de contas;
- eleger o síndico;
- caso exista, alterar o regimento interno do condomínio (não confundir com a convenção do condomínio, norma que é hierarquicamente superior ao regimento interno).

Há precedente no sentido de que compromissários compradores e até mesmo o locatário (desde que não enfrentem questões relativas a despesas extraordinárias do condomínio e na ausência do proprietário) podem votar (mesmo sem procuração) na assembleia.[60] Nessa linha de raciocínio, o mesmo direito deve ser admitido para os cessionários de compromissos de compra e venda.

A convenção de condomínio deve estabelecer outros poderes para a assembleia, bem como o quórum para deliberação (art. 1.334, III). A convenção pode também

---

ou seja, pelo *quorum* de 2/3 dos condôminos presentes (art. 1.351 do CC). Precedentes." (STJ, REsp nº 1.177.591/RJ, Quarta Turma, Rel. Min. Luis Felipe Salomão, j. em 5-5-2015).

57 Art. 1.334, I, do Código Civil.

58 STJ, REsp 1.816.039/MG, Terceira Turma, Rel. Min. Ricardo Villas Bôas Cueva, j. em 4-2-2020.

59 Caso o imóvel esteja alienado fiduciariamente, há precedente no sentido de que é necessária a concordância do credor fiduciário, que é proprietário resolúvel: 1ª Vara de Registros Públicos de São Paulo, Proc 1001088-57.2017.8.26.0100, Juíza Tânia Mara Ahualli, j. em 9-3-2018.

60 TJDF, Apelação Cível 20100110105073, 6ª Turma Cível, Rel. Vera Andrighi, j. em 16-11-2011.

instituir órgãos que não estão previstos na lei (ex.: conselho de condôminos), devendo estabelecer os poderes e regras de funcionamento para esses órgãos.

É muito comum que condôminos outorguem procuração para que outra pessoa os represente na assembleia. Essa procuração é válida, mas há um curioso precedente no sentido de que a procuração deve conter expressamente para qual assembleia os poderes são conferidos.[61] Isso é um tanto exagerado,[62] mas, por precaução, deve o condômino outorgar a procuração com essa menção específica.

Há precedente no sentido de que, caso não exista regra na convenção de condomínio a respeito, não pode ser limitado o direito de pessoa a representar qualquer número de condôminos, exatamente porque a lei não estabelece qualquer limite máximo de procurações a ser outorgada a qualquer pessoa.[63]

Desde que não viole a lei, a convenção de condomínio pode estabelecer regras para o funcionamento e participação nas assembleias. Mas restrições desproporcionais podem ser consideradas nulas pelo Judiciário.[64]

De acordo com o art. 654, § 2º, do Código Civil, é conveniente que a procuração tenha firma reconhecida em cartório, caso contrário poderá ser recusada. Mas há precedente no sentido de que "Procurações outorgadas por condôminos, com poderes para representar condôminos na assembleia, ainda que não contenham firmas reconhecidas, são válidas, sobretudo se a convenção do condomínio não faz semelhante exigência e no edital de convocação da assembleia não foi previsto que seria necessário reconhecer a firma do outorgante na procuração. Impedir que os condôminos que estavam representados por procurador possam votar na assembleia, com a justificativa de falta de reconhecimento de firma nas procurações, torna irregular a assembleia, máxime se o voto daqueles que não puderam votar poderia modificar o resultado da assembleia".[65]

Em favor da tese da desnecessidade de reconhecimento de firma, pode-se tentar usar, por analogia, a Lei nº 13.726, de 8-10-2018. Essa norma se aplica a órgãos públicos, por isso a necessidade de analogia para seu uso no caso da assembleia do condomínio. Não há, obviamente, nenhuma garantia de que essa tese prevalecerá. O mais adequado é o reconhecimento de firma.

De acordo com o art. 1.348 do Código Civil, são os seguintes os poderes e deveres do síndico:

---

61 TJDF, Apelação Cível 00167349520168070001, 7ª Turma Cível, Rel. Gislene Pinheiro, j. em 7-2-2018.

62 Diz o Código Civil: "Art. 660. O mandato pode ser especial a um ou mais negócios determinadamente, ou geral a todos os do mandante."

63 TJDF, Agravo de Instrumento 20120020095329, 6ª Turma Cível, Rel. Ana Maria Duarte Amarante Brito, j. em 14-11-2012.

64 TJDF, Apelação Cível 07119223520178070000, 5ª Turma Cível, Rel. Sebastião Coelho, j. em 7-12-2017.

65 TJDF, Apelação Cível 20140111658553, 6ª Turma Cível, Rel. Jair Soares, j. em 3-2-2016.

- convocar a assembleia dos condôminos;
- representar, ativa e passivamente, o condomínio, praticando, em juízo ou fora dele, os atos necessários à defesa dos interesses comuns;
- dar imediato conhecimento à assembleia da existência de procedimento judicial ou administrativo, de interesse do condomínio;
- cumprir e fazer cumprir a convenção, o regimento interno e as determinações da assembleia;
- diligenciar a conservação e a guarda das partes comuns e zelar pela prestação dos serviços que interessem aos possuidores;
- elaborar o orçamento da receita e da despesa relativa a cada ano;
- cobrar dos condôminos as suas contribuições, bem como impor e cobrar as multas devidas;
- prestar contas à assembleia, anualmente e quando exigidas;
- contratar seguro para a edificação;
- determinar a realização de obras necessárias (as que sejam apenas úteis ou voluptuárias dependem de autorização da assembleia).

A assembleia dos condôminos deve ser convocada anualmente pelo síndico, na forma[66] prevista na convenção (art. 1.350, § 1º). Vide arts. 12 e 13 da Lei nº 14.010, de 10-6-2020.

Caso o síndico não convoque a assembleia anual, um quarto dos condôminos poderá fazê-lo (art. 1.350, § 1º).

Se a assembleia não se reunir, qualquer condômino pode mover ação judicial para que o juiz decida a respeito das questões que são de competência da assembleia. Isso é, obviamente, uma medida radical, aconselhável apenas em situações extremas, sendo que nem sempre será possível obter uma solução rápida e satisfatória.

A assembleia pode conceder a outra pessoa, em lugar do síndico, poderes de representação do condomínio, bem como o síndico pode transferir a outra pessoa todos ou partes dos poderes de representação ou as funções administrativas, mediante aprovação da assembleia, salvo disposição em contrário da convenção.

Em tese, os atos do síndico não podem contrariar as decisões da assembleia, que não podem violar o regimento interno do condomínio (caso exista), muito menos a convenção de condomínio (que obrigatoriamente deve existir e estar registrada no cartório imobiliário).

Há uma hierarquia entre as normas: as leis (federais, estaduais, distritais, municipais) estão acima da convenção, que está acima do regimento interno (que poderá ou

---

66 Relativizando que a convocação deve ser obrigatoriamente feita na forma prevista na convenção: TJDF, Apelação Cível 20100112304705, 6ª Turma Cível, Rel. José Divino de Oliveira, j. em 8-2-2012.

não existir), que estão acima das decisões da assembleia, e a atuação do síndico deve obedecer a essas normas.

Há proibições ou restrições ao uso que poderão ser validamente (ou não) efetuadas pela convenção (ex.: restrições a animais domésticos).[67]

No dia 20-4-2021, a Quarta Turma do STJ, por ocasião do julgamento do Recurso Especial nº 1.819.075,[68] em votação por maioria (vencido o relator), estabeleceu que é

---

67 STJ, Terceira Turma, REsp 1783076/DF, Rel. Min. Ricardo Villas Bôas Cueva, j. em 14-5-2019.

68 "Direito civil. Recurso especial. Condomínio edilício residencial. Ação de obrigação de não fazer. Locação fracionada de imóvel para pessoas sem vínculo entre si, por curtos períodos. Contratações concomitantes, independentes e informais, por prazos variados. Oferta por meio de plataformas digitais especializadas diversas. Hospedagem atípica. Uso não residencial da unidade condominial. Alta rotatividade, com potencial ameaça à segurança, ao sossego e à saúde dos condôminos. Contrariedade à convenção de condomínio que prevê destinação residencial. Recurso improvido. 1. Os conceitos de domicílio e residência (CC/2002, arts. 70 a 78), centrados na ideia de permanência e habitualidade, não se coadunam com as características de transitoriedade, eventualidade e temporariedade efêmera, presentes na hospedagem, particularmente naqueles moldes anunciados por meio de plataformas digitais de hospedagem. 2. Na hipótese, tem-se um contrato atípico de hospedagem, que se equipara à nova modalidade surgida nos dias atuais, marcados pelos influxos da avançada tecnologia e pelas facilidades de comunicação e acesso proporcionadas pela rede mundial da internet, e que se vem tornando bastante popular, de um lado, como forma de incremento ou complementação de renda de senhorios, e, de outro, de obtenção, por viajantes e outros interessados, de acolhida e abrigo de reduzido custo. 3. Trata-se de modalidade singela e inovadora de hospedagem de pessoas, sem vínculo entre si, em ambientes físicos de estrutura típica residencial familiar, exercida sem inerente profissionalismo por aquele que atua na produção desse serviço para os interessados, sendo a atividade comumente anunciada por meio de plataformas digitais variadas. As ofertas são feitas por proprietários ou possuidores de imóveis de padrão residencial, dotados de espaços ociosos, aptos ou adaptados para acomodar, com certa privacidade e limitado conforto, o interessado, atendendo, geralmente, à demanda de pessoas menos exigentes, como jovens estudantes ou viajantes, estes por motivação turística ou laboral, atraídos pelos baixos preços cobrados. 4. Embora aparentemente lícita, essa peculiar recente forma de hospedagem não encontra, ainda, clara definição doutrinária, nem tem legislação reguladora no Brasil, e, registre-se, não se confunde com aquelas espécies tradicionais de locação, regidas pela Lei 8.245/91, nem mesmo com aquela menos antiga, genericamente denominada de aluguel por temporada (art. 48 da Lei de Locações). 5. Diferentemente do caso sob exame, a locação por temporada não prevê aluguel informal e fracionado de quartos existentes num imóvel para hospedagem de distintas pessoas estranhas entre si, mas sim a locação plena e formalizada de imóvel adequado a servir de residência temporária para determinado locatário e, por óbvio, seus familiares ou amigos, por prazo não superior a noventa dias. 6. Tampouco a nova modalidade de hospedagem se enquadra dentre os usuais tipos de hospedagem ofertados, de modo formal e profissionalizado, por hotéis, pousadas, hospedarias, motéis e outros estabelecimentos da rede tradicional provisora de alojamento, conforto e variados serviços à clientela, regida pela Lei 11.771/2008. 7. O direito de o proprietário condômino usar, gozar e dispor livremente do seu bem imóvel, nos termos dos arts. 1.228 e 1.335 do Código Civil de 2002 e 19 da Lei 4.591/64, deve harmonizar-se com os direitos relativos à segurança, ao sossego e à saúde das demais múltiplas propriedades abrangidas no Condomínio, de acordo com as razoáveis limitações aprovadas pela maioria de condôminos, pois são limitações concernentes à natureza da propriedade privada em regime

necessária a prévia autorização na convenção do condomínio para a locação de unidades autônomas (apartamentos) por meio de plataformas digitais ou aplicativos (ex.: Airbnb).

De acordo com o que se depreende da análise fática do Recurso Especial nº 1.819.075, teria ocorrido abuso de direito por parte do proprietário da unidade imobiliária, que passou a se assemelhar a um "hostel". Assim, teria ocorrido utilização comercial em um edifício residencial. Contudo, ainda não é possível afirmar, dada as particularidades do caso concreto do mencionado precedente, se a jurisprudência irá decidir no mesmo sentido para os demais casos. É provável que sim, em razão do que foi decidido em outro caso concreto, desta vez pela Terceira Turma do STJ, no Recurso Especial nº 1.884.483, no dia 23-11-2021.

Em tese, o art. 1.335, I, do Código Civil estabelece que é direito do condômino *fruir* (leia-se: obter frutos, no caso, receita decorrente de locação) da sua unidade imobiliária. Isso significa ou deveria significar que proprietário pode alugar o imóvel para quem bem entender (vide seção 2.3). O que não pode existir é desvirtuamento da finalidade da unidade imobiliária, de residencial para comercial.

Esse deve ser o fundamento, tal como consta do voto vencedor do precedente da Quarta Turma do STJ, para eventual vedação. A teor do art. 5º da Constituição Federal ("Todos são iguais perante a lei, sem distinção de qualquer natureza"), não é plausível e não deve ser usado como fundamento para vedação de locação por aplicativo a afirmação de que essa hospedagem seria geralmente destinada a "pessoas menos exigentes, como jovens estudantes ou viajantes, estes por motivação turística ou laboral, atraídos pelos baixos preços cobrados".[69]

---

de condomínio edilício. 8. O Código Civil, em seus arts. 1.333 e 1.334, concede autonomia e força normativa à convenção de condomínio regularmente aprovada e registrada no Cartório de Registro de Imóveis competente. Portanto, existindo na Convenção de Condomínio regra impondo destinação residencial, mostra-se indevido o uso de unidades particulares que, por sua natureza, implique o desvirtuamento daquela finalidade (CC/2002, arts. 1.332, III, e 1.336, IV). 9. Não obstante, ressalva-se a possibilidade de os próprios condôminos de um condomínio edilício de fim residencial deliberarem em assembleia, por maioria qualificada (de dois terços das frações ideais), permitir a utilização das unidades condominiais para fins de hospedagem atípica, por intermédio de plataformas digitais ou outra modalidade de oferta, ampliando o uso para além do estritamente residencial e, posteriormente, querendo, incorporarem essa modificação à Convenção do Condomínio. 10. Recurso especial desprovido." (STJ, REsp nº 1.819.075/RS, Quarta Turma, Rel. Min. Luis Felipe Salomão, Rel. p/ Acórdão Min. Raul Araújo, j. em 20-4-2021).

[69] Consta do voto vencedor do REsp nº 1.819.075/RS:

"(...) No contexto, portanto, a hipótese dos autos se equipara à nova modalidade de hospedagem, surgida nos dias atuais marcados pelos influxos da avançada tecnologia e pelas facilidades de comunicação e acesso proporcionadas pela rede mundial da internet, e que se vem tornando bastante popular, de um lado, como forma de incremento ou complementação de renda de senhorios, e, de outro lado, de obtenção, por viajantes e outros interessados, de acolhida e abrigo de reduzido custo. Trata-se de modalidade singela e inovadora de hospedagem de pessoas, sem vínculo entre si, em ambientes físicos de estrutura típica residencial familiar, exercida sem inerente profissionalismo por aquele que atua na produção desse serviço para os interessados, sendo a atividade comumente anunciada por meio de plataformas digitais variadas, tais como

De acordo com o Recurso Especial nº 1.884.483, a convenção do condomínio pode vedar a locação de apartamentos por meio de plataformas digitais ou aplicativos tipo Airbnb. Outra questão seria a necessidade de expressa permissão da possibilidade de locação por aplicativo na convenção de condomínio (a proibição seria a regra, pois locação por aplicativo seria atividade comercial). Essa era a orientação do STJ no momento de fechamento desta 16ª edição. O entendimento caminhava no sentido de que "havendo previsão na convenção do condomínio acerca da sua finalidade residencial, os próprios condôminos podem deliberar em assembleia, para permitir – ou não – a utilização das unidades condominiais para fins de hospedagem atípica, por intermédio de plataformas digitais ou outra modalidade de oferta" (AgInt no AREsp 2.487.300, j. em 29-4-2024).

Enfim, a despeito da existência desses dois precedentes do STJ, ainda não é possível dizer com certeza absoluta que a questão está pacificada, embora a tendência seja pela possibilidade de proibição por parte da convenção do condomínio.

Durante a tramitação do projeto que deu origem ao Código Civil (o anteprojeto é 1975 e o atual Código é de 2002), foi muito discutida a possibilidade de expulsão de condômino cujo comportamento fosse antissocial e nocivo aos demais moradores. Essa previsão não constou, ao final, do texto aprovado. O art. 1.337 do Código Civil prevê apenas pagamento de multa. Contudo, há precedente no sentido de que "a despeito da ausência de previsão legal, admite-se o pedido de exclusão de condômino nocivo".[70]

9.9 A CLÁUSULA DE "SEGURO" NO CONTRATO DE INCORPORAÇÃO IMOBILIÁRIA

Uma das soluções pensadas pelos profissionais do ramo imobiliário para proteger o adquirente de imóvel em incorporação é o *seguro imobiliário*, por meio do qual

---

Airbnb, Alugue Temporada (Home Away), Vrbo, Booking e outros. As ofertas são feitas por proprietários ou possuidores de imóveis de padrão residencial, dotados de espaços ociosos, aptos ou adaptados para acomodar, com certa privacidade e limitado conforto, o interessado, atendendo, geralmente, à demanda de pessoas menos exigentes, como jovens estudantes ou viajantes, estes por motivação turística ou laboral, atraídos pelos baixos preços cobrados. Essa peculiar recente forma de hospedagem não encontra, ainda, clara definição doutrinária ou mesmo legislação reguladora no Brasil, e, registre-se, não se confunde com aquelas espécies tradicionais de locação, nem mesmo com aquela menos antiga, genericamente denominada de aluguel por temporada. (...)."

70 "Condomínio. Exclusão de condômino e obrigação de fazer para compelir à alienação bem. Sentença de improcedência ao fundamento de que a pretensão carece de previsão legal. Reforma de rigor. Sanções pecuniárias do artigo 1.337 do CC não que esgotam as providências que podem ser adotadas para cessar a conduta ilícita do condômino. Comportamento antissocial do réu, de caráter grave e reiterado, que autoriza o acolhimento parcial do pedido. Agressão, intimidação, destruição de patrimônio, perturbação, furto, invasão, ameaça, injúria, entre outros ilícitos. Fatos não controvertidos. Perda do direito de uso da unidade. Medida que, por si só, se revela suficiente para coibir os males provocados pela convivência com o réu. Alienação forçada do imóvel que, nesse contexto, se revela desnecessária. Recurso provido em parte." (TJSP, Apelação Cível nº 1001406-13.2020.8.26.0366, 36ª Câmara de Direito Privado, Rel. Milton Carvalho; j. em 22-4-2021).

estaria (supostamente) garantida a entrega do imóvel ao comprador. Essa preocupação tornou-se muito grande após o lamentável "Episódio Encol".

O que é o *seguro imobiliário*? Ou melhor, o que é *seguro*?

Em linhas muito gerais, *seguro*, seja obrigatório ou contratual, é a relação jurídica por meio da qual há transferência de um prejuízo potencial, decorrente de um *risco* (evento danoso em potencial, ou seja, um evento futuro e incerto, causador de prejuízo), do segurado à seguradora, mediante pagamento em dinheiro (*prêmio*). Assim, "por meio do contrato de seguro, o segurado transfere a possibilidade de determinado dano (*risco*) a bem jurídico seu para a seguradora, mediante pagamento em dinheiro".[71]

Na efetiva ocorrência do evento danoso contratualmente previsto (*sinistro*) é devido ao segurado, por parte da seguradora, o pagamento de uma *indenização*, correspondente ao prejuízo sofrido, em sua totalidade ou não, conforme se tenha contratado.

Evidentemente, se o *sinistro* decorre de evento não previsto no contrato, não é ele indenizável, por absoluta ausência de fundamento contratual a ensejar esse direito. Em outras palavras, não se indenizam riscos não cobertos.

Além disso, não recebe indenização quem não é segurado. Essa afirmação, embora aparentemente óbvia, é necessária para o entendimento do tema, como veremos adiante.

Na hipótese em tela, qual seja, de criação de um verdadeiro *seguro imobiliário*, busca-se afastar o *risco* de inadimplência da incorporadora, no tocante à entrega do imóvel adquirido livre e desembaraçado de quaisquer ônus no prazo contratado.

Assim, o que se busca é a criação de uma garantia contra um *risco*. Essa é a *motivação* do adquirente do imóvel: segurança, econômica e jurídica, em sua aquisição.

Contudo, o contrato de seguro não tem o condão de propiciar, de forma mágica, a entrega da unidade imobiliária adquirida: ele apenas gera um direito pessoal do segurado contra a seguradora, consistente no direito de receber a indenização, se ocorrente o evento previsto. Por criar um direito pessoal, é evidente que a seguradora deve ser empresa economicamente sólida, assim como não é conveniente que pertença ao mesmo grupo econômico da incorporadora.

O seguro que realmente garante o adquirente do imóvel da inadimplência da incorporadora é um seguro que lhe conceda (frisemos: conceda ao comprador!) o pagamento de indenização correspondente ao valor de mercado total do imóvel construído na data prevista, caso ele não lhe seja entregue nessa data em perfeitas condições físicas e sem quaisquer ônus jurídicos.

Em outras palavras, *segurado* deve ser o adquirente do imóvel. É ele que deverá receber a indenização da seguradora. Não é isso, porém, que se tem visto comumente nas cláusulas de "seguro" em contratos de compra de imóvel em incorporação imobiliária.

---

71 SILVA, Bruno Mattos e. *Curso elementar de direito comercial*: parte geral e contratos mercantis. São Paulo: Juarez de Oliveira, 2001. p. 113.

Para que o comprador receba indenização, não deve ser a "construção" ou a incorporadora a segurada. Não está garantido o comprador na hipótese de existência de um "seguro de construção", por meio do qual a incorporadora, na condição de segurada, receberá uma indenização caso a construtora (que ela mesma contratou para a realização da obra) não entregue o imóvel na data contratualmente prevista.

É verdade que esse contrato até pode beneficiar, indiretamente, o comprador, à medida que protege a situação econômica da incorporadora. Contudo, em regra as incorporadoras não são temerárias a ponto de pagarem pela construção antes do recebimento da obra ou de parcelas da construção prontas. Muito ao revés, por razões óbvias, os pagamentos costumam ser feitos de acordo com a efetiva execução do cronograma da construção.

Na verdade, o risco que corre o comprador não deriva da inadimplência da construtora contratada pela incorporadora, mas sim da própria incorporadora. Se a construtora for inadimplente, cabe à incorporadora a rescisão do contrato de construção sob esse fundamento e a contratação de outra construtora. Poderá a incorporadora ter prejuízo, poderá a obra atrasar. Terá direito o comprador a uma indenização na hipótese de atraso na entrega de sua unidade imobiliária, conforme veremos na seção 9.11. Contudo, na hipótese de inadimplemento da *incorporadora*, no tocante a deixar de pagar a construtora, de nada adianta a existência de um "seguro" contra inadimplência da *construtora*.

É de meridiana clareza, portanto, que é pouco relevante para a segurança do comprador em um empreendimento específico a existência de um *seguro de construção*, nos moldes tratados.

Disso não decorre, contudo, que esse tipo seguro imobiliário seja falacioso. Ele é útil, mas para proteger a saúde econômica da incorporadora. Por essa razão, protege o comprador apenas de forma muito indireta.

Falaciosa é a utilização do *seguro de construção*, nos moldes tratados, como argumento mercadológico, no tocante a uma suposta "plena segurança do comprador", que "certamente receberá seu imóvel". Não é verdade, pois o *seguro de construção* não indeniza o comprador por inadimplência da incorporadora, mas sim a incorporadora, na hipótese de inadimplência da construtora. Se a incorporadora quebrar, o comprador terá prejuízo.

Por essas razões, é preciso que o comprador de imóvel em incorporação não seja seduzido pela existência de uma cláusula contratual alusiva a um suposto "seguro" no contrato de aquisição do imóvel: deve o comprador estar atento e verificar se esse seguro realmente existe, evidentemente, bem como o que ele *realmente* está cobrindo.

Há precedente do STJ no sentido de que o seguro no âmbito do Sistema Financeiro da Habitação (SFH) deve contemplar danos decorrentes de vícios na construção.[72]

[72] STJ, REsp 1.804.965/SP, Segunda Seção, Rel. Min. Nancy Andrighi, j. em 27-5-2020.

9.10 O COMPRADOR QUER DESISTIR DO NEGÓCIO ("DISTRATO")

Hipótese bastante comum é a do comprador que, após celebrar contrato de aquisição de imóvel financiado pela incorporadora, quer desistir do negócio, deixar de pagar as parcelas restantes e recuperar total ou parcialmente os valores que pagou.

Nesta seção, vamos tratar do tema à luz do Código de Defesa do Consumidor (CDC), que não é aplicável aos contratos entre particulares (vide seção 8.1), bem como à luz da Lei nº 13.786, de 27-12-2018 (conhecida como Lei dos "Distratos"[73] em incorporações imobiliárias).

A Lei dos "Distratos" foi produto de natural reação das incorporadoras à jurisprudência que permite ao comprador de imóveis desistir da aquisição e receber quase todo dinheiro de volta. Houve no Senado notas técnicas contra alguns pontos projeto que gerou a Lei dos "Distratos", mas prevaleceu a posição das incorporadoras e o projeto foi aprovado sem alterações substanciais.[74]

Contudo, o "castigo" veio rápido: em 2019, o STJ afirmou que a Lei nº 13.786/2018 não se aplica aos contratos celebrados antes do seu advento.[75]

Já em 2022, lamentavelmente, o STJ estabeleceu orientação no sentido de que, na hipótese de imóvel financiado com garantia na forma de alienação fiduciária (vide seções 1.9 e 2.25), a Lei nº 9.514, de 20-11-1997 prevalece em face do CDC.[76]

Essa questão é relevante no que se refere ao descumprimento das obrigações de pagamento por parte do comprador do imóvel. Vamos analisar os dispositivos em conflito:

Dispõe o CDC:

> "Art. 53. Nos contratos de compra e venda de móveis ou imóveis mediante pagamento em prestações, **bem como nas alienações fiduciárias em garantia**, consideram-se nulas de pleno direito as cláusulas que estabeleçam a perda total das prestações pagas em benefício do credor que, em razão do inadimplemento, pleitear a resolução do contrato e a retomada do produto alienado." (originais sem destaques)

---

[73] Tecnicamente, distrato é ato pelo qual os contratantes, por consentimento mútuo, decidem desfazer um contrato. Na linguagem popular, o direito de "rescisão" (resolução) contratual é chamado de "direito ao distrato".

[74] Às vezes, a opinião técnica prevalece sobre o interesse do setor organizado da economia que busca aprovar no Parlamento projeto de seu interesse. Exemplo disso ocorreu na supressão da previsão de garantia da União para recebíveis de créditos de instituições de ensino: a área técnica do Senado foi contra essa garantia (embora possível em razão do art. 3º da Emenda Constitucional nº 106/2020) e o artigo do Projeto de Lei nº 1.886/2020 que previa essa garantia foi suprimido por ocasião da votação do projeto no Plenário e aprovação do substitutivo.

[75] Entendimento decorrente do julgamento da Questão de Ordem suscitada no STJ, no âmbito do REsp 1.498.484/DF, Segunda Seção, Rel. Min. Luis Felipe Salomão, j. em 22-5-2019.

[76] Tema Repetitivo nº 1.095.

Dispõe a Lei nº 9.514/97:

> "Art. 26. Vencida e não paga, no todo ou em parte, a dívida e constituído em mora o fiduciante, consolidar-se-á, nos termos deste artigo, a propriedade do imóvel em nome do fiduciário.
>
> (...)
>
> Art. 27. Uma vez consolidada a propriedade em seu nome, o fiduciário, no prazo de trinta dias, contados da data do registro de que trata o § 7º do artigo anterior, promoverá público leilão para a alienação do imóvel.
>
> (...)
>
> § 4º Nos cinco dias que se seguirem à venda do imóvel no leilão, o credor entregará ao devedor a importância que sobejar, considerando-se nela compreendido o valor da indenização de benfeitorias, depois de deduzidos os valores da dívida e das despesas e encargos de que tratam os §§ 2º e 3º, fato esse que importará em recíproca quitação, não se aplicando o disposto na parte final do art. 516 do Código Civil.
>
> § 5º Se, no segundo leilão, o maior lance oferecido não for igual ou superior ao valor referido no § 2º, considerar-se-á extinta a dívida e exonerado o credor da obrigação de que trata o § 4º."

De acordo com os dispositivos da Lei nº 9.514/1997, o comprador pode perder tudo que pagou, caso o valor da arrematação no leilão não seja superior ao valor da dívida.

Já o CDC, como se viu acima, veda que o comprador perca a totalidade dos valores pagos, inclusive nos casos de alienação fiduciária.

O erro técnico do STJ consiste no seguinte: a alienação fiduciária em garantia não se aplica apenas nos casos entre instituições financeiras, incorporadoras e compradores (casos em que o CDC é aplicável), mas também entre pessoas comuns (casos em que o CDC não é aplicável).

Lamentavelmente, o STJ simplesmente tratou as duas situações como se fossem idênticas, ignorando a disposição específica do CDC. Como se diz popularmente, "o sistema é bruto"!

O entendimento do STJ pode prejudicar o comprador: ele não ficará com a dívida, mas poderá perder tudo que pagou pelo imóvel (vide seção 12.10).

Enfim, voltando à Lei nº 13.786/2018: vamos fazer um corte temporal nesta seção, pois há contratos que estão e contratos que não estão sujeitos à Lei nº 13.786/2018. Primeiro trataremos dos contratos anteriores à Lei nº 13.786/2018 (contratos pretéritos), para os quais ela não se aplica. Em seguida, trataremos dos contratos que podem sofrer incidência da Lei nº 13.786/2018. Trataremos de normas que são aplicáveis a contratos anteriores e posteriores à Lei nº 13.786/2018, inclusive de dispositivos legais que podem ser aplicáveis em razão da pandemia de Covid-19 (a Lei nº 14.010, de 10-6-2020, não esgotou a matéria), que ocorreu nos anos 2020 e 2021.

Hipóteses em que o comprador quer desistir do negócio passaram a ser comuns a partir de 2014, quando o preço de mercado dos imóveis (em média) estava em franca queda. Não se tratava propriamente do estouro de uma "bolha"[77] imobiliária, como algumas pessoas chegaram a pensar: os valores dos imóveis, durante o período de alta, a despeito da "euforia" existente, não se "descolaram" dos seus fundamentos, facilmente aferíveis em relação aos valores dos aluguéis. Esses valores, em média, acompanharam o aumento dos preços de compra dos imóveis respectivos durante todo o período de alta, razão pela qual tecnicamente é incorreto dizer que existiu "bolha imobiliária" no Brasil. Em verdade, houve oscilação dos preços do mercado imobiliário, fenômeno inerente e natural na história do capitalismo: os preços haviam subido muito em anos anteriores e passaram a cair. A economia brasileira, durante o período do *boom das commodities*[78] (2005-2013),[79] estava aquecida e isso repercutiu

---

77 Na economia, a definição clássica de *bolha* está diretamente relacionada com a noção de *fundamentos*: "O vocábulo 'bolha' é um termo abrangente para o aumento do preço de ativos na fase de 'mania' (euforia) de um ciclo econômico. (...) A bolha envolve a compra de um ativo, muitas vezes um imóvel ou uma ação, não em razão do retorno do investimento, mas por se vislumbrar, como antecipação, que o ativo poderá ser vendido posteriormente a outra pessoa por preço mais alto. (...) A palavra 'mania' enfatiza a irracionalidade; já 'bolha' prenuncia que o valor de algo irá inevitavelmente despencar. Economistas utilizam o termo 'bolha' no sentido de qualquer discrepância entre o preço do ativo em relação aos seus 'fundamentos'. (...) Pessoas com perfeita visão de futuro irão vislumbrar que o processo não é sustentável e o estouro da bolha é inevitável" (KINDLEBERGER, Charles Poor. *Manias, panic, and crashes*: a history of financial crises. 5. ed. New Jersey: Wiley, 2005, p. 12, 13 e 29. Tradução livre).

78 O *boom das commodities* está diretamente relacionado com o potente crescimento da economia chinesa, que repercutiu diretamente nos preços do minério de ferro. Na época, a referência era o contrato de minério de ferro com 62% de pureza negociado à vista no porto de Qingdao.

79 Embora o forte aumento dos preços dos principais produtos exportados pelo Brasil (minério de ferro, soja e proteína animal) tenha sido um crucial fator para a fantástica melhoria da economia brasileira do período mencionado, não se pode menosprezar os vários acertos do Governo Lula. Destacamos a política monetária (o Presidente do Banco Central era o Henrique Meirelles) e a política de aumento dos gastos públicos (o Ministro do Desenvolvimento Social era o Patrus Ananias). Na ciência econômica se estuda o *efeito multiplicador dos gastos públicos*. Durante o período mencionado, o aumento do PIB foi maior que o aumento dos gastos públicos. Verificou-se uma magnífica melhora da relação PIB/dívida pública (bruta), que caiu para incríveis patamares inferiores a 50%. Com o advento do Governo Dilma, houve uma triste reversão desse quadro, período em que a política monetária foi de redução da Taxa Selic e começou a ocorrer a desvalorização da moeda nacional. Para piorar ainda mais, no período do Governo Bolsonaro a política monetária de redução da Taxa Selic foi ainda mais forte que no Governo Dilma e verificou-se logo em seguida adicional depreciação do valor do Real em relação às outras moedas (Dólar, Euro etc.), posterior aumento da inflação, assim como a relação PIB/dívida pública chegou a tenebrosos 91%. Lembramos que o Brasil obteve *grau de investimento* em 2008 (Governo Lula), que foi perdido em 2014 (Governo Dilma). Obviamente o *grau de investimento* não foi recuperado pelos governos seguintes. Curiosamente, no Brasil prepondera a visão de que redução dos gastos públicos e redução da Taxa Selic são medidas positivas para a economia. Vide Seção 12.6 para mais dados a respeito da história econômica recente do Brasil.

nos preços dos valores dos imóveis, tanto nos preços para compra, como nos preços dos aluguéis.

Tudo isso ficou evidente em 2021, quando os preços dos imóveis dispararam, a despeito do alto desemprego. Embora tenha existido juros baixos e reduzido número de construções no período imediatamente anterior a 2021 a explicar o aumento dos preços, na história econômica se verifica que preços tendem a voltar para os fundamentos. Assim, os preços dos imóveis subiram, indicando que os preços dos imóveis nos anos anteriores a 2014 não teriam decorrido de uma "bolha imobiliária", mas sim de fundamentos econômicos. Veremos um pouco mais da história econômica recente na seção 12.6.

Enfim, com o fim do ciclo da economia em franco crescimento, houve o desaquecimento da economia, bem como ocorreu o início da queda do valor dos imóveis.

Em inúmeros casos concretos se percebeu que o valor de mercado do imóvel era inferior ao valor do contrato e seria um bom negócio, sob o aspecto econômico, desfazer a compra efetuada (por distrato ou por meio de ação judicial), mesmo com perda parcial dos valores já pagos. Por isso, não só pessoas comuns, mas também muitos profissionais começaram a desmontar as operações "compradas" no mercado, realizadas por aquilo que de forma leiga é chamado de "especulação imobiliária".

Os "distratos" (ou ação para rescindir o contrato) existem em grande volume nos períodos em que os preços de imóveis estão em queda. Na hipótese inversa, em que os preços estão subindo, o fenômeno jurídico é a existência de grande número de "contratos de gaveta", que veremos na seção 12.3.

A ação judicial para desfazer o negócio poderá ser um bom negócio ou não. Ela não é isenta de riscos, como veremos adiante.

Caso a incorporadora não tenha ainda entregue o imóvel, a despeito do prazo para tanto já ter vencido, ou tenha ela descumprido o contrato sob outro aspecto, o comprador poderá pedir a rescisão do contrato, o recebimento de tudo o que pagou e ainda valores adicionais a título de perdas e danos, nos termos do art. 475 do Código Civil.[80] Vide seção 9.11, especialmente no tocante à questão dos efeitos jurídicos da pandemia do novo Coronavírus (Covid-19), que afetou o mundo em 2020.

Além disso, ainda que o prazo para entrega do imóvel não tenha se esgotado, ou a incorporadora não tenha descumprido qualquer cláusula contratual, tem-se entendido que o comprador ou promissário comprador que ainda não recebeu o imóvel pode, simplesmente, desistir do negócio, de acordo com as regras que veremos adiante. Em geral, o comprador quer desistir do negócio quando as prestações ou o saldo devedor ficaram muito elevados. O comprador percebe que não tem condições de cumprir o contrato (hipótese comum nos anos 1990) ou que, do ponto de vista econômico, não fez um bom negócio (hipótese que se tornou comum a partir de 2014).

---

80 STJ, REsp 1.631.485/DF, Segunda Seção, Rel. Min. Luis Felipe Salomão, j. em 22-5-2019.

Após alguma divergência inicial,[81] pacificou-se na jurisprudência do STJ a orientação no sentido de que pode o comprador desistir do negócio, mesmo sem existência de culpa da incorporadora, com fundamento apenas na dificuldade em continuar efetuando os pagamentos contratualmente previstos à incorporadora,[82] com perda de um percentual dos valores pagos.

A questão foi sumulada nos seguintes termos:

> "Súmula nº 543. Na hipótese de resolução de contrato de promessa de compra e venda de imóvel submetido ao Código de Defesa do Consumidor, deve ocorrer a imediata restituição das parcelas pagas pelo promitente *comprador* - integralmente, em caso de culpa exclusiva do promitente vendedor/construtor, ou parcialmente, caso tenha sido o *comprador* quem deu causa ao desfazimento."

Essa orientação jurisprudencial transferiu um risco econômico do comprador para a incorporadora: se, após o compromisso de compra e venda, os preços dos imóveis subirem, o compromissário comprador fez um bom negócio (sob o aspecto econômico); mas se os preços caírem, o compromissário comprador poderá rescindir o negócio. Sob o aspecto jurídico não há qualquer problema nessa orientação, desde que todos saibam de sua existência e ela não venha a ser alterada. Obviamente, as incorporadoras irão levar em consideração esse risco (econômico) adicional criado pela jurisprudência para efeito de cálculo para os novos empreendimentos: com maior risco, deve existir maior possibilidade de lucro, caso contrário o negócio não é viável ou tão atraente para a incorporadora sob a ótica econômica.

Vide, porém, as seções 12.10, 12.11 e 12.12.

Vários precedentes estabeleceram, na época em que havia divergência na jurisprudência, o montante que poderia ser retido pela incorporadora a título de perdas e danos oscilando entre 10% e 25% dos valores pagos pelo comprador (e não do valor total do contrato).[83] Assim, há precedentes no sentido de que o valor a ser retido é de 10% do valor pago à incorporadora,[84] sendo que no TJSP predomina orientação no sentido de que são de 20%.[85] Essas perdas e danos são devidos à incorporadora em

---

81 STJ, REsp 57.789, Rel. Min. Ruy Rosado de Aguiar, j. em 25-4-1995.
STJ, REsp 11.569/SP, Terceira Turma, Rel. Min. Cláudio Santos, j. em 25-11-1991.

82 Em sentido oposto, decisão recente contrária ao comprador que alegou dificuldade em continuar pagando as prestações de um lote adquirido: STJ, REsp nº 1.867.209/SP, Terceira Turma, Rel. Min. Paulo de Tarso Sanseverino, j. em 8-9-2020.

83 STJ, Terceira Turma, AgInt no REsp 1806095/CE, Rel. Ministro Moura Ribeiro, j. em 18/11/2019.
STJ, REsp 302.520/MG, Quarta Turma, Rel. Min. Cesar Asfor Rocha, j. em 11-3-2003.
STJ, REsp 293.214/SP, Terceira Turma, Rel. Min. Nancy Andrighi, j. em 17-5-2001.

84 TJDF, APC 20130710372122, Terceira Turma, Rel. Des. Ana Cantarino, j. em 11-2-2015, *DJe* de 6-3-2015.

85 TJSP, Apelação Cível 1028625-96.2015.8.26.0100, 9ª Câmara de Direito Privado, Rel. Alexandre Lazzarini, j. em 28-11-2016; TJSP, Apelação Cível 1103577-46.2015.8.26.0100, 10ª Câmara de

razão dos gastos que ela tem com suas despesas operacionais, de propaganda, de venda das unidades etc.

Prevaleceu o entendimento no sentido de que os valores devem ser devolvidos imediatamente - e não ao final da construção - ao comprador que optou por desistir do negócio,[86] tal como se vê do texto da Súmula acima transcrita.

Há controvérsia quanto à possibilidade de restituição dos valores pagos ao corretor imobiliário.[87] Há precedente do STJ no sentido de que, caso o desfazimento do negócio não tenha decorrido de culpa ou de ato imputável ao corretor, são a ele devidos os valores a título de comissão.[88] Além do direito à comissão de corretagem em certos casos em que o negócio foi desfeito, há precedente no sentido de que a corretora não responde pelo atraso da entrega do imóvel.[89]

No caso de imóvel comprado mediante cooperativa, há precedente no sentido de que somente não serão devolvidos ao cooperado desistente 10% dos valores pagos.[90]

Há precedente no sentido de que o comprador deve pagar à incorporadora valores correspondentes aos aluguéis que seriam cabíveis durante o período em que ficou no imóvel.[91]

Direito Privado, Rel. Carlos Alberto Garbi, j. em 16-10-2017; TJSP, Apelação Cível 1034783-65.2018.8.26.0100, 9ª Câmara de Direito Privado, Rel. Angela Lopes, j. em 27-3-2019.

86 STJ, REsp 1.300.418/SC, Segunda Seção, Rel. Min. Luis Felipe Salomão, j. em 13-11-2013, *DJe* 10-12-2013.

87 Pela impossibilidade: STJ, AgRg no AREsp 465.043/SP, Terceira Turma, Rel. Min. João Otávio de Noronha, j. em 8-5-2014, *DJe* de 19-5-2014.
Pela possibilidade, citando precedentes do TJSP: 44ª Vara Cível da Comarca da Capital do Estado de São Paulo, Processo nº 1093012-23.2015.8.26.0100, Juiz Guilherme Madeira Dezem, j. em 18-1-2016.

88 STJ, REsp 1.783.074/SP, Terceira Turma, Rel. Min. Nancy Andrighi, j. em 12-11-2019.

89 "O propósito recursal consiste em decidir se, diante da rescisão de compra de imóvel por atraso nas obras, há legitimidade (i) da corretora de imóveis e (ii) da empresa de pagamentos. (...) De acordo com o art. 725 do CC, a remuneração é devida ao corretor, uma vez que tenha conseguido o resultado previsto no contrato de mediação, ou ainda que este não se efetive em virtude de arrependimento das partes. Na hipótese em que não se verificar qualquer falha na prestação do serviço de corretagem nem se constatar o envolvimento da corretora no empreendimento imobiliário, não se mostra viável o reconhecimento da sua responsabilidade solidária em razão da sua inclusão na cadeia de fornecimento. Precedentes. A responsabilidade das pagadorias se limita aos danos causados por falhas na cadeia de fornecimento que integram. Como as pagadorias não integram a cadeia de fornecimento de incorporação imobiliária, sua responsabilidade, portanto, não se estende a eventuais inadimplementos do contrato de compra e venda de imóvel. No recurso sob julgamento, ABYARA (corretora de imóveis) e RENDIMENTOPAY (empresa de pagamentos) não integram a cadeia de fornecimento da incorporação do imóvel e, portanto, não respondem pela demora no andamento das obras" (STJ, Terceira Turma, REsp 2.155.898/SP, Rel. Min. Nancy Andrighi, j. em 11-3-2025).

90 STJ, REsp 280.261/DF, Quarta Turma, Rel. Ministro Aldir Passarinho Junior, j. em 4-9-2007, *DJ* de 8-10-2007.

91 STJ, REsp 955,134/SC, Quarta Turma, Rel. Min. Luis Felipe Salomão, j. em 16-8-2012.

Contudo, o direito de desistir do negócio não é ilimitado, mesmo nos casos de culpa da incorporadora. Casos especiais podem inviabilizar a pretensão do comprador de devolver o imóvel e receber de volta os valores pagos, mesmo com perda de parte desses valores. Afinal de contas, não há direitos absolutos: há precedente do STJ afirmando hipóteses em que o comprador não poderá desistir do negócio, por exemplo, caso já tenha recebido e ocupado o imóvel.[92] A orientação da Súmula nº 1 do TJSP[93] permite o direito de arrependimento mesmo após a entrega do imóvel, mas é provável que a jurisprudência evolua no sentido de que não haverá direito de arrependimento após a entrega do imóvel ao comprador. Vide seção 9.11.

Curiosamente, há precedentes do STJ que concluem, corretamente, que não há direito de desistência na hipótese em que o comprador já está na posse do imóvel, mas com fundamento não nesse fato, mas sim em uma equivocada prevalência da Lei nº 9.514, de 20-11-1997 (vide seções 1.9 e 2.25), em relação ao Código de Defesa do Consumidor...[94]

Seja como for, poderá existir para o comprador o direito à modificação de cláusulas excessivamente onerosas, de acordo com o que dispõe o art. 6º do Código do Consumidor:

> "Art. 6º São direitos básicos do consumidor: (...) V – a modificação das cláusulas contratuais que estabeleçam prestações desproporcionais ou sua revisão em razão de fatos supervenientes que as tornem excessivamente onerosas."

Assim, várias cláusulas de um contrato de compra de imóvel, ou de financiamento de compra de imóvel, podem ser discutidas e invalidadas judicialmente, tal como exposto ao longo deste livro, em especial na seção 3.14, que descreve hipóteses em que pode ser proposta *ação revisional de valores em financiamento habitacional*, e no Capítulo 12.

Outrossim, é possível sustentar que tudo isso se aplica também à hipótese de que o comprador já recebeu a escritura definitiva, mas ainda não pagou todo o preço, ou mesmo que já pagou todo o preço, mas ainda não recebeu o imóvel, por inexistir qualquer determinação de inaplicabilidade a essas hipóteses. Vide, porém, a seção 12.9.

Portanto, o comprador poder vir a obter, judicialmente, o direito de modificar ou desistir do contrato celebrado e de receber devolução de valores pagos. Porém, caso não seja obtido o distrato ou alteração do contrato de forma amigável com a incorporadora, esse direito pode levar muitos anos a ser concretizado ou mesmo pode ser

---

92 STJ, REsp 476.780/MG, Segunda Seção, Rel. Min. Aldir Passarinho Junior, j. em 11-6-2008, Informativo STJ nº 359, de 9 a 13 de junho de 2008.

93 Súmula nº 1 do TJSP: "O Compromissário comprador de imóvel, mesmo inadimplente, pode pedir a rescisão do contrato e reaver as quantias pagas, admitida a compensação com gastos próprios de administração e propaganda feitos pelo compromissário vendedor, assim como com o valor que se arbitrar pelo tempo de ocupação do bem".

94 STJ, REsp nº 1.773.047, Min. Paulo de Tarso Sanseverino, j. em 22-5-2020.

frustrado: sabemos que um processo judicial pode tardar muitos anos e, ao final, "pode" a incorporadora não pagar voluntariamente, entrar em falência, não ter mais bens a penhorar etc. O comprador, por essas razões, corre o risco de ficar sem o imóvel, sem o dinheiro e apenas com um crédito contra uma empresa insolvente.

Em linhas gerais, esse era o panorama existente antes do advento da Lei nº 13.786/2018 (Lei dos "Distratos"). A questão ficou mais complexa em razão dos efeitos da pandemia de Covid-19, em 2020 (voltaremos a essa questão na seção 9.11).

Vamos então analisar o tema para os contratos em que são aplicáveis as disposições da Lei nº 13.786/2018 (Lei dos "Distratos").

Algumas das explicações e considerações feitas acima se aplicam também aos contratos celebrados posteriormente ao advento da Lei nº 13.786/2018. No mesmo sentido, os efeitos da Pandemia no direito não se restringem apenas ao que foi tratado na Lei nº 14.010, de 10-6-2020 (Lei da Pandemia no Direito Privado ou Lei da RJTE).

Portanto, a despeito do advento dessas normas, continuaram sendo aplicáveis outras normas e outros dispositivos legais, como os arts. 317, 393, 413 e 422 do Código Civil.

Vejamos, agora, a questão tal como tratada pela Lei nº 13.786/2018 (Lei dos "Distratos"), válida para contratos celebrados a partir da sua vigência. As considerações acima feitas também se aplicam a esses contratos.

O art. 2º da Lei dos "Distratos" acrescentou o art. 67-A à Lei nº 4.591/64 (Lei de Incorporações Imobiliárias) para tratar dos seguintes pontos:

- Direito de arrependimento (Súmula nº 543 do STJ);
- Resolução do contrato por inadimplemento do comprador; e
- Distrato.

Esses três pontos não se confundem. A possibilidade de desfazimento do negócio (direito de arrependimento) por parte do comprador de imóvel em incorporação está consagrada na jurisprudência (Súmula nº 543 do STJ). O comprador pode simplesmente desistir do negócio, devendo a incorporadora devolver os valores pagos, com exceção de multa arbitrada pelo juiz (normalmente, entre 10% e 25% dos valores pagos). Trata-se de rescisão do contrato por vontade de uma das partes (resilição unilateral) e não por mútuo consentimento (distrato).

Vejamos o que diz o art. 67-A, *caput*, inciso II e § 5º, da Lei nº 4.591/64, alterada pela Lei dos "Distratos":

> "Art. 67-A. Em caso de desfazimento do contrato celebrado exclusivamente com o incorporador, mediante **distrato** ou **resolução por inadimplemento absoluto de obrigação do adquirente**, este fará jus à restituição das quantias que houver pago (sic) diretamente ao incorporador, atualizadas com base no índice contratualmente

estabelecido para a correção monetária das parcelas do preço do imóvel, delas deduzidas, cumulativamente:

(...)

II – a pena convencional, que não poderá exceder a 25% (vinte e cinco por cento) da quantia paga.

(...)

§ 5º Quando a incorporação estiver submetida ao regime do patrimônio de afetação, de que tratam os arts. 31-A a 31-F desta Lei, o incorporador restituirá os valores pagos pelo adquirente, deduzidos os valores descritos neste artigo e atualizados com base no índice contratualmente estabelecido para a correção monetária das parcelas do preço do imóvel, no prazo máximo de 30 (trinta) dias após o habite-se ou documento equivalente expedido pelo órgão público municipal competente, admitindo-se, nessa hipótese, que a pena referida no inciso II do *caput* deste artigo seja estabelecida até o limite de 50% (cinquenta por cento) da quantia paga.

(...)." (original sem destaques)

A leitura do *caput* do art. 67-A é clara no sentido de que ele trata de desfazimento do contrato por mútuo consentimento (distrato) ou por inadimplemento do comprador. Os dispositivos acima transcritos não tratam de direito de arrependimento (impropriamente chamado de "distrato" na linguagem popular).

Na verdade, a previsão da multa de 25% dos valores pagos (ou de 50%, no caso de incorporação sujeita a regime de patrimônio de afetação) somente se aplica à hipótese de resolução do contrato por iniciativa da incorporadora. Na hipótese de distrato, em que há mútuo consentimento, valerão as regras estabelecidas no distrato (art. 67-A, § 13).

E na hipótese de desfazimento do contrato por vontade do comprador (direito de arrependimento)?

Grande pesadelo das incorporadoras, o direito de arrependimento consolidado na Súmula nº 543 do STJ existe por construção jurisprudencial decorrente da interpretação no art. 1.088 do Código Civil de 1916. Ele é chamado popularmente de "distrato" porque muitas vezes a incorporadora "concordava" com o desfazimento do negócio extrajudicialmente. Era assim para evitar a ação judicial do comprador, que normalmente vencia em razão da Súmula nº 543 do STJ.

O *lobby* das incorporadas para a aprovação do projeto de lei que deu origem à Lei nº 13.786/2018 tinha como objetivo, justamente, aumentar os percentuais de multa na hipótese de exercício de direito de arrependimento por parte do comprador. Houve manifestações das áreas técnicas do parlamento contrárias ao projeto aprovado, inclusive em razão dos problemas de redação do projeto.

Os dispositivos aplicáveis ao *caput* do art. 67-A também se aplicam ao direito de arrependimento, exatamente porque se chamava o direito de arrependimento (resilição unilateral por parte do comprador) de "distrato"?

Na verdade, de acordo com o estrito texto da Lei, o direito de arrependimento está nos §§ 10 a 12 do novo art. 67-A e não no *caput* ou no inciso II ou § 5º.

Esse aspecto é crucial para entendimento do que a Lei teria inovado no que se refere a distrato (*caput* e § 13 do art. 67-A), resolução por inadimplemento (art. 67-A, *caput*, inciso II e § 5º) e direito de arrependimento (art. 67-A, §§ 10 a 12). Vejamos o que diz o § 10 do art. 67-A acrescentado:

> "Art. 67-A. (...) § 10. Os contratos firmados em estandes de vendas e fora da sede do incorporador permitem ao adquirente o exercício do direito de arrependimento, durante o prazo improrrogável de 7 (sete) dias, com a devolução de todos os valores eventualmente antecipados, inclusive a comissão de corretagem."

Portanto, o direito de arrependimento está tratado nos §§ 10 a 12 do art. 67-A e não nos dispositivos anteriores.

Vejamos a questão que mais suscitou debates por ocasião do projeto que deu origem à Lei nº 13.786/2018: a questão dos percentuais de multa que poderão ser retidos pela incorporadora por ocasião do desfazimento do negócio.

De acordo com o texto da Lei, nas hipóteses de distrato e de resolução por inadimplemento do comprador (*caput* do art. 67-A), além da comissão de corretagem (inciso I do art. 67-A), a multa será prevista contratualmente: no máximo, 25% dos valores pagos (inciso II do art. 67-A) e, no caso de patrimônio de afetação, no máximo 50% dos valores pagos (§ 5º do art. 67-A).

Esses percentuais aplicam-se à hipótese em que o comprador quis desistir do negócio?

A resposta, de acordo com o texto da Lei, é negativa.

Tecnicamente, os percentuais de 25% e 50% não se aplicam à hipótese de direito de arrependimento (resilição unilateral) simplesmente porque eles não se referem à hipótese do § 10 do art. 67-A. Esse dispositivo limita o exercício do direito de arrependimento ao prazo de sete dias e nada mais.

Nesse caso – que será raríssimo –, o comprador tem direito ao recebimento dos valores totais, inclusive da comissão de corretagem. Na prática, o § 10 do novo art. 67-A objetiva reduzir drasticamente ou quase totalmente a aplicação da Súmula nº 543 do STJ, pois será muito rara a hipótese em que, no exíguo prazo de sete dias, o comprador irá desistir do negócio.

Há precedente do STJ no sentido de que "Se o negócio principal é concluído como resultado do trabalho conjunto de mais de um corretor, ambos têm direito à remuneração pela aproximação bem-sucedida que realizaram, independentemente de o benefício da corretagem ter ocorrido por meio de esforços simultâneos ou consecutivos".[95]

---

[95] STJ, Terceira Turma, REsp 2.165.921/SP, Rel. Min. Moura Ribeiro, j. em 17-6-2025.

De acordo com o texto da Lei dos "Distratos", os percentuais de 25% e 50% de multa se aplicam à hipótese de resolução do contrato decorrente de inadimplemento do comprador, hipótese em que a ação é proposta pelo vendedor (e não por direito de arrependimento, de iniciativa do comprador).

Bem, tudo isso é o que a nova Lei diz. Como a jurisprudência irá tratar dessas questões?

Os juízes tendem a proteger a parte mais fraca. Muitos deles, inclusive, já foram vítimas de contratos com incorporadoras.

Os juízes mais atentos perceberão a diferença entre distrato (art. 67-A, *caput* e § 13), resolução por inadimplemento (art. 67-A, II e § 5º) e direito de arrependimento (art. 67-A, § 10). A Lei não prima pela boa técnica, mas é possível entender exatamente do que trata cada um dos dispositivos.

A irretratabilidade do contrato de aquisição de unidade em incorporação imobiliária já estava prevista no art. 32, § 2º, da Lei nº 4.591/64. A existência do § 10 do art. 67-A não deverá alterar em nada a jurisprudência que já refutava essa irretratabilidade (Súmula nº 543 do STJ).

Com relação aos percentuais de 25% e 50%, que poderão estar previstos no contrato, talvez venham a ser aplicáveis pela jurisprudência por razões diversas. Tecnicamente, não deveriam ser aplicáveis, simplesmente porque a Lei não os previu para a hipótese em que o comprador optou pelo desfazimento do negócio (direito de arrependimento).

Dificilmente os juízes irão afirmar a irretratabilidade do contrato, vedando o exercício do direito de arrependimento. O mais provável é que eles simplesmente irão ignorar o cumprimento do prazo e a prova do tempestivo exercício desse direito, exigidos pelos §§ 10 e 11 do art. 67-A da Lei nº 4.591/64, incluídos pela Lei nº 13.786/2018.

A dúvida, portanto, é se os percentuais (25% e 50%) de retenção previsto pela Lei para resolução por inadimplemento (iniciativa do vendedor) serão aplicados também na hipótese de direito de arrependimento (iniciativa do comprador).

Nada impede que o Judiciário venha a agir do mesmo modo que sempre agiu, estabelecendo percentuais variados, por exemplo, de 10% ou 20% dos valores pagos, como vimos anteriormente. Esses percentuais poderão ser 25% e 50% ou poderão ser outros.

Voltaremos à questão da possibilidade de desfazimento do negócio por vontade do comprador na seção seguinte.

9.11 ATRASO, DEFEITOS OU DESCONFORMIDADE DO IMÓVEL ENTREGUE AO COMPRADOR

É possível que a incorporadora prometa entregar o imóvel com determinadas características em determinada data e cumpra exatamente o disposto no contrato. Algumas vezes, porém, a construção avança em ritmo muito lento ou o imóvel é entregue em data posterior à prometida. Às vezes o imóvel apresenta falhas estruturais ou características diferentes das que constaram dos folhetos de propaganda ou do contrato. Em casos extremos, o imóvel entregue é até mesmo diferente do que constou inicialmente no memorial de incorporação registrado em cartório. Por fim, há casos em que o imóvel simplesmente não é entregue, seja porque a incorporadora faliu, seja porque foi vendido e entregue a outra pessoa.

Em boa parte desses casos a construtora ou incorporadora poderá solucionar o problema mediante simples pedido do interessado.

Contudo, é possível que a construtora ou incorporadora afirme que o imóvel será entregue ou foi entregue em perfeito estado e de acordo com o prometido, negando-se a atender aos pleitos do comprador.

Nesses casos, o comprador poderá ingressar com ação para obter algum tipo de conserto para o imóvel, obter indenização ou abatimento do preço em razão de descumprimento parcial do contrato ou mesmo a anulação do negócio com recusa no recebimento (ou devolução)[96] do imóvel e restituição das quantias pagas com ou sem indenização. Essa ação deve ser proposta pelo comprador contra a incorporadora. Somente caberá indenização por parte do corretor ou corretora caso provado que foi apenas ele e não a incorporadora que fez a promessa descumprida, situação rara na prática.[97]

Evidentemente, o proprietário ou pessoa que detém outros direitos sobre o imóvel deverá procurar um advogado especializado na matéria para verificar qual a melhor estratégia a ser utilizada: não há qualquer garantia de que as possíveis soluções aqui apontadas irão surtir efeito em qualquer caso concreto.

O tema já era controvertido antes mesmo do advento da Covid-19 (veremos ainda nesta seção o impacto da pandemia de Covid-19 no direito). Podemos mencionar o seguinte:

1. Se houver culpa da incorporadora (ex.: obra em atraso), há possibilidade de o comprador pleitear a rescisão do contrato, caso em que terá direito à restituição integral de tudo que pagou.[98] Se a construtora ou incorporadora não entregar o imóvel no prazo estabelecido, pode o comprador optar pela rescisão do contrato, com devolução dos valores pagos e com recebimento de indenização.[99] Não é cabível indenização

---

96 Mesmo caso o comprador já tenha registrado a escritura pública: STJ, Terceira Turma, REsp 2.172.231/MG, Rel. Min. Nancy Andrighi, j. em 10-6-2025.

97 A singela existência da logomarca da corretora no contrato não é suficiente: STJ, REsp nº 1.827.060, Terceira Turma, Rel. Min. Paulo de Tarso Sanseverino, j. em 22-2-2022.

98 STJ, REsp 745.079/RJ, Quarta Turma, Rel. Min. Aldir Passarinho Junior, j. em 6-11-2007, *DJ* 10-12-2007.

99 STJ, REsp 644.984/RJ, Terceira Turma, Rel. Min. Nancy Andrighi, j. em 16-8-2005, *DJ* 5-9-2005. STJ, REsp 510.267/MG, Quarta Turma, Rel. Min. Aldir Passarinho Junior, j. em 16-3-2004, *DJ* 3-5-2004.

por eventual valorização do imóvel,[100] o que deve ser ponderado pelo comprador antes de decidir pela rescisão do contrato. Mas há um interessantíssimo precedente no sentido de que as quantias pagas devem ser devolvidas em dobro ("arras mais o equivalente", no dizer do acórdão).[101] Se o comprador tiver interesse em desfazer o negócio, pode ser mais seguro recusar-se a ingressar na posse do imóvel (não receber as "chaves"), tal como vimos na seção 9.10.

2. Mesmo se o comprador optar por não rescindir o contrato e receber o imóvel, caberá indenização se ele tiver sido entregue com atraso.[102] Não se trata de indenização por "dano moral",[103] mas sim de indenização decorrente de descumprimento contratual: o comprador deverá provar os danos sofridos (ex.: pagamentos de aluguéis, perda de algum negócio em razão da ausência do imóvel que não foi entregue no prazo estipulado, pagamento de despesas pela falta do imóvel no período etc.). Há precedente, referente às faixas 1, 5, 2, e 3 do MCMV (vide Seção 1.8), no sentido de que o prejuízo é presumido, "a ensejar o pagamento de indenização, na forma de aluguel mensal, com base no valor locatício de imóvel assemelhado, com termo final na data da disponibilização da posse direta ao adquirente da unidade autônoma. É ilícito cobrar do adquirente juros de obra, ou outro encargo equivalente, após o prazo ajustado no contrato para a entrega das chaves da unidade autônoma, incluído o período de tolerância".[104] Há precedente no sentido de que é possível cumular a cláusula penal decorrente da mora com indenização por lucros cessantes quando há atraso na entrega do imóvel pela construtora, mas o atraso não causa, por si só, danos morais ao promitente-comprador: é preciso que ela faça a prova do dano devidamente.[105] Há precedente no sentido de que o prazo para ingresso dessa ação judicial contra a incorporadora é de dez anos, conforme veremos abaixo, mas pode

---

TAMG, Apelação Cível 444.844-8, Segunda Câmara Cível, Rel. Juíza Evangelina Castilho Duarte, j. em 26-10-2004, *DJ* de 13-11-2004.

100 STJ, REsp nº 1.750.585/RJ, Terceira Turma, Rel. Min. Ricardo Villas Bôas Cueva, j. em 1º-6-2021.

101 "(...) Desse modo, seja a partir de uma interpretação histórica, seja a partir de uma exegese literal e sistemática, do exame do disposto no art. 418 do CC/2002 é forçoso concluir que, na hipótese de inexecução contratual imputável, única e exclusivamente, àquele que recebeu as arras, estas devem ser devolvidas mais o equivalente. (...) dou provimento ao recurso especial para condenar a parte recorrida à devolução das arras mais o equivalente, corrigido monetariamente desde a data do recebimento da quantia." (STJ, REsp nº 1.927.986/DF, Terceira Turma, Rel. Min. Nancy Andrighi, j. em 22-6-2021).

102 STJ, EDcl no AgRg no Ag 445.751/RJ, Terceira Turma, Rel. Min. Carlos Alberto Menezes Direito, j. em 4-2-2003, *DJ* 31-3-2003.

STJ, REsp 74.011/SP, Quarta Turma, Rel. Min. Aldir Passarinho Junior, j. em 3-4-2003, *DJ* 15-9-2003.

103 STJ, REsp 876.527, Quarta Turma, Rel. Min. João Otávio de Noronha, j. em 1º-4-2008, *DJ* de 28-4-2008.

104 STJ, Tema/Repetitivo nº 996, REsp 1.729.593-SP, Segunda Seção, Rel. Min. Marco Aurélio Bellizze, j. em 25-9-2019.

105 STJ, REsp 1.642.314, Terceira Turma, Rel. Min. Nancy Andrighi, j. em 16-3-2017.

ser mais interessante ingressar com a ação tão logo ocorra o descumprimento do contrato.[106]

3. Ainda na hipótese de atraso na entrega do imóvel, para contratos celebrados após o advento da Lei nº 13.786, de 27-12-2018, é cabível "indenização de 1% (um por cento) do valor efetivamente pago à incorporadora, para cada mês de atraso, *pro rata die,* corrigido monetariamente conforme índice estipulado em contrato" (art. 43-A, § 2º, da Lei nº 4.591/64).
4. O fato de o comprador ter recebido o imóvel não exclui eventual responsabilidade da construtora ou incorporadora por eventuais defeitos existentes no imóvel.[107] Há precedentes no sentido de que até mesmo a instituição financeira que operar no âmbito do SFH poderá ser responsável.[108] Há precedente do STJ a respeito de que o seguro no âmbito do SFH abrange vícios de construção (vide seção 9.9). Mas há precedente no sentido de que não há responsabilidade do particular que vendeu ou cedeu seus direitos sobre o imóvel.[109] Predomina o entendimento de que o prazo de prescrição de eventual ação começa a contar a partir do momento em que o defeito no imóvel é perceptível.[110]
5. Cabe indenização caso a construtora ou incorporadora aliene o imóvel que tinha prometido vender a outra pessoa.[111]
6. Há precedente no sentido de que cabe indenização na hipótese de imóvel entregue com área inferior à anunciada ou contratada, mesmo se a diferença for inferior a 5%, a despeito do disposto no art. 500, § 1º, do Código Civil.[112] Vide seção 1.3.
7. Na hipótese de propaganda enganosa, na qual é divulgada apenas a área total do imóvel (abrange percentual das áreas comuns do edifício), fazendo o comprador crer que isso corresponde à área útil (correspondente apenas à área privativa do imóvel), é possível sustentar que o comprador tem direito à indenização.[113] Vide, porém, seção 9.4. A corretora de imóveis não responde por eventual atraso na entrega do imóvel,

---

[106] STJ, REsp 1.591.223/PR, Terceira Turma, Rel. Min. João Otávio de Noronha, j. em 2-6-2016.

[107] STJ, REsp 590.385/RS, Terceira Turma, Rel. Min. Nancy Andrighi, j. em 5-10-2004, *DJ* 5-9-2005. STJ, REsp 411.535/SP, Quarta Turma, Rel. Min. Ruy Rosado de Aguiar, j. em 20-8-2002, *DJ* 30-9-2002.

[108] STJ, REsp 647.372/SC, Terceira Turma, Rel. Min. Carlos Alberto Menezes Direito, j. em 28-6-2004, *DJ* 16-8-2004.

[109] STJ, REsp 431.353/SP, Quarta Turma, Rel. Min. Ruy Rosado de Aguiar, j. em 10-9-2002, *DJ* 17-3-2003.

[110] STJ, EREsp 431.353/SP, Segunda Seção, Rel. Min. Nancy Andrighi, j. em 23-2-2005, *DJ* 1º-7-2005.

[111] STJ, REsp 327.942/SP, Quarta Turma, Rel. Ministro Ruy Rosado de Aguiar, j. em 12-3-2002, *DJ* 27-5-2002.

[112] STJ, REsp 436.853/DF, Terceira Turma, Rel. Min. Nancy Andrighi, j. em 4-5-2006, *DJ* 27-11-2006.

[113] TJMG, Apelação Cível 1.0024.05.632707-5/003, 18ª Câmara Cível, Rel. Des. Fabio Maia Viani, j. em 17-6-2008.

desde que não tenha havido falha na prestação do seus serviços (ex.: promessa ou propaganda enganosa).[114]

8. O prazo para ingresso das ações em decorrência de diferença de área é de um ano, nos termos do art. 501 do Código Civil.[115] Vide seção 1.3.
9. A responsabilidade da incorporadora pela "garantia da solidez e segurança da obra" é de cinco anos (art. 618 do Código Civil) "não se confundindo com o prazo prescricional de dez anos".[116] Também há precedente no sentido de que pode ser de 90 dias para os defeitos aparentes ou de fácil constatação (art. 26, II e § 1º, do Código de Defesa do Consumidor) ou de dez anos para os demais (art. 205 do Código Civil).[117] Em tese, o art. 618 se aplicaria às relações entre construtora e incorporadora, uma vez que se trata de contrato de empreitada.[118]
10. É razoável entender que "Apresentados os defeitos de construção no período de garantia de cinco anos, prescreve em vinte anos a ação para obter, do construtor, indenização por defeito na obra, na vigência do Código Civil de 1916, e em dez anos, na vigência do Código Civil de 2002, respeitada a regra de transição prevista no art. 2.028 do Código Civil de 2002".[119] A Súmula nº 194 do STJ[120] foi decorrente do Código Civil revogado.
11. Não se deve confundir problemas de segurança e solidez da construção com outros defeitos.
12. A responsabilidade da incorporadora ou construtora pode ser presumida ou não: a depender do fundamento da ação de indenização, os prazos de decadência e prescrição serão diferentes.[121]

---

114 STJ, AgInt no REsp nº 1.779.271/SP, Quarta Turma, Rel. Min. Luis Felipe Salomão, Rel. p/ Acórdão Min. Maria Isabel Gallotti, j. em 1-6-2021.

115 "Art. 501. Decai do direito de propor as ações previstas no artigo antecedente o vendedor ou o comprador que não o fizer no prazo de um ano, a contar do registro do título. Parágrafo único. Se houver atraso na imissão de posse no imóvel, atribuível ao alienante, a partir dela fluirá o prazo de decadência."

116 STJ, AgInt nos EDcl no AREsp 1.191.201/SP, Segunda Turma, Rel. Min. Francisco Falcão, j. em 14-5-2019.

117 STJ, REsp no 1.721.694/SP, Terceira Turma, Rel. Min. Nancy Andrighi, j. em 3-9-2019.

118 "Art. 618. Nos contratos de empreitada de edifícios ou outras construções consideráveis, o empreiteiro de materiais e execução responderá, durante o prazo irredutível de cinco anos, pela solidez e segurança do trabalho, assim em razão dos materiais, como do solo. Parágrafo único. Decairá do direito assegurado neste artigo o dono da obra que não propuser a ação contra o empreiteiro, nos cento e oitenta dias seguintes ao aparecimento do vício ou defeito."

119 STJ, AgInt no AREsp 495.031/RJ, Quarta Turma, Rel. Des. Convocado Lázaro Guimarães, j. em 19-6-2018. Vide: STJ, AgRg no AREsp 176.664/SC, Terceira Turma, Rel. Min. Paulo de Tarso Sanseverino, j. em 18-2-2014.

120 "Prescreve em vinte anos a ação para obter, do construtor, indenização por defeitos da obra."

121 "1. Controvérsia em torno do prazo para o exercício da pretensão indenizatória contra o construtor por danos relativos à solidez e segurança da obra. 2. Possibilidade de responsabilização

13. Há orientação do STJ quanto às seguintes questões: "A cláusula penal moratória tem a finalidade de indenizar pelo adimplemento tardio da obrigação, e, em regra, estabelecida em valor equivalente ao locativo, afasta-se sua cumulação com lucros cessantes" (Tema 970) e "No contrato de adesão firmado entre o comprador e a construtora/incorporadora, havendo previsão de cláusula penal apenas para o inadimplemento do adquirente, deverá ela ser considerada para a fixação da indenização pelo inadimplemento do vendedor. As obrigações heterogêneas (obrigações de fazer e de dar) serão convertidas em dinheiro, por arbitramento judicial" (Tema 971).
14. O comprador pode alegar, na petição inicial ou na contestação do seu processo, que são presumidos como verdadeiros os fatos por ele alegados, devendo a incorporadora fazer a prova em contrário para derrubar a presunção em favor do comprador (inversão do ônus da prova) com base no art. 6º, VIII, do Código de Defesa do Consumidor. Não há, porém, garantia de que isso será admitido pelo juiz.[122]
15. Há interessante precedente do STJ no sentido de estabelecer quais os direitos e as obrigações na hipótese de destituição da incorporadora pelos adquirentes.[123] Além

---

do construtor pela fragilidade da obra, com fundamento tanto no art. 1.245 do CCB/16 (art. 618 CCB/02), em que a sua responsabilidade é presumida, ou com fundamento no art. 1.056 do CCB/16 (art. 389 CCB/02), em que se faz necessária a comprovação do ilícito contratual, consistente na má-execução da obra. Enunciado 181 da III Jornada de Direito Civil. 3. Na primeira hipótese, a prescrição era vintenária na vigência do CCB/16 (cf. Súmula 194/STJ), passando o prazo a ser decadencial de 180 dias por força do disposto no parágrafo único do art. 618 do CC/2002. 4. Na segunda hipótese, a prescrição, que era vintenária na vigência do CCB/16, passou a ser decenal na vigência do CCB/02. Precedente desta Turma. 5. O termo inicial da prescrição é a data do conhecimento das falhas construtivas, sendo que a ação fundada no art. 1.245 do CCB/16 (art. 618 CCB/02) somente é cabível se o vício surgir no prazo de cinco anos da entrega da obra" (STJ, REsp 1.290.383/SE, Terceira Turma, Rel. Min. Paulo de Tarso Sanseverino, j. em 11-2-2014).

122 "(...) 2.1. A jurisprudência desta Corte é no sentido de que a inversão do ônus da prova prevista no art. 6º, VIII, do CDC, é regra de instrução e não regra de julgamento, motivo pelo qual a decisão judicial que a determina deve ocorrer antes da etapa instrutória, ou quando proferida em momento posterior, garantir a parte a quem foi imposto o ônus a oportunidade de apresentar suas provas. Precedentes. 2.2. Inviabilidade da inversão do ônus probatório em sede de apelação (...)" (STJ, REsp nº 1.286.273/SP, Quarta Turma, Rel. Min. Marco Buzzi, j. em 8-6-2021).

123 "(...) 2. A jurisprudência do Superior Tribunal de Justiça entende que, em se tratando de uma relação de consumo, são responsáveis solidariamente perante o consumidor, em caso de defeito ou vício, todos aqueles que tenham integrado a cadeia de prestação de serviço. Precedentes. 3. Ausente circunstância excludente da responsabilidade, o atraso na entrega do imóvel objeto do contrato de incorporação enseja o dever de indenizar, solidariamente, tanto da incorporadora quanto da construtora. Precedentes. 4. A Lei nº 4.591/1964 confere aos adquirentes o poder de destituição do incorporador. A destituição, além de significar uma penalidade ao incorporador, que paralisa as obras, ou lhes retarda excessivamente o andamento, é também uma causa extintiva do contrato de incorporação. Doutrina. 5. O dia da destituição da incorporadora, com a consequente assunção da obra pelos adquirentes, é o marco final das obrigações constituídas entre as partes. 6. Os riscos do empreendimento estão limitados às cláusulas e à extensão do contrato. Assume o incorporador os riscos

disso, a Lei nº 14.382/2022 alterou o art. 43 da Lei nº 4.591/64 para estabelecer o procedimento de destituição do incorporador.

Durante os anos 2020 e 2021, em razão da Pandemia da Covid-19, a questão do atraso na entrega do imóvel ganhou um contorno maior. Há alguns fatos que podem justificar o atraso na entrega do imóvel, mas tudo dependerá de prova por parte da incorporadora, não sendo suficiente afirmar que a pandemia era "notória", mas devendo demonstrar a existência de onerosidade excessiva (arts. 478 a 480 do Código Civil) ou outro fato impeditivo ou modificativo da obrigação de cumprimento do contrato. Em tese, a desproporção manifesta entre o valor do pagamento e da coisa (art. 317 do Código Civil) apenas beneficiaria o credor (vide seção 9.10).

Os efeitos da Pandemia no direito não se restringem apenas às questões tratadas na Lei nº 14.010, de 10-6-2020, sendo aplicáveis vários outros dispositivos legais, como os arts. 317, 393, 413 e 422 do Código Civil.

Embora se possa alegar que o "marco" para início dos efeitos jurídicos causados pela Pandemia seria o dia 20-3-2020, data de publicação do Decreto Legislativo nº 6/2020, é mais razoável analisar cada caso concreto para fins de se estabelecer qual seria o momento em que a pandemia impactou o contrato ou criou um fato juridicamente relevante.[124] E é assim (ou deveria ser assim) exatamente porque, em si, a pandemia não extingue, modifica ou cria direitos: ela provoca ou pode provocar algum outro fato e é a ocorrência desse outro fato que tem consequências jurídicas.[125] Contudo, caso se entenda que a pandemia, em si, é o fato que altera o direito, o mais razoável é a adoção

---

contratados e apenas enquanto durar o ajuste. 7. Eventuais aportes financeiros adicionais assumidos pelos adquirentes a partir da destituição não podem ser cobrados do incorporador destituído, sob pena de agravar-se, de forma unilateral, o risco de um negócio originário. 8. Destituído o incorporador, são cabíveis lucros cessantes durante o período compreendido entre a data prometida para a entrega da obra, ou após o esgotamento do prazo de tolerância, quando houver, até a data efetiva da destituição do incorporador, marco da extinção (anômala) da incorporação. 9. O dano moral, em tais circunstâncias, exsurge *in re ipsa*. A circunstância que conduz o adquirente à assunção de uma obra que, por força contratual, deveria ter sido entregue no prazo estipulado, e não foi, detém a gravidade suficiente para ensejar a hipótese extraordinária necessária para a composição do dano extrapatrimonial. 10. Recurso especial interposto pelos autores parcialmente provido. Recurso especial interposto pela construtora ré não provido" (STJ, REsp nº 1.881.806/SP, Terceira Turma, Rel. Min. Ricardo Villas Bôas Cueva, j. em 4-5-2021).

[124] O art. 1º do Decreto Legislativo nº 6/2020 é claro no sentido de que "a ocorrência do estado de calamidade pública", para fins de aplicação dessa norma, é "exclusivamente para os fins do art. 65 da Lei Complementar nº 101, de 4 de maio de 2000" e "com efeitos até 31 de dezembro de 2020".

[125] Exemplos: onerosidade excessiva, efeitos inevitáveis do caso fortuito, impossibilidade de cumprimento de uma obrigação em razão de força maior.

da data da Portaria do Ministério da Saúde nº 188, de 3-2-2020,[126] ou da Declaração de Emergência em Saúde Pública de Importância Internacional pela Organização Mundial da Saúde (30-1-2020) para fins de estabelecimento do marco inicial da pandemia para efeitos jurídicos. A Portaria nº 188/2020 foi revogada pela Portaria nº 913, de 22-4-2022, mas isso não afeta os efeitos produzidos pela Portaria nº 188/2020 em relação à questão que tratamos (marco inicial da pandemia). A Portaria nº 913/2022 declarou, para efeitos jurídicos, o fim da pandemia.

Pode a incorporadora alegar que, a teor do art. 393 do Código Civil, os efeitos da pandemia não poderiam ter sido evitados ou impedidos, por exemplo, por força de ato do governo local, as obras foram paralisadas. Novamente, é preciso fazer a prova[127] da ocorrência do efeito da pandemia: no exemplo dado, não basta alegar a existência do ato do governo local, é preciso provar que o ato foi efetivo e, por causa desse ato, as obras foram paralisadas. Ato ou fato a que tenha dado causa a incorporadora, por óbvio, não lhe pode beneficiar: é preciso que seja fato causado por terceiro (outro exemplo: greve de trabalhadores). Também pode a incorporadora alegar que, a teor do art. 395 do Código Civil, não há direito do comprador a extinguir o contrato (ou "distrato",[128] como se diz impropriamente na linguagem popular) pelo simples atraso na entrega do imóvel.[129] A incorporadora pode alegar que o "prazo de tolerância" previsto contratualmente (ex.: 180 dias adicionais ao prazo previsto para a entrega)[130] não se confunde com o prazo adicional decorrente da pandemia, cujos efeitos não eram previsíveis, pois o limite máximo de 180 dias ("prazo de tolerância") é aplicável para situações usuais e não para situações excepcionais.

Em favor do comprador, pode ser alegado que a aplicação do art. 395 do Código Civil somente se aplica para pagamentos, a teor do art. 394,[131] razão pela qual o atraso na entrega do imóvel não configura a hipótese de mora prevista no art. 395. Quanto à "onerosidade excessiva", pode o comprador alegar que inexistiu para si "extrema

---

126 Veja em: http://www.planalto.gov.br/CCIVIL_03/Portaria/prt188-20-ms.htm. Acesso em: 15 jun. 2020.

127 A prova pode ser feita, por exemplo, durante a paralisação das obras por meio de ata notarial ou produção antecipada de provas.

128 Distrato, juridicamente, é o ato que extingue o contrato por vontade mútua das partes. Decorre, tal como o contrato, de comum acordo. Por isso, não é correto tecnicamente falar em ação judicial para obter o "distrato": pode-se obter o fim do contrato por decisão judicial, mas o ato que põe fim ao contrato não e um "distrato", mas sim uma decisão judicial, exatamente porque no distrato há acordo de vontades e na ação judicial há discordância.

129 "Art. 395. Responde o devedor pelos prejuízos a que sua mora der causa, mais juros, atualização dos valores monetários segundo índices oficiais regularmente estabelecidos, e honorários de advogado. Parágrafo único. Se a prestação, devido à mora, se tornar inútil ao credor, este poderá enjeitá-la, e exigir a satisfação das perdas e danos."

130 Vide art. 43-A da Lei nº 4.591, de 16-12-64, incluído pela Lei nº 13.786, de 27-12-2018.

131 "Art. 394. Considera-se em mora o devedor que não efetuar o pagamento e o credor que não quiser recebê-lo no tempo, lugar e forma que a lei ou a convenção estabelecer."

vantagem", que é requisito previsto no art. 478 do Código Civil para sua caracterização. Além disso, pode o comprador alegar que a atividade econômica, em si, apresenta riscos, razão pela qual a alegação de onerosidade excessiva não poderia socorrer à incorporadora. Pode o comprador alegar que o "prazo de tolerância" previsto contratualmente serviria justamente para essas situações excepcionais. Ironicamente, poderá o comprador usar em seu favor a Lei nº 13.874, de 20-9-2019 (Lei da Liberdade Econômica), que positivou os princípios da "intervenção subsidiária" (art. 2º, III) e da "intervenção mínima" (redação dada ao art. 421 do Código Civil) do Estado nas relações contratuais privadas. De resto, caso entendido que a incorporadora poderá licitamente atrasar a entrega do imóvel não só em razão do "prazo de tolerância", mas também em razão da pandemia, deve ser concedido ao comprador o mesmo direito: atrasar os pagamentos por período equivalente sem qualquer sanção.

Um problema sério, já ocorrido em outros momentos da História recente do Brasil, decorre da interrupção dos pagamentos por parte significativa dos adquirentes de determinados empreendimentos em razão de atraso no cronograma da construção do imóvel. Isso prejudicaria não só a incorporadora, mas também os adquirentes que mantivessem os pagamentos em dia, uma vez que faltariam recursos para as obras. Essa questão, contudo, é de índole econômica e não jurídica.

10

VAGAS NA GARAGEM

Em um edifício, as vagas na garagem poderão (ou não) estar delimitadas no solo. Essa delimitação pode constar dos registros imobiliários ou ser apenas de fato, estando o número da unidade autônoma (apartamento, escritório etc.) "pintado" nas paredes ou pilastras, indicando quem é seu "proprietário".

Deve-se ter cuidado com uma ladina cláusula contratual: a incorporadora anuncia que a unidade imobiliária contém uma vaga de garagem, mas o número de vagas do empreendimento é *inferior* ao número de apartamentos. Por exemplo, há 200 apartamentos, mas apenas 180 vagas de garagem. A "justificativa" para isso é um cálculo estatístico de que nem todas as vagas são ocupadas ao mesmo tempo, razão pela qual se pode ter menos vagas de garagem que apartamentos. É bem provável que o hipotético cálculo esteja correto. Mas afirmar nessa situação que a unidade imobiliária contém uma vaga de garagem *privativa* é propaganda enganosa.

Não é ilegal a prática de se ter menos vagas que apartamentos (ou escritórios, lojas etc.), como veremos na seção 10.2, mas nesse caso não se pode dizer que há vaga privativa, mas sim um sistema de vagas rotativas.

10.1 PODE EXISTIR UMA MATRÍCULA PARA CADA VAGA NA GARAGEM

No caso de a delimitação constar dos registros de imóveis, vale dizer, se para cada vaga na garagem, devidamente descrita e individualizada, existir uma matrícula própria, significa que essa vaga tem o *status* de unidade autônoma, tendo um proprietário específico[1] e não a totalidade dos condôminos do prédio. Assim, somente poderá

1 Evidentemente, pode ser que exista mais de um proprietário, mas ainda assim não pertencerá ao condomínio, mas aos seus proprietários, ao contrário da hipótese em que a vaga na garagem não tem um condômino como proprietário específico, mas todas as vagas pertencem a todos os condôminos indistintamente.

ser utilizada pelo seu proprietário, da mesma forma[2] como ele utiliza seu apartamento (ou escritório, *flat* etc.) de forma individual, com exclusão dos demais condôminos. Desse modo, exatamente porque ele é o único proprietário do bem imóvel, que consiste naquela vaga na garagem, não será uma simples Convenção de Condomínio que poderá alterar a posição, na garagem, da vaga destinada a esse proprietário.

Portanto, o adquirente do imóvel deverá receber do vendedor uma escritura, por meio da qual lhe será transferida a propriedade de uma específica vaga na garagem. Assim, o comprador se tornará proprietário da vaga ao proceder ao registro dessa escritura em sua matrícula.

Observe-se que a escritura não mencionará a transferência da propriedade de parte ideal da garagem, mas de uma vaga específica (que deverá ser descrita de forma a ficar individualizada) e da correspondente fração ideal do terreno. É o mesmo que ocorre com as demais unidades autônomas (apartamento, escritório etc.), pois o comprador será o único proprietário de uma vaga específica e de uma parcela ideal do terreno, quando tratada como unidade autônoma, e será proprietário em comum das demais coisas (elevadores, salão de festa, jardins etc.).

Finalmente, ressalte-se que o comprador deverá pedir a certidão imobiliária desse imóvel (garagem), pois, uma vez que ela constitui unidade autônoma, está sujeita a todos os aspectos debatidos nesse livro, como qualquer outro imóvel, podendo inclusive ser penhorada: a vaga na garagem, se tiver matrícula própria, não é considerada bem de família, a teor da Súmula nº 449 do STJ e de precedente do TST.[3]

No que se refere a eventual obrigação de pagamento de Imposto de Renda por parte do vendedor da vaga de garagem, vide seção 7.7.

10.2 PODE EXISTIR UMA ÚNICA MATRÍCULA PARA A GARAGEM COMO UM TODO

De outro modo, pode ser que a delimitação não conste do registro imobiliário. Nessa hipótese, pode ser que a garagem como um todo (isto é, englobando todas as

---

2 Existem, porém, algumas restrições a esse *status* de unidade autônoma de que gozam as vagas na garagem, na hipótese tratada. Assim, há um entendimento segundo o qual não é possível ao proprietário da vaga aliená-la a quem não é condômino do prédio em que se encontra, segundo aponta Mario Pazutti Mezzari. In: *Condomínio de incorporação no registro de imóveis*. Porto Alegre: Livraria do Advogado Editora, 1996, p. 123: "Para alguns e entre eles J. Nascimento Franco e Nisske Gondo, tais vagas podem ser alienadas, oneradas ou ter sua posse cedida para condôminos tanto para terceiros (Franco et al., 1988, p. 44). Esta posição merece ser criticada e não deve ser acolhida. (...) Filio-me ao entendimento de, entre outros, Caio Mário da Silva Pereira, Pontes de Miranda, Serpa Lopes, Tupinanbá Nascimento e Elvino Silva Filho, para quem *legem habemus*, não se podendo ignorar o que preceitua o § 2º da Lei nº 4.591/64, que veda a transferência a pessoas estranhas ao condomínio, do direito à guarda de veículos. Este dispositivo refere-se a todo e qualquer tratamento que se dê à vaga de garagem, independente de ser área de uso comum, direito acessório ou unidade autônoma)."

3 TST, Ag-AIRR nº-1000479-90.2020.5.02.0002, Quarta Turma, Rel. Min. Maria Cristina Irigoyen Peduzzi, j. em 29-10-2024.

vagas) tenha uma matrícula própria. Nesse caso, a garagem (como um todo e não cada vaga) é uma coisa autônoma, com vários condôminos, não sendo nenhum deles "proprietário" de nenhuma vaga específica.

Poderão usar a garagem, na forma que estiver definida na convenção de condomínio, todos os condôminos que constarem da matrícula do imóvel (garagem) na condição de proprietários ou na condição de cessionários de seus direitos.

Assim, o adquirente do imóvel e de sua vaga respectiva deverá receber do vendedor uma escritura pública hábil a lhe transferir uma *parte ideal* dessa garagem.

A escritura pública que visa transferir ao comprador a propriedade de uma vaga na garagem (ou seja, de uma parte ideal da garagem) deverá ser registrada na matrícula do imóvel (garagem como um todo). Com esse registro o comprador será proprietário de uma parte ideal desse imóvel, podendo usar, conforme o caso, uma ou mais vagas.

10.3 NÃO EXISTE MATRÍCULA ISOLADA PARA A GARAGEM NEM PARA AS VAGAS

A existência de vaga privativa poderá estar prevista na própria matrícula do imóvel. Normalmente, identificação de qual vaga corresponde a qual apartamento (ou escritório) constará do memorial de incorporação na forma de um mapa. Na matrícula constará um número, mas não o mapa, por isso pode ser interessante consultar o memorial de incorporação registrado no cartório imobiliário para se saber exatamente qual a vaga correspondente à unidade imobiliária na hipótese de aquisição de imóvel que ainda não está pronto (aquisição "na planta").

Finalmente, existe a hipótese na qual nem as vagas da garagem nem a garagem constem no registro de imóveis. Também nesse caso a garagem é um bem de uso comum dos condôminos, não sendo nenhum deles "proprietário" de nenhuma vaga específica.

Nesse caso, ou todos os condôminos terão direito de usar a garagem ou apenas aqueles cuja matrícula de seu imóvel (apartamento ou escritório) contenha a previsão desse direito, que pode ser até de forma não explícita, "mediante a consignação do *quantum* de área a mais que lhe equivale, *plus* este que lhe diferencia daquelas unidades às quais não lhe corresponder tal direito".[4]

Evidentemente, o ideal é que esse direito esteja previsto na matrícula do imóvel de forma expressa e não tácita. De qualquer modo, mesmo não existindo essa descrição ou mesmo para a hipótese na qual não existe matrícula para a garagem ou suas vagas, é interessante fazer constar, nos termos da escritura pública de aquisição do imóvel,

---

4 MEZZARI, Mario Pazutti. *Condomínio de incorporação no registro de imóveis*. Porto Alegre: Livraria do Advogado, 1996. p. 120.

que o comprador também adquire, na condição de condômino, o direito de usar "X" vaga(s) na garagem. Assim, fica claro que, se o vendedor tinha o direito de usar a garagem, o comprador também tem. E, na pior das hipóteses, se o vendedor não o tinha, o comprador poderá exigir dele uma indenização ou desconto no preço. Frise-se, porém, que em hipótese alguma poderá da escritura pública de compra e venda, *na descrição do imóvel,* constar a existência da garagem, se na matrícula não existir essa mesma *descrição.* Assim, essa questão deve constar da escritura pública, mas não na parte dela *que descreve o imóvel,* sob pena de ser impedido o registro da escritura (art. 225, § 2º, da Lei nº 6.015/73).

Para a hipótese tratada neste tópico, a convenção de condomínio poderá disciplinar como serão utilizadas as vagas na garagem. Vale dizer, se cada condômino poderá colocar seu carro na vaga que estiver livre ou se cada unidade autônoma terá uma (ou mais) vaga(s) específica(s) etc. Evidentemente, essa disposição poderá ser alterada.

10.4 VENDA DE VAGA NA GARAGEM A QUEM NÃO É PROPRIETÁRIO DE UNIDADE AUTÔNOMA

Antes do advento do Código Civil em vigor, havia divergência na doutrina quanto à possibilidade de alienação de vaga na garagem à pessoa que não fosse proprietária de unidade autônoma no edifício, isto é, se um estranho poderia adquirir uma vaga na garagem sem ser proprietário de apartamento ou escritório.[5]

Inicialmente, assim dispôs o Código Civil em vigor, no § 2º do art. 1.339:

> "Art. 1.339. (...)
>
> § 2º É permitido ao condômino alienar parte acessória de sua unidade imobiliária a outro condômino, só podendo fazê-lo a terceiro se essa faculdade constar do ato constitutivo do condomínio, e se a ela não se opuser a respectiva assembleia geral."

Dentro do conceito de *parte acessória* previsto no § 2º do art. 1.339, devemos entender incluída a garagem, pois a fração ideal do terreno e das demais partes comuns está prevista no *caput* do art. 1.339, cuja alienação é proibida.

---

[5] "Para alguns e entre eles J. Nascimento Franco e Nisske Gondo, tais vagas podem ser alienadas, oneradas ou ter sua posse cedida para condôminos tanto para terceiros (Franco et al., 1988, p. 44). Esta posição merece ser criticada e não deve ser acolhida. (...) Filio-me ao entendimento de, entre outros, Caio Mário da Silva Pereira, Pontes de Miranda, Serpa Lopes, Tupinanbá Nascimento e Elvino Silva Filho, para quem *legem habemus*, não se podendo ignorar o que preceitua o § 2º da Lei nº 4.591/64, que veda a transferência a pessoas estranhas ao condomínio, do direito à guarda de veículos. Este dispositivo refere-se a todo e qualquer tratamento que se dê à vaga de garagem, independente de ser área de uso comum, direito acessório ou unidade autônoma" (MEZZARI, Mario Pazutti. *Condomínio de incorporação no registro de imóveis.* Porto Alegre: Livraria do Advogado, 1996. p. 123).

Posteriormente, a Lei nº 12.607, de 4-4-2012, alterou o § 1º do art. 1.331 do Código Civil em vigor, que passou a ter a seguinte redação:

> "Art. 1.331. (...)
>
> § 1º As partes suscetíveis de utilização independente, tais como apartamentos, escritórios, salas, lojas e sobrelojas, com as respectivas frações ideais no solo e nas outras partes comuns, sujeitam-se a propriedade exclusiva, podendo ser alienadas e gravadas livremente por seus proprietários, exceto os abrigos para veículos, que não poderão ser alienados ou alugados a pessoas estranhas ao condomínio, salvo autorização expressa na convenção de condomínio.
>
> (...)."

Como se vê, o Código Civil não proíbe a alienação (venda, doação) de *parte acessória* da unidade imobiliária a outro condômino ou mesmo a terceiro. Apenas condicionou a venda a pessoa estranha à existência de previsão expressa dessa possibilidade na convenção do condomínio (art. 1.333 do Código Civil) e a não existir oposição da assembleia geral. As partes sujeitas a *utilização independente* (apartamentos, escritórios, salas, lojas, sobrelojas etc.) podem ser alienadas livremente. Nesse conceito de *utilização independente* não estão incluídas as vagas de garagem.

Assim, caso uma pessoa que não seja proprietária de unidade autônoma deseje adquirir uma vaga na garagem, deverá tomar as seguintes cautelas adicionais:

1. Verificar se a convenção de condomínio *expressamente* autoriza a venda a pessoa que não é condômino. Na omissão da convenção, a venda não é permitida.
2. Conversar com o oficial do cartório imobiliário para saber qual o entendimento adotado por ele e pela corregedoria (órgão estadual vinculado ao Tribunal de Justiça) quanto à possibilidade e requisitos para o registro de escritura de compra e venda de vaga na garagem à pessoa que não é proprietária de unidade autônoma, tendo em vista o advento do Código Civil, art. 1.339, § 2º.
3. Verificar se a garagem tem matrícula própria (seção 10.1); se existir uma única matrícula para toda garagem (seção 10.2), o comprador irá adquirir uma parte ideal da garagem, correspondente a uma ou mais vagas, tal como vimos na seção 10.2; se inexistir matrícula para a garagem ou para as vagas (item 10.3), o comprador deverá verificar com o oficial do cartório a possibilidade e requisitos de abertura de matrícula específica para a vaga (caso contrário, não será possível fazer o registro da escritura de compra da vaga).

A despeito da Lei nº 12.607/2012, são recomendadas as seguintes cautelas para aumentar o grau de segurança da operação (no Brasil, nem sempre prevalece o que dispõe a lei):

1. Obter documento comprobatório da não oposição dos condôminos, reunidos em assembleia geral, quanto à venda específica.

2. A lei não exige, mas é cautela interessante a obtenção de prova de notificação aos demais condôminos para que exerçam o direito de preferência. Embora não exista direito de preferência na aquisição de unidade autônoma de condomínio especial, pode algum juiz entender que a garagem é bem de uso comum, sujeita a condomínio comum (especialmente no caso das seções 10.2. e 10.3), o que ensejaria a aplicação da regra do art. 1.322 do Código Civil, que prevê o direito de preferência, ou entender aplicável por analogia a regra do art. 1.338. Isso foi acolhido na IV Jornada de Direito Civil, realizada pelo Conselho da Justiça Federal nos dias 25 a 27-10-2006, que aprovou o Enunciado nº 320 (válido como doutrina): "Arts. 1.338 e 1.331. O direito de preferência de que trata o art. 1.338 deve ser assegurado não apenas nos casos de locação, mas também na hipótese de venda da garagem".

11

COMPRANDO UM TERRENO URBANO OU RURAL

Neste capítulo são estudadas a aquisição e a utilização de um terreno em zona urbana ou rural.

O parcelamento de área urbana será visto nas seções 11.1, 11.2. e 11.3. Algumas disposições comuns às seções 11.1 e 11.2 serão vistas antes dessas seções.

Veremos o parcelamento do imóvel rural na seção 11.4.

A seção 11.5 trata da legalidade ou ilegalidade dos chamados "condomínios fechados" ou "loteamentos fechados", nos quais o loteamento está cercado ou murado e há controle de acesso para somente permitir a entrada de moradores e convidados.

A seção 11.6 trata do parcelamento que não preencheu os requisitos exigidos pela lei, descritos nos itens anteriores, razão pela qual é chamado de "condomínio irregular" ou de "loteamento irregular". Na seção 11.6 e no Capítulo 14 veremos a questão da possibilidade de regularização dessas áreas.

Por fim, a seção 11.7 não descreve formas de parcelamento de áreas, mas trata das limitações administrativas ao direito de o proprietário utilizar o imóvel urbano ou rural. Nessa seção, são vistas as limitações, inclusive as decorrentes da legislação ambiental, ao direito de construir, parcelar e de suprimir a vegetação nativa, bem como as cautelas decorrentes da legislação ambiental que o comprador de um terreno deve tomar, já que o simples registro do loteamento ou obtenção de um alvará na prefeitura não assegura ao comprador o direito de fazer o que bem desejar com o imóvel. Ele ficará adstrito à observância das normas ambientais e administrativas, tal como veremos nas seções seguintes. Serão analisados aspectos jurídicos atinentes ao direito de utilização de terrenos urbanos e rurais, inclusive aspectos decorrentes de legislação superveniente restritiva ou impeditiva do direito de construir e utilizar o imóvel.

Vejamos agora algumas disposições que se referem a parcelamento de solo urbano nas hipóteses das seções 11.1 e 11.2.

A Lei nº 14.118/2021 deixou mais clara a definição do responsável pelo parcelamento do solo urbano (loteador ou desmembrador), mediante inclusão do art. 2º-A à Lei nº 6.766, de 19-12-1979.[1]

Além disso, o art. 10 da Lei nº 14.382, de 27-6-2022, alterou o art. 68 da Lei nº 4.591, de 16-12-1964, estabelecendo que parte do regime jurídico da incorporação imobiliária (Capítulo 9) é aplicável ao loteamento (seção 11.1) e ao desmembramento (seção 11.2), na hipótese de os lotes serem vinculados à construção de casas (geminadas ou não).

Vejamos o que diz esse dispositivo constante da Lei de Incorporação Imobiliária (Lei nº 4.591/64):

> "Art. 68. A atividade de alienação de lotes integrantes de desmembramento ou loteamento, quando vinculada à construção de casas isoladas ou geminadas, promovida por uma das pessoas indicadas no art. 31 desta Lei ou no art. 2º-A da Lei nº 6.766, de 19 de dezembro de 1979, caracteriza incorporação imobiliária sujeita ao regime jurídico instituído por esta Lei e às demais normas legais a ele aplicáveis.
>
> § 1º A modalidade de incorporação de que trata este artigo poderá abranger a totalidade ou apenas parte dos lotes integrantes do parcelamento, ainda que sem área comum, e não sujeita o conjunto imobiliário dela resultante ao regime do condomínio edilício, permanecendo as vias e as áreas por ele abrangidas sob domínio público.
>
> § 2º O memorial de incorporação do empreendimento indicará a metragem de cada lote e da área de construção de cada casa, dispensada a apresentação dos documentos referidos nas alíneas *e*, *i*, *j*, *l* e *n* do *caput* do art. 32 desta Lei.
>
> § 3º A incorporação será registrada na matrícula de origem em que tiver sido registrado o parcelamento, na qual serão também assentados o respectivo termo de afetação de que tratam o art. 31-B desta Lei e o art. 2º da Lei nº 10.931, de 2 de agosto de 2004, e os demais atos correspondentes à incorporação.
>
> § 4º Após o registro do memorial de incorporação, e até a emissão da carta de habite-se do conjunto imobiliário, as averbações e os registros correspondentes aos atos e

---

1 "Art. 2º-A. Considera-se empreendedor, para fins de parcelamento do solo urbano, o responsável pela implantação do parcelamento, o qual, além daqueles indicados em regulamento, poderá ser: a) o proprietário do imóvel a ser parcelado; b) o compromissário comprador, cessionário ou promitente cessionário, ou o foreiro, desde que o proprietário expresse sua anuência em relação ao empreendimento e sub-rogue-se nas obrigações do compromissário comprador, cessionário ou promitente cessionário, ou do foreiro, em caso de extinção do contrato; c) o ente da administração pública direta ou indireta habilitado a promover a desapropriação com a finalidade de implantação de parcelamento habitacional ou de realização de regularização fundiária de interesse social, desde que tenha ocorrido a regular imissão na posse; d) a pessoa física ou jurídica contratada pelo proprietário do imóvel a ser parcelado ou pelo poder público para executar o parcelamento ou a regularização fundiária, em forma de parceria, sob regime de obrigação solidária, devendo o contrato ser averbado na matrícula do imóvel no competente registro de imóveis; e) a cooperativa habitacional ou associação de moradores, quando autorizada pelo titular do domínio, ou associação de proprietários ou compradores que assuma a responsabilidade pela implantação do parcelamento."

negócios relativos ao empreendimento sujeitam-se às normas do art. 237-A da Lei nº 6.015, de 31 de dezembro de 1973 (Lei de Registros Públicos)."

Vide art. 237-A da Lei de Registros Públicos, de acordo com a Lei nº 14.382, de 27-6-2022.

11.1 LOTEAMENTO PARA FINS DE URBANIZAÇÃO

O loteamento é uma forma de parcelamento de terreno. A característica dessa modalidade, que a distingue das demais, é, justamente, a criação de novas ruas ou avenidas. O loteamento para fins urbanos é regido pela Lei nº 6.766, de 19-12-1979. Essa Lei não cuida de parcelamento de imóveis rurais, razão pela qual tal questão não será tratada no presente tópico.

Ocorre que o próprio art. 3º dessa Lei, entre outras exigências, somente permite o parcelamento para fins urbanos em zonas urbanas, de expansão urbana ou de urbanização específica, assim definidas pelo plano diretor ou aprovadas por lei municipal.[2] A venda de um lote em zona rural, portanto, é tratada na seção 11.4, *Desmembramento de imóvel rural.*

Como é até de conhecimento público, a prefeitura e, conforme o caso, o Estado, devem aprovar o projeto de loteamento (arts. 12 e seguintes da Lei nº 6.766/79). A aprovação pelos órgãos competentes é, inclusive, um requisito para que o loteamento seja registrado no cartório imobiliário.

Assim,

> "No processo de aprovação do loteamento, mais que um simples controle de legalidade, há um verdadeiro ato complexo, de caráter negocial, em que o Poder Público manifesta uma vontade convergente com a do loteador. Esse acordo de vontades ocorre segundo um procedimento regulado em lei, em que o Poder Público elabora diretrizes a serem obedecidas quando da elaboração do projeto de loteamento. Trata-se de um negócio jurídico não contratual, em que o particular adquire direitos perante o Poder Público por ter cumprido um conjunto de condições previamente estabelecidas."[3]

O projeto de loteamento deverá, necessariamente, atender aos requisitos do art. 4º da Lei nº 6.766/79, alterada pela Lei nº 9.785, de 29-2-1999, pela Lei nº 10.932, de 3-8-2004, pela Lei nº 13.465, de 11-7-2017, pela Lei nº 13.913, de 25-11-2019, e pela Lei nº 14.285, de 29-12-2021, dispondo da seguinte forma:

---

[2] Existe definição do que seja zona urbana ou de expansão urbana no art. 1º, § 3º, do Decreto-lei nº 271/67 e art. 32 do Código Tributário Nacional. Contudo, parece-nos que para os fins específicos da Lei nº 6.766/79, quais sejam, parcelamento de solo para fins urbanos, deve valer a definição específica dada pela lei do município.

[3] PINTO, Victor Carvalho. *Direito urbanístico*: plano diretor e direito de propriedade. São Paulo: Revista dos Tribunais, 2005. p. 300-301.

"Art. 4º Os loteamentos deverão atender, pelo menos, aos seguintes requisitos:

I – as áreas destinadas a sistemas de circulação, a implantação de equipamento urbano e comunitário, bem como a espaços livres de uso público, serão proporcionais à densidade de ocupação prevista pelo plano diretor ou aprovada por lei municipal para a zona em que se situem;

II – os lotes terão área mínima de 125m² (cento e vinte e cinco metros quadrados) e frente mínima de 5 (cinco) metros, salvo quando a legislação estadual ou municipal determinar maiores exigências, ou quando o loteamento se destinar à urbanização específica ou edificação de conjuntos habitacionais de interesse social, previamente aprovados pelos órgãos públicos competentes;

III – ao longo das faixas de domínio público das rodovias, a reserva de faixa não edificável de, no mínimo, 15 (quinze) metros de cada lado poderá ser reduzida por lei municipal ou distrital que aprovar o instrumento do planejamento territorial, até o limite mínimo de 5 (cinco) metros de cada lado;

III-A – ao longo da faixa de domínio das ferrovias, será obrigatória a reserva de uma faixa não edificável de, no mínimo, 15 (quinze) metros de cada lado;

III-B – ao longo das águas correntes e dormentes, as áreas de faixas não edificáveis deverão respeitar a lei municipal ou distrital que aprovar o instrumento de planejamento territorial e que definir e regulamentar a largura das faixas marginais de cursos d'água naturais em área urbana consolidada, nos termos da Lei nº 12.651, de 25 de maio de 2012, com obrigatoriedade de reserva de uma faixa não edificável para cada trecho de margem, indicada em diagnóstico socioambiental elaborado pelo Município;

IV – as vias de loteamento deverão articular-se com as vias adjacentes oficiais, existentes ou projetadas, e harmonizar-se com a topografia local.

§ 1º A legislação municipal definirá para cada zona em que se divida o território do município, os usos permitidos e os índices urbanísticos de parcelamento e ocupação do solo, que incluirão, obrigatoriamente, as áreas mínimas e máximas de lotes e os coeficientes máximos de aproveitamento.

§ 2º Consideram-se comunitários os equipamentos públicos de educação, cultura, saúde, lazer e similares.

§ 3º Se necessária, a reserva de faixa não edificável vinculada a dutovias será exigida no âmbito do respectivo licenciamento ambiental, observados critérios e parâmetros que garantam a segurança da população e a proteção do meio ambiente, conforme estabelecido nas normas técnicas pertinentes.

§ 4º No caso de lotes integrantes de condomínio de lotes, poderão ser instituídas limitações administrativas e direitos reais sobre coisa alheia em benefício do poder público, da população em geral e da proteção da paisagem urbana, tais como servidões de passagem, usufrutos e restrições à construção de muros.

§ 5º As edificações localizadas nas áreas contíguas às faixas de domínio público dos trechos de rodovia que atravessem perímetros urbanos ou áreas urbanizadas passíveis de serem incluídas em perímetro urbano, desde que construídas até a data de promulgação deste parágrafo, ficam dispensadas da observância da exigência prevista no inciso III do *caput* deste artigo, salvo por ato devidamente fundamentado do poder público municipal ou distrital."

Observe-se ainda que:

> "Art. 5º O Poder Público competente poderá complementarmente exigir, em cada loteamento, a reserva de faixa 'non aedificandi' destinada a equipamentos urbanos.
>
> Parágrafo único. Consideram-se urbanos os equipamentos públicos de abastecimento de água, serviços de esgotos, energia elétrica, coletas de águas pluviais, rede telefônica e gás canalizado."

Contudo, o mundo real não é idêntico ao mundo das leis. Assim, não é de se espantar a eventual aprovação, por parte da Prefeitura, de loteamento sem os requisitos dos arts. 3º e 4º. Nesse passo, é interessante observar se o loteamento está de acordo com o que dispõem as leis.

A rigor, deve o processo para a aprovação do loteamento ficar arquivado na Prefeitura. Assim, é interessante consultá-lo. De todo modo, o mais importante, no tocante à compra de um lote, consiste na verificação do seu *status* perante o registro imobiliário.

Com efeito, a Lei expressamente proíbe a venda ou promessa de venda de lote, na hipótese de não estar o loteamento devidamente registrado.[4] Vale dizer, assim, que qualquer contrato tendo por objeto a venda de lotes em loteamento não registrado é viciado[5] e, evidentemente, não será possível ao comprador registrá-lo.[6]

A Lei nº 6.766/79 determina que o projeto de loteamento, já aprovado, seja registrado nos termos do art. 18. Esse dispositivo exige a apresentação, por parte do

---

4 Diz o art. 37 da Lei 6.766/79:

"É vedado vender ou prometer vender parcela de loteamento ou desmembramento não registrado."

Nessa toada, assim se manifesta Helly Lopes Meirelles. In: *Direito municipal brasileiro*. 7. ed. São Paulo: Malheiros, 1994. p. 416: "O registro do loteamento produz, dentre outros, os seguintes efeitos imediatos: legitima a divisão e as vendas de lotes; torna imodificável unilateralmente o plano de loteamento e arruamento; transfere para o domínio público do Município as vias de comunicação e as áreas reservadas constantes do memorial e da planta, independente de qualquer outro ato alienativo."

5 Nesse sentido:

"Loteamento – Implantação irregular – Inexistência de aprovação do projeto, registro mobiliário e infraestrutura básica – Nulidade dos contratos de compromisso de compra e venda das frações ideais do loteamento inexistente – Direito dos promitentes-compradores à restituição do que pagaram.

Ementa da Redação: É nulo o contrato de compromisso de compra e venda de fração ideal em loteamento, cujo projeto não foi aprovado junto à prefeitura local, bem como não tem o competente registro imobiliário nem infraestrutura básica. Desse modo, é facultado aos promitentes-compradores pleitearem, pelas vias adequadas, a restituição do que pagaram, com correção monetária desde a data do pagamento, até o ressarcimento, afora perdas e danos eventualmente comprovados" (TJSP, Ap. 273.923.2/7-00, 9ª Câm., Rel. Des. Silva Rico, j. 4-2-1997. In: *RT* 740/294).

6 Nesse sentido: "Registro de imóveis – Carta de adjudicação – Lotes em loteamento clandestino – Título irregistrável" (CSMSP, Ap. Cível 1.122-0, j. 4-10-82, v.u. In: *RT* 569/83).

loteador, de diversos documentos, de modo a conceder maior segurança aos futuros adquirentes dos futuros lotes.

O registro do loteamento deverá constar de matrícula aberta para tal fim (art. 167, inciso I, item 19, da Lei nº 6.015/73), assim como deverá existir na matrícula do imóvel, que dará origem ao loteamento, a averbação dessa circunstância (art. 167, inciso II, item 4, da Lei nº 6.015/73).

Nesse registro, deverão constar os dados referentes ao projeto aprovado, além da numeração de todos os lotes, de modo que, à medida que eles vão sendo vendidos, seja possível a aposição do número da matrícula, que será aberta para cada um dos lotes.

Outrossim, para cada lote que foi objeto de venda ou promessa de venda será aberta nova matrícula, uma vez que será cada lote um imóvel autônomo. Cada vez que for aberta uma matrícula nova deverá haver uma averbação desse fato na matrícula do imóvel parcelado (chamada na linguagem cartorária de *matrícula-mãe*).

O direito do comprador ao lote somente existe a partir do registro de seu contrato na nova matrícula aberta, correspondente ao seu lote.

Assim, o comprador deve exigir o compromisso com todos os elementos que permitam o registro de sua aquisição em matrícula própria. Desse modo, o imóvel (lote) irá existir juridicamente e o comprador será seu proprietário.

Evidentemente, o loteamento deverá ser registrado no cartório imobiliário ao qual o terreno que dará origem ao loteamento estiver vinculado. Vale dizer, assim, no cartório da *circunscrição* do imóvel. Na hipótese de partes do terreno estarem abrangidas por *circunscrições imobiliárias* diferentes, o registro deverá se dar em cada uma delas, nos termos do art. 21 da Lei nº 6.766/79.

Há hipóteses em que loteamentos irregulares apresentem "registro" em um Cartório de Títulos e Documentos! Esse registro nada vale como prova de propriedade. Portanto, verificando que o "registro" do loteamento está apenas em um Cartório de Títulos e Documentos, o comprador saberá, de antemão, que a venda dos lotes é ilegal e que não será possível adquirir a propriedade de coisa alguma. Em casos específicos, porém, tal registro poderá servir como prova de posse (vide seção 1.14). Na seção 11.6 trataremos da questão dos chamados *loteamentos irregulares* ou *condomínios irregulares*.

É importante verificar se existe, no cartório imobiliário, a averbação das novas ruas criadas pelo loteamento. Essa cautela é necessária, pois a descrição do lote a ser adquirido poderá fazer menção a essas ruas. Assim, a inexistência da averbação da existência da rua poderá dificultar ou impedir o registro da escritura de compra do lote.[7]

---

[7] Nesse sentido:
"Registro de imóveis – Escritura – Registro – Inadmissibilidade – Falta de averbação de abertura de via pública para a qual faria frente o lote objeto do título apresentado – Dúvida procedente – Voto vencido" (*RT* 575/129).

Além dos cuidados normais no tocante à celebração de qualquer contrato (que consistem, primeiramente, em sua leitura cuidadosa), é preciso verificar quem pagará os custos dos equipamentos urbanos, quais sejam, rede de esgoto, iluminação etc. Existe alguma divergência jurisprudencial no tocante à possibilidade de o contrato poder estipular que o comprador arcará com esses custos.[8] Em princípio, nada impediria, razão pela qual há que se verificar o que dispõe o contrato de compra e venda a respeito.

A Lei nº 6.766/76 (tanto antes quanto depois do advento da Lei nº 13.465/2017) não exige que a infraestrutura do loteamento esteja concluída, mas apenas um cronograma.

Dispõe o art. 18, V, da Lei nº 6.766/76, em redação dada pela Lei nº 14.118/2021:

> "Art. 18. Aprovado o projeto de loteamento ou de desmembramento, o loteador deverá submetê-lo ao registro imobiliário dentro de 180 (cento e oitenta) dias, sob pena de caducidade da aprovação, acompanhado dos seguintes documentos:
>
> (...)
>
> V – cópia do ato de aprovação do loteamento e comprovante do termo de verificação, pelo Município ou pelo Distrito Federal, da execução das obras exigidas pela legislação municipal, que incluirão, no mínimo, a execução das vias de circulação do loteamento, demarcação dos lotes, quadras e logradouros e das obras de escoamento das águas pluviais ou da aprovação de um cronograma, com a duração máxima de 4 (quatro) anos, prorrogáveis por mais 4 (quatro) anos, acompanhado de competente instrumento de garantia para a execução das obras;
>
> (...)."

Há precedente tecnicamente correto no sentido de que a obrigação da loteadora em concluir todas as obras de infraestrutura se mantém ainda que o comprador tenha recebido o lote e realizado construção,[9] bem como são presumidos lucros cessantes em razão do descumprimento da obrigação avençada.[10]

---

[8] Entendendo que o contrato poderá prever que o comprador pagará pela instalação dos equipamentos urbanos: "Direito civil – Loteamento do solo urbano (Lei nº 6.766/79) – Cláusula contratual que permite o repasse de custos das redes de água e esgoto aos adquirentes dos imóveis – Validade – Inexistência de vedação na Lei – Recurso provido. A Lei nº 6.766/79, que trata do parcelamento do solo urbano, não veda o ajuste das partes no tocante à obrigação de custear redes de água e esgoto nos loteamentos, sendo válida, portanto, cláusula contratual que preveja o repasse dos custos de tais obras aos adquirentes dos lotes. O que a Lei nº 6.766/79 contempla, no seu artigo 26, são disposições que devem obrigatoriamente estar contidas nos compromissos de compra e venda de lotes, requisitos mínimos para a validade desses contratos, o que não significa que outras cláusulas não possam ser pactuadas" (STJ, Rec. Esp. 43.735-SP, 4ª T., Rel. Min. Sálvio de Figueiredo Teixeira, j. 12-11-1996; maioria de votos. Publicado no Bol. *AASP* nº 2.024, de 13 a 19-10-1997, p. 73-e).

[9] TJSP, Apelação Cível nº 1011753-92.2017.8.26.0566, 9ª Câmara de Direito Privado, Rel. Des. Angela Lopes, j. em 6-4-2020.

[10] Súmula nº 162 do TJSP.

A Lei nº 14.620, de 13-7-2023, criou a possibilidade de instituição de patrimônio de afetação em loteamentos (inclusão dos arts. 18-A a 18-F à Lei nº 6.766, de 19-12-1979).

Atenção! A Lei nº 14.711, de 30-10-2023 incluiu o § 8º ao art. 18 da Lei nº 6.766/76 para estabelecer que o "imóvel poderá servir como garantia ao Município ou ao Distrito Federal na execução das obras de infraestrutura e a créditos constituídos em favor de credor em operações de financiamento a produção do lote urbanizado".

No âmbito do Programa Casa Verde e Amarela, vide art. 8º, § 2º, da Lei nº 14.118/2021.[11]

É possível a existência de compromisso de compra e venda (vide Capítulo 8) antes da celebração da compra e venda definitiva. Pode a compra e venda definitiva ser celebrada por instrumento particular ou é necessária a escritura pública? O § 6º do art. 26 da Lei nº 6.766/76, incluído pela Lei nº 9.785, de 29-1-1999, parece indicar que o simples compromisso de compra e venda de terrenos loteados seria suficiente para a transferência da propriedade. Contudo, a Lei nº 9.785/99 pretendeu apenas alcançar certos casos de loteamentos populares, havendo um erro de técnica legislativa ao alterar a Lei nº 6.766/76 sem a devida ressalva de aplicação do disposto no § 6º do art. 26 apenas aos loteamentos populares. Há, portanto, possibilidade de interpretação do mencionado § 6º de forma literal, hipótese em que a escritura pública seria dispensável para qualquer loteamento, ou de forma restritiva, hipótese em que o § 6º seria aplicável apenas aos loteamentos populares previstos na Lei nº 9.785/99. Há, ao menos, um precedente neste último sentido.[12]

Finalmente, resta frisar que se aplicam à aquisição de lote as demais cautelas expostas nos diversos Capítulos deste livro, inclusive no tocante à necessidade da esposa do loteador (se ele for pessoa física, claro) assinar a escritura ou o compromisso de compra e venda.

Um avanço significativo para proteger o comprador ocorreu com o advento do art. 55 da Lei nº 13.097/2015, como vimos na seção 3.14.

11.2 DESMEMBRAMENTO DE GLEBA EM REGIÃO JÁ URBANIZADA

Outra forma de parcelamento de solo urbano é o desmembramento. Trata-se também da criação de lotes em área relativamente grande e não de desmembramento de lote.

---

11 Esse dispositivo foi revogado pela Medida Provisória nº 1.162, de 14-2-2023, mas continua produzido efeitos quanto aos atos praticados no período em que estava em vigor (esse fenômeno se chama "ultra-atividade da norma revogada").

12 "Registro de imóveis. Dúvida julgada procedente. Registro de compromisso de compra e venda. Interpretação restritiva do § 6º do artigo 26 da Lei 6.766/79. Dispensa de escritura pública que somente alcança loteamentos populares. Registro inviável. Recurso improvido" (CSM-SP, Apelação Cível 201-6/0, Rel. Des. José Mário Antonio Cardinale, j. em 8-6-2004, *DOE* de 13-10-2004).

O desmembramento se diferencia do loteamento apenas no tocante à inexistência de criação de novas ruas ou avenidas. Assim, se o parcelamento do imóvel não criar novas vias de circulação, estaremos diante de um desmembramento.

Tal como visto anteriormente, também o desmembramento deverá ter seu projeto aprovado pela prefeitura, atendendo aos requisitos dos arts. 3º, 4º, 5º, 10 e seguintes da Lei nº 6.766/79 etc.

Esse desmembramento será, tal como ocorre na hipótese de loteamento, *registrado*[13] na matrícula do imóvel a ser desmembrado. Com esse registro será possível proceder à abertura da(s) matrícula(s) para o(s) lote(s), na forma do art. 235, § 1º, da Lei nº 6.015/73.

As aquisições ou promessas de vendas dos lotes serão, tal como no loteamento, registradas nas matrículas que forem abertas para tal fim.

Existe controvérsia a respeito de ser ou não necessário o registro, na forma do art. 18 da Lei nº 6.766/79, do projeto de desmembramento. O entendimento predominante é no sentido de ser usado o bom-senso.

Assim, para um desdobramento de grandes proporções, semelhante a um loteamento, em região a ser urbanizada, o registro (art. 18) do projeto com todas as formalidades deve ser exigido, nos termos do tópico anterior.

Todavia, para um simples destaque de um ou poucos lotes de um terreno, em região já urbanizada, isso não será necessário.[14] Essa hipótese é objeto da seção 11.3.

---

[13] Nesse sentido: "A novidade introduzida pela nova lei, em relação ao Registro de Imóveis, foi o ato registral. No *desmembramento,* ao invés de averbação, agora, deve-se efetuar um registro, com as mesmas formalidades previstas para o loteamento" (Paulo Aírton Albuquerque Filho. In: *Registro de imóveis, estudos de direito registral imobiliário*, XXIII Encontro de Oficiais de Registro de Imóveis do Brasil, Fortaleza – Ceará/1996, vários autores. Porto Alegre: Sérgio Antonio Fabris Editor, 1997. p. 53).

O desmembramento, que se assemelha ao loteamento no tocante à extinção jurídica do imóvel desmembrado e no tocante à quantidade de lotes que irão surgir, deve ser registrado. E é assim porque deve sua matrícula ser encerrada, com a abertura das matrículas referentes aos imóveis produtos do desmembramento. Assim, o último registro na matrícula do imóvel desmembrado será, justamente, o registro do desmembramento. É isso que se pretendeu com a edição da Lei nº 6.766/79, que fala em registro (e não averbação) do desmembramento.

A hipótese em que o desmembramento deve ser averbado é tratada no tópico seguinte: uma ou duas porções de um lote relativamente pequeno é desmembrada, para formar novos imóveis, sem extinção da matrícula do imóvel originário. É que nesse caso o desmembramento não se assemelha ao loteamento, prevalecendo o art. 167, alínea "4" da Lei nº 6.015/73, que fala em *averbação*, e não as regras da Lei nº 6.766/79. É por isso, exatamente porque o imóvel desmembrado não desaparece, mas apenas perde parte de sua extensão, que não há encerramento da matrícula, e somente uma singela averbação da alteração ocorrida.

No entanto, são bastante comuns as hipóteses em que o imóvel é dividido em dois ou três lotes, desaparecendo a matrícula originária. Efetua-se, então, o *registro* deste desmembramento, na matrícula do imóvel desmembrado, abrindo-se outras matrículas para os novos imóveis.

[14] Nesse sentido: SILVA FILHO, Elvino. O desmembramento de imóvel perante o registro imobiliário. *Revista de Direito Imobiliário* nº 7, p. 57.

Também é possível a constituição de um condomínio de casas, de acordo com o art. 8º da Lei nº 4.591, de 16-12-64 (Lei de Condomínio e Incorporações), hipótese em que será inaplicável a Lei nº 6.766/76. Essa questão não apresenta maiores controvérsias quando o condomínio de casas é de pequenas proporções, sem necessidade de abertura de novas avenidas ou ruas, mas apenas de pequenas vias de acesso às casas que compõem o condomínio. Já para os condomínios de maiores proporções, a questão suscita discussões, como veremos na seção 11.5. Seja como for, deverá existir autorização da prefeitura, de acordo com normas locais, para que possam ser construídas as casas e as vias de acesso, bem como para a instituição do condomínio,[15] de modo que cada casa será um imóvel autônomo com matrícula própria (vide seções 1.1 e 9.8).

11.3 DESMEMBRAMENTO DE LOTE URBANO (DESDOBRO)

Pode ocorrer que alguém queira apenas vender um pedaço de seu terreno, situado em zona já urbanizada.

Importante mencionar que o título (escritura de compra e venda, compromisso de compra e venda etc.) deverá descrever precisamente a área maior a ser desdobrada, assim como a área a ser destacada. Não é possível o desdobramento de partes ideais de um imóvel,[16] vale dizer, aquele que adquire parte ideal de imóvel somente poderá vender parte ideal de imóvel.

Esse singelo destaque de um pedaço do terreno não tem sido considerado como forma de parcelamento sujeita ao art. 18 da Lei nº 6.766/79, não sendo necessário, assim, seu registro com todas as formalidades descritas nos tópicos anteriores.

Contudo, a maior parte dos cartórios tem exigido que a prefeitura autorize a divisão do terreno para proceder ao desmembramento do terreno. Muito se tem

---

"O que esta Vara de Registros Públicos tem feito, com o apoio da E. Corregedoria Geral da Justiça, é dispensar, em determinados casos, o registro especial exclusivamente no que concerne à apresentação da documentação elencada no artigo 18 da Lei nº 6.766, de 1979, e isso se dá em pequenos desmembramentos que não representam um empreendimento imobiliário de vulto, que não oferecem, portanto, um risco potencial aos adquirentes de lotes, notadamente no que tange à liquidez do domínio e à idoneidade do empreendedor. Essa mitigação de exigências, todavia, não quer dizer que inexistiu o parcelamento ou que é inaplicável, à espécie, a Lei nº 6.766, de 1979, que incide mesmo nos casos de dispensa do registro especial" (Hélio Lobo Júnior, Processo 987/85, 1ª Vara de Registros Públicos da Capital de São Paulo).

15 A respeito da personalidade jurídica do condomínio, vide: SILVA, Bruno Mattos e. *Direito de empresa*: teoria da empresa e direito societário. São Paulo: Atlas, 2007. p. 215-219.

16 Nesse sentido: "Assim, se o registro de origem, relativo à área maior, descreve de modo impreciso o imóvel, faltantes as medidas perimetrais; se os vendedores, a teor desse registro anterior, são titulares apenas de fração ideal da área maior de que se destaca o imóvel ora vendido; se o terreno objeto do título não é localizável no interior dessa parte ideal, ausentes assim os meios para controle da disponibilidade, impossível se torna o registro de escritura de compra e venda que tem por objeto o imóvel destacado da área maior" (CSMSP, Ap. Cível 10.889-0/4. In: *Revista de Direito Imobiliário* nº 28, p. 130).

sustentado que essa exigência é bastante razoável, para que possa haver uma sintonia entre o cadastro dos imóveis na prefeitura e o seu registro em cartório. Entretanto, entre ser razoável e ser legal há uma grande diferença.

De todo modo, resta evidente que o tamanho mínimo também será de $125m^2$ (ou maior, se a lei municipal assim dispuser), assim como não será permitido o *desdobro* nas hipóteses do art. 3º da Lei nº 6.766/79 (terrenos alagadiços, com declinação superior a 30% etc.), e será necessária a *averbação*[17] do desmembramento na matrícula do imóvel original e abertura de matrícula para a parte desmembrada, que constituirá outro imóvel.

Portanto, o desmembramento ora tratado ("desdobro") está sujeito ao disposto na Lei nº 6.766/79, ficando dispensada, contudo, a exigência do registro mencionado no art. 18.[18]

Assim, esse desmembramento deverá ser *averbado* (ou *registrado*, se o imóvel desdobrado desaparecer para dar lugar a outros) na matrícula *do imóvel a ser desdobrado*, assim como deverá ser aberta nova matrícula para o registro da compra ou promessa de venda *do imóvel desdobrado*.

Observe-se, porém, que os cartórios imobiliários podem vedar o chamado "desmembramento sucessivo", qual seja, aquela hipótese em que o proprietário de gleba, que não procedeu ao registro do loteamento nos termos da Lei nº 6.766/79, efetua, uns após outros, pequenos desmembramentos na área total do imóvel. Assim, quando o oficial do cartório imobiliário verificar que a intenção do proprietário é a de burlar as exigências da Lei nº 6.766/79, poderá impedir o desmembramento.[19]

---

17 Ou *registro*, para as hipóteses em que a matrícula do imóvel original é encerrada, conforme visto anteriormente.

18 Ou então, nem mesmo será aplicável a Lei nº 6.766/79: "Inexiste irregularidade de parcelamento passível de correção pela via administrativa. E isso porque já averbada a via pública que faz frente para o referido lote, quando do desmembramento da área maior. Assim, tal situação fica excluída do âmbito de aplicação do Decreto-lei nº 58/37 que, ao contrário do pretendido, não dispõe sobre a matéria. Na verdade, o diploma legal vigente à época da aprovação da planta que deu origem à averbação levada a efeito, referentemente às vias públicas e aos sistemas de recreio, somente cuidava de loteamentos, que pressupõe a abertura de ruas com o simultâneo parcelamento do solo. E mais, só estariam submetidos ao referido Decreto-lei os loteamentos que tivessem imóveis destinados à venda por oferta pública, e mediante pagamento do preço a prazo em prestações sucessivas e periódicas. Inaplicável, também, o texto da Lei nº 6.766/79, que disciplina o parcelamento do solo urbano, porquanto a hipótese é de desmembramento não regulado pelo Decreto-lei nº 58/37. Desta forma fica afastado o óbice consistente na regularização do loteamento" (CSMSP, proc. 031.221-0/0, j. 7-6-1996, Relator: Márcio Martins Bonilha).

19 Nesse sentido: "1. O desmembramento sucessivo de lotes é vedado quando evidente a intenção de burla à Lei nº 6.766/79. O número de lotes resultante da segregação, embora critério objetivo importante, não é o único a inviabilizar o acesso do desmembramento. (...) Ainda que não se considere o número de (5) cinco lotes tão expressivo, ou excessivo, reconhecendo-se que, exceptivamente, já se autorizou dispensa do cumprimento do artigo 18 da Lei Federal nº 6.766/79, para desmembramento com até maior número de lotes, o fato é que – e isso deve

Por tais razões, caso o vendedor já tenha procedido ao desmembramento de porções do seu terreno maior, sem que tenham sido atendidos os requisitos da Lei nº 6.766/79, talvez o comprador não possa registrar sua escritura de compra e venda, uma vez que o oficial do cartório imobiliário poderá vetar o pedido de *averbação* do novo desmembramento e o *registro* da escritura de compra e venda do adquirente.

11.4 DESMEMBRAMENTO DE IMÓVEL RURAL

Exceção feita a certas hipóteses legais (ex.: programas de apoio à agricultura familiar), nenhum imóvel rural pode ser dividido em parcelas de tamanho inferior ao de um módulo rural ("fração mínima de parcelamento"). É o que dispõe o art. 65 da Lei nº 4.504, de 30-11-1964 (Estatuto da Terra).[20]

Assim, como regra geral, a área mínima para o desmembramento ("fração mínima de parcelamento") de imóvel rural é a fixada pelo Incra, sob pena de nulidade do ato, de acordo com o art. 8º, § 3º, da Lei nº 5.868, de 12-12-1972. Esse dispositivo continua em vigor, a despeito do advento da Lei nº 13.465, de 11-7-2017 (vide Capítulo 14). Na hipótese de a área desmembrada e de o produto do desmembramento serem superiores à da fração mínima de parcelamento, não há necessidade de prévia aprovação do Incra.

Existe, contudo, a hipótese de desmembramento de imóvel rural para fins comerciais e industriais. Para tanto, é necessária a autorização prévia do Incra (art. 4º do Decreto nº 62.504/68). Ensina-nos Elvino Silva Filho: "Essa autorização deverá ser transcrita, em inteiro teor, no instrumento público ou particular relativo à transmissão da área desmembrada, bem como averbada junto ao registro desse título no Registro

---

ficar assentado – o número de unidades, ainda que um importante critério objetivo, não é o único. Na verdade, quando se considera a averbação pretendida, cumpre se tenha presente a real intenção do interessado nela, para que se veja se não seria, no fundo, a de parcelar o solo, e destinar os lotes à edificação, sem respeito ao disposto na legislação pertinente. E nos autos consta que esta é efetivamente a intenção da recorrente. O exame da pretensão recursal revela que o imóvel objeto da referida matrícula 66.168, onde o desmembramento foi projetado, é oriundo de anterior desmembramento do imóvel da matrícula 50.195, que foi dividido em duas partes. Este, por sua vez, procede do desmembramento do imóvel da matrícula 30.885, que, então, tinha sido parcelado em outros cinco lotes (fls. 23/25). Está claro, pois, que se trata de parcelamento sucessivo, sempre coibido em reiteradas decisões desta Corregedoria Geral da Justiça" (CGJ-SP, Proc CG 2.626/96, j. 17-1-1997, Rel. Marcelo Martins Berthe).

20 A Lei nº 11.446, de 5 de janeiro de 2007, acrescentou os §§ 5º e 6º ao art. 65 do Estatuto da Terra:

"Art. 65. O imóvel rural não é divisível em áreas de dimensão inferior à constitutiva do módulo de propriedade rural. (...) § 5º Não se aplica o disposto no *caput* deste artigo aos parcelamentos de imóveis rurais em dimensão inferior à do módulo, fixada pelo órgão fundiário federal, quando promovidos pelo Poder Público, em programas oficiais de apoio à atividade agrícola familiar, cujos beneficiários sejam agricultores que não possuam outro imóvel rural ou urbano. § 6º Nenhum imóvel rural adquirido na forma do § 5º deste artigo poderá ser desmembrado ou dividido."

de Imóveis." Após isso, deverá ser aberta matrícula para o novo imóvel, conforme mencionado nas hipóteses anteriores.

Ao que parece, o objetivo do art. 65 da Lei nº 4.504/64 e do art. 8º, § 3º, da Lei nº 5.868/72 é o de evitar a existência de minifúndios, inviáveis economicamente. Porém, o que muitas vezes acontece é uma insegura "aquisição" de "lote" em imóvel rural, por meio de compra de uma "parte ideal" desse imóvel ou por meio de um "contrato de gaveta" (ver seção 12.3). Assim, exatamente porque não pode o imóvel *juridicamente* ser parcelado, comprador e vendedor procedem a uma divisão *de fato* e registram no cartório imobiliário apenas uma compra e venda de "parte ideal" (vide seção 1.10) do imóvel *juridicamente* indiviso, ou, no caso de um "contrato de gaveta" (vide Capítulo 8), nada é registrado. O comprador, nesses casos, adquire a posse (vide seção 1.14) e, quando há registro de compra e venda, uma parte ideal do imóvel. Voltaremos ao tema da possibilidade de regularização de áreas ocupadas na seção 11.6 e no Capítulo 14.

Como se vê, a Lei não está atingindo seus fins e está semeando os problemas decorrentes de um descompasso entre os fatos (imóvel faticamente dividido) e o Direito (imóvel juridicamente indiviso). Talvez por isso tem-se sustentado que "É possível adquirir a propriedade de área menor do que o módulo rural estabelecido para a região, por meio da usucapião especial rural".[21] Ver, a respeito desse tema, seção 1.10 – *O imóvel encontra-se dividido em partes ideais* e, especialmente, seção 14.2 – *Regularização fundiária de imóvel rural.*

O desmembramento de áreas rurais tem requisitos diferenciados. É necessária a apresentação do Certificado de Cadastro de Imóvel Rural (CCIR) (art. 22, § 1º, da Lei nº 4.947/66), expedido pelo Incra, que deve estar acompanhado da prova de quitação do Imposto sobre a Propriedade Territorial Rural (ITR), correspondente aos últimos cinco exercícios (art. 22, § 3º, da Lei nº 4.947/66, de acordo com a redação dada pela Lei nº 10.267/2001) e a elaboração de memorial descritivo dos imóveis, que contenha as coordenadas dos vértices definidores de seus limites referenciadas ao Sistema Geodésico Brasileiro, de acordo com as exigências do art. 176, § 3º, da Lei de Registros Públicos, alterada pela Lei nº 10.267/2001,[22] e do art. 9º do Decreto nº 4.449, de 30-10-2002.[23] A respeito dessa questão, vide seção 1.11.

---

21 Enunciado nº 594, aprovado na VII Jornada de Direito Civil, realizada em Brasília/DF, nos dias 28 e 29 de setembro de 2015.

22 "Art. 176 (...) § 3º Nos casos de desmembramento, parcelamento ou remembramento de imóveis rurais, a identificação prevista na alínea *a* do item 3 do inciso II do § 1º será obtida a partir de memorial descritivo, assinado por profissional habilitado e com a devida Anotação de Responsabilidade Técnica – ART, contendo as coordenadas dos vértices definidores dos limites dos imóveis rurais, georreferenciadas ao Sistema Geodésico Brasileiro e com precisão posicional a ser fixada pelo INCRA, garantida a isenção de custos financeiros aos proprietários de imóveis rurais cuja somatória da área não exceda a quatro módulos fiscais."

23 "Art. 9º A identificação do imóvel rural, na forma do § 3º do art. 176 e do § 3º do art. 225 da Lei nº 6.015, de 1973, será obtida a partir de memorial descritivo elaborado, executado e assinado por

Deverão constar da escritura pública de alienação da parte desmembrada, de acordo com o art. 22, § 6º, da Lei nº 4.947/66, em sua redação dada pela Lei nº 10.267/2001, os seguintes dados do CCIR: código do imóvel, nome do detentor, nacionalidade do detentor, denominação do imóvel, e localização do imóvel.

No mais, o procedimento é o mesmo dos imóveis urbanos: averbação (ou "registro", dependendo da prática cartorária) do desdobramento na matrícula do imóvel que foi desmembrado e abertura da nova matrícula para o imóvel produto do desmembramento, por ocasião do registro da escritura pública.

Para mais informações a respeito de desmembramento de imóvel rural, vide Instrução Normativa Incra nº 82/2015 e a Nota Técnica Incra/DF/DFC nº 2/2016,[24] que a interpreta.

11.5 CONDOMÍNIO DE LOTES, CONDOMÍNIO DE CASAS E LOTEAMENTO FECHADO

Atualmente, existem três figuras jurídicas semelhantes entre si, mas que têm diferenças importantes. São elas: o condomínio de lotes, o condomínio de casas (ou mesmo de cômodos) e o loteamento fechado. Como os nomes estão a dizer, o condomínio de lotes e o de casas são condomínios, semelhantes ao condomínio especial (condomínio edilício) tal como visto na seção 9.8. Já o loteamento fechado não é um condomínio, mas sim um loteamento com muros ou cercas e controle de acesso. Para entendermos bem essas figuras jurídicas, bem como para corretamente aplicá-las corretamente a realidade – especialmente aos parcelamentos urbanos criados *antes* da Lei nº 13.465, de 11-7-2017 – é preciso entender como a matéria era tratada.

Antes do advento da Lei nº 13.465, de 11-7-2017, havia discussão a respeito dos chamados "condomínio atípico", "condomínio fechado" e "loteamento fechado". O cerne da divergência dizia respeito à possibilidade de se edificarem cercas ou muros ao redor do loteamento ou condomínio e de se implantar *controle de acesso*, mediante instalação de guarita na entrada do loteamento ou condomínio, com pessoal contratado para impedir a entrada de pessoas que não sejam moradoras ou convidadas, inviabilizando a utilização dos espaços públicos do loteamento ou condomínio por outras pessoas, que não os moradores ou convidados.

Havia uma sutil diferença entre o que era chamado de "condomínio fechado" e de "loteamento fechado": na primeira modalidade ("condomínio fechado") havia um "síndico" e as vias internas eram, segundo a legislação municipal, consideradas privadas

---

profissional habilitado e com a devida Anotação de Responsabilidade Técnica – ART, contendo as coordenadas dos vértices definidores dos limites dos imóveis rurais, georreferenciadas ao Sistema Geodésico Brasileiro, e com precisão posicional a ser estabelecida em ato normativo, inclusive em manual técnico, expedido pelo INCRA."

[24] Disponível em: http://www.urbanismo.mppr.mp.br/arquivos/File/Nota_Tecnica_02_2016_IN_82_INCRA.pdf.

(a despeito do art. 22 da Lei nº 6.766/79); na segunda modalidade ("loteamento fechado"), as vias internas eram públicas, não havia propriamente um condomínio, nem um síndico, mas normalmente uma associação de moradores (vide seção 11.6), que prestava serviços diversos, como vigilância e limpeza, executava obras de manutenção ou de melhorias etc. Essa associação poderia se constituir formalmente, com registro em cartório, hipótese em que haveria a criação de uma pessoa jurídica. Mesmo nessa hipótese, porém, não se confundia a associação de moradores do "loteamento fechado" com o condomínio edilício (vide seções 9.8 e 11.6).[25]

O grande problema dessas modalidades de "condomínio" ou loteamento decorriam do disposto no art. 22 da Lei nº 6.766/79. Essa norma estabelece que, a partir do registro do loteamento no cartório de registro de imóveis, passam a integrar o domínio do Município as vias e praças, os espaços, livres e as áreas destinadas a edifícios públicos e outros equipamentos urbanos, constantes do projeto e do memorial descritivo. Por isso se afirmava que os chamados "loteamentos fechados" e "condomínios fechados" seriam ilegais, pois as vias de acesso e demais áreas não privativas deveriam ser abertas a todas as pessoas, moradoras ou não do condomínio, por serem propriedade pública de uso comum do povo. A questão era controvertida, com posições favoráveis[26] e contrárias[27] à legalidade dos loteamentos ou condomínios fechados (algumas teses a favor da legalidade diziam inexistir "loteamento fechado" baseado na Lei nº 6.766/79, mas sim "condomínio fechado" baseado na Lei nº 4.591/64.

Prevalecia, nos tribunais estaduais, a tese da constitucionalidade de leis municipais que autorizavam a criação de loteamentos ou condomínios fechados, ou seja, loteamentos ou condomínios cercados ou murados e com controle de acesso.[28] Havia

---

25 A respeito da existência de personalidade jurídica do condomínio, do conceito de pessoa formal e do regime jurídico das associações, vide: SILVA, Bruno Mattos e. *Direito de empresa*: teoria da empresa e direito societário. São Paulo: Atlas, 2007. p. 199-208 e 215-221.

26 LOBO JÚNIOR, Helio. Loteamento fechado. *Boletim do IRIB em revista*. São Paulo: Instituto de Registro Imobiliário do Brasil, nº 304, p. 6, set. 2002; SILVA FILHO, Elvino. Loteamento fechado e condomínio deitado. *Revista de Direito Imobiliário*, São Paulo: Revista dos Tribunais, nº 14, jul.-dez. 1984; FREITAS, José Carlos. Da legalidade dos loteamentos fechados. *Boletim do IRIB em Revista*, São Paulo: Instituto de Registro Imobiliário do Brasil, nº 304, p. 14, set. 2002; ORLANDI NETO, Narciso. Registro de Imóveis – Diário Responde. *Diário de São Paulo*, 7-11-2004.

27 MARICATO, Ermínia. O nó da terra. *Piauí*, Rio de Janeiro: Alvinegra, nº 21, ano 2, p. 35, jun. 2008; ALVES, Sonia Marilda Peres. "Loteamentos fechados" nas grandes cidades: a produção da ilegalidade por atores revestidos de poder social, econômico e político. *Revista de Direito Imobiliário*, São Paulo: Revista dos Tribunais, nº 64, ano 31, p. 99-100, jan.-jun. 2008. Processo CG 245/2006, decidido por Roberto Maia Filho, Juiz Auxiliar da Corregedoria, em 16-5-2006, aprovada por Gilberto Passos de Freitas, Corregedor-Geral da Justiça do Estado de São Paulo, *DOE* de 13-6-2006.

28 O TJRS, por ocasião do julgamento, em 2-10-2006, da ADIn nº 70014703193, afirmou a constitucionalidade dos arts. 38 a 48 da Lei Complementar nº 246/2005, do Município de Caxias do Sul, que estabelecem a possibilidade de loteamentos fechados, definidos como "o loteamento

também precedentes favoráveis à manutenção de guaritas, muros ou controles de acesso para impedir a entrada de pessoas estranhas ao condomínio.[29]

Com o advento da Lei nº 13.465/2017, passam a existir três institutos jurídicos: o *condomínio de lotes*, o *loteamento de acesso controlado* e o *condomínio urbano simples*.

Vejamos rapidamente cada uma dessas figuras (a legislação municipal pode usar a terminologia da Lei nº 13.465/2017 ou terminologia semelhante com significados diferentes).

Condomínio de lotes

De acordo com o art. 1.358-A do Código Civil, incluído pela Lei nº 13.465/2017 e alterado pela Lei nº 14.382, de 27-6-2022, em sentido semelhante ao que existe para o condomínio edilício (vide seção 9.8), pode existir, em um terreno, partes que são propriedade exclusiva (o lote) e partes que são de uso comum dos condôminos. Isso está coerente com o § 7º do art. 2º da Lei nº 6.766/79, incluído pela Lei nº 13.465/2017, que estabelece a possibilidade de o lote ser imóvel autônomo ou uma unidade imobiliária (tal como um apartamento) integrante de um condomínio de lotes. Aliás, também está em sintonia com a Lei nº 14.620, de 13-7-2023, que criou a possibilidade de instituição de patrimônio de afetação em loteamentos (inclusão dos arts. 18-A a 18-F à Lei nº 6.766, de 19-12-1979).

O § 2º do art. 1.358-A estabelece que é aplicável ao condomínio de lotes o disposto ao condomínio edilício (vide seção 9.8), desde que respeitada a legislação municipal. Isso significa que são permitidas a criação de muros, controle de acesso, guaritas e todas as restrições a acesso público que não forem vedadas pela legislação municipal.

A norma não é clara, mas parece indicar que no condomínio de lotes é *permitido* impedir a entrada de pessoas, a critério da administração do condomínio, representado pelo síndico.

---

cuja delimitação no todo ou em parte de seu perímetro é marcada por muro, cerca, grade, mantendo controle ao acesso dos lotes".

Em sentido semelhante, o TJSP, por ocasião do julgamento, em 5-2-2003, da ADIn nº 65.051.0/8, julgou constitucional a Lei nº 8.736/96, do Município de Campinas, que confere poderes ao Prefeito para autorizar o fechamento do tráfego de veículos nas ruas de loteamentos residenciais fechados, por meio de decreto, e trespassar àqueles que se beneficiarem com a adoção dessa medida a responsabilidade pela construção de portarias, limpeza, conservação das ruas e realização de serviços de coleta de lixo, regulamentando as condições de acesso, fiscalizando o uso do solo, além de permitir a desafetação de áreas verdes e institucionais.

29 "Mandado de Segurança – Ato atacado que determinou a desobstrução dos portões de entrada do loteamento residencial Altos da Baronesa – Área de proteção de manancial e de proteção permanente – Loteamento regular – Notificação da Municipalidade fundada em lei de 2001 – Provas extraídas dos autos que demonstram a existência de portões, muros e cercas há pelo menos dez anos antes do ato impugnado – Manutenção da sentença concessiva de ordem – Recurso desprovido" (TJSP, Apelação Cível 652.294.5/9-00, 11ª Câmara de Direito Público, Rel. Des. Oscild de Lima Júnior, j. em 29-6-2009, por maioria).

Por força do art. 1.358-A, § 2º, I e II, do Código Civil, em redação dada pelo art. 14 da Lei nº 14.382, de 27-6-2022, há aplicação do Código Civil e da Lei nº 4.591/64 nos seguintes termos:

> "§ 2º Aplica-se, no que couber, ao condomínio de lotes:
>
> I – o disposto sobre condomínio edilício neste Capítulo, respeitada a legislação urbanística; e
>
> II – o regime jurídico das incorporações imobiliárias de que trata o Capítulo I do Título II da Lei nº 4.591, de 16 de dezembro de 1964, equiparando-se o empreendedor ao incorporador quanto aos aspectos civis e registrários."

Loteamento de acesso controlado (loteamento fechado)

Já na hipótese do § 8º do art. 2º da Lei nº 6.766/79, chamado de *loteamento de acesso controlado*, é expressamente *vedado* impedir a entrada de pessoas (inclusive com automóveis) não residentes no condomínio, desde que devidamente identificadas ou cadastradas.

A discrepância entre a possibilidade de se impedir o acesso nos *condomínios de lotes* e a impossibilidade nos *loteamentos de acesso controlado* decorreu do fato de que o *loteamento de acesso controlado* não é um condomínio e as vias internas são de propriedade do Município (art. 22 da Lei nº 6.766/79). Não podemos afirmar com certeza se a jurisprudência não irá entender aplicável aos *condomínios de lotes* a vedação à restrição de ingresso de pessoas não residentes existente aos denominados *loteamentos de acesso controlado*, tratando ambos institutos jurídicos como se fossem um só.

Condomínio urbano simples (condomínio de casas)

Semelhante ao art. 8º da Lei nº 4.591, de 16-12-64, o art. 61 da Lei nº 13.465/2017 estabelece a possibilidade de instituição de condomínio de "casas ou cômodos". Ao contrário do art. 1.358-A do Código Civil, que trata de condomínio de *lotes*, o condomínio previsto pelo art. 61 da Lei nº 13.465/2017 é formado por *casas ou cômodos*. Obviamente tanto em um como em outro caso os terrenos poderão ter construções e haverá matrículas próprias para as unidades autônomas.

Além do disposto nos arts. 61 a 63 da Lei nº 13.465/2017, o *condomínio urbano simples* é regido pelos arts. 1.331 a 1.358 do Código Civil, que dizem respeito, justamente, a condomínio edilício (vide seção 9.8).

Na prática, qual a diferença entre o *condomínio de lotes* e o *condomínio urbano simples*? É preciso se ter em mente que, antes do advento da Lei nº 13.465/2017, aquilo que era chamado de condomínios ou loteamentos fechados tinham diferentes embasamentos jurídicos. Havia, como vimos, discussão quanto à legalidade do controle de acesso, muros, guaritas, propriedade das vias internas etc. O *condomínio urbano simples* seria o condomínio previsto no art. 8º da Lei nº 4.591/64 e o *condomínio de lotes* e o *loteamento de acesso controlado* seriam, respectivamente, condomínio e loteamento oriundos da

Lei nº 6.766/79. Seja como for, a Lei nº 13.465/2017 surge para estabelecer um marco regulatório para a questão, buscando abranger tanto os condomínios formados por "casas" quanto os formados por "lotes", bem como o loteamento que, sem ser condomínio, tem controle de acesso (ou seja, aquilo que havia sido criado nos termos da legislação anterior com diferentes formatos jurídicos). Assim, dependendo de qual tenha sido o fundamento para a criação do condomínio (de "lotes" ou de "casas"), a regência será por meio dos dispositivos que dizem respeito a condomínio de lotes (art. 1.358-A do Código Civil) ou a condomínio de casas ou cômodos (art. 61 a 63 da Lei nº 13.465/2017), mas em ambos casos constituindo condomínio especial (condomínio edilício visto na seção 9.8). O loteamento fechado que não era condomínio passa a ser regido como *loteamento de acesso controlado* (§ 8º do art. 2º da Lei nº 6.766/79 incluído pela Lei nº 13.465/2017).

Sem entrar no mérito dessa discussão, a pessoa que pretender adquirir um lote ou uma casa em um "loteamento ou condomínio fechado" deve verificar em qual das três figuras jurídicas trazidas pela Lei nº 13.465/2017 o "loteamento ou condomínio fechado" se encontra. É interessante para isso verificar se há lei municipal ou ato administrativo regulando ou concedendo a propriedade ou qualquer direito ao uso privativo das vias internas do loteamento ou condomínio.

Também é interessante observar se existe alguma ação judicial contra o "loteamento ou condomínio fechado" ou contra a associação de moradores que o administra, com base na alegação de violação do art. 22 da Lei nº 6.766/79.

Às vezes os loteadores, por ocasião do início do empreendimento, dizem que o loteamento ou condomínio será "fechado", mas não têm qualquer amparo legal para tanto e o comprador, ao final, descobre que adquiriu um lote comum, sem muros ou controle de acesso. Muitas vezes a empresa loteadora e os próprios adquirentes dos lotes optam por manter as vias internas do loteamento sob propriedade do Município, de modo que os custos de vários serviços (iluminação pública, coleta de lixo, limpeza das ruas e calçadas etc.) sejam mantidos e custeados pelo Poder Público, mas cercam o loteamento e implantam controle de acesso.

Seja como for, deve o comprador verificar quais são as normas de utilização do lote, pois podem existir vários tipos de restrições decorrentes da legislação municipal ou de convenções de condomínio (ex.: proibição de construções de muros para cada lote, exigência de "recuo" mínimo para as edificações, proibição de construções de casas de madeira etc.). A convenção de condomínio não precisa estar registrada para ser válida, de acordo com a orientação da jurisprudência atual,[30] embora exista precedente no sentido de que, na ausência do registro, ela não obrigaria pessoas que não participaram da sua elaboração,[31] assim como se pode sustentar que a convenção de

---

[30] Súmula nº 260 do STJ: "A convenção de condomínio aprovada, ainda que sem registro, é eficaz para regular as relações entre os condôminos".

[31] STJ, REsp 503.768/RJ, Quarta Turma, Rel. Min. Aldir Passarinho Junior, j. em 5-6-2003, *DJ* 1º-9-2003.

condomínio somente é válida como tal nos casos em que o loteamento foi constituído ou passou a ser regido como *condomínio de lotes* ou como *condomínio urbano simples*, mas não no caso de *loteamento de acesso controlado* (exatamente porque loteamento de acesso controlado não é condomínio). A jurisprudência deverá, no futuro, estabelecer regras para cada uma dessas situações.

A questão da legalidade e regência do "condomínio fechado" (condomínio de lotes e condomínio de casas ou cômodos) e do "loteamento fechado" (loteamento de acesso controlado) não se confunde com a questão do chamado "condomínio irregular" (vide seção 11.6), que não tem sequer registro válido do parcelamento no cartório imobiliário, embora possa existir um "condomínio irregular fechado", ou seja, um loteamento irregular cercado ou murado e com controle de acesso.

11.6 O CHAMADO "CONDOMÍNIO IRREGULAR" E AS "OCUPAÇÕES"

Na seção 1.14, vimos a questão da posse e da aquisição de posse (ou de direitos possessórios). Agora, trataremos desse mesmo tema dentro de outra perspectiva, que é a possibilidade de aquisição de um "direito", normalmente possessório, incidente sobre um terreno ou sobre parcela de uma área maior.

Têm sido chamados de *loteamentos irregulares* ou de *condomínios irregulares*[32] os fracionamentos de terras que não atendem aos requisitos legais mencionados nos tópicos anteriores. Praticamente todas as cidades brasileiras têm condomínios irregulares. Trata-se de um grave problema social, que prejudica especialmente as pessoas em situação de vulnerabilidade social.

Os malefícios dos condomínios irregulares para a sociedade decorrem de uma ocupação não planejada e desordenada do solo urbano ou em vias de urbanização. Possivelmente, o problema principal do excesso de condomínios irregulares em determinada região seja o ambiental. Apenas a título de exemplo, a ocupação irregular do solo urbano, em razão do grande número de construções de casas, de pátios de cimento em quintais, de asfaltamento das vias públicas etc., dificulta o escoamento e a infiltração das águas da chuva, o que, além de provocar erosão precoce nos locais em que há escoamento e infiltração, aumenta o risco de inundações e enchentes.

Além disso, a capacidade do meio ambiente em prover a cidade de água potável é limitada: a excessiva urbanização e o bombeamento de água por meio de poços

---

32 A expressão "condomínio irregular" é largamente utilizada pelas pessoas comuns e até mesmos por juristas com amplo conhecimento. Tecnicamente, a expressão é contraditória: domínio significa propriedade, o que só pode ser juridicamente reconhecido como correto (regular). Nenhum conceito absoluto (como é o caso do conceito de propriedade) pode ser correto e incorreto ao mesmo tempo. Assim, não pode haver juridicamente "propriedade irregular", ao contrário do que ocorre com a posse (conceito que não é absoluto, como vimos na seção 11.4). Porém, utilizamos neste livro a expressão "condomínio irregular" apenas e tão somente porque ela é conhecida pelo público e utilizada normalmente por juízes, advogados etc.

artesianos tende a secar os lençóis freáticos existentes, especialmente se há dificuldade para a infiltração da água da chuva.

É princípio constitucional que a propriedade deve atender a sua função social. Nesse sentido, é intuitivo imaginar que a propriedade que não esteja sendo utilizada de acordo com a legislação ambiental ou urbanística não está atendendo a sua função social. Adiante veremos se essa questão é relevante ou não sob o aspecto jurisprudencial.

A necessidade de se prover a cidade de boa qualidade de vida é a motivação das leis que restringem a livre utilização e ocupação do solo urbano e rural. É necessário, assim, planificar e ordenar o uso e o parcelamento de terras na cidade e no campo. Se necessário para o bem comum, a propriedade privada pode ter sua utilização limitada e restringida ou até mesmo desapropriada.

Por outro lado, existe uma crescente demanda por habitação. A população aumenta ("crescei e multiplicai-vos"), o que importa maior procura por casas para novas famílias. O povo precisa de habitação.

Sob o aspecto jurídico, há várias hipóteses de condomínios irregulares, com variadas conotações. Há loteamentos com falhas no processo de registro, com registro inválido ou mesmo sem qualquer registro. Há até mesmo casos em que áreas do Poder Público foram equivocadamente registradas como particulares que, posteriormente, parcelaram e venderam lotes para terceiros de boa-fé.[33]

Algumas pessoas distinguem os condomínios ou loteamentos irregulares em três grupos: o irregular propriamente dito, o clandestino e o grilado. O condomínio *irregular propriamente dito* seria aquele em que o loteador é o proprietário do imóvel registrado, mas o loteamento viola alguma norma legal e não tem registro; o *clandestino* seria o loteamento cuja propriedade do imóvel não está registrada em nome do loteador, podendo existir litígio quanto à propriedade; o *grilado* seria o loteamento no qual o loteador não é o verdadeiro proprietário.

Na prática, nem sempre é possível identificar com clareza qual a situação do condomínio ou loteamento em questão, inclusive em razão de disputas judiciais. Além disso, a situação jurídica dos condomínios ou loteamentos irregulares pode mudar (exemplos: o loteador obtém o registro do imóvel, o loteador obtém o registro do loteamento, o Poder Público promove a regularização etc.). Assim, nesta seção tratamos do tema de forma genérica, abrangendo todas as modalidades de condomínio ou loteamento que não preenchem requisitos da lei e utilizamos as expressões *loteamentos irregulares* e *condomínios irregulares* como sinônimas e em sentido amplo.

---

33 MORETTI, Julia Azevedo. Lei nº 11.481/07 – regularização fundiária em imóveis da União: efeitos e importância. Palestra apresentada pela representante da SPU, Julia Moretti, no XXXIV Encontro dos Oficiais de Registro de Imóveis do Brasil, no dia 24 de setembro, no hotel Majestic Palace, em Florianópolis, SC. *Boletim do IRIB*, São Paulo: Instituto de Registro Imobiliário do Brasil, nº 332, p. 19, jul.-set. 2007.

Há também casos de *ocupações*, com diferentes nuances. Alguns tipos de ocupações são chamados de *comunidades*. O vocábulo *comunidade* surgiu nos anos 80, em substituição à palavra *favela*.[34] Certos tipos de ocupações são chamados de *invasões* por seus opositores. Adiante iremos analisar o tema sob o prisma jurídico, sem análises subjetivas de política.

O "condomínio irregular" não é, tecnicamente, o condomínio especial ou edilício previsto no art. 8º da Lei nº 4.591, de 16-12-64 ou nos arts. 1.331 a 1.358 do Código Civil (vide seções 9.8 e 11.5). É comum a constituição de uma associação[35] para realização das atividades de interesse comum dos moradores do "condomínio irregular". O ingresso e permanência do morador nessa associação não é obrigatório (art. 5º, XX, da Constituição Federal).[36] Contudo, todos se beneficiam com as atividades dessa associação. Surgiu então uma questão: os que não são associados são obrigados a efetuar contribuições para a associação dos moradores?

Após precedentes no sentido de que mesmo os que não são associados devem pagar pelas despesas decorrentes dos serviços de interesse de todos os moradores, prestados pela associação,[37] prevaleceu no STJ orientação no sentido de que não se pode cobrar qualquer valor de quem não é associado.[38] Mas a questão continuou controvertida, com decisões de tribunais estaduais insistindo no sentido de que todos que se beneficiam dos serviços devem pagar os valores pertinentes, associados ou não.[39] Continua prevalecendo no STJ a tese de que "As taxas de manutenção criadas por associações de moradores não obrigam os não associados ou que a elas não anuíram".[40] O art. 36-A da Lei nº 6.766, de 19-12-1979, acrescentado pela Lei nº 13.465, de 11-7-2017, embora com redação truncada, objetiva estabelecer que a cobrança mesmo dos não associados é possível.[41]

---

34 SILVA, Bruno Mattos. *Oficial aos 19 anos*: a vida de um oficial de justiça na São Paulo dos anos 1989-1990. Disponível em: https://www.amazon.de/Oficial-Justi%C3%A7a-aos--anos-1989-1991/dp/179057076X.

35 A respeito do regime jurídico das associações, vide: SILVA, Bruno Mattos e. *Direito de empresa*: teoria da empresa e direito societário. São Paulo: Atlas, 2007, p. 199-208.

36 STJ, REsp 588.533/RJ, Quarta Turma, Rel. Min. Aldir Passarinho Junior, j. em 28-9-2004, *DJ* 28-11-2005.

37 STJ, REsp 439.661/RJ, Quarta Turma, Rel. Ministro Ruy Rosado de Aguiar, j. em 1º-10-2002, *DJ* 18-11-2002.

38 STJ, EREsp 444.931/SP, Segunda Seção, Rel. Min. Fernando Gonçalves, Rel. p/ Acórdão Min. Humberto Gomes de Barros, j. em 26-10-2005, *DJ* 1º-2-2006.

39 TJDF, Apelação Cível 20040110504014, 6ª Turma Cível, Rel. Des. Antoninho Lopes, Rel. p/ Acórdão Des. José Divino de Oliveira, j. em 7-5-2008, *DJ* de 18-6-2008.

TJMG, Apelação Cível 1.0114.04.047328-1/001, 17ª Câmara Cível, Rel. Des. Eduardo Mariné da Cunha, j. em 26-4-2007, *DJ* de 11-5-2007.

40 Julgamento de recurso repetido no REsp 1.280.871/SP, Segunda Seção, Rel. Min. Ricardo Villas Bôas Cueva, Rel. p/ acórdão Min. Marco Buzzi, j. em 11-3-2015, *DJe* de 22-5-2015.

41 "Art. 36-A. As atividades desenvolvidas pelas associações de proprietários de imóveis, titulares de direitos ou moradores em loteamentos ou empreendimentos assemelhados, desde que não

Há precedente no sentido de que, ao contrário do que ocorre com imóvel em condomínio especial (edifício de escritórios ou apartamentos: vide seção 3.12), o adquirente de imóvel nesses loteamentos não está obrigado a pagar valores à associação devidos pelo vendedor.[42]

É de conhecimento notório ser arriscada a aquisição dos lotes nos chamados "loteamentos irregulares". Por essa razão, os lotes nos condomínios irregulares são mais baratos. Em termos meramente econômicos, não há qualquer problema em efetuar um negócio arriscado. O que se deve ponderar é se o *risco* compensa a possibilidade de *lucro*. Em geral, pessoas que fazem negócios mais arriscados com possibilidades de lucros não tão altos não estão cientes dos riscos das operações. Portanto, é fundamental fazer uma análise jurídica do risco para se ter uma perfeita noção da vantagem econômica do negócio. Se o risco é alto, o preço do imóvel deve ser muito baixo, caso contrário o negócio é ruim para o comprador sob o aspecto econômico.

Caso se esteja avaliando a aquisição de lote em condomínio irregular, é fundamental saber o que está sendo, juridicamente, adquirido. O vendedor é o proprietário? A venda é de parte ideal do terreno, por meio de escritura pública, ou mediante simples cessão de direitos por instrumento particular? Esse instrumento particular poderá ser registrado? Há litígio no tocante a essa propriedade? O vendedor é apenas posseiro? Existe lei local vedando a transferência da posse do imóvel? Quem é o proprietário? O vendedor nem mesmo é posseiro (colocou uma faixa e diz que está vendendo lotes)? A área pertence ao poder público (note-se que, em tese, não existe possibilidade de usucapião de terras públicas)?[43] O loteamento está em área com restrições da legislação ambiental? Há ações na justiça para impedir as construções? Já existem muitas casas no loteamento?

Dependendo das respostas a essas perguntas, o grau de risco da aquisição será pequeno, grande, astronômico ou mesmo será inviável a aquisição da posse, caracterizando-se a venda como um verdadeiro estelionato.

Em regra, os vendedores de lotes desses condomínios acenam com a possibilidade de regularização a curto ou médio prazo.

Na hipótese de aquisição de lote irregular em terras públicas (ou mesmo particulares) é preciso tomar cuidado, especialmente em anos eleitorais, com promessas de

---

tenham fins lucrativos, bem como pelas entidades civis organizadas em função da solidariedade de interesses coletivos desse público com o objetivo de administração, conservação, manutenção, disciplina de utilização e convivência, visando à valorização dos imóveis que compõem o empreendimento, tendo em vista a sua natureza jurídica, vinculam-se, por critérios de afinidade, similitude e conexão, à atividade de administração de imóveis. Parágrafo único. A administração de imóveis na forma do *caput* deste artigo sujeita seus titulares à normatização e à disciplina constantes de seus atos constitutivos, cotizando-se na forma desses atos para suportar a consecução dos seus objetivos."

[42] STJ, REsp nº 1.941.005/SP, Terceira Turma, Rel. Min. Ricardo Villas Bôas Cueva, j. em 22-6-2021.

[43] Abordamos o tema da usucapião de bens públicos na seção 14.1.

regularização do Governo,[44] que "podem" não ser cumpridas e até mesmo com incríveis "certificados de regularização", que podem não ser válidos![45]

Vimos, nas seções 2.30 e 2.31, dois atos pelos quais o Poder Público pode validamente conceder títulos que poderão ensejar a aquisição de propriedade. Veremos, no Capítulo 14, as possibilidades de regularização de lotes, loteamentos, ocupações e glebas de terras em situação irregular.

A existência de cobrança de IPTU e a prestação de serviços públicos (água, luz, coleta de lixo, transporte público, correio) são elementos positivos para a estabilidade do condomínio irregular (inclusive as contas no nome do comprador podem servir como prova de posse, conforme o caso), mas não garantem que, no futuro, o Poder Público não irá optar pela desocupação da área.

Há precedente no sentido de que é cabível ação civil pública na hipótese de vendas de terrenos a pessoas de baixa renda em loteamento irregular, havendo possibilidade de obtenção de indenização por dano moral coletivo.[46]

Embora nos termos da lei, em ação própria ou não, possa o comprador que adquiriu lote em condomínio irregular pedir seu dinheiro de volta (o negócio é nulo, em razão da ilicitude, art. 166, II, do Código Civil, combinado com o art. 37 da Lei nº 6.766/79), em certos casos, na prática, isso poderá ser demorado ou mesmo inviável. Sabemos da morosidade da Justiça, que ocorre em razão de uma desproporcional

---

44 "Em meio a uma batalha judicial com a Associação de Moradores do Condomínio Hollywood, a Companhia Imobiliária de Brasília (Terracap) conseguiu manter a licitação dos 1.094 terrenos da Etapa 1 do Setor Habitacional Taquari prevista para hoje (...) Os moradores do Hollywood – uma área de 136 hectares entre o Lago Norte e Sobradinho, ocupada desde a década de 90 – estão amedrontados com a possibilidade de perder suas casas. (...) Os posseiros alegam não ter dinheiro para pagar o lance mínimo exigido pela Terracap, que varia de R$ 50 mil a R$ 90 mil, e temem que seus terrenos sejam comprados por outras pessoas. (...) Os moradores acusam o governador Joaquim Roriz de descumprir promessa de campanha. A seis dias do segundo turno, Roriz enviou uma carta aberta aos condomínios horizontais anunciando a regularização das terras. A carta do governador, intitulada 'Agora é a escritura', garantia que o governo entregaria as escrituras públicas dos imóveis com registro em cartório, além de alienar, aos compradores de boa-fé, os lotes a um preço simbólico para efeito de registro" (Fabíola Góis e Maria Ferri, *Correio Braziliense*, de 30-11-2002, p. 22).

45 "O Conselho da Magistratura do Tribunal de Justiça do Distrito Federal e dos Territórios (TJDFT) votou contra os recursos de ex-proprietários de lotes no Condomínio Hollywood, no Setor Habitacional Taquari. Em julgamento conjunto de seis agravos regimentais, os desembargadores entenderam que não houve ilegalidade na licitação dos terrenos, promovidos pela Terracap em novembro do ano passado. Os autores dos recursos, antigos moradores do Hollywood, queriam, por meio do TJDFT, impedir a Terracap de firmar contratos com os compradores dos lotes. Alegavam ser donos dos terrenos por ter Certificado de Registro Fundiário, documento expedido pelo Governo do Distrito Federal. Os desembargadores consideram o certificado sem validade" (*Correio Braziliense*, Morador sofre nova derrota. Brasília, 24-1-2003, p. 16).

46 STJ, REsp nº 1.539.056/MG, Quarta Turma, Rel. Min. Luis Felipe Salomão, j. em 6-4-2021, *Informativo STJ* nº 691, de 12-4-2021.

quantidade de processos em relação a um número pequeno de juízes, funcionários, instalações etc. Além disso, o vendedor "pode" simplesmente desaparecer, sem deixar bens que respondam por sua obrigação.

É preciso, assim, muita ponderação. Por razões óbvias, não é aconselhável a aquisição de lote em condomínio irregular.

Caso se decida pela aquisição de lote em condomínio irregular ou em ocupação, deve-se ter a plena consciência de que não irá adquirir a propriedade do imóvel. Na melhor das hipóteses, o comprador irá adquirir uma *posse*. Vide seções 1.14 e 2.36 para mais informações a respeito do que seja *posse*, bem como de suas várias modalidades.

Portanto, o comprador deve saber que poderá até obter a propriedade do imóvel no futuro, mas também poderá vir a ser retirado do local (com ou sem indenização, conforme o caso).

Caso se opte, assim mesmo, pela aquisição de lote ou casa em "condomínio irregular", o primeiro passo é verificar se a pessoa que o oferece à venda é realmente possuidora do imóvel (vide seção 1.14). Isso pode ser verificado por meio de contas de água, luz e telefone em nome do vendedor e com o endereço do imóvel. Outros documentos, tais como certidões e registros em cartórios de títulos e documentos, não constituem, evidentemente, prova de propriedade, mas podem ser hábeis para a prova da posse, conforme o caso. É preciso verificar qual a natureza dessa posse, se haverá possibilidade de aquisição da propriedade por usucapião, se o proprietário está movendo alguma ação contra o possuidor etc. Deve o comprador celebrar contrato com o posseiro-vendedor com firma reconhecida (preferencialmente por autenticidade e não por simples semelhança). É fundamental guardar todos esses documentos, para que o comprador possa provar que adquiriu a posse de alguém que tinha a posse. Evidentemente, deverá tomar todas as demais cautelas descritas neste livro, como se estivesse adquirindo a propriedade do imóvel. Muito importante é verificar a cadeia de cessões e procurações, de forma análoga ao descrito na seção 12.3, e ingressar rapidamente na posse do imóvel. Essas cautelas não garantem a permanência do adquirente no imóvel, mas melhoram a sua situação jurídica.

Um dado interessante que, embora seja *fático*, tende a influir no *jurídico*. As pessoas têm, comumente, afirmado que apenas "casas de pobre" são demolidas quando construídas em lotes irregulares ou em ocupações.[47] Sem pretender discutir a veracidade

---

47 A respeito de demolição de casas construídas em loteamento irregular, vale a pena ler a seguinte notícia, publicada pelo *Correio Braziliense* de 19-7-2000: "CASAS IRREGULARES SÃO DEMOLIDAS. Dez casas foram derrubadas ontem no Parque Sol Nascente, um setor de chácaras próximo ao Setor P Sul, de Ceilândia. Segundo o Serviço de Vigilância Integrada do Solo (SIV-Solo), as casas – todas de alvenaria – estavam dentro de uma única chácara, parcelada irregularmente pelo proprietário. 'Estamos apenas cumprindo uma ordem', disse o subgerente do SIV-Solo, major Esmeraldo Oliveira. 'Parcelei sim, mas nós tínhamos a promessa de regularização pelo governo (do Distrito Federal)', admitiu o dono da chácara, Silvio Madureira, 75 anos. (...) 'Obra de gente poderosa ninguém derruba. Só vai para o chão casa de família.'"

dessa informação, seria muita hipocrisia negar que o poder econômico pode ter influência na regularização de loteamentos irregulares. Disso não se conclua, porém, que há plena garantia de que casas de classe média e alta possam ser livremente construídas à margem da lei: há inúmeros casos de derrubadas de construções irregulares de classe média alta.[48]

As ocupações, empregado esse vocábulo tal como popularmente conhecido, normalmente decorrem de posse inicialmente clandestina em imóveis abandonados e, com o passar dos anos, podem se transformar em posse mansa e pacífica (seção 1.14). No passado eram mais comuns os casos de ocupações violentas, especialmente em áreas rurais. Na hipótese de posse mansa e pacífica não é tecnicamente cabível a tentativa de desocupação via ações possessórias, mas sim de ação reivindicatória. Nem sempre, porém, o Judiciário utiliza a melhor técnica jurídica.

A organização e mobilização popular nas ocupações podem, em certos casos, impedir ou retardar a desocupação forçada da área,[49] porém a situação é insegura e

---

48 Outra ilustrativa notícia, publicada no *Correio Braziliense* de 22-3-2007, p. 32: "Casas demolidas em área nobre. Dessa vez o alvo foi um condomínio irregular em área nobre, próximo ao Lago Sul, erguido na sua maior parte em terras que seriam públicas, que o Governo do Distrito Federal (GDF) garante pertencer à Terracap. Depois de fazer derrubadas em regiões mais pobres, como Ceilândia, o Serviço de Vigilância do Uso do Solo (Siv-Solo) e a Secretaria de Fiscalização organizaram ontem operação de retirada em parcelamento de classe média. Em clima de tensão, que provocou o uso de bombas de efeito moral, mais de 50 fiscais e PMs iniciaram a derrubada de casas no condomínio Estância Quintas da Alvorada, na noite de ontem. Os moradores tentaram impedir a entrada do trator que iria realizar as demolições. Apesar da resistência, dois imóveis foram colocados no chão. 'Estamos tratando todas as invasões, parcelamentos irregulares da mesma forma, não importa se está em área pobre ou rica. É preciso frear o crescimento desordenado. (...)".

49 "Nesse contexto, considerando as informações trazidas aos autos, de que é iminente o cumprimento de mandado de reintegração de posse (agendado para o dia 17/1/2016) para a retirada de mais de 10.000 (dez mil) pessoas, sem a apresentação dos meios para a efetivação da remoção (como caminhões e depósitos), sem qualquer indicação de como será realizado o reassentamento das famílias, e tendo em conta o risco considerável de conflitos sociais, exemplificados por episódios recentes como a desocupação da área do Pinheirinho, em São José dos Campos/SP, bem como a de um antigo prédio na Avenida São João, em São Paulo/SP entendo que o imediato cumprimento da decisão poderá catalisar conflitos latentes, ensejando violações aos fundamentais daqueles atingidos por ela. (...) Determino, em consequência, a suspensão da ordem de reintegração de posse agendada para 17/1/2016" (STF, decisão monocrática do Presidente Ministro Ricardo Lewandowski, Ação Cautelar nº 4.085, j. em 13-1-2016).

Dois anos depois, a reintegração de posse não havia ocorrido: "Uma vez que a liminar fora concedida com vistas a evitar conflitos com o cumprimento imediato da decisão, de modo, ainda, a oportunizar a continuidade das tratativas com vistas à solução conciliatória do conflito, intimem-se as partes para que informem, em 15 dias, sobre a situação atual da área e o andamento das negociações. Após, voltem-me os autos conclusos" (decisão monocrática do Min. Dias Toffoli, 16-2-2018).

Contudo, depois de ter denegado, em 30-3-2019, o pedido de ação cautelar para evitar a reintegração de posse, e de ter suspendido, em 21-5-2019, os efeitos dessa decisão denegatória, foi

varia muito em cada caso: são notórios os casos de dramáticas desocupações violentas, com forte aparato policial, realizadas por ordem judicial.

A despeito disso, nem sempre a desocupação é ao final bem-sucedida e a ocupação se transforma em um bairro da cidade. Exemplos: Vila Socialista, em Diadema,[50] e a Estrutural, em Brasília.[51] Não se conclua, evidentemente, que a aquisição de imóvel em ocupação é juridicamente segura, mesmo em ocupações de grande porte.

Dada a relevância do tema, o Conselho Nacional de Justiça (CNJ) editou a Resolução nº 510, de 26-6-2023. Destacamos os seguintes dispositivos:

> "Art. 14. A expedição de mandado de reintegração de posse em ações possessórias coletivas será precedida por audiência pública ou reunião preparatória, na qual serão elaborados o plano de ação e o cronograma da desocupação, com a presença dos ocupantes e seus advogados, Ministério Público, Defensoria Pública, órgãos de assistência social, movimentos sociais ou associações de moradores que prestem apoio aos ocupantes e o Oficial de Justiça responsável pelo cumprimento da ordem, sem prejuízo da convocação de outros interessados.
>
> Art. 15. Os planos de ação para cumprimento pacífico das ordens de desocupação ou as medidas alternativas à remoção das famílias deverão considerar as vulnerabilidades sociais das pessoas afetadas e observar as políticas públicas habitacionais de caráter permanente ou provisório à disposição dos ocupantes, assegurando, sempre que possível, a inclusão das famílias removidas nos programas de assistência social.
>
> § 1º Para a efetivação do plano de ação, o Município onde se localiza o imóvel será intimado para que proceda ao prévio cadastramento das famílias que ocupam a área a ser reintegrada, bem como para que indique o local para a sua realocação e as encaminhe aos órgãos de assistência social e programas de habitação, observadas

---

julgada prejudicada a ação cautelar por decisão monocrática da Ministra Cármen Lúcia em 13-4-2020.

Em junho de 2020, foi noticiado que não ocorreria a desocupação da área, mas sim a regularização fundiária (vide Capítulo 14), mediante venda direta do imóvel por parte da prefeitura aos atuais moradores. Disponível em:https://g1.globo.com/sp/campinas-regiao/noticia/2020/06/02/stf-encerra-processo-e-sumare-analisa-regulamentacao-de-lotes-para-familias-na-vila-soma.ghtml. Acesso em: 15 jun. 2020.

50 Esse caso ficou notório nos anos 90 (Governo Quércia). Em resistência a uma tentativa de desocupação, ocorrida em dezembro de 1990, duas pessoas morreram e várias ficaram feridas. Um vereador da cidade, que se perfilou ao lado dos ocupantes, teve a mão decepada em razão de uma bomba de gás lacrimogêneo. O vereador, que já havia sido expulso do PT, foi preso em seguida. A despeito da desocupação, a Vila Socialista se transformou em um bairro: https://www.dgabc.com.br/Noticia/158332/vila-socialista-e-marca-da-resistencia. Acesso em: 15 ago. 2021.

51 Também ficou famosa essa tentativa de desocupação forçada, quando o Governador do Distrito Federal era o Cristovam Buarque. Vide: https://jornaldebrasilia.com.br/brasilia/policiais-vao-a-juri-apos-17-anos-do-massacre-na-estrutural/. Acesso em: 15 ago. 2021.

a decisão proferida no âmbito da ADPF n. 828 e, no que for possível e pertinente, a Resolução n. 10/2018-CNDH.

§ 2º Os planos de ação, sempre que cabível, deverão dispor sobre os encargos com transportes e guarda dos bens essenciais que guarnecem as residências, estabelecendo prazos e ações de desocupação que mitiguem os prejuízos para as pessoas afetadas e que sejam compatíveis com a natureza da ocupação.

§ 3º O plano de ação poderá prever prazo para desocupação assistida do imóvel objeto do litígio, caso em que deverão ser intimados para o seu acompanhamento os órgãos públicos ligados à política de proteção de pessoas vulneráveis, como Conselho Tutelar, CREAS e secretarias de assistência social e de moradia.

Art. 16. Após a concepção e execução do plano de ação, será expedido o mandado de reintegração de posse, com a recomendação para que o início de seu cumprimento não se dê no período noturno, em feriados ou datas comemorativas e em dias de muito frio ou chuva."

Outro tipo de ocupação, que não é chamado de ocupação (muito menos de comunidade), decorre de aquisição de posse mansa e pacífica desde o início. Esse tipo de ocupação é chamado de *loteamento irregular* ou de *condomínio irregular*, embora não haja propriamente um loteador, mas sim desdobro de glebas ou de lotes maiores (seção 11.3).

Há casos de venda de posse ou direitos possessórios (seção 1.14), podendo ou não existir propriedade registrada, bem como de parte ideal (seção 1.10) de propriedade de gleba ou de lote. Essa modalidade de ocupação pode decorrer, por exemplo, de fracionamento de áreas legalmente destinadas a atividades agrícolas, mas com vocação urbana. Um exemplo é Vicente Pires, situado entre Taguatinga e o Plano Piloto, no Distrito Federal, que nunca foi chamado de ocupação, atualmente em processo de regularização fundiária.

Teoricamente, não há possibilidade de usucapião em imóveis de propriedade do Poder Público,[52] assim como a jurisprudência tem entendido que, nesse caso, não há nem mesmo direito de posse, mas a simples detenção física que vimos na seção 1.14.[53]

---

52 A respeito de possível usucapião de parte de bem indiviso parcialmente de empresa pública (Terracap): STJ, REsp no 1.504.916-DF, Quarta Turma, Rel. Min. Luis Felipe Salomão, Rel. Min. Raul Araújo, por maioria, j. em 27-9-2022.

53 "Comete esbulho aquele que ocupa irregularmente imóvel público, sendo cabível a reintegração. A ocupação irregular do bem público não configura posse, mas mera detenção, pois a lei impede os efeitos possessórios, em favor do ocupante ilícito. No caso dos autos trata-se de mera detenção, exercida pela ré. Não sendo os bens públicos suscetíveis de ingresso no domínio particular pela usucapião, a posse derivada neles exercida não oferece garantia de permanência. A demonstração de posse anterior da ré em nada muda esta situação, simplesmente porque nenhum particular pode possuir bens públicos exercendo sobre estes a mera detenção, conforme preconizado no artigo 71, do Decreto-lei 9.760/46" (TRF-2ª Região, Proc. 200202010366354, 6ª Turma, Rel. Juiz Poulerik Erik Dyrlund, j. em 10-6-2003, *DJU* de 25-6-2003).

Conforme o caso, poderá o ocupante até mesmo ser retirado do local sem direito a indenização.[54] A despeito disso, voltaremos ao tema da possibilidade prática de usucapião de imóveis situados em terras devolutas na seção 14.1.

Aspecto fundamental é quanto ao período de tempo em que o vendedor está na posse do imóvel: quanto maior, melhor. Deve-se também verificar o grau de organização e estabilidade do condomínio e da documentação de posse do vendedor, para que se possa prever se o Judiciário irá conceder proteção possessória, caso o comprador necessite.[55] Pode ser difícil, às vezes, a prova dos limites territoriais da posse, especialmente em zonas rurais.

Há um interessante precedente do STJ no sentido de que "é possível a partilha de direitos possessórios sobre bem edificado em loteamento irregular, quando ausente a má-fé, resolvendo, em caráter particular, a questão que decorre da dissolução do vínculo conjugal, e relegando a segundo momento a discussão acerca da regularidade e formalização da propriedade sobre o bem imóvel".[56]

Também é importante observar o que dispõem as normas locais a respeito da prestação de serviços públicos, bem como o que vem ocorrendo na prática. Quando não há fornecimento de água, a solução que tem sido encontrada nesses casos é a construção de poços artesianos. Normalmente, há serviços de transporte público atendendo os condomínios irregulares, até porque, especialmente no tocante aos loteamentos de renda mais baixa, a existência de serviço público de ônibus é requisito para a viabilidade econômica da venda de lotes.

Nas edições anteriores deste livro afirmamos o seguinte, que continua válido:

> "A situação é, no mínimo, curiosa: o Estado não reconhece a situação jurídica de proprietários dos moradores de condomínios irregulares, em razão de alguma ilegalidade ou irregularidade do loteamento (ausência do registro de loteamento, violação à legislação ambiental, violação à lei de zoneamento etc.), aliás, nem mesmo reconhece a existência jurídica dos lotes! Contudo, esse mesmo Estado fornece os serviços públicos (água, luz, telefone, correio, transporte público etc.) a esses condomínios e, corretamente, cobra as taxas e impostos pertinentes. É uma situação dúbia: ou o Poder Público entende que o condomínio, por violar a ordem jurídica de forma gravíssima (ex. violação à legislação ambiental), não pode subsistir e determina a

---

54 SILVA, Bruno Mattos e. *Direito administrativo para concursos*. Brasília: Fortium, 2005. p. 43.

55 Exemplo em que isso inocorreu:
"A prova pericial colhida indica ser o loteamento clandestino, irregular, com ocupação caótica, conclusão de fl. 165. O pedido de imissão de posse formulado pela parte autora, assim, esbarra na impossibilidade fática de individualização dos lotes dos litigantes. As posses desordenadas sobre o imóvel irregularmente loteado não permitem a aferição da versão das partes litigantes, ensejando a improcedência do pedido inicial" (TJRS, Apelação Cível 70002169019, 2ª Câmara Especial Cível, Rel. Des. Breno Pereira da Costa Vasconcellos, j. em 28-8-2003).

56 STJ, REsp nº 1.739.042/SP, Terceira Turma, Rel. Min. Nancy Andrighi, j. em 8-9-2020.

desocupação da área (e, por uma questão de coerência, impede o fornecimento de serviços públicos) ou promove a regularização desses condomínios (nos casos em que isso é possível), determinando prazos para que sejam sanadas as irregularidades e atendidos os requisitos necessários para a regularização."

No dia 9 de junho de 2021, esse tema foi objeto de julgamento pelo STJ, Recurso Especial nº 1.818.564, de relatoria do Ministro Moura Ribeiro, em Incidente de Resolução de Demandas Repetitivas, tendo em vista o grande número de decisões discrepantes.

Esse importantíssimo precedente apreciou situação de ocupação (no dizer da decisão: "loteamento irregular") por diversas famílias em imóveis de terceiros, que não o Poder Público, na cidade de Planaltina (DF). A ocupação contava com imóveis individualizáveis, assim como com infraestrutura urbanística já consolidada (água, luz, saneamento etc.), embora tais fatos não pareçam ter sido relevantes no julgamento.[57] A conclusão do julgamento foi pela possibilidade de usucapião mesmo contra a legislação urbanística:

> "Não há, portanto, como negar o direito à usucapião sob o pretexto de que o imóvel está inserido em loteamento irregular, porque o direito de propriedade declarado pela sentença (dimensão jurídica) não se confunde com a certificação e publicidade que emerge do registro (dimensão registrária) ou com a regularidade urbanística da ocupação levada a efeito (dimensão urbanística)."

A importante decisão levou em consideração a existência de uma situação *fática* – tal como havíamos sustentado nas várias edições deste livro – como razão para se conceder o reconhecimento *jurídico*:

> "Se a utilização do imóvel desrespeita o interesse público, isso continuará a acontecer independentemente do reconhecimento da prescrição aquisitiva. Eventual construção irregular, supressão de nascente ou risco à saúde pública continuarão a existir independentemente de o juiz, na sentença, deferir ou indeferir o pedido de usucapião, sendo certo que tais irregularidades devem ser corrigidas por remédios próprios, a cargo do Poder Público, pelo poder de polícia que lhe é inerente. A declaração da usucapião, vale dizer, é incapaz de causar prejuízo à ordem urbanística, sendo certo,

---

57 "(...) os imóveis estão localizados em áreas particulares, registradas em cartórios de Registro de Imóveis do Distrito Federal e de Goiás, situadas praticamente no centro de Planaltina – DF, desfrutando de estrutura urbana consolidada há vários anos, com iluminação pública, esgotamento sanitário, vias de circulação, sistema de escoamento de águas pluviais, etc. (...) Se o imóvel é assistido por vias públicas, se conta com sistemas de água e esgoto, se foi edificado com respeito aos recuos e gabarito previsto nas posturas municipais, **nada disso é capaz de criar ou suprimir o direito de propriedade ou os reflexos desse direito no registro imobiliário. Da mesma maneira se o imóvel é utilizado de forma irregular, com desrespeito à sua função social e urbanística, isso tampouco é suficiente para interferir com o direito de propriedade.** (...)." (original sem destaques)

> da mesma forma, que o indeferimento do pedido de usucapião não é capaz, por si só, de evitar a utilização indevida da propriedade."

Contudo, a decisão fez importantes ressalvas:

> "Não se afirma, é importante frisar, que a usucapião constitui meio adequado para promover a regularização de loteamento clandestino (...). Sabe-se que o loteamento não se tornará regular pelo simples fato de a propriedade dos bens imóveis que o integram ter sido declarada judicialmente."

Além disso, há precedente no sentido de que não é possível a "ação de usucapião para obter a individuação e registro de fração ideal em propriedade condominial".[58]

E no que se refere às ocupações ou loteamentos irregulares situados em imóveis públicos? Sabemos que é vedada a usucapião em imóveis públicos, mas veremos no Capítulo 14 a existência de um curioso precedente no sentido de inexistir presunção de que determinada gleba de terra seria terra devoluta.

A despeito das decisões favoráveis, não se conclua que aquisição em condomínio irregular é algo seguro ou que a regularização ocorrerá. O grande problema dos condomínios irregulares para os compradores era e continua sendo a insegurança jurídica de construir e viver em um terreno do qual não se é proprietário, pois não se sabe o que poderá acontecer no futuro próximo ou distante.

11.7 LIMITAÇÕES ADMINISTRATIVAS E AMBIENTAIS AO DIREITO DE UTILIZAR O SOLO URBANO E RURAL

O proprietário de qualquer imóvel tem assegurado o direito de utilizar sua propriedade urbana ou rural como melhor lhe aprouver dentro dos limites estabelecidos pela legislação.[59]

Devem ser verificadas, antes da compra, quais as possibilidades de utilização do imóvel permitidas pela lei. Em certas situações, isso pode ser simples ou até mesmo evidente. Assim, em um loteamento regular de casas residenciais, podem ser construídas casas residenciais (devem-se observar detalhes, como a possibilidade de construção de casas de mais de um pavimento, respeito a um recuo mínimo em relação aos limites do terreno, percentual de impermeabilização do lote etc.). Certos aspectos são singelos, já fazendo parte da cultura geral da esmagadora maioria das pessoas, tais como a necessidade de ser verificada qual a destinação possível para o imóvel de acordo com a lei de zoneamento da cidade.

---

[58] STJ, REsp nº 1.431.244/SP, Terceira Turma, Rel. Min. Nancy Andrighi, *DJe* de 15-12-2016.

[59] A respeito da possibilidade estatal de restringir, condicionar ou limitar o exercício de direitos de particulares, vide: SILVA, Bruno Mattos e. *Direito administrativo para concursos*. 2. ed. Belo Horizonte: Del Rey, 2008. p. 115-117.

A questão pode não ser tão simples quando a aquisição for de uma gleba ou de um terreno em local sujeito à incidência de normas de proteção ambiental (exemplo: áreas de praias, em margens de rios, de restingas, com vegetação legalmente protegida etc.) ou de alguma limitação de ordem administrativa. Empreendimentos de maior porte podem demandar licenças específicas.

Vejamos, inicialmente, as limitações da legislação ambiental. Também veremos a questão de licenças, autorizações e outras limitações administrativas.

De acordo com a Constituição Federal, art. 24, compete à União, aos Estados e ao Distrito Federal legislar concorrentemente, entre outras matérias, sobre direito urbanístico, proteção da natureza e do meio ambiente, defesa do meio ambiente e controle da poluição. Já de acordo com o art. 30, entre outras matérias, compete aos municípios legislar sobre assuntos de interesse local e suplementar a legislação federal e a estadual no que couber. O art. 182 estabelece que a política de desenvolvimento urbano é executada pelo Poder Público municipal, conforme diretrizes gerais fixadas em lei; e a propriedade urbana cumpre sua função social quando atende às exigências fundamentais de ordenação da cidade expressas no plano diretor, aprovado pela Câmara Municipal. O art. 225 da Constituição Federal estabelece que o Poder Público deve definir, em todas as unidades da Federação, espaços territoriais e seus componentes a serem especialmente protegidos – a alteração e a supressão são permitidas somente através de lei, vedada qualquer utilização que comprometa a integridade dos atributos que justifiquem sua proteção – e exigir, na forma da lei, para instalação de obra ou atividade potencialmente causadora de significativa degradação do meio ambiente, estudo prévio de impacto ambiental.

Como se pode notar, todas as pessoas jurídicas políticas (União, Estado, Município e Distrito Federal) podem estabelecer normas relativas a construção e utilização de imóveis, razão pela qual o comprador deverá previamente verificar a legislação federal, estadual e municipal (ou distrital).[60] Mesmo áreas urbanas podem estar sujeitas a normas ambientais. Em caso de conflito de leis das diferentes unidades da Federação (União, Estado, Distrito Federal, Município), entendo que, de modo geral, deve prevalecer a lei mais restritiva. Vide, a respeito de toda essa matéria, a Lei Complementar nº 140, de 8-12-2011.[61] Além disso, o Conselho Nacional do Meio Ambiente (CONAMA) pode criar normas a respeito de "padrões compatíveis com o meio ambiente ecologicamente equilibrado e essencial à sadia qualidade de vida" (art. 6º, II, da Lei nº 6.938, de 31-8-1981).

A questão da possibilidade de desmatamento é hoje tratada pela Lei nº 12.651, de 25-5-2012 (Código Florestal) e pela Resolução CONAMA nº 510, de 15-9-2025. Recentemente, foi editada a Lei nº 15.190, de 8-8-2025 (Lei do Licenciamento Ambiental),

---

60 STJ, ROMS 8.766/PR, 2ª Turma, Rel. Min. Francisco Peçanha Martins, j. em 6-10-1998, *DJ* de 17-5-1999.

61 TJSC, Apelação Cível 2005.015508-7, Primeira Câmara de Direito Público, Rel. Des. Volnei Carlin, j. em 13-10-2005.

com vigência prevista para 180 dias a partir da data de publicação, que ocorreu no próprio dia 8-8-2025. Veremos esse tema adiante.

O Código Florestal de 2012,[62] tal como o Código anterior, tem dispositivos aplicáveis também a áreas urbanas.[63] O Congresso Nacional foi palco de diversos embates entre ruralistas, de um lado, e ambientalistas, do outro. Ao final, a maior parte das demandas dos ruralistas, que se revelaram muito mais organizados, foi contemplada na nova Lei. Em relação ao Código anterior, portanto, foram várias as modificações: o Direito Ambiental como um todo restou bastante alterado.

Vejamos, assim, os principais aspectos do Código Florestal na questão que nos interessa: os limites para utilização do imóvel urbano ou rural, inclusive quanto à possibilidade de supressão da vegetação (desmatamento) e de construção. Obviamente, para questões mais aprofundadas, recomenda-se a leitura de livros específicos sobre Direito Ambiental e consulta a advogado especializado na área. A análise aqui será feita de forma abrangente, sem entrar em muitos detalhes.

O Código Florestal tem dispositivos permanentes e transitórios. Os dispositivos permanentes são aplicáveis às ações humanas posteriores ao advento da Lei. Já os dispositivos transitórios se aplicam aos fatos anteriores, que são as situações consolidadas.

Vejamos, inicialmente, as regras permanentes. Depois veremos as regras transitórias, bem como normas aplicáveis a áreas urbanas, incluindo as alterações efetuadas pela Lei nº 14.285, de 29-12-2021.

O Código Florestal estabeleceu obrigação de registro do imóvel rural no Cadastro Ambiental Rural (CAR), que tratamos na seção 1.13.

Foram mantidos os conceitos de *áreas de preservação permanente* (chamadas de APPs), que se aplicam a imóveis rurais e urbanos,[64] e de *reserva legal*, que se aplicam apenas a imóveis rurais. A definição de APP está no art. 4º do Código Florestal.

---

62 Tecnicamente, não se trata de um "Código", uma vez que não há uma regulação de um ramo do Direito. Contudo, a nomenclatura "Código Florestal" foi usada e continua usada na prática, razão pela qual utiliza-se aqui a expressão "Código Florestal" para a Lei nº 12.651, de 25-5-2012. Não confundir o Código Florestal atualmente em vigor (Lei nº 12.651/2012) com a revogada Lei nº 4.771, de 15-9-1965, que era chamada de "Novo Código Florestal".

63 O inciso XXVI do art. 3º do Código Florestal (Lei nº 12.651/2012), em redação dada pela Lei nº 14.285, de 29-12-2021, estabelece a definição do que seja "área urbana consolidada".

64 "(...) Delimitação da controvérsia: Extensão da faixa não edificável a partir das margens de cursos d'água naturais em trechos caracterizados como área urbana consolidada: se corresponde à área de preservação permanente prevista no art. 4º, I, da Lei n. 12.651/2012 (equivalente ao art. 2º, alínea 'a', da revogada Lei n. 4.771/1965), cuja largura varia de 30 (trinta) a 500 (quinhentos) metros, ou ao recuo de 15 (quinze) metros determinado no art. 4º, *caput*, III, da Lei n. 6.766/1979. (...) Tese fixada – Tema 1.010/STJ: Na vigência do novo Código Florestal (Lei n. 12.651/2012), a extensão não edificável nas Áreas de Preservação Permanente de qualquer curso d'água, perene ou intermitente, em trechos caracterizados como área urbana consolidada, deve respeitar o que disciplinado pelo seu art. 4º, *caput*, inciso I, alíneas *a*, *b*, *c*, *d* e *e*, a fim de assegurar a mais ampla garantia ambiental a esses espaços territoriais especialmente protegidos

Em resumo, são as áreas ao longo dos rios e lagos, nascentes, topos de morros, restingas e algumas outras. Não abrange o entorno de reservatórios artificiais de água que não decorram de barramento ou represamento de cursos d'água naturais. O art. 4º estabelece diversas metragens para configurar quais são as áreas protegidas. Uma alteração significativa foi a maneira de contagem da metragem: anteriormente era com base no leito máximo e agora é com base no leito regular, o que pode reduzir o tamanho da APP. As hipóteses e limites em que a atividade econômica poderá ser exercida nessas áreas também estão previstas no Código Florestal, especialmente nos arts. 4º a 9º.

As APPs não são registradas ou averbadas na matrícula do imóvel. Como a legislação estabelece critérios para que se possam determinar quais são essas áreas, basta confrontar o texto da lei com o imóvel.

As áreas de *reserva legal*, correspondentes a percentual mínimo do imóvel que deve ser mantido com cobertura vegetal nativa, são aplicáveis apenas a imóveis rurais. Os percentuais variam dependendo da região do país e estão previstos no art. 12 do Código Florestal. O regime de proteção para áreas verdes urbanas é outro, estando previsto no art. 25 do Código Florestal. Além disso, ainda nesta seção veremos outras normas aplicáveis a áreas urbanas.

Uma novidade do Código Florestal atual, decorrente de pleito dos ruralistas, consiste na possibilidade de cômputo das APPs nas áreas de *reserva legal*, atendidos determinados requisitos. Isso significa que ao calcular a área de reserva legal, deverá ser subtraído dessa área o território que constitui APP, de acordo com as regras do art. 15.

É permitida a utilização econômica da *reserva legal*, nos limites estabelecidos pela Lei, especialmente nos arts. 17 a 24. As regras para desmatamento legal estão nos arts. 26 a 28 e as regras para exploração florestal estão nos arts. 31 a 37.

A área do imóvel que corresponderá à *reserva legal* deve ser definida (especificada) pelo proprietário ou possuidor. O Código Florestal prevê que isso deve ser feito mediante registro no CAR (art. 18), hipótese em que não será exigida a averbação na matrícula do imóvel (item 22 do inciso II do art. 167 da Lei nº 6.015/73), de acordo com o § 4º do art. 18 do Código Florestal. A existência da averbação da *reserva legal* não desobriga o registro no CAR. Para o comprador, é interessante verificar se há o registro no CAR. Caso não haja registro no CAR, nem averbação da reserva legal na matrícula do imóvel, incidirá a pena de multa prevista no art. 55 do Decreto nº 6.514, de 22-7-2008.

O Código Florestal em vigor continuou permitindo a aquisição de outra área rural para efeito de constituição de *reserva legal*. Há três formas de se fazer isso: a primeira está prevista no art. 44, mediante aquisição de um título nominativo denominado Cota de Reserva Ambiental (CRA).[65] Esse título deve ser emitido pelo órgão responsável

---

e, por conseguinte, à coletividade. (...)" (STJ, REsp nº 1.770.808/SC, Primeira Seção, Rel. Min. Benedito Gonçalves, j. em 28-4-2021).

65 Não confundir a Cota de Reserva Ambiental com o Certificado de Recebíveis do Agronegócio. A sigla é a mesma.

pelo CAR (art. 16) a requerimento de proprietário de um imóvel rural e servirá para o proprietário de outro imóvel rural deixar de manter no seu imóvel a parcela referente a *reserva legal*. As regras para esses mecanismos estão nos arts. 44 a 50. Destaco uma delas: a CRA só pode ser utilizada para compensar *reserva legal* de imóvel rural situado no mesmo bioma da área à qual o título está vinculado (art. 48, § 2º).

A segunda forma, que se refere às regras transitórias do Código Florestal, está prevista no art. 66, § 5º, IV: cadastramento de área equivalente de outro imóvel rural (do mesmo proprietário ou adquirida), que tenha área excedente à exigida a título de *reserva legal*, localizada no mesmo bioma.

A terceira forma é a aquisição de área privada localizada dentro de Unidade de Conservação de domínio público para doação ao órgão gestor da Unidade de Conservação. Trata-se de um mecanismo mais fácil do que a desapropriação para extirpar áreas privadas da Unidade de Conservação.

A *reserva legal* poderá já estar averbada na matrícula do imóvel, vale dizer, a *reserva legal*, considerada parte da vegetação que não pode ser suprida, poderá estar *especializada* (identificada) na matrícula do imóvel, hipótese em que estará determinada qual a parte do imóvel que constitui reserva legal para fins de proteção ambiental, de acordo com o art. 16, § 8º, do antigo Código Florestal (Lei nº 4.771, de 15-9-65), com a redação que foi dada pela MP nº 2.166-67/2001. Da existência dessa averbação decorre que essa reserva legal deixou de ser um percentual ideal do imóvel e passou a ser uma parte definida e imutável do imóvel rural. Atualmente, a *reserva legal* deverá ser registrada no Cadastro Ambiental Rural (vide seção 1.13). Havia, antes do atual Código Florestal, controvérsia quanto à legalidade da necessidade de ser realizada a *especialização* da reserva legal para que pudesse o imóvel ser objeto de compra e venda ou de qualquer outro ato jurídico.[66] O mais provável é que prevaleça a interpretação de que essa restrição não existe, mas será necessário aguardar definição da jurisprudência a respeito disso para saber com certeza como a questão será tratada a partir de agora. De qualquer forma, caso não tenha sido feito, o novo proprietário deverá efetuar o registro da reserva legal no Cadastro Ambiental Rural. Há regras específicas para a agricultura familiar, previstas nos arts. 52 a 58.

O grande problema que havia na época do antigo Código Florestal é que, em grande parte dos casos, a propriedade rural havia sido desmatada em percentual

---

[66] "Desvirtuando o entendimento do texto legal, o § 8º do art. 16 do Código Florestal tem sido analisado separadamente do *caput* do artigo e aplicado como obstáculo nos registros de documentos, especialmente de transmissões, nos Cartórios de Registros de Imóveis. O § 8º do artigo 16 não pode ser analisado separadamente no mundo jurídico. Ele complementa e explica a restrição, a limitação administrativa estabelecida no *caput* do artigo, que trata, no caso, de supressão da mata. (...) Em conclusão, entendemos, s. m. j., que a averbação da Reserva Florestal não é pré-requisito para o ingresso de qualquer título *inter vivos* ou *causa mortis* no Registro Imobiliário, nem o seu consequente lançamento na forma de registro ou averbação nas respectivas matrículas dos imóveis" (SANTOS, Francisco José Rezende dos. Áreas de preservação permanente e áreas de reserva legal. *Boletim do IRIB*, São Paulo: Instituto de Registro Imobiliário do Brasil, nº 303, p. 12-13, ago. 2002).

superior ao permitido, o que inviabilizava a averbação da *reserva legal* sem o prévio reflorestamento ou compensação integral. O Código Florestal atualmente em vigor tenta resolver esse problema, mediante concessão de certos benefícios aos proprietários e possuidores de imóveis rurais.

Vejamos, a seguir, as regras transitórias do Código Florestal. Elas se referem às chamadas *situações consolidadas*, que são as áreas de imóveis rurais com ocupação humana anterior a 22 de julho de 2008 (data do Decreto nº 6.514/2008, que estabeleceu sanções às infrações à legislação ambiental).

É controvertida a questão de ter o Código Florestal concedido uma "anistia" para as infrações ocorridas no passado. É certo, porém, que o Código Florestal estabeleceu regras para a regularização e, em certos casos e sob certas condições, para a manutenção da situação anterior.

Assim, no período entre a publicação do Código Florestal e a implantação do Programa de Regularização Ambiental (PRA) em cada Estado e no Distrito Federal, bem como após a adesão do interessado ao PRA e enquanto estiver sendo cumprido o termo de compromisso, o proprietário ou possuidor não poderá ser autuado por infrações cometidas antes de 22 de julho de 2008, relativas à supressão irregular de vegetação em Áreas de Preservação Permanente, de Reserva Legal e de uso restrito. É o que dispõe o § 4º do art. 59 do Código Florestal. O prazo de adesão ao PRA, de acordo com o art. 59, § 2º, do Código Florestal, em redação dada pela Lei nº 13.335, de 14-9-2016, era até o dia 31-12-2017, mas esse prazo foi prorrogado.

Com o advento da Lei nº 13.887/2019, foi incluído o § 4º ao art. 29 do Código Florestal em vigor, alterado pela Lei nº 14.595, de 5-6-2023, que passou a ter a seguinte redação: "§ 4º Terão direito à adesão ao PRA, de que trata o art. 59 desta Lei, os proprietários e possuidores dos imóveis rurais com área acima de 4 (quatro) módulos fiscais que os inscreverem no CAR até o dia 31 de dezembro de 2023, bem como os proprietários e possuidores dos imóveis rurais com área de até 4 (quatro) módulos fiscais ou que atendam ao disposto no art. 3º da Lei nº 11.326, de 24 de julho de 2006, que os inscreverem no CAR até o dia 31 de dezembro de 2025".

A Lei nº 14.595/2023 também alterou o mencionado § 2º do art. 59, que passou a ter a seguinte redação "§ 2º A inscrição do imóvel rural no CAR é condição obrigatória para a adesão ao PRA, que será requerida pelo proprietário ou possuidor do imóvel rural no prazo de 1 (um) ano, contado da notificação pelo órgão competente, que realizará previamente a validação do cadastro e a identificação de passivos ambientais, observado o disposto no § 4º do art. 29 desta Lei".

O imóvel deve estar *georreferenciado*, tal como vimos na seção 1.1.[67] Lembramos que apenas o *georreferenciamento* não basta: é preciso em seguida proceder à certificação

[67] No momento do fechamento da 16ª edição deste livro, apenas imóveis com menos de 25 hectares ainda poderiam não estar georreferenciados, cujo prazo para adequação seria 20 de novembro de 2025.

no Sistema de Gestão Fundiária (SIGEF) do INCRA de modo que todos os registros do imóvel poderão estar regularizados (Capítulo 1 deste livro).

O art. 61-A estabelece a possibilidade de continuidade das atividades produtivas nele elencadas nas áreas em que há *situação consolidada* nas APPs, atendidos determinados requisitos. O art. 61-B concede benefício aos pequenos proprietários. Há também outros benefícios para situações específicas, como para assentamentos em programas de reforma agrária (art. 61-C), reservatórios para geração de energia (art. 62) e atividades florestais (art. 63). Os arts. 64 e 65 se referem a áreas urbanas.

Também para regular as *situações consolidadas* nas áreas de *reserva legal*, há uma parte específica no Código Florestal. Ela está nos arts. 66 a 68. Há vários benefícios, entre eles o do art. 67, aplicável a propriedades com área de até quatro módulos fiscais, e o do art. 68, que concede aos proprietários e possuidores que tenham suprimido vegetação nativa de acordo com leis anteriores, no período de vigência das respectivas leis, o direito de não estar obrigado à recomposição da vegetação nos novos percentuais. Trata-se da concessão de direito a regime jurídico pretérito, já que a legislação anterior ao Código Florestal foi, ao longo do tempo, estabelecendo maiores restrições.

Tal como ocorreu com ocasião da tramitação do Código Florestal em vigor, o projeto que deu origem à atual Lei do Licenciamento Ambiental (Lei nº 15.190, de 8-8-2025) foi altamente criticado, com posições radicalmente contrárias e favoráveis.

Ao final, o projeto foi aprovado e sancionado, mas com inúmeros vetos, que constaram da Mensagem nº 1.097, de 8-8-2025 (Veto nº 29, de 2025). Se por um lado a aprovação do projeto que deu origem à Lei do Licenciamento Ambiental (apelidado de "PL da Devastação" por seus opositores) foi uma vitória dos setores que defendem flexibilização da legislação ambiental, por outro lado, os inúmeros vetos ao projeto aprovado foram uma vitória dos ambientalistas. Vamos ver se esses vetos serão mantidos ou derrubados pelo Congresso Nacional no futuro próximo.

Em razão da grande quantidade de vetos a dispositivos do projeto aprovado, o Poder Executivo enviou proposição legislativa com pedido de urgência (art. 64, § 1º, da Constituição Federal), que ora tramita como Projeto de Lei (PL) nº 3.834, de 2025.

Podemos mencionar como exemplos os seguintes vetos ao projeto que deu origem à Lei do Licenciamento Ambiental: 1) possibilidade de ente federativo (Estado, Distrito Federal e Município) estabelecer critérios próprios para definição de porte da atividade e do potencial poluidor, baseada em avaliação qualitativa ou quantitativa quanto à capacidade de a atividade ou de o empreendimento vir a causar impacto ambiental negativo; 2) *licença ambiental por adesão e compromisso* (LAC), que seria obtida mediante simples preenchimento de formulário e sem análise de qualquer órgão ("autolicença"), inclusive para empreendimentos de médio potencial poluidor.[68]

---

[68] Vide julgamento do STF, de 2022, a respeito de lei que preveja concessão automática de licença ambiental para atividades de risco médio (ADI nº 6.808).

Pela lógica, os vetos ao projeto aprovado devem ser apreciados de forma concomitante com o projeto de lei encaminhado pelo Poder Executivo. Assim, no momento de fechamento desta 16ª edição, estavam tramitando o Veto nº 29/2025, no Congresso Nacional, e o PL nº 3.834/2025, na Câmara dos Deputados.

Além disso, foi editada a Medida Provisória nº 1.308, de 8-8-2025, que prevê o *licenciamento ambiental especial*, destinada a empreendimentos estratégicos. Exemplo disso é a exploração do petróleo na margem equatorial do Brasil, uma reivindicação do Presidente do Senado, Davi Alcolumbre, e de outros parlamentares do Estado do Amapá. Ao contrário da Lei nº 15.190/2025, a MP nº 1.308/2025 entrou em vigor na data de sua publicação. Já foram apresentadas várias emendas à MP nº 1.308/2025, muitas delas referentes às partes vetadas do projeto que deu origem à Lei do Licenciamento Ambiental.

A violação da legislação ambiental pode ocasionar sanções no âmbito administrativo, civil e até criminal.

O art. 50 da Lei nº 9.605, de 12-2-1998, estabelece que é crime destruir ou danificar florestas nativas ou plantadas ou vegetação fixadora de dunas, protetora de mangues, objeto de especial preservação. Além disso, a Lei nº 9.605/98 dispõe que é crime destruir ou danificar floresta considerada de preservação permanente, mesmo que em formação, ou utilizá-la com infringência das normas de proteção (art. 38), cortar árvores em floresta considerada de preservação permanente, sem permissão da autoridade competente (art. 39).[69]

O comprador deve ter cuidado com a responsabilidade ambiental decorrente de desmatamento ilícito praticado pelo vendedor, pois há precedente sinalizando pela responsabilidade do adquirente em razão de violação da legislação ambiental praticada por antigo proprietário.[70] Trata-se do *passivo ambiental*, ao qual está sujeito o novo proprietário. Há precedente no sentido de que os crimes ambientais podem ter a natureza de crime permanente,[71] razão pela qual o novo proprietário que mantiver a área ilegalmente desmatada poderá até mesmo sofrer uma ação de natureza penal. O art. 48 da Lei nº 9.605/98 assim dispõe:

> "Art. 48. Impedir ou dificultar a regeneração natural de florestas e demais formas de vegetação:
>
> Pena – detenção, de seis meses a um ano, e multa."

O exemplo típico desse crime é a utilização, por parte do comprador, de áreas que foram desmatadas de forma ilegal.

---

69 Vide: Lei nº 11.428/2006 (Lei da Mata Atlântica); Parecer AGU nº 115/2019; Despacho Ministro do Meio Ambiente nº 4.410, de 6-4-2020; Ação Civil Pública nº 1026950-48.2020.4.01.3400.

70 STJ, REsp 327.254/PR, 2ª Turma, Rel. Min. Eliana Calmon, j. em 3-12-2002, *DJ* de 19-12-2002; STJ, REsp 1.953.359/SP, Primeira Seção, Rel. Min. Assusete Magalhães, j. em 13-9-2023.

71 STJ, HC 118.842/SP, 5ª Turma, Rel. Min. Laurita Vaz, j. em 26-10-2010.

Recomenda-se ao comprador, portanto, a imediata recomposição da vegetação, de acordo com as regras do Código Florestal. É verdade que uma alteração legislativa criou uma possível exceção à responsabilidade do adquirente por dano ambiental de proprietário anterior, que vimos na seção 5.5 deste livro, mas as esferas de responsabilidade civil, administrativa e criminal são diferentes.

O proprietário rural poderá instituir sobre o imóvel a *servidão ambiental*,[72] que de acordo com o art. 9º-A, § 7º, da Lei nº 6.938, de 31-8-81, em redação dada pelo Código Florestal, abrange também a *servidão florestal* constituída de acordo com a legislação anterior.[73] Por meio desse ato, o proprietário voluntariamente limita o uso de toda a sua propriedade ou de parte dela para preservar, conservar ou recuperar os recursos ambientais existentes. A respeito da não incidência de ITR sobre essas áreas e de outras, vide seção 7.6.

A Lei nº 9.985, de 18-7-2000, cria o Sistema Nacional de Unidades de Conservação da Natureza (SNUC). A já popularmente conhecida APA (Área de Proteção Ambiental) é apenas uma das categorias de *unidades de conservação*, que se dividem em dois grupos: Unidades de Proteção Integral (Estação Ecológica; Reserva Biológica; Parque Nacional; Monumento Natural; Refúgio de Vida Silvestre) e Unidades de Uso Sustentável (Área de Proteção Ambiental; Área de Relevante Interesse Ecológico; Floresta Nacional; Reserva Extrativista; Reserva de Fauna; Reserva de Desenvolvimento Sustentável; e Reserva Particular do Patrimônio Natural). A Lei nº 9.985/2000 descreve as características de cada uma dessas categorias de unidades.

A Área de Proteção Ambiental (uma das categorias menos restritivas) e a Área de Relevante Interesse Ecológico são unidades de conservação nas quais pode ser mantida ou permitida a propriedade privada. Monumento Natural e Refúgio de Vida Silvestre podem continuar coexistindo com a propriedade privada, caso exista compatibilidade; se inexistir, deverá haver desapropriação. Para as demais unidades de conservação que não sejam RPPN, a Lei nº 9.985/2000 prevê a necessidade de ser a área desapropriada. Poderá haver impacto na tributação incidente sobre o imóvel.[74]

Apenas a criação de Reserva Particular do Patrimônio Natural (RPPN) tem previsão de averbação na matrícula do imóvel, pois decorre de acordo com o proprietário particular (art. 21 da Lei nº 9.985/2000). A criação das demais unidades ocorre por ato unilateral do Poder Público, dotado de publicidade.

Desse modo, o comprador deverá verificar antes da aquisição se o terreno ou gleba rural faz parte de alguma unidade de conservação passível de ser propriedade privada e, caso positivo, verificar o regramento de utilização do imóvel, que deverá

---

72 Art. 9º-A da Lei nº 6.938, de 31-8-1981, incluído pela Lei nº 11.284, de 2-3-2006.

73 Art. 44-A da Lei nº 4.771, de 15-9-1965 (antigo Código Florestal), acrescentado pela Medida Provisória nº 2.166-67, de 24-8-2001.

74 STJ, REsp 1.695.340-MG, Segunda Turma, Rel. Min. Mauro Campbell Marques, j. em 17-9-2019.

estar previsto no *plano de manejo* da unidade, além do que dispõe a legislação. *Plano de manejo* é o documento técnico mediante o qual, com fundamento nos objetivos gerais de uma unidade de conservação, se estabelece seu zoneamento e as normas que devem presidir o uso da área e o manejo dos recursos naturais, inclusive a implantação das estruturas físicas necessárias à gestão da unidade. Se ainda não existir o *plano de manejo*, o comprador não saberá quais regras específicas serão estabelecidas para utilização da propriedade, além das regras gerais previstas em lei.

Além disso, recomenda-se a verificação da sobreposição da propriedade privada com a zona de amortecimento das unidades de conservação. O Plano de Manejo e o ato de criação da Unidade de Conservação podem estabelecer restrições ao uso de áreas na zona de amortecimento.

Embora o tema seja controvertido, a tendência jurisprudencial é no sentido de que a lei municipal pode criar unidade de conservação da natureza e impedir atividades econômicas potencialmente danosas, como a mineração.[75]

Essa orientação jurisprudencial está de acordo com a legislação: o art. 225, § 1º da CF coloca a incumbência prevista em seu inciso III ao Poder Público de modo geral. A definição está posta a todas as unidades da Federação, o que inclui os municípios, conforme o *caput* do art. 1º da Constituição Federal. Ademais, a Lei nº 9.985/2000 (Lei do SNUC), em seu art. 3º, constitui o SNUC com unidades de conservação federais, estaduais e municipais e ainda se refere aos municípios ao tratar de Parques Nacionais (art. 11, § 4º) e Florestas Nacionais (art. 17, § 6º). Na prática, já existem muitas unidades de conservação municipais, inclusive de domínio público. Vide ainda o art. 9º, X, XIV, b, e XV, a, da Lei Complementar nº 140/2011.

Além disso, o art. 10 da Lei nº 6.938, de 31-8-1981, dispõe que a construção, instalação, ampliação e funcionamento de estabelecimentos e atividades utilizadores de recursos ambientais, efetiva ou potencialmente poluidores ou capazes, sob qualquer forma, de causar degradação ambiental dependerão de prévio licenciamento ambiental. A Resolução Conama nº 237 regulamenta esse dispositivo e elenca diversas atividades para as quais é exigido o licenciamento prévio. Adiante voltaremos à questão da obtenção de licença ambiental.

Há questões relacionadas aos *zoneamentos agroecológico* e ecológico-econômico.[76] Trata-se da política do Estado para regular a ocupação e a utilização de áreas rurais de forma a atingir objetivos predeterminados (exemplos: preservação dos recursos naturais, desenvolvimento econômico sustentável da população local). Há normas que determinam ou proíbem condutas, estabelecendo sanções. Mas a ação estatal também pode ocorrer por meio de incentivos à prática das condutas desejadas, sem impor

---

75 STF, ARE 1051716, decisão monocrática do Min. Dias Toffoli, j. em 21-6-2018.

76 Vide art. 9º, II, da Lei nº 6.938/1981, e regulamentado, no âmbito da União, pelo Decreto nº 4.297/2002.

obrigações. Em tese, o crédito rural deveria "incentivar a introdução de métodos racionais no sistema de produção, visando ao aumento da produtividade, à melhoria do padrão de vida das populações rurais e à adequada conservação do solo e preservação do meio ambiente" (art. 48, III, da Lei nº 8.171, de 17-1-1991).

Nos anos 2019 a 2022, houve no Brasil uma tendência à flexibilização da legislação ambiental.[77] Tivemos um caso folclórico: no dia 22-4-2020, em uma reunião do alto escalão que se tornou pública, o então Ministro do Meio Ambiente defendeu a mudança do regramento ambiental utilizando a metafórica expressão "ir passando a boiada".[78] Na época, todas as atenções estavam voltadas para pandemia da Covid-19 e seria uma "oportunidade" para o governo reduzir as restrições ambientais por meio de atos infralegais.

Não é possível saber se as limitações ambientais ao uso do imóvel serão maiores ou menores no futuro. O tema é imprevisível, inclusive porque, como vimos anteriormente, a aprovação do marco regulatório do licenciamento ambiental ainda não terminou.

Seja como for, não deve o comprador se deixar iludir por normas ou por promessas de edições de normas administrativas mais "brandas" por parte de governos menos sensíveis à proteção ambiental. Essas normas podem ser alteradas posteriormente por novos governos ou declaradas inválidas pelo Judiciário.

Nos empreendimentos de maior vulto, são aconselháveis (ou mesmo imprescindíveis) a consulta e o monitoramento do negócio jurídico de compra e implantação do empreendimento por um advogado especializado em direito ambiental.

Mesmo para casos simples, é preciso tomar cuidado com a legislação ambiental. Já se decidiu pelo cancelamento parcial de registro de loteamento realizado em área de preservação ambiental,[79] donde se conclui que a simples existência de registro de

---

[77] Vide, por exemplo, o Decreto nº 9.760, de 11-4-2019, e o Decreto nº 10.084, de 5-11-2019.

[78] Disponível em: https://www.bbc.com/portuguese/brasil-54364652. Acesso em: 14 dez. 2022.

[79] "Decisão. Ação Civil Pública movida pelo Ministério Público do Estado de São Paulo contra (...), visando o cancelamento parcial do registro do loteamento denominado (...), em Bertioga/SP, de módulos ainda não vendidos e edificados, por se encontrarem em área florestal e pertencente à Mata Atlântica, de preservação ambiental e ecológica. Concedida parcialmente a liminar para determinar 'o embargo judicial de toda e qualquer obra, serviço ou atividade de alteração, modificação, danificação ou supressão dos recursos naturais nos módulos em tela, sob pena de multa diária no valor de R$ 10.000,00' (fl. 149), a (...) interpôs Agravo de Instrumento ao Tribunal de Justiça do Estado de São Paulo, ao qual foi negado provimento. Seguiu-se Recurso Especial. Vem agora, a esta Corte, via Medida Cautelar, requerer, liminarmente, seja determinado o imediato processamento do Recurso Especial e atribuído-lhe efeito suspensivo. Alega, para tanto, que não há lei que iniba o uso da propriedade privada – CF, art. 225, § 4º –, portanto a decisão que determinou o embargo judicial está em flagrante confronto com os princípios da propriedade e da legalidade, causando-lhe 'danos gravíssimos e irreparáveis'. (fl.13) Decido. (...) O prosseguimento do referido loteamento, antes de julgado o mérito da ação, poderá acarretar graves prejuízos não só a eventuais compradores dos módulos em litígio, mas, e principalmente, ao meio ambiente – flora e fauna –, se restar comprovada a impossibilidade de concretização

loteamento em cartório não garante a certeza da aquisição de terreno para os fins almejados. É preciso ver se há o devido licenciamento ambiental, bem como se ele abrange a totalidade do loteamento.

Em outras palavras, só o registro do loteamento ou o *alvará*[80] da prefeitura não bastam!

Além disso, o art. 64 da Lei nº 9.605/98 estabelece que é crime promover construção em solo não edificável, ou em seu entorno, assim considerado em razão de seu valor paisagístico, ecológico, artístico, turístico, histórico, cultural, religioso, arqueológico, etnográfico ou monumental, sem autorização da autoridade competente ou em desacordo com a concedida. No final desta seção veremos mais hipóteses de restrições administrativas, além das ora tratadas decorrentes da legislação ambiental.

No passado, até mesmo na compra de um terreno para a simples construção de uma casinha de residência ou de veraneio, poderia ser necessário procurar os órgãos ambientais municipais, estaduais e o Ibama.[81]

Com a edição da Lei Complementar nº 140, de 8-12-2011, a questão melhorou um pouco. Vamos ver isso com cuidado. Diz o *caput* do art. 13 da referida Lei:

> "Art. 13. Os empreendimentos e atividades são licenciados ou autorizados, ambientalmente, por um único ente federativo, em conformidade com as atribuições estabelecidas nos termos desta Lei Complementar. (...)."

A Lei Complementar nº 140/2011 diz, nos arts. 7º, XIV, 8º, XIV, 9º, XIV e 10, qual o ente da Federação responsável pelo licenciamento. Na maior parte dos casos, será o órgão ambiental ("autoridade ambiental", no dizer da Lei nº 15.190/2025) do Estado ou do Distrito Federal. Porém, não se deve confundir o licenciamento ambiental com a necessidade de outras autorizações assessórias.

Vejamos o que dizem o *caput* do art. 4º e o art. 17 da Lei do Licenciamento Ambiental (Lei nº 15.190/2025):

> "Art. 4º A construção, a instalação, a ampliação e a operação de atividade ou de empreendimento utilizador de recursos ambientais, efetiva ou potencialmente poluidor ou capaz, sob qualquer forma, de causar degradação do meio ambiente estão sujeitas a prévio licenciamento ambiental perante a autoridade licenciadora integrante do Sisnama, sem prejuízo das demais licenças, outorgas e autorizações cabíveis.
>
> (...)

---

do loteamento. Assim, ausentes os pressupostos necessários à concessão da liminar, indefiro-a" (STJ, MC 5.994/SP, Min. Edson Vidigal, no exercício da Presidência, *DJ* de 4-2-2003).

80 STJ, ROMS 11.362/PR, 1ª Turma, Rel. Min. Humberto Gomes de Barros, j. em 6-11-2001, *DJ* de 25-2-2002.

STJ, REsp 2.696/SP, 1ª Turma, Rel. Min. Garcia Vieira, j. em 18-2-1991, *DJ* de 11-3-1991.

81 TJSC, Apelação Cível em Mandado de Segurança 2000.021515-5, Primeira Câmara de Direito Público, Rel. Juiz Newton Janke, j. em 27-11-2003.

Art. 17. O licenciamento ambiental independe da emissão da certidão de uso, parcelamento e ocupação do solo urbano emitida pelos Municípios, bem como de autorizações e outorgas de órgãos não integrantes do Sisnama, sem prejuízo do atendimento, pelo empreendedor, da legislação aplicável a esses atos administrativos."

E mais, no que se refere a áreas urbanas, o Estatuto da Cidade dispõe:

"Art. 36. Lei municipal definirá os empreendimentos e atividades privados ou públicos em área urbana que dependerão de elaboração de estudo prévio de impacto de vizinhança (EIV) para obter as licenças ou autorizações de construção, ampliação ou funcionamento a cargo do Poder Público municipal."

Como se vê, mesmo em áreas urbanas poderá ser preciso consultar a legislação municipal para saber se será possível dar ao imóvel a utilização pretendida. Evidentemente, a elaboração do EIV não substitui o licenciamento ambiental (que poderá exigir ou não a elaboração e a aprovação de Estudo de Impacto Ambiental – EIA), nos termos da legislação.

A legislação municipal deve estabelecer regras específicas e limites para construções em determinadas regiões ou zonas da cidade. Normalmente, há o chamado "coeficiente de aproveitamento" (exemplo: 0,5 em um terreno de 200m^2 equivale a 100m^2 de área construída, a depender dos critérios da legislação local) ou "potencial construtivo". Caso a legislação municipal preveja, é possível acordar com o órgão competente do Município alienação, aquisição ou aumento do potencial construtivo ou do direito de construir.[82]

A competência da legislação municipal para estabelecer limitações ambientais ao uso de áreas urbanas foi alterada pela Lei nº 14.285, de 29-12-2021. Assim, observadas as restrições que estabelece a nova redação do § 10º do art. 4º do Código Florestal, poderá a legislação municipal ou distrital definir, para efeito de APP, faixas marginais de cursos d'água naturais em tamanhos distintos dos previstos no art. 4º, I, do Código Florestal. Veja que a nova redação do § 10 utiliza a expressão "áreas urbanas consolidadas", em

---

82 Diz a Lei nº 10.257, de 10-7-2001 (Estatuto da Cidade):
"Art. 35. Lei municipal, baseada no plano diretor, poderá autorizar o proprietário de imóvel urbano, privado ou público, a exercer em outro local, ou alienar, mediante escritura pública, o direito de construir previsto no plano diretor ou em legislação urbanística dele decorrente, quando o referido imóvel for considerado necessário para fins de: I – implantação de equipamentos urbanos e comunitários; II – preservação, quando o imóvel for considerado de interesse histórico, ambiental, paisagístico, social ou cultural; III – servir a programas de regularização fundiária, urbanização de áreas ocupadas por população de baixa renda e habitação de interesse social. § 1º A mesma faculdade poderá ser concedida ao proprietário que doar ao Poder Público seu imóvel, ou parte dele, para os fins previstos nos incisos I a III do *caput*. § 2º A lei municipal referida no *caput* estabelecerá as condições relativas à aplicação da transferência do direito de construir."

consonância com o art. 3º, XXVI, do Código Florestal, alterado pela Lei nº 14.285/2021. Vide art. 22, § 5º, da Lei nº 11.952, de 25-6-2009.

Por fim, a criação da unidade de conservação ou a existência de uma lei restritiva ou até mesmo impeditiva do direito de utilizar o imóvel urbano ou rural pode surgir *após* a aquisição do imóvel.

Trata-se aqui de uma situação distinta: a norma restritiva é superveniente à aquisição, podendo frustrar as intenções do proprietário.

A simples aquisição de um terreno não dá ao proprietário um direito de construir de acordo com as regras vigentes à época da compra. Não existe "direito adquirido a regime jurídico", como já reiteradamente decidiu o STF.

Assim, quando o comprador adquire o direito a construir? Se não é quando ele compra o terreno, será quando ele obtém o alvará na Prefeitura para construir? Ou seja, se o comprador já tinha um alvará para construção concedido pela Prefeitura ou mesmo se já estivesse construindo, teria ele direito adquirido ao *habite-se*?

Se o alvará tiver sido concedido de forma contrária à legislação, seja ela do próprio Município ou mesmo estadual ou federal, a resposta será, evidentemente, negativa. Há precedentes contrários à manutenção de construções já terminadas, ainda que regular perante a Prefeitura, que tenham violado a legislação ambiental federal já existente à época da concessão do alvará.[83] Há precedentes quanto ao fato de que antes de iniciada a construção, não há direito adquirido.[84]

O direito à construção regularmente iniciada não deve prevalecer em caso de criação de unidade de conservação de domínio público. Não é lógico permitir aumento do impacto ambiental com o andamento da construção em área que se pretende proteger. Isso se aplicaria até mesmo nos casos em que a obra já terminou. A construção, teoricamente, deveria ser objeto de desapropriação ou de "compra amigável", de modo que possa existir indenização para o particular afetado.

Na prática, porém, observamos a existência de imóveis de propriedade privada e até mesmo de mansões em unidades de conservação de domínio público. Um interessante exemplo é o do Parque Nacional do Itatiaia.

Não é tão fácil medir o risco de aquisição de um desses imóveis que continuam sob a esfera privada (algo como uma "propriedade privada" em área pública). De modo geral, vale a mesma regra das ocupações irregulares em áreas públicas, tal como vimos com mais detalhes na seção 11.6.

Reduzem o risco:

- situações consolidadas: imóveis construídos e ocupados há tempo mais longo;
- existência de infraestrutura urbana: fornecimento de água e luz, coleta de lixo, serviço de correios, linhas de ônibus, integração com o restante da cidade etc.;

---

[83] TJSC, Apelação Cível 1.000831-4, Quinta Câmara Civil, Des. Rel. Volnei Carlin, j. em 11-4-2002.

[84] STJ, REsp 103.298/PR, 2ª Turma, Rel. Min. Ari Pargendler, j. em 17-11-1998, *DJ* de 17-2-1999.

- imóveis valiosos: politicamente é muito mais fácil para o Poder Público derrubar casas de pessoas economicamente vulneráveis do que casas de ricos, mesmo em situações jurídicas idênticas;
- quantidade de imóveis no local: o impacto social de desalojar um número maior de famílias, bem como o esforço da polícia, do sistema de demolição etc. é muito maior.

Na prática, também se observa que a decisão de desapropriar imóveis privados ou simplesmente derrubar construções irregulares é um tanto aleatória.

Já em áreas urbanas que se mantiveram privadas, parece razoável sustentar que é adquirido o direito à construção *legalmente* autorizada (isto é, o alvará foi expedido observando-se a legislação municipal, estadual e federal existente à época) *no momento em que a construção é iniciada.*[85] Contudo, essa questão ainda é muito controvertida e muito dependente das particularidades do caso concreto, de modo que é impossível prever, com segurança, se isso prevaleceria em um processo judicial.

Há um precedente importante do TJSP, que, em 16-5-2018, apreciou dispositivo de Lei do Município de São Paulo que trata do tema.[86] A decisão considerou válido o art. 162 da Lei Municipal nº 16.402, de 22-3-2106. Conhecido como "direito de protocolo", esse dispositivo estabelece explicitamente que os pedidos de licenciamento de construções protocolados até a data de publicação da referida lei e que ainda não tenham sido apreciados devem ser decididos com base na legislação em vigor à época do pedido. A decisão foi largamente divulgada pela imprensa e comemorada por incorporadoras e construtoras que atuam no Município de São Paulo.

Na verdade, a construção é algo que só se protrai no tempo por motivos não jurídicos, alheios à vontade do proprietário. Se o proprietário construísse (ou pudesse construir) em um único dia em vez de em seis meses não teria sido surpreendido pela nova legislação. Assim, fora das hipóteses de criação de unidade de conservação, e caso a construção tenha sido legalmente autorizada, a melhor solução talvez seja deixar que ela seja terminada de acordo com o alvará concedido. Afinal de contas, a lei superveniente não pode prejudicar o direito adquirido, de acordo com o art. 5º, XXXVI, da Constituição Federal. É claro que pode haver casos específicos, nos quais os fatos exigem outra interpretação (exemplos: lei editada justamente para tentar barrar uma

---

85 "Mandado de segurança. Direito de construir. Início da obra dentro do prazo de validade do alvará. Definição de obra iniciada. Direito adquirido dos proprietários a prosseguirem na construção. O início da obra confere ao proprietário o direito adquirido a prosseguir na construção, sobretudo, porque a superveniente lei municipal, limitativa do direito de construir, não possui efeito retroativo para atingir o que já está materializado com amparo no ato administrativo do alvará. No caso concreto, os impetrantes, realmente, deram início à obra de construção do edifício, dentro do prazo de validade do alvará. (...) Apelo provido para conceder a segurança pleiteada" (TARS, Apelação Cível 196168389, Primeira Câmara Cível, Rel. Des. Ari Darci Wachholz, j. em 27-5-1997).
STJ, ROMS 1.112/PR, 2ª Turma, Rel. Min. José de Jesus Filho, j. em 31-3-1993, *DJ* de 14-6-1993.

86 TJSP, Órgão Especial, Agravo Regimental nº 2028122-62.2018.8.26.0000/50000, j. em 16.03.2018.

construção muito degradadora, até então legal, e criação de unidade de conservação de domínio público). Nesse caso, o juiz poderá fazer uma interpretação em prol do meio ambiente e concluir pela impossibilidade da construção, com indenização para o proprietário de boa-fé em razão das despesas efetuadas.[87]

Há precedentes judiciais segundo os quais é devido ao proprietário uma indenização em razão da perda da potencialidade econômica que advém da norma restritiva do direito de utilizar o imóvel.[88] Isso não deve ocorrer na hipótese de criação de Unidade de Conservação, art. 45, IV, da Lei nº 9.985/2000. Seja como for, obviamente não há direito à indenização quando as restrições ambientais já existiam antes da aquisição do imóvel.[89]

Diante desse panorama, é interessante verificar se existem projetos de lei em tramitação nas casas legislativas antes da aquisição. Vide limitações administrativas decorrentes do disposto no art. 22-A da Lei nº 9.985/2000.

Há precedentes no sentido de que "a responsabilidade administrativa ambiental apresenta caráter subjetivo, exigindo-se dolo ou culpa para sua configuração".[90] Isso não se confunde com o *passivo ambiental* nas esferas civil e criminal, como vimos anteriormente.

Já se decidiu que "a alienação promovida em momento posterior à propositura da Ação Civil Pública pela empreendedora não tem o condão de alterar os efeitos subjetivos da coisa julgada, conforme disposto no art. 42, § 3º, do CPC, pois é dever do adquirente revestir-se das cautelas necessárias quanto às demandas existentes sobre o bem litigioso. Em razão do exposto, o não cumprimento da determinação contida no art. 167, I, 21, da Lei 6.015/73, o qual afirma a necessidade de averbação das citações de ações reais ou pessoais reipersecutórias relativas a imóveis não altera a conclusão do presente julgado".[91] Esse precedente deu origem à Súmula nº 613 do STJ, no sentido de que "Não se admite a aplicação da teoria do fato consumado em tema de Direito Ambiental".

Exemplo: uma pessoa obtém uma decisão judicial para efetuar determinada construção. A construção é finalizada ou está em andamento. A decisão judicial, porém, é reformada por órgão judiciário superior. Deve a pessoa que construiu de acordo com a decisão judicial (provisória) obtida ser prejudicada? Pela teoria do fato consumado,[92] a resposta seria negativa. Contudo, a Súmula nº 613 dispõe em sentido contrário.

---

87 A respeito de revogação e anulação de ato administrativo, vide: SILVA, Bruno Mattos e. *Direito administrativo para concursos*. 2. ed. Belo Horizonte: Del Rey, 2008. p. 129-131.

88 STJ, REsp 139.096/SP, 1ª Turma, Rel. Min. Milton Luiz Pereira, j. em 7-6-2001, *DJ* de 25-3-2002. STJ, REsp 250.966/SP, 1ª Turma, Rel. Min. José Delgado, j. em 14-11-2000, *DJ* de 5-2-2001.

89 STJ, EREsp nº 254.246/SP, Primeira Seção, Rel. Min. Eliana Calmon, Rel. p/ Acórdão Min. João Otávio de Noronha, j. em 12-12-2006.

90 STJ, REsp n. 1.993.783/PA, Primeira Seção, Rel. Min. Regina Helena Costa, j. em 13-9-2023.

91 STJ, AgRg no REsp 1.491.027/PB, Segunda Turma, Rel. Min. Humberto Martins, j. em 13-10-2015.

92 Uma interessante definição do que é a *teoria do fato consumado* foi dada pelo próprio STJ: "situações jurídicas consolidadas pelo decurso do tempo, amparadas por decisão judicial, não devem ser desconstituídas, em razão do princípio da segurança jurídica e da estabilidade das

Dependendo do empreendimento, caso possa existir impactos sobre comunidade indígena, além do Estudo de Impacto Ambiental e Relatório de Impacto Ambiental (EIA/RIMA), deve ser consultada a Fundação Nacional do Índio (FUNAI) e obtidas as autorizações necessárias. Trata-se do chamado "componente indígena". Há um interessante precedente do TJDF a respeito de indenização por impossibilidade de construir em razão de ocupação indígena.[93] Vide seções 1.14 e 14.1.

Há restrições administrativas no tocante a construções e nos arredores de construções consideradas como patrimônio histórico, artístico ou cultural. O art. 18 do Decreto-lei nº 25, de 30-11-1937, estabelece que, sem prévia autorização do órgão responsável pelo patrimônio cultural (atualmente, é o Instituto do Patrimônio Histórico e Artístico Nacional – IPHAN), "não se poderá, na vizinhança da coisa tombada, fazer construção que lhe impeça ou reduza a visibilidade".

Nesse sentido, a Portaria nº 420, de 22-12-2010, do IPHAN, dispõe em seu art. 4º que a "realização de intervenção em bem tombado, individualmente ou em conjunto, ou na área de entorno do bem, deverão ser precedidas de autorização do Iphan". Essa norma estabelece o procedimento para obtenção e limites da autorização. Além disso, há outras normas do IPHAN estabelecendo procedimentos e limitações específicas.

A existência dessa limitação administrativa ao direito de utilização do solo e ao direito de construir ficou famosa em 2016. Na época, alegando existência de pressões políticas para a liberação da construção de um edifício de 97,88 metros de altura em área próxima a prédios tombados no Município de Salvador (BA), o então Ministro da Cultura pediu exoneração do cargo.

Desse modo, caso se pretenda adquirir imóvel em área próxima ou em local com prédios de valor artístico, histórico, cultural etc. é conveniente consultar o IPHAN para verificar as normas aplicáveis e se alguma medida é necessária, de modo a saber se há e quais são as restrições existentes.

Por fim, há restrições administrativas no que se refere a construções em áreas de tráfego aéreo ou próximas de aeroportos. O art. 43 da Lei nº 7.565, de 19-12-86 (Código Brasileiro de Aeronáutica) dispõe que "As propriedades vizinhas dos aeródromos e das instalações de auxílio à navegação aérea estão sujeitas a restrições especiais". Por sua vez, o art. 45 estabelece que a autoridade aeronáutica poderá embargar obra ou construção, sendo que, nos termos do art. 46, somente terá o proprietário direito à indenização caso as restrições estabelecidas impuserem demolições de obstáculos levantados antes da publicação das restrições administrativas.

---

relações sociais" (STJ, REsp 709.934/RJ, Segunda Turma, Rel. Min. Humberto Martins, j. em 21-6-2007).

93 TJDF, Apelação Cível nº 20150111230187 (0033460-30.2015.8.07.0018), 8ª Turma Cível, Rel. Des. Nídia Corrêa Lima, j. em 16-5-2019.

Portanto, é interessante consultar a Agência Nacional de Aviação Civil (ANAC), caso se pretenda adquirir imóvel próximo de aeroporto e, especialmente, caso se pretenda adquirir terreno e construir edifício em área sujeita às restrições da ANAC, que podem abranger até mesmo áreas não tão próximas de aeroportos, desde que necessárias ou auxiliares ao tráfego aéreo.

12

FINANCIAMENTO IMOBILIÁRIO E PAGAMENTO DE PRESTAÇÕES

Muito frequente é a hipótese em que o comprador não irá efetuar o pagamento do preço do imóvel a vista, mas de forma parcelada.

Poderá ocorrer o pagamento em parcelas de várias maneiras.

Uma delas é a hipótese em que o comprador, sem contrair empréstimo bancário, celebra com o vendedor um compromisso de compra e venda, normalmente paga um "sinal" a vista, ingressa (ou não) na posse do imóvel e, ao longo do tempo, vai pagando o preço parceladamente.

Em alguns casos bem específicos, o comprador recebe a escritura definitiva depois de ter pagado um sinal que corresponde a quase todo o valor do imóvel. As parcelas restantes estarão garantidas por alienação fiduciária incidente sobre todo o imóvel. Mas essa situação é muito rara, embora tenha acontecido comigo.

No passado mais distante (antes do período de hiperinflação iniciado nos anos 1960), era comum o comprador assinar um determinado número de notas promissórias, representativas da dívida com o vendedor, e ao longo do tempo ir resgatando-as uma a uma, até quitar toda a dívida. Hoje, isso é muito raro nas hipóteses de aquisição de propriedade, embora ainda seja visto com alguma frequência nas aquisições de posse.

Nas aquisições de posse ou de compromisso de compra e venda de imóvel rural, é estabelecido um pequeno número de parcelas (algo entre 6 e 12 meses, em média) a serem pagas mensalmente. Normalmente, a imissão na posse é imediata e a transmissão da propriedade (via escritura definitiva), quando parte do contrato, ocorre depois da quitação de todas as parcelas.

Atualmente, é usual o comprador contrair um financiamento bancário e pagar ao vendedor o preço à vista. Muitas vezes o comprador se tornará o proprietário do imóvel e o banco ficará com a hipoteca do imóvel. Caso a modalidade de garantia seja a alienação fiduciária, o banco ficará com a propriedade (fiduciária) do imóvel e o comprador com a posse, até que a dívida seja paga, conforme exposto no tópico 1.9.

No caso de incorporação imobiliária, poderá o preço do imóvel em construção ser financiado pela própria incorporadora, às vezes com recursos próprios, às vezes com obtenção de financiamento bancário, que poderá também ser repassado ao comprador.

Como cautela, é preciso verificar, pela leitura do contrato de compra e venda, qual parte ficará responsável pela obtenção do financiamento. Afinal de contas, caso fique estabelecido que esse ônus será do comprador, caso ele não consiga obter o financiamento, por qualquer razão, responderá civilmente como inadimplente, se não conseguir pagar o preço com recursos próprios.[1]

Nesse mesmo sentido, é aconselhável que o comprador não pague nada a título de "sinal" sem ter certeza de que seu financiamento será aprovado, ainda que no contrato esteja expresso que o vendedor deverá devolver o dinheiro se isso ocorrer. Afinal, pode ser que ele se recuse a devolvê-lo ou mesmo já o tenha gastado; nesses casos, o comprador será obrigado a ajuizar uma ação de cobrança, que poderá demorar anos e, ao final, embora condenado, deixe o vendedor de cumprir a decisão judicial e não tenha bens a penhorar, impossibilitando o comprador de ter seu crédito satisfeito, tal como vimos nas seções 3.15 e 9.10 deste livro.

12.1 O COMPRADOR OBTÉM UM FINANCIAMENTO BANCÁRIO E PAGA O PREÇO DO IMÓVEL À VISTA

Pode o comprador obter diretamente com um banco um financiamento e pagar à vista ao vendedor o preço do imóvel. Se tal ocorrer, a instituição financeira deverá ficar com algum tipo de garantia real incidente sobre o imóvel adquirido, conforme disposto nas seções 2.2 e 1.9.

O comprador se tornará proprietário do imóvel, no caso de a garantia do banco ser uma hipoteca (seção 2.2) ou possuidor com direito real de aquisição, caso a garantia do banco seja a própria propriedade fiduciária (seção 1.9).

Há vários sistemas de financiamento imobiliário.

Normalmente, os bancos dispõem de várias modalidades de financiamento imobiliário. O mais utilizado é o Sistema Financeiro de Habitação (SFH), porque os juros são normalmente mais baixos. Porém, além do limite máximo do valor a ser financiado, nem tudo pode ser financiado pelo SFH.

Existe também o Sistema de Financiamento Imobiliário (SFI), tratado na seção 12.5, e existe a possibilidade de a incorporadora financiar diretamente o comprador.

---

[1] STJ, REsp 130.303/DF, Terceira Turma, Rel. Min. Waldemar Zveiter, j. em 19-11-1998, *DJ* de 1º-2-1999.

Ainda há, em raras hipóteses, o que se chamava no passado de "carteira hipotecária". Tratava-se de empréstimos fora do âmbito do SFH, com recursos obtidos pelo banco por diversos meios. Atualmente, somente algumas pessoas mais idosas conhecem o significado da expressão, os bancos não mais a utilizam.

Com relação ao tratamento direto por uma incorporadora, ainda que com recursos obtidos por financiamento bancário a ela concedido, veremos esse tema na seção 12.2.

As regras do Sistema Financeiro da Habitação (SFH), estão ligadas à lógica da captação de recursos dos depósitos do Fundo de Garantia por Tempo de Serviço (FGTS) – atualmente gerido apenas pela Caixa Econômica Federal (CEF) – e das cadernetas de poupança. Como a remuneração conferida aos titulares do FGTS e das cadernetas de poupança é baixa, é natural que os juros do SFH sejam mais baixos. Há um limite máximo para o valor do financiamento. Ao contrário do que ocorreu no passado, felizmente nos contratos hoje celebrados o reajuste das prestações mensais a pagar ocorre pelos mesmos índices do saldo devedor, importando a inexistência matemática de saldo residual, caso todas as parcelas (incluindo os encargos) tenham sido devidamente pagas.

Até o advento da MP nº 2.223, de 4-9-2001, era possível a celebração de contratos que tinham como índice de reajuste das parcelas o mesmo índice de variação salarial da categoria do mutuário ou do salário mínimo, para aqueles que não estivessem em categoria profissional definida. Era possível também a celebração de contrato vinculado ao Plano de Comprometimento de Renda (PCR), que estabelecia um limite ao valor da prestação a determinada proporção entre seu valor e a renda familiar do mutuário, que em determinada época era de 30% (trinta por cento). Assim, reajustada a prestação pelo índice contratualmente previsto, caso o resultado fosse um valor que superasse o percentual estabelecido (ex.: 30%) da renda familiar, deveria a prestação manter-se nesse valor (ex.: 30% da renda familiar). Isso não mais é possível nos contratos novos, a teor da Lei nº 10.931, de 2-8-2004.

Além disso, para contratos celebrados no âmbito do SFH a partir de 13 de setembro de 2006, a forma de atualização está redigida pelo art. 18-A da Lei nº 8.177, de 1º-3-1991, acrescentado pela Medida Provisória nº 321, de 12-9-2006, convertida na Lei nº 11.434, de 28-12-2006.[2]

---

2 "Art. 18-A. Os contratos celebrados a partir de 13 de setembro de 2006 pelas entidades integrantes do Sistema Financeiro de Habitação – SFH e do Sistema Financeiro do Saneamento – SFS, com recursos de Depósitos de Poupança, poderão ter cláusula de atualização pela remuneração básica aplicável aos Depósitos de Poupança com data de aniversário no dia de assinatura dos respectivos contratos, vedada a utilização de outros indexadores.

Parágrafo único. Na hipótese da celebração de contrato sem a cláusula de atualização mencionada no *caput* deste artigo, ao valor máximo da taxa efetiva de juros de que trata o art. 25 da Lei nº 8.692, de 28 de julho de 1993, poderá ser acrescido, no máximo, o percentual referente à remuneração básica aplicável aos Depósitos de Poupança, anualizado conforme metodologia a ser estabelecida pelo Conselho Monetário Nacional."

Os poucos contratos que continham os planos mencionados acima continuam com suas regras plenamente em vigor. O que o art. 48 da Lei nº 10.931/2004 e a Lei nº 11.434/2006 vedam é a celebração de novos contratos com cláusula de equivalência salarial ou de comprometimento de renda, bem como a inclusão de cláusulas desta espécie em contratos já firmados.

Mas ainda há casos em que, por meio de "contrato de gaveta" (vide seção 12.3), o comprador assume um desses contratos e poderá ter problemas sérios no final do contrato.

Portanto, também nesses casos é preciso ter muito cuidado, não podendo o comprador deixar-se levar pela ilusão de uma prestação mais baixa: pode ocorrer (em razão da existência de um descompasso entre o reajuste das parcelas e o reajuste do saldo devedor) a hipótese em que o saldo residual é superior ao valor de mercado do imóvel, a despeito de o comprador ter pagado diversas parcelas!

Caso isso ocorra, ou o comprador preveja que ocorrerá, é preciso fazer uma ponderação de ordem econômica, mediante análise dos seguintes elementos, sempre com base no dia da análise: quanto o comprador já pagou; há quanto tempo está morando no imóvel; quanto é o valor de mercado do aluguel do imóvel; qual o valor de mercado do imóvel; qual é o valor da prestação mensal; qual é o valor do débito; qual é a renda mensal do comprador; quanto ele deseja ou pode dispor mensalmente para quitar a dívida mediante reajuste idêntico do saldo às parcelas mensais (cuidado! A relação prestação/renda familiar pode subir muito ao longo do tempo, conforme exposto acima). Sugere-se que esses números sejam postos em uma folha de papel, dispostos em linhas, ou em uma planilha de Excel, para poder visualizar melhor.

As normas já há algum tempo em vigor tentam corrigir o grave problema que os contratos antigos e a legislação anterior geraram (prestações defasadas, saldo devedor imenso, "contratos de gaveta", mutuários inadimplentes etc.) com reflexos que perdurarão por muitos anos. Remetemos o leitor para as seções 12.3, 12.4 e 12.12, nas quais debateremos um pouco mais a questão.

No âmbito do SFH, todo financiamento deve conter seguro, de escolha do mutuário, que preveja, no mínimo, cobertura aos riscos de morte e invalidez permanente do mutuário e de danos físicos ao imóvel. A questão está tratada hoje no art. 79 da Lei nº 11.977, de 7-7-2009, alterada pela Lei nº 12.424, de 16-6-2011.[3]

---

[3] "Art. 79. Os agentes financeiros do SFH somente poderão conceder financiamentos habitacionais com cobertura securitária que preveja, no mínimo, cobertura aos riscos de morte e invalidez permanente do mutuário e de danos físicos ao imóvel. § 1º Para o cumprimento do disposto no *caput*, os agentes financeiros, respeitada a livre escolha do mutuário, deverão: I – disponibilizar, na qualidade de estipulante e beneficiário, quantidade mínima de apólices emitidas por entes seguradores diversos, que observem a exigência estabelecida no *caput*; II – aceitar apólices individuais apresentadas pelos pretendentes ao financiamento, desde que a cobertura securitária prevista observe a exigência mínima estabelecida no *caput* e o ente segurador cumpra as condições estabelecidas pelo Conselho Nacional de Seguros Privados – CNSP, para apólices direcionadas a

12.2 A INCORPORADORA FINANCIA O PREÇO DO IMÓVEL, COM OU SEM RECURSOS PRÓPRIOS

Em regra, o financiamento do imóvel pela incorporadora é precedido pelo pagamento de um sinal por parte do comprador.

O financiamento pode ocorrer com recursos próprios da incorporadora ou mediante obtenção de empréstimo bancário. O comprador será, assim, financiado pela incorporadora. Em princípio, não haverá relação jurídica entre o comprador e o banco.

A despeito disso, o imóvel a ser construído ou já adquirido pelo comprador poderá servir como garantia da dívida da incorporadora, caso já esteja hipotecado antes do registro do título do comprador (escritura pública ou compromisso de compra e venda) ou caso o comprador tenha autorizado a criação dessa hipoteca no contrato que celebrou com o vendedor, conforme vimos nas seções 2.2, 9.3 e 9.4.

Há também a hipótese em que o empréstimo bancário, que foi obtido pela incorporadora, é, posteriormente, repassado por ela ao comprador, que passará a ser devedor do banco diretamente.

Ocorrendo o repasse, a incorporadora perderá a garantia hipotecária incidente sobre o imóvel, outorgando a escritura definitiva ao comprador, pois o banco exige que ele fique com a garantia hipotecária em face do comprador, para concordar com o repasse do financiamento. Pode, em certos casos, apenas parte da dívida do comprador ser repassada ao banco: o comprador pagará prestações ao banco e à incorporadora (que normalmente fica sem garantias reais, mas apenas com garantias pessoais, como fiadores ou notas promissórias).

Na hipótese em que o financiamento bancário é obtido pela incorporadora para si, ele deve em tese ser utilizado para a construção do imóvel que está sendo adquirido pelo comprador. Ocorre, porém, que certas incorporadoras, em determinados casos, obtêm um financiamento bancário a pretexto de construir um edifício, mas utiliza o dinheiro para outras finalidades, tal como terminar uma incorporação anterior que restou inacabada por problemas financeiros diversos.

---

operações da espécie. § 2º Sem prejuízo da regulamentação do seguro habitacional pelo CNSP, o Conselho Monetário Nacional estabelecerá as condições necessárias à implementação do disposto no § 1º deste artigo, no que se refere às obrigações dos agentes financeiros. § 3º Nas operações em que sejam utilizados recursos advindos do Fundo de Arrendamento Residencial – FAR e do Fundo de Desenvolvimento Social – FDS, os agentes financeiros poderão dispensar a contratação de seguro de que trata o *caput*, nas hipóteses em que os riscos de morte e invalidez permanente do mutuário e de danos físicos ao imóvel estejam garantidos pelos respectivos fundos. § 4º Nas operações de financiamento na modalidade de aquisição de material de construção com recursos do FGTS, os agentes financeiros ficam autorizados a dispensar a contratação do seguro de danos físicos ao imóvel. § 5º Nas operações de financiamento de habitação rural, na modalidade de aquisição de material de construção, com recursos do FGTS, os agentes financeiros ficam autorizados a dispensar a contratação do seguro de morte e invalidez permanente do mutuário nos casos em que estes riscos contarem com outra garantia."

Evidentemente, deve constar do contrato com o banco que a hipoteca incidente sobre o imóvel apenas garante a dívida do comprador e não a dívida da incorporadora, de modo que o comprador, ao pagar sua dívida, terá seu imóvel livre da hipoteca. Isso tudo deve estar expresso e muito claro no contrato. Só que normalmente não é isso que acontece! Foi o que vimos na seção 9.4.

Caso o imóvel fique hipotecado em garantia do débito do comprador, é necessário que conste dos termos do contrato que o pagamento do preço do imóvel importa o cancelamento da hipoteca incidente sobre a unidade adquirida. Para tanto, é indispensável que a hipoteca garanta apenas a dívida do comprador com a vendedora em razão da compra do imóvel em questão e nada mais (se a dívida for em face do banco, ele deverá assinar o contrato também). Só que há muitos financiamentos bancários em que isso não é feito, razão pela qual há de se ter muito cuidado.

A despeito da Súmula nº 308 do STJ (vide seção 9.4), deve o comprador exigir que a hipoteca ou alienação fiduciária incidente sobre o imóvel adquirido garanta o financiamento relativo à sua dívida (e não toda a dívida da incorporação imobiliária ou de outro empreendimento). Em geral, as incorporadoras (mesmo as empresas sérias, que são a maioria) rejeitam esse pedido, afirmando simplesmente que "o imóvel será entregue e não há risco algum". A Encol (grande incorporadora que operou e faliu no final do século XX), por exemplo, dizia o mesmo. Sabemos o que ocorreu com a Encol, mas não sabemos o que ocorrerá no futuro com outras incorporadoras.

É importante ver se o imóvel ou o terreno em que ele será construído já não está hipotecado em garantia de outra dívida, como se viu nas seções 2.2 e 9.3, sem prejuízo, é claro, das demais cautelas expostas ao longo deste livro.

Se o comprador receber um compromisso de compra e venda, deve assegurar-se de que nele está expresso que, após o pagamento do preço estabelecido, deverá o vendedor outorgar a escritura definitiva do imóvel e, se houver hipoteca, deverá constar cláusula, no contrato celebrado com o credor da hipoteca (incorporadora ou banco), que o pagamento por parte do comprador enseja e é suficiente para seu cancelamento. Obviamente, o titular da hipoteca (ou de outra forma de garantia) deverá assinar esse contrato.

O cancelamento da hipoteca não se opera automaticamente, devendo o comprador providenciar sua averbação no cartório imobiliário, munido de autorização fornecida pelo credor da dívida garantida pela hipoteca.

Nos contratos de compra de imóvel, financiados pela própria construtora ou incorporadora, com prazo mínimo de 36 meses, é admitida estipulação de cláusula de reajuste, com periodicidade mensal, por índices de preços setoriais ou gerais ou pelo índice de remuneração básica dos depósitos de poupança, a teor do que dispõe o art. 46 da Lei nº 10.931, de 2-8-2004.

Poderá a dívida com a construtora ou incorporadora, além de monetariamente corrigida, ser acrescida de juros. Qual o limite legal desses juros?

A questão passou a ser altamente controvertida com a revogação do Código Civil de 1916. Agora, com o advento da Lei nº 14.905, de 28-6-2024, vislumbra-se que serão aplicadas as regras previstas nesta Lei.

Atualmente, assim dispões o art. 406 do Código Civil a respeito de *juros legais*:

> "Art. 406. Quando não forem convencionados, ou quando o forem sem taxa estipulada, ou quando provierem de determinação da lei, os juros serão fixados de acordo com a taxa legal.
>
> § 1º A taxa legal corresponderá à taxa referencial do Sistema Especial de Liquidação e de Custódia (Selic), deduzido o índice de atualização monetária de que trata o parágrafo único do art. 389 deste Código.
>
> § 2º A metodologia de cálculo da taxa legal e sua forma de aplicação serão definidas pelo Conselho Monetário Nacional e divulgadas pelo Banco Central do Brasil.
>
> § 3º Caso a taxa legal apresente resultado negativo, este será considerado igual a 0 (zero) para efeito de cálculo dos juros no período de referência."

Quanto à legalidade do anatocismo (incidência de juros sobre juros), vide as seções 3.14 e 12.7.

Um cuidado adicional, de ordem econômica, consiste na questão do momento em que a dívida do comprador será acrescida de juros mensais prefixados (exemplo: 0,5% ao mês, 12% ao ano etc.) e o momento em que o comprador poderá morar no imóvel pronto, com *habite-se*.

É que, muitas vezes, o imóvel ainda não está pronto ou não tem *habite-se* no momento da celebração do contrato de aquisição financiada do imóvel. O comprador irá começar a pagar parcelas mensais, às vezes até precedidas de um "sinal", mas não estará na posse (leia-se: "morando") do imóvel. Nesta hipótese, o comprador tem uma "dívida" com a incorporadora, em razão do contrato celebrado, que será monetariamente corrigida de acordo com a periodicidade estabelecida no contrato. Até aqui, não há nada de mais. A correção monetária não aumenta o valor real da dívida. Contudo, se a dívida for acrescida de juros, a incorporadora receberá esses *juros* incidentes sobre um capital que ela não despendeu. Embora se possa argumentar que estes *juros* são inferiores aos juros cobrados pelo mercado, ainda assim a incorporadora está ganhando *juros* sobre capital não aplicado, posto que os custos por ela arcados por ocasião do início da incorporação a título de projeto, registro, propaganda etc. são, evidentemente, muito inferiores aos custos do imóvel como um todo.

Observe-se que o valor mensal de um aluguel corresponde, quando muito, a cerca de 0,5% a 1% do valor do imóvel, a depender do tamanho e da localização do imóvel. Esses *juros* corresponderiam ao valor de um aluguel, portanto. A diferença reside no fato de, como se viu, o comprador *não estar na posse do imóvel*, mas pagando um "aluguel", na forma desses *juros*, como se estivesse morando no imóvel.

Fácil concluir, pois, que o preço de um imóvel adquirido nessas condições deveria ser mais baixo do que um equivalente já pronto, do qual o comprador já entraria na posse no momento da compra. Esse preço mais barato, ressalte-se, normalmente acontece, mas em razão de que a aquisição de uma *coisa futura* (imóvel que será ou ainda está sendo construído) é proporcionalmente mais arriscada.

Assim, o preço *real* deveria ser ainda mais baixo. Na verdade, porém, quase nunca o é, em razão da incidência de *juros* sobre a dívida do comprador, originária de capital não investido pela incorporadora.

Já se sustentou que a poupança mensal para aquisição de imóvel à vista era a melhor alternativa, pois, dentro desse aspecto econômico, inverter-se-ia a situação: o comprador poupador se beneficiaria das taxas de juros brasileiras, que são positivas. Contudo, os juros pagos em aplicações financeiras com risco muito baixo (ex.: fundos de renda fixa, Tesouro Selic etc.) varia muito ao longo do tempo: em 2022 e 2023, por exemplo, eles estavam ótimos para os investidores. Essa opção também não está isenta de riscos, afinal de contas, além do episódio protagonizado pelo inesquecível Presidente Fernando Collor de Mello,[4] existe a possibilidade de quebra da instituição financeira,[5] por alguma transformação prejudicial ao poupador no próprio Sistema Financeiro Nacional como um todo ou mesmo por algum evento mundial neste momento imprevisível.

Algumas pessoas que celebraram contratos em que havia cláusula contratual prevendo a cobrança de juros (não confundir com a incidência de índice inflacionário) antes da entrega do imóvel conseguiram obter, judicialmente, a declaração da nulidade dessa cláusula.[6]

É certo que, com o advento da Portaria nº 3/01, expedida pela Secretaria de Direito Econômico do Ministério da Justiça (*DOU*, Seção I, 17-3-2001, p. 1), restou mais forte a tese do não cabimento desses juros mesmo se contratualmente estabelecidos, uma vez que considerada pela Portaria essa cláusula contratual como *abusiva* e, por esse motivo, passível de anulação à luz do direito do consumidor.

De todo modo, pelas razões expostas, o correto deve ser a previsão contratual de incidência de juros contados apenas a partir do momento em que o comprador receber o imóvel pronto para morar. Isso, porém, nem sempre acontece. O comprador, portanto, deve ter mais esse cuidado antes de celebrar o contrato, pois nada garante que ele irá conseguir a declaração judicial de nulidade da previsão de cobrança de juros antes da entrega do imóvel.

O ideal é que fique expresso que os juros (não confundir com o reajuste decorrente da inflação) somente incidirão após a entrega das chaves ao comprador, obtido o *habite-se* pela incorporadora.

---

4 Collor foi o Presidente da República eleito em 1989. Ao assumir seu mandato, objetivando combater a inflação, utilizou um mecanismo jurídico que equivalia a confisco de depósitos bancários. O impeachment desse Presidente ocorreu em 1992.

5 Esse risco está muito minorado para os investimentos que contam com o Fundo Garantidor de Créditos (FGC) e para títulos emitidos pelo próprio governo federal (ex.: Tesouro Direto).

6 TJDF, APC 3350394/DF, 4ª Turma Cível, Rel. Des. João Mariosa, j. em 29-2-1996, *DJ*-DF de 15-5-1996.

Somente devem ser cobrados juros antes do momento em que o comprador recebe o imóvel pronto para morar na hipótese de existência de repasse de financiamento de uma instituição financeira ao comprador, pois, nessa hipótese, o comprador, em tese, receberá o imóvel antes de ter desembolsado todo o dinheiro para construí-lo. É razoável que pague os juros proporcionais ao período de tempo entre a data em que ingressou na posse do imóvel pronto para morar e o momento em que pagou todo o preço.

12.3 O REGISTRO EM CARTÓRIO DA COMPRA DE IMÓVEL, CUJO VENDEDOR É MUTUÁRIO DO SFH, E A ASSUNÇÃO DESSE FINANCIAMENTO: A QUESTÃO DO "CONTRATO DE GAVETA"

Em muitos contratos de financiamento para aquisição de imóvel por meio do Sistema Financeiro da Habitação, há restrições à transferência do imóvel a terceiro.

Se o comprador for pagar à vista o preço do imóvel, a solução será simples: bastará quitar o financiamento do vendedor e descontar do preço de compra o valor pago ao banco, conforme vimos na seção 1.8.

A solução não será tão simples, se o comprador pretender assumir o financiamento do vendedor.

Ocorre que, nos termos da Lei nº 8.004, de 14-3-90, que regula a transferência de financiamento no âmbito do SFH, a cessão (transferência) da posição contratual do vendedor é lícita, se atendidos os requisitos legais e regulamentares, entre os quais destacamos a interveniência obrigatória da instituição financeira, que deverá assinar a escritura de compra e venda na qualidade de interveniente (art. 1º, parágrafo único). Essa necessidade de participação da instituição financeira na transferência do imóvel financiado e do próprio financiamento também pode decorrer de cláusula contratual.

Em geral, a instituição financeira somente concorda com a transferência do imóvel e do financiamento caso o novo comprador preencha os requisitos do SFH, tenha capacidade de pagamento e concorde em repactuar o valor da prestação, para ajustá-lo ao valor do débito. Na prática, há muitos contratos de financiamento imobiliário em que o valor da prestação está muito defasado em relação ao saldo devedor, o que poderá ser perigoso para o comprador também sob o aspecto econômico (vide seções 12.1 e 12.7).

Os anos 70 e 80 foram marcados por índices crescentes de inflação e de forte arrocho salarial.[7] Como vários financiamentos imobiliários tinham previsão de reajuste mensal do saldo devedor com base em índices da inflação acumulada, mas de reajuste das parcelas a serem pagas mensalmente com base na variação salarial do mutuário, que às vezes era só semestral ou anual, a consequência em muitos contratos foi uma brutal defasagem no valor das prestações em relação ao saldo devedor. Assim, em

---

[7] Para se ter uma ideia de como era o arrocho salarial naquela época, vide o art. 26 do Decreto-lei nº 2.064, de 19-10-83.

muitos contratos, as parcelas ficaram com valores muito baixos em relação a um saldo devedor muito alto (vide seção 12.1). Isso se reflete até nos dias de hoje, especialmente nos contratos mais antigos.

Não é preciso muito esforço mental para perceber a relação que existe entre a exigência contida no art. 1º, parágrafo único, da Lei nº 8.004/90 (intervenção obrigatória da instituição financeira) e mencionada defasagem nos valores dos contratos: o dispositivo legal tenta "forçar" o novo comprador a repactuar o financiamento do mutuário original, mediante reajuste do valor das parcelas ao saldo devedor garantido pelo imóvel.

Portanto, o adquirente não terá direito a manter o financiamento, nos termos em que foi obtido pelo vendedor, se o banco não concordar com a venda.

Assim, para o imóvel financiado no âmbito do SFH, exista ou não previsão no contrato proibindo sua venda, a instituição financeira deverá assinar a escritura de compra e venda na condição de interveniente anuente.

A solução encontrada por muitos compradores, que desejam assumir o financiamento de que dispõe o vendedor, diante da negativa da instituição financeira em anuir com o negócio, consiste em celebrar com ele um "*contrato de gaveta*", ou seja, celebram por escrito um contrato de compromisso de compra e venda, mas não o registram, nem comunicam ao banco. Também são chamados de "contrato de gaveta" os contratos de cessões de direitos (vide seção 8.4) do compromisso de compra e venda que não pôde ser registrado.

É verdade que a Lei nº 10.150, de 21-12-2000, permitiu, em certos casos específicos, a transferência do imóvel e do respectivo financiamento, nos termos do art. 17,[8] do art. 20,[9] ou da nova redação dada a dispositivos da Lei nº 8.004/90.[10] Mas isso não abarcou a maior parte dos casos.

---

8 "Art. 17. A partir de 12 de junho de 1998, alternativamente ao disposto no art. 2º da Lei nº 8.004, de 14 de março de 1990, com a redação dada pelo art. 19 desta Lei, as transferências de contratos do SFH que tenham cobertura do FCVS poderão ser efetuadas, por acordo entre as partes, mediante a assunção pelo novo mutuário de montante equivalente a setenta por cento do saldo devedor contábil da operação, atualizado *pro rata die* da data do último reajuste até a data da transferência, observados os requisitos legais e regulamentares da casa própria, vigentes para novas contratações, inclusive quanto à demonstração da capacidade de pagamento do cessionário em relação ao valor do novo encargo mensal."

9 "Art. 20. As transferências no âmbito do SFH, à exceção daquelas que envolvam contratos enquadrados nos planos de reajustamento definidos pela Lei nº 8.692, de 28 de julho de 1993, que tenham sido celebradas entre o mutuário e o adquirente até 25 de outubro de 1996, sem a interveniência da instituição financiadora, poderão ser regularizadas nos termos desta Lei. Parágrafo único. A condição de cessionário poderá ser comprovada junto à instituição financiadora, por intermédio de documentos formalizados junto a Cartórios de Registro de Imóveis, Títulos e Documentos, ou de Notas, onde se caracterize que a transferência do imóvel foi realizada até 25 de outubro de 1996."

10 "Art. 19. O parágrafo único do art. 1º e os arts. 2º, 3º e 5º da Lei nº 8.004, de 1990, passam a vigorar com a seguinte redação:

Os "contratos de gaveta" se tornaram uma triste e comum realidade. E um neologismo também se tornou comum: "gaveteiro", significando o indivíduo que adquiriu um imóvel por meio de "contrato de gaveta".

Os riscos do "contrato de gaveta" são evidentes: o comprador, por não registrar seu título, não se torna proprietário do imóvel; o vendedor, por continuar proprietário, pode vir a ter o imóvel penhorado por credores[11] ou até vender o imóvel para outras pessoas. Além disso, o comprador não se torna proprietário do imóvel e só pode ceder seus direitos mediante o contrato de cessão acima mencionado, tratado também na seção 8.4. Para piorar, o adquirente pode nem mesmo obter a propriedade por meio de usucapião, como vimos na seção 1.5.

Juntamente com o compromisso de compra e venda, o mutuário original deve outorgar uma procuração para uma pessoa de confiança do compromissário comprador. Essa procuração deverá conter os necessários poderes para essa pessoa de confiança representar o mutuário oficial (compromissário vendedor) para a solicitação do cancelamento ("baixa") da hipoteca ou alienação fiduciária incidente sobre o imóvel e para a outorga da escritura definitiva para o compromissário comprador. Esses atos serão praticados quando o financiamento for quitado. É interessante que conste da

---

'Art. 1º (...) Parágrafo único. A formalização de venda, promessa de venda, cessão ou promessa de cessão relativas a imóvel financiado através do SFH dar-se-á em ato concomitante à transferência do financiamento respectivo, com a interveniência obrigatória da instituição financiadora.

Art. 2º Nos contratos que tenham cláusula de cobertura de eventual saldo devedor residual pelo FCVS, a transferência dar-se-á mediante simples substituição do devedor, mantidas para o novo mutuário as mesmas condições e obrigações do contrato original, desde que se trate de financiamento destinado à casa própria, observando-se os requisitos legais e regulamentares, inclusive quanto à demonstração da capacidade de pagamento do cessionário em relação ao valor do novo encargo mensal. § 1º Além do disposto no *caput*, o valor do encargo mensal para o novo mutuário será atualizado *pro rata die*, a contar da data do último reajustamento desse encargo até a data da formalização da transferência, com base no índice de atualização das contas de poupança mantidas no Sistema Brasileiro de Poupança e Empréstimo – SBPE, e acrescido da quinta parte do valor atualizado do encargo, observando que: (...)'."

[11] Observe-se que o crédito da Fazenda Pública tem privilégio sobre o crédito da hipoteca outorgada a um banco, razão pela qual, mesmo hipotecado para a instituição financeira em garantia da dívida, o imóvel pode vir a ser penhorado em sede de execução fiscal para satisfazer à dívida com o fisco. Nesse sentido:

"Execução fiscal – Penhora de bem gravado por ônus real – Possibilidade. Em face da preferência do crédito tributário, não há óbice legal a que o bem dado em penhora, para a garantia do pagamento em favor da Fazenda Pública, esteja onerado com qualquer gravame, salvo os bens absolutamente impenhoráveis" (TRF-5ª Região, Ap. Cív. 101.517-PE, Rel. Juiz Ridalvo Costa. In: *Jurisprudência Adcoas*, BJA nº 5, 20-2-1997, p. 134).

"O princípio de prioridade sofre várias restrições impostas por leis de direito material, que dão dianteira a créditos fiscais, previdenciários e trabalhistas, em detrimento dos créditos hipotecários" (CARVALHO, Afrânio de. *Registro de imóveis*. 4. ed. Rio de Janeiro: Forense, 1997. p. 199).

procuração poderes para propor e constituir advogado em ações judiciais envolvendo o contrato de financiamento imobiliário.

No caso de uma cessão de direitos (vide seção 8.4) de compromisso de compra e venda (que também é um "contrato de gaveta"), deverá o novo comprador exigir o original do compromisso de compra e venda ainda não registrado e a procuração anteriormente mencionada e o substabelecimento[12] dessa procuração para pessoa de confiança do novo comprador.

No caso de uma cessão de outra cessão de compromisso de compra e venda, é necessário que exista o substabelecimento da mencionada procuração. Assim, a pessoa que decidir adquirir os direitos decorrentes de uma cessão decorrente de compromisso de compra e venda não registrado ("contrato de gaveta"), por meio da celebração de outro contrato de cessão de direitos (que será outro "contrato de gaveta"), deve também exigir o recebimento de um substabelecimento do substabelecimento decorrente procuração recebida pelo compromissário comprador. E assim por diante... É preciso que exista uma perfeita "cadeia" de compromisso de compra e venda e contratos de cessões de direitos, acompanhada da respectiva "cadeia" de procuração e substabelecimentos.

Além disso, por ocasião da quitação do financiamento imobiliário, para que possa a pessoa de confiança do "gaveteiro" outorgar, em nome da pessoa que consta na matrícula do imóvel como proprietário, a escritura definitiva ao compromissário comprador ou ao cessionário, a procuração e os substabelecimentos devem ter sido feitos por instrumento público. Como vimos no Capítulo 6, a forma da procuração e dos substabelecimentos deve ser a mesma do ato final a ser praticado. No caso, a compra e venda do imóvel, salvo hipóteses específicas, somente pode ser feita por instrumento público, razão pela qual também a procuração e substabelecimentos para conferirem poderes para prática desse ato devem ter sido feitos por instrumento público.

É possível que o tabelião, que é de livre escolha das partes, entenda de forma diferente e aceite lavrar a escritura definitiva outorgada por pessoa que detém procuração e substabelecimentos por instrumento particular. Mas poderá o cartório imobiliário recusar o registro de escritura que, outorgada por meio de procurador, mencionou que a procuração ou substabelecimento foi feito por instrumento particular ou não mencionou em qual cartório de notas, em que livro e em que folhas estão a procuração e substabelecimentos que conferiram poderes para a lavratura da escritura em nome do proprietário do imóvel.

---

[12] Substabelecimento é o documento de transferência de poderes recebidos pelo procurador a uma terceira pessoa, que poderá praticar os atos que praticaria o procurador, sempre em nome do mandante, isto é, daquele que outorgou a procuração, no caso, do proprietário do imóvel. Note, ainda, que no caso o substabelecimento deverá ser feito "sem reserva de iguais" (poderes), ou seja, haverá apenas a transferência dos poderes e não transferência e manutenção dos poderes por parte daquele que substabelece: somente o adquirente, último compromissário comprador da cadeia de compromissos de compra e venda, deverá ter poderes para agir em nome do proprietário do imóvel em face do banco que financiou a compra do imóvel.

Para o comprador é fundamental, antes de optar por comprar o imóvel por meio de um "contrato de gaveta", verificar se a "cadeia" de compromissos e cessões (instrumentos particulares com firmas reconhecidas) está de acordo com a "cadeia" de procuração e substabelecimentos (instrumentos públicos), guardando devidamente todos os originais, sob pena de ter dificuldades por ocasião da quitação do financiamento para obter a propriedade do imóvel.

Se tudo estiver correto, quando o financiamento for quitado, dois atos poderão ser praticados: obter do agente financeiro ("banco") o termo para liberação do gravame (hipoteca ou alienação fiduciária) que incide sobre o imóvel e proceder à lavratura da escritura pública para que possa ser feita a transferência da propriedade para o compromissário comprador ou para o último cessionário, conforme o caso. Esses atos serão praticados, em nome do proprietário do imóvel (compromissário vendedor, em nome do qual o imóvel está registrado), pela pessoa de confiança que detém os necessários poderes conferidos pela procuração e, conforme o caso, pelos substabelecimentos. Se houver qualquer defeito na procuração ou nas "cadeias" de procuração e substabelecimentos, a escritura pública não poderá ser outorgada por ele, mas apenas pelo proprietário do imóvel (que poderá estar em local desconhecido).

Se o proprietário do imóvel que outorgou a procuração morrer antes da lavratura da escritura pública (salvo exceção que veremos ao final desta seção), o ato não poderá ser validamente praticado pelo procurador, pois a morte do mandante extingue o mandato. Nesse caso, a solução passará pela verificação da existência de inventário do proprietário falecido, devendo ser tomadas as medidas para obtenção da escritura, conforme o caso, dos herdeiros ou de provimento judicial que substitua a escritura que não poderá, por óbvio, ser outorgada por pessoa falecida.

Caso exista defeito na "cadeia" de procuração e substabelecimentos a impedir a outorga da escritura pública do proprietário diretamente ao último cessionário, poderá ser feito o registro de todos os compromissos e cessões, cuja "cadeia" deverá estar perfeita. Em razão do disposto no art. 195 da Lei nº 6.015/73, mesmo após a quitação do financiamento, somente será possível registrar o último "contrato de gaveta" após terem sido registrados todos os contratos anteriores (vide seção 1.3). Esses registros poderão ensejar o pagamento de ITBI (vide Capítulo 7) e de emolumentos cartorários referentes a cada contrato.

Além disso, conforme o caso, poderá o "gaveteiro" propor ação de adjudicação compulsória contra aquele que consta na matrícula do imóvel como proprietário (ou contra seus sucessores), com a utilização dos contratos de compromisso e cessões, caso ele não outorgue a escritura definitiva, tal como vimos nas seções 3.14, 8.2, 8.3 e 8.4. Como vimos, a adjudicação compulsória pode ser feita por via extrajudicial.

Existe até mesmo a possibilidade de propositura de uma ação de usucapião para obtenção da propriedade do imóvel, que também vimos na seção 3.14, embora exista situação em que isso poderá não ser possível, como visto na seção 1.5.

Além disso, o STJ tem conferido certa proteção aos "contratos de gaveta": a Súmula nº 84 estabelece que: "É admissível a oposição de embargos de terceiro fundados na alegação de posse advinda do compromisso de compra e venda de imóvel, ainda que desprovido de registro." Essa medida não confere a propriedade do imóvel ao "gaveteiro", mas pode evitar que ele perca a posse em razão de uma execução contra o compromissário vendedor ou cessionário, que continua figurando no registro imobiliário como proprietário ou com direitos reais sobre o imóvel. Vide na Seção 9.4 julgamento do STJ que não seguiu a orientação da Súmula nº 84.

A Súmula nº 84 do STJ alterou o entendimento oposto, consubstanciado na Súmula nº 621 do STF, editada antes da Constituição Federal de 1988 e que não mais prevalece, no sentido de que era necessário o registro para o direito à proteção por meio de embargos de terceiro. E por que o STJ fez isso? Aqui também não é preciso muito esforço mental para perceber que essa evolução da jurisprudência ocorreu para amparar as centenas de milhares ou milhões de famílias que adquiriram imóveis por meio de "contratos de gaveta", os quais não têm acesso ao registro de imóveis, por força do art. 1º, parágrafo único, da Lei nº 8.004/90, ou por disposição contratual de mesmo conteúdo, conforme acima mencionado. A jurisprudência foi obrigada a mudar, para resolver o problema criado pela legislação. Alguns Estados brasileiros, por normas administrativas da Corregedoria-Geral de Justiça (CGJ), chegaram até mesmo a permitir a *averbação* dos "contratos de gaveta" sem intervenção do agente financeiro.

A *averbação* mencionada não se confunde com o *registro* do contrato: os efeitos dessa *averbação* são apenas os de conferir publicidade aos contratos e as referidas normas expressamente afirmam que ela não cria qualquer direito real. E é assim porque os Provimentos não podem contrariar a lei, no caso, o mencionado art. 1º, parágrafo único, da Lei nº 8.004/90. Na verdade, trata-se de reconhecer que a jurisprudência consolidada na Súmula nº 84 do STJ confere ao "gaveteiro" proteção possessória contra terceiros, razão pela qual o "contrato de gaveta" deve ter acesso ao registro imobiliário na forma de averbação. Assim, não é a averbação que gera o direito à proteção possessória; ao contrário: é a proteção possessória conferida pela jurisprudência que enseja a possibilidade de averbação, expressamente autorizada pelos Provimentos dos dois Estados mencionados. A despeito disso, há precedente do STJ afirmando a ilegalidade desse procedimento.[13]

Há controvérsia sobre o fato de meros "recibos" de pagamento ou proposta de aquisição de imóvel não assinada poderem configurar um compromisso de compra e venda a ensejar a incidência da Súmula nº 84 do STJ ou até mesmo a ação de adjudicação compulsória, que vimos nas seções 8.2, 8.3 e 8.4.[14] A solução mais adequada, sob o ponto

---

13 STJ, RMS 32.459-MS, Primeira Turma, Rel. Min. Benedito Gonçalves, j. em 28-12-2017.

14 STJ, REsp 1.052.150/SE, Segunda Turma, Rel. Min. Castro Meira, j. em 17-6-2008, *DJ* de 27-6-2008.

STJ, REsp 145.204/BA, Quarta Turma, Rel. Min. Barros Monteiro, j. em 20-10-1998, *DJ* de 14-12-1998.

"Adjudicação compulsória. Inexistência de instrumento de compra e venda. Não pode ser considerado como uma das hipóteses do artigo 639 do CPC mero recibo particular de compra e venda de imóvel, que não pode ser aceito nem como promessa de compra e venda, nem como

de vista técnico, parece ser a que preconiza a validade dos recibos como meio de prova de um compromisso de compra e venda, nas hipóteses em que há outros elementos que indicam ter sido essa a intenção das partes, podendo ser verificada a existência das cláusulas essenciais do negócio e de sua efetiva execução, tais como preço definido e pagamento efetuado ou previsão expressa para pagamento de parcelas; identificação e entrega de imóvel específico ou previsão para essa entrega.[15] Uma possível saída para o comprador pode ser a de notificar a incorporadora para a entrega do compromisso de compra e venda e, em caso negativo, pedir ao cartório imobiliário a averbação dos documentos que possui com base no § 4º do art. 35 da Lei nº 4.591/64. Nada garante, porém, que esse procedimento terá êxito. O ideal é o comprador, por ocasião do primeiro pagamento, obter um compromisso de compra e venda que preencha todos os requisitos para ser registrado.

Vide, na seção 3.14, diversos meios de defesa de que dispõe o adquirente de imóvel por "contrato de gaveta".

A lei não diz que o contrato de financiamento será rescindido, na hipótese de ocorrência de venda ou promessa de venda por parte do proprietário, que contratou o financiamento.

Contudo, se existir previsão no contrato de financiamento vedando essa ocorrência, estará o proprietário do imóvel violando os termos do contrato de financiamento, se proceder à venda ou à promessa de venda, sujeitando-se, portanto, às penalidades que estarão previstas no contrato para a hipótese de violação contratual. Assim, pode ser que a penalidade prevista seja, justamente, a rescisão do contrato de financiamento e, consequentemente, perda do financiamento, que consiste no direito de efetuar o pagamento do restante do débito a prazo, o que resultará em sua execução total desde logo. Quem corre o risco, evidentemente, é o comprador que fez o contrato de gaveta e não tem como registrá-lo.

De qualquer modo, alguns compradores que adquiriram imóveis por meio de "contratos de gaveta" ajuizaram ações judiciais contra as instituições financeiras, obtendo o direito de assumir no contrato de financiamento a posição do mutuário que

---

contrato preliminar. Exige a norma que o título apresentado preencha as condições de validade do contrato definitivo. Recurso desprovido" (TJSP, Ap. 10.436.4/2, 7ª Câm. de Direito Privado, Rel. Des. Oswaldo Breviglieri, j. em 18-2-1998, v.u. Publicado no *Bol. AASP* nº 2.066, de 3 a 9-8-1998, p. 137-e).

15 "**Adjudicação Compulsória**. Pagamento da última prestação. Presunção. 1. É válido como prova da promessa de compra e venda o recibo que individualiza o objeto, o preço e a forma de pagamento, nos termos do art. 27, § 1º, da Lei 6.766/79. 2. O adimplemento da última parcela faz presumir o pagamento das demais, nos termos do art. 322 do Código vigente, que reproduziu o art. 943 do Código Civil de 1916, competindo ao credor a prova de que as anteriores não foram pagas. 3. Suprida a manifestação de vontade do réu, nos termos do art. 466-B do Código de Processo Civil" (TJMG, Apelação Cível 1.0024.06.273345-6/001, 15ª Câmara Cível, Rel. Des. Wagner Wilson, j. em 28-2-2008, *DJ* de 11-3-2008).

lhes vendeu o imóvel.[16] Essa tentativa, porém, é apenas uma tentativa, não tendo a menor garantia de êxito.[17]

Em razão dos inúmeros problemas que podem surgir em cada caso concreto, não é recomendável a aquisição de um imóvel por meio de um "contrato de gaveta".

De qualquer modo, caso se pretenda adquirir um imóvel por meio de um "contrato de gaveta", é necessário fazê-lo, tal como visto acima, mediante conjunta outorga de compromisso de compra e venda ou, se for o caso, de cessão de compromisso (acompanhado dos instrumentos do compromisso e cessões anteriores, que podem ser por instrumento particular com firma reconhecida) e de procuração por instrumento público ou, se for o caso, de substabelecimento (acompanhado dos substabelecimentos

---

16 Exemplo disso é o julgado do 1º TAC SP, transcrito na íntegra pelo boletim da AASP nº 1.919, de 4 a 10-10-95, p. 321– j, cuja ementa tem o seguinte teor:
"Sistema Financeiro da Habitação - Mútuo - Cessão de direitos de mutuários - Possibilidade - Cessionário se sub-roga na posição contratual do cedente. Refinanciamento desprovido de proteção legal (Lei nº 8.004/90). Aplicação do CDC, art. 151, IV, XI e XV. Consignatória procedente, legitimando a posição dos adquirentes perante o SFH. Recurso provido para esse fim (1º TAC - 4ª Câm.; Ap. nº 521.998-5 - São Paulo; Rel. Juiz Carlos Bittar; j. 10-5-1995; maioria de votos)." Observe-se que a lei apontada na ementa não veda, como se poderia deduzir, a transferência do imóvel e do financiamento, mas apenas condiciona sua validade a certos requisitos. O julgado, em realidade, declarou para o caso concreto o direito dos adquirentes que não preencheram tais requisitos à cessão pretendida.

17 Até porque o Superior Tribunal de Justiça tem precedente em sentido contrário:
"Consoante jurisprudência predominante em ambas as Turmas de Direito Público do STJ, na transferência do contrato de financiamento de imóvel, celebrado com base no SFH, é obrigatória a interveniência do agente financeiro" (REsp 71.126, Rel. Min. Demócrito Reinaldo, j. em 20-11-1995, *DJU* de 18-12-1995).
Porém, esse mesmo Tribunal tem precedente que, sem contrariar a decisão acima, acaba por minimizar seus efeitos, que foi o julgamento do Recurso Especial nº 39.146-6, em 14-12-94, no qual a Primeira Turma do E. Tribunal Superior de Justiça, por unanimidade, entendendo que, caso a instituição financeira tenha conhecimento do negócio e a ele não se oponha, a transação pode ser feita ainda que ela não assine a escritura, conforme ementa de seguinte teor:
"Sistema Financeiro da Habitação (SFH) - Contrato de Mútuo - Transferência do Imóvel para terceiro com sub-rogação de direitos e obrigações (...) 1. Inequívoco o conhecimento, pela instituição financeira (credora hipotecária), da transferência do imóvel para terceiro, este sub-roga-se nas obrigações e direitos estabelecidos no contrato firmado pelo originário devedor, continuando a mesma garantia hipotecária. O conhecimento, sem oposição à transferência, equivale a implícita concordância. 2. Precedente jurisprudencial. 3. Recurso improvido." Bem assim expôs em seu voto o ilustre Rel. Min. Milton Luiz Pereira que "conhecida a transferência do imóvel, sem oposição do credor, implicitamente, o novo adquirente sub-roga-se nas obrigações e direitos estabelecidos no contrato firmado pelo originário devedor, continuando a mesma garantia hipotecária".
Diante desse julgado, talvez seja até possível tentar lavrar e registrar uma escritura definitiva, fazendo junto ao Cartório a prova da notificação e da não oposição da instituição financeira à transferência da propriedade do imóvel e do financiamento. Contudo, não acredito que os cartórios irão dispensar a anuência expressa da instituição financeira, por força de normas administrativas da corregedoria à qual eles estão vinculados.

e procuração anteriores, todos lavrados por instrumento público). É o que normalmente tem sido feito nesse tipo de operação, às vezes sem qualquer erro técnico. Nos Estados que permitem, pode ser vantajoso para o "gaveteiro", conforme o caso, efetuar a averbação dos "contratos de gaveta" no cartório imobiliário.

Para finalizar, convém mencionar uma questão adicional a respeito do tema: a procuração em tela poderá ser uma procuração *simples* ou uma procuração *em causa própria*.

A procuração simples, que instrumentaliza um contrato de mandato, não pode ser outorgada para o próprio compromissário comprador. Usualmente, quando se trata de um contrato de gaveta, ela é outorgada para pessoa de confiança do compromissário comprador.

Ocorre que, no caso da procuração simples, o procurador (mandatário) não pode praticar um ato, em nome do mandante, consigo mesmo, pois haveria um "conflito de interesses".

Juridicamente distinta é a procuração *em causa própria*,[18] que na verdade não instrumentaliza um contrato de mandato, mas sim um outro contrato,[19] embora tenha a forma de uma procuração. No caso em tela, um contrato de compra e venda de imóvel, no qual o procurador é o próprio comprador do imóvel, que outorgará a escritura pública de compra e venda para si. A procuração em causa própria desse caso, assim como seu substabelecimento, deve explicitar sua característica de ser *em causa própria*, assim como deve preencher, obrigatoriamente, todos os requisitos de uma escritura pública de compra e venda de imóvel.[20]

---

18 STJ, REsp 64.457/RJ, Quarta Turma, Rel. Min. Sálvio de Figueiredo Teixeira, j. em 8-10-1997, *DJ* de 9-12-1997.

19 STJ, REsp 238.750/PE, Quarta Turma, Rel. Min. Ruy Rosado de Aguiar, j. em 16-12-1999, *DJ* 8-3-2000.

20 Nesse sentido: "1. 'A existência de procuração em causa própria independe do nome ou designação que se dê ao instrumento. O que importa é seu conteúdo. A procuração em causa própria, que da procuração tem apenas a forma, ou, quiçá, a aparência, é negócio de alienação, gratuita ou onerosa' (Dúvidas – Decisões do Conselho Superior da Magistratura de São Paulo – janeiro 78/fevereiro 81 – Ementa nº 359 – Des. Adriano Marrey) 2. 'A procuração em causa própria é irrevogável, não porque constitui exceção à revogabilidade do mandato, mas porque implica transferência de direitos (Orlando Gomes).' (Dúvidas – Decisões do Conselho Superior da Magistratura de São Paulo – janeiro 78/fevereiro 81 – Ementa nº 360 – Des. Adriano Marrey) 3. 'Assim como anteriormente servia de base à transcrição da compra e venda de imóveis (Serpa Lopes), a procuração em causa própria por escritura pública é título registrável. Basta que satisfaça aos requisitos dos contratos de compra e venda: *res, pretium et consensus*.' (Dúvidas – Decisões do CSM de São Paulo – janeiro 78/fevereiro 81 – Ementa nº 361 – Des. Adriano Marrey) 4. Todo e qualquer substabelecimento equivale a novo instrumento, embora com dependência do instrumento anterior (Mário Ferreira). Mas o substabelecimento comum pode ser passado por instrumento particular, ainda que a procuração o tenha sido por instrumento público (Orlando Gomes). Já em relação ao mandato em causa própria se contiver 'cessão, doação ou venda, o respectivo substabelecimento deverá conter os requisitos de tal ou qual

A questão que se faz nesse contexto é a seguinte: se a procuração em causa própria para venda de imóvel tem o mesmo conteúdo jurídico de uma escritura pública de venda e compra de imóvel, não haveria incidência do art. 1º, parágrafo único, da Lei nº 8.004/90, que veda a transferência da propriedade de imóvel hipotecado no âmbito do SFH sem anuência da instituição financeira?

Alguns notários entendem que sim e não lavram a procuração em causa própria nessa hipótese. Outros entendem que não, uma vez que a procuração em causa própria não transmite por si só a propriedade, assim como não poderia ser registrada, mas sim a escritura pública que por meio dela será outorgada, após o cancelamento da hipoteca.

Há de se mencionar que o entendimento predominante entre registradores de imóveis é no sentido de que não há óbice jurídico para o registro da escritura pública outorgada por meio de uma procuração em causa própria, após o cancelamento da hipoteca.

Na hipótese de cessão de compromisso de compra e venda que tenha sido celebrado em conjunto com outorga de procuração em causa própria, pode-se lavrar o *substabelecimento* da procuração em causa própria, desde que atendidos os requisitos formais para a lavratura da escritura pública.

Poderá ser exigido o pagamento de ITBI por ocasião da lavratura de procuração em causa própria e respectivo substabelecimento, dependendo da legislação do município.

Remetemos o leitor para a leitura do Capítulo 8, especialmente das seções 8.2, 8.3 e 8.4.

12.4 A COBERTURA PELO FUNDO DE COMPENSAÇÃO DE VARIAÇÕES SALARIAIS (FCVS) E A QUITAÇÃO DO SALDO DEVEDOR

Ao celebrar um contrato de financiamento imobiliário, em qualquer modalidade, a instituição financeira divide o valor do financiamento pelo número de meses correspondente ao período do contrato.

Caso o débito a pagar tenha o mesmo índice de reajuste das prestações, não haverá, matematicamente, resíduo a pagar ao final do contrato. Isso, porém, inocorre em muitos contratos, tais como os contratos em que o reajuste das prestações é feito pelos índices de reajuste da categoria profissional do mutuário ou do salário mínimo, conforme vimos na seção 12.1, *O comprador obtém um financiamento bancário e paga o preço do imóvel a vista.*

---

contrato, segundo a objetivação do instrumento' (Mário Ferreira). Em havendo transferência de direitos reais sobre bens imóveis, o substabelecimento há de ser feito por meio de escritura pública (art. 134, II, do CC)' (Dúvidas – Decisões do CSM de São Paulo – janeiro 78/fevereiro 81 – Ementa nº 363 – Des. Adriano Marrey)" (CSMSP, proc. 287.896/80, j. em 1º-11-1980, Rel. Adriano Marrey).

Nos contratos com cobertura do *FCVS – Fundo de Compensação de Variações Salariais*, esse problema inexiste, pois não haverá resíduo a ser pago pelo mutuário que tiver pago devidamente suas prestações: o FCVS, atualmente gerido pela Caixa Econômica Federal (CEF), quitará o financiamento, pagando o valor do resíduo à instituição financeira,[21] exceção feita, evidentemente, às parcelas que o mutuário deixou de pagar. O contrato com essa cobertura, portanto, é extremamente benéfico para o mutuário.

O FCVS foi criado em 1967, pela Resolução nº 25/67, do extinto Banco Nacional da Habitação. Seu objetivo é o de quitar eventual resíduo do mutuário com o banco ao final do prazo do contrato de financiamento. Ou, segundo afirmam algumas pessoas, é assegurar o lucro da instituição financeira, mediante recebimento de dinheiro dos cofres públicos, evitando uma inadimplência generalizada.

Seja como for, para que haja a cobertura do FCVS, é preciso que isso esteja previsto no contrato de financiamento, de modo a ter existido a contribuição mensal do mutuário ao Fundo.

O FCVS existe até hoje, mas os contratos celebrados após o advento do art. 5º, IV, da Resolução nº 1.980, de 30-4-1993, do Banco Central do Brasil e do art. 29 da Lei nº 8.692, de 28-7-1993, não contam com sua cobertura. Antes disso, já havia a existência de limite ao valor do financiamento, para que houvesse a possibilidade da cobertura, nos termos do art. 1º do Decreto-lei nº 2.349, de 29-7-1987.[22]

Uma importante restrição à quitação do saldo residual pelo FCVS, que, por sinal, é causadora de inúmeros problemas, é a relativa à necessidade do mutuário somente ser devedor em apenas um contrato de financiamento regido pelo Sistema Financeiro da Habitação (SFH), em razão do advento da Lei nº 8.100, de 5-12-1990, que dispôs em seu art. 3º nos seguintes termos (redação original):

> "Art. 3º O Fundo de Compensação das Variações Salariais (FCVS) quitará somente um saldo devedor remanescente por mutuário ao final do contrato, inclusive os já firmados no âmbito do SFH.
>
> § 1º No caso de mutuários que tenham contribuído para o FCVS em mais de um financiamento, desde que não sejam referentes a imóveis na mesma localidade, fica assegurada a cobertura do fundo, a qualquer tempo, somente para quitações efetuadas na forma estabelecida no *caput* do art. 5º da Lei nº 8.004, de 14 de março de 1990.

---

21 Diz o Decreto-lei nº 2.406, de 5-1-88: "Art. 2º O Fundo de Compensação de Variações Salariais – FCVS será estruturado por decreto do Poder Executivo e seus recursos destinam-se a: (...) II – quitar, junto aos agentes financeiros, os saldos devedores remanescentes de contratos de financiamento habitacional, firmados com mutuários finais do Sistema Financeiro da Habitação."

22 Diz o Decreto-lei nº 2.349/1987: "Art. 1º Os contratos com mutuários finais do Sistema Financeiro da Habitação, firmados a partir da data da publicação do presente Decreto-lei, somente poderão conter cláusula de cobertura de resíduos dos saldos devedores, pelo Fundo de Compensação de Variações Salariais – FCVS, quando o valor do financiamento não exceder do limite, fixado para esse fim, pelo Conselho Monetário Nacional."

> § 2º Ocorrendo a hipótese de um mutuário figurar como codevedor em contrato celebrado anteriormente, não será considerado como tendo mais de um financiamento."

Evidentemente, essa restrição não é válida para contratos celebrados antes de 5-12-90, data do advento da Lei nº 8.100/1990, em respeito ao direito adquirido.[23]

É interessante notar que, mesmo para contratos celebrados após 5-12-90, é possível, de acordo com o art. 3º, § 1º, quitar mais de um financiamento imobiliário, mediante cobertura do FCVS (a chamada "dupla cobertura pelo FCVS"), desde que os imóveis estejam em localidades diferentes.[24]

Ademais, nos termos do § 2º, na hipótese de o mutuário ter figurado apenas como codevedor em contrato anterior, a cobertura pelo FCVS também será possível para os financiamentos subsequentes de outros imóveis.[25] Talvez seja possível sustentar,

---

[23] Para deixar isso explícito, a Medida Provisória nº 1.520-12, de 9-9-1997, e posteriores reedições, alteraram o art. 3º, *caput,* e § 3º, da Lei nº 8.100/1990, que ficaram com a seguinte redação: "Art. 3º O Fundo de Compensação de Variações Salariais – FCVS quitará somente um saldo devedor remanescente por mutuário ao final do contrato, exceto aqueles relativos aos contratos firmados até 5 de dezembro de 1990, ao amparo da legislação do SFH, independentemente da data de ocorrência do evento caracterizador da obrigação do FCVS. (...) § 3º Para assegurar o cumprimento do disposto neste artigo, fica a CEF, na qualidade de Administradora do FCVS, autorizada a desenvolver, implantar e operar cadastro nacional de mutuários do Sistema Financeiro da Habitação – SFH, constituído a partir dos cadastros de operações imobiliárias e de seguro habitacional, custeado pelas instituições do mesmo sistema. § 4º O Conselho Monetário Nacional – CMN editará os atos normativos necessários à administração e manutenção do cadastro a que se refere o § 3º deste artigo; § 5º O cadastro nacional de mutuários do SFH será atualizado, mensalmente, pelas instituições ou agentes financeiros e pelos Estados, Municípios e Distrito Federal, ou pelos respectivos órgãos de suas administrações diretas e indiretas, com as informações relativas aos contratos de financiamento habitacional que tenham sido efetuados no âmbito do Sistema Nacional de Habitação de Interesse Social (SNHIS), de que trata a Lei nº 11.124, de 16 de junho de 2005, ou de outros programas habitacionais oficiais subsidiados pelo poder público. (Incluído pela Lei nº 14.118, de 2021)."

[24] STJ, REsp 213.422/BA, Primeira Turma, Rel. Min. José Delgado, j. em 19-8-1999, *DJ* de 27-9-1999.

[25] Interessante notar o que dispõe a Circular nº 1.939, de 17-4-1991, em redação dada pela Circular nº 1.950, de 26-4-1991, do Banco Central do Brasil:

"Art. 5º O fundo de compensação de variações salariais – FCVS somente quitará saldo devedor remanescente de contratos firmados no âmbito do sistema financeiro da habitação (SFH) quando se tratar de: I – primeiro financiamento em qualquer localidade: ao final do prazo, na liquidação antecipada na forma estabelecida no *caput* do art. 5º da Lei nº 8.004, de 14-3-90, ou na liquidação antecipada na forma estabelecida no § 1º do mesmo dispositivo; II – demais financiamentos em localidades diferentes, inclusive da do primeiro: na liquidação antecipada na forma estabelecida no *caput* do art. 5º da Lei nº 8.004, de 14.03.90. § 1º O disposto nos itens I e II aplica-se, igualmente, aos financiamentos de imóvel em cuja localidade o mutuário seja proprietário de outro imóvel, desde que esse último: a – não tenha sido objeto de financiamento no âmbito do SFH; b – se financiado no âmbito do SFH, tenha sido quitado sem ônus para o FCVS ou com ônus para o FCVS em data anterior à obtenção do novo financiamento. § 2º Ocorrendo a hipótese de um mutuário figurar como codevedor em contrato celebrado anteriormente, não será considerado como tendo mais de um financiamento. § 3º Para fins

portanto, que todo indivíduo que celebrou contrato de financiamento com cobertura pelo FCVS, com estado civil de *casado*, é um *codevedor*, de modo a se concluir pela incidência do disposto no art. 3º, § 2º, da Lei nº 8.100/90.[26]

É de se observar, por outro lado, a plena aplicabilidade do art. 1º, parágrafo único, da Lei nº 8.004/90, que exige a interveniência obrigatória da instituição financiadora do imóvel, para o efeito de poder o novo comprador assumir a posição contratual de mutuário de que dispõe o vendedor (transferência do financiamento), conforme exposto, neste Capítulo, seção 12.3, *O registro em cartório da compra de imóvel, cujo vendedor é mutuário do SFH, e a assunção desse financiamento: a questão do "contrato de gaveta"*.

12.5 O SISTEMA DE FINANCIAMENTO IMOBILIÁRIO (SFI) E OUTRAS MODALIDADES DE FINANCIAMENTO IMOBILIÁRIO

Tanto o Sistema de Financiamento Imobiliário (SFI) como o Sistema Financeiro de Habitação (SFH) estão regulamentados pela Resolução CMN nº 4.676, de 31-7-2018, alterada por várias resoluções, tendo sido a última delas a Resolução CMN nº 5.197, de 19-12-2024. A Resolução CMN nº 4.676/2018 trata também do Sistema Brasileiro de Poupança e Empréstimo (SBPE).

Portanto, há modalidades de financiamento imobiliário, que contarão com fontes próprias de recursos, a depender de cada modalidade. Neste livro, não tratamos de modalidades antigas e que não mais existem, como o extinto Banco Nacional da Habitação (BNH), mas sim das modalidades com importância prática.

Vimos o Programa Minha Casa Minha Vida (MCMV) e o Programa Casa Verde e Amarela na seção 1.8, quando tratamos também dos programas de habitação popular de Estados, Distrito Federal e Municípios. Vimos o SFH nas seções 12.1 e 12.3. Mencionamos o sistema de consórcio para aquisição de imóveis na seção 1.3 e 2.33.

---

do disposto neste artigo, será considerada a data do contrato original do financiamento, ainda que tenha ocorrido sub-rogação da dívida, desde que regular.

Art. 6º Fica também assegurado o direito de quitação com base no disposto no *caput* ou no § 1º do art. 5º da Lei nº 8.004, de 14-3-1990, de financiamento concedido a mutuário: I – Proprietário de imóvel gravado com cláusula de usufruto, na mesma localidade, em data anterior a concessão do financiamento objeto de cobertura pelo FCVS; II – Casado, quando qualquer dos cônjuges possua outro imóvel, adquirido antes do casamento, na mesma localidade do imóvel financiado ao casal; III – Coproprietário de imóvel recebido através de herança, na mesma localidade do imóvel financiado; IV – cujo financiamento anterior esteja enquadrado no art. 3º, Parágrafo 3º, da Lei nº 8.004, de 14.03.90, hipótese em que deverá ficar comprovado que a transação ocorreu até a data da edição da referida Lei.

Art. 7º Constitui um único financiamento para fins do art. 5º da Lei nº 8.004, de 14-3-1990, e do art. 3º da Lei nº 8.100, de 5-12-1990, as operações que envolvam: I – imóvel financiado e gravado com mais de uma hipoteca; II – mais de um financiamento vinculado a um único imóvel."

26 STJ, REsp 57.672/MG, Segunda Turma, Rel. Min. Adhemar Maciel, j. em 5-11-1998.

Vamos tratar agora do Sistema de Financiamento Imobiliário (SFI). Criado pela Lei nº 9.514, de 20-11-97, o SFI tem um conjunto de regras diferentes do SFH. A ideia central do SFI é propiciar o financiamento imobiliário "segundo condições de mercado", desde que observadas as regras previstas na Lei nº 9.514/97.

Nesse sentido, são as seguintes condições essenciais no âmbito do SFI: reposição integral do valor emprestado e respectivo reajuste; remuneração do capital emprestado às taxas convencionadas no contrato; capitalização dos juros; e contratação, pelos tomadores de financiamento, de seguros contra os riscos de morte e invalidez permanente.

Como se vê, ao falar de "taxas livremente pactuadas", "condições de mercado", percebe-se que o SFI é menos protetivo que o SFH (o que não significa que seja pior); sob vários aspectos, o SFI é mais liberal e, em certo sentido, muito mais realista. O SFI tenta não repetir determinados erros que marcaram o SFH. Um dos principiais erros do SFH, já corrigido para os novos contratos (seção 12.1), foi a possibilidade de reajustes diferenciados para o saldo devedor e para as parcelas a pagar, o que criava um monstruoso saldo devedor ao final do contrato (para os contratos sem cobertura pelo FCVS) ou um déficit a ser pago pelo FCVS (para os contratos com cobertura pelo FCVS), que foi, está sendo ou será pago algum dia pelo Estado brasileiro (isto é, por toda a população brasileira) às instituições financeiras. Para os mutuários do SFH com contratos com cobertura pelo FCVS, o SFH foi ótimo. Não se pode dizer o mesmo para os mutuários com contratos sem essa cobertura.

Sob o aspecto político, o SFI parte da experiência bem-sucedida da alienação fiduciária de bens móveis, regida pelo Decreto-lei nº 911, de 1º-10-1969. Trata-se de norma muito criticada por ter possibilitado a prisão civil do devedor (o que não é mais possível), mas é fato que os juros exigidos pelos financiadores de veículos automotores foram mais baixos exatamente em razão da segurança jurídica que ela proporcionou.

Para dar ao crédito imobiliário maior segurança e, consequentemente, induzir pelo próprio mercado uma redução das taxas de juros, foi necessária a edição da Lei nº 9.514/97, que tem como pilares importantes a livre pactuação das taxas de juros e um grau maior de segurança jurídica, que está embasado na instituição da alienação fiduciária de bens imóveis.

Outra interessantíssima novidade trazida pela Lei nº 9.514/97 é a possibilidade de conversão do crédito imobiliário (isto é, o valor que a instituição financeira tem a receber do mutuário) em títulos livremente negociáveis, que a lei chama de securitização, tal como vimos na seção 2.25. O objetivo é conferir maior liquidez ao crédito imobiliário.

Até o presente momento, porém, o escopo de redução das taxas de juros em razão da maior segurança jurídica não foi atingido: as taxas de juros no âmbito do SFI ainda estão altas, prejudicando a sua expansão. No passado recente, as taxas de juros (reais) do SFH flutuaram muito, ficando algumas vezes próximas às do SFI, ao mesmo tempo em que o limite para operações no âmbito do SFH aumentou, estando hoje em R$ 1.500.000,00.[27] Na prática, há muito mais operações no âmbito do SFH do que no do SFI.

---

27 Art. 13, I, da Resolução CMN nº 4.676, de 31-7-2018.

Na verdade, o SFH havia substituído o BNH (extinto em 1986) exatamente para atender pessoas socialmente vulneráveis. Com o desvirtuamento do SFH, que começou a atender a classe média e logo em seguida um setor da classe média alta (uma discrepância do sistema), foi necessário criar outros programas com juros subsidiados, como as linhas do programa "Minha Casa, Minha Vida" (MCMV), tal como vimos na seção 1.8.

Voltaremos à tormentosa questão dos juros na seção 12.6.

Embora trazido e regido pela Lei nº 9.514/97, o instituto da alienação fiduciária de bens imóveis não é privativo das entidades autorizadas a operar no SFI, nem mesmo dos contratos realizados no âmbito do SFI. Muito ao revés, a Lei é explícita no sentido de que a alienação fiduciária de bens imóveis pode ser contratada por qualquer pessoa física ou jurídica, não sendo privativa das entidades que operam no SFI, podendo ter como objeto, além da propriedade plena, os bens enfitêuticos, o direito de uso especial para fins de moradia; o direito real de uso, desde que suscetível de alienação, e a propriedade superficiária.[28]

Já regras do SFH não se aplicam ao SFI (art. 39). Tudo isso tem causado uma certa confusão, mas a questão, na realidade, é bem simples: a Lei nº 9.514/97 trouxe ao mundo jurídico a alienação fiduciária de bens imóveis e o SFI. A alienação fiduciária de bens imóveis não depende do SFI, podendo existir em qualquer operação de financiamento imobiliário, até mesmo no âmbito do SFH, o que está expressamente autorizado pela desde 26-3-1998, de acordo com as normas do Conselho Monetário Nacional.

12.6 O REAJUSTE DO DÉBITO PELA TAXA REFERENCIAL (TR), PELO ÍNDICE DE PREÇOS AO CONSUMIDOR AMPLO (IPCA), PELA POUPANÇA E POR JUROS PREFIXADOS

O tema *financiamento imobiliário, inflação e juros* sempre foi e provavelmente sempre será controvertido, tanto no aspecto jurídico como no aspecto econômico.

A despeito dos juros altos até mesmo em casos de financiamento imobiliário, na quase totalidade das hipóteses é mais vantajoso um financiamento imobiliário no âmbito do SFH, SFI etc. do que outras linhas de crédito oferecidas pelos bancos (cheque especial, crédito rotativo, crédito consignado etc.) ou por meio de uma financeira.

Em geral, os juros cobrados pelas instituições financeiras (vide seção 12.5) são altos. Isso está diretamente relacionado com o "risco Brasil", visto que o descumprimento de contratos por parte das pessoas e o descumprimento da legislação ocorrem de forma quotidiana. Pior: muitas vezes há conivência por parte do Judiciário e aplausos por parte da população. Com grau alto de risco, é natural (ou matemático) que os juros sejam altos.

---

[28] Art. 22, § 1º, da Lei nº 9.514/97, em redação dada pela Lei nº 11.481, de 31-5-2007.

Muitas vezes o financiamento imobiliário será contratado por período longo, nem sempre possível prever se a situação do mutuário não irá piorar. Isso pode prejudicar a economia familiar de forma astronômica.

Quem já leu famoso livro *Pai rico, pai pobre*[29] conhece bem o tema. Para quem não leu, fica a recomendação de leitura. Para resumir, a aquisição de um imóvel por meio de financiamento cria um *passivo* (o débito) e não um *ativo* (a casa). Em resumo, o que diz o livro é o seguinte:

> "Os ricos compram ativos.
>
> Os pobres só têm despesas.
>
> A classe média compra passivos pensando que são ativos."

Isso não significa que o financiamento imobiliário seja ruim. Ao revés, ele pode ser excelente, desde que o tema seja bem estudado.

Em linhas gerais, temos atualmente as seguintes modalidades de reajuste em financiamento imobiliário:

- Taxa Referencial (TR) + juros prefixados;
- juros prefixados tão somente;
- remuneração da caderneta de poupança + juros prefixados
- Certificado de Depósito Interbancário (CDI) + juros prefixados;
- índice de preços (ex.: IPCA) + juros prefixados.

Veremos isso ao longo desta seção. O leitor entenderá por que esse tema é tormentoso, mas também terá uma ideia de qual modalidade pode ser a mais vantajosa em cada momento histórico do Brasil.

Atualmente, a remuneração da caderneta de poupança é feita da seguinte forma: se a Taxa Selic estiver acima de 8,5% ao ano, a caderneta de poupança rende 0,5% ao mês + TR; se a Taxa Selic estiver abaixo de 8,5% ao ano, a caderneta de poupança renderá 70% da taxa Selic + TR.

No final do século XX, o reajuste do débito pela variação da Taxa Referencial (TR), que ainda hoje é um dos componentes da remuneração da caderneta de poupança, foi prejudicial a muitos compradores. Foi o período em que não havia os "redutores" da TR e sua valorização foi superior às dos índices inflacionários.

Na época, muito se chegou a dizer, equivocadamente, que a correção do débito por meio da variação da TR teria sido julgada "inconstitucional" pelo Supremo Tribunal Federal (STF). Isso não aconteceu.[30]

---

[29] KYOVSAKI, Robert. *What the rich teach their kids about money that the poor and middle class do not! Rich dad poor dad.* 20. ed. Scottsdale: Plata Publishing, 2017.

[30] O que o STF fez, por ocasião do julgamento da Ação Direta de Inconstitucionalidade (ADIn) nº 493-0, de relatoria do Ministro Moreira Alves, foi coisa distinta: declarou inconstitucionais

Os reajustes considerados inválidos foram os efetuados pela taxa calculada pela Andib/Cetip e pela Taxa Básica Financeira (TBF), mesmo se existente previsão contratual a respeito, a teor das Súmulas 176 e 287 do STJ.

A TR não é índice de preço, mas uma média do custo de captação do dinheiro no mercado financeiro (juros pagos pelos bancos).

Na prática, essa questão perdeu grande parte de sua importância, pois, do ponto de vista econômico, a TR deixou de ser ruim para os mutuários: nos últimos anos foram aplicados "redutores" no cálculo da TR, o que a levou a ter variação inferior à variação dos índices de preços.

A bem da verdade, a TR é uma média de taxas de juros esquisita (na linguagem popular, é uma "jabuticaba"): por contar com um "redutor" no seu cálculo – não vem ao caso explicar como ou porque o "redutor" foi introduzido no cálculo da TR –, ela ficou zerada em vários períodos, em especial desde setembro de 2017 a dezembro de 2021. Mas mesmo depois desse período a variação da TR continuou muito baixa.

Muitos financiamentos imobiliários hoje no Brasil estiveram ou estão funcionando como em qualquer parte do mundo: há uma taxa de juros prefixada e nada mais, com ou sem TR. Isso pode ser bom para o mutuário, que permaneceria "protegido" contra um aumento da inflação.

Com o advento da Resolução CMN nº 4.739, de 19-8-2019, foi revogado o dispositivo da Resolução CMN nº 4.676, de 31-7-2018 (vide seção 12.5), que determinava, no âmbito do SFH, a atualização do saldo devedor com base na remuneração aplicável à caderneta de poupança. Isso ainda é possível, mas não obrigatório.

Assim, passou a ser possível o financiamento imobiliário no âmbito do SFH com base em índice inflacionário, como o Índice Nacional de Preços ao Consumidor Ampliado (IPCA), cumulado com a taxa de juros pactuada. Trata-se da antiga tradição brasileira de financiamento com correção monetária (índice inflacionário) acrescido de juros prefixados.

---

alguns dispositivos da Lei nº 8.177, de 1º-3-1991 (conversão em lei da Medida Provisória nº 294, de 1º-2-1991), que determinavam a alteração de cláusulas de contratos de financiamento, no sentido de indexar os valores dos débitos à variação da TR. Evidentemente, não pode a lei superveniente alterar termos livremente pactuados pelas partes em seus contratos, sob pena de violação do ato jurídico perfeito, protegido pela Constituição Federal de 1988, em seu art. 5º, XXXVI.

Assim, o STF declarou que tais dispositivos eram inconstitucionais, por violarem o art. 5º, XXXVI, da Constituição Federal. Desse modo, os valores dos contratos de financiamento permaneceram indexados aos índices previstos nos respectivos contratos. Não concluiu o STF que a TR seria inconstitucional, pois nem mesmo foi arguida nesse julgamento a eventual inconstitucionalidade do art. 1º da Lei nº 8.177/91, que criou a TR. A controvérsia que surgiu foi a seguinte: é válida a cláusula contratual que estabelece a variação da TR como forma de reajuste do débito? Caso prevista contratualmente, a aplicação da TR é lícita. Foi essa a conclusão do STF, um tanto óbvia.

A exposição de motivos da Resolução CMN nº 4.739/2019 diz que "a atualização do saldo devedor das operações por índices de preços pode permitir uma substancial queda nas taxas de juros das operações. Sabe-se que a metodologia de cálculo da TR resulta em nível zero ou próximo de zero quando a taxa Selic é inferior a 10% ao ano", bem como "a utilização de índices de preços na atualização do saldo devedor do financiamento não representa risco relevante aos tomadores do crédito". Não concordamos com essas afirmações.

É verdade que, dentro das regras de prudência bancária, qualquer risco decorrente de operação de financiamento deve ser repassado para quem toma o financiamento (no caso, o mutuário, que é o comprador do imóvel), o que se traduz em um percentual de juros mais alto toda vez que há aumento de risco. Contudo, nada garante que a introdução do IPCA em substituição à TR deverá reduzir as taxas de juros reais nos financiamentos imobiliários, tal como prometido pela exposição de motivos da Resolução CMN nº 4.739/2019. Ainda que os juros reais possam ser mais baixos, há o grande risco de a inflação ser superior à recomposição dos rendimentos do comprador.

Isso efetivamente ocorreu para a esmagadora maioria das pessoas no período subsequente a 2019, no qual a inflação subiu muito. Pior: no final de 2021, houve um brutal aumento da inflação nos países ricos, que chegou a lembrar o período do Presidente Jimmy Carter. O Presidente do Banco Central Americano, "Jay" Powell, afirmou no final de 2021 que seria necessário aumentar os juros nos EUA, o que aconteceu em 2022. Na prática, verificou-se que o aumento dos juros nos países ricos provocou a necessidade de aumento de juros nos demais países, sob pena de catastróficas consequências inflacionárias.[31]

No Brasil, em razão da Pandemia da Covid-19, a Taxa Selic havia baixado para ridículos 2% em agosto de 2020. Foi um desastre: a inflação disparou,[32] tal como havia

---

31 O exemplo mais expressivo no período (2022) ocorreu na Turquia, onde a inflação ultrapassou 85% ao ano, dada a relutância do governo turco em aumentar as taxas de juros, inclusive em anos anteriores.

32 É pacífico que a inflação depende de vários fatores. Mas a direta e imediata relação entre a inflação e juros é questão conhecida desde o século XIX (na época, a inflação era chamada de "aumento dos preços", pois a palavra "inflação" significava emissão de dinheiro sem lastro).

A esse respeito, muito bem nos ensinou o economista sueco Knut Wicksell ao longo do seu livro *Interest and Prices*, cuja edição inglesa foi publicada em 1898. Vejamos dois extratos desse livro:

"É o caso em que, frequentemente, uma pequena queda na taxa de juros provocaria *imediatamente* um grande aumento nos preços" (tradução livre, grifo do autor, p. 91).

"Um *aumento* na taxa de juros, pouco importa o quanto pequeno for, caso mantido por período suficiente, resulta em contínua e ilimitada *queda* nos preços de todos os produtos e serviços" (p. 100, tradução livre, grifos do autor).

A esmagadora maioria dos economistas defende a queda de juros como fator importantíssimo para o crescimento econômico. Na prática, o que se verificou na Europa após a crise de 2008 foi um pífio crescimento econômico, mesmo com taxas de juros que chegaram a ser negativas. Para

ocorrido em 2015 (vide tabela abaixo). Somente a partir de março de 2021 a Taxa Selic começou a subir, mas o Brasil continuava com juros reais negativos. Um ano depois (março de 2022), a Taxa Selic estava em 11,75% e continuou subindo. Embora também por razões outras, houve um recuo da inflação em 2022 (vide tabela abaixo), ano em que os juros reais estavam por volta de 6% ao ano e os financiamentos imobiliários atrelados ao IPCA estavam em percentuais ainda maiores. Foi o caos (!) – há quem diga que essas brutais oscilações foram premeditadas por razões que não vêm ao caso.

O comprador deve tomar muito cuidado com os índices de preços (IPCA, INPC, IGP-M, IGP-DI, INCC etc.). Eles medem de forma diferente a inflação, exatamente porque utilizam diferentes critérios ("cestas" de produtos e serviços) para o cálculo. O IGP-M, por exemplo, apresentou em 2020 variação muito superior à dos demais índices, exatamente por contar, na sua composição, com insumos e produtos vinculados ao dólar.

Pior do que os índices inflacionários é o CDI. Por ser praticamente idêntico à Taxa Selic, que é o principal instrumento da política monetária, o CDI pode disparar em período de tempo muito curto.

É recorrente, no Brasil, política monetária que deprecia a moeda nacional por meio da redução da Taxa Selic. Isso foi visto, no passado recente, em alguma medida no governo Dilma (primeiro mandato) e em larga medida no governo Bolsonaro. Em ambos os casos, ocorreu aumento da inflação provocado não por aumento da demanda, mas sim por aumento dos custos de produção em virtude da existência, na cadeia produtiva, de insumos com custos vinculados ou afetados pelo câmbio. Isso poderá impactar fortemente os valores a serem pagos pelo mutuário.

Embora o câmbio seja "flutuante", o governo brasileiro consegue apreciá-lo ou depreciá-lo por meio da política monetária (leia-se: Taxa Selic) estabelecida pelo COPOM – Comitê de Política Monetária,[33] mas há alguns limites, como veremos adiante.

---

piorar, ocorreu uma disparada terrível da inflação em 2021, logo após a crise do Coronavírus. Do mesmo modo, não se verificou aumento do investimento no Brasil nos períodos de queda da Taxa Selic.

Pelo contrário: o PIB do Brasil, de 2004 a 2011 (o Presidente do Banco Central foi Henrique Meirelles), cresceu, na média, 4,45%, a despeito dos chamados "juros altos". Além de outros fatores, o aumento dos gastos públicos (o pavor dos economistas ortodoxos) contribuiu para esse expressivo aumento do PIB, em razão do seu efeito multiplicador, que é mais forte em momentos de recessão.

Conclusão: é impossível para o cidadão comum prever como será a inflação nos anos seguintes, pois não se sabe como será a política econômica do governo. Portanto, é ainda mais arriscado sob o aspecto econômico assumir um financiamento com base no IPCA ou em outro índice de preços.

[33] "Com a adoção do sistema de metas de inflação, o Conselho Monetário Nacional (CMN) ao definir um 'alvo' para a variação do IPCA, passou a balizar as decisões de política monetária do Banco Central (BC) tomada todos os meses pelo Comitê de Política monetária (Copom). Este toma decisões acerca da taxa Selic com base em um modelo no qual a hipótese adotada quanto à taxa de juros e à cotação cambial gera um certo resultado da inflação, nos termos desse

Historicamente, observamos que o aumento do valor da Taxa Selic tem realmente impacto direto na redução da inflação no curto prazo (algo por volta de 12 meses). Há, porém, desvantagens na utilização apenas da valorização da moeda nacional por meio do aumento dos juros. Exemplos: aumentar os níveis de inadimplência, prejudicar as empresas com dívidas pós-fixadas e, segundo a maior parte dos economistas, prejudicar o crescimento econômico.

Por isso, a questão do câmbio está dentro do chamado "tripé macroeconômico",[34] nem sempre corretamente utilizado.

Isso ficou claro em dezembro de 2024, em um episódio marcará a história econômica do Brasil, como veremos adiante: o País estava crescendo 3,5% ao ano, e o desemprego estava em apenas 6,1%. Por isso, a inflação seria superior à meta, que era de 3% ao ano. A "banda" era de 1,5%, para mais ou para menos, de modo que o "teto" da meta era de 4,5%, e previa-se uma inflação levemente superior, de 5% ao ano.

Muita gente se perguntava como o Brasil estava crescendo com juros altos. Na verdade, os juros estavam altos exatamente porque o Brasil estava crescendo. Isso causava também uma maior demanda por dólares, enfraquecendo o Real.

---

modelo. Assim, teoricamente, se a variação dos preços resultantes de incorporar às equações uma hipótese correspondente à taxa de juros inferior à meta, O BC estaria em condições de reduzir os juros, enquanto, se a inflação estimada fosse superior à meta, o BC deveria subir a meta." (GIAMBIAGI, Fabio et al. *Economia brasileira contemporânea*: 1945-2010. 2. ed. Rio de Janeiro: Elvesier, 2011, p. 177).

Veja que isso nada mais é do que o que já dizia Knut Wicksell no século XIX, tal como vimos em nota de rodapé anterior, assim como verificamos que, na prática, tudo isso realmente funciona. Lamentavelmente, o sistema de metas de inflação não é sempre seguido de forma correta pelos governos, por isso a inflação no passado recente ficou acima do teto da meta em diversos anos.

34 O tripé macroeconômico corresponde a medidas de câmbio flutuante, metas de inflação (essas duas diretamente relacionadas), bem como de política fiscal. Infelizmente, a política ou meta fiscal tem consistido em tentativas do mercado de fazer com que o governo gaste menos (ainda que isso deprima a economia e agrave mais ainda a pobreza no Brasil) para que não seja necessário subir os juros nem piorar a relação dívida bruta/PIB do governo. O controverso "Teto de Gastos" (Emenda Constitucional nº 95/2016) foi o mais emblemático exemplo de se forçar o uso da política fiscal para poder utilizar menos os dois outros instrumentos do tripé macroeconômico. Achava-se, à época, que essa medida iria provocar "confiança" nos mercados e o Brasil iria receber investimentos... Em um país complexo, com economia desorganizada com graves problemas sociais etc., parecia claro que essa tentativa iria fracassar. Foi o que aconteceu e levou posteriormente à edição da Emenda Constitucional nº 126/2022. A maioria dos economistas são defensores da redução dos gastos públicos (austeridade). Eles são chamados por seus opositores de "austericidas", que, por sua vez, chamam os defensores dos gastos públicos como meio de indução do crescimento econômico (algo que efetivamente ocorreu de 2004 a 2011 no Brasil) de "irresponsáveis", "populistas", "gastões" etc., afirmando que o aumento do PIB em decorrência do gasto público não é vantajoso. Em tese, a adoção do tripé macroeconômico, caso seja ele bem-feito (leia-se: utilizando-se os três instrumentos de forma coordenada), mantém a economia nos trilhos. Lamentavelmente, não é o que costuma ocorrer.

A Selic foi caindo de 13,75% (junho de 2023) até 10,50% (junho de 2024), o que ainda era uma taxa "alta" considerando a inflação que era algo entre 4 a 5% ao ano.

Mas havia um problema: o *déficit fiscal*, causado por uma série de desonerações tributárias, algumas delas que vinham desde o final do primeiro mandato da Presidenta[35] Dilma Rousseff, quando as contas públicas passaram a ser deficitárias.[36] De acordo com outra vertente do pensamento econômico, que era e continua sendo dominante nos meios de comunicação, o *déficit fiscal* era causado por "excesso" de gastos públicos. Nos anos 2024 e 2025, o Ministro da Fazenda, Fernando Haddad, fez um esforço muito grande para tentar reduzir os gastos públicos e aumentar a tributação.[37] A Medida Provisória nº 1.303, de 11-6-2025, que mencionamos na seção 2.25 deste livro, foi uma das tentativas da equipe econômica do Governo Federal de resolver problemas no âmbito fiscal e tributário.

A Taxa Selic já havia começado a subir. Em dezembro de 2024, na última reunião do ano (11-12-2024), o COPOM surpreendeu parte do Mercado com um aumento da Taxa Selic de 11,25% para 12,25%. O pior não foi isso: o COPOM sinalizou que nas

---

35 O vocábulo "Presidenta", que foi utilizado pela Presidente Dilma, existia em dicionários antigos. Gramaticalmente, pode-se falar "a Presidente" ou "a Presidenta": ambas as formas são corretas.

36 No final do Governo FHC e durante os dois primeiros mandatos do Presidente Lula, o Governo Federal tinha *superávit* primário. Isso mudou após a concessão de diversos benefícios fiscais (que viriam a ser chamados de "desonerações grosseiras") no final do primeiro mandato da Presidenta Dilma Rousseff, quando o Brasil passou a apresentar déficits fiscais, e não se verificou qualquer benefício em termos do crescimento econômico prometido. Em 2016, ao tomar medidas de "ajuste fiscal", que consistiram basicamente em reduzir drasticamente os gastos públicos – o que levou o País à recessão –, a Presidente Dilma Rousseff sofreu *impeachment*. O pretexto foi que ela teria cometido um crime de responsabilidade de natureza orçamentária ("pedaladas fiscais"). No contexto do "ajuste fiscal", a Presidente Dilma Rousseff foi obrigada a cortar os subsídios dados à gasolina, medida que, somada à recessão, provocou um brutal aumento da rejeição ao seu governo (segundo mandato). A desastrosa política econômica do Governo Dilma (primeiro mandato), chamada de "Nova Matriz Econômica", consistia em várias medidas, tais como redução da Selic, desvalorização do Real, benesses fiscais para setores específicos da indústria, subsídios aos combustíveis. Essa última medida deixou a Petrobras em péssima situação financeira. Estima-se que os prejuízos causados pela política de combustíveis (venda, por parte da Petrobras, de gasolina e óleo diesel a preço inferior ao do Mercado) tenha causado prejuízo 9 (nove) vezes maior que o episódio de corrupção que ficou conhecido como "Petrolão". A política "nacional-desenvolvimentista", que havia apresentado ótimos resultados com Getúlio Vargas e Juscelino Kubitschek, mas havia fracassado nos tenebrosos anos 1980 (a chamada "década perdida"), parecia ter se esgotado.

37 Dizia-se que Fernando Haddad tinha "o pior emprego do mundo", pois conseguia desagradar pessoas de todos os espectros políticos: setores da esquerda eram contra o corte de gastos públicos, e setores da direita eram contra a isenção de Imposto de Renda de ganhos inferiores a R$ 5.000,00 anuais e contra uma proposta, ainda que tímida, de tributação de pessoas com elevados ganhos de capital isentos de imposto de renda.

próximas reuniões (janeiro e março de 2025), a Selic subiria para 13,25% e 14,25%, respectivamente, o que realmente veio a acontecer.

Naquele momento (dezembro de 2024), o Mercado avaliou que o Governo Federal não reduziria o déficit público, por isso estava adotando uma política de aumento de juros tão agressiva. O temor era que a dívida pública brasileira se tornasse "impagável",[38] assim como medidas de aumento da Taxa Selic perdessem eficácia macroeconômica, e apenas a redução de gastos públicos derrubaria a inflação ("dominância fiscal").[39] Em um movimento que se reverteria pouco tempo depois, o dólar estava subindo em relação a todas as moedas, inclusive em relação ao euro,[40] e com o mencionado episódio de dezembro de 2024, o real entrou em processo de "queda livre".

Isso levou o Banco Central a vender 30,76 bilhões de dólares[41] no mercado à vista, para tentar conter a volatilidade do mercado de câmbio. Foi uma atitude correta: se o

---

38 Na verdade, nenhuma dívida pública é "impagável": o que podem existir são renegociações – que realmente podem causam perdas aos investidores – além de mecanismos heterodoxos muito usados por vários governos ao longo da história, como redução das taxas de juros para aumentar a inflação. Como o efeito prático da inflação é o mesmo que aumentar tributos, a dívida pública pode ser paga desse modo tão esdrúxulo, mas tão usual (por mais paradoxal que isso seja). Os efeitos desses mecanismos, porém, podem ser tenebrosos: a hiperinflação nos anos 1970, 1980 e início dos anos 1990 no Brasil e em outros países demonstram isso. Aliás, em matéria de dívida pública supostamente "impagável", o grande exemplo é a Argentina, com nove "calotes" e inúmeras renegociações de dívidas na história. A despeito disso, a Argentina sempre esteve no mercado financeiro internacional, com seus títulos negociados em bolsas ao redor do mundo normalmente, ao contrário do que acontecia e acontece com alguns países por razões políticas. O Brasil, por outro lado, jamais deu "calote" na dívida pública (exceção feita ao episódio protagonizado pelo inesquecível Presidente Fernando Collor, que não foi propriamente um "calote", mas sim uma mudança do padrão monetário com curso forçado em 1990).

39 Esse entendimento não estava de todo equivocado. Mas o Relatório de Projeções Fiscais do 1º semestre de 2025, documento oficial da Secretaria do Tesouro Nacional do Ministério da Fazenda, tratou da "expectativa de aumento do peso dos juros em relação às receitas públicas nos anos de 2025 e 2026", afirmando que "esse aumento deve ser temporário, sendo seguido de posterior redução no médio e longo prazo, alinhada à trajetória esperada para a Selic e juros do setor público". Em resumo, verificava-se um "cenário desafiador para a condução da política fiscal nos próximos anos, com expectativa de elevação da dívida pública no curto prazo e estabilização a médio prazo, observados os cenários macroeconômicos, e mantido o esforço de consolidação fiscal, que enseja a adoção de medidas de recuperação da arrecadação ou de revisão de despesas". Disponível em: https://www.tesourotransparente.gov.br/publicacoes/relatorio-de-projecoes-fiscais/2025/20. Acesso em: 14 ago. 2025.

40 Um dos fatores foi a eleição do controverso e imprevisível Donald Trump nos EUA, que provocou uma busca por segurança (dólar e ouro) por parte dos investidores. Embora o dólar já estivesse perdendo espaço no mundo como reserva de valor, os EUA poderiam continuar acumulando déficits nas contas públicas. Esse movimento seria revertido pouco tempo depois, especialmente pela perspectiva do fim do ciclo de aumento dos juros nos EUA e por uma agressiva política de protecionismo econômico, com imposição de altos impostos de importação, inclusive para países amigos, tais como Canadá, México e países da União Europeia.

41 Somente no mês de dezembro de 2024.

Mercado "apostasse" contra o real (leia-se: ataque especulativo), o câmbio se depreciaria ainda mais e seriam necessárias medidas ainda mais drásticas para conseguir levar a inflação à meta de 3% ao ano.[42]

O "quase pânico" de dezembro/2024 deu lugar ao otimismo no início de 2025, com o real subindo em relação ao dólar. Até mesmo a Bolsa de Valores engatou uma forte alta nesse período. Recursos estrangeiros estavam ingressando no Brasil.[43]

Algumas pessoas chegaram a dizer, em março de 2025, que o Brasil era um lugar "seguro"[44] para investimentos. Essa sensação de "segurança" de março de 2025 foi tão exagerada quanto o "quase pânico" de dezembro de 2024: o aumento da Taxa Selic provocou aplicações de capitais no mercado financeiro brasileiro, que se tornou mais atrativo na relação de ganhos/riscos.[45] A valorização do Real tendia a provocar a redução da inflação, mas não se podia prever em que montante e em que momento isso ocorreria: só o futuro diria.

Em abril de 2025, no período do então chamado "Tarifaço" do Governo Trump nos EUA,[46] aconteceu algo que esmagadora das pessoas jamais imaginou que aconteceria:

---

42 O pessimismo era generalizado. Algumas pessoas, porém, vislumbravam que seria um bom negócio comprar ações de incorporadoras na Bolsa de Valores após o ciclo de alta da Selic, uma vez que elas estavam muito baratas, e as vendas de imóveis não foram ruins em 2024. Em meados de agosto de 2025, a despeito da taxa Selic a 15% ao ano e dos problemas políticos, o IMOB, índice setorial das empresas de construção civil na Bolsa de Valores (B3), já havia subido 47% no ano, superior ao índice geral (Ibovespa) e ao CDI, que haviam subido, respectivamente, 14% e 8,2% no mesmo período.

43 Ao que parece, o trabalho do Ministro da Fazenda, Fernando Haddad, estava começando a dar certo. Mas ninguém lhe dava créditos (nem mesmo pela corajosa intervenção cambial de dezembro de 2024): o Mercado dizia que eram apenas "fatores externos" que estavam provocando a entrada de capitais no Brasil. Essa visão estava equivocada: se não houvesse fatores internos, o real não estaria subindo em relação ao dólar, exatamente porque não havia um "apetite por risco": o ouro estava subindo, inclusive havia rompido a barreira psicológica de US$ 3.000 (valor da onça no mercado), indicando que os capitais estrangeiros estavam buscando mais segurança do que risco. Em agosto de 2025, essa questão era clara: o dólar estava no patamar mais baixo dos últimos 14 meses, cotado a cerca de R$ 5,42. A cotação do dólar sempre tem vetores externos e internos. O principal vetor interno era a Taxa Selic em 15% e o IPCA a 5%, o que significava incríveis 10% de juros reais ao ano.

44 Nem uma coisa nem outra: o Brasil não estava tão mal, mas também não chegava a ser um "país seguro". Na verdade, essa "euforia" de março de 2025 nos lembrou um episódio da Crise do Euro de 2010, quando a Presidente Dilma Rousseff teria afirmado, segundo os jornais da época, que o Brasil poderia receber um fluxo nocivo de capitais estrangeiros (um "tsunami financeiro") e entendeu-se conveniente reduzir a Taxa Selic. As consequências da política monetária do Ministro da Fazenda Guido Mantega no primeiro mandato da Presidente Dilma Rousseff foram catastróficas e vimos como terminou o Governo Dilma II em razão disso.

45 Em 2025, havia uma perspectiva de piora da inflação nos EUA, o que reduziu o *spread* (diferença) de risco entre EUA e Brasil.

46 O chamado "Tarifaço" do Governo Trump consistiu em aumento das alíquotas de imposto de importação para produtos de diversos países, inicialmente com critérios supostamente

o dólar americano deixou de ser um "Porto Seguro", e houve fuga de capitais para o euro. Historicamente, o ouro, o franco suíço e até mesmo o iene japonês já haviam sido "refúgios" em momentos de crise ou destinos como forma de investimento especulativo. Mas foi a primeira vez, desde o fim do "padrão ouro", que houve fuga do dólar em razão do temor de que ele não seria mais considerado moeda segura e instrumento de ganho em caso de se vislumbrar "pânico" no mercado financeiro.[47]

Para tentar minorar o problema do financiamento habitacional que estava sofrendo com os juros altos, por meio da Resolução CCFGTS nº 1.116, de 15-4-2025, foi criado o *Programa de Habitação Classe Média*, "destinado à aquisição de unidades habitacionais novas ou usadas por pessoas físicas em operações não enquadradas na área de Habitação Popular do Fundo de Garantia do Tempo de Serviço – FGTS".

Para esse programa, a renda familiar mensal bruta foi limitada a R$ 12.000,00 (doze mil reais), valor superior aos R$ 8.600,00 (oito mil e seiscentos reais) da Faixa 3 do Programa MCMV já com a atualização da Portaria MCID nº 399/2025. A ideia era usar não só os recursos baratos e escassos do FGTS,[48] mas também recursos que o banco financiador captará no mercado, especialmente via Letras de Crédito Imobiliário (LCI).[49]

"técnicos", sendo que o Brasil ficou entre os menos prejudicados. Os defensores da política de Trump diziam que tudo era uma grande estratégia para "forçar" os demais países a abrirem seus mercados para os produtos americanos em negociações bilaterais – explicação dada por quem e para quem sempre defendeu o liberalismo econômico. Posteriormente, Trump decidiu impor tarifas adicionais ao Brasil, inclusive sob alegação de que o Brasil estaria violando direitos humanos (no caso, tratava-se da prisão domiciliar do ex-Presidente Jair Bolsonaro).

47 É muito comum capitais serem remetidos para seus países de origem como forma de investidores "fechar posições em aberto" em momentos de crise. Isso acontece até mesmo com investidores brasileiros com recursos no exterior, que precisam repatriar capitais (isso não é perceptível não só porque há mais capitais estrangeiros no Brasil do que capitais brasileiros no exterior, mas sobretudo porque há fuga de capitais de locais mais arriscados para locais mais seguros). Nos momentos iniciais de crises econômicas, é comum até mesmo o ouro cair de preço, uma vez que, para "fechar posições vendidas" (ex.: investidor que precisa recomprar PUT de ação vendida na bolsa), é necessário dinheiro líquido. Mas, em abril de 2025, o que verificamos foi um receio de desvalorização do dólar em relação ao euro, inclusive pelo temor de aumento da inflação nos EUA e imprevisibilidade do comportamento dos juros americanos.

48 Dispõe a Resolução CCFGTS nº 1.116/2025 a respeito de *funding*: "Art. 4º As operações de financiamento realizadas no âmbito do programa de que trata o art. 1º integrarão, obrigatoriamente, carteira de financiamentos composta por operações firmadas com recursos do FGTS e com recursos de outras fontes, aportados pelas instituições financeiras interessadas. § 1º A participação dos recursos do FGTS na carteira de que trata o *caput* será limitada a 50% (cinquenta por cento). § 2º A composição dos recursos do FGTS com recursos de outras fontes será responsabilidade dos agentes financeiros interessados e habilitados a operar pelo Agente Operador do FGTS."

49 A LCI está prevista no art. 12 da Lei nº 10.931/2004. Como o investidor pessoa física não paga imposto de renda incidente sobre os ganhos desse título, a LCI é uma excelente ferramenta de captação de recursos para fins de financiamento imobiliário, pois a instituição financeira

Previa-se que seria possível obter recursos para financiamento imobiliário com juros abaixo do mercado. A ideia era que esse programa fosse algo como uma "Faixa 4" do Programa MCMV, que vimos na seção 1.8.

Para obter esses recursos em momento de juros altos, foi editada a Medida Provisória nº 1.291, de 6-3-2025, convertida na Lei nº 15.164, de 14-7-2025. Essas normas alteraram a Lei nº 12.351, de 22-10-2010, para incluir alguns incisos no art. 47. Esse dispositivo trata do Fundo Social (FS), mais conhecido como "Fundo do Pré-Sal". A ideia inicial era que recursos da exploração de petróleo do "pré-sal" fossem utilizados para combate à pobreza e desenvolvimento. Vale dizer: gastos em saúde, educação e outros setores sociais elencados na norma. Com a mudança de 2025, foi permitida a utilização de recursos do FS para *habitação de interesse social* (na verdade, financiamento imobiliário para a classe média).[50]

Em junho de 2025, o COPOM elevou a taxa Selic para 15%, mencionando que "O ambiente externo mantém-se adverso e particularmente incerto em função da conjuntura e da política econômica nos Estados Unidos, principalmente acerca de suas políticas comercial e fiscal e de seus respectivos efeitos".[51] A perspectiva era de manutenção da Taxa Selic em 15% nos meses seguintes, para o desespero de que tinha débitos vinculados ao CDI.

Enfim, controvérsias e fatos históricos à parte, juros e inflação sempre importarão riscos para o mutuário sob o aspecto econômico.

Portanto, caso haja reduções significativas da Taxa Selic, há boas chances de aumento da inflação; ao revés, aumentos significativos da Taxa Selic tendem a reduzir a inflação (vide tabela abaixo). O comprador de imóveis que desejar obter um financiamento imobiliário deve estar atento às variações da Taxa Selic e ao cenário macroeconômico como um todo.

O passado recente demonstrou que, em momentos em que a inflação está baixa, normalmente o mais vantajoso para o comprador (mutuário) são as modalidades de financiamento sem incidências de taxas, índices ou encargos variáveis outros, mas apenas de juros prefixados. Já em momentos de inflação alta, obter financiamento com juros prefixados pode ser perigoso, como demonstra a história econômica. Exemplo disso foi a redução da inflação durante o Governo Temer (o Ministro da Fazenda era o Henrique Meirelles), que prejudicou quem obteve financiamento

---

emitente da LCI pode pagar ao mercado valor um pouco mais baixo de juros. Vide, porém, essa questão tributária na seção 2.25.

50 Será que subsídio à habitação voltada para a classe média se enquadraria no conceito de habitação de interesse social? Não houve qualquer crítica ou questionamento a esse respeito.

51 Disponível em: https://www.bcb.gov.br/controleinflacao/comunicadoscopom/20733. Acesso em: 14 ago. 2025.

com juros fixos no período imediatamente anterior. Por outro lado, quem obteve financiamento com juros fixos no período do final do governo Temer até o começo do governo Bolsonaro, quando a inflação esteve baixa, foi beneficiado pelo aumento da inflação no período subsequente, pois os juros reais desses financiamentos passaram a ser negativos.

Nada disso, porém, é previsível: tudo pode acontecer. Não é só no aspecto jurídico – tal como vemos ao longo deste livro – que a situação brasileira é caótica: o mesmo ocorre de forma perceptível na economia. O Brasil, realmente, não é para amadores!

A inflação dos períodos recentes, medida pelo IPCA (a chamada "inflação da classe média"), foi a seguinte:[52]

2014	6,41%
2015	10,67%
2016	6,29%
2017	2,95%
2018	3,75%
2019	4,31%
2020	4,52%
2021	10,06%
2022	5,79%
2023	4,62%
2024	4,83%

A questão fica mais delicada em um quadro recessivo, no qual a maior parte dos salários, dos rendimentos de trabalhadores autônomos e da margem de lucro dos pequenos empresários normalmente não conta com perspectiva de reposição sequer da perda inflacionária.

Por fim, análises no campo da economia extravasam o objetivo deste livro, que é tratar de riscos jurídicos. A digressão no campo da história econômica recente feita nesta seção e na seção 9.10 é apenas para que o comprador saiba o significado jurídico de cláusulas cruciais de um contrato de financiamento imobiliário, que poderão ter consequências econômicas graves.

Vide seção 12.13, a respeito da possibilidade de repactuação do financiamento em condições mais favoráveis.

---

52 Disponível em: https://www.ibge.gov.br/explica/inflacao.php.

12.7 A VALIDADE DO ANATOCISMO NA INCIDÊNCIA DOS JUROS CONTRATUAIS

Um aspecto que se pode indagar é a eventual existência de anatocismo na incidência dos juros dos financiamentos imobiliários.

Anatocismo é a incidência de juros sobre os juros acrescidos ao saldo devedor por não terem sido pagos.

Os juros podem ser simples ou compostos. Os juros compostos são também chamados de juros capitalizados.

O que são juros simples? "O conceito de juros simples é baseado no fato de que apenas o capital inicial servirá como base de cálculo do valor dos juros durante todo o período de aplicação. Podemos definir esse sistema da seguinte maneira: Juros simples – caracterizado pelo fato de que apenas o valor principal, ou capital inicial, será remunerado ao longo do tempo de aplicação."[53]

E o que são juros compostos? "Já na determinação do valor dos juros, na metodologia composta, os juros dos períodos anteriores são acrescidos ao capital inicial, e, sobre esse total, realizamos o cálculo do valor dos juros do período atual. Podemos, em consequência, estabelecer a seguinte definição para os juros compostos: Juros compostos: caracterizado pelo fato de que, ao longo do tempo de aplicação, o saldo total, ou seja, capital inicial acrescido dos juros dos períodos anteriores, é que será utilizado no cálculo do rendimento atual."[54]

Portanto, "Em razão da definição acima, ou seja, que os juros de um período são calculados também sobre os juros dos períodos anteriores, esse procedimento recebe, ainda, a denominação de 'juros sobre juros' ou capitalização (uma vez que os juros são incorporados ao capital para permitir a determinação de juros futuros)."[55]

A capitalização dos juros pode, matematicamente, ocorrer mês a mês, semestralmente, ano a ano etc.

Assim, uma taxa de juros de 0,5% ao mês, se for capitalizada mês a mês, importará em uma taxa real de 6,1678% e não de 6% ao ano. Pode parecer que a diferença é pequena, mas imaginemos uma taxa de juros de 1% ao mês, ao longo de 10 anos: se capitalizados os juros mês a mês, o resultado será uma taxa real de 230,0387%; se a capitalização for anual (isto é, 12% de juros capitalizados anualmente) o resultado é 210,5842%. A diferença de 20% é considerável!

---

53 DIAS, Mário. *Conhecimentos financeiros indispensáveis a um executivo*. São Paulo: Edicta, 1999. p. 33.

54 DIAS, Mário. *Conhecimentos financeiros indispensáveis a um executivo*. São Paulo: Edicta, 1999. p. 39.

55 DIAS, Mário. *Conhecimentos financeiros indispensáveis a um executivo*. São Paulo: Edicta, 1999. p. 40.

Juridicamente, a proibição de ocorrência de anatocismo em período inferior ao de um ano está prevista na Lei de Usura (Decreto nº 22.626/33), nos seguintes termos:

> "Art. 4º É proibido contar juros dos juros; esta proibição não compreende a acumulação de juros vencidos aos saldos líquidos e conta-corrente de ano a ano."

Essa é a regra geral. Diante desses termos, resta evidente que, inexistindo lei específica a dispor em sentido contrário, é proibida a capitalização em período inferior a um ano, ainda que o contrato a preveja.[56]

Há, porém, casos em que há normas específicas que permitem a incidência de anatocismo em período inferior ao de um ano. É o que ocorre com os contratos de financiamento celebrados com instituições financeiras a partir de 31-3-2000, pois a medida provisória nº 1.963-17, de 30-3-2000 (*DOU* de 31-3-2000), e reedições (atualmente MP nº 2.170-36, de 23-8-2001) legalizaram a incidência de capitalização de juros em período inferior ao de um ano, quando o mutuante for instituição financeira operando no âmbito do SFH.[57]

Essa questão foi novamente objeto de norma jurídica: a Lei nº 11.977, de 7-7-2009, incluiu o art. 15-A na Lei nº 4.380, de 21-8-64, para permitir a pactuação de capitalização de juros com periodicidade mensal (anatocismo mensal) nas operações realizadas no âmbito do SFH.

Há entendimento jurisprudencial no sentido de que: "É ilegal o emprego da Tabela Price nos contratos de mútuo firmados sob o regime do Sistema Financeiro da Habitação, na medida em que implica capitalização de juros".[58] Na verdade, o uso da *Tabela Price* poderá ou não importar em anatocismo, a depender de como for calculado.

Além disso, ao menos para contratos celebrados após 7-7-2009, entendo que esse entendimento está superado, pois o art. 15-B da Lei nº 4.380/64, incluído pela Lei nº 11.977/2009, estabelece que nas operações do SFH os sistemas de amortização do saldo devedor poderão ser livremente pactuados entre as partes.

Diz a jurisprudência do STJ:

---

56 STJ, REsp 446.916-RS, Rel. Min. Ruy Rosado, julgado em 1º-4-2003. *Informativo STJ* 168. Período: 31 de março a 4 de abril de 2003.
STJ, REsp 203.961/RS, Terceira Turma, Rel. Min. Eduardo Ribeiro, j. em 15-6-1999, *DJ* de 6-9-1999.
TJSC, Apelação Cível 98.013916-3, Terceira Câmara Civil, Des. Rel. Silveira Lenzi, j. em 10-11-1998.

57 No dia 1º de julho de 2024, 23 anos (!) após o ajuizamento da ADIn nº 2.316, o STF declarou que as alterações eram constitucionais.

58 Enunciado VIII do Grupo de Câmaras de Direito Comercial do Tribunal de Justiça de Santa Catarina, aprovado em 15-6-2007.

> "Súmula nº 539. É permitida a capitalização de juros com periodicidade inferior à anual em contratos celebrados com instituições integrantes do Sistema Financeiro Nacional a partir de 31/3/2000 (MP n. 1.963-17/2000, reeditada como MP n. 2.170-36/2001), desde que expressamente pactuada."

A respeito da possibilidade de ação revisional de valores em financiamento imobiliário, inclusive a respeito da legalidade do anatocismo no caso concreto, vide seção 3.14.

A incidência do anatocismo em período inferior ao de um ano também é possível nos contratos celebrados no âmbito do Sistema de Financiamento Imobiliário (SFI), criado pela Lei nº 9.514/97, que expressamente dispõe:

> "Art. 5º As operações de financiamento imobiliário em geral, no âmbito do SFI, serão livremente pactuadas pelas partes, observadas as seguintes condições essenciais:
>
> (...)
>
> II – remuneração do capital empregado às taxas convencionadas no contrato;
>
> III – capitalização dos juros;
>
> (...)
>
> § 2º As operações de comercialização de imóveis, com pagamento parcelado, de arrendamento mercantil de imóveis e de financiamento imobiliário em geral poderão ser pactuadas nas mesmas condições permitidas para as entidades autorizadas a operar no SFI." (Redação dada pela Lei nº 10.931, de 2-8-2004)

Como se vê, a teor do art. 5º, III, da Lei nº 9.514/97, para os contratos regidos pelo SFI, o anatocismo será permitido em qualquer periodicidade, pois é um princípio desse sistema.

Interessante notar o disposto no § 2º desse art. 5º. Ao que parece, ele permite que os contratos de venda de imóveis mediante pagamento parcelado, financiados pela própria vendedora ("operações de comercialização de imóveis") ou fora do âmbito do SFH ("financiamento imobiliário em geral"), possam prever, validamente, a capitalização dos juros em período inferior ao anual. Porém, há precedente no sentido de que a capitalização dos juros em período inferior a um ano não é permitida em financiamentos no âmbito da carteira hipotecária.[59]

Assim, exceção feita a hipóteses em que há expressa previsão legal, os juros vencidos e não pagos somente poderão integrar a base de cálculo da incidência de novos juros após o prazo de um ano e assim sucessivamente. A capitalização dos juros, portanto, como regra geral, é anual.

Vamos, então, analisar essa questão um pouco mais detalhadamente, dentro do contexto dos financiamentos imobiliários que não estiverem abrangidos por normas

---

59 STJ, REsp 436.842/RS, Terceira Turma, Rel. Min. Nancy Andrighi, j. em 8-3-2007.

específicas, uma vez que a regra geral, para os financiamentos imobiliários, é a do art. 4º da Lei de Usura.

Inicialmente, vejamos a questão da cobrança da TR cumulada com juros contratuais, que são prefixados, podendo ser, conforme o sistema, de 10% ao ano, de 12% ao ano, de 14% ao ano etc. Conforme visto, a TR é uma taxa de juros. É possível a cobrança de juros *mais* juros? Isso caracteriza anatocismo?

Note-se que se existir a incidência de uma taxa (TR) sobre o saldo devedor e, *sobre o valor apurado*, existir nova incidência da outra taxa (juros prefixados), haverá capitalização, pois a taxa seguinte incidiu sobre o resultado da incidência da taxa anterior. Há, neste caso, juros *sobre* juros.

Parece-nos, contudo, que não há anatocismo se a taxa dos juros contratuais é apenas *somada* ao valor da TR, obtendo-se um valor final que incide como reajuste único. É que, nessa hipótese, não há a cobrança de juros *sobre* juros, mas sim do somatório de dois valores (um dos quais prefixado) que darão um valor final, a incidir sobre o débito, a título de reajuste (com a natureza jurídica de juros). Há, porém, precedentes judiciais em ambos os sentidos, razão pela qual não é possível afirmar de forma conclusiva se esse somatório configura ou não anatocismo.[60]

Vejamos, agora, outra questão, diversa da anterior, que consiste na apuração da base de cálculo do valor pecuniário dos juros (inclusive da TR) a incidir sobre o saldo devedor no período contratualmente previsto (normalmente mês a mês).

Observe-se que o valor da prestação pode importar redução do saldo devedor ou não. Se o valor da prestação paga é superior ao valor que foi acrescido (correção monetária e juros) ao saldo devedor, o saldo devedor irá diminuir. É o caso de efetiva existência de amortização ou de amortização positiva.

Porém, há casos em que o valor da prestação é inferior ao reajuste do saldo devedor. Quando isso ocorre, não há propriamente uma amortização, que por essa razão é chamada de amortização negativa. Nesse caso, o saldo devedor cresce em expressão numérica, em razão de ser o valor da prestação paga inferior ao valor monetário (numérico) do reajuste. O saldo devedor, assim, sobe mês a mês, a despeito dos pagamentos realizados.

Na primeira hipótese, não há o problema do anatocismo, pois não existem juros que se deixe de pagar: existe amortização, tanto dos juros, como do principal. O saldo devedor no mês seguinte tem sempre valor inferior ao do mês anterior, exatamente em razão da existência de amortização do principal.

---

60 Entendendo pela configuração de anatocismo: STJ, REsp 162.383/RJ, 3ª Turma, Rel. Min. Carlos Alberto Menezes Direito, j. em 18-3-1999, *DJ* de 17-5-1999.
Entendendo pela não configuração de anatocismo: TJDF, APC 3.899.896, 4ª Turma Cível, Rel. Everards Mota e Matos, j. em 23-8-1996, *Diário da Justiça do DF* de 11-9-1996, p. 15.801.

Já na segunda hipótese, o saldo devedor no mês seguinte é superior ao valor do saldo devedor no mês anterior, pois há amortização negativa. Nesse caso, há juros que deixam de ser pagos, passando a compor o saldo devedor. Isso fica mais claro nos casos em que os contratos são reajustados pela TR, que tem a natureza jurídica de taxa de juros.

Em tal hipótese, caso a base de cálculo dos juros seja o saldo devedor do mês anterior, que está acrescida dos juros não pagos (isto é, a diferença entre o valor da parcela paga e o valor do reajuste do mês anterior), podemos sustentar que existirá o anatocismo proibido pela lei.[61] Isso, porém, não está pacificado nos tribunais, razão pela qual não é possível afirmar com certeza se o mutuário conseguirá revisar judicialmente seu saldo devedor. É importante lembrar que o sucesso de uma eventual ação dependerá da produção de prova[62] da efetiva ocorrência de anatocismo no caso concreto.

12.8 DA VALIDADE DA CORREÇÃO DAS PRESTAÇÕES POR UM ÍNDICE SETORIAL DA CONSTRUÇÃO CIVIL

Muitas vezes, o índice de preço que as construtoras ou incorporadoras utilizam, como forma de corrigir as prestações a serem pagas pelos adquirentes de imóveis, é um índice setorial da construção civil. O mais usado atualmente é o Índice Nacional da Construção Civil (INCC), calculado pela Fundação Getulio Vargas.

No passado, foram muito usados alguns índices calculados pelos sindicatos das empresas de construção civil, como o Custo Unitário Básico (CUB), entre outros.

---

61 Nesse sentido: "Verifica-se, claramente, que a taxa de juros de 1% ano mês, incidiu sobre os juros não pagos, levando os Autores a pagarem juros sobre juros, o que caracteriza a prática do anatocismo. Em não sendo permitida esta conduta no ordenamento jurídico brasileiro, salvo exceção expressa em lei, como deveria ser realizada a fixação mensal dos juros para que não ocorresse o anatocismo? Observando-se o saldo devedor, tem-se que ele é composto do valor financiado + juros não pagos + correção monetária; para que não seja praticado o anatocismo, deve-se retirar do saldo devedor, que é a base de cálculo para a fixação dos juros, o percentual de juros não pagos, ficando a base de cálculo para a fixação dos juros do mês da seguinte forma: saldo devedor – juros não pagos atualizados monetariamente. (...) Obviamente, que o valor referente aos juros não pagos é retirado do saldo devedor apenas para a fixação dos juros do mês, ou seja, a base de cálculo dos juros; devendo, após esta operação, voltar a compor o saldo devedor. Destarte, fica evidente a prática do anatocismo, que é vedado pelo Decreto nº 22.626, de 7 de abril de 1933, em seu art. 4º, quando dispõe que 'É proibido contar juros dos juros; esta proibição não compreende a acumulação de juros vencidos aos saldos líquido em conta-corrente de ano a ano'; bem como a jurisprudência tem afastado esta prática, consoante súmula 121, do E.STF, que guarda o seguinte enunciado: 'É vedada a capitalização de juros, ainda que expressamente convencionada' (...) Por todo o exposto, julgo procedente, em parte, o pedido formulado na exordial, para determinar o recálculo das prestações e do saldo devedor, com o expurgo da incidência dos juros contratados sobre o valor dos juros não pagos" (Sentença prolatada em 23-7-1999 pelo Juiz Federal Francisco Barros Dias, 3ª Vara da Seção Judiciária do Rio Grande do Norte, Proc. nº 98.8752-4).

62 STJ, REsp 847.31/SP, Terceira Turma, Rel. Min. Waldemar Zveiter, j. em 20-8-1996, *DJ* de 21-10-1996.

O INCC e os índices calculados pelos sindicatos da construção civil devem corresponder à variação dos custos da construção civil.

Já se levantou que a variação dos índices calculados pelos sindicatos da construção civil superaria a variação dos demais índices de correção monetária, que apuram outras médias de variações de preços de forma mais genérica.

Os índices setoriais da construção civil calculados pelos sindicatos da construção civil foram muito contestados, pela via judicial, por pessoas que adquiriam imóveis cujas prestações por eles seriam corrigidas, uma vez que calculados pelos sindicatos de uma das partes no contrato.

Após uma divergência inicial, prevaleceu o entendimento de que os índices setoriais da construção civil seriam válidos, desde que previstos contratualmente e referentes a aquisição de imóvel em construção, não sendo aplicável aos contratos para venda de imóveis já construídos.[63]

A respeito da questão da cobrança de juros, vide seção 12.2.

12.9 COBRANÇA DE VALORES INDEVIDOS

Verificando o comprador que, no decorrer da execução do contrato, a vendedora está efetuando cobrança de valores superiores ao que é realmente devido, não deve ele pagar e posteriormente pedir restituição por via judicial.

Não tem sido incomum a hipótese na qual adquirentes de imóveis em construção ou já acabados são arrochados com cobranças indevidas e, premidos pela urgência de verem pronto e entregue o imóvel, pagam tais valores com a esperança de, mais tarde, ajuizarem ação de repetição de indébito para reaver o que pagaram a mais.

Contudo, o art. 877 do Código Civil condiciona a restituição do pagamento indevido à prova da ocorrência de erro por parte daquele que pagou o que não era devido. Assim, sabendo que a cobrança está sendo efetuada em montante superior ao que é realmente devido, deve-se depositar o valor correto por meio de uma ação de consignação em pagamento, sob pena de não ser possível o posterior pedido de restituição do pagamento feito a maior.[64]

---

63 STJ, REsp 514.371/MG, Quarta Turma, Rel. Min. Fernando Gonçalves, j. em 27-10-2009, *DJe* de 9-11-2009.
STJ, AgRg no REsp 761.275/DF, Quarta Turma, Rel. Min. Luis Felipe Salomão, j em 18-12-2008, *DJe* de 26-2-2009.

64 Nesse sentido: "Repetição do indébito – Pagamento indevido – Efetivação 'sob protesto' – Modalidade inexistente no Direito brasileiro – Hipótese de majoração abusiva de mensalidades – Possibilidade de utilização pelo devedor da consignação em pagamento – Erro não evidenciado – Falta de interesse para a ação – Carência decretada – Aplicação do art. 965 do CC. Se o obrigado efetua pagamento indevido voluntariamente, sabendo tratar-se de aumento abusivo, não pode invocar a seu favor a alegação de pagou 'sob protesto', pois inexiste no Direito brasileiro essa forma de pagamento. Caberia, na hipótese, a ação de consignação em pagamento caso o credor

não quisesse receber a quantia que até então vinha sendo cobrada. Destarte, não tendo pago por erro, mas conscientemente, de forma voluntária, não possui interesse processual para a ação de repetição" (TJSP, Ap. 125.752-2, 16ª Câmara Civil, Rel. Des. Mariz de Oliveira, j. 22-12-1987).

"Administrativo. Sistema Financeiro da Habitação. Repetição do indébito. Elementos essenciais para a sua admissibilidade. Inexistência. 1 – A ação repetitória de indébito é a cabível sempre que se verificar que alguém, que nada devia, pagou a outrem, que nada tinha a receber, e de tal irregularidade resultou injusto prejuízo ao primeiro e indevido enriquecimento do segundo. 2 – Pela natureza da ação repetitória, a prova deve ser eloquente e transparecer, desde logo, para firmar o convencimento judicial, que o pagamento foi exigido coativamente, por ato irregular do pseudocredor, havendo o seu locupletamento às expensas do pseudodevedor. 3 – 'In casu', o pagamento foi voluntário, reconhecendo a apelante a legitimidade dos lançamentos efetuados em sua conta pela apelada – CEF. Não se depreende dos autos que o devedor tenha sido induzido ao erro, por ato doloso do credor. Há um contrato a cumprir. Aos contratantes cabe interpretar as suas cláusulas segundo a sua real intenção no momento da vontade bilateral ínsita no ato de contratar. 4 – Apelação improvida" (TRF-5ª Região, Apelação Cível 6.892/CE, 2ª Turma, Rel. Nereu Santos, Rel. designado: José Delgado, *DJU* 22-2-1991. Publicado na revista *JSTJ* e *TRF* – v. 26, p. 488).

"Repetição do indébito – Pedido fundado em invalidade de cláusula contratual – Inadmissibilidade – Necessidade de prova do pagamento indevido decorrente de erro – Recurso não provido. (...) A ineficácia da causa de pedir, sob ângulo prático equivale à falta de causa de pedir (artigo 295, parágrafo único, inciso I, do Código de Processo Civil), aliás, como se julgou às fls. 177, *in fine*. Tal ineficácia alcança, também, a pretensão referente à repetição do indébito. E assim se julga porque se pretende repetir o que voluntariamente se pagou; 'ao que voluntariamente pagou o indevido incumbe a prova de tê-lo feito por erro'. Esta a dicção do artigo 965 do Código Civil. Ora, a pretensão de repetição do indébito está centrada na invalidade de cláusula contratual e não em erro. Daí o juízo de início assentado. Assim, não há como prosperar a pretensão recursal do autor" (TJSP, Ap. Cível 190.221-2, 14ª Câmara Civil, v. u., j. 7-12-93, *JTJ-LEX* 152/106).

"Alguns escritores, entre os quais Baudry-Lacantinerie, acham excessivamente dura a exigência de prova do erro, bastando, a seu ver, que o 'solvens' evidencie a inexistência de causa de pagamento. Todavia esta solução não se acomoda ao sistema brasileiro, pois entre nós, se não houve erro conduzindo o 'solvens' a pagar voluntariamente o que não devia, não lhe cabe ação de repetição de indébito" (RODRIGUES, Silvio. *Direito civil, parte geral das obrigações.* 17. ed. p. 184).

Em um interessante caso de cobrança de pagamentos feitos, de forma supostamente indevida, por adquirente de imóvel a uma incorporadora, alegou em defesa da empresa o advogado Jandir José Dalle Lucca: "Mesmo que se admitisse hipoteticamente a irregularidade da sistemática de correção monetária da qual se valeu a RÉ para corrigir as parcelas do preço reclamadas pelos AUTORES, o que só se supõe para fins de argumentação, importa reconhecer que ainda assim o pedido não reuniria condições de prosperar, posto que carece a repetição do suposto indébito de um de seus principais elementos. Realmente, é pressuposto indispensável do direito de restituição que o valor tenha sido pago por erro, *ex vi* do disposto no artigo 965 do Código Civil."

A incorporadora venceu. A sentença foi a seguinte:

"Decido. Improcede a ação. Desde cedo (fls. 106) a ré apontou para o art. 965 do Código Civil, assim redigido: "Ao que voluntariamente pagou o indevido incumbe a prova de tê-lo feito por erro." O eminente Professor Silvio Rodrigues observa que "(...) se não houve erro conduzindo o 'solvens' a pagar voluntariamente o que não devia, não lhe cabe repetição de indébito" (*Direito civil*, Max Limonad, p. 198, v. 2). A jurisprudência não discrepa desse entendimento, como se vê do seguinte Aresto: "A repetição de indébito, nos pagamentos efetuados voluntariamente,

É possível ponderar que a devolução do pagamento indevido efetuado deveria receber o respaldo do Poder Judiciário, uma vez que a aquiescência da parte prejudicada não poderia tornar legal um ato originariamente ilegal. O termo "erro"[65] seria tomado, assim, em sentido amplo, como sinônimo de "vício de vontade", equiparado ao "dolo" e à "coação". Ainda mais tratando-se de uma construção imobiliária, pois, se cada condômino, em vez de efetuar o pagamento, consignar o valor correspondente, com certeza sua moradia não ficará pronta!

De todo modo, pelas razões expostas, recomenda-se aos compradores que, havendo dúvida a respeito da legalidade de uma cobrança, procurem um advogado especializado na matéria, para decidir pela propositura ou não de consignação em pagamento.

Outrossim, é interessante ter em mente as seguintes orientações jurisprudenciais do STJ, no tocante a financiamento bancário:

> "Súmula nº 295. A Taxa Referencial (TR) é indexador válido para contratos posteriores à Lei nº 8.177/91, desde que pactuada."
>
> "Súmula nº 287. A Taxa Básica Financeira (TBF) não pode ser utilizada como indexador de correção monetária nos contratos bancários."
>
> "Súmula nº 286. A renegociação de contrato bancário ou a confissão da dívida não impede a possibilidade de discussão sobre eventuais ilegalidades dos contratos anteriores."
>
> "Súmula nº 176. É nula a cláusula contratual que sujeita o devedor à taxa de juros divulgada pela ANBID/CETIP."
>
> "Súmula nº 30. A comissão de permanência e a correção monetária são inacumuláveis."

12.10 PERDA DAS PARCELAS PAGAS

Nossa tradição jurídica sempre considerou lícita a instituição, em contratos, de penalidades[66] ao contratante que descumprir suas obrigações. O art. 418 do Código

---

condiciona-se à prova da existência de erro, não caracterizando o ilícito civil em havendo anuência à cobrança indevida" (TAMG, Ap. Cív. 52.588-6 – *apud* Darcy Arruda Miranda Júnior, Darcy Arruda Miranda e Alfredo Luiz Kugelmas, *Código civil nos tribunais*, Jurídica Brasileira, p. 5345). No caso em testilha, o casal Almeida nem de longe fez prova de erro ensejador do pagamento dos R$ 19.924,93. Poderia fazê-lo, já que em audiência de conciliação indaguei dos litigantes sobre os elementos de convicção que pretendiam produzir (fls. 149)" (Ação Ordinária nº 1.032/96, 11a Vara Cível da Comarca de São Paulo/Central. Sentença de 16-5-97, publ. em 22-5-1997).

[65] Dando um alcance ainda mais amplo à expressão "erro", prevista no art. 965 do Código Civil: STJ, REsp 59.292/SP, Quarta Turma, Rel. Min. Barros Monteiro, j. em 10-8-1999, *DJ* de 25-10-1999.

[66] O Código Civil em vigor, nos arts. 408 a 416, disciplina a matéria, sob capítulo "Da Cláusula Penal". No Código Civil revogado, a matéria estava nos arts. 916 a 927.

Civil estipula expressamente a perda dos valores inicialmente pagos ("sinal")[67] dado pelo contratante que vier a faltar com as obrigações assumidas.

Essa é regra geral do Direito Civil, aplicável a contrato celebrados entre particulares. E no que se refere a contratos celebrados com incorporadoras imobiliárias?

No passado, era bastante comum, em *contratos de compromisso de compra e venda*, a existência de estipulação determinando perda das parcelas já pagas, na hipótese de o comprador não ser capaz de continuar pagando as prestações. O comprador estaria inadimplente e perderia tudo que pagou para a incorporadora em razão da legislação civil e de cláusulas contratuais.

Quanto a isso, o Código de Defesa do Consumidor (CDC) dispõe no art. 53:

> "Art. 53. Nos contratos de compra e venda[68] de móveis ou imóveis mediante pagamento em prestações, bem como nas alienações fiduciárias em garantia, consideram-se nulas de pleno direito as cláusulas que estabeleçam a perda total das prestações pagas em benefício do credor que, em razão do inadimplemento, pleitear a resolução do contrato e a retomada do produto alienado."

Vamos frisar: o CDC não se aplica a quaisquer contratos, mas apenas aos celebrados por "pessoa física ou jurídica que adquire ou utiliza produto ou serviço como destinatário final" (consumidor) com "pessoa física ou jurídica, pública ou privada, nacional ou estrangeira, bem como os entes despersonalizados, que desenvolvem atividade de produção, montagem, criação, construção, transformação, importação, exportação, distribuição ou comercialização de produtos ou prestação de serviços" (fornecedor).

Portanto, o CDC se aplica a contratos entre comprador (consumidor) e incorporadora (fornecedor). Há, porém, uma triste exceção que tratamos na seção 9.10, decorrente de entendimento do STJ.

A partir do advento do CDC, a questão da perda das parcelas pagas passou a ser tratada de forma diferente. Vimos na seção 9.10 como tem sido a interpretação da legislação no tocante ao direito do comprador de desfazer o negócio e receber de volta

---

67 "Art. 418. Se a parte que deu as arras não executar o contrato, poderá a outra tê-lo por desfeito, retendo-as; se a inexecução for de quem recebeu as arras, poderá quem as deu haver o contrato por desfeito, e exigir sua devolução mais o equivalente, com atualização monetária segundo índices oficiais regularmente estabelecidos, juros e honorários de advogado."

Observe-se que *arras* e *sinal* são termos sinônimos, definidos por Silvio Rodrigues como sendo "a importância em dinheiro ou a coisa dada por um contraente ao outro, por ocasião da conclusão do contrato, com o escopo de firmar a presunção de acordo final e tornar obrigatório o ajuste; ou ainda, excepcionalmente, com o propósito de assegurar, para cada um dos contratantes, o direito de arrependimento".

68 O dispositivo em tela "Por identidade de razão, aplica-se aos compromissos de compra e venda e às cessões de compromissos de compra e venda", como bem assinalou Theotônio Negrão na nota de rodapé respectiva, constante do seu *Código civil e legislação civil em vigor.* 12. ed. São Paulo: Malheiros, p. 388.

valores pagos. Não vamos confundir, porém, eventual direito do comprador de desfazer o contrato com a hipótese em que ele deixa de cumprir as obrigações contratuais: são hipóteses jurídicas distintas (embora tratadas de forma idêntica pelo art. 53 do CDC), com consequências também distintas. Vide especialmente as seções 9.12 e 12.11.

Em contratos celebrados entre particulares nos quais o CDC não se aplica, é razoável sustentar que pode ser perdido todo o valor a título de sinal por parte do comprador que desistiu do contrato. Há, nessa acepção, jurisprudência no sentido de que é válida a cláusula que prevê a perda da totalidade dos valores pagos por parte do adquirente que optou por desistir do negócio ou não cumpriu as obrigações contratuais.[69]

Vide seções 8.1, 9.10 e 9.11 para mais informações a respeito da possibilidade de desfazimento ou não dos compromissos de compra e venda celebrados entre particulares (Direito Civil) e entre particulares e incorporadora (Direito Civil e Direito do Consumidor).

12.11 MULTA INCIDENTE SOBRE OS PAGAMENTOS EM ATRASO

Quanto à previsão de multa de mora em decorrência do atraso no pagamento de alguma parcela, o Código de Defesa do Consumidor (CDC) expressamente havia determinado que essa multa não poderia ser superior a dez por cento do valor da prestação:

> "Art. 52. No fornecimento de produtos ou serviços que envolva outorga de crédito ou concessão de financiamento ao consumidor (...).
>
> (...)
>
> § 1º As multas de mora decorrentes do inadimplemento de obrigação no seu termo não poderão ser superiores a dez por cento do valor da prestação."

Contudo, o CDC foi alterado pela Lei nº 9.298/96, passando o § 1º a figurar com a seguinte redação:

> "§ 1º As multas de mora decorrentes do inadimplemento de obrigação no seu termo não poderão ser superiores a dois por cento do valor da prestação." (original sem destaques)

Para os contratos anteriores à Lei nº 9.298/96, vale o dispositivo original do Código de Defesa do Consumidor.[70] Para os contratos posteriores à Lei nº 9.298/96, porém, vale a nova redação: a multa só pode ser de no máximo 2%.

---

69 STJ, REsp 1.723.690-DF, Terceira Turma, Rel. Min. Ricardo Villas Bôas Cueva, j. em 6-8-2019.

70 STJ, REsp 448.222/MT, Quarta Turma, Rel. Min. Aldir Passarinho Junior, j. em 7-11-2002, *DJ* de 17-2-2003.

STJ, AGRESP 246.533/GO, Terceira turma, Rel. Min. Castro Filho, j. em 3-12-2001, *DJ* de 18-2-2002.

STJ, REsp 248.155/SP, Quarta Turma, Rel. Min. Sálvio de Figueiredo Teixeira, j. em 23-5-2000, *DJ* de 7-8-2000.

TJDF, Apelação Cível 2001015005905, 4ª Turma Cível, Rel. Vera Andrighi, Rel. Designado: Sérgio Bittencourt, j. em 9-5-2002, *DJU* 26-2-2003.

Por tais razões, parece razoável sustentar que a previsão existente em alguns contratos, ao estabelecerem que na hipótese de o comprador deixar de pagar alguma das parcelas na data devida ocorrerá o vencimento antecipado de todas as parcelas restantes, com a incidência de multa de 2% ou mais sobre todas elas, é manifestamente abusiva, pois o valor da multa seria de muito mais do que 2% sobre apenas a parcela vencida que se deixou de pagar.

Lembramos, finalmente, que nas hipóteses em que o Código do Consumidor não se aplica, continuam plenamente válidas as normas do Código Civil relativas a multa e perda de parcelas pagas.

12.12 O COMPRADOR ESTÁ INADIMPLENTE: A EXECUÇÃO JUDICIAL E A EXECUÇÃO EXTRAJUDICIAL DA HIPOTECA

Uma vez inadimplente, o mutuário de financiamento imobiliário com garantia hipotecária ou alienado fiduciariamente sofrerá a execução para pagamento da dívida, mediante venda judicial ou extrajudicial do imóvel.[71]

Assim, por meio da execução hipotecária, o imóvel de propriedade do comprador poderá ser vendido mediante oferta pública (leilão) a terceiros, para que seja a dívida satisfeita com o dinheiro obtido na venda. O comprador, portanto, perderá a propriedade do imóvel. Caso o imóvel seja vendido por valor superior ao valor do débito e das despesas processuais, o mutuário terá direito à diferença.

No que se refere à execução extrajudicial de imóveis alienados fiduciariamente, vide seção 1.9.

No que se refere a contratos regidos pelo Sistema Financeiro da Habitação (SFH), diz a Lei nº 5.741, de 1º-12-1971:

---

[71] "(...) 1. Controvérsia acerca do direito do comprador de imóvel (lote), adquirido mediante compra e venda com pacto adjeto de alienação fiduciária em garantia, pedir a resolução do contrato com devolução dos valores pagos, não por fato imputável à vendedora, mas, em face da insuportabilidade das prestações a que se obrigou. 2. A efetividade da alienação fiduciária de bens imóveis decorre da contundência dimanada da propriedade resolúvel em benefício do credor com a possibilidade de realização extrajudicial do seu crédito. 3. O inadimplemento, referido pelas disposições dos arts. 26 e 27 da Lei 9.514/97, não pode ser interpretado restritivamente à mera não realização do pagamento no tempo, modo e lugar convencionados (mora), devendo ser entendido, também, como o comportamento contrário à manutenção do contrato ou ao direito do credor fiduciário. 4. O pedido de resolução do contrato de compra e venda com pacto de alienação fiduciária em garantia por desinteresse do adquirente, mesmo que ainda não tenha havido mora no pagamento das prestações, configura quebra antecipada do contrato ('antecipatory breach'), decorrendo daí a possibilidade de aplicação do disposto nos [arts.] 26 e 27 da Lei 9.514/97 para a satisfação da dívida garantida fiduciariamente e devolução do que sobejar ao adquirente. (...)" (STJ, REsp nº 1.867.209/SP, Terceira Turma, Rel. Min. Paulo de Tarso Sanseverino, j. em 8-9-2020).

> "Art. 1º Para a cobrança de crédito hipotecário vinculado ao Sistema Financeiro da Habitação, criado pela Lei nº 4.380, de 21 de agosto de 1964, é lícito ao credor promover a execução de que tratam os arts. 31 e 32 do Decreto-lei nº 70, de 21 de novembro de 1966, ou ajuizar a ação executiva na forma da presente lei."

A execução da Lei nº 5.741/71 é judicial; já a execução que estava prevista no Decreto-lei nº 70/66 é extrajudicial. Ambas, porém, são feitas inicialmente mediante oferta pública, à qual os licitantes farão propostas.

A parte do Decreto-lei nº 70/66 que tratava do procedimento de execução (extrajudicial) foi revogada e passou a ser regida pelos arts. 9º e 10 da Lei nº 14.711, de 30-10-2023.

Uma diferença que existia era a previsão legislativa no tocante à responsabilidade pela existência de saldo devedor, caso o imóvel fosse vendido ou adjudicado por valor inferior ao da dívida.

Assim dispõe o art. 7º da Lei nº 5.741/71:

> "Art. 7º Não havendo licitante na praça pública, o juiz adjudicará, dentro de quarenta e oito horas, ao exequente o imóvel hipotecado, ficando exonerado o executado da obrigação de pagar o restante da dívida."

Dispõe de forma semelhante o art. 9º, § 10, da Lei nº 14.711/2023:

> "Art. 9º (...) § 10. Nas operações de financiamento para a aquisição ou a construção de imóvel residencial do devedor, excetuadas aquelas compreendidas no sistema de consórcio, caso não seja suficiente o produto da excussão da garantia hipotecária para o pagamento da totalidade da dívida e das demais despesas previstas no § 7º deste artigo, o devedor ficará exonerado da responsabilidade pelo saldo remanescente, hipótese em que não se aplica o disposto no art. 1.430 da Lei nº 10.406, de 10 de janeiro de 2002 (Código Civil)."

Como se pode observar, tanto de acordo com a regra estabelecida pela Lei nº 5.741/71,[72] quanto pela regra do art. 9º, § 10, da Lei nº 14.711/2023, depois de vendido judicialmente o imóvel para pagamento do débito ou sendo o imóvel adjudicado ao credor, o mutuário perde o imóvel, mas não ficará devendo mais nada ao banco, ainda que o valor do imóvel seja inferior ao da dívida.[73]

---

72 STJ, Quarta Turma, AgInt no AREsp 1.812.526/PR, Rel. Min. Raul Araújo, j. em 28-8-2023.

73 Situação distinta previa o art. 32, § 2º, do Decreto-lei nº 70/66, no sentido de que seria possível "cobrar do devedor, por via executiva, o valor remanescente de seu crédito, sem nenhum direito de retenção ou indenização sobre o imóvel alienado". A despeito disso, embora tanto o Decreto-lei nº 70/66 quanto a Lei nº 5.741/71 fossem leis *processuais*, que estabeleciam procedimentos (formas) executivos distintos, elas também continham dispositivos de direito material, no tocante à responsabilidade pelo saldo remanescente após a venda do imóvel (art. 32, § 2º, e art. 7º, respectivamente). Era razoável entender que o art. 32, § 2º, do Decreto-lei nº

Como muito bem nos ensina nosso amigo Carlos Eduardo Elias de Oliveira:

> "(...) frustrado o segundo leilão, surgem duas opções ao credor:
>
> A primeira opção é, abatendo o valor do referencial mínimo (valor de avaliação ou do ITBI), apropriar-se do imóvel em pagamento da dívida, situação em que, por meio de ato de registro em sentido estrito na matrícula, constará a transmissão de domínio e os leilões negativos em ato único, mediante a apresentação de requerimento de adjudicação ao Registro de Imóveis, acompanhado de auto negativo dos leilões.
>
> A segunda opção é a venda direta do bem, em até 180 dias do último leilão, por valor não inferior ao referencial mínimo, dispensando as formalidades do leilão. Nesse caso, como forma de viabilizar a alienação, o credor hipotecário fica investido de mandato legal e irrevogável para representar o devedor, com poderes para transmitir domínio, direito, posse e ação, manifestar a responsabilidade do alienante pela evicção e imitir o adquirente na posse.
>
> (...)
>
> Como desvantagem da opção pela excussão extrajudicial, nos financiamentos para aquisição ou construção de imóvel residencial, caso não seja suficiente o produto da excussão, o devedor não responderá pelo saldo remanescente da dívida. Nos demais casos e no sistema de consórcios, o devedor responderá pelo saldo remanescente, por força do art. 1.430 do Código Civil."[74]

Trata-se de regra distinta da hipótese de alienação fiduciária, a teor do seguinte dispositivo da Lei nº 9.514, de 20-11-1997:

> "Art. 27 (...) § 5º-A. Se o produto do leilão não for suficiente para o pagamento integral do montante da dívida, das despesas e dos encargos de que trata o § 3º deste artigo, o devedor continuará obrigado pelo pagamento do saldo remanescente, que poderá ser cobrado por meio de ação de execução e, se for o caso, excussão das demais garantias da dívida, ressalvada a hipótese de extinção do saldo devedor remanescente prevista no § 4º do art. 26-A desta Lei. (...)."

70/66 teria sido revogado pelo art. 7º da Lei nº 5.741/71, pois esses dispositivos são de direito material. Assim, dentro dessa visão, existiu revogação tácita da norma mais antiga pela norma mais recente, em razão de disposição divergente a tratar especificamente da mesma matéria. A jurisprudência caminhava no sentido de que o mutuário que perdeu o imóvel não deveria pagar o saldo residual, a despeito do § 2º do art. 32 do Decreto-lei nº 70/66. A título de exemplo: STJ, REsp 906.095/PR, Primeira Turma, Rel. Min. Denise Arruda, j. em 18-3-2008.

74 Disponível em: https://www.migalhas.com.br/coluna/registralhas/398470/execucao-extrajudicial-da-hipoteca-e-o-papel-dos-registradores. Acesso em: 2 jan. 2025.

Já houve discussão judicial quanto à constitucionalidade da execução hipotecária extrajudicial,[75] e o STF decidiu apreciar o tema em recurso com repercussão geral (Tema 249).[76]

A tese fixada foi no sentido de que "É constitucional, pois foi devidamente recepcionado pela Constituição Federal de 1988, o procedimento de execução extrajudicial, previsto no Decreto-lei nº 70/66".[77]

Isso não significa que o comprador está indefeso: vide seção 3.14 para um panorama das possíveis medidas que o comprador poderá tomar para se defender da execução extrajudicial.

12.13 PORTABILIDADE DA DÍVIDA IMOBILIÁRIA

Um importante direito do comprador (mutuário) com débito em face de instituição financeira no âmbito do financiamento imobiliário consiste na *portabilidade* desse débito para outra instituição financeira. Desse modo, há casos (ex.: queda nas taxas de juros de mercado) em que será vantajoso para o mutuário, por meio de outra instituição financeira, efetuar novo contrato para "refinanciar" em termos mais benéficos o seu débito. Isso é chamado de *portabilidade*.

A questão é tratada na Resolução CMN nº 5.057, de 15-12-2022,[78] alterada pela Resolução CMN nº 5.112 de 21-12-2023. Essas normas não dizem respeito apenas a financiamento imobiliário, mas vamos tratá-las sob essa perspectiva, pois esse é o objeto deste livro.

Desde o advento da Resolução CMN nº 4.762/2019 (já revogada), passou a ser possível inclusive a mudança da modalidade de financiamento. Isso é particularmente interessante para a mudança do SFI para SFH, uma vez que as taxas de juros do SFI costumam ser maiores que as do SFH.

Dispõe a Resolução CMN nº 5.057/2022:

> "Art. 12. A operação de crédito imobiliário do Sistema Financeiro da Habitação (SFH) que vier a ser objeto de portabilidade permanecerá nessa condição, inclusive para fins de verificação do atendimento da exigibilidade de aplicação dos recursos captados

---

75 Nesse sentido: STF, AI-AgR 600.257, Primeira Turma, Rel. Min. Ricardo Lewandowski, j. em 27-11-2007, *DJ* 19-12-2007; STJ, REsp 586.468, 1ª Turma, Rel. Min. Teori Albino Zavascki, j. em 4-12-2003, *DJ* 19-12-2003.
Em sentido contrário (posição superada na jurisprudência): TRF-4ª Região, AgIn 95.04.42174-1-PR, Quinta Turma, Rel. Min. Juiz Amir José Inocchiaro Sarti, j. em 27-6-1996, *DJU* 7-8-1996. *RT* 735/438.

76 RG-AI 771.770; RE 627.106.

77 STF, RE nº 627.106/PR, Rel. Min. Dias Toffoli, j. em 7-4-2021.

78 Essa norma revogou a Resolução CMN nº 4.292, de 20-12-2013, que havia sido alterada pela Resolução CMN nº 4.762, de 27-11-2019.

em depósitos de poupança, devendo observar as disposições legais e regulamentares relativas ao SFH, exceto o limite máximo do valor de avaliação do imóvel.

Parágrafo único. As demais operações de crédito imobiliário objeto da portabilidade podem ser reenquadradas no SFH, desde que observem os critérios de concessão e as condições gerais e específicas estabelecidos na regulamentação e na legislação desse sistema."

O mutuário deve se dirigir a outra instituição financeira, que não aquela perante a qual mantém o financiamento original, para verificar as novas condições e cláusulas contratuais. É na nova instituição financeira ("instituição proponente") que o procedimento de portabilidade será efetuado. A instituição financeira que havia concedido o financiamento anterior ("instituição financeira original") é obrigada a aceitar a portabilidade.

Assim, é interessante para o mutuário observar o movimento das taxas de juros, bem como eventual aumento do limite de valor para financiamentos pelo SFH, e solicitar a portabilidade do seu financiamento quando as condições forem favoráveis. Obviamente devem ser observadas as regras da portabilidade (atualmente, Resolução CMN nº 5.057/2022, alterada pela Resolução CMN nº 5.112/2023).

É possível a utilização do Fundo de Garantia por Tempo de Serviço (FGTS) para pagamento de financiamento imobiliário, observadas certas condições, no âmbito do SFH.

Além disso, no dia 11-5-2021, o Conselho Curador do FGTS aprovou a possibilidade de utilização do FGTS também para financiamentos habitacionais fora do âmbito do SFH.[79] Há também possibilidade de usar o FGTS para dívida no âmbito de consórcio imobiliário, caso o devedor já tenha sido contemplado e esteja na posse do imóvel.

Essas questões estão previstas na Resolução CCFGTS nº 994, de 11-5-2021, alterada pela Resolução CCFGTS nº 1.032, de 19-4-2022, e pela Resolução CCFGTS n. 1.057, de 13-12-2022.

---

[79] Voto nº 03/2021/Consif, aprovado na 179ª Reunião Ordinária do Conselho Curador do FGTS. Vide: https://www.caixa.gov.br/Downloads/fgts-atas-conselho-curador/Pauta_179_ROCCFGTS_11_05_2021.pdf, https://valor.globo.com/brasil/noticia/2021/05/11/conselho-do-fgts-permite-usar-saldo-para-quitar-casa-fora-do-sfh.ghtml.

13

O COMPRADOR É ESTRANGEIRO

No tocante a imóveis *urbanos,* a regra geral é que não há restrição à aquisição da propriedade por estrangeiro, seja ele residente ou não residente no Brasil. A exceção é a aquisição de imóvel da União, nas hipóteses dos arts. 100 e 205 do Decreto-lei nº 9.760, de 15-9-46, nas quais é exigida dos estrangeiros a autorização do Presidente da República.[1]

---

[1] Diz o Decreto-lei nº 9.760/46:

"Art. 100. A aplicação do regime de aforamento a terras da União, quando autorizada na forma dêste Decreto-lei, compete ao S. P. U., sujeita, porém, a prévia audiência: a) dos Ministérios da Guerra, por intermédio dos Comandos das Regiões Militares; da Marinha, por intermédio das Capitanias dos Portos; da Aeronáutica, por intermédio dos Comandos das Zonas Aéreas, quando se tratar de terrenos situados dentro da faixa de fronteiras, da faixa de 100 (cem) metros ao longo da costa marítima ou de uma circunferência de 1.320 (mil trezentos e vinte) metros de raio em tôrno das fortificações e estabelecimentos militares; b) do Ministério da Agricultura, por intermédio dos seus órgãos locais interessados, quando se tratar de terras suscetíveis de aproveitamento agrícola ou pastoril; c) do Ministério da Viação e Obras Públicas, por intermédio de seus órgãos próprios locais, quando se tratar de terrenos situados nas proximidades de obras portuárias, ferroviárias, rodoviárias, de saneamento ou de irrigação; d) das Prefeituras Municipais, quando se tratar de terreno situado em zona que esteja sendo urbanizada. (...)."

"Art. 205. A pessoa estrangeira, física ou jurídica, não serão alienadas, concedidos ou transferidos imóveis da União situados nas zonas de que trata a letra *a* do art. 100, exceto se houver autorização do Presidente da República. § 1º Fica dispensada a autorização quando se tratar de unidade autônoma de condomínios, regulados pela Lei nº 4.591, de 16 de dezembro de 1964, desde que o imóvel esteja situado em zona urbana, e as frações ideais pretendidas, em seu conjunto, não ultrapassem 1/3 (um terço) de sua área total. § 2º A competência prevista neste artigo poderá ser delegada ao Ministro de Estado do Planejamento, Orçamento e Gestão, permitida a subdelegação ao Secretário do Patrimônio da União do Ministério do Planejamento, Orçamento e Gestão. § 3º Exclusivamente para pessoas físicas, fica dispensada a autorização quando se tratar de transferência de titularidade de terrenos de até mil metros quadrados, situados dentro da faixa de cem metros ao longo da costa marítima. § 4º A dispensa de que trata o § 3º deste artigo

Portanto, fora da hipótese acima mencionada, é totalmente livre a aquisição da propriedade *urbana* no Brasil, seja a que título for (compra, doação, herança etc.). Livre também é a utilização dessa propriedade, com as mesmas limitações a que estão os brasileiros sujeitos, assim como a aquisição dos frutos dessa propriedade não sofre limitação.

A utilização direta da propriedade pelo estrangeiro está sujeita, porém, à permissão de entrada no território nacional pelas autoridades consulares e de fronteiras. Em sentido semelhante ao que dispunha o art. 6º da Lei nº 6.815, de 19-8-1980, o art. 35 da Lei nº 13.445, de 24-5-2017, estabelece que "A posse ou a propriedade de bem no Brasil não confere o direito de obter visto ou autorização de residência em território nacional, sem prejuízo do disposto sobre visto para realização de investimento". Pessoas físicas residentes no exterior que sejam proprietárias ou possuam imóveis no Brasil devem, obrigatoriamente, ter inscrição no Cadastro de Pessoas Físicas (CPF), a teor do art. 3º, II, *a* e *d*, da Instrução Normativa RFB nº 1.548, de 13-2-2015.[2]

No tocante à propriedade *rural*, pode a lei estabelecer limitações. É o que dispõe o art. 190 da Constituição Federal:

> "Art. 190. A lei regulará e limitará a aquisição ou o arrendamento de propriedade rural por pessoa física ou jurídica estrangeira e estabelecerá os casos que dependerão de autorização do Congresso Nacional."

Como se pode notar, tanto os estrangeiros pessoas físicas, como as pessoas jurídicas constituídas no estrangeiro, com ou sem autorização para funcionarem no Brasil, poderão sofrer limitações por parte da lei no tocante à aquisição da propriedade rural.

Como a lei trata essa matéria?

É preciso diferenciar, inicialmente, o estrangeiro residente do estrangeiro não residente no Brasil. Considera-se estrangeiro residente no Brasil, para efeito de aquisição imobiliária rural, o estrangeiro com residência definitiva.

---

aplica-se, também, aos processos de transferência protocolados na Secretaria do Patrimônio da União (SPU) até 22 de dezembro de 2016."

Houve delegação do Presidente da República para a prática desse ato por parte do Ministro do Planejamento, a teor do art. 1º do Decreto nº 3.125, de 29-7-99. Com a reforma ministerial efetuada no Governo Bolsonaro, o Decreto nº 9.771, de 22-4-2019, concedeu competência ao Ministro de Estado da Economia para "autorizar a alienação, a concessão ou a transferência, a pessoa física ou jurídica estrangeira, de imóveis da União situados nas zonas indicadas na alínea 'a' do *caput* do art. 100 do Decreto-lei nº 9.760, de 5 de setembro de 1946, ouvidos os órgãos competentes, permitida a subdelegação ao Secretário de Coordenação e Governança do Patrimônio da União da Secretaria Especial de Desestatização e Desinvestimento do Ministério da Economia".

[2] A norma tributária usa o vocábulo "possuírem". Há erro técnico, pois em direito civil "posse" e "propriedade" têm significados distintos. O alcance da norma não se limita à posse, abrangendo também a propriedade, até porque o que se sujeita a registro no cartório imobiliário é a propriedade e não a posse (embora a posse deva ser registrada no Cadastro Ambiental Rural, como vimos na Seção 1.13).

De acordo com o art. 1º do Ato Complementar nº 45, de 30-1-1969, norma com força de lei editada durante o período do regime militar, que ainda está em vigor, é vedada ao estrangeiro sem residência no Brasil a aquisição de propriedade rural. Essa vedação abrange a pessoa jurídica estrangeira, se ela não tiver autorização para funcionar no Brasil. A única exceção é o caso de herança atribuída a herdeiro legítimo. Nesse caso, se o imóvel estiver situado em área considerada indispensável à segurança nacional, será necessária autorização do Conselho de Defesa Nacional. Portanto, qualquer que seja o tamanho da área rural, o estrangeiro sem residência no Brasil somente poderá ser proprietário de imóvel rural no Brasil se for herdeiro legítimo de pessoa proprietária de imóvel rural no Brasil.

Já o estrangeiro com residência no Brasil, bem como a pessoa jurídica estrangeira autorizada a funcionar no Brasil,[3] poderá adquirir imóvel no Brasil por meio de compra e venda, com as limitações previstas na Lei nº 5.709, de 7-10-1971.[4]

Além disso, há precedentes judiciais no sentido de que as limitações à aquisição de propriedades rurais atingem também os brasileiros casados com estrangeiros, caso o regime de bens importe aquisição da propriedade por parte do cônjuge estrangeiro,[5] sendo necessária a prova da residência no território nacional até mesmo para aquisições de terra de tamanho inferior a 3 (três) módulos rurais.[6]

Vejamos, inicialmente, as restrições aplicáveis às pessoas físicas e jurídicas:

- necessidade de autorização do Incra para aquisição de gleba de terra com área não inferior a 3 (três) módulos de exploração indefinida ou para a aquisição de mais de um imóvel por pessoa física (art. 7º, §§ 2º e 3º, do Decreto nº 74.965, de 26-11-1974, que regulamenta o art. 3º, § 2º, da Lei nº 5.709/71);
- impossibilidade de aquisição de gleba de terra superior a 50 (cinquenta) módulos de exploração indefinida (art. 3º, *caput*, da Lei nº 5.709/71), salvo mediante autorização do Presidente da República;
- a soma das áreas rurais pertencentes a pessoas estrangeiras, físicas ou jurídicas, não poderá ultrapassar um quarto da superfície dos Municípios onde se situem, com-

---

[3] A respeito da definição do que seja pessoa jurídica estrangeira e do seu regime jurídico, vide: SILVA, Bruno Mattos e. *Direito de empresa*: teoria da empresa e direito societário. São Paulo: Atlas, 2007. p. 298-304.

[4] TRF-4ª Região, Apelação Cível 2000.04.01.103558-4/SC, 4ª Turma, Rel. Philippe Marie Andre Jaques Didillon, j. em 7-11-2000.

[5] STJ, RMS 5.831/SP, 1ª Turma, Rel. Min. José Delgado, j. em 27-2-1997, *DJ* de 22-4-1997.
"Registro de imóveis – Dúvida julgada procedente – Aquisição de imóveis rurais por brasileira casada com estrangeiro pelo regime da comunhão de bens – Imóveis com áreas superiores a três módulos de exploração indefinida – Necessidade de autorização do INCRA – Recurso não provido" (CSM-SP, Apelação Cível 415-6, Rel. Des. José Mário Antonio Cardinale, j. em 13-10-2005).

[6] "A esposa do adquirente é estrangeira e reside na Inglaterra (...) Mesmo a aquisição de imóvel com área inferior aos 3 módulos previstos na legislação especial exige a comprovação de residência no país" (CSM-SP, Apelação Cível 99.592-0/0, Rel. Des. Luiz Tâmbara, j. em 10-4-2003).

provada por certidão do Registro de Imóveis, e pessoas de mesma nacionalidade não poderão ser proprietárias, em cada Município, de mais de 40% (quarenta por cento) desse limite, excluídas as glebas de terras inferiores a 3 (três) módulos rurais e outros casos específicos, nos termos do art. 5º do Decreto nº 74.965/74;

- necessidade de aprovação do Conselho de Defesa Nacional para aquisição de propriedade ou de posse de imóvel na Faixa de Fronteira, ou mesmo para participação, a qualquer título, de estrangeiro, pessoa natural ou jurídica, em pessoa jurídica que seja titular de direito real sobre imóvel rural (art. 2º, da Lei nº 6.634, de 2-5-1979).

O módulo de exploração indefinida é uma medida que varia em cada município, a depender de critérios econômicos, demográficos, entre outros, de acordo com normas do INCRA.

A faixa de fronteira, a teor do disposto no art. 1º da Lei nº 6.634/79, é "a faixa interna de 150 km (cento e cinquenta quilômetros) de largura, paralela à linha divisória terrestre do território nacional". No que se refere à regularização de imóveis na "faixa de fronteira", vide, no Capítulo II, a seção *O que a certidão do imóvel não vai mostrar*.

As pessoas jurídicas sofrem as descritas limitações aplicáveis às pessoas físicas, além de estarem submetidas às regras previstas no art. 11 do Decreto nº 74.965/74, cujo teor é o seguinte:

> "Art. 11. A pessoa jurídica estrangeira, autorizada a funcionar no Brasil, ou a pessoa jurídica brasileira, na hipótese do art. 1º, § 1º, só poderão adquirir imóveis rurais quando estes se destinem à implantação de projetos agrícolas pecuários, industriais, ou de colonização vinculados aos seus objetivos estatutários.
>
> § 1º A aquisição dependerá da aprovação dos projetos pelo Ministério da Agricultura, ouvido o órgão federal competente.
>
> § 2º São competentes para apreciar os projetos:
>
> a) o INCRA, para os de colonização;
>
> b) a SUDAM e a SUDENE, para os agrícolas e pecuários situados nas respectivas áreas;
>
> c) o Ministério da Indústria e do Comércio, para os industriais e turísticos, por intermédio do Conselho do Desenvolvimento Industrial e da Empresa Brasileira de Turismo, respectivamente."

O § 1º do art. 1º da Lei nº 5.709/71 estabeleceu que as limitações aplicáveis à pessoa jurídica estrangeira também se aplicam à pessoa jurídica brasileira da qual participem pessoas estrangeiras físicas ou jurídicas que tenham a maioria do seu capital social e residam ou tenham sede no exterior.

De antemão, vamos frisar que essa questão está pendente de julgamento no STF, como veremos adiante. Isso é muito importante.

Durante algum tempo, prevaleceu o entendimento no sentido de que esse dispositivo não teria sido recepcionado pela Constituição Federal de 1988, que ao constitucionalizar a questão, revogou a norma infraconstitucional que restringia a aquisição de imóvel rural por pessoa jurídica brasileira, ainda que controlada por estrangeiros.[7]

Assim, durante algum tempo, a posição do Governo Federal foi no sentido de que não se aplicaria qualquer restrição à aquisição de imóvel rural por pessoa jurídica brasileira controlada por estrangeiros. Essa orientação vinculava todos os órgãos do Poder Executivo Federal, pois o Parecer da Advocacia Geral da União AGU/LA nº 01, de 1997, que concluíra pela revogação do art. 1º, § 1º, da Lei nº 5.709/71, foi aprovado pelo então Presidente da República, Fernando Henrique Cardoso (Parecer GQ nº 181/98).[8]

Em decorrência desse entendimento, foram criadas inúmeras pessoas jurídicas, controladas por estrangeiros, que adquiriram terras rurais no Brasil.

A situação era, no mínimo, curiosa: o estrangeiro pessoa física com residência no Brasil sofria as limitações da Lei nº 5.709/71; já o estrangeiro pessoa física ou jurídica, sem residência ou autorização para funcionar no território nacional, poderia criar pessoa jurídica no Brasil, de acordo com as leis brasileiras,[9] que não sofreria as limitações da Lei nº 5.709/71.

---

7 "(...) Estabelecido, na própria Constituição, o conceito de empresa brasileira, qualquer restrição às empresas que preencham os requisitos nela referidos somente poderão existir nos casos expressamente previstos na mesma Constituição. Da análise do art. 171 da Constituição resulta a convicção de que ela não deixou margem ao legislador infraconstitucional para estabelecer restrições à empresa brasileira. O que se verifica, dos §§ 1º e 2º do mesmo artigo, é que se estabelecem vantagens para a empresa brasileira de capital nacional, sem qualquer referência, porém, a restrições à empresa brasileira. 19. Por outro lado, o art. 190 da Constituição de 1988 estabelece: 'Art. 190. A lei regulará e limitará a aquisição ou o arrendamento de propriedade rural por pessoa física ou jurídica estrangeira e estabelecerá os casos que dependerão de autorização do Congresso Nacional.' 20. Verifica-se, de plano, que o que cabe à lei é regular e limitar a aquisição de propriedade rural por pessoa física ou jurídica estrangeira. Parece-me induvidoso, também, que os casos que dependerão de autorização do Congresso Nacional, a serem estabelecidos por lei, dizem respeito àquelas mesmas pessoas físicas ou jurídicas estrangeiras, e não a quaisquer outros casos. A análise comparativa entre o § 34 do art. 153 da Constituição de 69, já transcrito, e o art. 190 da atual Constituição demonstra, à saciedade, que o último é significativamente restrito em relação ao primeiro. 21. Dentro desse enfoque, parece-me indiscutível que o § 1º do art. 1º da Lei nº 5.709, de 1971, conflita com o conceito exarado no inciso I do art. 171 da Constituição Federal, não tendo sido recepcionado. Não vejo, igualmente, guarida para a sobrevivência daquele dispositivo legal no art. 190 da Constituição. Em consequência, o art. 23 da Lei nº 8.629, de 25 de fevereiro de 1993, inclusive seu § 2º, não tem aplicação a sociedades que não sejam estrangeiras, como as empresas brasileiras controladas por pessoas jurídicas estrangeiras. (...) É de concluir-se, portanto, que não cabe autorização do Congresso Nacional no caso de aquisição ou arrendamento de propriedade rural por empresa brasileira, controlada por pessoas físicas ou jurídicas estrangeiras" (Parecer nº AGU/LA-04/94, de 7 de junho de 1994).

8 Para fins de vincular toda a Administração Federal (art. 40 da Lei Complementar nº 73, de 10-2-93), o Parecer AGU/LA nº 01, de 1997, foi aprovado pelo Parecer GQ – 181, de lavra do Advogado-Geral da União, e encaminhado ao Presidente da República, que exarou o seguinte despacho: "Aprovo. Em 17.XII.98" (*Diário Oficial* de 22 de janeiro de 1999, p. 7-10).

9 A respeito da criação e administração de pessoa jurídica brasileira por estrangeiro, vide: SILVA, Bruno Mattos e. *Direito de empresa*: teoria da empresa e direito societário. São Paulo: Atlas, 2007. p. 110, 267, 300 e 301.

No Governo Lula II essa questão recebeu outro tratamento e não foi alterada.

Assim, ainda prevalece o entendimento de que a pessoa jurídica constituída no Brasil, mas que tenha participação de acionistas ou quotistas estrangeiros não residentes no Brasil, sofrerá as restrições da Lei nº 5.709/71, caso essa participação assegure a seus detentores o poder de conduzir as deliberações da assembleia geral, de eleger a maioria dos administradores.

Esse entendimento decorreu do Parecer CGU/AGU nº 01, de 3 de setembro de 2008, da lavra do Consultor-Geral da União, Dr. Ronaldo Jorge Araujo Vieira Júnior, que foi aprovado pelo Advogado-Geral da União e pelo Presidente da República em 19 de agosto de 2010 (Parecer LA-01, de 2010, *DOU* de 23-8-2010, Seção 1, p. 1).

Contudo, os atos praticados entre 7 de junho de 1994 e 22 de agosto de 2010 (período em que prevaleceu o entendimento do Parecer AGU/LA nº 01, de 1997), foram considerados juridicamente válidos nos termos da Portaria Interministerial AGU/INCRA nº 4, de 25-2-2014.

Em virtude do referido Parecer CGU/AGU nº 01, de 2008 (Parecer LA-01, de 2010), o Conselho Nacional de Justiça (CNJ) recomendou a "imediata adoção pelas Corregedorias locais ou regionais junto aos Tribunais respectivos que determinem aos Cartórios de Registro de Imóveis e Tabelionatos de Notas que façam observar rigorosamente as disposições da Lei nº 5.709 de 1971 quando se apresentarem ou tiverem de lavrar atos de aquisição de terras rurais por empresas brasileiras com participação majoritária de estrangeiros, pessoas físicas ou jurídicas".[10]

O Parecer CGU/AGU nº 01, de 2008 (Parecer LA-01, de 2010), claramente diferenciou a pessoa jurídica brasileira controlada ou com maioria do capital pertencente a estrangeiros *residentes* no Brasil da pessoa jurídica brasileira controlada ou com maioria do capital pertencente a *não residentes* no Brasil.[11] Essa diferenciação, porém,

---

[10] Pedido de Providências – Corregedoria 0002981-80.2010.2.00.0000.

[11] Consta do Parecer CGU/AGU nº 01, de 2008:
"(...) 268. Explico. Há no cenário empresarial nacional atual, adotado como filtro de análise o estabelecido na Lei nº 5.709, de 1971 e na Lei nº 8.629, de 1993, especialmente para os fins de aquisição e arrendamento de imóveis rurais, ao menos quatro espécies de pessoas jurídicas: a) pessoas jurídicas brasileiras, com brasileiros detendo a maioria do capital social; b) pessoas jurídicas brasileiras com a maioria de seu capital social detida por estrangeiros, pessoas físicas ou jurídicas, residentes ou com sede no Brasil; c) pessoas jurídicas brasileiras com a maioria do capital social detida por estrangeiros, pessoas físicas, residentes no exterior, ou jurídicas, com sede no exterior; e d) pessoas jurídicas estrangeiras autorizadas a funcionar no Brasil. 269. Supondo aprovado o novo Parecer AGU, os limites e restrições à aquisição e ao arrendamento de imóveis rurais previstos, respectivamente, na Lei nº 5.709, de 1971, e na Lei nº 8.629, de 1993, passariam a abranger, além das pessoas jurídicas estrangeiras previstas na alínea *d* do item anterior, as pessoas jurídicas brasileiras previstas na alínea *c*. 270. Trata-se, indubitavelmente, de importante contribuição da Advocacia-Geral da União para o aprimoramento das condições de controle e fiscalização do Estado brasileiro sobre a apropriação de parcelas do território por estrangeiros ou por pessoas jurídicas brasileiras controladas por estrangeiros. 271. Para que as

não foi feita na recomendação do CNJ. Ao que tudo indica, não houve, por parte do CNJ, qualquer tentativa de ser mais "rígido" do que fora o Parecer da CGU/AGU, mas um simples lapso.

Os serviços notariais e de registro são fiscalizados pelas corregedorias dos tribunais estaduais. Na prática, essas corregedorias têm forte poder normativo, exatamente porque podem impor aos tabeliães e registradores sanções e punições severas. Assim, em decorrência da decisão do CNJ, os tabeliães e os registradores de imóveis não deverão lavrar e registrar tentativas de aquisições de imóveis rurais por pessoas jurídicas brasileiras com participação majoritária de estrangeiros não residentes no Brasil.

O mais importante é o seguinte: a questão de pessoas jurídicas com sócios majoritários estrangeiros sofrer ou não as limitações da Lei nº 5.709/1971 está pendente de julgamento no STF.

A decisão será dada na ADPF nº 342 e na ACO nº 2.463.[12]

No momento do fechamento desta 16ª edição, a despeito da grande importância do tema, essas ações ainda não haviam sido julgadas.

No que se refere à pessoa jurídica brasileira com participação majoritária de estrangeiros *residentes* no Brasil, acredito que não deve haver qualquer óbice ao registro sob esse aspecto. Aliás, nesse sentido é a posição do Procurador do INCRA Luciano Dias Bicalho Camargos: "Atualmente, mesmo com o novo entendimento da AGU, se estes mesmos estrangeiros (sócios de uma pessoa jurídica) forem residentes no Brasil, não se aplicaria qualquer limitação à aquisição".[13]

O ideal seria que as normas das corregedorias dos tribunais de justiça tivessem sido expressas nesse sentido, para não pairar dúvidas.

Há precedentes judiciais afirmando que caso não atendidos os requisitos legais, a pessoa física ou jurídica não poderá adquirir o imóvel sequer por usucapião,[14] mas poderá ter direito à proteção possessória.[15]

---

restrições abranjam, também, as pessoas jurídicas previstas nas alíneas *a* e *b* do item nº 268, será necessário projeto de lei debatido e aprovado pelo Congresso Nacional e sancionado pelo Exmº Sr. Presidente da República."

12 No dia 26-4-2023, o Ministro André Mendonça chegou até a determinar a "suspensão de todos os processos judiciais, em trâmite no território nacional, que versem sobre a validade do § 1º do art. 1º da Lei nº 5.709, de 1971, até o julgamento final destas ações": ADPF nº 342 e ACO nº 2.463. Contudo, essa decisão foi derrubada pelo Plenário do STF em 5-5-2023.

13 CAMARGOS, Luciano Dias Bicalho. Aquisição de imóveis rurais por estrangeiros. *Boletim do IRIB em revista*, edição 343, São Paulo: IRIB, 2012, p. 182.

14 TRF-4ª Região, Apelação Cível 362.401, 200004011035584/SC, 4ª Turma, j. em 7-11-2000, *DJU* de 17-1-2001.

15 STJ, REsp 171.347/SP, 3ª Turma, Rel. Min. Carlos Alberto Menezes Direito, Rel. para acórdão Min. Ari Pardendler, j. em 14-3-2000, *DJ* de 12-6-2000.

É de se notar, ainda, o que estabelece a Lei nº 8.629, de 25-2-1993:

> "Art. 23. O estrangeiro residente no País e a pessoa jurídica autorizada a funcionar no Brasil só poderão arrendar imóvel rural na forma da Lei nº 5.709, de 7 de outubro de 1971.
>
> § 1º Aplicam-se ao arrendamento todos os limites, restrições e condições aplicáveis à aquisição de imóveis rurais por estrangeiro, constantes da lei referida no *caput* deste artigo.
>
> § 2º Compete ao Congresso Nacional autorizar tanto a aquisição ou o arrendamento além dos limites de área e percentual fixados na Lei nº 5.709, de 7 de outubro de 1971, como a aquisição ou arrendamento, por pessoa jurídica estrangeira, de área superior a 100 (cem) módulos de exploração indefinida."

No que se refere à concessão para exploração de florestas ("concessão florestal"), prevista nos arts. 7º a 48 da Lei nº 11.284, de 2-3-2006, também há restrição para estrangeiros: o § 1º do art. 19 da referida Lei expressamente dispõe que "Somente poderão ser habilitadas nas licitações para concessão florestal empresas ou outras pessoas jurídicas constituídas sob as leis brasileiras e que tenham sede e administração no País".

Os Cartórios de Registro de Imóveis devem manter cadastro especial em livro auxiliar das aquisições de terras rurais por pessoas estrangeiras, físicas e jurídicas, a teor do art. 15 do Decreto nº 74.965/74.

A Lei nº 5.709/71 dispõe que é nula de pleno direito a aquisição de imóvel rural que viole as prescrições legais e o tabelião que lavrar a escritura e o oficial de registro que a transcrever responderão civilmente pelos danos que causarem aos contratantes, sem prejuízo da responsabilidade criminal por prevaricação ou falsidade ideológica. Além disso, o alienante ficará obrigado a restituir ao adquirente o preço do imóvel, ou as quantias recebidas a este título, como parte do pagamento.

Contudo, toda essa situação pode ser alterada, pois existe forte pressão de setores do agronegócio para que venha a ser permitida a aquisição de imóveis rurais por parte de estrangeiros.

Evidentemente, muitas são as maneiras pelas quais as pessoas tentam burlar as normas legais. O grau de segurança jurídica varia em cada caso concreto. É certo, porém, que não há aquisição de propriedade nos casos em que há vedação legal: pode existir aquisição de algum outro direito, passível de proteção judicial, mas não de propriedade.

14

REGULARIZAÇÃO FUNDIÁRIA

A insegurança a respeito da propriedade imobiliária é um problema sério que existe no Brasil desde os tempos coloniais. A propriedade registrada em cartório imobiliário, conforme vimos nos capítulos anteriores, deveria existir para todos os imóveis. Mas não é isso o que ocorre na prática. Um dos grandes desafios da nossa sociedade nos dias de hoje é fazer com que todos os imóveis sejam devidamente registrados em cartório imobiliário para que se tenha segurança jurídica quanto a sua propriedade.

Atualmente, coexistem: (1) propriedade registrada, podendo em casos específicos existir litígio a respeito de quem é o proprietário; (2) situações de posse, que podem incidir sobre imóvel registrado ou não; (3) propriedade não registrada.

A propriedade registrada – com matrícula já aberta ou com transcrição em cartório imobiliário – é obviamente a melhor situação jurídica. Trata-se da situação legal. Os imóveis de maior valor normalmente estão nessa situação, inclusive porque a segurança jurídica é um requisito essencial ou importantíssimo para o valor do imóvel.

As situações de posse, que vimos em seções anteriores, poderão ter uma maior ou menor proteção jurídica, a depender do caso concreto. Foi o que vimos nas seções 1.14, 2.36, 8.3, 8.4, 11.6 e 12.3 deste livro.

O tema é controvertido e os problemas são históricos.

Antes mesmo do advento da Lei nº 601, de 18 de setembro de 1850 (a famosa "Lei de Terras"), houve tentativas de solução dos problemas de titulação de posse e propriedades imobiliárias (ex.: Lei das Sesmarias de 1375, que foi vigente no Brasil). A Lei nº 14.011, de 10-6-2020, tratando de imóveis da União, foi mais uma tentativa de resolver o problema da ocupação imobiliária.

Enquanto uma solução legislativa definitiva não ocorre, prevalece a prática de transferência de posses, por meio de escritura pública ou não. Foi o que vimos na seção 1.14, quando inclusive tratamos de "cadeias" de transferências de posse que podem ensejar obtenção de propriedade por meio de usucapião ou em procedimento de regularização fundiária, que veremos neste Capítulo.

Durante o Governo Bolsonaro, foi editada a Medida Provisória nº 910, de 10-12-2019, chamada por seus opositores de "MP da Grilagem". Foram feitas várias as críticas a essa MP, entre as quais a possibilidade de, na prática, ser admitida a "autodeclaração" para fins de reconhecimento de posse e regularização fundiária. Essa norma não foi convertida em lei e caducou. Em razão disso, foi apresentado e aprovado pela Câmara dos Deputados o Projeto de Lei nº 2.633, de 2020, chamado por seus opositores de "PL da Grilagem", ora em tramitação no Senado Federal.[1]

Pouco tempo antes, no Governo Temer, havia sido editada a Lei nº 13.465, de 11-7-2017,[2] justamente com procedimentos referentes à regularização fundiária rural e urbana. A constitucionalidade de alguns pontos da Lei nº 13.465/2017 está sendo julgada pelo STF na Ação Direta de Inconstitucionalidade nº 5.883.

Veremos neste Capítulo a existência de imóveis sem registro (seção 14.1) e meios pelos quais os mencionados problemas podem ser resolvidos, sempre ressaltando que a aquisição de imóvel ainda irregular não é recomendável sob o aspecto jurídico: ela pode ser um bom negócio sob o aspecto econômico, pois o preço deve ser mais baixo exatamente em razão do problema jurídico.

Como veremos nas seções 14.2 e 14.3, a regularização fundiária depende do Poder Público. Já na seção 14.4 veremos um meio em que pode o particular, mesmo na ausência de programa de regularização fundiária e sem ser obrigado a recorrer ao Judiciário, obter a propriedade do imóvel do qual é possuidor.

14.1 IMÓVEIS SEM REGISTRO

Os imóveis sem registro podem ser objeto de posse. Curiosamente, há casos em que imóveis sem registro podem ser objeto de propriedade por parte do Estado (exemplo: terras devolutas) ou mesmo de um particular.

Não tratamos nesta seção da categoria "imóveis sem registro" as seguintes situações: 1) empreendimentos imobiliários efetuados de acordo com a lei, como loteamentos ou incorporações, para os quais há registro do empreendimento. Embora possa não existir ainda matrícula aberta para cada um dos lotes ou unidades, existe registro, que é a chamada de "matrícula-mãe"; 2) certos casos de condomínio ou loteamento irregular (vide seção 11.6): caso exista registro da terra onde se situa o condomínio ou

---

1 No momento do fechamento desta 16ª edição, o Projeto de Lei nº 2.633, de 2020, estava tramitando no Senado Federal. Tendo em vista que a matéria é delicada e há outros projetos conexos, dificilmente esse projeto será apreciado no curto prazo. Uma importante característica do Senado Federal, como casa revisora, é a de ser um espaço de reflexão para evitar a tomada de decisões apressadas. Não é por acaso que a idade mínima constitucionalmente exigida para um senador é mais elevada que a de um deputado.

2 Conversão em Lei da Medida Provisória nº 759, de 22-12-2016.

loteamento, não estarão na categoria de imóveis sem registro; 3) parte menor abrangida por um imóvel maior registrado: nesse caso, exatamente porque há registro da área maior, o imóvel menor - que juridicamente faz parte do imóvel maior - não é imóvel sem registro, mas sim imóvel sem matrícula própria (que poderá ser aberta mediante o procedimento adequado, administrativo ou judicial - ex.: usucapião), exatamente porque está englobado por um imóvel registrado.

Outras situações, como o chamado "loteamento grilado", poderão se encontrar exatamente na situação ora tratada – imóvel sem registro – pois a terra onde se situa o condomínio ou loteamento poderá não ter qualquer registro em cartório. Nos casos de "loteamento grilado", a terra não pertence ao loteador, podendo haver incerteza jurídica a respeito de quem é o verdadeiro proprietário. Vide seções 1.14 e 11.6.

Como regra geral, somente é possível registro de título de aquisição de propriedade referente a imóvel registrado. Caso o registro do imóvel não exista, é necessário efetuar o registro do título anterior, referente à aquisição da pessoa que transmite a propriedade do imóvel. É o que dispõe a Lei de Registros Públicos (Lei nº 6.015/73):

> "Art. 195. Se o imóvel não estiver matriculado ou registrado em nome do outorgante, o oficial exigirá a prévia matrícula e o registro do título anterior, qualquer que seja a sua natureza, para manter a continuidade do registro."

O problema surge quando o título anterior não pode ser registrado, exatamente porque ele depende da existência do registro do título a ele anterior, que também não tem registro e não pode ser registrado, nos termos da lei anterior, porque dependia de registro prévio e assim por diante.

Para entender o problema, bem como encontrar a melhor solução, é preciso analisar como surgiu o sistema de registro imobiliário no Brasil. Afinal de contas, a propriedade imobiliária existe em decorrência de um reconhecimento por parte da ordem jurídica, que variou ao longo dos séculos de existência deste território hoje chamado de Brasil: é preciso entender como esse processo funcionou, inclusive para efeito de verificação, nos dias de hoje, da legitimidade da propriedade eventualmente pleiteada.

A questão não é impertinente: muitas vezes será preciso voltar muito no tempo para se verificar a validade dos títulos de posse ou propriedade. Isso ganha maior relevo quando se tem em mente que até o advento do Código Civil de 1916 era possível, em certos casos, usucapião de bens públicos (Súmula nº 340 do STF).

O processo de apropriação de terras no Brasil, baseado na usurpação de terras indígenas, começou antes de existir um sistema moderno de registro de propriedade. Durante largo período, a Coroa Portuguesa concedia terras pelo sistema de sesmarias (até 1822) ou por outro tipo de concessão, impondo alguns deveres ao sesmeiro ou concessionário, bem como ocorria a simples ocupação de terras por particulares, fato que continua existindo até nos dias de hoje (muitas vezes por meio de invasões ou usurpações). Os registros eram precários ou inexistentes, mesmo nos casos de sesmarias ou concessões oficiais, com incertezas e inseguranças jurídicas.

Com o advento da Lei nº 601, de 18 de setembro de 1850 (Lei de Terras), o Império tentou regular a posse de imóveis, até então baseada na ocupação, concedida ou não. O art. 4º da Lei de Terras revalidou, desde que houvesse efetiva ocupação com ao menos um início de atividade econômica, as sesmarias ou concessões que, teoricamente, teriam sido perdidas em razão do descumprimento das condições inicialmente exigidas.[3] O art. 5º legitimava as posses decorrentes de simples ocupação que, sob determinadas condições, estivessem sendo cultivadas. Os arts. 7º e 8º estabeleciam que as terras adquiridas por posses, sesmarias ou outras concessões deveriam ser demarcadas, sob pena de perda de tudo aquilo que não estivesse sendo economicamente utilizado, que passariam a constituir terras devolutas. A Lei de Terras pretendia regularizar a ocupação irregular – objetivo que não foi cumprido, como se percebe até nos dias de hoje – mediante processo de legitimação das posses, além de viabilizar a venda de terras devolutas.

O regulamento da Lei de Terras (Decreto nº 1.318, de 30-1-1854) previa o modo pelo qual seria feito o registro das terras demarcadas: mediante declaração apresentada ao vigário da paróquia onde o imóvel estivesse situado, sem que isso gerasse, por si só, qualquer direito.[4] Contudo, ainda que não concedesse a propriedade,[5] a declaração,

---

3 Antes mesmo do "descobrimento" do Brasil, a perda da propriedade de terras pelo não uso era uma constante no direito: a Lei de Sesmarias, de 1375, já previa que terras que houvessem sido concedidas a particulares, mas não fosse efetivamente cultivadas seriam expropriadas (MOTTA, Márcia. *Direito à terra no Brasil*: a gestação do conflito, 1795-1824. São Paulo: Alameda, 2009, p. 15).

4 "Art. 93. As declarações para o registro serão feitas pelos possuidores, que as escreverão, ou farão escrever por outrem em dois exemplares iguaes, assignando-os ambos, ou fazendo-os assignar pelo individuo, que os houver escripto, se os possuidores não souberem escrever. Art. 94. As declarações para o registro das terras possuidas por menores, Indios, ou quaesquer Corporações, serão feitas por seus Paes, Tutores, Curadores, Directores, ou encarregados da administração de seus bens, e terras. As declarações, de que tratão este e o Artigo antecedente, não conferem algum direito aos possuidores."

5 "A legitimação da posse, para caracterização do domínio pleno, cujo procedimento foi regulamentado pelo Decreto nº 1.318, de 30 de janeiro de 1854, requeria como condições, além da medição a que faz referência o art. 7º da Lei nº 601/1850, o cultivo ou princípio de cultivo da terra, a moradia habitual do respectivo posseiro, bem como as demais condições explicitadas no art. 5º, *caput* e parágrafos, do Diploma em análise. Assim, a controvérsia não se limita simplesmente em saber se a medição das terras (art. 7º) poderia ser dispensada na hipótese. Em realidade, para que a posse mansa e pacífica fosse legitimada, nos termos do art. 5º da Lei de Terras, também era necessário o preenchimento das demais condições a que faz referência a Lei, e cuja comprovação não pode ser realizada na instância especial, por força do que dispõe a Súmula 07/STJ. (...) Com efeito, nos termos do art. 94 do Decreto nº 1.318, de 30 de janeiro de 1854, as declarações dos possuidores ou sesmeiros feitas ao Pároco não lhes conferiam nenhum direito. Por outro lado, sendo vedado ao possuidor ou sesmeiro hipotecar ou alienar o terreno antes de tirar título passado na respectiva Representação Provincial, infere-se que o direito de propriedade das glebas somente se aperfeiçoava com o registro do dito título, sendo irrelevante o cadastro realizado perante o Vigário Paroquial" (STJ, REsp 389.372/SC, Quarta Turma, Rel. Min. Luis Felipe Salomão, j. em 4-6-2009, *DJe* de 15-6-2009).

caso admitida, iria compor o arquivo geral das terras objeto de posse reconhecida pelo Império.[6] Os objetivos almejados não foram atingidos: os registros, quando feitos, eram por demais imprecisos e precários, sem definir na maior parte dos casos quais os limites de cada ocupação territorial.

A Lei nº 1.237, de 24-7-1864, estabeleceu que os contratos de compra e venda ou doação de imóveis passíveis de hipoteca somente surtiriam efeitos contra terceiros depois de efetuada a transcrição no Registro Geral, por parte de tabeliães criados ou designados pelo Decreto nº 482, de 14-11-1846. Tratava-se de uma tentativa de regularizar e dar um mínimo de segurança jurídica à propriedade imobiliária, de modo que ela poderia servir de garantia a operações creditícias. Embora com limitações, essa Lei deu início ao registro imobiliário.

O sistema foi aperfeiçoado com o advento do Decreto nº 18.542, de 24-12-1928, que regulamentou o registro imobiliário previsto no Código Civil de 1916. O referido Decreto assim dispunha:

> "Art. 228. Em todas as escripturas e actos relativos aimmoveis, os tabelliães e escrivães farão referencia ao registro anterior, seu numero e cartorio, bem como nas declarações de bens prestados em inventarios e nos autos de partilha (...)."

> "Art. 234. Em qualquer caso não se poderá fazer transcripção ou inscripção sem prévio registro do titulo anterior, salvo se este não estivesse obrigado a registro, segundo o direito então vigente de modo a assegurar a continuidade do registro de cada predio, entendendo-se por disponibilidade a faculdade de registrar alienações ou onerações dependentes assim, da transcripção anterior."

A partir de então, foi adotado o *princípio da continuidade*: somente poderiam ser registradas aquisições de imóveis que já estivessem registrados. Mas havia uma exceção: o registro não dependia de prévio registro do título anterior que não estivesse obrigado a registro segundo o direito vigente à época do ato, "visando a ressalva atender precisamente a que, no direito precodificado, não estavam sujeitos ao registro as transmissões causa mortis e os atos judiciais".[7]

O princípio da continuidade foi repetido por diversos diplomas legais nesses termos até o advento da Lei de Registros Públicos atualmente em vigor (Lei nº 6.015/73), quando o princípio da continuidade foi positivado de forma absoluta:

---

6 "Art. 107. Findos os prazos estabelecidos para o registro, os exemplares emmassados se conservarão no Archivo das Parochias, e os livros de registro serão remettidos ao Delegado do Director Geral das Terras Publicas da Provincia respectiva, para em vista delles formar o registro geral das terras possuidas na Provincia, do qual se enviará copia ao supradito Director para a organisação do registro geral das terras possuidas no Imperio."

7 CARVALHO, Afrânio de. *Registro de imóveis*. Rio de Janeiro: Forense, 1998. p. 249.

> "Art. 195. Se o imóvel não estiver matriculado ou registrado em nome do outorgante, o oficial exigirá a prévia matrícula e o registro do título anterior, qualquer que seja a sua natureza, para manter a continuidade do registro."

> "Art. 237. Ainda que o imóvel esteja matriculado, não se fará registro que dependa da apresentação de título anterior, a fim de que se preserve a continuidade do registro."

Surge, então, o aspecto essencial da questão: como adquirir a propriedade de um imóvel que não foi registrado nos termos das várias leis que estabeleceram o registro obrigatório como forma de transmissão da propriedade?

Há uma hipótese em que isso seria teoricamente impossível: com o advento da Constituição Federal de 1988 restou estabelecida a invalidade de qualquer título incidente sobre imóveis situados em terras tradicionalmente ocupadas por povos indígenas, que são bens da União (art. 20, XI, da Constituição Federal). Para esses casos, não haveria possibilidade de aquisição de propriedade, de acordo com o art. 231 da Constituição Federal.[8] Vide seção 1.14, na qual a disputa possessória com comunidade indígena foi tratada. Os atos de registro relativos a terras indígenas estão tratados nos arts. 424 a 432 do Provimento CNJ nº 149, de 30-8-2023.

Vejamos, nesta seção, alguns casos em que se pode tentar a abertura de matrícula para imóvel sem registro, seja o imóvel rural ou urbano. Nas seções seguintes iremos tratar de outros procedimentos de regularização fundiária, nos termos da Lei nº 13.465/2017, conforme o imóvel seja rural ou urbano.

1) *Inventários referentes a imóveis não registrados*: caso o juiz reconheça a propriedade dos herdeiros, pode-se tentar registrar o formal de partilha no cartório imobiliário, com a abertura de matrícula para o imóvel, sustentando que a morte do proprietário é o ato que transfere a propriedade para os herdeiros, razão pela qual não se submeteria a transferência da propriedade às regras ora vigentes, mas sim às regras da época em que não havia a necessidade de prévio registro. É uma situação possível de ocorrência mesmo nos dias de hoje, dado que nem sempre são abertos processos de inventários na época correta, bem como eles podem tramitar por vários anos ou

---

8 "Direitos 'originários'. Os direitos dos índios sobre as terras que tradicionalmente ocupam foram constitucionalmente 'reconhecidos', e não simplesmente outorgados, com o que o ato de demarcação se torna de natureza declaratória, e não propriamente constitutiva. Ato declaratório de uma situação jurídica ativa preexistente. Essa a razão de a Carta Magna havê-los chamado de 'originários', a traduzir um direito mais antigo do que qualquer outro, de maneira a preponderar sobre pretensos direitos adquiridos, mesmo os materializados em escrituras públicas ou títulos de legitimação de posse em favor de não índios. Atos, estes, que a própria Constituição declarou como 'nulos e extintos' (§ 6º do art. 231 da CF)" (STF, PET 3.388, Tribunal Pleno, Rel. Min. Carlos Ayres Britto, j. em 19-3-2009).
Essa decisão foi objeto de embargos de declaração, julgados em 2013, tendo sido estabelecido no voto condutor do Ministro Barroso que a decisão não teria efeitos vinculantes, sendo válida apenas para o caso concreto (Raposa Serra do Sol).

décadas. A questão essencial é a desnecessidade de registro para efeito de aquisição da propriedade por transferência causa mortis. Contudo, poderá o registrador de imóveis – que não adotar a melhor técnica, data venia – simplesmente afirmar, mesmo nessa situação, a necessidade de prévio registro do imóvel, por força das regras da Lei nº 6.015/73 que estabelecem o princípio da continuidade de forma absoluta. Nesse caso, caberá ao juiz dirimir a questão em procedimento administrativo (dúvida suscitada pelo registrador) e, caso mantida a negativa de registro, a saída poderá ser a proposição de ação de usucapião.

2) *Casos de legitimação de posse*: nos termos da Lei nº 6.383, de 7-12-76 (imóveis rurais) e da Lei nº 13.465, de 11-7-2017 (imóveis urbanos), a conversão em propriedade pode ensejar abertura de matrícula, caso os procedimentos previstos sejam corretamente executados. Vide, a esse respeito, a seção 2.30.

3) *Ato do Poder Público, por meio de uma ação de desapropriação de área não registrada, ou por meio de uma ação discriminatória (Lei nº 6.383, de 7-12-76)*: poderá ser solicitada a abertura de matrícula para imóvel até então sem registro. É necessária a prévia abertura de matrícula para que se possa alienar terras devolutas.[9]

4) *Propositura de ação de usucapião*. Se não houver uma medida específica para o caso concreto, a solução pode ser a propositura da ação de usucapião. Desse modo, a decisão judicial que decretar a usucapião poderá ensejar a abertura de matrícula para imóvel que até então não havia sido registrado.

Mas há dois problemas, que ensejam controvérsias. O primeiro problema diz respeito à necessidade de constar, na petição inicial da ação de usucapião, o nome do réu. A questão era assim tratada pelo art. 942 do Código de Processo Civil de 1973:

> "Art. 942. O autor, expondo na petição inicial o fundamento do pedido e juntando planta do imóvel, requererá a citação daquele em cujo nome estiver registrado o imóvel usucapiendo, bem como dos confinantes e, por edital, dos réus em lugar incerto e dos eventuais interessados, observado quanto ao prazo o disposto no inciso IV do art. 232."

O Código de Processo Civil atual (Lei nº 13.105, de 16-3-2015) não regulamenta a usucapião como ação de rito especial. Assim, valem as normas do rito ordinário. Deve constar o nome do réu na petição inicial para ser citado, caso contrário o juiz poderá simplesmente indeferir a petição inicial. Na vigência do CPC/73, havia controvérsia no sentido de ser a existência do registro um requisito para a ação de usucapião.[10] De acordo com esse entendimento, era impossível ação de usucapião de imóveis não registrados. Mesmo naquela época, porém, já se afirmava que "o imóvel usucapiendo pode, ou não,

---

9 ASSIS, Jacy. *Ação discriminatória*. Rio de Janeiro: Forense, 1978. p. 119.

10 TJMG, Apelação Cível 1.0145.12.030700-7/001, 10ª Câmara Cível, Rel. Des. Mariângela Meyer, j. em 2-4-2013

estar registrado anteriormente",[11] pois, para imóveis não registrados, não é logicamente possível apresentação de certidão de registro imobiliário, que deveria ser dispensada.[12]

Houve precedentes no sentido de que lote em condomínio irregular não pode ser objeto de usucapião, inclusive por força da área maior não estar devidamente registrada.[13] Houve precedente no sentido de que pode existir usucapião de parcela de terreno em violação à legislação de ordenamento territorial urbano (legislação municipal), caso o imóvel maior esteja registrado.[14] Para imóveis rurais, existe entendimento no sentido de que "É possível adquirir a propriedade de área menor do que o módulo rural estabelecido para a região, por meio da usucapião especial rural".[15]

O tema foi objeto de decisão da Segunda Seção do STJ em sede de Incidente de Resolução de Demandas Repetitivas, tal como vimos na seção 11.6.

Com o CPC/2015, ficou mais forte a posição que defende a desnecessidade do prévio registro. É possível sustentar que nesse caso deve ser citado por edital a pessoa desconhecida, que seria um eventual proprietário anterior do imóvel. Diz o CPC/2015:

> "Art. 256. A citação por edital será feita:
>
> I - quando desconhecido ou incerto o citando;
>
> (...)."

---

11 CENEVIVA, Walter. *Lei dos Registros Públicos comentada*. São Paulo: Saraiva, 2010. p. 795.

12 TJMG, Apelação Cível 1.0035.07.097766-1/001, 10ª Câmara Cível, Rel. Des. Gutemberg da Mota e Silva, j. em 7-3-2013.

13 "Usucapião de lote de terreno de desmembramento clandestino, em desacordo com os requisitos do artigo 18 da Lei 6766/79 - Impossibilidade de registro, a inviabilizar o pedido de reconhecimento da prescrição aquisitiva - Necessidade de prévia retificação da área ou regularização perante a Prefeitura. Acolhimento do pedido que implicaria em burla a Lei do Parcelamento do Solo com sérios e irreparáveis prejuízos à ordem urbanística. Carência de ação. Extinção mantida - Recurso improvido" (TJSP, 8ª Câmara de Direito Privado, Rel. Des. Luiz Ambra, j. em 9-5-2012).

14 "Recurso extraordinário. Repercussão geral. Usucapião especial urbana. Interessados que preenchem todos os requisitos exigidos pelo art. 183 da Constituição Federal. Pedido indeferido com fundamento em exigência supostamente imposta pelo plano diretor do município em que localizado o imóvel. Impossibilidade. A usucapião especial urbana tem raiz constitucional e seu implemento não pode ser obstado com fundamento em norma hierarquicamente inferior ou em interpretação que afaste a eficácia do direito constitucionalmente assegurado. Recurso provido. 1. Módulo mínimo do lote urbano municipal fixado como área de 360 m². Pretensão da parte autora de usucapir porção de 225 m², destacada de um todo maior, dividida em composse. 2. Não é o caso de declaração de inconstitucionalidade de norma municipal. 3. Tese aprovada: preenchidos os requisitos do art. 183 da Constituição Federal, o reconhecimento do direito à usucapião especial urbana não pode ser obstado por legislação infraconstitucional que estabeleça módulos urbanos na respectiva área em que situado o imóvel (dimensão do lote). 4. Recurso extraordinário provido" (STF, RE 422.349, Tribunal Pleno, Rel. Min. Dias Toffoli, j. em 29-4-2015).

15 Enunciado nº 594, aprovado na VII Jornada de Direito Civil, realizada em Brasília/DF, nos dias 28 e 29 de setembro de 2015.

Assim, uma possível saída para o problema é ajuizar uma ação de usucapião contra pessoa desconhecida, que deverá ser citada por edital.

É recomendável pedir a citação do Estado (ou da União). Há precedentes judiciais, no sentido de que a inexistência de registro imobiliário não cria presunção de que o imóvel constitui terra devoluta,[16] bem como que a inexistência de demarcação de imóvel como terreno de marinha não faz presumir que o bem seja público.[17]

Esses entendimentos judiciais nos levam a uma situação curiosa: em tese, bens públicos não são passíveis de usucapião. Contudo, se o Judiciário afirmar que o bem não é público, a usucapião é possível. Para fins de concurso público, deve-se afirmar que não é possível usucapir bens públicos (art. 183, § 3º, da Constituição Federal). Na prática, isso dependerá do que for decidido judicialmente quanto à natureza do bem, se público ou privado. Obviamente, afirmar que é privado um imóvel que é público nada mais é que uma burla à norma constitucional que proíbe a usucapião de bens públicos.

Corroborando essas curiosas decisões judiciais, há entendimento no sentido de que "a impugnação em usucapião extrajudicial fundada unicamente na presunção de que o imóvel constitui terra devoluta, ante a inexistência de registro da sua propriedade, deve ser considerada injustificada, nos termos do art. 216-A, § 10, da Lei nº 6.015/1973."[18]

Sem discutir se essa orientação é "boa" por regularizar situações de posse mansa e pacífica[19] de longa data em áreas públicas, tecnicamente ela viola o conceito tradi-

---

16 STJ, REsp 964.223/RN, Quarta Turma, Rel. Min. Luis Felipe Salomão, j. em 18-10-2011. TRF-4ª Região, Apelação/Reexame Necessário 5002979-66.2013.4.04.7202/SC, Terceira Turma, Rel. Des. Fernando Quadros da Silva, j. em 16-12-2015.

17 "Os terrenos de marinha, conforme disposto nos artigos 1º, alínea *a*, do Decreto-lei 9.760/46 e 20, VII, da Constituição Federal, são bens imóveis da União, necessários à defesa e à segurança nacional, que se estendem à distância de 33 metros para a área terrestre, contados da linha do preamar médio de 1831. Sua origem remonta aos tempos coloniais, incluem-se entre os bens públicos dominicais de propriedade da União, tendo o Código Civil adotado presunção relativa no que se refere ao registro de propriedade imobiliária, por isso, em regra, o registro de propriedade não é oponível à União (...). No caso, não é possível afirmar que a área usucapienda abrange a faixa de marinha, visto que a apuração demanda complexo procedimento administrativo, realizado no âmbito do Poder Executivo, com notificação pessoal de todos os interessados, sempre que identificados pela União e certo o domicílio, com observância à garantia do contraditório e da ampla defesa. Por um lado, em vista dos inúmeros procedimentos exigidos pela Lei, a exigir juízo de oportunidade e conveniência por parte da Administração Pública para a realização da demarcação da faixa de marinha, e em vista da tripartição dos poderes, não é cabível a imposição, pelo Judiciário, de sua realização; por outro lado, não é também razoável que os jurisdicionados fiquem à mercê de fato futuro, mas, como incontroverso, sem qualquer previsibilidade de sua materialização, para que possam usucapir terreno que já ocupam com ânimo de dono há quase três décadas." (STJ, REsp nº 1.090.847/RS, Quarta Turma, Rel. Min. Luis Felipe Salomão, j. em 23-4-2013).

18 Enunciado nº 32 aprovado na 1ª Jornada de Direito Notarial e Registral, realizada pelo Conselho da Justiça Federal em 2022, válido como doutrina

19 Vide seção 1.14.

cional de terras devolutas[20] e a disposição constitucional de que bens públicos não são passíveis de usucapião, tal como vimos ao longo desse livro. Na prática, ela beneficia enormemente a pessoa que deseja usucapir imóvel sem registro em cartório.

É interessante tentar obter uma certidão do cartório imobiliário, afirmando que o imóvel não está registrado. Obviamente, a certidão expedida pelo cartório será baseada na descrição que o requerente fornecer e possivelmente haverá uma ressalva de que o imóvel pode existir em algum registro com outra descrição.

Outro problema é o art. 226 da Lei nº 6.015/73, que assim dispõe:

> "Art. 226. Tratando-se de usucapião, os requisitos da matrícula devem constar do mandado judicial."

Qual o alcance desse dispositivo? Uma interpretação, que considero equivocada, seria no sentido de que o dispositivo se refere aos dados, inclusive número, da matrícula já aberta. Isso inviabilizaria por completo a possibilidade de registro de imóvel sem prévia matrícula ou transcrição e criaria uma situação absurda: a pessoa teria direito à propriedade do imóvel, mas não ao registro. A outra possibilidade de interpretação, que considero a adequada, é no sentido de que o mandado expedido pelo juiz deve conter todos os dados necessários para que o registrador de imóveis possa, se for necessário, abrir matrícula para o imóvel sem registro. Vimos o tema na seção 11.6.

Todas essas situações, porém, podem ser extremamente complexas e demoradas, com resultados imprevisíveis. Por isso, recomenda-se com a maior ênfase que o comprador condicione o negócio à prévia regularização do imóvel por parte do vendedor. Caso contrário, o comprador poderá pagar o preço do imóvel e não obter ou passar anos sem obter a propriedade do imóvel, ficando apenas com a posse do imóvel (situação que poderá ser mais ou menos segura, dependendo do caso concreto).

Pode haver abertura de matrícula nas hipóteses dos arts. 195-A e 195-B da Lei nº 6.015/73, em redação dada pela Lei nº 13.465/2017 e pela Lei nº 14.620, de 13-7-2023. Nos casos de constituição ou regularização de aforamento em terreno de marinha, caso

---

20 Interpretando o art. 225, § 5º, da Constituição Federal, a respeito de terras devolutas e ações discriminatórias, muito bem nos ensina Maria Sylvia Zanella Di Pietro: "O que parece evidente é que o constituinte quis deixar claro que todas elas, mesmo que não arrecadadas por aquele processo, são indisponíveis". (DI PIETRO, Maria Sylvia Zanella. *Direito administrativo*. 31. ed. São Paulo: Forense, 2018, p. 894).

Prossegue a referida autora: "E existe, indubitavelmente, uma presunção em favor da propriedade pública, graças à origem das terras no Brasil: todas elas eram do patrimônio público (...) Trata-se de presunção *juris tantum*, cabendo ao interessado em adquiri-la por usucapião provar que a terra não é devoluta, porque adquirida por particular por meio de título legítimo. O Estado nada tem de provar, mesmo porque não há meios de prova hábeis para demonstrar que a terra não é de particular, a não ser por meio da ação discriminatória." (DI PIETRO, Maria Sylvia Zanella. *Direito administrativo*. 31. ed. São Paulo: Forense, 2018, p. 895 e 896).

já não exista matrícula aberta, poderá ser aberta matrícula para o novo aforamento. Vide seções 2.10 e 14.3.

14.2 REGULARIZAÇÃO FUNDIÁRIA RURAL

Não há propriamente um marco regulatório, previsto em lei no sentido formal, para a regularização fundiária de imóveis rurais. Existem regras esparsas, espalhadas por diversas leis e normas infralegais. Nem mesmo a Lei nº 13.465, de 11-7-2017 (Lei de Regularização Fundiária) criou esse regime para imóveis *rurais*, mas apenas alterou algumas leis, entre as quais merece destaque a Lei nº 8.629, de 25-2-1993 (Lei da Reforma Agrária), a Lei nº 11.952, de 25-6-2009 (Lei da Amazônia), regulamentada pelo Decreto nº 10.592, de 24-12-2020, entre outras. Além disso, a Instrução Normativa INCRA nº 104, de 29-1-2021, alterada pela Instrução Normativa INCRA nº 119, de 10-6-2022, e pela Instrução Normativa INCRA nº 144, de 25-10-2024, estabeleceu os procedimentos previstos no Decreto nº 10.592/2020, alterado pelos Decretos nº 11.688, de 5-7-2023 e nº 12.111, de 11-7-2024, para regularização fundiária em imóveis rurais, inclusive de ocupações situadas fora da Amazônia Legal.

O novo regime jurídico da regularização fundiária para imóveis *urbanos* – esse sim criado pela Lei nº 13.465, de 11-7-2017 – será visto na seção 12.3. A usucapião extrajudicial, que pode ser usada como instrumento de regularização fundiária rural ou urbana, será vista na seção 12.4.

No que se refere à regularização de terras no Distrito Federal, vide o art. 18 da Lei nº 12.024, de 27-8-2009.

Vejamos algumas hipóteses de regularização fundiária de imóveis rurais.

Núcleos urbanos situados em áreas rurais

Vimos na seção 11.4 que a Lei nº 4.504, de 30-11-1964 (Estatuto da Terra) e a Lei nº 5.868, de 12-12-1972 vedam o fracionamento de imóveis rurais em áreas inferiores ao módulo rural ("fração mínima de parcelamento").

Na prática, porém, há inúmeros casos de imóveis com destinação urbana situados em áreas rurais.

Para resolver o problema da impossibilidade de registro desses fracionamentos, a Lei nº 13.465/2017 estabeleceu sua aplicabilidade aos "imóveis localizados em área rural, desde que a unidade imobiliária tenha área inferior à fração mínima de parcelamento prevista na Lei no 5.868, de 12 de dezembro de 1972" (art. 11, § 6º), considerando como *núcleo urbano* o "assentamento humano, com uso e características urbanas, constituído por unidades imobiliárias de área inferior à fração mínima de parcelamento prevista na Lei no 5.868, de 12 de dezembro de 1972, (...) ainda que situado em área qualificada ou inscrita como rural" (art. 11, I).

Desse modo, a regularização dos *núcleos urbanos* situados em *áreas rurais* será efetuada conforme as regras aplicáveis aos imóveis urbanos.

Imóveis rurais em geral

O art. 76 da Lei nº 14.133, de 1º-4-2021 (nova Lei de Licitações), assim dispõe:

> "Art. 76. A alienação de bens da Administração Pública, subordinada à existência de interesse público devidamente justificado, será precedida de avaliação e obedecerá às seguintes normas:
>
> I – tratando-se de bens imóveis, inclusive os pertencentes às autarquias e às fundações, exigirá autorização legislativa e dependerá de licitação na modalidade leilão, dispensada a realização de licitação nos casos de:
>
> (...)
>
> h) alienação e concessão de direito real de uso, gratuita ou onerosa, de terras públicas rurais da União e do Instituto Nacional de Colonização e Reforma Agrária (Incra) onde incidam ocupações até o limite de que trata o § 1º do art. 6º da Lei nº 11.952, de 25 de junho de 2009, para fins de regularização fundiária, atendidos os requisitos legais;
>
> i) legitimação de posse de que trata o art. 29 da Lei nº 6.383, de 7 de dezembro de 1976, mediante iniciativa e deliberação dos órgãos da Administração Pública competentes;
>
> j) legitimação fundiária e legitimação de posse de que trata a Lei nº 13.465, de 11 de julho de 2017;
>
> (...)
>
> § 3º A Administração poderá conceder título de propriedade ou de direito real de uso de imóvel, admitida a dispensa de licitação, quando o uso destinar-se a:
>
> (...)
>
> II – pessoa natural que, nos termos de lei, regulamento ou ato normativo do órgão competente, haja implementado os requisitos mínimos de cultura, de ocupação mansa e pacífica e de exploração direta sobre área rural, observado o limite de que trata o § 1º do art. 6º da Lei nº 11.952, de 25 de junho de 2009.
>
> § 4º A aplicação do disposto no inciso II do § 3º deste artigo será dispensada de autorização legislativa e submeter-se-á aos seguintes condicionamentos:
>
> I – aplicação exclusiva às áreas em que a detenção por particular seja comprovadamente anterior a 1º de dezembro de 2004;
>
> II – submissão aos demais requisitos e impedimentos do regime legal e administrativo de destinação e de regularização fundiária de terras públicas;
>
> III – vedação de concessão para exploração não contemplada na lei agrária, nas leis de destinação de terras públicas ou nas normas legais ou administrativas de zoneamento ecológico-econômico;
>
> (...)
>
> V – aplicação exclusiva a imóvel situado em zona rural e não sujeito a vedação, impedimento ou inconveniente à exploração mediante atividade agropecuária;
>
> (...)."

Nos termos do art. 18, § 1º, da Lei nº 8.629, de 25-2-1993, somente após dez anos poderá existir alienação da propriedade ou cessão do direito real de uso dos imóveis obtidos em programas de reforma agrária ou em razão da regularização fundiária de imóvel. Portanto, não será possível a aquisição da propriedade do imóvel de pessoa que obteve a propriedade nas hipóteses tratadas antes do transcurso do prazo de dez anos.

Imóveis de propriedade ou administrados pelo Instituto Nacional de Colonização e Reforma Agrária (Incra) e imóveis situados na Amazônia Legal

O regime da regularização fundiária de imóveis do Incra e de imóveis situados na Amazônia Legal está previsto na Lei nº 11.952, de 25-6-2009, alterada pela Lei nº 13.465 de 11-7-2017,[21] bem como no Decreto nº 10.592/2020 e alterações posteriores.

Imóveis que não sejam objeto de litígio judicial, nos termos do § 3º do art. 6º da Lei nº 11.952/2009, e preencham os requisitos dos arts. 5º e 6º dessa Lei podem ser regularizados.

Atendidos aos requisitos da Lei nº 11.952/2009, serão conferidos(as):

- *propriedade* ao ocupante de área de até um módulo fiscal, gratuitamente (art. 11);
- *propriedade*, ao ocupante de área superior a um módulo fiscal e inferior a 2.500 hectares, de forma onerosa (art. 12);
- *direito real de uso* ao ocupante de área que abranja total ou parcialmente terrenos de marinha, terrenos marginais ou reservados, seus acrescidos ou outras áreas insuscetíveis de alienação nos termos do art. 20 da Constituição Federal (§ 1º do art. 4º), gratuitamente, caso não superior a um módulo fiscal (art. 11), ou onerosa, caso superior a um módulo fiscal e inferior a 2.500 hectares (art. 12).

Em todos esses casos há dispensa de licitação (art. 76, I, *h*, da nova Lei de Licitações, já transcrito) e, nos termos do art. 15, a propriedade e o direito real de uso são inalienáveis pelo prazo de dez anos.

Em tese, a outorga da propriedade (ou do direito real de uso) é feita de forma condicional. Caso as condições sejam descumpridas, poderá haver perda do direito. Portanto, caso se pretenda adquirir imóvel de pessoa que obteve a propriedade (ou direito real de uso) mediante procedimento de regularização fundiária, é importante observar se as condições previstas no art. 18 do Decreto nº 10.592/2020 (ou do revogado Decreto nº 9.309/2018, conforme o caso) e alterações posteriores foram cumpridas, sempre lembrando que há interstício de dez anos para que possa ser alienada a propriedade ou cedido o direito real de uso (art. 18, § 1º, da Lei nº 8.629, de 25-2-1993).[22]

14.3 REGULARIZAÇÃO FUNDIÁRIA URBANA

A Lei nº 13.465/2017 (oriunda da conversão da MP nº 759, de 22-12-2016) estabeleceu um novo marco regulatório para regularização fundiária, revogando o sistema

---

21 A Medida Provisória nº 910, de 10-10-2019, que alterava a Lei nº 11.952/2009 não foi convertida em lei, conforme já mencionado.

22 Vide Decreto nº 10.166, de 10-12-2019 e Decreto nº 10.592/2020.

anterior (Capítulo III da Lei nº 11.977, de 7-7-2009). Vimos na seção 14.2 as alterações referentes à regularização fundiária em áreas rurais. Nesta seção veremos a questão da regularização fundiária de imóveis urbanos.

A espinha dorsal do sistema de regularização fundiária urbana trazido pela Lei nº 13.465/2017 são as regras da Regularização Fundiária Urbana (Reurb), que contempla as modalidades Interesse Social (Reurb-S) e Interesse Específico (Reurb-E). Além disso, nos arts. 83 a 97 há regras específicas para alienação de imóveis da União e no art. 30, alterado pela Lei nº 14.620, de 13-7-2023, há regras a respeito de imóveis de propriedade estatal.

Poucas pessoas acreditavam que a Reurb seria implementada em larga escala, uma vez que é notória a falta de dinheiro dos cofres públicos municipais. Contudo, estamos vendo procedimentos de regularização fundiária no modelo da Reurb sendo efetuados em várias localidades do Brasil.

São abrangidos pela Reurb os imóveis localizados em áreas rurais, desde que tenham área inferior à fração mínima de parcelamento (vide seção 11.4), nos termos do art. 11, § 6º, da Lei nº 13.465/2017 (vide seção 14.2).

O espírito da Reurb é dotar o Município de um instrumental jurídico para regularizar imóveis urbanos no seu território. A despeito disso, a Reurb também pode ser promovida pela União, Estados, Distrito Federal, entidades e até mesmo por particulares (art. 14).

Há vários instrumentos para a Reurb.

Curiosamente, a Lei nº 13.465/2017 – que criou um procedimento de regularização fundiário próprio, a Reurb – não revogou a demarcação urbanística, que era o procedimento da lei anterior. Os procedimentos da demarcação urbanística (considerado pela nova lei como um dos "instrumentos") não são obrigatórios para a Reurb (art. 19, § 3º). Ao que parece, a manutenção da demarcação urbanística dentro da Lei nº 13.465/2017 decorreu de tratativas para a conversão da MP nº 759/2016 em lei.

Vejamos como funciona ou funcionava a demarcação urbanística, que continua sendo possível, e depois veremos os procedimentos da Reurb.

Por meio da *demarcação urbanística*, após estabelecer a área que será objeto da regularização, o poder público deverá notificar os proprietários e os confrontantes[23] da área demarcada. Essa notificação deve conter a advertência de que a ausência de impugnação implicará a perda de eventual direito (ex.: propriedade) que o notificado tenha em relação ao imóvel objeto da Reurb (ar. 20, § 6º). Caso não sejam identificados, os proprietários e confrontantes serão notificados por edital (art. 20, § 1º). Essa medida é importante, pois são comuns os casos em que não se sabe ao certo quem são os proprietários do imóvel. Há previsão para abertura de matrícula (art. 22, § 2º),

---

[23] Vide art. 213, III, da Lei de Registros Públicos, de acordo com a Lei nº 14.382/2022.

pois há situações nas quais o imóvel não está devidamente registrado. A averbação da demarcação urbanística poderá ser efetuada ainda que supere a área dos registros anteriores (art. 22, § 5º).

Também tratam de abertura de matrícula os arts. 195-A e 195-B da LRP, incluídos pela Lei nº 13.465/2017 e com as alterações da Lei nº 14.620, de 13-7-2023.

A demarcação urbanística compreende as seguintes atividades: 1) identificar o imóvel ou imóveis abrangidos pelo "núcleo urbano informal" que se objetiva regularizar; 2) identificar se existem e quem são os proprietários com registro na matrícula dos imóveis em questão, obtendo a anuência ou reconhecendo não oposição dessas pessoas à regularização pretendida; 3) averbar na matrícula desses imóveis a viabilidade da regularização fundiária.

Também são instrumentos da Reurb a *legitimação fundiária* (vide seção 2.31), a *legitimação de posse* (vide seção 2.30), a *usucapião extrajudicial* (vide seção 14.4), entre outros previstos no art. 15 da Lei nº 13.465/2017.

O procedimento da Reurb segue as fases previstas no art. 28:

> "Art. 28. A Reurb obedecerá às seguintes fases:
>
> I – requerimento dos legitimados;
>
> II – processamento administrativo do requerimento, no qual será conferido prazo para manifestação dos titulares de direitos reais sobre o imóvel e dos confrontantes;
>
> III – elaboração do projeto de regularização fundiária;
>
> IV – saneamento do processo administrativo;
>
> V – decisão da autoridade competente, mediante ato formal, ao qual se dará publicidade;
>
> VI – expedição da CRF pelo Município; e
>
> VII – registro da CRF e do projeto de regularização fundiária aprovado perante o oficial do cartório de registro de imóveis em que se situe a unidade imobiliária com destinação urbana regularizada.
>
> Parágrafo único. Não impedirá a Reurb, na forma estabelecida nesta Lei, a inexistência de lei municipal específica que trate de medidas ou posturas de interesse local aplicáveis a projetos de regularização fundiária urbana."

A regra geral é que o requerimento da Reurb seja dirigido ao Município (art. 32), ao qual compete, após a instalação da Reurb, caso não tenha ocorrido a demarcação urbanística, proceder às buscas para determinar quem são os proprietários, os confinantes (vizinhos) e eventuais terceiros interessados (ex.: titular de hipoteca) dos imóveis a serem regularizados (art. 31) e notificá-los (art. 31, § 1º).

O art. 30 estabelece as competências do Município. Mas o § 4º, incluído Lei nº 14.620/2023, estabeleceu que: "Para as terras de sua propriedade, os órgãos da administração direta e as entidades da administração indireta da União, dos Estados, do Distrito Federal e dos Municípios ficam autorizados a instaurar, processar e aprovar a Reurb-S ou a Reurb-E e a utilizar os demais instrumentos previstos nesta Lei".

Infelizmente a Lei nº 13.465/2017 não menciona como procedimento da Reurb a notificação por edital quanto a pessoas desconhecidas ou não identificadas, ao contrário do que ocorre no âmbito da demarcação urbanística. Aliás, nem mesmo no Decreto nº 9.310, de 15-3-2018, que regulamenta a Reurb.

Constam do Decreto nº 9.310/2018 as seguintes disposições:

> "Art. 24. (...)
>
> § 5º A notificação da Reurb também será feita por meio de publicação de edital, com prazo de trinta dias, do qual deverá constar, de forma resumida, a descrição da área a ser regularizada, nos seguintes casos:
>
> I – do proprietário e dos confinantes não encontrados; e
>
> II – de recusa da notificação por qualquer motivo.
>
> (...)
>
> § 13. Caso algum dos imóveis atingidos ou confinantes não esteja matriculado ou transcrito na serventia, o Distrito Federal ou o Município realizará diligências junto às serventias anteriormente competentes, por meio da apresentação da planta do perímetro regularizado, a fim de que a sua situação jurídica atual seja certificada, caso possível.
>
> (...)."

> "Art. 42. (...)
>
> § 5º Quando o núcleo urbano regularizado abranger imóveis ainda não matriculados, será aberta matrícula que refletirá a situação da área ocupada pelo núcleo regularizado, dispensadas a retificação do memorial descritivo e a apuração de área remanescente."

O mais razoável é entender que a regra do art. 20, § 1º, da Lei nº 13.465/2017, relativa à demarcação urbanística, é aplicável por analogia à Reurb, ou que se entenda como sinônimas as expressões "proprietários não encontrados" e "proprietários não identificados".

Também compete ao Município aprovar o projeto de regularização fundiária, que deverá estabelecer as obrigações das partes envolvidas, nos termos do art. 33, alterado pela Lei nº 14.118/2021. O projeto de regularização fundiária deverá conter, além do projeto urbanístico (art. 36), os demais requisitos previstos no art. 35.

Não há previsão na Lei nº 13.465/2017 para a hipótese em que o Município se recusa a atender o pedido de Reurb. Não é possível saber se o Judiciário irá, a pedido dos interessados, entender que existe direito à regularização fundiária com base em algum princípio jurídico qualquer e emitir ordem para que o Município promova a Reurb. Na prática, se a implementação da Reurb já é difícil mesmo se existente vontade política por parte do governo local, imagine a hipótese em que essa vontade não existe... Mesmo na incrível hipótese em que o Judiciário emita ordens específicas para a prática de atos específicos da Reurb é difícil imaginar que ela será bem-sucedida.

O que parece ser mais factível é a hipótese em que, no âmbito da Reurb em andamento, pode o Judiciário determinar que alguns procedimentos sejam feitos de acordo com o que dispõe a legislação federal ou local. Não é incomum programas de regularização que deixam de observar normais legais.

Com a aprovação do projeto de regularização, deve ser emitida a Certidão de Regularização Fundiária (CRF), que vimos na seção 2.31. No caso de Reurb em área de preservação permanente ou em área de unidade de conservação de uso sustentável ou de proteção de mananciais, deve ser obedecido o disposto nos arts. 3º, §§ 3º e 4º, do Decreto nº 9.310, de 15-3-2018. O pedido de registro da CRF e do projeto de regularização devem ser encaminhados ao cartório de registro de imóveis (art. 42 da Lei nº 13.465/2017), podendo ser aberta nova matrícula, quando necessário (art. 44, I, da Lei nº 13.465/2017). Os arts. 44 a 54 da Lei nº 13.465/2017 estabelecem os procedimentos registrais.

É possível a regularização, via Reurb, em áreas em que há ação judicial discutindo quem é o proprietário do imóvel? Nos termos do art. 74 da Lei nº 13.465/2017, a resposta não é clara (ao contrário do que ocorre no âmbito da regularização fundiária de imóveis do Incra e imóveis rurais na Amazônia, nos termos do art. 6º, § 3º, da Lei nº 11.952, de 25-6-2009, que veda expressamente essa possibilidade):

> "Art. 74. Serão regularizadas, na forma desta Lei, as ocupações que incidam sobre áreas objeto de demanda judicial que versem sobre direitos reais de garantia ou constrições judiciais, bloqueios e indisponibilidades, ressalvada a hipótese de decisão judicial específica que impeça a análise, aprovação e registro do projeto de regularização fundiária urbana."[24]

A redação do dispositivo é confusa e não menciona processos em que se discute a propriedade do imóvel. A palavra "específica", constante da expressão "ressalvada a hipótese de decisão judicial específica", pode ser interpretada no sentido de que somente impedirá a Reurb a decisão judicial cujo objeto seja especificamente obstar o projeto de regularização fundiária. Será preciso aguardar algum tempo para que os tribunais decidam qual o alcance desse dispositivo.

A questão da possibilidade de regularização fundiária de áreas objeto de litígio é de grande importância, pois são inúmeros casos em que a propriedade (e até mesmo a posse) é disputada judicialmente por vários particulares, muitas vezes envolvendo terras que também podem ser públicas, em vários processos tramitando muitas vezes

---

24 Por ocasião da conversão em lei, foi alterada a lógica do seguinte dispositivo da MP nº 759/2016: "Art. 62. Não serão regularizadas as ocupações que incidam sobre áreas objeto de demanda judicial que versem sobre direitos reais de garantia ou constrições judiciais, bloqueios e indisponibilidades, até o trânsito em julgado da decisão, ressalvadas a hipótese de o objeto da demanda não impedir a análise da regularização da ocupação pela administração pública e a hipótese de acordo judicial".

em juízos distintos (ex.: particulares disputam uma área na Justiça Comum e essa mesma área é objeto de processo tramitando na Justiça Federal). Na prática, processos complexos, envolvendo posses ou titulações antigas, em que se discute quem seria o real proprietário atualmente, costumam tramitar por anos ou décadas e muitas vezes terminado sem uma decisão conclusiva. Caso a existência de litígio judicial impeça a regularização fundiária até que solucionada a controvérsia, inúmeros imóveis não poderão ser regularizados.

Continuam em vigor os arts. 18-A a 18-F, acrescentados pela Lei nº 11.481, de 31-5-2007, ao Decreto-lei nº 9.760, de 5-9-1946. Esses dispositivos tratam de regularização fundiária para famílias com renda familiar mensal não superior a 5 (cinco) salários mínimos que ocupem terrenos da União. Trata-se de um procedimento de demarcação de terras da União, estejam elas sem registros ou mesmo registradas em nome de um particular.

Além disso, dispõe o art. 76 da Lei nº 14.133, de 1º-4-2021 (nova Lei de Licitações):

> "Art. 76. A alienação de bens da Administração Pública, subordinada à existência de interesse público devidamente justificado, será precedida de avaliação e obedecerá às seguintes normas:
>
> I – tratando-se de bens imóveis, inclusive os pertencentes às autarquias e às fundações, exigirá autorização legislativa e dependerá de licitação na modalidade leilão, dispensada a realização de licitação nos casos de:
>
> (...)
>
> f) alienação gratuita ou onerosa, aforamento, concessão de direito real de uso, locação e permissão de uso de bens imóveis residenciais construídos, destinados ou efetivamente usados em programas de habitação ou de regularização fundiária de interesse social desenvolvidos por órgão ou entidade da Administração Pública;
>
> g) alienação gratuita ou onerosa, aforamento, concessão de direito real de uso, locação e permissão de uso de bens imóveis comerciais de âmbito local, com área de até 250 m^2 (duzentos e cinquenta metros quadrados) e destinados a programas de regularização fundiária de interesse social desenvolvidos por órgão ou entidade da Administração Pública;
>
> (...)
>
> i) legitimação de posse de que trata o art. 29 da Lei nº 6.383, de 7 de dezembro de 1976, mediante iniciativa e deliberação dos órgãos da Administração Pública competentes;
>
> j) legitimação fundiária e legitimação de posse de que trata a Lei nº 13.465, de 11 de julho de 2017;
>
> (...)."

Além disso, de forma surpreendente, o STF criou um interessante (embora perigoso) precedente (ADIn nº 2.229, *DJ* de 24-8-2007), ao estabelecer que lei específica pode permitir a venda de lotes irregulares situados em áreas públicas diretamente ao ocupante, fora das hipóteses de dispensa de licitação previstas na Lei de Licitações. O interessante dessa decisão foi afirmar implicitamente que uma norma (Lei nº 9.262, de 12-1-1996) sem caráter de lei nacional, valendo apenas para determinados imóveis da União, seria constitucional. A decisão pode ser criticável sob vários aspectos, mas poderia ser útil para regularizar ocupação de terras públicas.

É improvável que o mesmo entendimento seja adotado em outros julgamentos, hipótese em que Estados e Municípios poderiam fazer o mesmo – editar lei local específica para dispensar licitação para venda ou doação direta ao ocupante – com relação aos seus imóveis.[25] A jurisprudência dos tribunais brasileiros é normalmente inconsistente e casuística, alternando entendimentos firmados com frequência irritante, quase sempre sem rigor técnico (ainda que utilizando algum fundamento jurídico para justificar a mudança de orientação), razão pela qual não se vislumbra que eventuais leis de Estados, Distrito Federal e Municípios sejam julgadas com a mesma orientação dada à Lei nº 9.262/1996 na ADIn nº 2.229. Para imóveis rurais, esse problema inexiste, em razão da alteração da Lei de Licitações, como vimos na seção 14.2. Para os imóveis urbanos de titularidade do Poder Público, a regularização deve ser feita nos termos da Reurb (salvo, claro, se existir lei local admitida como constitucional pelo STF na linha do julgamento da ADIn nº 2.229).

Algumas vezes, a regularização será relativamente fácil, outras não. É, por motivos óbvios, mais difícil a regularização de áreas situadas em zonas de proteção ambiental. A ocupação dessas áreas deve ser combatida com maior vigor pelo Ministério Público e são inúmeras as decisões judiciais que determinam a demolição de construções (ainda que de casas residenciais) nessas áreas, como vimos na seção 11.6.

Já ocupações que não causam dano ao meio ambiente têm maior possibilidade, em tese, de regularização. É preciso analisar, porém, o que dispõe a legislação de zoneamento do município, para saber se serão necessárias alterações nessa legislação para a regularização ou se apenas deverão ser cumpridos alguns requisitos.

Nem sempre, porém, o advento de legislação local para proteger ocupações irregulares ou para implementar políticas de regularização será eficaz: o Judiciário poderá declarar a inconstitucionalidade da norma.

Por fim, a Lei nº 15.081, de 30-12-2024, abriu a possibilidade de recursos do Programa Minha Casa, Minha Vida (vide Seção 1.8) serem destinados a financiamento de ações de regularização fundiária de assentamentos localizados em áreas urbanas.

---

[25] Disponível em: https://jus.com.br/artigos/10477/o-stf-e-a-venda-sem-licitacao-de-imoveis-publicos.

14.4 USUCAPIÃO EXTRAJUDICIAL

A possibilidade de usucapião extrajudicial foi criada pela Lei nº 13.105, de 16-3-2015 (Código de Processo Civil – CPC), que introduziu na Lei nº 6.015, de 31-12-1973 (Lei de Registros Públicos – LRP), o art. 216-A. De acordo com esse dispositivo, o pedido e reconhecimento de usucapião pode ser feito diretamente no cartório imobiliário, sem participação do Judiciário, mas sendo necessária a presença de advogado (ou da defensoria pública) representando o interessado.

Essa modalidade de usucapião foi regulamentada inicialmente pelo Provimento CNJ nº 65, de 14-12-2017, e atualmente está nos arts. 398 a 423 do CNN/CN/CNJ-Extra,.

Como se pode observar da leitura das seções anteriores, a legislação está cada mais prestigiando o *silêncio* ou a *inércia* como fato não opositor para constituição e perda de direitos incidente sobre imóvel. Com a usucapião extrajudicial não é diferente: se a pessoa que figura no cartório imobiliário como proprietário (ou titular de algum outro direito) não se manifestar, poderá perder a propriedade (ou algum outro direito) relativo ao imóvel.

Portanto, somente em "caso de impugnação justificada do pedido de reconhecimento extrajudicial de usucapião, o oficial de registro de imóveis remeterá os autos ao juízo competente da comarca da situação do imóvel, cabendo ao requerente emendar a petição inicial para adequá-la ao procedimento comum, porém, em caso de impugnação injustificada, esta não será admitida pelo registrador, cabendo ao interessado o manejo da suscitação de dúvida nos moldes do art. 198 desta Lei" (§ 10 do art. 216-A da LRP, em redação dada pela Lei nº 14.382, de 27-6-2022).

Fora dessa hipótese, a tramitação do pedido de usucapião extrajudicial será no cartório imobiliário, que normalmente é mais rápida do que no Judiciário.

Há documentos que devem instruir o pedido de usucapião extrajudicial, de acordo com o art. 401 do CNN/CN/CNJ-Extra. Vejamos cada um deles.

Ata notarial

A ata notarial é um documento lavrado pelo tabelião de notas. No caso de usucapião extrajudicial, o objeto da ata notarial é atestar o tempo de posse. Contudo, o tabelião não pode simplesmente "afirmar" que a pessoa é possuidora de um imóvel, mas sim elaborar a ata notarial de acordo com as afirmações da pessoa que alega ser possuidora e documentos exigidos pelas normas.

A ata notarial para usucapião extrajudicial, por força do art. 402 do CNN/CN/CNJ-Extra, dever ser "lavrada pelo tabelião de notas do município em que estiver localizado o imóvel usucapiendo ou a maior parte dele".

O inciso I do art. 401 estabelece que a ata notarial deve conter "a qualificação, o endereço eletrônico, o domicílio e a residência do requerente e o respectivo cônjuge ou companheiro, se houver, e do titular do imóvel lançado na matrícula objeto da usucapião". Vejamos alínea por alínea o que a ata notarial deve atestar:

> *a*) a descrição do imóvel conforme consta na matrícula do registro em caso de bem individualizado ou a descrição da área em caso de não individualização, devendo ainda constar as características do imóvel, tais como a existência de edificação, de benfeitoria ou de qualquer acessão no imóvel usucapiendo;

Essa redação não nos dá a entender que é admissível a usucapião de imóvel sem registro. A redação do inciso IV do art. 3º do Provimento CNJ nº 65, de 14-12-2017, já revogado, era mais clara a esse respeito ("informação de que não se encontra matriculado ou transcrito"). Existe no texto atual a expressão "a descrição da área em caso de não individualização", mas isso parece se referir a lotes e terrenos (com ou sem construções), bem como a imóveis rurais. Levando em conta o número de imóveis sem registro regular ou sem qualquer registro, o correto deve ou deveria ser admitir – quando realmente for o caso – usucapião extrajudicial de imóveis sem matrícula ou qualquer registro. A questão é realmente delicada e talvez por isso a redação do art. 401, I, *a*, do CNN/CN/CNJ-Extra seja mais restritiva.

É verdade que no art.417 do próprio Provimento CNJ nº 149/2023 consta a expressão "O registro do reconhecimento extrajudicial da usucapião de imóvel implica abertura de nova matrícula". Esse dispositivo se refere apenas às hipóteses previstas nos §§ 1º e 2º? Parece que não. Há talvez um erro de técnica: se a abertura de nova matrícula fosse apenas para essas hipóteses, elas deveriam estar em incisos, e não em parágrafos, assim como a redação do *caput* deveria ser mais clara nesse sentido. Parágrafos servem para explicar (é o caso do § 3º do próprio art. 417) ou criar exceções ao disposto no *caput* ou em algum dos incisos.

Outra saída para resolver essa questão está no inciso II do § 1º do art. 413: "a identificação do imóvel usucapiendo com o número da matrícula, quando houver". Embora trate de ato de um procedimento específico (notificação por edital), uma interpretação sistemática e lógica deve ser no sentido de que há possibilidade de usucapião extrajudicial de imóvel sem matrícula ou qualquer registro. Deve-se verificar o que a norma da Corregedoria do Tribunal de Justiça do Estado de localização do imóvel dispõe a esse respeito.

Importante: a abertura de matrícula (aliás, a própria usucapião extrajudicial) poderá ser objeto de discussão posteriormente por quem se sentir prejudicado.

> *b*) o tempo e as características da posse do requerente e de seus antecessores;

A pessoa que pretende obter a propriedade via usucapião deve demonstrar que está na posse do imóvel durante determinado período de tempo, que depende da modalidade de usucapião, conforme vimos nas seções 1.5, 2.21, 3.14 e 14.1. Vimos as características e tipos de posse na seção 1.14. Deve ser feita uma descrição ou até mesmo contar a história da posse exercida pelo requerente.

c) a forma de aquisição da posse do imóvel usucapiendo pela parte requerente;

Deve ser mencionada a *causa* da posse: o requerente ingressou na posse por contrato verbal ou escrito? Quem era o possuidor anterior? Como ele obteve a posse? Ou o requerente apenas ocupou imóvel abandonado?

A maneira ou forma de aquisição da posse deve ser descrita e comprovada em usucapião extrajudicial tal como se comprova em usucapião judicial. Vide seções 1.5, 2.21, 3.14 e 14.1.

d) a modalidade de usucapião pretendida e sua base legal ou constitucional;

A ata notarial deve dizer qual o tipo (modalidade) de usucapião. Exemplo: usucapião extraordinário. Deve-se apontar qual o fundamento legal do pedido, mencionando o dispositivo de lei. O advogado certamente saberá fazer isso.

e) o número de imóveis atingidos pela pretensão aquisitiva e a localização: se estão situados em uma ou em mais circunscrições;

Como se vê, é possível aquisição de mais de um imóvel por meio de um único procedimento de usucapião extraordinário. O que não é possível é mais de um pedido de usucapião extrajudicial. É possível que mais de uma pessoa, em conjunto, efetuem um pedido para obter a copropriedade do imóvel (ex.: um casal).

f) o valor do imóvel; e

Deve ser colocado o valor correto do imóvel. Caso a norma da Corregedoria do Estado nada diga a respeito, pode ser usado o valor do IPTU ou do ITR.

g) outras informações que o tabelião de notas considere necessárias à instrução do procedimento, tais como depoimentos de testemunhas ou partes confrontantes.

Vários dados relevantes podem ser utilizados já na fase de elaboração da ata notarial que acompanhará a petição ao advogado. Outros documentos também serão necessários, como veremos adiante.

Planta e memorial descritivo do imóvel

O inciso II do art. 401 dispõe que a planta e o memorial descritivo devem ser "assinados por profissional legalmente habilitado e com prova da Anotação da Responsabilidade Técnica (ART) ou do Registro de Responsabilidade Técnica (RTT) no respectivo conselho de fiscalização profissional".

De acordo com o § 5º do art. 401, é "dispensada a apresentação de planta e memorial descritivo se o imóvel usucapiendo for unidade autônoma de condomínio edilício ou loteamento regularmente instituído, bastando que o requerimento faça menção à descrição constante da respectiva matrícula".

É interessante checar se as normas da Corregedoria estadual estabelecem exigências específicas ou contêm disposições mais detalhadas a respeito dessa questão.

O material deverá ser assinado "pelos titulares dos direitos registrados ou averbados na matrícula do imóvel usucapiendo ou na matrícula dos imóveis confinantes ou pelos ocupantes a qualquer título".

É obrigatório que as assinaturas sejam reconhecidas (autenticadas) em cartório, podendo ser por simples semelhança ou por autenticidade. Reconhecimento por semelhança é aquele em que a pessoa já compareceu no cartório (tabelionato) e tem a ficha registrada (em papel ou em meio eletrônico), e por autenticidade é aquele em que a pessoa assina o documento na frente do tabelião ou de escrevente (funcionário) autorizado do tabelião.

Justo título ou quaisquer outros documentos que demonstrem a origem, a continuidade, a cadeia possessória e o tempo de posse

Não basta alegar a existência da posse: é preciso demonstrar, é preciso provar que existe e existiu posse durante o período de tempo necessário.

O art. 410, § 1º, trata de alguns documentos que podem indicar ou comprovar a existência de posse com justo título. Mas isso não significa ou impede que outros documentos possam servir como justo título, nem que a existência de um deles constitua justo título: a análise será feita em cada caso concreto.

Nada impede que uma pessoa efetue, ao longo do tempo, diversos pedidos de *ata notarial* para que o tabelião constate que a pessoa está na posse de um imóvel, para posteriormente ingressar com o pedido de usucapião judicial ou extrajudicial. Aliás, esse procedimento é recomendado e tem força probatória significativa. Qualquer tabelião pode fazer esse trabalho. Para simples constatação de posse, no sentido de detenção física do imóvel, não é necessário que seja o do Município do imóvel. A restrição do art. 402 se aplica à ata notarial que será usada pelo advogado por ocasião do pedido de usucapião extraordinário perante o registrador imobiliário.

Não se recomenda, porém, que tabelião de outro Estado seja escolhido para fazer a constatação da posse: pode parecer suspeito ou estranho, embora, em tese, seja válido (salvo disposição contrária nas normas da Corregedoria estadual).

Isso não se confunde com a *justificação administrativa*, procedimento previsto no § 1º do art. 414. Por meio desse procedimento, o registrador de imóveis (e não o tabelião) ou funcionário habilitado pode até se dirigir ao local e comprovar que o requerente se encontra na posse do imóvel. Contudo, o mais adequado é que tudo já esteja provado por ocasião do ingresso do pedido perante o cartório imobiliário, de modo a evitar atraso e, especialmente, o indeferimento e arquivamento do pedido de usucapião extrajudicial.

Certidões negativas dos distribuidores da Justiça Estadual e da Justiça Federal

Vimos em várias seções deste livro que certidões pessoais do vendedor do imóvel são necessárias ou úteis para avaliar o risco de uma operação imobiliária.

A exigência no caso de pedido de usucapião extrajudicial é mais abrangente: devem ser obtidas certidões pessoais também do requerente (muitas vezes, ele foi comprador de uma posse, de direitos hereditários etc.), como veremos adiante.

As certidões referentes aos requerentes devem ser obtidas no foro "do local da situação do imóvel", obrigatoriamente "expedidas nos últimos 30 dias" anteriores ao pedido de usucapião extrajudicial que será efetuado perante o cartório imobiliário, em nome das seguintes pessoas:

- do requerente e respectivo cônjuge ou companheiro, se houver;
- do proprietário do imóvel usucapiendo e respectivo cônjuge; oucompanheiro, se houver;
- de todos os demais possuidores e respectivos cônjuges ou companheiros, se houver, em caso de sucessão de posse, que é somada à do requerente para completar o período aquisitivo da usucapião.

O objetivo é demonstrar que não há ações que configurem qualquer tipo de oposição à posse do imóvel ou direitos a ele correspondentes.

Descrição georreferenciada

Vimos na seção 1.12 o georreferenciamento como forma de identificar precisamente um imóvel rural. Vimos os prazos de adequação a esse sistema, que depende do tamanho do imóvel. Em breve, todos os imóveis rurais deverão estar georreferenciados para que seu registro esteja regular.

Assim, qualquer operação relativa à venda, doação etc. de imóvel em que se exija o georreferenciamento só será possível caso se faça ou já tenha sido feito o georreferenciamento. O mesmo ocorre, obviamente, no caso de usucapião extrajudicial.

Não vamos confundir a descrição do georreferenciamento com a certidão do Incra que ateste que o georreferenciamento já está cadastrado no sistema. Nada impede, porém, que desde logo se apresente a certidão do Incra.

Procuração, com poderes especiais para pedir usucapião extraordinário, para o advogado pelo requerente

Como vimos, o pedido de usucapião extrajudicial deve ser feito por advogado. Pode ser feito, também, pela defensoria pública ou por órgão similar (inclusive conveniados), nos termos em que esse serviço é oferecido. Assim, a procuração para o advogado será substituída por uma *declaração*, na qual a pessoa autoriza a defensoria pública a fazer o pedido de usucapião extrajudicial.

A procuração para o advogado e a declaração para a defensoria pública devem ser assinadas também pelo seu cônjuge ou companheiro. É muito comum que o casal faça o pedido em conjunto (caso em que ambos serão requerentes), mas também é comum que apenas uma das pessoas seja o requerente, nas hipóteses em que a outra pessoa não era cônjuge ou companheiro no início do cômputo do período para a posse, ou não conste do título de posse. De qualquer modo, o cônjuge ou companheiro deverá assinar a procuração ou declaração, como requerente ou não, mas há uma exceção: se o casamento tiver sido feito "sob o regime de separação absoluta de bens" (§ 4º do art. 401).

Certidão dos órgãos municipais e/ou federais que demonstre a natureza urbana ou rural do imóvel usucapiendo

De acordo com o art. 401, VIII, do Provimento CNJ nº 149/2023, as certidões que demonstrem se o imóvel é urbano ou rural devem ser apresentadas "nos termos da Instrução Normativa Incra nº 82/2015 e da Nota Técnica Incra/DF/DFC n. 2/2016, expedida até 30 dias antes do requerimento". Devem-se verificar essas normas, bem como se ainda estão em vigor e eventuais modificações.

A respeito de imóvel rural, assim dispõe o art. 416:

> "Art. 416. O registro do reconhecimento extrajudicial da usucapião de imóvel rural somente será realizado após a apresentação:
>
> I – do recibo de inscrição do imóvel rural no Cadastro Ambiental Rural (CAR), de que trata o art. 29 da Lei n. 12.651, de 25 de maio de 2012, emitido por órgão ambiental competente, esteja ou não a reserva legal averbada na matrícula imobiliária, fazendo-se expressa referência, na matrícula, ao número de registro e à data de cadastro constantes daquele documento;
>
> II – do Certificado de Cadastro de Imóvel Rural (CCIR) mais recente, emitido pelo Instituto Nacional de Colonização e Reforma Agrária (Incra), devidamente quitado; e
>
> III – de certificação do Incra que ateste que o poligonal objeto do memorial descritivo não se sobrepõe a nenhum outro constante do seu cadastro georreferenciado e que o memorial atende às exigências técnicas, conforme as áreas e os prazos previstos na Lei nº 10.267/2001 e nos decretos regulamentadores."

Como a exigência desses documentos não está no dispositivo referente aos documentos que devem ser apresentados pelo advogado por ocasião de ingresso do pedido no cartório imobiliário, pode-se concluir que eles devem ser apresentados em momento posterior.

Não vamos confundir o georreferenciamento já efetuado com a certidão do Incra exigida pelo art. 416, III: após o georreferenciamento feito pelo técnico, há procedimentos que devem ser adotados pelo proprietário do imóvel (ou pelo requerente de usucapião extrajudicial). Vide seções 1.12 e 1.13.

Caso o pedido efetuado perante o cartório imobiliário seja feito corretamente e não haja oposição de ninguém, o pedido de usucapião extraordinário será bem-sucedido e o requerente obterá a propriedade do imóvel.

Um problema que pode surgir é a existência de um credor da pessoa que conste como proprietária do imóvel:

> "Art. 411. A existência de ônus real ou de gravame na matrícula do imóvel usucapiendo não impedirá o reconhecimento extrajudicial da usucapião. Parágrafo único. A impugnação do titular do direito previsto no *caput* poderá ser objeto de conciliação ou mediação pelo registrador. Não sendo frutífera, a impugnação impedirá o reconhecimento da usucapião pela via extrajudicial."

Todo o sistema de reconhecimento de usucapião extrajudicial depende da ausência de litígio e de conflito de interesses. Se alguém se opõe, será necessário ir para o Judiciário. Por isso o registrador de imóveis deve se limitar a verificar se a documentação está em ordem ou se é necessário algum procedimento para complementar a documentação. Preenchidos os requisitos legais, o pedido deve ser atendido. Não há propriamente um "julgamento" por parte do oficial de registro imobiliário: um juiz "pode" julgar contra a lei ou contra as provas. O mesmo não ocorre com o registrador imobiliário.

A aquisição da propriedade imobiliária por usucapião é considerada originária e não derivada dos direitos do proprietário anterior (não é devido pagamento de ITBI por tal razão). Disso decorre que eventuais vícios na aquisição do proprietário anterior não prejudicam o novo proprietário. É como se a usucapião "apagasse" todos os problemas anteriores, inclusive ônus (ex.: hipoteca).

Contudo, há norma expressa a esse respeito no próprio Provimento nº 149/2023:

> "Art. 418. O reconhecimento extrajudicial da usucapião de imóvel matriculado não extinguirá eventuais restrições administrativas nem gravames judiciais regularmente inscritos.
>
> § 1º A parte requerente deverá formular pedido de cancelamento dos gravames e restrições diretamente à autoridade que emitiu a ordem.
>
> § 2º Os entes públicos ou credores podem anuir expressamente à extinção dos gravames no procedimento da usucapião."

Além disso, nada impede que alguém venha, posteriormente à aquisição do imóvel por usucapião extrajudicial, ingressar com ação judicial para desconstituir essa aquisição. Por isso é tão importante observar todos os requisitos exigidos pela norma, de modo a não deixar nenhuma falha que possa, posteriormente, prejudicar a propriedade obtida.

O ideal é, além da leitura dos referidos arts. 398 a 423 do Provimento CNJ nº 149/2023, conversar com o tabelião de notas da localidade do imóvel, bem como com o registrador do imóvel, para que se verifique exatamente o que está sendo exigido na prática.

A despeito da regulamentação do CNJ, podem existir normas do órgão do Tribunal de Justiça do Estado (normalmente a Corregedoria Geral de Justiça) estabelecendo requisitos e procedimentos adicionais ou mesmo maior detalhamento das regras do Provimento CNJ nº 149/2023.

Uma regra muito interessante, presente no art. 417 do Provimento nº 149/2023, é a possibilidade de obter a propriedade regularizada do imóvel até mesmo contra a legislação municipal (desde que não haja oposição do Município perante o cartório imobiliário durante a tramitação do pedido):

> "Art. 417. (...) § 3º A abertura de matrícula de imóvel edificado independerá da apresentação de habite-se."

Isso está de acordo com a jurisprudência do STJ a respeito de regularização de imóveis com violação da lei de zoneamento municipal, tal como vimos de forma mais detalhada na seção 11.6.

Uma pergunta interessante: por que esta seção sobre o tema *usucapião extrajudicial* está neste Capítulo sobre *regularização fundiária*? A resposta está na prática: usucapião tem sido usado como forma de regularização fundiária.

Contudo, nem sempre será possível obter a propriedade por meio de usucapião, tal como vimos na seção 1.14 (e ao longo deste livro), especialmente porque a questão possessória é complexa e há inúmeras particularidades nos vários casos concretos.

Em áreas urbanas ou rurais, nem tudo são flores. Não se deve utilizar usucapião, por exemplo, para evitar o pagamento do ITBI que seria devido na hipótese de uma aquisição normal por meio de compromisso de compra com posterior lavratura e registro de escritura pública.[26]

---

26 "Incidente de resolução de demandas repetitivas. Controvérsia a respeito da existência ou não de interesse processual nas ações de usucapião. Tese jurídica firmada: a) a hipótese de aquisição derivada da propriedade, por si só, não impede o ajuizamento da ação de usucapião, por falta de interesse de agir, se demonstrada a existência de um óbice concreto que inviabilize a transmissão da propriedade pelos meios jurídicos e/ou administrativos ordinários. b) é possível processar a ação de usucapião mesmo em caso de imóvel não matriculado, não desmembrado ou localizado em área não regularizada. c) à luz do princípio da boa-fé, cuidando-se de transmissão derivada da propriedade, e não havendo prova de empecilho à regularização registral do bem, é inviável processar a ação de usucapião quando evidenciado que a providência pode driblar as regras de parcelamento do solo e ilidir as custas (administrativas e tributárias) exigíveis para o recebimento do título no Ofício de Registro de Imóveis." (TJSC, Grupo de Câmaras de Direito Civil, Incidente de Resolução de Demandas Repetitivas (Grupo Civil/Comercial) 5061611-54.2022.8.24.0000, Rel. Helio David Vieira Figueira dos Santos, j. em 14-5-2025).

Há precedente do TJMG no sentido de que "A ação de usucapião não [é] a via adequada para a transferência de propriedade decorrente de sucessão de direitos hereditários. O princípio da *saisine*, disposto no art. 1.784 do Código Civil, elucida que aberta a sucessão, a herança transmite-se, desde logo, aos herdeiros legítimos e testamentários".[27] A lógica dessa decisão está baseada na situação jurídica do herdeiro: ele já é proprietário, pois o falecimento do proprietário anterior já transmitiu a propriedade e, por isso, o herdeiro não poderia pleitear aquisição da propriedade por usucapião.

Contudo, o próprio TJMG já afirmou que "O Superior Tribunal de Justiça já se posicionou no sentido de ser possível a usucapião de imóvel objeto de herança pelo herdeiro que tem sua posse exclusiva, desde que comprovados os requisitos legais atinentes à usucapião: posse exclusiva (exercida por si mesmo), com efetivo *animus domini*, pelo prazo determinado em lei, e sem qualquer oposição dos demais proprietários".[28]

Qual posição está tecnicamente correta? Vamos imaginar uma hipótese muito comum na prática: o falecimento de um proprietário de imóvel rural, que deixa alguns herdeiros, cada um na posse de partes específicas do imóvel. Não se realiza ou não se termina o inventário por qualquer razão. Teoricamente, todos são proprietários de partes ideais do imóvel (vide seção 1.10) e possuidores de partes específicas. Parece claro que a obtenção da propriedade decorrente da posse de área específica deve ser admitida. E mais: uma pessoa que tiver adquirido a posse de área específica de um dos herdeiros, preenchidos os requisitos legais, terá direito a obter a propriedade via usucapião.

Não faz sentido restringir a possibilidade de obtenção da propriedade via usucapião por simples suspeita de que o possuidor está agindo com má-fé, tentando burlar o pagamento de ITBI ou ITCMD (vide Capítulo 7). Se isso for demonstrado no curso do processo judicial ou procedimento extrajudicial, realmente é o caso de negar provimento.

Enfim, como vimos ao longo deste livro, não se pode ter certeza (absoluta) de quase nada – apenas se deve tomar cautelas para reduzir o risco de operações imobiliárias.

A respeito do prazo de posse para fins de usucapião, vide seção 1.5.

No que se refere à aquisição de imóvel de proprietário que adquiriu o imóvel por meio de usucapião, vide seção 2.21.

---

27 TJMG, 16ª Câmara Cível Especializada, Apelação Cível 1.0000.25.133380-3/001, Rel. Des. Marcos Henrique Caldeira Brant, j. em 23-7-2025.

28 TJMG, 21ª Câmara Cível Especializada, Apelação Cível 1.0000.25.157746-6/001, Rel. Des. Adriano de Mesquita Carneiro, j. em 30-7-2025.

PEQUENO GLOSSÁRIO DE TERMOS TÉCNICOS E SIGLAS UTILIZADOS

UMA PALAVRA, UMA EXPLICAÇÃO

Embora seja um livro jurídico, o presente livro tem a intenção, a pretensão e a ousadia de tentar ser acessível a pessoas que não tenham formação jurídica.

Não é uma tarefa fácil escrever de modo que possam pessoas sem formação jurídica compreender detalhes de questões jurídicas aprofundadas (caso contrário, não seria necessária a existência de faculdades de direito, bastaria a leitura das leis!).

Para tentar aumentar o grau de compreensão das pessoas sem formação jurídica, elaborei um pequeno glossário de termos técnicos e de siglas que utilizei ao longo do livro ou que foram utilizados pelas várias decisões judiciais que transcrevi em notas de rodapé. Deixei de incluir nesse pequeno glossário termos cuja explicação encontra-se no próprio texto do livro.

Longe de ser uma aula de direito, o glossário é só um instrumento para ajudar o leitor. As definições que dei aos termos são definições singelas e em linhas muito gerais. Deixei de lado controvérsias existentes e procurei dar um sentido técnico-jurídico geral aos termos, evitando divagações ou exceções pertinentes a cada um deles. Não é objetivo deste livro, muito menos neste pequeno glossário, criar ou defender "teses", mas apenas fazer com que o leitor leigo entenda melhor o conteúdo da obra.

Além disso, o glossário funciona como um ÍNDICE ALFABÉTICO-REMISSIVO, pois em vários verbetes há remissões para as seções em que a matéria é tratada.

AÇÃO CAUTELAR. Vide seção 3.14.

AÇÃO DE CONSIGNAÇÃO EM PAGAMENTO. Meio pelo qual o devedor deve utilizar para pagar sua dívida e extinguir sua obrigação diante da negativa do credor em aceitar o pagamento. Vide seções 12.9 e 3.14.

AÇÃO REVISIONAL. Vide seção 3.14.

ACÓRDÃO. Decisão judicial proferida por um órgão colegiado (ex.: Tribunal). Normalmente, o acórdão é proferido por um órgão fracionário de um Tribunal (ex.: Segunda Turma do Superior Tribunal de Justiça).

AD CORPUS. Modalidade de compra e venda na qual a área do imóvel é apenas enunciativa, aproximada ou exemplificativa. Vide seção 1.3.

AD MENSURAM. Modalidade de compra e venda na qual a área do imóvel mencionada no título é relevante e essencial ao negócio. Vide seção 1.3.

ADJUDICAÇÃO COMPULSÓRIA. Vide seções 8.2 e 8.3.

AFORAMENTO. Vide seção 2.10.

AGRAVO. Recurso cabível contra decisão proferida por MAGISTRADO que julgou isoladamente alguma questão. Há vários tipos de agravos. Vide AGRAVO DE INSTRUMENTO (AI).

AGRAVO DE INSTRUMENTO (AI). Modalidade de AGRAVO, por meio do qual o Tribunal irá apreciar uma QUESTÃO surgida no bojo de um processo antes da decisão final por parte do juiz ou do tribunal inferior apreciar o pedido principal. Em outra modalidade, é o recurso cabível para que o RE ou o REsp que foram retidos pelo Presidente do TRIBUNAL DE APELAÇÃO possam ser apreciados pelo STF ou pelo STJ, respectivamente.

ALIENAÇÃO. Vocábulo genérico, que abrange a doação, a venda, a dação em pagamento ou qualquer outra modalidade por meio da qual alguém se desfaz de bem móvel ou imóvel.

ALIENAÇÃO FIDUCIÁRIA. Mecanismo de garantia de crédito, prevista em leis específicas. Por meio da ALIENAÇÃO FIDUCIÁRIA, o devedor transmite a propriedade do bem móvel ou imóvel ao credor, que a manterá até a dívida seja paga. Vide seções 1.9 e 12.5.

AMORTIZAÇÃO NEGATIVA. Vide seção 12.7.

ANATOCISMO. Vide seção 12.7.

ANTECIPAÇÃO DE TUTELA. Vide TUTELA ANTECIPADA.

ANTICRESE. Vide seção 2.11.

APELAÇÃO. Recurso cabível contra SENTENÇA proferida por juiz de PRIMEIRO GRAU.

ÁREA DE PRESERVAÇÃO PERMANENTE (APP). Vide seção 11.7.

ARREPENDIMENTO. Vide DIREITO DE ARREPENDIMENTO.

ARRESTO. Medida de apreensão de bens, semelhante à PENHORA. O ARRESTO, porém, é realizado antes da CITAÇÃO no PROCESSO DE EXECUÇÃO.

ASSEMBLEIA DE CONDOMÍNIO. Vide seção 9.8.

ASSOCIAÇÃO DE MORADORES. Entidade que pode ou não se constituir como pessoa jurídica. Não se confunde com o condomínio tratado na seção 9.8. Vide seção 11.6.

ATIVISMO JUDICIAL. Prática – muitas vezes carregada de boas intenções –, consistente no descumprimento da legislação por parte de juízes e tribunais. O ativismo judicial, embora aplaudido por grande parte da população brasileira, é extremamente prejudicial à segurança jurídica, o que provoca danos imensuráveis à economia e aos investimentos no Brasil. Inexiste ativismo judicial significativo em países desenvolvidos. No passado, o ativismo judicial era visto como progressista, sendo chamado de "direito alternativo" ou "direito achado na rua", pois supostamente se deixaria de aplicar leis que, no entender do Juiz, seriam "injustas". A prática do ativismo judicial é altamente controvertida e não são poucas as pessoas que negam sua existência, afirmando que há "interpretação" e não literal violação da lei. O ativismo judicial torna o sistema jurídico brasileiro ainda mais caótico.

AUTOR. Pessoa que propõe ação judicial.

AUTORIZAÇÃO DE USO SUSTENTÁVEL. Vide seção 2.36.

CADASTRO DO IMÓVEL RURAL. Vide CAR. Vide CCIR.

CAR. Sigla de Cadastro Ambiental Rural. Vide seção 1.13. Não confundir com o CCIR, nem com o Sistema de Gestão Fundiária (SIGEF) do INCRA tratado na seção 1.12. Vide seções 1.3, 1.11 e 11.4.

CARTA DE ARREMATAÇÃO. Documento expedido pelo juiz para que o arrematante, a pessoa que adquiriu bem em leilão judicial ou hasta pública, venha a se tornar proprietário. No caso de um imóvel, o arrematante somente se tornará proprietário quando registrar sua carta de arrematação no cartório imobiliário.

CARTÓRIO. Palavra com significado amplo e popular. Cartório é qualquer local onde são feitos registros de acesso público em razão de delegação do Estado. Podem ser judiciais (ex.: secretaria da Vara) e extrajudiciais (ex.: cartório de registros de imóveis). As funções de notas e registros, que são praticadas nos cartórios extrajudiciais, devem ser delegadas pelo Poder Público a particulares, mediante concurso público.

CARTÓRIO IMOBILIÁRIO. Local onde são registrados e averbados os imóveis de uma determinada circunscrição e os atos pertinentes. Esses atos são praticados pelo REGISTRADOR DE IMÓVEIS (ou por seus prepostos), que é a pessoa que obteve a delegação dessa função pública e mantém o cartório mediante recebimento de emolumentos. Pelas razões constantes na Seção 1.15, cada CARTÓRIO IMOBILIÁRIO terá um número identificador próprio.

CAUTELAR. Processo instaurado ou decisão proferida para se proteger um direito que está ou será discutido em juízo. Por meio da cautelar pode-se até mesmo dar ao requerente o que ele pede, mas em regra é concedido a ele algo que proteja seu suposto direito de perecimento, até que decisão final aprecie o MÉRITO do seu pedido.

CCIR. Sigla de Certificado de Cadastro de Imóvel Rural. Vide seções 1.3, 1.11 e 11.4.

CERTIDÃO DE ÔNUS. Nome popular da certidão que pode ser obtida no CARTÓRIO IMOBILIÁRIO, na qual estará contada a história do imóvel, com registros e averbações. Vide seções 1.1 a 1.4 e 3.12.

CERTIDÃO DE RECONHECIMENTO DE OCUPAÇÃO. Vide seção 2.36.

CERTIDÃO DE REGULARIZAÇÃO FUNDIÁRIA. Vide seção 2.31.

CESSÃO DE DIREITOS DE COMPROMISSO DE COMPRA E VENDA. Vide seção 8.4.

CESSÃO DE DIREITOS HEREDITÁRIOS. Vide seção 2.19.

CGJ. Sigla de Corregedoria Geral de Justiça. A CGJ é órgão que pode ser criado pelo Tribunal de Justiça de cada Estado, de acordo com seu regimento interno. Os tribunais de justiça dos Estados têm função de fiscalização e correição dos serviços registrais e notariais, razão pela qual se atribuíram o poder de regulamentar essas atividades por meio de atos administrativos. Em geral, esses atos são praticados por meio de provimentos da CGJ, válidos no âmbito estadual.

CITAÇÃO. Ato judicial pelo qual alguém é chamado ao processo para se defender.

CMN. Sigla de Conselho Monetário Nacional.

CND. Sigla de Certidão Negativa de Débito. A CND deve ser obtida para prática de determinados atos previstos em lei. No âmbito federal, a "certidão específica" e a "certidão conjunta", previstas na Portaria Conjunta PGFN/RFB nº 1.751/2014, substituem as antigas "CND do INSS" e certidão negativa expedida pela Receita Federal. Estados e Municípios também expedem CND, em relação aos seus tributos, nos termos da legislação própria. Vide seções 5.3 e 7.6.

CNJ. Sigla usada para o Conselho Nacional de Justiça, bem como para a Corregedoria Nacional de Justiça e para o Corregedor Nacional de Justiça, que são órgãos do Conselho Nacional de Justiça. Há diversas normas do CNJ versando sobre direito registral e notarial. Essas normas são de grande importância prática. A Corregedoria Nacional de Justiça é um órgão monocrático, composto por um Ministro do STJ, com mandato fixo e determinado. Ele edita os vários "Provimentos CNJ" mencionados neste livro. A sigla CN-CNJ tem sido usada para evitar essa confusão: CN de Corregedoria Nacional. O certo seria, então, que os provimentos CNJ fossem nomeados como "Provimento CN-CNJ".

CNM. Sigla de Código Nacional de Matrículas, previsto no art. 235-A da Lei de Registros Públicos, incluído pela Lei nº 13.465, de 11-7-2017, e no Provimento CNJ nº 89, de 18-12-2019. Vide seção 1.1.

CNN/CN/CNJ-EXTRA. Sigla de Código Nacional de Normas da Corregedoria Nacional de Justiça do Conselho Nacional de Justiça – Foro Extrajudicial. Conhecido como Provimento nº 149 do CNJ ou Código Nacional de Normas – Extra, trata-se de norma com altíssimo grau de efetividade em matéria de registros públicos. Tende a prevalecer, na prática, em relação a outras normas, caso seja suscitado conflito entre elas.

COISA. Normalmente, coisa é palavra usada para designar bem móvel. O Código Civil trata coisa como bem móvel ou imóvel.

COMODATO. Empréstimo gratuito. Se há pagamento pela utilização do bem, não há comodato, mas locação.

COMPONENTE INDÍGENA. Vide TERRAS INDÍGENAS.

COMPROMISSÁRIO COMPRADOR. Aquele que se compromete a celebrar um contrato de compra e venda como comprador. Vide Capítulo 8.

COMPROMISSÁRIO VENDEDOR. Aquele que se compromete a celebrar um contrato de compra e venda como vendedor. Vide Capítulo 8.

COMPROMISSO DE COMPRA E VENDA. É um contrato por meio do qual as partes se comprometem a celebrar, no futuro, um contrato de compra e venda. Em geral, o COMPROMISSO DE COMPRA E VENDA é feito por meio de um INSTRUMENTO PARTICULAR (vide capítulo 8) e o contrato de compra e venda será feito por meio de instrumento público (vide seção 1.3). O chamado CONTRATO DE GAVETA pode ser um COMPROMISSO DE COMPRA E VENDA ou uma CESSÃO DE DIREITOS DE COMPROMISSO DE COMPRA E VENDA. Vide Capítulo 8.

CONCESSÃO DE DIREITO REAL DE USO. Vide seção 2.29.

CONCORDATA. Denominação antiga de RECUPERAÇÃO JUDICIAL. Vide seção 5.7.

CONDOMÍNIO. Vide seções 1.10, 9.8 e 11.5.

CONDOMÍNIO ATÍPICO. Vide seção 11.5.

CONDOMÍNIO COMUM. Vide seções 1.10 e 9.8.

CONDOMÍNIO DE CASAS. Vide seção 11.5.

CONDOMÍNIO DE LOTES. Vide seção 11.5.

CONDOMÍNIO EDILÍCIO. Vide seção 9.8.

CONDOMÍNIO ESPECIAL. Termo utilizado pela doutrina para se diferenciar do CONDOMÍNIO COMUM. Não se confunde com a MULTIPROPRIEDADE, embora ela possa coexistir em um mesmo empreendimento com o CONDOMÍNIO EDICÍLIO. Vide seção 9.8.

CONDOMÍNIO FECHADO. Vide seção 11.5.

CONDOMÍNIO IRREGULAR. Vide seção 11.6.

CONDOMÍNIO VOLUNTÁRIO. Vide seções 1.10 e 9.8.

CONTROLE DE ACESSO. Vide seção 11.5.

CONSTITUCIONALIDADE. Característica de algo que está de acordo com a Constituição.

CONSTITUIÇÃO FEDERAL. Nome pelo qual é designada correntemente a Constituição da República Federativa do Brasil, que é a lei suprema do nosso país. Qualquer ato, ainda que na forma da lei, que violar a Constituição é inválido.

CONTESTAÇÃO. Meio pelo qual o réu fará sua defesa em uma ação judicial. Em geral, a CONTESTAÇÃO é feita por meio escrito, em peça elaborada e assinada por advogado. Vide seção 3.14.

CONTRATO. Acordo entre pessoas que tem por finalidade alterar, criar ou extinguir direitos. Em certos casos, o contrato deve ser realizado na forma escrita para ser válido, ou mesmo ser formalizado mediante ato de um tabelião.

CONTRATO DE GAVETA. Vide seção 12.3.

CORREGEDORIA. Neste livro, trata-se do órgão do TRIBUNAL DE JUSTIÇA com competência para editar normas a respeito de procedimentos de registradores e notários. Essas normas são de grande importância. Formalmente, os provimentos da corregedoria estadual estão hierarquicamente abaixo das leis federais. Na prática, prevalece a interpretação das leis federais pelos provimentos do CNJ e da corregedoria estadual quanto a atos praticados por registradores e notários, uma vez que a fiscalização (eventualmente, punição) é feita por esses órgãos. Assim, registradores e notários seguem o disposto nas normas do CNJ e da Corregedoria Estadual respectiva.

COVID-19. Vide PANDEMIA DE COVID-19.

CPC. Sigla de Código de Processo Civil. Pode se referir à Lei nº 5.869, de 11-1-1973 (CPC/73) ou à Lei nº 13.105, de 16-3-2015 (CPC/2015). O CPC regula o PROCESSO CIVIL.

CSM-SP. Sigla de Conselho Superior da Magistratura do Estado de São Paulo, órgão do Tribunal de Justiça do Estado de São Paulo que tem como uma de suas competências a de julgar a APELAÇÃO contra a SENTENÇA proferida por juiz de primeiro grau que apreciou o processo de DÚVIDA suscitado pelo REGISTRADOR IMOBILIÁRIO.

CTN. Lei nº 5.172, de 25-10-1966 (Código Tributário Nacional), que trata de normas gerais a respeito de direito tributário.

DEBÊNTURE. Vide seção 2.13.

DECISÃO INTERLOCUTÓRIA. Decisão que aprecia uma questão que surgiu no curso de um processo.

DECRETO. Norma expedida pelo chefe do Poder Executivo (Presidente, Governadores e Prefeitos). O decreto pode ser regulamentador, caso em que regulamenta o disposto em uma lei, ou pode ser referente ao exercício de uma competência estabelecida diretamente pela Constituição. Mesmo neste último caso, encontra-se o chefe do Poder Executivo sujeito a eventuais limitações de lei que não seja INCONSTITUCIONAL.

DEMARCAÇÃO URBANÍSTICA. Vide seção 2.30.

DESCONSIDERAÇÃO DA PERSONALIDADE JURÍDICA. Embora a regra geral seja no sentido de que as pessoas físicas sócias ou administradoras não respondam pelas obrigações da pessoa jurídica, pode haver desconsideração da personalidade da pessoa jurídica para fins de responsabilizar as pessoas físicas. Vide seção 3.6.

DESDOBRAMENTO. Um lote pode ser desmembrado em dois ou mais, atendidos os requisitos legais. Vide seção 11.3.

DESEMBARGADOR. Título conferido constitucionalmente a membro de TRIBUNAL DE JUSTIÇA, que é o órgão de cúpula do Judiciário Estadual. Recentemente, por meio de resoluções próprias, os TRFs conferiram aos seus componentes o título de "Desembargador Federal".

DETENÇÃO. Trata-se de mera situação fática. A detenção não se confunde com a POSSE, pois a POSSE é juridicamente protegida. Não tem POSSE, mas apenas detenção, a pessoa que invade de forma violenta um imóvel e lá permanece sob permanente oposição do proprietário ou possuidor do imóvel. Também é mero detentor o caseiro de um sítio, já que ele apenas está lá por conta e no interesse de outra pessoa, no caso, o proprietário ou possuidor do sítio.

DIREITO DE ARREPENDIMENTO. Em certas hipóteses, é possível desistir de um negócio. Normalmente, essa possibilidade ensejará a obrigação do pagamento de uma indenização. Há casos, porém, em que não existe o DIREITO DE ARREPENDIMENTO, exatamente porque a parte contrária tem o direito de receber exatamente aquilo que foi contratado. Vide seções 8.1 e 9.10.

DIREITO DE LAJE. Vide seção 2.35.

DIREITO PESSOAL. Direito válido entre duas PARTES, mas não em face de terceiras pessoas (ex.: salvo hipóteses específicas, um contrato de locação não é válido contra a pessoa que comprou o imóvel locado, podendo o inquilino ser despejado pelo novo proprietário).

DIREITO REAL. Direito válido em face de quaisquer pessoas (ex.: a propriedade é um direito real, pois não só o vendedor, mas também todas as pessoas são obrigadas a respeitá-la: caso violada, pode o proprietário propor a medida judicial cabível para fazer valer seu direito). Se o comprador adquirir um bem imóvel sobre o qual incide um direito real (ex.: HIPOTECA), ficará sujeito às consequências do exercício desse direito por parte do seu titular.

DISTRATO. Tecnicamente, é o término do contrato por mútuo consentimento. Popularmente, é o direito de terminar o contrato, especialmente por meio judicial. Ver DIREITO DE ARREPENDIMENTO.

DNRC. Sigla de Departamento Nacional de Registro do Comércio. Órgão de caráter nacional, o DNRC era tecnicamente superior às Juntas Comerciais, que são responsáveis pelo registro dos empresários e das sociedades empresárias. Ainda há normas válidas e eficazes do DNRC, que foi substituído pelo DREI.

DOMÍNIO. O Código Civil utiliza os vocábulos DOMÍNIO e PROPRIEDADE com o mesmo significado. Há uma sutil diferença, que só interessa a pessoas que estudam direito civil com muita profundidade: DOMÍNIO é o poder que alguém exerce sobre um bem. PROPRIEDADE é o direito juridicamente protegido.

DOUTRINA. Os livros, pareceres, artigo e demais manifestações dos juristas são considerados doutrina jurídica e exercem importante papel na interpretação das leis. Evidentemente, a doutrina pode ser, tal como ocorre com a JURISPRUDÊNCIA, unívoca ou altamente controvertida.

DREI. Sigla de Departamento Nacional de Registro Empresarial e Integração. Órgão com poder normativo em matéria de registro de empresas, sucessor do DNRC.

DÚVIDA. Se o oficial do cartório solicitar a apresentação de algum documento para que um TÍTULO seja registrado, a pessoa que solicitou o registro tem duas alternativas: apresentar o documento solicitado ou requerer que o oficial apresente ao juiz a dúvida. A dúvida constituirá um processo administrativo, por meio do qual o juiz irá apreciar se o documento solicitado pelo oficial do cartório era exigível e necessário para o registro do título ("dúvida julgada procedente") ou não ("dúvida julgada improcedente"). Se a dúvida for procedente, a pessoa que solicitou o registro perderá a PRIORIDADE. Vide seção 1.7.

ENFITEUSE. Vide seção 2.10.

EMBARGOS À ARREMATAÇÃO OU À ADJUDICAÇÃO. Vide seções 2.20 e 3.14.

EMBARGOS À EXECUÇÃO. Ação por meio da qual alguém se opõe a uma EXECUÇÃO. Vide seção 3.14.

EMBARGOS DE DECLARAÇÃO. Recurso dirigido ao órgão que houver prolatado a decisão recorrida. É cabível contra omissão, obscuridade ou contradição existente em decisão judicial. Não é cabível para nova apreciação do julgamento, esclarecimentos de dúvidas pessoais a respeito da decisão ou para pedido de análise ou reanálise de argumentos, mas apenas para suprimento de uma decisão imperfeita.

EMBARGOS DE TERCEIRO. Ação por meio da qual alguém defende sua POSSE ou propriedade de um ato de constrição (ex.: PENHORA). Os embargos de terceiro são ajuizados por pessoa que não é PARTE no processo judicial que originou a constrição. Vide seção 3.14.

EMBARGOS DO DEVEDOR. O mesmo que EMBARGOS À EXECUÇÃO.

EMENTA. Trata-se do resumo de uma decisão judicial.

EMPRESA. Existem três definições possíveis (três *perfis* do que seja empresa). Em linhas muito gerais, empresa é a atividade de organização da atividade econômica; é o conjunto de bens utilizados ou o local onde essa atividade econômica é realizada; ou é a pessoa jurídica que exerce a atividade econômica como empresária.

EMPRESÁRIO. Vide definição jurídica do que seja empresário no Capítulo 4. Ao contrário do que se diz na linguagem popular, juridicamente o sócio de uma sociedade empresária não é empresário. Nesse caso, é a pessoa jurídica o empresário.

EMPRESÁRIO INDIVIDUAL. Pessoa física que realiza a atividade empresarial.

ESCRITURA PÚBLICA. Documento produzido pelo TABELIÃO. Alguns atos somente serão válidos se realizados na forma de ESCRITURA PÚBLICA. Vide seção 1.3.

ESTABELECIMENTO. Tecnicamente, é o conjunto de bens que o empresário utiliza no exercício de sua atividade empresarial. Também significa local onde essas atividades são realizadas.

EXECUÇÃO. Vide PROCESSO DE EXECUÇÃO.

EXECUÇÃO EXTRAJUDICIAL. Meio de EXECUÇÃO que não será processado pelo Judiciário, conforme exposto na seção 12.12. A EXECUÇÃO EXTRAJUDICIAL deve obedecer ao disposto em lei, caso contrário o prejudicado poderá ingressar com ação judicial (vide seção 3.14).

EXECUÇÃO FISCAL. Meio processual de cobrança de crédito das pessoas jurídicas de direito público (União, Estados, Distrito Federal, Municípios e autarquias).

EXECUTADO. É o RÉU em um PROCESSO DE EXECUÇÃO.

EXEQUENTE. O AUTOR em uma execução é chamado de exequente. É a pessoa que move o PROCESSO DE EXECUÇÃO.

FALÊNCIA. Em sentido jurídico, falência é uma situação jurídica que decorre de uma situação de INSOLVÊNCIA financeira. Nem sempre a INSOLVÊNCIA leva à falência.

FASE DE CUMPRIMENTO DA SENTENÇA. Semelhante ao antigo "processo de execução por título judicial". Trata-se do conjunto de atos judiciais para efetivar a SENTENÇA, caso o RÉU não a cumpra de forma espontânea. Exemplos: PENHORA e VENDA JUDICIAL de bens, ordem para REINTEGRAÇÃO DE POSSE.

FCVS. Sigla de Fundo de Compensação de Variações Salariais. Vide seção 12.4.

FIRMA INDIVIDUAL. Pessoa física que tem registro como empresário na JUNTA COMERCIAL. Pode significar também o NOME empresarial do EMPRESÁRIO INDIVIDUAL.

FÓRUM. Prédio onde são realizadas as atividades judiciais.

FRAÇÃO MÍNIMA DE PARCELAMENTO. Vide seção 11.4.

GEORREFERENCIAMENTO. Sistema de identificação de imóveis rurais por meio de coordenadas obtidas pelo Sistema de Navegação Global por Satélite. Substitui o sistema de "descrição" de limites de lotes ou glebas de terras, que apresentavam (e ainda apresentam) inúmeros problemas, especialmente de superposição. Vide CAR e CCIR. Vide Seções 1.12 e 11.7.

GLEBA. Pedaço de terra, maior que o lote.

HASTA PÚBLICA. O item 26 do inciso I do art. 167 da LRP utiliza a expressão HASTA PÚBLICA em vez de LEILÃO. Antes do CPC/2015, era utilizada a palavra LEILÃO apenas para a venda judicial de bens móveis. Para bens imóveis, a expressão utilizada era venda em HASTA PÚBLICA. Vide seção 2.20.

HERMENÊUTICA. Método ou ciência de interpretação das leis. Muitas vezes as leis não são claras ou há contradições entre elas. É preciso que a legislação seja interpretada para que se possa extrair o direito a ser aplicado a cada caso concreto. Há regras de HERMÊUTICA para tanto. A interpretação pode ser simplesmente *gramatical*, na hipótese em que basta a leitura do texto da lei para que dele se compreenda o significado exato. Mas nem sempre isso ocorre. Pode ser necessária a interpretação *sistemática*, por meio da qual a lei ou o dispositivo da lei será interpretado de acordo com outras leis ou princípios jurídicos. Há outras técnicas de interpretação de leis.

HIPOTECA. Vide seção 2.2.

IMPOSTO DE RENDA. Vide seção 7.7.

INCONSTITUCIONAL. Diz-se que é inconstitucional qualquer lei ou ato que contrarie a Constituição Federal. No Brasil, infelizmente, não existe o controle prévio de constitucionalidade de leis efetuado pelo Judiciário, isto é, a análise prévia da constitucionalidade de projetos de leis é feita por comissões do Congresso Nacional, que não vincula (nem poderia) o Judiciário. O Judiciário apenas aprecia a constitucionalidade das leis após sua aprovação, o que gera uma insegurança jurídica significativa, pois quase sempre há a possibilidade de se questionar a constitucionalidade de leis que foram validamente aprovadas pelo Congresso Nacional e sancionadas pelo Presidente da República.

INDISPONIBILIDADE DE BENS. Vide seções 2.34 e 2.36.

INFRAÇÕES AO MEIO AMBIENTE. Vide seção 11.7.

INSCRIÇÃO DE OCUPAÇÃO. Vide OCUPAÇÃO PRECÁRIA.

INSCRIÇÃO PRECÁRIA. Vide OCUPAÇÃO PRECÁRIA.

INSOLVÊNCIA. Situação econômica na qual uma pessoa tem mais dívidas do que bens. A insolvência não precisa ser decretada para gerar consequências jurídicas.

INSTRUÇÃO NORMATIVA. Ato proferido por autoridade administrativa, tendo como objeto a execução e a regulação de forma detalhada de determinadas situações e desdobramentos que não foram previstos especificamente pela lei ou pelo decreto regulamentador. A instrução normativa não pode contrariar as normas superiores (Constituição, Lei e Decreto), nem pode criar exigências sem amparo legal. Na prática, porém, a Instrução Normativa pode prevalecer, sendo a norma normalmente mais utilizada pelos agentes públicos no quotidiano.

INSTRUMENTO PARTICULAR. Qualquer documento que não é feito pelo TABELIÃO, mas sim por uma pessoa que não é agente público. Vide seção 1.3.

INSTRUMENTO PÚBLICO. O mesmo que ESCRITURA PÚBLICA.

INVENTÁRIO. Vide seção 2.19.

IPHAN. Vide seção 11.7.

ITBI. Sigla de Imposto de Transmissão de Bens Imóveis. Vide seções 7.1 a 7.4.

ITR. Sigla de Imposto Territorial Rural. Vide seções 1.3, 1.11 e 7.6.

JUNTA COMERCIAL. Órgão responsável pelo registro de empresários e de sociedades empresárias. Vide DNRC.

JURISPRUDÊNCIA. No passado, jurisprudência significava a própria ciência jurídica. Hoje essa palavra é utilizada para designar o conjunto de decisões judiciais proferidas pelos tribunais. Esse conjunto pode ser harmônico ou não.

JURISPRUDÊNCIA DOMINANTE. Caso a maior parte das decisões sobre determinada questão seja em determinado sentido, diz-se que esse sentido constitui jurisprudência dominante. Em regra, os juízes seguem a jurisprudência dominante.

JURISPRUDÊNCIA MAJORITÁRIA. O mesmo que JURISPRUDÊNCIA DOMINANTE.

JURISPRUDÊNCIA MINORITÁRIA. Trata-se de uma orientação em cujo sentido, a respeito de determinada questão, há um número menor de decisões judiciais em relação ao número de decisões judiciais em sentido oposto.

JURISPRUDÊNCIA PACÍFICA. Quando os tribunais estão julgando uma questão em determinado sentido diz-se que, a respeito dessa questão, a jurisprudência é pacífica.

JURISPRUDÊNCIA UNÂNIME. Quando, em determinada questão, não existem decisões em sentidos distintos, diz-se que a jurisprudência é unânime.

JUROS. Vide TAXA DE JUROS.

JUROS CAPITALIZADOS. Vide seção 12.7.

JUROS COMPOSTOS. Vide seção 12.7.

JUSTIÇA COMUM. Órgãos judiciários que não apreciam matéria eleitoral, militar ou trabalhista. A expressão é dúbia, ora abrangendo também os órgãos da JUSTIÇA FEDERAL que não apreciam matéria eleitoral, militar ou trabalhista, ora abrangendo apenas os órgãos da JUSTIÇA ESTADUAL que não apreciam matéria eleitoral, militar ou trabalhista.

JUSTIÇA ESTADUAL. Órgãos judiciários estaduais. Existe a Justiça Comum Estadual, composta por juízes de direito e DESEMBARGADORES, e a Justiça Estadual especializada, que é a Justiça Militar Estadual, que aprecia certos crimes praticados pelos policiais militares.

JUSTIÇA FEDERAL. É composta de juízes federais e de tribunais regionais federais, ou seja, órgãos judiciários federais que não apreciam matéria eleitoral, militar ou trabalhista. Em regra, ações em que for parte a União, autarquias e empresas públicas federais serão julgadas pela Justiça Federal. Observe-se que a Justiça Militar, a Justiça Eleitoral, a Justiça Federal e os juízes e o Tribunal de Justiça do Distrito Federal são mantidos pela União, mas não fazem parte, organicamente, do que é chamado de Justiça Federal.

LEGITIMAÇÃO DA POSSE. Meio de obtenção de título de POSSE de áreas de até cem hectares localizadas em terras públicas rurais da União, de acordo com o art. 29 da Lei nº 6.383, de 7-12-1976, regulamentado pela Instrução Normativa INCRA nº 45, de 26-5-2008. Não se confunde com a INSCRIÇÃO DE OCUPAÇÃO. Com o advento da Medida Provisória nº 459, de 25-3-2009, convertida na Lei nº 11.977, de 7-7-2009, passou a incidir também sobre imóveis urbanos. Vide seções 1.14 e 2.30.

LEGITIMAÇÃO FUNDIÁRIA. Vide seções 2.31 e 14.3.

LEILÃO. Vide HASTA PÚBLICA. Vide seção 2.20.

LEILÃO EXTRAJUDICIAL. Vide seção 12.12.

LIMINAR. Decisão judicial proferida em caráter provisório, antes do julgamento final.

LIMITAÇÕES AMBIENTAIS. Vide seção 11.7.

LOCADOR. É a pessoa que, sendo proprietário ou possuidor de um imóvel, celebra contrato para que o LOCATÁRIO utilize o imóvel mediante pagamento. O locador é popularmente chamado de *senhorio*.

LOCATÁRIO. É a pessoa que, mediante contrato e pagamento, utiliza o imóvel do LOCADOR.

LOTEAMENTO FECHADO. Vide seção 11.5.

LOTEAMENTO IRREGULAR. Vide seção 11.6.

MAGISTRADO. É termo genérico, abrangendo todo membro do Poder Judiciário. Não abrange, evidentemente, os servidores do Poder Judiciário.

MEI. Sigla de Microempreendedor Individual. Trata-se de hipótese em que pessoa física realiza atividade econômica considerada empresarial, embora de pequena proporção. Embora seja uma pessoa física, o MEI é tratado pela legislação tributária como pessoa jurídica. Vide seção 3.5.

MÉRITO. Em PROCESSO CIVIL, é o conteúdo do pedido formulado pelo AUTOR. Em certos casos, não é apreciado o mérito em um processo judicial.

MÓDULO FISCAL. Trata-se de medida fixada em hectares, para cada município, por meio de norma administrativa do INCRA. Não se confunde com o MÓDULO RURAL.

MÓDULO RURAL. De acordo com o Estatuto da Terra (Lei nº 4.504, de 30-11-1964), é a porção de terra suficiente para o trabalho do proprietário e de sua família, garantindo-lhes a subsistência e o progresso social e econômico, com área máxima fixada para cada região e tipo de exploração. Portanto, o MÓDULO RURAL é uma unidade de medida, expressa em hectares, calculado para cada imóvel rural em separado, e sua área reflete o tipo de exploração predominante no imóvel rural, segundo sua região de localização. Não se confunde com o MÓDULO FISCAL. Vide seções 1.11 e 11.4.

MULTIPROPRIEDADE. Regime jurídico criado pela Lei nº 13.777, de 20-12-2018, para disciplinar a utilização, inclusive no tempo, de um mesmo imóvel por vários proprietários. Vide seção 2.14.

MUTUÁRIO. Palavra com origem no direito romano: devedor do contrato de mútuo. Atualmente designa o devedor de contrato de financiamento, normalmente imobiliário.

NOME EMPRESARIAL. Nome pelo qual é designado um empresário pessoa física ou jurídica.

NOTÁRIO. Vide TABELIÃO.

NSCGJ-SP. Sigla de Normas de Serviço da Corregedoria Geral de Justiça de São Paulo. Trata-se de norma administrativa, de caráter normativo, do Tribunal de Justiça do Estado de São Paulo. Vide CGJ.

OCUPAÇÃO PRECÁRIA. Forma de ocupação de natureza precária incidente sobre imóveis da União. Vide seção 1.12.

PANDEMIA DE COVID-19. A Pandemia de Covid-19 foi um evento ocorrido em 2020, que impactou fortemente a vida das pessoas, a economia do mundo inteiro e provocou inúmeras controvérsias jurídicas. Os efeitos da pandemia no Direito não se restringem apenas às questões tratadas na Lei nº 14.010, de 10-6-2020, sendo aplicáveis vários outros dispositivos legais, em especial o art. 393 do Código Civil a respeito de evento decorrente de caso fortuito ou força maior. Vide seções 9.10 e 9.11.

PARTES. Parte é a pessoa que participa de um contrato ou está na condição de AUTOR ou RÉU em um processo judicial.

PATRIMÔNIO HISTÓRICO. A respeito de restrições administrativas, vide seção 11.7.

PENHORA. A penhora é um DIREITO REAL, é ato prévio à VENDA JUDICIAL, que ocorre em um PROCESSO DE EXECUÇÃO ou na FASE DE CUMPRIMENTO DA SENTENÇA. O bem penhorado provavelmente será vendido judicialmente para a satisfação do direito do credor. É possível, em certos casos, que um bem de pessoa que não é devedor seja penhorado (ex.: o proprietário do bem concorda em dá-lo em garantia de uma dívida de terceira pessoa. Vide, a esse respeito, a seção 9.4).

PETIÇÃO INICIAL. Meio pelo qual o AUTOR em uma ação judicial dá início ao processo. Em geral, a PETIÇÃO INICIAL é elaborada e assinada por advogado.

PODERES DO SÍNDICO. Vide seção 9.8.

PONTO. Em direito comercial, é o local ou direito de permanecer no local onde o empresário realiza suas atividades.

POSSE. Não se confunde posse com propriedade, pode haver uma sem a outra. Também não se confunde posse com mera DETENÇÃO física. Veja o conceito de posse nas seções 1.14 e 2.36. A respeito de LEGITIMAÇÃO DE POSSE, vide seção 2.30. A respeito de AQUISIÇÃO DE POSSE, vide seção 1.14. A respeito de REGULARIZAÇÃO DE POSSE, vide Capítulo 14.

PRECEDENTE. Decisão judicial que, em tese, serviria de guia para as decisões em casos semelhantes. Nos países desenvolvidos, inclusive nos países com sistema jurídico decorrente do Direito romano (ex.: Alemanha), os juízes de PRIMEIRO GRAU seguem as decisões dos tribunais. Nesses países seria constrangedor para o juiz decidir de forma contrária a entendimento já consolidado, dando a entender que o juiz seria ignorante. No Brasil, infelizmente, isso não ocorre: o resultado é a ausência de segurança jurídica, o que prejudica de forma astronômica o nosso desenvolvimento econômico.

PRIMEIRO GRAU. Diz-se do juiz ou do juízo perante o qual é inicialmente proposta uma demanda. Da decisão do juiz de primeiro grau normalmente caberá recurso para o Tribunal.

PRIORIDADE. Diz-se a respeito do confronto entre títulos contraditórios (ex.: uma compra e venda e uma PENHORA) apresentados para registro no cartório, do qual um deles prevalecerá. Vide seção 1.7.

PROCESSO CIVIL. Disciplina que rege os processos judiciais que não dizem respeito à pretensão do Estado em punir criminalmente alguém.

PROCESSO DE CONHECIMENTO. Expressão ainda usada em certos dispositivos do CPC. Atualmente, é a fase do processo judicial na qual será apreciado quem tem razão. Essa fase termina com uma decisão final que deverá ser cumprida sob as penas da lei.

PROCESSO DE EXECUÇÃO. Trata-se de processo para fazer valer um direito preconstituído. Antes do advento da Lei nº 11.232, de 22-12-2005, também o cumprimento de uma decisão judicial poderia demandar a instauração de PROCESSO DE EXECUÇÃO. Mas mesmo naquela época, em certos casos a execução poderia consistir em simples ordem judicial (ex.: uma REINTEGRAÇÃO DE POSSE). Atualmente, não é necessária a instauração de novo processo, com CITAÇÃO, mas apenas de nova fase, na qual o réu será intimado a cumprir a decisão sob as penas da lei. No PROCESSO DE EXECUÇÃO ou na FASE DE CUMPRIMENTO DA SENTENÇA (regime da Lei nº 11.232/2005), não se discutirá quem tem razão, mas serão adotadas medidas para que se possa efetivar o direito já constituído ou estabelecido na decisão proferida no PROCESSO DE CONHECIMENTO (ex.: execução para expropriação e VENDA JUDICIAL de bens do devedor).

PROCESSO FALIMENTAR. Processo judicial que poderá levar à FALÊNCIA de um empresário, bem como poderá efetuar o pagamento dos credores do falido.

PROCURAÇÃO. Materializa um contrato de mandato: a PROCURAÇÃO é o documento por meio do qual alguém (denominado "procurador", "outorgado" ou "representante") recebe poderes para praticar atos em nome de outra pessoa, que confere a PROCURAÇÃO. Assim, pode o proprietário de um imóvel outorgar uma procuração para que alguém pratique atos em seu nome, como outorgar a escritura pública para transferir a propriedade do imóvel. Vide SUBSTABELECIMENTO. Vide Capítulo 6 e seções 8.2, 8.4 e 12.3.

PROMESSA DE COMPRA E VENDA. O mesmo que COMPROMISSO DE COMPRA E VENDA.

PROPRIEDADE. Vide DOMÍNIO.

PROTESTO. Trata-se de protesto de títulos (ex.: duplicata) vencidos e não pagos. Não se confunde com PROTESTO CONTRA ALIENAÇÃO DE BENS. Vide seção 3.12.

PROTESTO CONTRA ALIENAÇÃO DE BENS. Vide seção 3.9.

PROVIMENTO. Ato administrativo ou normativo, em tese hierarquicamente inferior à lei. Contudo, o poder normativo do CNJ decorre da Constituição, como visto em breves linhas na seção 1.14.

QUESTÃO. Em PROCESSO CIVIL, é algo sobre o qual existe controvérsia. Se o AUTOR alegar algo e o RÉU contestar especificamente o que foi alegado pelo AUTOR (ou vice-versa), isso estará controvertido e, caso relevante para o julgamento do pedido principal contido no processo, o juiz deverá decidir a respeito.

RAZÃO SOCIAL. É o nome de pessoa jurídica constituída como sociedade.

RE. Sigla de RECURSO EXTRAORDINÁRIO.

RECUPERAÇÃO JUDICIAL. Vide seção 5.7.

RECURSO ESPECIAL. Julgado pelo STJ, é o recurso cabível contra decisão proferida por tribunal em violação à lei federal ou em outras hipóteses previstas constitucionalmente.

RECURSO EXTRAORDINÁRIO. Julgado pelo STF, é o recurso cabível contra decisões judiciais proferidas em única ou última instância que ofendam a Constituição Federal ou em outras hipóteses previstas constitucionalmente.

REGISTRADOR. É o titular de um serviço de registro que obteve essa delegação por ato do Poder Público. Essa delegação, na ordem constitucional atual, deve ser outorgada mediante concurso público. Tal como ocorre com o TABELIÃO, é conhecido como "dono de cartório"; na verdade, é apenas um delegatário do Poder Público. Os registradores podem ser oficiais de registro de imóveis; oficiais de registro de títulos e documentos e civis das pessoas jurídicas; oficiais de registro civis das pessoas naturais e de interdições e tutelas; oficiais de registro de distribuição.

REGISTRADOR DE IMÓVEIS. É o oficial de registro de imóveis, cuja função consiste, dentre outras, no registro de imóveis e atos pertinentes a imóveis em determinada circunscrição.

REINTEGRAÇÃO DE POSSE. Ação ou medida para que a pessoa que injustamente perdeu a POSSE possa recuperá-la. Caso necessário, poderá ser expedido mandado para cumprimento forçado da decisão, com auxílio policial.

REIVINDICATÓRIA. Ação para que o proprietário possa obter ou recuperar a POSSE. Frequentemente, discute-se em uma reivindicatória quem é o verdadeiro proprietário do bem móvel ou imóvel.

RELATOR. Nos julgamentos de competência de um tribunal, a causa é entregue a um componente do tribunal para que a relate para os demais membros do órgão e profira o seu VOTO.

RENOVATÓRIA. Ação judicial para prorrogar a locação de imóvel contra a vontade do LOCADOR.

RESERVA LEGAL. Vide item 11.7.

RESTRIÇÕES AMBIENTAIS. Vide seção 11.7.

RESP ou REsp. Sigla de RECURSO ESPECIAL.

RÉU. Pessoa física ou jurídica contra a qual é movido um processo judicial, de natureza civil, trabalhista, criminal etc.

REURB. Programa de regularização fundiária de imóveis urbanos criado pela Lei nº 13.465, de 11-7-2017. Vide seção 14.3.

SENTENÇA. Decisão que aprecia a demanda proposta por pessoa física ou jurídica.

SERVIDÃO FLORESTAL. Vide item 11.7.

SÍNDICO. Vide seção 9.8.

SISA. Nome utilizado popularmente para designar o ITBI. Vide seções 7.1 a 7.4.

SISTEMA FINANCEIRO DA HABITAÇÃO (SFH). O SFH faz parte do Sistema Financeiro Nacional. É uma política pública que tem por objetivo incentivar a construção e aquisição de moradias para a população de classe baixa e média, mediante captação e oferta de crédito a juros um pouco mais baixos que os juros de mercado. Por essa razão, o SFH tem um conjunto de regras mais rígidas (ex.: limite para o valor do imóvel financiado), às quais o mutuário e o banco têm de obedecer ainda que não concordem com elas. Caso desejem outro tipo de contratação, com outras regras, o financiamento deverá ser feito fora do SFH. Vide seção 12.1.

SRF. Sigla de Secretaria da Receita Federal. Órgão do Ministério da Fazenda, a SRF era responsável pela arrecadação de determinados tributos de competência da União. A SRF foi transformada na RFB – Secretaria da Receita Federal do Brasil, mais conhecida como "Super-Receita". Vide seção 5.3.

SUBSTABELECIMENTO. Documento por meio do qual alguém transfere ou estende a outra pessoa os poderes que recebeu por meio de uma PROCURAÇÃO.

SÚMULA. Súmula significa resumo. Diz-se a respeito de enunciados elaborados pelos tribunais a respeito de como determinadas questões são julgadas. Esses enunciados são numerados (Súmula 1 do STJ, Súmula 2 do STJ etc.), de modo a facilitar a consulta à JURISPRUDÊNCIA PREDOMINANTE do tribunal por parte dos diversos operadores do direito (juízes, advogados, promotores etc.).

STF. Sigla de Supremo Tribunal Federal. Tribunal de caráter nacional, o STF é competente para dar a última palavra a respeito de interpretação da Constituição Federal. Com a criação do STJ pela Constituição de 1988, o STF não mais aprecia alegação de violação de lei federal em sede de RECURSO EXTRAORDINÁRIO, razão pela qual, a despeito de ser o órgão de cúpula do Judiciário brasileiro, em sede de interpretação de lei federal normalmente prevalece a orientação do STJ.

STJ. Sigla de Superior Tribunal de Justiça. Tribunal de caráter nacional, o STJ é responsável por dar a última palavra a respeito da interpretação da lei federal.

TABELIÃO. Pessoa que obteve do Poder Público a delegação para o exercício da função notarial. TABELIÃO é o mesmo que NOTÁRIO. Tal como ocorre com o REGISTRADOR, é conhecido como "dono de cartório"; na verdade, é apenas um delegatário do Poder Público. Vide TABELIÃO DE NOTAS.

TABELIÃO DE NOTAS. É o TABELIÃO que tem como função, dentre outras, a lavratura de escrituras públicas. Vide seção 1.3.

TAXA DE JUROS. Nos financiamentos imobiliários, o percentual aplicável como TAXA DE JUROS está sujeito a normas específicas, dependendo de quem financia a aquisição (instituição financeira ou incorporadora), de qual a modalidade de financiamento (SFH, SFI, carteira hipotecária ou recursos próprios da incorporadora) e da data em que o contrato foi celebrado (a legislação variou ao longo do tempo). Vide Capítulo 12, especialmente seções 12.2 e 12.7.

TEORIA DO FATO CONSUMADO. Vide seção 11.7.

TERRAS INDÍGENAS. Vide seção 1.14.

TERRENOS DE MARINHA. São as áreas situadas em uma profundidade de 33 (trinta e três) metros, horizontalmente, para a parte da terra, da posição da linha do preamar-médio de 1831, abrangendo as áreas situadas no continente, na costa marítima e nas margens dos rios e lagoas, até onde se faça sentir a influência das marés e as que contornam as ilhas situadas em zona onde se faça sentir a influência das marés. Vide seção 2.10.

TÍTULO. Documento que materializa um direito ou um negócio jurídico (ex.: escritura pública de compra e venda). Pode significar também a causa de uma modificação do direito (ex.: aquisição de imóvel a título de compra). Vide seção 1.3.

TÍTULO EXECUTIVO. Decisão judicial ou direito, normalmente materializado em documento escrito, que possibilita ao seu titular o ajuizamento de EXECUÇÃO.

TJMG. Tribunal de Justiça do Estado de Minas Gerais.

TJMT. Tribunal de Justiça do Estado do Mato Grosso.

TJPB. Tribunal de Justiça do Estado da Paraíba.

TJPR. Tribunal de Justiça do Estado do Paraná.

TJRJ. Tribunal de Justiça do Estado do Rio de Janeiro.

TJRS. Tribunal de Justiça do Estado do Rio Grande do Sul.

TJSP. Tribunal de Justiça do Estado de São Paulo.

TRF. Sigla de Tribunal Regional Federal. Existem seis Tribunais Regionais Federais no Brasil (sediados em Porto Alegre, São Paulo, Rio de Janeiro, Belo Horizonte, Brasília e Recife). Criados pela Constituição Federal de 1988, os TRFs têm competência para apreciar a APELAÇÃO e o AGRAVO contra decisão proferida por juiz federal.

TRIBUNAL DE APELAÇÃO. Expressão genérica, refere-se ao órgão judiciário de segundo grau (TRIBUNAL DE JUSTIÇA ou TRF).

TRIBUNAL DE JUSTIÇA. Das decisões proferidas pelos juízes de direito, cabe APELAÇÃO ou AGRAVO para o Tribunal de Justiça, que é o órgão de cúpula do Judiciário Estadual. Embora seja órgão estadual, o Tribunal de Justiça também aplica a legislação federal e municipal. No caso de decisão final proferida por juiz de juizado especial, não é cabível APELAÇÃO para o Tribunal de Justiça, mas recurso para a Turma Recursal.

TRIBUNAL DE JUSTIÇA DO DISTRITO FEDERAL E TERRITÓRIOS (TJDF). Trata-se do único Tribunal de Justiça organizado e mantido pela União. Utiliza-se também a sigla TJDFT.

TRT. Sigla de Tribunal Regional do Trabalho. Deve existir um TRT em cada Estado (o Estado do Tocantins ainda não tem TRT). Cabe ao TRT o julgamento dos recursos contra decisões proferidas pelos juízes do trabalho.

TST. Sigla de Tribunal Superior do Trabalho. Tribunal responsável pelo julgamento de recursos contra decisões proferidas pelos TRTs em sede de recurso de revista que pode levantar matéria prevista em lei federal e na Constituição Federal.

TUTELA ANTECIPADA. Decisão proferida provisoriamente, antes do final do processo, mediante a qual é dado ao AUTOR o seu pedido ou parte dele.

VENDA JUDICIAL. No conhecido leilão judicial (praça, hasta pública, leilão), bens do devedor que deixou de pagar uma dívida são oferecidos à venda pelo juiz. Vide seção 2.20.

VOTO. Trata-se de manifestação formal proferida por membro de tribunal a respeito da causa posta em julgamento. A decisão do órgão colegiado do tribunal será feita tomando-se os votos dos seus componentes.

USUCAPIÃO. Ação judicial para aquisição da propriedade de bem móvel ou imóvel. Pode também ser usada como defesa do adquirente de imóvel que, por qualquer razão, está com posse ou propriedade contestada. Vide seções 1.5, 2.21, 3.14 e 14.1. Vide USUCAPIÃO EXTRAJUDICIAL.

USUCAPIÃO EXTRAJUDICIAL. Vide seção 14.4.

USUFRUTO. Vide seção 2.6.

REFERÊNCIAS BIBLIOGRÁFICAS

ALBUQUERQUE FILHO, Paulo Aírton. Registro de imóveis, *estudos de direito registral imobiliário.* In: Vários Autores. *XXIII Encontro de Oficiais de Registro de Imóveis do Brasil.* Fortaleza – Ceará/1996. Porto Alegre: Sérgio Antonio Fabris Editor, 1997.

ALVES, Sonia Marilda Peres. "Loteamentos fechados" nas grandes cidades: a produção da ilegalidade por atores revestidos de poder social, econômico e político. *Revista de Direito Imobiliário,* São Paulo: Revista dos Tribunais, nº 64, ano 31, p. 99-100, jan.-jun. 2008.

BENÍCIO, Hercules Alexandre da Costa. *Responsabilidade civil do Estado decorrente de atos notariais e de registro.* São Paulo: IRIB e Revista dos Tribunais, 2005.

BEVILÁQUA, Clóvis. *Direito das Coisas.* 5. ed. Rio de Janeiro: Forense, 1941. v. 1.

BUCKLAND, W. W. *Roman Law and Common Law:* a comparison in outline. 2. ed. Cambridge: University Press, 1965.

CAMARGOS, Luciano Dias Bicalho. Aquisição de imóveis rurais por estrangeiros. *Boletim do IRIB em revista,* ed. 343, São Paulo: IRIB, 2012.

CAMBLER, Everaldo Augusto. *Incorporação imobiliária.* São Paulo: Revista dos Tribunais, 1993.

CARNEIRO, Andrea Flávia Tenório. Retrospectiva histórica da Lei Federal nº 10.267/2001. In: LIMA, Frederico Henrique Viegas de. *Registro de imóveis*: estudos de direito registral imobiliário. XXVIII Encontro de Oficiais de Registro de Imóveis do Brasil Foz do Iguaçu/2001. Porto Alegre: Sergio Antonio Fabris, 2003.

CARVALHO, Afrânio de. *Registro de imóveis.* 4. ed. Rio de Janeiro: Forense, 1997.

CHALHUB, Melhim Namem. *Alienação fiduciária*: negócio fiduciário. 7. ed. Rio de Janeiro: Forense, 2021.

COELHO, Fábio Ulhoa. *Código comercial e legislação complementar anotados.* São Paulo: Saraiva, 1995.

DIAS, Mário. *Conhecimentos financeiros indispensáveis a um executivo.* São Paulo: Edicta, 1999.

DÍEZ-PICAZO, Luis; GULLÓN, Antonio. *Sistema de derecho civil.* 11. ed. Madri: Tecnos, 2005. v. I.

DINAMARCO, Cândido Rangel. *A reforma da reforma.* 2. ed. São Paulo: Malheiros, 2002.

DINIZ, Maria Helena. *Curso de direito civil brasileiro.* Teoria das obrigações contratuais e extracontratuais. 9. ed. aum. e atual. São Paulo: Saraiva, 1994. v. 3.

FREITAS, José Carlos. Da legalidade dos loteamentos fechados. *Boletim do IRIB em Revista,* São Paulo: Instituto de Registro Imobiliário do Brasil, nº 304, set. 2002.

GIAMBIAGI, Fabio et al. *Economia brasileira contemporânea*: 1945-2010. 2. ed. Rio de Janeiro: Elvesier, 2011.

GRECO FILHO, Vicente. *Direito processual civil brasileiro*. 14. ed. São Paulo: Saraiva, 2000. v. 3.

GRECO FILHO, Vicente. *Direito processual civil brasileiro*. 7. ed. São Paulo: Saraiva, 1993. v. 3.

KELSEN, Hans. *Teoria pura do direito*. São Paulo: Martins Fontes, 1987.

LIMA, Frederico Henrique Viegas de. O direito urbanístico contido no Estatuto da Cidade. In: LIMA, Frederico Henrique Viegas de. *Registro de imóveis*: estudos de direito registral imobiliário. XXVIII Encontro de Oficiais de Registro de Imóveis do Brasil Foz do Iguaçu/2001. Porto Alegre: Sergio Antonio Fabris Editor, 2003.

LOBO JÚNIOR, Helio. Loteamento fechado. *Boletim do IRIB em revista*. São Paulo: Instituto de Registro Imobiliário do Brasil, nº 304, set. 2002.

MACHADO, Antônio Claudio da Costa. *Código de Processo Civil interpretado*. São Paulo: Saraiva, 1993.

MARICATO, Erminia. O nó da terra. *Piauí*, nº 21, ano 2, Rio de Janeiro: Alvinegra, jun. 2008.

MARICATO, Erminia. O que fazer com a cidade ilegal? *Revista de Direito Imobiliário*, São Paulo, nº 52, ano 25, jan.-jun. 2002.

MARKY, Thomas. *Curso elementar de direito romano*. 4. ed. São Paulo: Saraiva, 1988.

MARTINS, Fran. *Contratos e obrigações comerciais*. 2. ed. Rio de Janeiro: Forense, 1969.

MEIRELLES, Helly Lopes. *Direito municipal brasileiro*. 7. ed. São Paulo: Malheiros, 1994.

MEZZARI, Mario Pazutti. *Condomínio de incorporação no registro de imóveis*. Porto Alegre: Livraria do Advogado, 1996.

MONTEIRO, Washington de Barros. *Curso de direito civil, direito das obrigações*. 8. ed. 1991.

MORETTI, Julia Azevedo. Lei nº 11.481/07 – regularização fundiária em imóveis da União: efeitos e importância. Palestra apresentada pela representante da SPU no XXXIV Encontro dos Oficiais de Registro de Imóveis do Brasil, 24 set. 2007, Florianópolis, SC. *Boletim do IRIB*, São Paulo: Instituto de Registro Imobiliário do Brasil, nº 332, jul.-set. 2007.

OLIVEIRA, Carlos E. Elias de; TARTUCE, Flávio. *Lei do Sistema eletrônico de registros públicos*: registro civil, cartórios eletrônicos, incorporação, loteamento e outras questões. Rio de Janeiro: Forense, 2023.

OLIVEIRA, Regis Fernandes de. *Comentários ao Estatuto da Cidade*. São Paulo: Revista dos Tribunais, 2002.

ORLANDI NETO, Narciso. Enfiteuse, escritura pública e particular. In: RODRIGO, Fátima; JACOMINO, Sérgio (ed.). *Boletim Eletrônico IRIB/ANOREG-SP*, São Paulo, ano 4, nº 1.346, 11 out. 2004.

ORLANDI NETO, Narciso. Registro de Imóveis – Diário Responde. *Diário de São Paulo*, 7-11-2004.

PACHECO, José da Silva. *Comentários à nova lei sobre as locações de imóveis urbanos e seus procedimentos*. 2. ed. São Paulo: Revista dos Tribunais, 1993.

PAIVA, João Pedro Lamana; BURLET, Tiago Machado. O instrumento particular e o registro de imóveis no NCC. *Boletim Eletrônico IRIB/ANOREG*, São Paulo, ano 3, nº 661, 4 abr. 2003.

PAIXÃO JÚNIOR, Nilton Rodrigues da. *Direito civil*: direito das coisas. Brasília: Fortium, 2005. p. 150.

PEREIRA, Caio Mário da Silva. *Condomínio e incorporações*. 7. ed. Rio de Janeiro: Forense, 1993.

PHILIPS, Jürgen. Perspectivas para a correta aplicação da Lei Federal nº 10.267/2001. *Boletim do IRIB*, São Paulo, nº 297, fev. 2002.

PINTO, Victor Carvalho. *Direito urbanístico*: plano diretor e direito de propriedade. São Paulo: Revista dos Tribunais, 2005.

PONTES DE MIRANDA, Francisco Cavalcanti. *Tratado de direito privado*. 2. ed. Rio de Janeiro: Borsoi. t. X.

PONTES DE MIRANDA, Francisco Cavalcanti. *Tratado de direito privado*. 2. ed. Rio de Janeiro: Borsoi. t. XI.

RIBEIRO DE MIRANDA, Caleb Matheus; MATUSZEWSKI MACHADO, Lorruane. *Tokenização e controle dos direitos reais imobiliários*. Parecer encaminhado ao Presidente do Operador Nacional do Sistema de Registro Eletrônico de Imóveis. São Paulo: IRIB, 2025.

RIZZARDO, Arnaldo. *Promessa de compra e venda e parcelamento do solo urbano*. 4. ed. São Paulo: Revista dos Tribunais, 1996.

RODRIGUES, Sílvio. *Curso de direito civil*: direito das coisas. 19. ed. São Paulo: Saraiva, 1991. v. 5.

SANTOS, Francisco José Rezende dos. Áreas de preservação permanente e áreas de reserva legal. *Boletim do IRIB*, São Paulo, nº 303, p. 12-13, ago. 2002.

SANTOS, Gildo dos. *Locação e despejo*: comentários à Lei 8.245/91. São Paulo: Revista dos Tribunais, 1992.

SANTOS, Moacyr Amaral. *Primeiras linhas de direito processual civil*. 8. ed. São Paulo: Saraiva, 1985.

SERPA LOPES, Miguel Maria de. *Tratado de registros público*. 5. ed. Rio de Janeiro: Freitas Bastos, 1962. v. IV.

SERPA LOPES, Miguel Maria de. *Tratado dos registros públicos*. 5. ed. Rio de Janeiro: Freitas Bastos, 1962. v. III.

SILVA, Bruno Mattos e. *Direito administrativo para concursos*. 2. ed. Belo Horizonte: Del Rey, 2008.

SILVA, Bruno Mattos e. *Direito administrativo para concursos*. Brasília: Fortium, 2005.

SILVA, Bruno Mattos e. *Direito de empresa*: teoria da empresa e direito societário. São Paulo: Atlas, 2007.

SILVA, Bruno Mattos e. *Prequestionamentos, recurso especial e recurso extraordinário*. 2. ed. Rio de Janeiro: Forense, 2003.

SILVA, Bruno Mattos. *Oficial aos 19 anos*: a vida de um oficial de justiça na São Paulo dos anos 1989-1990. Disponível em: https://www.amazon.de/Oficial-Justi%C3%A7a-aos-anos-1989-1991/dp/179057076X.

SILVA, Bruno Mattos. *Prequestionamento, Recurso Especial e Recurso Extraordinário:* roteiro para a advocacia no STJ e no STF. 2. ed. Rio de Janeiro: Forense, 2003.

SILVA, Ulysses da. *A previdência social e o registro de imóveis*. Porto Alegre: Sérgio Antonio Fabris, 1999.

SILVA FILHO, Elvino. Loteamento fechado e condomínio deitado. *Revista de Direito Imobiliário*, São Paulo: Revista dos Tribunais, nº 14, jul.-dez. 1984.

SILVA FILHO, Elvino. O desmembramento de imóvel perante o registro imobiliário. *Revista de Direito Imobiliário*, nº 7, p. 57-76, jan.-jul. 1981.

TEIXEIRA, Sálvio de Figueiredo. Fraude de execução. *Revista dos Tribunais*, v. 75, nº 609, jul. 1986.

THEODORO JÚNIOR, Humberto. *Curso de direito processual civil*. 19. ed. Rio de Janeiro: Forense, 1997. v. 2.

VARELA, Antunes. *Direito das Obrigações*. Rio de Janeiro: Forense, 1978. v. II.

1 2 3 4 5 6 7 8 9 10
2026